朝鮮時代漢語教科書十種彙輯

汪維輝〇編著

（二）

上海教育出版社

原本老乞大（影印本）

老乞大

伴當恁從那裏來俺從高麗王京來如今那裏去俺往
大都去恁幾時離了王京俺這月初一日離了王京旣
恁這月初一日離了王京到今半箇月怎麼才到的這
裏俺有一箇伴當落後了來俺沿路上慢慢的行著等
候來爲那上遲了來那伴當如今赶上來那不曾這
伴當便是夜來才來到恁這月盡頭到的大都那到
得知他那話怎敢道天可憐見身已安樂呵也到
恁是高麗人却怎麼漢兒言語說的好有俺漢兒人
學文書來的上頭些小漢兒言語省的有你誰根底

文書來我在漢兒學堂裏學文書來你學甚麼文書
讀論語孟子小學您每日做甚麼工課每日清早晨
來到學裏師傅行受了生文書下學到家喫飯罷却
學裏寫倣書寫倣書罷對句對句罷吟詩吟詩罷師
行講書講甚麼文書講小學論語孟子說書罷更做
麼工課到晚師傅行撒簽背念書背過的師傅與免
一箇若背不過時教當直學生背起打三下怎生是
簽背念書怎生是免帖每一箇竹簽上寫著一箇學
的姓名衆學生的姓名都這般寫著一箇簽筒兒裏
著教當直學生將簽筒來搖動內中撒一箇撒

便著那人背書背念過的師傅與免帖一箇那免帖
冩著免決三下師傅上頭畫著押字若再撒簽試不過
將出免帖來毀了便將功折過免了打若無免帖定然
喫三下你是高麗人學他漢兒文書怎麼你說的也是
各自人都有主見你有甚麼主見你說我試聽咱如今
朝廷一統天下世間用著的是漢兒言語咱這高麗言
語只是高麗田地裏行的過的義州漢兒田地裏來都
是漢兒言語有人問著一句話也說不得時教別人將
咱每做甚麼人看你這般學漢兒文書呵是你自意裏
學來那你的爺娘教你學來是俺爺娘教我學來你學

了多少時我學半年有餘也省的那省不的每日和漢
兒學生每一處學文書來的上頭些小理會的有你的
師傅是甚麽人是漢兒人有多少年紀三十五歲也耐
繁教那不耐繁教俺師傅性兒温克好生耐繁教恁那
衆學生内中多少漢兒人多少高麗人漢兒高麗中半
裏頭也有頑的麽可知有頑的每日學長將那頑學生
師傅行呈著那般打了呵則是不怕漢兒小厮每哏頑
高麗小厮每較爭些箇伴當恁如今那裏去我也往大
都去既恁投大都去時俺是高麗人漢兒田地裏不慣
行你把似拖帶俺做伴當去 不好那那般者咱每一處

去來哥哥你貴姓我姓王本家在那裏住我在遼陽城
裏住恁大都爲甚麽勾當去我將這幾箇馬賣去那般
呵更好俺也待賣這幾箇馬去更這馬上馳著的些小
毛施帖裏布一就待賣去既恁賣馬去呵咱每恰好做
伴當去哥哥曾知得大都馬價如何近有相識人來說
馬的價錢這其間也好似這一等的馬賣五定之上這
一等的馬賣四定之上曾知得布價高低布價如常往
年的價錢一般大都喫食貴賤俺那相識人曾說他來
時六兩一斗粳米五兩一斗小米十兩十三斤麪二兩
半一斤羊肉似那般時俺年時也在大都來價錢都一

般咱每今夜那裏宿去咱每往前行的十里來田地裏
有箇店子名喚瓦店咱每到時或早或晚則那裏宿去
若過去了呵那壁有二十里地無人家既那般呵前不
著村後不著店也咱每則送那裏宿去到那裏便早時
也好咱每歇息頭口明日早行這裏到大都有幾程地
這裏到大都則是有五百里之上天可憐見身己安樂
呵更著五箇日頭到也者咱每到時那裏安下去便當
咱每則投順承門關店裏下去來那裏就便投馬市裏
去哏近你道的是我也心裏那般想著有你說的恰和
我意同則除那裏好但是直東去的客人每別處不下

都在那裏安下俺年時也在那裏下來哏便當你這幾
箇頭口每夜喫的草料通該多少鈔這六箇馬每一箇
五升料草一束通算過來盤纏著五兩鈔這六箇馬每
夜喫的草料不等草料貴處盤纏六七兩鈔草料賤處
盤纏四五兩鈔這箇馬也行的好可知有幾步慢竄除
了這箇馬別箇的都不好你這馬和布子到大都賣
了時却買些甚麼行貨迴還高麗田地裏賣去俺往直
南濟寧府東昌高唐收買些絹子綾子綿子迴還王京
賣去到您那地面裏也有些利錢麽那的也中俺年時
根著漢兒伴當到高唐收買些綿絹將到王京賣了也

覓了些利錢恁那綾綃綿子就地頭多少價錢買來到
王京多少價錢賣俺買的價錢薄絹一疋十七兩打染
做小紅裏絹綾子每疋二十五兩染做鴉青和小紅絹
子每疋染錢三兩綾子每疋染錢鴉青的五兩小紅的
三兩更綿子每兩價錢一兩二錢半到王京絹子一疋
賣五綜麻布三疋折鈔三十兩綾子一疋鴉青的賣布
六疋折鈔六十兩小紅的賣布五疋折鈔五十兩綿子
每四兩賣布一疋折鈔十兩通滚算著除了牙稅繳計
外也覓了加五利錢你自來到大都賣了行貨却買綿
絹到王京賣了前後住了多少時俺從年時正月裏將

馬和布子到大都賣了五月裏到高唐收起綿絹到直沽裏上舡過海十月裏到王京投到年終行貨都賣了又買了這些馬並毛施布來了這三箇伴當是你親眷那是相合來的都不曾問姓甚麼這箇姓金是小人姑舅哥哥這箇姓李是小人兩姨兄弟這箇姓趙是俺街坊恁是姑舅弟兄誰是舅舅上孩兒誰是姑姑上孩兒小人是姑姑生的他是舅舅生的恁兩姨弟兄是親兩姨那是房親兩姨是親兩姨弟兄俺母親是姐姐他母親是妹妹恁每是姑舅兩姨弟兄怎麼沿路穢語不迴避俺高麗體例親弟兄也不隔話姑舅兩姨更那裏問

咱每閑話且休說兀那店子便是瓦店尋箇好乾淨處
裏下去來歇住頭口者街北這箇店子是俺舊主人家
咱每則這裏下去來拜揖主人家哥嗳却是王大哥多
時不見好麽好麽你這幾箇伴當從那裏廝合將來俺
沿路相合著做伴當大都去你這店裏草料都有那沒
草料都有料是黑豆草是稈草是稈草好若是稻穰時
這頭口每多有不喫的黑豆多少一斗草多少一束黑
豆二兩半一斗草一兩一束是真箇麽你却休瞞俺這
哥哥甚麽言語你是熟客人咱每便是自家裏一般俺
怎麽敢胡說怕你不信時別箇店裏試商量去儘教俺

則是這般道俺過是十一箇馬量著六斗料與十一束
草者這鍘刀鈍不快若干草幾時切得了主人家別處
快鍘刀借一箇去那般者我借去這鍘刀是俺親眷家
的不付能哀告借將來風刃也似快恁小心些使休槙
了他的這伴當你過的草忒麤頭口每怎生喫的好生
細細的過者這伴當你敢不會煮料的法度你燒的鍋
滚時下上豆子但滚的一霎兒將這切了的草豆子上
蓋覆了休燒火氣休教走了自然熟也客人每恁打火
那不打火俺不打火喝風那甚麼你疾快做著五箇人
的飯者恁喫甚麼飯俺五箇人打著三斤麵的餅者俺

自買下飯去那般者你買下飯去時這間壁肉案上買
猪肉去是今日殺來的好猪肉多少一斤一兩半一斤
恁主人家一就與俺買去買着一斤肉者休要底似肥
的帶肋條肉買者大片兒切着將來爨者主人家迭不
得時咱每伴當裏頭教一箇自爨肉俺是高麗人都不
會爨肉有甚麼難處刷了鍋着燒的鍋熱時着上半盞
清油將油熟過下上肉着些鹽着筯子攪動炒的半熟
時調上些醬水生葱料物打拌了鍋子上盖覆了休着
出氣燒動火聲霎兒熟也這肉熟也恁試嘗鹹淡如何
我試嘗微微的有些淡着上些鹽着主人家餅了也那

不曾待了也恁放卓兒先喫比及喫了時俺也了也主人家俺明日五更頭早行也咱每筭了房火錢者俺這一宿人馬盤纏通該多少恁稱了三斤麵每斤七錢共計二兩二錢半切了一斤猪肉該一兩半四箇人每人打火房錢一兩計四兩黑豆六斗每斗十二兩半計一十五兩草十一束每束一兩計十一兩通該三十三兩七錢半俺草料麵都是你家裏買來的你減了些箇如何儘教去了那三兩七錢半零的者只將三十兩來既這般的呵伴當恁三箇一就都出過者記著數目到大都時一發打筭那般者俺都與他伴當你將料撈出來冷

水裏拔著等馬大控一會慢慢的喂者初喂時則將料
水拌與他到五更一發都與料喫那般時馬每分外喫
得飽若是先與料呵那馬則揀了料喫將草都抛撒了
更困裏休飲等喫一和草時飲咱每各自睡些箇廝輪
著起來勤喂馬今日是二十二五更頭正有月明也雞
兒叫起來便行主人家點箇燈來俺㧾緝睡處兀的燈
來也壁子上掛者這般精土炕上怎生睡有甚麽藁薦
將幾箇來大嫂將藁薦席子來與客人每鋪席子無兀
的三箇藁薦與恁鋪主人家恁穩著火者俺明日五更
頭早行也那般者客人每歇息俺照覷了門户睡也來

來且休去我問你些話我先番大都來時你這店西約
二十里來地有一坐橋塌了來如今修起來那不曾早
修起了也更比在前高二尺闊三尺如法好有那般呵
俺明日早則放心的去也你底似的休早行俺聽得前
頭路澁有為甚麼這般的歹人有恁偏不理會的從年
時天旱田禾不收飢荒的上頭生出歹人來碍甚事俺
則是赶著這幾箇馬又無甚麼錢本那廝每待要俺甚
麽休那般説賊每怎知你有錢沒錢小心必勝俺這裏
前年六月裏有一箇客人纏帶裏裝著一卷紙腰裏拴
著在路傍樹底下歇凉睡被一箇賊到那裏見了則道

是腰裏纏帶裏是錢物生起歹心來就那裏拿起一塊
大石頭投那人頭上打了一下打出腦漿來死了那賊
將那人的纏帶解下來着呵却是紙就那裏撇下走了
官司檢了屍正賊捉不住乾把地主并側近平人涉疑
打拷後頭別處官司却捉住那賊發將來今年就牢裏
死了年時又有一箇客人赶着一頭驢着兩箇荆籠子
裏盛着棗兒驢着行後頭有一箇騎馬的賊帶着弓箭
根着行到箇酸棗林無人處那賊將那客人脊背上射
了一箭那人倒了那賊則道是死了便赶着那驢往前
行那客人射的昏了蘇醒迴來恰好有捕盜官來那裏

廵警那客人說告了捕盜官將著弓兵往前趕到約二
十里地趕上那賊拔拿其間那賊便將一箇弓手放箭
射下馬來那賊往西走馬去了捕盜官襲將去到箇村
裏差了一　百箇壯後生將著弓箭器械把那賊圍在一
箇山峪裏纔拿著廻來覷那射著的弓手那人左肐膊
上射傷不曾傷了性命如今那賊現在官司牢裏禁著
有既這般路澁呵咱每又無甚生勾當索甚麽早行等
到天明時慢慢的去怕甚麽道的是依著恁天明時行
安置安置客人每好睡着主人家且休去俺又忘了一
件勾當俺這馬每不曾飲水裏等一會控到時飲去井

在那裏有兀那家後便是井有轆轤那無淺淺的井兒則著繩子拔水井邊頭更有飲馬的石槽兒既這般呵你收拾帖落井繩出來井邊頭帖落井繩都有我更囑咐恁些話那帖落不喫水恁不會擺時帖落上絟著一塊塼頭者那的俺自會的索甚麽你教咱每廝輪著起來勤喂馬常言道馬不得夜草不肥人不得橫財不富却休槽兒平直到明咱每拌上馬喫一和草時飲水去盛草的筐兒也沒著甚麽將的草去旣沒時且著布衫襟兒抱些草去我將料水去這主人家好不整齊攪料棒也沒一箇疾快取將咱每柱棒來攪料且房子裏坐

的去來一霎兒馬喫了這和草飲水去馬敢喫了草也
飲去來咱每都去了時這房子裏沒人敢不中留一箇
看房子別箇的牽馬去來碍甚事這店裏都閉了門子
也待有甚麼人入來休那般說小心必勝常言道常做
賊心莫偷他物你自依著我留一箇看房子那般者咱
每留誰看房子恁三箇裏頭著這老的看者三人同行
小的苦咱每三箇去來這胡洞窄牽著馬多時過不去
咱每做兩遭兒牽那般者你敢慣打水俺不慣打水你
先打水去俺兩箇牽馬去那般者我打水去恁將馬來
我恰纔這槽兒裏頭拔上兩帖落水也著馬喫這箇馬

好喫水這箇馬喫水細這水小再打上一帖落者將帖
落來我試學打這帖落是不喫水怎生得倒我教與你
將帖落提起來離水面擺動倒撞入水去便喫水也這
般時眞箇在前曾見人打水終不曾學從今日理會得
也你高麗田地裏無井那怎麼俺那裏井不似這般井
這井是磚甃的井至小有二丈深俺那裏井都是石頭
壘的最深殺的沒一丈都是七八尺來深有俺那裏男
子漢不打水則是婦人打水著箇銅盔頭上頂水各自
將著箇打水的瓢兒瓢兒上拴著一條細繩子却和這
裏井繩帖落一般取水有却怎麼那般打水我不理會

得我則道是和俺這裏一般打水有恁牽廻這馬去弄
牽将别箇的來飲這馬都飲了也這般黑地裏厠屋裏
難去咱每則這後園裏大淨手不好那我拿著馬恁淨
手去我不索淨手恁離道兒者休在路邊淨手下明日
著人罵去裏咱每一箇人牽著兩箇去絟的牢者這槽
道好生寛有廝離的較遠些兒絟又恐怕繩子廝扭著
疾快将草料來拌上者儘教則教喫者咱睡去來伴當
每起來雞兒叫第三遍也待明去也咱急急的收拾了
行李鞴了馬時大明也辭了主人家去來主人家哥休
恠俺去也恁休恠好去者廻來時却來俺店裏下來這

橋便是我夜來說的橋比在前哏好有在先則是土搭的橋來如今都是板幔了這橋梁橋柱比在前哏牢壯阿的涯十年也壞不得日頭這般高也前頭又無甚店子咱每則投兀那人家糴些米自做飯喫去來那般者肚裏好生飢也咱每去來這馬都卸下行李鬆動肚帶取了嚼子這路傍邊撒了著喫草者教一箇看者別的都投這人家問去來主人家哥俺幾箇行路的人這早晚不曾喫早飯前頭又無甚店子俺特的來怎生糴與些米做飯喫索甚麼糴米俺的飯熟也客人每喫了過去這般時敢少了您飯不碍事便小時俺再做些箇便

是将卓兒來教客人每則這棚底下坐的喫飯淡飯胡
喫些箇有甚麽熟菜蔬将些來與客人喫怕無時有蘿
蔔生葱茄子将來就将些醬來别箇菜都無兀的有塩
瓜兒與客人喫也好将來客人每休恠胡喫小人每驟
面間厮見哥哥便這般重意與茶飯喫怎麽敢恠量這
些淡飯係甚利害偏俺不出外出外時也和恁一般哥
哥道的是慣曾出外偏憐客自巳貪盃惜醉人恁外頭
更有伴當麽有一箇看着行李就放馬裏他喫的飯却怎
生儘教俺喫了時與他将些去有椀與一箇這般裏盛
出一椀飯與那箇伴當由他恁都喫了者家裏更有飯

裏喫了時將去㑹休做客慢慢喫的飽着俺是行路的客人更待做甚客喫得飽那不飽俺好生飽了收拾椀楪着客人每有一箇看着馬不曾來喫飯與兒休另盛一椀飯䃶兒裏將些湯根著客人去與那箇伴當喫了時却收拾家事來主人家哥休恠小人每這裏定害有甚麽定害處喫了些淡飯又沒甚好茶飯休那般說不當有飢時得一口強如飽時得一斗俺正飢渴時主人家這般與茶飯喫怎生忘的㑹休那般說偏俺出外呵頂著房子行那也索投人家尋飯喫裏却不說好着千里客萬里要傳名主人家哥小人這裏攪擾了姓也不

曾問哥哥貴姓俺姓張是張社長家伴當你却姓甚麼
小人姓王在東京城裏閣北街東住哥哥因事到東京
不弃嫌小人呵是必家裏來那般者去時節便尋俺家
裏去俺偏背你那兀那人家俺恰纔糴米去來不肯糶
與他每做下的見飯與俺喫了更與你將來你喫了時
與這小的椀楪將去伴當你赶將馬來咱每打駝馱比
及駝了時他也喫了飯也咱每便行這箇馬怎麼這般
難拿元來這般的既這般歹時再來著絆者俺在前絆
著來今日忘了不曾絆咱每衆人邀當著拿住者駝馱
都打了也咱每行者小的你將椀楪礶兒去生受你休

旅者日頭却早這早晚也這裏到夏店演裏有十里來
地到不得也則投這路北兀那人家尋箇宿處去來那
般者咱每去來都去時那人家見人多時不肯教宿著
兩箇看行李俺兩箇問去拜揖主人家哥俺是客人今
日晚也恁房子裏覓箇宿處俺房子窄無處安下恁別
處尋宿處去你這般大人家量俺兩三箇客人恰便下
不得那恁好房子裏不教俺宿時則這門前車房裏教
俺宿一夜如何俺不是不教恁宿官司排門粉壁不得
安下面生歹人恁知他是那裏來的客人自來又不曾
相識怎知是好人歹人便怎麼敢容留安下恁主人家

哥俺不是歹人小人在東京城裏住現將印信文引恁
在東京城裏那些箇住小人在東京城裏閣北街東住
離閣有多少近遠離閣有一百步地向街那北巷裏向
街開雜貨鋪兒便是那雜貨鋪兒是恁的那近南隔著
兩家兒人家有箇酒館是我相識的你認的麽那箇是
劉清甫酒館是俺街坊怎麽不認的雖然這般呵房子
委實窄宿不得恁可憐見恁識者這早晚日頭落也教
俺那裏尋宿處去不揀怎生俺宿一宿這客人怎麽這
般硬廝戰如今官司好生嚴省會人家不得安下面生
歹人恁雖說是東京人家我猶自不敢保裏更恁這幾

箇伴當樣範又不是漢兒又不是達達知他是甚麽人
我怎麽敢留您宿您不理會的新近這裏有一箇人家
則爲教幾箇客人宿來那客人去了的後頭事發那人
每却是達達人家走出來的躯口因此將那人家連累
官司見著落根尋逃躯有似這般帶累人家怎麽敢留
您宿主人家您説那裏話好人歹人更不認的那這幾
箇伴當他是高麗人從高麗田地裏來他每高麗田地
把口子渡江處官司比咱每這裏更嚴驗了文引仔細
的盤問了纔放過來他每若是歹人來歷不明呵怎生
能勾到這裏來他見將文引赶著高麗馬投大都做買

賣去底似的漢兒言語說不得的上頭不敢言語他每
委實不是歹人既這般的呵休則管的戰張後頭房子
窄老小更多又有箇老娘娘不快你不嫌冷時則這車
房裏宿如何那般著俺則車房裏宿主人家哥小人更
有一句話敢道麼有甚麼事你說這早晚黑夜俺其實
飢也又有幾箇馬一客不犯二主怎生可憐見糴與俺
一頓飯的米和馬草料如何俺這裏今年夏裏天旱了
秋裏水澇了田禾不收的上頭俺也旋糴旋喫裏那裏
將糶的來來俺從早起喫了些飯到這早晚不曾喫飯
裏好生的飢也你糶來的米裏頭那與些箇俺則熬些

粥喫兀的二兩半鈔從恁意與些箇二兩半鈔與恁多
少呵是由你但與的是數今年為旱澇不收十兩鈔糴
的一斗米俺本無糴的米既恁客人則管的廝央俺糴
來的米裏頭那與恁三升煑粥胡充飢客人每休恠其
實來今年生受若是以往年好收時休道恁兩三箇人
便是十數箇客人也都與茶飯喫主人家哥說的哏是
俺也打聽得今年這裏田禾不收既這般呵主人家哥
小人每待後頭煑粥去這早晚黑地裏出入不便當更
恁這狗每乖不揀怎生恁與俺做些箇粥如何儘教恁
客人則這車房裏安排宿處我著孩兒每做將粥來與

恁喫好好多謝多謝主人家哥更有一句話人喫的且
有些箇這馬每却怎生一就那與些草料如何客人每
說甚麼話人喫的也没更那裏將馬的草料來俺這家
前院後有的是草場恁喫了飯時著兩箇赶著馬那裏
放去頭明不喫的飽了那索甚麼鍘草料那般者哥哥
道的是俺車房裏去無甚明火敎小孩兒將些箇燈來
那般者如今敎將來咱每喫了飯時這裏留兩箇看行
李先著兩箇放馬去到半夜前後却著這裏的兩箇替
迴來大家得些睡呵明日不渴睡瓦的燈來更有粥將
來也匙椀都有你則喫者咱每飯也喫了恁兩箇先放

馬去到半夜裏俺兩箇都替您去我恰纔睡覺了起去
來參兒高也敢到半夜也我先去替那兩箇來睡你都
來那裏咱每兩箇看著馬那般者您去您兩箇去睡些
箇到那裏時教那箇伴當來者你來也你邀過馬來在
一處者容易照覷月黑也恐怕迷失走了悞了路子明
星高也天道待明去也咱每趕將馬去來到下處收拾
了行李時恰明也這馬每都絟住者教那兩箇起來您
兩箇疾快起來收拾行李打駞馱但是咱每行李收拾
到者主人家的東西休錯將去駞馱都打了也叫喚主
人家辭了去來主人家哥休怪俺去也這裏定害了您

有甚麼定害處恁依怔好去者咱每前頭到夏店時買飯喫了儘晚到大都去也這裏到夏店有多少近遠敢有三十里多地你夜來怎麼說十里來近遠今日却怎麼說三十里地我夜來錯記了來今日再想起來有三十里多地咱每休磨拖趁清涼就馬每喫的飽時趕動着日頭却早這早晚也兀那望着的黑林子便是夏店這裏到那裏演裏有七八里路你在先也曾大都去來怎麼不理會的這夏店俺是曾走了一兩遭都忘了那裏記得來店子待到也咱每喫些甚麼茶飯好俺高麗人不慣喫濕麵咱每則喫乾物事如何那般者咱每買

些燒餅爨些肉喫了過去咱每這裏當住馬絟者鋪下
行李這飯店裏去來問客先將一椀溫水來俺洗面皮
客人每洗了面也賣物抹桌兒客人喫些甚麼茶飯俺
四箇人爨着一兩半羊肉將二兩燒餅來這湯淡有鹽
醬將些來俺自調和喫這燒餅一半兒冷一半兒熱熱
的留下者俺喫這冷的你將去爐裏熱著將來咱每飯
也喫了也與了飯錢去來賣物來迴鈔通該多少二兩
燒餅一兩半羊肉通是三兩半兀的五兩鈔貼一兩半
來這一兩半沒些眉眼使的麼好鈔有你將去這鈔大
都做料鈔使咱每打駝馱行日頭正晌午也有些熱早

老乞大 十七

來喫了乾物事有些乾渴前頭不遠有箇草店兒到那
裏咱每喫幾盞酒解渴歇住頭口者輪時間卸下行李
來喫幾盞酒便過去量酒打將二兩鈔的酒來客人每
兀的有二兩鈔的酒好酒麽好酒你試嘗酒不好不迴
鈔胡喫的過去有甚麽好菜蔬將些箇來那般者有鹽
瓜兒如今便將來客人每熱喫那涼喫儘教休旋去俺
則涼喫哥哥先喫一盞哥哥受禮你敢年紀大怎麽受
禮哥哥你貴壽小人年紀三十五歲小人纔三十二也
哥哥你年紀大受禮小人雖年紀大怎麽便受禮咱每
都起來大家容易那般者教你受禮堅執不肯滿飲一

盞休留底酒咱每都休講禮喫一盞酒喫了酒也迴了酒錢去來量酒來迴鈔兀的二兩半鈔貼五錢來哥哥與一張兒好的這鈔無了字兒怎麽使的這鈔嫌甚麽字兒伯兒分明都有怎麽使不得你不識鈔時教別人看去我怎麽不識鈔索甚麽教別人看去換鈔不折本你自別換與一張兒便是也索甚麽合口這量酒也纏的壞了阿的般鈔使不得兀的一箇一兩半一箇五錢將去這一兩半也昏你却休謊恰早來喫飯處貼將來的鈔儘教胡留下者便使不得也罷你要那話怎麽使不得呵你肯要那打了驟馱著行日頭後晌也這裏離

城有的五里路著兩箇後頭赶將頭口來我和一箇伴當先去尋箇好店安下處却來迎恁咱每先說擬定的則投順承門關店裏下去那般者你兩箇先去俺兩箇後頭慢慢的赶將頭口去咱每疾快行動者比及到那裏尋了店時那兩箇到來了也店主人家哥後頭更有幾箇伴當赶著幾箇馬來也你這店裏下的俺麽你通幾箇人幾箇馬俺通四箇人十箇馬車子有麽車子沒這般的時下的恁兀的東壁上有箇稍房子空者裏你看去你引俺看去來俺忙沒功夫去你則看去者悞了你多少功夫到那裏看了房子中不中俺說一句話那

般者去來這房兒也下的俺茶飯如何茶飯呵俺店裏
小主人家新近出去了委實無人打火你客人每自做
飯喫那般者俺自做喫鍋竈椀楪都有麽那的您放心
都有那般呵俺迎伴當每去你去者您兩箇到這裏多
少時也俺纔到這裏恰待尋您去來你却來了店在那
裏兀那西頭有行李都搬入來者把馬每鬆動者且休
摘了鞍子你去問主人家索幾箇席子藁薦來就待箇
苕箒來掃綽行李且休搬入去等鋪了席薦時一就搬
入去客人每你這馬待要賣那可知俺賣你既賣時也
不索你將投市上去則這店裏有者俺與您尋主兒都

賣了儘教到明日再說話咱這馬每路上來每日供路
子生受喂不到都沒甚膘息便將到市上市上人也出
不上價錢咱每拾著草料好生喂幾日發落也不遲裏
你道的是我也心裏那般想著有俺更有人蔘毛施帖
裏布明日打聽價錢去來有價錢時賣了者怕底似的
賤時且停些時你那裏打聽去師傅店裏有俺相識那
裏問去那般者到明日咱每一處去你兩箇着著頭口
俺兩箇到城裏去便來拜揖哥哥這店裏賣毛施布的
高麗客人李舍有麼你尋他怎麼俺是他親眷纔從高
麗田地來恰纔出去了投羊市角頭去了他說便來你

且出去等一會再來旣他羊市角頭去呵又不遠俺則
這裏等由你等者他在那箇房子裏下兀那西南角上
芭子門南壁小板門兒便是他出去了着家的有那沒
有箇後生來這裏不見也敢出去了恁高麗田地裏將
甚麼行貨來俺將的幾箇馬來更有甚麼行貨別沒甚
麼有些人蔘毛施帖裏布如今價錢如何價錢如常人
蔘正闕着哏好價錢如今賣的多少往年時則是一斤
十五兩如今爲沒賣的并定也沒處尋裏你那蔘那裏
蔘俺的是新羅蔘新羅蔘呵更好愁甚賣阿的不李舍
來也好麼好麼幾時來家裏都好麼都安樂好有投俺

下的房子裏去來請請裏頭坐的你從幾時離了王京
俺七月初頭離了却怎麼這時間纔來到俺沿路慢慢
的來俺家裏書信有那段書信有這書上寫著無甚備
細你來時俺父親母親伯父叔父伯娘嬸子姐姐姐夫
二哥三哥阿嫂姊妹兄弟每都安樂好麼都安樂那般
好呵休道黃金貴安樂最直錢怪殺今日早起喜鵲兒
噪更有嚏噴來果然有親眷來更有書信却道家書直
萬金小人拙婦和小孩兒每都安樂那都安樂你那小
女兒出班子來俺來時都完痊痾了你將甚麼行貨來
俺將著幾箇馬來更有些人蔘毛施帖裏布如今價錢

如何馬的價錢和布價則依往常人蔘價錢哏好有道
的是恰纔這店裏那客人也這般說你有幾箇伴當更
有兩箇伴當都是親眷一箇是姑舅哥哥一箇是兩姨
兄弟在那裏下在順承門關店街北一箇車房裏下著
有從幾時來到俺則夜來到這伴當是誰到東京這壁
廂廝合著他也有幾箇馬一處趕將來他是漢兒人在
東京城裏住俺沿路來時好生多得他濟俺漢兒言語
不甚理會的路上喫的馬匹草料以至安下處全是這
哥哥生受道的是俺且到下處去再廝見且停些時咱
每聊且喫一盞酒不當洗塵不索今日忙明日再廝見

喫酒也不遲裏那般呵明日就店裏尋你去一就和那
親眷每一處喫一兩盞我送到你外頭去索甚麼你送
你這房裏無人不索去那般者你却且休恠小人沒一
禮館待恠甚麼咱每一家裏又不是別人不多時却到
店裏見店主人和三箇客人立地着馬店主人道這三
箇伴當兩箇是買馬的客人一箇是管牙人你這馬他
每都一發買將直南賣去便將到市上也則兀的是千
零不如一頭則不如都賣與他每倒快也既你待賣時
咱每商量這箇青馬後生那老你則拿著覷牙根底我
覷了也下頭沒上頭邊兒有限老有你敢不理會的馬

䔰歲這箇馬如何今春新騸了的哏壯馬這好的歹的
都一發商量這曳剌馬騸馬赤馬黄馬鷰色馬棗色馬
黑綜馬白馬黑馬灰馬土黄馬繡膊馬白臉馬五明馬
桃花馬青驄馬豁鼻馬騍馬懷駒馬環眼馬乖驕馬烟
薫馬這馬牛行花塔步竄行馬鈍馬眼生馬撒蹶的馬
前失的馬口硬馬口軟馬這些馬裏頭歹的十箇一箇
瞎一箇跛一箇蹄歪一箇磨硯一箇打破脊梁一箇熟
蹶一箇疥三箇瘦則有五箇好馬你這馬好的歹的大
的小的相滾著要多少價錢一箇家評了價錢通要一
百二十定鈔你說這般價錢恁麽斷合的你則說賣的

價錢無來由這般高索甚麼俺不是矯商量的你道的是呵兩三句話便成了交易不爭你這般胡索價錢怎生的還呵是牙人道伴當每恁麼似的休多索恁兩箇枉了成合不得我是箇牙人也不向買主也不向賣主我則依本分的中間說你索一百二十定鈔呵這五箇好馬十箇歹馬恁評多少這五箇好馬俺評五十定這十箇歹馬俺評七十定似這般價錢其實著落不得我依著如今實直的價錢說與恁兩家依著我說倒的去如何我試聽你定的價錢這五箇好馬每一箇評七定計三十五定這十箇歹馬每一箇評五定計五十定通

做八十五定成了去似你這般定價錢就高麗田地裏
也買不得那裏是實買爲的則是胡商量的這箇伴當
你說甚麽話不買時警風那做甚麽來這裏商量這馬
恰纔牙人定來的價錢猶自虧著俺有這般價錢不賣
你更待想甚麽你兩家休自管叫喚買的更添些箇賣
的減了些箇更添五定做九十定成交可天平地平買
主生不著價錢也買不得賣主多指望價錢也賣不得
邊頭立地閑看的人道這牙家說的價錢恨是本分的
言語罷罷咱則依牙人的言語成了者既這般時價錢
恨虧著俺只是一件爛鈔不要與俺好鈔那般著爛鈔

也總俺的都是好鈔旣是好呵咱先撿了鈔寫契那般
者布依裏鈔將來都撿了著牙人先撿了你賣主自撿
裏頭無一張兒歹的這鈔雖是撿了假僞俺不識恁使
了記印者已後使不得時俺則問牙人換那般者使著
印兒也不揀幾時管換文契著誰寫牙家就寫這契寫
時一總寫那一箇家分關著寫休總寫總寫時怎麼發
落你各自寫者恁這馬是一主兒那是各自的一主兒
的不是這四箇伴當是四箇主兒這馬裏頭各自有數
目你從頭寫我的馬契你的馬是家生的那元買的我
的是元買的你在那裏住姓甚麼我在遼陽城裏住姓

王寫著王客者我寫了這一箇契也我讀伱試聽遼陽
城裏住人王客今爲要錢使用别無得處遂將自己元
買到赤色騸馬一疋年五歲左腿上有印記憑大都管
牙人羊市角頭街北住坐馬二作牙人賣與直南府客
人張五永遠爲主兩言議定價錢中統鈔七定其錢立
契日一併交足外無懸欠如馬好歹買主自見如馬來
處不明賣主一面承當成交已後各不許番悔如先悔
的罰中統鈔一十兩與不悔之人使用無詞恐後無憑
故立此契爲用者某年月日立契人王客押管牙人馬
二押其餘的馬契都寫了也咱每筭了牙稅錢者體例

裏買主管稅賣主管牙你各自筭將牙稅錢來俺這八
十五定價錢裏該多少牙稅錢你自筭一兩三分十兩
三錢一百兩該三兩八十五定鈔計四千二百五十兩
牙稅錢各該著一百二十六兩五錢牙稅錢都筭了也
俺這馬契幾時稅得了那的不容易那你著一箇伴當
根我去來到那裏便了更不時恁都則這裏有者我去
稅了送將來與恁俺不曾好生覷這箇馬元來有病有
甚麼病兀的鼻子裏擺齈有是瘷馬俺怎麼敢買將去
不爭將去時連其餘的馬都染的壞了這般的你更待
悔交那我是索不要你既不要時契上明白寫著如馬

好歹買主自見先悔的罰鈔十兩官憑印信私憑要約
你罰下他十兩鈔與他賣主悔交去便是索甚麼煩惱
那般者你撞出這箇馬契來問他每元定價錢內中除
了十兩鈔做罰鈔毀了文契者這箇馬悔交了也該著
五定價錢你要過的牙稅錢各該著七兩五錢你却迴
將來那般者迴與你你都這裏有者我稅契去索甚麼
等你俺趕著馬下處兌付草料去你稅了契時到明日
俺下處還來相別散了你這人參布疋不曾發落敢有
些時住裏我別無甚買賣比及恁賣布的其間我買些
羊到涿州地面賣去走一遭迴來咱每商量別買行貨

如何那般者也好你買羊時咱每一處去來我也閑着
價錢去到街上立地的其間一箇客人趕著一羣羊過
來伴當你這羊賣麽可知賣裏你要買時咱每商量這
箇羝羊臊胡羊羯羊羖䍽羔兒母羖䍽都通要多少價
錢我通要六定鈔量這些羊索這般高價錢好綿羊却
賣多少索的是虛還的是實你與多少你這般胡索價
錢我那些箇還呵是你道的是者那般者減了半定者
你來你休減了半定我老實價錢則一句兒還你我與
你四定鈔肯時賣你不肯時趕將去休四定你更添半
定賣與你添不得肯時肯不肯時罷我是快性撿好鈔

來臨晚也賤合殺賣與你便好坐的著我赶著羊到涿
州賣了便迴來我恰尋思來這幾箇羊也當走一遭既
待去也餘剩有些鈔裏頭放怎麼一就買段子將去咱
每鋪裏商量去來這茶褐暗花鴉青胷背象牙底兒胷
背六花暗花遍金荅子雲肩暗花和織和素紅綾生絹
紅裏絹綿紬絲紬銷金段子披氈氈衫油單呂呂裁帛
腰線鴉青鸚綠栁青大紅小紅肉紅桃紅番紅銀褐鵝
黃金色茶褐麝香茶褐酒浸茶褐紫紵絲紅腰線襖子
這段疋你都看了也你端的待買甚麼段子別箇不要
鴉青金胷背段子和這和織和素俺老實對你說俺自

穿的不是要將投鄉外轉賣覓些利錢去你老實索價
錢這金胸背三定和織九十兩和素五十兩你休這般
胡索倒瞞了你買賣俺不是利家這段子價錢俺都知
道這金胸背是草金江南來的你索三定呵這服地真
金的却賣多少也不索多說你既知道價錢你與多少
價錢這金胸背兩定和織七十兩和素四十兩是實實
的價錢你肯時我買不肯時俺別處商量去既你知道
價錢索甚麼多說撿好鈔來賣與你這段子買了也咱
每更商量這箇紫紵絲段子到多少尺頭句做一箇襖
子麼你說甚麼話滿七托有官尺裏二丈八裁衣尺裏

二丈五你一般身材做襖子呵細褶兒儘句也若做直
身襖子有剩你打開我試托那裏滿七托剛剛的七托
有你身材大的人一托比別人爭多這段子地頭是那
裏的你道是我識行貨邪又不識這段子外路的不是
服地段子有你仔細看没些箇粉飾好清水段子索多
少價錢這段子價錢誰不識索甚麽索價錢若索呵索
六定老實價錢五定撿鈔來便是這段子也買了也你
這鞍子鞦頭大鞦小鞦攀胷鞊鞍橋子鴈翅板鐙徹皮
肚帶籠頭牽控編繮繮繩攪頰閘口汗替皮替替子全
買了也更買一張弓去到賣弓的房子裏問道賣的好

弓有麽可知有無可做甚麽買賣裏你將這一張黃樺
弓上絃着我試撥氣力有呵我買新上了的弓慢慢的
撥是好弓呵怕甚麽撥撥這弓把褢軟難撥沒迴性有這
弓你卻是強褒彈兀的弓你更嫌甚麽由他說褒彈的
是買的這一張弓爲甚麽不樺了你不理會的這弓最
好上等弓若樺了時買的人不委信教人看了面子上
角背子上鋪的勻商量了價錢然後樺了也不遲裏這
弓卻下叩子小些箇梢兒短弓也買了也有賣的弓絃
時將來俺一就買一條就這裏上了這弓者絃有你自
揀着買這的忒細這的卻又麤倴似這一等兒着中恰

好這弓和絃都買了也更買幾隻箭這鈚子虎瓜鹿角
樸頭響樸頭艾葉鋤葉迷針箭這箭竿是竹子的這的
是木頭的更買這箭胡蘆弓袋這雜帶都買了也更買
些椀子什物鍋兒鑼鍋荷葉鍋六耳鍋磁楪子水楪子
漆楪子這紅漆匙黑漆匙銅匙紅漆箸銅筯三脚鐺兒
這盤子是大盤子小盤子漆椀這漆器家具一半兒是
通布褁的一半兒是膠漆粍的更有些夠子生活其餘
的通布褁的是主顧生活其餘的都是市賣的今日備
辦了些箇茶飯請咱每衆親眷閑坐的翁翁婆婆父親
母親伯伯叔叔哥哥兄弟姐姐娣妹外甥姪兒姪女舅

舅女婿妗子又嬸母姨姨姑姑姑夫姨夫姐夫妹夫外
甥女婿叔伯哥哥兄弟姑舅哥哥兄弟房親哥哥兄弟
兩姨哥哥兄弟親家翁親家母親家伯伯親家舅舅親
家姨姨使喚的奴婢都請將來也攔門盞兒都把了也
請屋裏坐的今日些小淡薄禮虛請親眷酒也醉不得
茶飯也飽不得休恠休這般說不當教您盡一日生受
酒也醉了茶飯也飽了也您休恠如今正是臘月天氣
寒冷拾來的糞將來熰著些火者熱手脚糞拾在籠子
裏頭收將來休教別人將去了這車子折了車網子輻
條將來可惜了咱每後頭不備窄那車軸車釧車諫車

頭車梯車廂車轅繩索都好有樓子車庫車驢騾大車
驢駕轅車馬妳子車坐車兒都好生房子裏放者休教
雨雪濕了似這般冷呵咱每遠垜子放者射賭一箇手
咱每六箇人三棚兒箭句射也那壁廂先射過來人叫
唤有大了也恰好者射歪了也高些箇射休小了低射
呵竄到也誰贏誰輸由他你覷來裏暫霎兒更添一箇
箭呵咱每端也已贏了也輸了的做宴席者咱每做漢
兒茶飯者頭一道細粉第二道魚湯第三道雞兒湯第
四道三下鍋第五道乾按酒第六道灌肺蒸餅第七道
粉羹饅頭臨了割肉水飯打散咱每點視這果子菜蔬

肴整齊那不整齊這藕菜黃瓜茄子生葱韭蒜蘿蔔冬瓜葫蘆芥子蔓菁赤根海帶這按酒煎魚兒肝雙腸頭蹄肚兒腦子眼睛脆骨耳朶這果子棗兒乾柿核桃乾葡萄龍眼荔枝乾杏西瓜甜瓜柑子石榴梨兒李子松子粆糖蜜栗子這肉都煮熟也頼項骨背膂脇扇前膊後腿胷子却怎麽不見一箇後腿饅頭餡兒裏使了也湯水茶飯都了也日頭落也疾忙擡肉呵散者咱每今日宴席喫了多少酒喫了三十兩的酒咱每通是十數箇人怎麽喫三十兩的酒且不則十數箇人喫下頭伴當每徧不喫那宴席散了也我有些腦痛頭眩請大醫

來胗候脉息着甚麽病大醫說你脉息浮沉你敢傷著
冷物來我昨日冷酒多喫來那般呵消化不得上頭腦
痛頭眩不思飲食我這藥裏頭與你箇剋化的藥餌喫
了便教無事消痞丸木香分氣丸神芎丸檳榔丸這幾
等藥裏頭堪中服可治飲食停滯則喫一服檳榔丸食
後每服三十丸生薑湯送下喫了時便動臟腑動一兩
行時便思量飯喫先喫些薄粥補一補然後喫茶飯明
日大醫來問你較些箇麽今日早晨纔喫了些粥較爭
些箇也明日病疴了時大醫根底重重的酬謝也咱每
每年每月每日快活春夏秋冬一日也休撇了咱人今

日死的明日死的不理會得安樂時不快活呵眞箇呆人也死的後頭不揀甚麽都做不得主張有好行的馬别人騎也好襖子别人穿也好媳婦别人根底去也活時節著甚麽來由不受用大槩人的孩兒從小來好教道的成人呵官人前面行也者他有福分呵官人也做也者若教道他不立身成不得人也是他的命也者咱每爲父母心盡了不曾落後休這小孩兒若成人呵三條道兒中間裏行者别人東西休愛者别人折針也休拿者别人是非休說者若依著這般在意行呵不揀幾時成得人也者常言道老實常在脫空常敗休做賊說

謊休奸滑懶惰官人每前面出不得氣力行呵一日也
做不得人有伴當其間自家能處休說休自誇別人落
處休笑達達家比喻說休了不得我儴儸有那言語休
說者舡投水裏出來旱地裏行不得車子載著有車子
水裏去呵水裏行不得舡裏載著有一箇手打呵響不
得有一箇腳行呵去不得有咱每人廝將就廝附帶行
呵好有更伴當每好的歹的都廝負荷著行人有好處
揚說者人有歹處掩藏者常言道掩惡揚善若是掩人
德揚人非最是歹句當有咱每做奴婢的人根著官人
每行呵這裏那裏下馬處將官人的馬牽控拿者好生

絟着肥馬涼着瘦馬鞍子摘了絆了脚草地裏撒了教
喫草布帳子疾忙打起着鋪陳整頓着房子裏搬入去
者鞍子轡頭自己睡卧房子裏放者上頭著披氈蓋者
那的之後鑼鍋安了者疾忙茶飯做者肉熟也撈出來
茶飯喫了呵椀子家具收拾者官人每睡了時教一箇
伴當伺候者若這般謹慎行呵便是在下人扶侍官長
的道理咱每結相識行呵休說那你歹我好朋友的面
皮休教羞了親熱和順行呵便是一箇父母生來的弟
兄一般厮相待厮顧盻著行朋友每若困中無盤纏呵
自己錢物休愛惜接濟朋友教使者朋友若不幸遭著

官司口舌呵衆朋友每向前救濟者若不救呵傍人不
唾罵那甚麽有些病疾呵休迴避與請大醫下藥看治
者早起晚夕休離了煎湯煑水問候者若這般廝覷當
呵便有十分病也減了五分朋友有些病疾迴避者不
照覷那病人想著沒朋友情分悽惶呵縱有五分病添
做十分也者咱每世上人做男兒行呵自已祖上名聽
休壞了凡事要謹慎行呵卓之男兒人父母名聽辱磨
了呵別人唾罵也父母在生時家法名聽好來田產物
業有來孳畜頭疋有來人口奴婢有來爺娘亡沒之後
落後下的孩兒每不務營生教些幫閑的潑男女狐朋

狗黨每日穿茶房入酒肆妓女人家胡使錢衆親眷街
坊老的每莊院老的每勸道你為甚麽省不得執迷著
心迴言道使呵使了我的錢壞呵壞了我的家私干您
甚麽事因那上頭衆人再不曾勸信著他胡使錢每日
十數箇幫閑的家裏媳婦孩兒喫的穿的都是這呆厮
的錢騎馬呵五十錠的好竄行馬鞍子是時行的鏊木
鞽子上頭打角通使五十錠鈔穿衣服呵按四時穿衣
服每日出套換套有春間好紫羅繡搭胡白羅紅腰線
襖子梅花羅搭搭五兒白羅衫兒到夏間好極細毛施
布布衫上頭繡胸褙紗搭胡白紗搭搭五兒到秋間是

羅衣裳到冬間斜紋紵絲襖子斜紋絲紬襖子纏身金龍襖子茶褐水波紋地兒四花襖子象眼地兒鴉青六花襖子雲肩搭胡茜紅毛衫藍紵絲袴兒棗褐紵絲三襜白綃汗衫銀褐紵絲板褶兒短襖子黑褐紵絲掤襟襖子渾金搭子搭搭五兒這般按四時穿衣裳繫腰呵也按四季春裏繫金繫腰夏裏繫玉繫腰最低的是菜王最高的是羊脂玉秋裏繫鈒鐵尋常的不是有玲瓏花樣的冬裏繫犀繫腰有綜眼的更毛犀不要頭上戴的帽子好水獺毛氊兒貂鼠皮簷兒琥珀珠兒西番蓮金頂子這般一箇帽子結褁二十錠鈔又有單桃牛尾

笠子玉珠兒羊脂玉頂子這般笠子通結裹三十錠鈔
有又有裁帛暗花紵絲帽兒雲南氊海青帽兒青氊鉢
笠兒又有貂鼠簷兒皮帽上頭都有金頂子又有紅瑪
瑙珠兒穿靴呵春間穿雲南猠皮靴上頭更縫上花様
夏間穿紫斜皮四垂頭刻子靴夾金線黑斜皮靴到冬
間穿白斜皮靴眞皮靴氊襪呵穿好絨毛襪子都教氷
藍紵絲縁口子一對靴上都有紅絨鴈爪那靴底都是
兩層淨底上的線蠟打了錐兒細線簽上的分外的牢
壯好看喫飯呵揀口兒喫清早晨起來梳頭洗面了先
喫些箇醒酒湯或是些點心然後打餅熬羊肉或白煮

著羊腰節骨子喫了時喫些酪解粥騎著鞍馬引著僕
奴著幾箇幫閑的般弄著先投大酒館裏坐下二三十
兩酒肉喫了時酒帶半酣引動斜心座子人家裏去到
那裏教那彈絃子的謊廝每捉弄著假意兒叫幾箇舍
人郎中早關手使錢也那錢物則由那幫閑的人支使
他則粧孤正面兒坐著做好漢那廝每將著鈔破使了
中間尅落了一半兒養活媳婦孩兒一箇日頭比及到
晚出來呵至少使五六定鈔後頭使的家私漸漸的消
乏了人口頭疋家財金銀器皿都盡賣了田產房舍也
典當了身上穿的也沒口裏喫的也沒那幫閑的男女

更沒一箇肯偢倸的如今根著官人把馬且得衣飯行
有我買這行貨待涿州賣去這幾日為請親眷筵會又
為病疾耽閣不曾去的我如今去也伴當恁落後好坐
的者我到那裏賣了行貨便來你好去者俺賣了這人
蔘毛施帖裏布時不揀幾日好歹等你來咱商量買迴
去的行貨你是必早來店主人家引著幾箇鋪家來商
量人蔘價錢這蔘是好那歹將些樣蔘來我看這蔘是
新羅蔘有也著中你說甚麼話這蔘絕高有怎麼做的
著中牙家道索甚恁兩家折辨高低如今時價二十五
兩一斤有甚商量你這蔘多少斤重俺這蔘一百一十

斤恁秤如何俺秤放著印子裏誰敢使私秤這價錢一定也俺則要上等擇鈔見鈔不賒也怎那般說鈔呵與你好鈔買行貨的那裏將便與鈔裏須索限幾日你兩家休爭限十箇日頭還足價錢那般著依著牙家話這蔘稱了句得一百斤恁說一百一十斤那一十斤却在那裏俺家裏稱了一百一十斤恁這秤大的上頭折了十斤也那裏秤大這蔘恁稱時節有些濕來如今乾了爲那上頭折了這十斤這蔘做了五分兒分了一箇人二十斤家每一斤二十五兩二十斤該五百兩是十定通計五十定更店主人家引將幾箇買毛施帖裏布的

客人來恁這毛施布十一綜的價錢九綜的價錢索多
少十一綜的是上等好布三定半沒商量九綜的是中
等的兩定半這帖裏布好的多少價錢低的多少價錢
帖裏布這一等好的兩錠這一等較低的六十兩恁休
胡索價錢這布如今見有行市俺買呵買一兩箇自穿
的不是一發買將去要覓些利錢俺依著如今價錢一
句兒還恁這毛施布高的三錠低的兩錠這帖裏布高
的七十兩低的一錠俺不賒恁的一撿兒興好歛牙家
道他每還的價錢是著實的價錢恁客人每直東新來
不理會得直實價錢恁休疑惑成交了者那般者價錢

呵依著恁依的俺時成交依不得時俺不賣鈔呵擇鈔
爛鈔都不要你則要一等料鈔時每兩官除工墨三分
私下五分家出工墨也倒不出料鈔來似恁這般都要
料鈔時虧著俺待虧恁多少肯時成交不肯時恁別處
買去那般者與恁料鈔買恁這布裏頭長短不等有勾
五十尺的有麼則到四十尺的更有四十八尺長短不
等呵是地頭織來的俺又不曾打了稍子兩頭放著印
記裏似這一箇布經緯都一般便是魚子兒也似勻淨
好有似這一等經緯不等織的又鬆哏不好有買的人
多少褒彈急切難著主兒似這等布寬呵好這幾箇布

哏窄有窄呵備爭甚麼也一般賣了恁怎說那等言語
寬呵做出衣裳餘剩又容易賣窄呵做衣裳不勾不爭
少些箇又索這一等的布零截又使五兩鈔爲這上買
的人少怎做爭甚麼有買也買了也索甚麼鬧廝諕筭
了價錢撿與他鈔你是牙家你筭了者該多少上等毛
施布一百疋每疋兩定半該二百五十定低的三十疋
每疋兩定計六十定都與料鈔是委實沒若干料鈔敢
則到的三百定料鈔那零一十定與恁上等擇鈔如何
客人覷偌多交易索甚麼爭這些箇料鈔好擇鈔也與
料鈔一般使有那般者依著恁將好擇鈔來這鈔都撿

了也俺數將布去你且住者這鈔裏頭眞假俺高麗人
不識有恁都使了記號印兒者牙家眼同看了者後頭
使不得時俺則問牙家換却不當面撿點見數出門不
管退換也怎道恁這等慣做買賣的人俺一等不慣的
人根底多有過瞞有恁使著記號者大家把穩這五十
錠做一束兀的是九東那幾箇客人將布子去了咱每
人參價錢也都收拾了行貨都發落了也咱每買些甚
麼行貨迴去呵好商量其間涿州買賣去來的伴當到
來相見好麼好麼買賣稱意麼托著哥哥每福陰裏也
有些利錢你的行貨都賣了那不曾俺行貨都賣了也

正待買迴去的行貨尋思不定恰好你來到你待買甚
麽行貨俺知他甚麽中將去哥哥你與俺排布者我曾
打聽得高麗田地裏賣的行貨底似十分好的倒賣不
得則宜豹子行貨倒著主兒快可知哥哥你說的哏是
有俺那裏好的歹的不識則揀賤的買正是宜假不宜
真我引著恁買些零碎行貨紅纓一百顆燒珠兒五百
串瑪瑙珠兒一百串琥珀珠兒一百串玉珠兒一百串
香串珠兒一百串水精珠兒一百串珊瑚珠兒一百串
大針一百褁小針一百褁青頂牌兒一百副鑷兒一百
箇蘇木一百斤氊帽兒一百箇桃尖欆帽兒一百箇琥

珀頂子一百副氁纓兒一百副圓㡌帽兒一百箇繊結
㡌帽兒一百箇香搽粉一百貼綿臙脂一百斤蠟臙脂
一百斤粉一百斤牛角盒兒一百箇鹿頂盒兒一百箇
繡針一百褁棗木梳子一百箇黃楊木梳子一百箇大
篦子一百箇蠛篦子一百箇斜皮針筒兒一百箇大小
刀子一百副雙鞘刀子一十把雜使刀子一十把割紙
細刀子一十把裙刀子一十把五事兒十副象棊十副
大碁十副雙六十副茶褐象眼地兒縧帶一百條紫縧
兒一百條氁口合鋅一百箇剃頭刀子一百箇剪子一
百把錐兒一百箇桲三十連等子十連那桲等子都是

官做的枰竿枰鎚毫星枰鉤子都有更買些麁木綿一
百疋渾金和素段子一百疋草金段子一百疋更有小
孩兒每小鈴兒一百箇馬纓一百顆鑞鐵條環一百
箇更買些文書一部四書都是晦庵集註又買一部毛
詩尚書周易禮記五子書韓文栁文東坡詩淵源詩學
押韻君臣故事資治通鑑翰院新書標題小學貞觀政
要三國志評話這些行貨都買了也俺揀箇好日頭迴
去我一就待筭一卦去這裏有五虎先生最筭的好有
咱每那裏筭去來到那卦鋪裏坐定問先生道與俺看
命你道將年月日生時來我是屬牛兒的今年四十也

七月十七日寅時生你這八字哏好一世不少衣祿不
受貧官分呵沒宜做買賣出入通達今年交大運丙戌
已後財帛大聚強如已前數倍這般呵我待近日迴程
幾日好且住我與你選箇好日頭甲乙丙丁戊己庚辛
壬癸是天干子丑寅卯辰巳午未申酉戌亥是地支建
除滿平定執破危成收開閉你則這二十五日起去寅
時往東迎喜神去大吉利二兩半卦錢留下者各自散
了至二十五日起程辭別那漢兒伴當已前盤纏了的
大帳都筭計明白哥哥俺每迴去也你好坐的者俺多
多的定害您您休怪咱每為人四海皆兄弟咱每這般

做了數月伴當呵不曾面赤如今辭別了休道後頭再不厮見山也有相逢的日頭今後再厮見呵不是好兄弟那甚麼

老乞大終

老乞大諺解（影印本）

老랗랄乞킹키大따다諺연연解계계上썅샹

大따다哥거거你니니從쭝충那나나裏리리來래레 ○ 큰 형아 네 어드러로셔브터 온다

我어오從쭝충高강갈麗리리王왕왕京깅깅來래레 ○ 내 高麗王京으로셔브터 오라

如슈슈今긴긴那나나裏리리去큐큐 ○ 이제 어드러 가ᄂᆞ다

我어오往왕왕北븡버京깅깅去큐큐 ○ 내 北京으로 향ᄒᆞ야 가노라

你니니幾기기時쓰스離리리了랼랴王왕왕京깅깅 ○ 네 언제 王京의셔 ᄠᅥ난다

我어오這져져月웨워初추추一잉이日ᅀᅵ시離리리了랼랴王왕왕京깅깅 ○ 내 이 ᄃᆞᆯ 초ᄒᆞᄅᆞᆫ날 王京셔 ᄠᅥ난노라

旣기기是쓰스這져져月웨워初추추一잉이日ᅀᅵ시離리리了랼랴王왕왕京깅깅 ○ 이믜 이 ᄃᆞᆯ 초ᄒᆞᄅᆞᆫ날 王京의셔 ᄠᅥ나시면

到당단今긴긴半번반箇거거月웨워 ○ 이제 반ᄃᆞᆯ에 다ᄃᆞ라쇼ᄃᆞᆫ 怎

즘즘 麽마마 纔채ᄍᆡ 到단닿 的디딩 這저져 裏리리 ○ 엇디곳여 긔오뇨 我
어오 有우잏 一이힝 箇거거 火호훠 伴번뻔 落로랗 後후흫 了랴량 來래래
○ 내혼벗이이 셔뼈뎌오매 我오어 沿연연 路루로 上샹썅 慢만만 慢만만 的
디딩 行힝뼝 着죠짷 等등등 候후흫 來래래 ○ 내길흘조차날호 여녜여기드려오
노라 ᄒᆞ니 因인힌 此츠ᄎᆞ 上샹썅 ○ 이런젼 ᄎᆞ로 來래래 的디딩 遲치ᄍᆞᆼ 了
랴량 ○ 오미더 되여라 那나나 火호훠 伴번뻔 如슈슈 今긴긴 赶간간 上샹썅
來래래 了랴량 不부봉 會츄쭝 ○ 그벗이제미 처올가못올가 這저져 箇거거
火호훠 伴번뻔 便변뼌 是스ᄊᆞ ○ 이벗이 끈긔니 夜여여 來래래 纔채ᄍᆡ 到
닫닿 ○ 어제곳 오니라 你니니 這저져 月워웡 盡진쪈 頭투뚷 ○ 네이ᄃᆞᆯ 그몸ᄭᅴ
到닫닿 的디딩 北버븽 京깅깅 麽마마 ○ 北京의 갈가 到닫닿 不부붕 得

디딍 ○ 가디몯홀가 知지징 他타타 ○ 모로리로다 那나나 話화화 怎즘즘

敢간간 說숴쉉 ○ 그 말을 엇디 니ᄅᆞ리오 天텬텬 可커커 憐련련 見견견 ○

하ᄂᆞᆯ이 어엿비 너기샤 身신신 己기기 安안한 樂로랑 時스씃 ○ 몸이 편안ᄒᆞ면

也여여 到닫당 ○ 가리라 〔 你니니 是스씃 高갈갈 麗리리 人신인 ○

너는 高麗ㅅ 사ᄅᆞᆷ이어니 却커컹 怎즘즘 麼마마 漢한한 兒ᅀᅳᆯᅀᆞᆯ 言연연 語유유

說숴쉉 的디딍 好화할 ○ 또 엇디 漢語 니ᄅᆞᆷ을 잘ᄒᆞᄂᆞ뇨 我오어 漢한한 兒ᅀᅳᆯᅀᆞᆯ

人신인 上상쌍 學효ᅘᅣᇦ 文운운 書슈슈 ○ 내 漢ㅅ 사ᄅᆞᆷ의 손ᄃᆡ 글 ᄇᆡ호니 因인인

此츠ᄎᆞ 上상쌍 ○ 이런 젼ᄎᆞ로 些셔셔 少샤샹 漢한한 兒ᅀᅳᆯᅀᆞᆯ 言연연 語

유유 省싱싱 的디딍 ○ 져기 漢ㅅ 말을 아노라 你니니 誰쉬쒸 根근ᄀᆞᆫ 底디디

學효ᅘᅣᇦ 文운운 書슈슈 來레래 ○ 네 뉘손ᄃᆡ 글 ᄇᆡ혼다 我오어 在재ᄍᆡ 漢한한

兒슬울學햫효堂땅탕裏리리○내漢ᄒᆞᆨ당의셔學햫효文몬운書슈슈來

래래○글ᄇᆡ호라你니니學햫효甚씸슴麼마마文몬운書슈슈來래래○

네므슴글을ᄇᆡ혼다讀뚱두論룬룬語유유孟몽믕子즈즈小샹샤學햫효○

論語孟子小學을닐그라你니니每믜믜日싀시做주주甚씸슴麼마마工궁궁

課쿼코○네每日므슴공부ᄒᆞᄂᆞ다每믜믜日싀시清칭칭早잘잔晨씬친起

키키來래래○每日이ᄅᆞᆫ새배니러到닿닫學햫효裏리리○學堂의가師스스

傅부부上샹샹受씩식了랴랴文몬운書슈슈○스승님씌글ᄇᆡ호고放방방

學햫효○學堂의셔노하든到닿닫家갸갸裏리리喫칭치飯빤반罷빠바

○집의와밥먹기ᄆᆞᆺ고却컹커到닿닫學햫효裏리리寫셔셔倣방방書슈슈

○또ᄒᆞᆨ당의가셔품쓰기ᄒᆞ고寫셔셔倣방방書슈슈罷빠바對뒤뒤句규규

○ 셔품쓰기ᄆᆞᆺ고 년구ᄒᆞ기ᄒᆞ고 對 뒤뒤 句 규규 罷 빠바 吟 인인 詩 스ᄉᆞᇫ ○ 년구

ᄒᆞ기ᄆᆞᆺ고 글 읇기ᄒᆞ고 吟 인인 詩 스ᄉᆞᇫ 罷 바빠 師 스ᄉᆞᇫ 傅 부부 前 천쪈 講 강걍

書 슈슈 ○ 글 읇기ᄆᆞᆺ고 스승 앏ᄑᆡ셔 글을 강ᄒᆞ노라 講 강강 甚 슴씸 麽 마마 文 운몬

書 슈슈 ○ 므슴 글을 강ᄒᆞᄂᆞ뇨 講 강강 小 샤샿 學 효햫 論 룬룬 語 유유 孟 믕믕

子 즈ᄌᆞᇫ ○ 小學 論語 孟子을 강ᄒᆞ노라 說 쉬숳 書 슈슈 罷 바빠 又 우잏 做

주주 甚 슴씸 麽 마마 工 궁궁 課 코쿼 ○ 글 니ᄅᆞ기 ᄆᆞᆺ고 므슴 공부ᄒᆞᄂᆞ뇨 또 到

닿당 晚 완환 ○ 나죄 다ᄃᆞᆺ거든 師 스ᄉᆞᇫ 傅 부부 前 천쪈 撤 처쳥 簽 쳔쳔 背 븨븨

念 년년 書 슈슈 ○ 스승 앏ᄑᆡ셔 사ᄉᆞᆯ ᄡᅢ혀 글 외오기ᄒᆞ야 背 븨븨 過 고궈 的 디딍

○ 외오니란 師 스ᄉᆞᇫ 傅 부부 與 유유 免 면면 帖 텨텽 一 이힣 箇 거거 ○ 스승

이 免帖ᄒᆞ나ᄒᆞᆯ 주고 着 죠쟣 背 븨븨 不 부붕 過 고궈 時 스ᄊᆞᇫ ○ ᄒᆞ다가 외오디 몯ᄒᆞ

여든 教걒걓 當당당 直지징 的디딍 學효햫 生승승 背비비 起키키 ○ 딕일

션븨ᄒᆞ여어피고 打다다 三산산 下햐하 ○ 세훌티ᄂᆞ니라 怎즘즘 的디딍 是

스숭 撤쳐쳥 簽쳔쳔 背비비 念년년 書슈슈 ○ 엇디훌손사술쎄혀글외오기며

怎즘즘 的디딍 是스쓰 免면면 帖텨뎡 ○ 엇디훌손免帖인고 每미믜 一이휭

箇거거 竹주즁 簽쳔쳔 上상썅 ○ 每훈대[illegible]여 寫셔셔 着죠쟣 一이휭 箇

거거 學효햫 生승승 的디딍 姓싱싱 名밍밍 ○ 훈션븨일홈을쓰고 衆중중 學

효햫 生승승 的디딍 姓싱싱 名힝밍 ○ 모든션븨일홈을 都두두 這저져 般

번번 寫셔셔 着죠쟣 ○ 다이리쎠 一이휭 箇거거 簽쳔쳔 筒퉁뚱 見술숞 裏

리리 盛칭찡 着죠쟣 ○ 훈사술통에담아 教걒걓 當당당 直지징 的디딍 學

효햫 生승승 ○ 딕일션븨ᄒᆞ여 將장쟝 簽쳔쳔 筒퉁뚱 來레래 搖얖양 動둥뚱

○ 다사 가솔 혼통 드가 리저 內뉘뉘 中중중 撒청차 一힝이 箇거거 ○ 에그 ᄒᆞ듦
ᄡᅢ나 혀흘 撒청처 着쨩죠 誰쒸쉬 的딩디 ○ 고ᄡᅢ ᄒᆞ히 야니 권 便뼌번 着쨩죠
那나나 人신인 背븨븨 書슈슈 ○ 여믄 글득 외그 오사 되룸 ᄒᆞ 背븨븨 念년년
過궈고 的딩디 ○ 이외 는온 師ᄉᆞ스 傳뿌부 與유유 免면면 帖텽뎌 一힝이
箇거거 ○ 나스 홀승 주이 ᄂᆞ免 니帖 ᄒᆞ 那나나 免면면 帖텽뎌 上썅상 ○ 免그
회帖 우 寫셔셔 着쨩죠 免면면 打다다 三산산 下햐하 ○ 믈세 면번 ᄒᆞ마 라즈
ᄡᅳᄒᆞ 고여 師ᄉᆞ스 傳뿌부 上썅상 頭뜽투 畫화화 着쨩죠 花화화 押향아 ○
셔스 두승 ᄂᆞ이 니우 라회 도 着쟣죠 再재재 撒청처 蔡쳔쳔 試ᄉᆞ스 不붕부 過
궈고 ○ 혀ᄒᆞ 외다 오가 디다 몯시 ᄒᆞ사 여솔 도ᄡᅢ 將쟝쟝 出츄츄 免면면 帖텽뎌 來
래래 毁회회 了랑랴 ○ 여免 브帖 리내 고여 해 便뼌번 將쟝장 功궁궁 折져져

過(궈 고)免(면 면)了(랼 랸)打(다 다)○곳功을다가過여마초아마즘을면ᄒᆞ거니와着(잫 쇼)

無(무 우)免(면 면)帖(텨 텨)○ᄒᆞ다가免帖곳업스면定(띵 딩)然(연 연)喫(칭 치)

打(다 다)三(산 산)下(햐 햐)○일뎡세번마즘올닙ᄂᆞ니라

你(니 니)是(ᄊᆞ 스)高

(강 갸)麗(리 리)人(신 쉰)○너ᄂᆞᆫ高麗ㅅ사ᄅᆞᆷ이어니學(햫 효)他(타 타)漢(한 한)兒(ᅀᆞᆯ 슬)

文(운 운)書(슈 슈)怎(즘 즘)麼(마 마)○뎌漢ㅅ글ᄇᆡ화므슴ᄒᆞᆯ다你(니 니)說(숼 숴)的

(딍 디)也(여 여)是(ᄊᆞ 스)○네니ᄅᆞᆷ도올커니와各(갸ᇰ 거)自(ᄍᆞ 즈)人(신 신)都(두 두)有

(윙 우)主(쥬 쥬)見(견 견)○각각사ᄅᆞᆷ이다主見이잇ᄂᆞ니라你(니 니)有(윙 우)甚(씸 슴)

麼(마 마)主(쥬 쥬)見(견 견)○네므슴主見이잇ᄂᆞ뇨你(니 니)說(숼 숴)我(어 오)聽

(팅 팅)着(짷 죠)○네니ᄅᆞ라내드ᄅᆞ마如(슈 슈)今(긴 긴)朝(짷 챺)廷(띵 팅)一(ᅙᅵ 이)統

(퉁 퉁)天(텬 텬)下(햐 햐)○이제朝廷이天下ᄅᆞᆯ一統ᄒᆞ여시니世(싀 시)間(견 견)用(융 융)

着죠쟣的디딩是스씃漢한한兒슬슳言연연語유유○세간에쓰는거슨한
말이니我오어這저져高갈강麗리리言연연語유유○우리이高麗ㅅ말은
只즈즛是스씃高갈강麗리리地디띠面면면裏리리行힝혱的디딩○
다만高麗ㅅ싸희만쓰고過고궈的디딩義이이州칙징○義州디나漢한한兒
슬슳地디띠面면뎐來레래○漢ㅅ싸희오면都두두是스씃漢한한兒슬슳
言연연語유유○다한말이라有우잉人신신問운운着죠쟣一이힝句
규규話화화○아믜낙혼말올무러든也여여說쉐쉉不부붕得더듷時스씃
○또딕답디못ᄒᆞ면別벼뼝人신신將장쟝咱자쟝們믄믄○다ᄅᆞᆫ사ᄅᆞᆷ이우
리롤다가做주주甚슴씸麽마마人신신看칸칸○므슴사ᄅᆞᆷ을사마보리오你
니니這저져般번번學효햫漢한한兒슬슳文운운書슈슈時스씃○네이

[illegible]漢ㅅ글을비홀작시면 是쓰스 你니니 自쯔즈 心신신 裏리리 學햫효 來래레

○이내ᄆᆞᄋᆞᆷ으로비호ᄂᆞᆫ다 你니니 的딍디 爺여여 娘냥냥 教걓갸 你니니 學

햫효 來래레 ○네어버이날로ᄒᆞ야비호라ᄒᆞᄂᆞ냐 是쓰스 我어오 爺여여 娘냥냥

教걓갸 我어오 學햫효 來래레 ○올ᄒᆞ니우리어버이날로ᄒᆞ여비호라ᄒᆞᄂᆞ니라

你니니 學햫효 了량랸 多더도 少샹샤 時쓰스 節졍져 ○네비환디언머오라

효 我어오 學햫효 了량랸 半번변 年년년 有잉익 餘유유 ○내비환디반ᄒᆡ

남즉ᄒᆞᆫ다 省싱싱 的딍디 那나나 省싱셩 不붕부 的딍디 ○알리로소나아디못

ᄒᆞ리로소다 每믜매 日싕시 和혀호 漢한한 見숲술 學햫효 生승송 們믄믄

○每日에漢ㅅ션ᄇᆡ들과 一힝이 處츄츄 學햫효 文온운 書슈슈 來레래 ○

ᄒᆞᆫᄃᆡ셔글비호니 因힌인 此ᄎᆞ츠 上썅샹 ○이런전ᄎᆞ로 些셔셔 少샹샤 理

리리 會훼휘 的딍디 ○저기 아노라

【問】你니니 的딍디 師스스 傅부부 是ᄊᆞ스 甚씸슴 麽마마 人ᅀᅵᆫ신 ○네 스승이 엇던 사ᄅᆞᆷ고

是ᄊᆞ스 漢한한 兒ᅀᆞᆯ술 人ᅀᅵᆫ신 有잉우 ○이 漢ㅅ 사ᄅᆞᆷ이라

多더도 少샹샤 年년년 紀기기 ○나히 언머나 ᄒᆞ뇨

三산산 十씹시 五우우 歲쉬쉬 了랼랴 ○셜흔다ᄉᆞᆺ 시라

耐내내 繁빤반 教걒갸 那나나 不붕부 耐내내 繁빤반 教걒갸 ○즐겨 ᄀᆞᄅᆞ치ᄂᆞ냐 즐겨 ᄀᆞᄅᆞ치디 아니ᄒᆞᄂᆞ냐

我어오 師스스 傅부부 性싱싱 兒ᅀᆞᆯ술 溫운운 克킝커 ○우리 스승이 셩이 온화ᄒᆞ여

好항하 生승숭 耐내내 繁빤반 教걒갸 ○ᄀᆞ장 즐겨 ᄀᆞᄅᆞ치ᄂᆞ니라

你니니 那나나 衆즁즁 學햫효 生승숭 內뉘뉘 中즁즁 ○네 더 모ᄃᆞᆫ 션븨 듕에

多더도 少샹샤 漢한한 兒ᅀᆞᆯ술 人ᅀᅵᆫ신 多더도 少샹샤 高갛가 麗리리 人ᅀᅵᆫ신 ○언머ᄂᆞᆫ 漢ㅅ 사ᄅᆞᆷ이며 언머ᄂᆞᆫ 高麗ㅅ 사ᄅᆞᆷ고

漢한한 兒ᅀᆞᆯ술

高갚강麗리리中즁중半번번○漢과高麗ㅣ바로반이라裏리리頭투틓也

여여有위잉須완완的디딍麼마마○그둥에ᄀ래는니앗는나可커커知치짐

有위잉須완완的디딍○그리어니ᄀ려는니잇는니라每믜믜日싀싕學효햫

長쟝장○每日學長이將쟝장那나나須완완學효햫生숭승○더ᄀ려는

學生을다가師스ᄉᆞ傳뭏뭏上샹썅稟빈빈了랴량○스승셔ᄉᆞᆸ고那나나

般번번打다다了랴량時스쓿○그리티되只즈즇是스씋不부붛怕파파

○그저젓티아니ᄒᆞ는니라漢한한兒슬슳小샤샹廝스슿們믄믄十시씽分

본본須완완○漢ㅅ아희들은ᄀ장ᄀ려거니와高갚강麗리리小샤샹廝스슿

們믄믄較갸걍好한함些셔셔○高麗ㅅ아희들은저기어디나라大다따

哥거거○큰형아你니니如유유今긴긴那나나裏리리去큐뮤○네이

제어듸가는다 我어오 也여여 往왕왕 北븡버 京깅깅 去큐큐 ○ 나도北京향ᄒ
야가노라 儞니니 旣기기 往왕왕 北븡버 京깅깅 去큐큐 時씃스 ○ 네이믜北
京을향ᄒ야갈쟉시면 我어오 是씃스 高강간 麗리리 人신신 ○ 나는高麗人사
름이라 漢한한 兒숤술 地띠디 面면면 裏리리 不붕부 慣관관 行행힝 ○
漢人ᄯ히니기든니디못ᄒ엿노니 儞니니 好핳한 歹대대 拖터토 帶대대 我어오 ○
너모로미나를ᄃ려 做주주 火훠호 伴뻔번 去큐큐 ○ 벗지어가고려 這져져
們믄믄 時씃스 ○ 이러면 咱쟝자 們믄믄 一힝이 同뚱퉁 去큐큐 來래레
○ 우리ᄒᆞᆷᄭᅴ가쟈 哥거거 哥거거 儞니니 貴귀귀 姓싱싱 ○ 형아네셩이여 我
어오 姓싱싱 王왕왕 ○ 내셩이王개로라 儞니니 家갸갸 在째재 那나나 裏
리리 住쮸쥬 ○ 네집이어듸셔사는다 我어오 在째재 遼랼랴 陽양양 城찡칭

裏리리住쮸쥬○내遼陽잣안해셔사노라你니니京깅깅裏리리有잏우甚
씸슴麼마마勾긓구當당당去큐큐○네셔울므슴일이셔가는다我어오將
쟝쟝這쳐저幾기기箇거거馬마마賣매매去큐큐○내이여러ᄆᆞᆯ가져ᄑᆞᆯ라가
노라那나나般번번時ᄊᆞ스最쮜쥐好핳할○그러면ᄀᆞ장됴토다我어오也
여여待때대賣매매這쳐저幾기기箇거거馬마마去큐큐○나도이여러ᄆᆞᆯ
ᄑᆞᆯ라가며這쳐저馬마마上썅샹馱또도着쨯죠的딩디些셔셔少샹샤毛
뫃뫄施ᄉᆞ스布부부○이ᄆᆞᆯ께실은져근모시뵈도一힣이就짛직待때대賣
매매去큐큐○이믜셔ᄑᆞᆯ고져ᄒᆞ여가노라你니니既기기賣매매馬마마去
큐큐時ᄊᆞ스○네이믜ᄆᆞᆯᄑᆞᆯ라가거든咱장자們믄믄恰컁캬好핳할做주주
火훠호伴뻔번去큐큐○우리벗지어가미마치됴토다【】哥거거哥거거○

형은 曾층쯩 知지징 得더듸 ○일즉 아ᄂᆞ니 京깅깅 裏리리 馬마마 價갸갸
如ᅀᅲᅀᅲ 何허혀 ○서울 ᄆᆞᆯ갑시 엇더ᄒᆞᆫ고 近긴낀 有우잉 相샹샹 識시싱 人
ᅀᅵᆫᅀᅵᆫ 來래래 說워숴 ○요ᄉᆞ이 서ᄅᆞ 아ᄂᆞᆫ 사ᄅᆞᆷ이 와 니ᄅᆞ되 馬마마 的디듸 價갸갸
錢쳔쪈 這저저 幾기기 日시싀 好한함 ○ᄆᆞᆯ갑시 요ᄉᆞ이 됴ᄒᆞ니 似스ᄉᆞ 這
저저 一이잉 等등등 的디듸 馬마마 ○이 ᄒᆞᆫ 등엣 ᄆᆞᆯ은 賣매매 十시씽 五우우
兩량량 以이이 上샹썅 ○열닷 냥우ᄒᆞ로 ᄑᆞᆯ고 這저저 一이잉 等등등 的디듸
馬마마 ○이 ᄒᆞᆫ 등엣 ᄆᆞᆯ은 賣매매 十시씽 兩량량 以이이 上샹썅 ○열 량우ᄒᆞ
로 ᄑᆞᆯ리라 ᄒᆞ더라 曾층쯩 知지징 得더듸 ○일즉 아ᄂᆞ니 布부부 價갸갸 高
갈광 低디디 麼마마 ○빗갑시 ᄡᆞ던가 디던가 布부부 價갸갸 如ᅀᅲᅀᅲ 往왕왕
年년변 的디듸 價갸갸 錢쳔쪈 一이잉 般번번 ○빗갑슨 往年 갑과 ᄒᆞᆫ가지라 ᄒᆞ

더라 京깅깅裏리리喫치칭食시씽貴귀귀賤전쪈 ○ 셔울어글거시노든가혼
트가 我오어那나나相샹샹識시싱人신신曾층쯩說쉬숴 ○ 내더아는사롬
이일즉니르되 他타타來레래時스쓰 ○ 져올저긔 八바빵分분뿐銀인인子
즈즛 一이힝斗두등粳깅깅米미미 ○ 팔푼은애혼말경미오 五우우分분뿐
一이힝斗두등小샾샿米미미 ○ 오푼애혼말조쌀이오 一이힝錢천쪈銀
인인子즈즛十시씽斤긴긴麵면면 ○ 혼돈은애열근골리오 二을ᅀᅳᆯ分분뿐
銀인인子즈즛一이힝斤긴긴羊양양肉수숭 ○ 두푼은예혼근羊肉이라ᄒᆞ더
라 似스쏘這저져般번번時스쓰 ○ 이러ᄐᆞᆺᄒᆞ면 我오어年년년時스쓰
在재째京깅깅裏리리來레래 ○ 내前年에셔울잇더니 價갸갸錢천쪈都
두두 一이힝般번번 ○ 갑시다ᄒᆞᆫ가지로다 〔咱〕자짱們믄믄今긴긴夜여여

那나나裏리리宿숭수去큐큐 ○ 우리오늘밤의어듸자고가료 咱쟝자們믄믄
往왕왕前쪈쳔行힝힝的딩디 ○ 우리앏흐로향ᄒᆞ여녀여 十씽시里리리來래래
田뗜뎐地띠디裏리리 ○ 十里ᄂᆞᆫᄒᆞᆫᄯᅡ히 有잏우箇거거店뎐뎐子즈즈
○ ᄒᆞᆫ店이이쇼ᄃᆡ 名밍밍喚훤훤瓦와와店뎐뎐 ○ 일홈을瓦店이라브르ᄂᆞ니
咱쟝자們믄믄到닿도時씃스 ○ 우리가면 或휗훠早잫잘或휗훠晩완완
○ 혹일으나혹느즈나 只즐즈那나나裏리리宿숭수去큐큐 ○ 그저뎌긔자고
가자 若샿요過궈고去큐큐了랼랴時씃스 ○ ᄒᆞ다가디나가면 那나나邊
변변有잏우二ᅀᆞᆯ슬十씽시里리리地띠디 ○ 뎌편二十里ᄯᅡ히 沒뭉무人
신신家갸갸 ○ 人家ㅣ업스니라 旣기기那나나般번번時씃스 ○ 이믜그러
면 前쪈쳔不봉부着쟣죠村춘촌 ○ 앏흐로村애다ᄃᆞᆺ디못ᄒᆞ고 後흫후不

봉부 着 쟣죠 店 뎐뎐 ○ 뒤흐로 뎜에다 듯디 못ᄒᆞ리니 咱 쟝자 們 몬믄 只 즈즈 投

뚷투 那 나나 裏 리리 宿 숳수 去 큐큐 ○ 우리 그저 뎌긔 드러 자고 가쟈 到 당닫 那

나나 裏 리리 便 뼌변 早 장잔 時 씃스 也 여여 好 핳한 ○ 뎌긔 가 곳 일러도 됴ᄒᆞ니

咱 장작 們 믄믄 歇 혛혀 息 싱시 頭 뚷투 口 쿻쿠 ○ 우리 ᄆᆞ쇼 쉬워 明 밍밍 日

싱셔 早 장잔 行 힝힝 ○ ᄂᆡ일 일 녜쟈 這 져져 裏 리리 到 당닫 京 깅깅 裏 리리

○ 예셔 셔올 가기 有 읳우 幾 기기 程 찡칭 地 띠디 ○ 몃즘게 길히 잇ᄂᆞ뇨 這 져져

裏 리리 到 당닫 京 깅깅 裏 리리 ○ 예셔 셔올 가기 還 ᅘᆫ환 有 읳우 五 우우 百

븽버 里 리리 之 즈즈 上 썅샹 ○ 당시롱 五百里 우ᄒᆞ로 잇ᄂᆞ니 天 텬텬 可 커커 憐

련련 見 견견 ○ 하ᄂᆞᆯ이 어엿비 너기샤 身 신신 子 즈즈 安 한안 樂 랗로 時 씃스

○ 몸아 편안ᄒᆞ면 再 재재 着 쟣죠 五 우우 箇 거거 日 싱시 頭 뚷투 到 당닫 了

랸랑 ○또 닷쇄만 ᄒᆞ면 가리라 咱자쟝們믄믄到닫당時스쑹 ○우리 가면 那
나나裏리리安안한下하햐好한항 ○어듸 브리워야 됴홀고 咱자쟝們믄믄
往왕왕順슌쓘城칭찡門믄믄官권권店뎐뎐裏리리下하햐去큐큐來
레래 ○우리 順城門읫 官店을 향ᄒᆞ야 브리오라 가쟈 那나나裏리리就직찍便변뼌
投투뚷馬마마市스쑹裏리릐去큐큐却커켱近긴낀些서서 ○뎌셔 곳 ᄆᆞᆯ
져재 가미 또 갓가오니라 你니니說숴쓩的디딍是스쑹 ○네 니ᄅᆞ미 올타 我오어
也여여心신신裏리리這져져般번번想샹샹着죠쨯 ○나도 ᄆᆞᄋᆞᆷ예 이리 ᄉᆡᆼ
각ᄒᆞ엿더니 你니니說숴쓩的디딍恰캬컁和호훠我오어意이이同퉁뚱
○네 닐오미 맛치 내 ᄠᅳᆮ과 ᄀᆞᆺ다 只즈즣除츄쮸那나나裏리리好한항 ○다만
게만 됴ᄒᆞ니 但단딴是스쑹遼랸랑東둥둥去큐큐的디딍客커컹人신싄

們믄믄 ○ 믈읫遼東으로셔가는나그내돌히 別벼뼤處츄츄不부붕下하햐 ○

다룬ᄃᆡ브리오ᄃᆡ아니ᄒᆞ고 都두두在재째那나나裏리리安안한下하햐 ○

다뎌긔브리오ᄂᆞ니 我오어年년년時스쓰也여여在재째那나나裏리리下

하햐來래래 ○ 나도져년여뎌긔브리엿더니 十시씽分븐븐便변변當당당 ○

ᄀᆞ장편당ᄒᆞ더라 大 你니니這져져幾기기箇거거頭투듷口쿠쿻 ○ 네이

여러ᄀᆞ쇼돌히 每뮈믜夜여여喫치칭的디딩草찬참料랴랑 ○ 밤마다먹는딥

과콩이 通퉁퉁該개개多도더少샤샹錢쳔쪈 ○ 대되돈이언매나ᄒᆞ뇨 這

져쪄六릭룩箇거거馬마마 ○ 이여숯물이 每믜믜一이잉箇거거五우우

升싱싱料랴랑一이잉束수송草찬참 ○ 미ᄒᆞᆫ나헤닷되콩과ᄒᆞᆫ뭇딥식ᄒᆞ여 通

퉁퉁算숸숸過고궈來래래 ○ 통ᄒᆞ여혜오니 盤펀편纏쳔쫜着죠쨯二ᅀᅳᆯᅀᅳᆯ

錢쳔쪈銀인인子즈즈 ○ 은 두 돈을 ᄡᅳ고 這져져六루륙箇거거馬마마 ○
이 여슷 ᄆᆞᆯ이 每믜믜夜여여喫치칭的디딍草찬참料랴량不부붕等등등
○ 每夜의 먹ᄂᆞᆫ 딥과 콩이 ᄒᆞ가지 아니라 草찬참料랴량貴귀귀處츄츄 ○ 콩딥
귀ᄒᆞᆫ 곳은 盤펀뻔纏쳔쪈三산산四스ᄉᆞ錢쳔쪈銀인인子즈즈 ○ 서너 돈 은
을 ᄡᅳ고 草찬참料랴량賤젼쪈處츄츄 ○ 콩딥 흔ᄒᆞᆫ 곳은 盤펀뻔纏쳔쪈二
ᅀᆞᆯᅀᆞᆯ錢쳔쪈銀인인子즈즈 ○ 두 돈 은을 ᄡᅳᄂᆞ니라 這져져箇거거馬마마也
여여行힝힝的디딍好한할 ○ 이 ᄆᆞᆯ도 거롬이 됴코나 可커커知지징有우잉
幾기기步부뿌慢만만寬훤훤 ○ 그리 어니여러 거름이 ᄌᆞᄂᆞᆨᄌᆞᄂᆞᆨ호ᄃᆡ 재니라 除
츄쮸了랴량這져져箇거거馬마마 ○ 이 ᄆᆞᆯ올 덜고ᄂᆞᆫ 別벼뼝箇거거的디딍
都두두不부붕好하항 ○ ᄃᆞᄅᆞ니ᄂᆞᆫ 다 됴티 아니타 你니니這져져馬마마和

호布부부子즈즈○네이믈과ㅣ로到닾당北버븡京깅깅賣매매了럎럏

時스쓰○北京의가풀고却겨컹買매매些셔셔甚슴씸麼마마貨호훠物

우롱○또므슴貨物을사迴회훠還한환高갇강麗리리地디띠面면면裏

리리賣매매去큐큐○高麗人따해도라가ᄑᆞᆯ뇨我오어往왕왕山산산東

두둥濟지지寧닝닝府부부東둥둥昌창창高갇강唐당땅○내山東濟寧府

엣東昌高唐의가收식싱買매매些셔셔絹권권子즈즈綾링링子즈즈綿

면뎐子즈즈○갑과능과소옴을거두어사迴회훠還환환王왕왕京깅깅賣

매대去큐큐○王京의도라가풀라가노라到닾당你니니那나나地디띠面

면면裏리리○네뎌ᄯᅡ희가也여여有우잉些셔셔利리리錢쳔쪈麼마마

○저그나니천인ᄂᆞ나那나나的디딩也여여中중중○그ᄂᆞᆫ또므던ᄒᆞ니我

오어 年년년 時스쓰 ○ 내전년의 跟근근 着조쟣 漢한한 兒슬슳 火호훠 伴
번뻔 ○ 漢ㅅ벗조차 到닫닿 高갇강 唐탕땅 ○ 高唐의가 收식싱 買매매 些
서셔 綿면면 絹권권 ○ 소옴과깁을 거두어사 將장쟝 到닫닿 王왕왕 京깅깅
賣매매 了랴랼 ○ 王京의가 져가ᄑ라 也여여 尋신씬 了랴랼 些서셔 利리리
錢쳔쪈 ○ 져기니천 어드라 你니니 那나나 綾링링 絹권권 綿면면 子
즈즈 ○ 네더능과깁 과소옴을 就직찍 地디띠 頭투뜽 多도더 少샤샹 價갸갸
錢쳔쪈 買매매 來레래 ○ 밋싸희셔언 멋갑스로사 到닫닿 王왕왕 京깅깅 多
도더 少샤샹 價갸갸 錢쳔쪈 賣매매 ○ 王京의가언멋 갑서ᄑ는다 我오어 買
매매 的디딍 價갸갸 錢쳔쪈 ○ 내사는 갑슨 小샤샹 絹권권 一이힝 匹피핑
三산산 錢쳔쪈 ○ 小絹호필앤 서돈여ᄒ여 染연션 做주주 小샤샹 紅홍훙 裏

리리 綃 권권 ○ 紅드려 안찝삼고 綾 링링 子 즈즈 每 믜믜 匹 핑피 二 슬슬 兩

량량 家 갸갸 ○ 능믜훈필여 두냥식ᄒᆞ여 染 연연 做 주주 鴉 햐야 靑 칭칭 和 허호

小 샿샾 紅 훙홍 ○ 야청파쇼홍 드리노라 綃 권권 子 즈즈 每 믜믜 匹 핑피 ○

깁믜훈 필여는 染 연션 錢 젼쳔 二 슬슬 錢 젼쳔 ○ 믈갑시두 돈이오 綾 링링 子

즈즈 每 믜뫼 匹 핑피 染 션연 錢 젼쳔 ○ 능믜훈필 여믈갑슨 鴉 햐야 靑 칭칭 的

딩디 三 산산 錢 젼쳔 ○ 야청연서 돈이오 小 샿샾 紅 훙홍 的 딩디 二 슬슬 錢

젼쳔 ○ 小紅연두 돈이오 又 잉우 綿 면면 子 즈즈 每 믜믜 一 힝이 斤 긴긴 ○

또소옴ᄒᆞᆫ 근여는 價 갸갸 錢 젼쳔 六 룽루 錢 젼쳔 銀 인인 子 즈즈 ○ 갑시 엿돈

은이 니 到 당닫 王 왕왕 京 깅깅 ○ 王京 의가 絹 권권 子 즈즈 一 힝이 匹 핑피

○ 깁훈필 에는 賣 매매 細 시시 麻 마마 布 부부 兩 량량 匹 핑피 ○ 가믄 뵈두

十二

필에 프라 折저졍 銀인인 一이잉 兩량량 二슬슬 錢쳔쪈 ○ 銀호냥두 돈애혀고

綾링링 子즈즈 一이잉 匹피핑 ○ 綾호 필엔 鴉야양 青칭칭 的디딩 賣마매

布부부 六루룽 匹피핑 ○ 야청의는뵈 엿쎌에프라 折저졍 銀인인 子즈즈 三

산산 兩량량 六루룽 錢쳔쪈 ○ 銀석냥엿 돈에혀고 小샤샹 紅훙훙 的디딩 賣

매매 布부부 五우우 匹피핑 ○ 小紅의는뵈 닷쎌에프라 折저졍 銀인인 子즈즈

三산산 兩량량 ○ 銀석냥 에혀고 綿면면 子즈즈 每믜믜 四스스 兩량량 ○

소옴은 넉냥의 每 賣매매 布부부 一이잉 匹피핑 ○ 뵈호필 에프라 折저졍 銀

인인 子즈즈 六루룽 錢쳔쪈 ○ 銀엿돈 에혀여 通퉁퉁 滾군군 算숸숸 着죠쟢

○ 오화 혀나 除츄쮸 了랴량 牙야양 稅쉬쉬 繳쟈걓 計기기 外왜왜 ○ 줄음

발셰믈쎗마몰라 혀여덜온밧씨 也여여 尋신씬 了랴량 加갸갸 五우우 利리리

錢천쪈 ○ 또혀직온니천을 어들러라 你니니 自즈쯔 來래래 ○ 네 본딕
到닫당 京깅깅 裏리리 ○ 셔울 가 賣매매 了랴랑 貨호훠 物우웅 ○ 貨物
올 프라 却커컹 買매매 綿면면 絹권권 ○ 또 소옴과 깁올 사 到닫당 王왕왕
京깅깅 賣매매 了랴랑 ○ 王京에 가 프노라ᄒᆞ면 前쳔쪈 後후ᅘᆞᇢ 住쥬쮸 了
랴랑 多도뎌 少샤샹 時ᄉᆞ씃 ○ 前後여 언메나 오래 머믈러뇨 我오어 從충쭝 年
년년 時ᄉᆞ씃 正징징 月워윙 裏리리 ○ 내 전년 正月브터 將쟝쟝 馬마마 和
호훠 布부부 子즈쯔 ○ 물과 뵈를 가져 到닫당 京깅깅 都두두 賣매매 了랴랑
○ 셔울 가 ᄃᆞ 풀고 五우우 月워윙 裏리ᄃᆞ 到닫당 高갚강 唐탕땅 ○ 五月에 高
唐의 가 收수싛 起키키 綿면면 絹권권 ○ 소옴과 깁을 거두워 到닫당 直지찡
沽구구 裏리리 上샹썅 船쳔쮠 過고궈 海해해 ○ 直沽에 가 비 타 바다 건너 十

시씽月웨웡裏리리到다ᇢ당王왕왕京깅깅○十月에王京의가投투뜰到

다ᇢ당年년녠終중즁○年終에다ᄃᆞ라貨호훠物우웅都두두賣매매了랴ᇢ량

○貨物올다풀고又우잉買매매了랴ᇢ량這저저些셔서馬마마并빙빙毛

마ᇢ망施스숭布부부來레래了랴ᇢ량○또이믈과모시뵈를사오노라這저저

三산산箇거거火호훠伴번뻔○이세벗이是스숭你니니親친친眷권권

那나나○이네권당가是스숭相샹샹合거겅來레래的디딤○이서ᄅᆞ못

ᄃᆞ라오니가都두두不부불曾층쯩問운운○다일즉뭇디아니ᄒᆞ엿더니姓

싱싱甚슴씸麼마마○姓이므스것고這저저箇거거姓싱싱金긴긴○이는

姓이金개니是스숭小샤ᇢ샹人신신姑구구舅구귕哥거거哥거거○이는

小人의아븨누의어믜오라븨게난형이오這저저箇거거姓싱싱李리리○이는

姓이李개나是스쓰小샹샿人신신兩량량姨이이兄흉흉弟디띠○이논

小ㅅ의어믜동싱의게난아이오這져져箇거거姓싱싱趙쟌쨘○이이논姓이趙개

니是스쓰我오어街계계坊방방○이내이우지라你니니是스쓰姑구구

舅귀긩弟디띠兄흉흉○네이姑舅의게난弟兄이어니誰쉬쒸是스쓰舅귀긩

舅귀긩上샹썅孩해햬兒슬슰○누구는어믜오라비게난조식이러誰쉬쒸是

스쓰姑구구姑구구上샹썅孩해햬兒슬슰○누구는아비누의게난조식고小

샹샿人신신是스쓰姑구구姑구구生숭승的디딍○小ㅅ은姑姑의난어오

他타타是스쓰舅귀긩舅귀긩生숭승的디딍○더는舅舅의난이라你니니

兩량량姨이이弟디띠兄흉흉○너희兩姨의게난兄弟라ᄒᆞ니是스쓰親친친

兩량량姨이이那나나○이친동싱兩姨가是스쓰房방빵親친친兩량량

姨이이 ○ 이同姓六寸兩姨가 是쓰스 親친친 兩량량 姨이이 弟띠디 兄훙훙
○ 이親同生兩姨의게 난 弟兄이로니 我어오 母무무 親친친 是쓰스 姐저저 姐
저저 ○ 우리母親은 형이오 他타타 母무무 親친친 是쓰스 妹믜믜 子즈즈 ○
뎌의母親은 아이라 你니니 旣기기 是쓰스 姑구구 舅낑구 兩량량 姨이이 弟
띠디 兄훙훙 ○ 너희 이믜 姑舅兩姨여 난 弟兄일작시면 怎즘즘 麽마마 沿연연 路
루루 穢휘위 語유유 不붕부 迴훼휘 避삐비 ○ 엇디 길흘 조차셔 더러온 말을 회피
티 아니ᄒᆞᄂᆞ뇨 我어오 一잉이 們믄믄 不붕부 會훼휘 體티티 例리리 的딍디
人신싄 ○ 우리ᄒᆞᆫ 뉴는 體例 모로ᄂᆞᆫ 사ᄅᆞᆷ이니 親친친 弟띠디 兄훙훙 也여여 不
봉부 隔경겨 話화화 ○ 親同生 兄弟도 말을 ᄌᆞᄋᆞ니ᄒᆞ거든 姑구구 舅낑구 兩
량량 姨이이 [illegible] 問운운 ○ 姑舅兩姨야 ᄯᅩ 어듸 무로리오

咱 짱자 們 믄믄 閑 현현 話 화화 且 처처 休 힣후 說 숴숴 ○ 우리 잡말 아직 니ᄅᆞ
디 마 쟈 那 나나 店 뎐뎐 子 즈즈 便 뼌변 是 쓰스 瓦 와와 店 뎐뎐 ○ 뎌 店 은 곳
瓦店 이니 尋 씬신 箇 거거 好 핳핲 乾 간간 淨 찡징 店 뎐뎐 裏 리리 下 햐하 去
큐규 來 래래 ○ 그장 乾淨ᄒᆞᆫ 店올 어더 브리우라 가 歇 헣허 頭 뚷투 口 쿻쿠 着 쟣죠
○ 즘승들 쉬우쟈 街 계계 北 븽버 這 져져 箇 거거 店 뎐뎐 子 즈즈 ○ 거릿 북녁
킈 이 店은 是 쓰스 我 어오 舊 끟구 主 쥬쥬 人 싄신 家 갸갸 ○ 이 내 녯 主 人 집이니
咱 짱자 們 믄믄 只 즈즈 這 져져 裏 리리 下 햐하 去 큐큐 來 래래 ○ 우리 그저
여그 브리 오라 가쟈 拜 배배 揖 힝이 主 쥬쥬 人 싄신 家 갸갸 哥 거거 ○ 拜揖 ᄒᆞ노
니 主人 형아 愛 해애 却 컹커 是 쓰스 王 왕왕 大 따다 哥 거거 ○ 에 ᄯᅩ 王 가든 형
이로 피야 多 더도 時 쓰스 不 붕부 見 견견 ○ 오래 보디 못 ᄒᆞ엿더니 好 핳핲 麼

마마 好 함함 麼 마마 ○ 이이 대대 你 니니 這 저져 幾 기기 箇 거거 火 훠호 伴
뻔번 ○ 긔너 벗희 이이 여 從 쭝충 那 나나 裏 리리 合 검거 將 쟝쟝 來 래레 ○
못어 드듸 라셔 오브 뇨터 我 어오 沿 연연 路 루루 相 샹샹 合 검거 着 쟣죠 ○ 리우
서길 룰흘 모조 다차 做 주주 火 훠호 伴 뻔번 北 븽버 京 깅깅 去 큐큐 ○ 어벗 北 지리
가京 노으 라로 你 니니 這 저져 店 뎐뎐 裏 리리 草 참챠 料 량랴 都 두두 有 잉우
阿 하아 沒 뭉무 ○ 다네 잇이 는店 가에 업딥 슨과 가콩 이 草 참챠 料 량랴 都 두두
有 잉우 ○ 다딥 이과 시콩 되이 料 량랴 是 쓰스 黑 흥허 豆 뜨두 草 참챠 是 쓰스
稈 간간 草 참챠 ○ 딥콩 픈은 죳거 딥믄 피콩 라이 오 是 쓰스 稈 간간 草 참챠 好
항할 ○ 됴이 흐죳 니딥 피 着 쟣죠 是 쓰스 稻 땅닾 草 참챠 時 쓰스 ○ 가흐 니다
면딥 피 這 저져 頭 뜰투 口 쿨쿠 們 믄믄 多 더도 有 잉우 不 봉부 喫 칭치 的

老乞大諺解上 十六

디됭 ○ 이즘승들히먹디아니ᄒᆞ리만ᄒᆞ니라 黑허흥 豆투뜽 多도더 少샤샹 一
이힝 斗두듷 ○ 거믄콩은언머의ᄒᆞᆫ말이며 草찬참 多도더 少샤샹 一이힝 束
수숭 ○ 딥픈언머의ᄒᆞᆫ뭇고 黑허흥 豆두뜽 五우우 十시씽 箇거거 錢천쪈 一
이힝 斗두듷 ○ 거믄콩은쉰낫돈애ᄒᆞᆫ말이오 草찬참 一이힝 十시씽 箇거거 錢
천쪈 一이힝 束수숭 ○ 딥픈열낫돈애ᄒᆞᆫ무시라 是스쑿 真진진 箇거거 麼마마
○ 이진실로야 你니니 却커컹 休히힣 瞞먼먼 我오어 ○ 네ᄯᅩ날을소기디말
라 這저저 大다따 哥거거 甚슴씸 麼마마 言연연 語유유 ○ 이큰형아므슴
말고 你니니 是스쑿 熟수쓯 客커킝 人인신 ○ 너는니기ᄐᆞᆫ난나그내니 咱자장
們믄믄 便변뼌 是스쑿 自즈쯓 家갸갸 裏리리 一이힝 般번번 ○ 우리곳내
집ᄒᆞᆫ가지라 我오어 怎즘즘 麼마마 敢간간 胡후훟 說숴숳 ○ 내엇디敢히간

대로니ᄅᆞ리오 怕 파파 你 니니 不 붕부 信 신신 時 쓰스 ○ 저권대네밋디아니커든
別 뼝벼 箇 거거 店 뎐뎐 裏 리리 試 숭스 商 샹샹 量 량량 去 큐큐 ○ 다ᄅᆞᆫ뎜에
시험ᄒᆞ여商量ᄒᆞ라가라 我 어오 只 즁즈 是 쑹스 這 져저 般 번번 說 숴쉬 ○ 나는
그저이리니ᄅᆞ리라 我 어오 共 궁궁 通 퉁퉁 十 씽시 一 힝이 箇 거거 馬 마마
○ 우리대되열ᄒᆞᆫ낫ᄆᆞᆯ이니 量 량량 着 쟣죠 六 룽루 斗 등두 料 럏랴 與 유유 十
씽시 一 힝이 束 숑수 草 창찬 着 쟣죠 ○ 혜아리니엿말콩과열ᄒᆞᆫ뭇딥히로다 這
져저 鍘 짱자 刀 땅다 不 붕부 快 쾌쾌 ○ 이쟉되드디아니ᄒᆞ니 許 휴휴 多 더도
草 창찬 幾 기기 時 쑹스 切 쳥쳐 得 듷더 了 럏랴 ○ 하나한딥흘언제싸ᄒᆞᆯ뇨 主
쥬쥬 人 ᅀᅵᆫᅀᅵᆫ 家 갸갸 ○ 쥬인아 別 뼝벼 處 츄츄 快 쾌쾌 鍘 짱자 刀 땅다 借
져저 一 힝이 箇 거거 來 래래 ○ 다ᄅᆞᆫᄃᆡ드는쟉도ᄒᆞ나흘비러오라 這 져저 們 믄믄

老乞大諺解 上 十七

時 씃스 ○ 이러면 내빌라 가마 這 져져 鏟 쨩자
刀 닿닾 是 씃스 我 어오 親 친친 眷 권권 家 갸갸 的 딍디 ○ 이쟉도는 이우리권
당의집 거시니 他 타타 不 붕부 肯 큰큰 ○ 뎨즐기디 아니커늘 我 어오 哀 해애 告
갛갚 借 져져 將 쟝쟝 來 래래 ○ 내믜이날더 비러오니 風 봉봉 刃 싄신 也 여여
似 씃스 快 쾌쾌 ○ ᄇᆞ름ᄂᆞᆯᄀᆞᆺ 티쾌ᄒᆞ니 你 니니 小 샿샤 心 신신 些 셔셔 使 씃스
○ 네조심ᄒᆞ 여ᄡᅳ고 休 휭휘 壞 홰홰 了 량랴 他 타타 的 딍디 ○ ᄂᆞ믜것 해여ᄇᆞ
리디 말라 這 져져 火 훻호 伴 뻔번 你 니니 切 쳥쳐 的 딍디 草 창차 忒 틍티 麤
추추 ○ 이버다네싸ᄒᆞ는 딥히너모굵다 頭 뜽투 口 쿵쿠 們 믄믄 怎 즘즘 生 승송
喫 칭치 的 딍디 ○ 즘싱들히엇 디먹으리오 好 항한 生 승송 細 시시 細 시시 的
딍디 切 쳥쳐 着 쨯죠 ○ ᄀᆞ장ᄀᆞ늘 게싸흘라 這 져져 火 훠호 伴 뻔번 你 니니 敢

간간不부봉會휘훼煮쥬쥬了랴량○이벗아네콩ᄉᆞᆱ기룰아디못ᄒᆞ는둣ᄒᆞ다你

니니燒샤샹的디딩鍋고궈滾군군時스씃○네블ᄯᅵ더가매ᄲᆞᆯ커든下하햐

上샹썅豆두뚱子즈즁○콩을더허두고但단딴滾군군的디딩一이힝霎

사샹見술숡○믈읫ᄡᆞᆯ키혼디위만ᄒᆞ거든將장쟝這저져切처쳥了랴량的

디딩草찬창○이ᄡᅡ흔답흘다가豆두뚱子즈즁上샹썅盖개개覆부붕了

랴량○콩우희덥고休휘힝燒샤샹火호훠○블ᄯᅵᆺ디말고休휘힝敎갸걍

走주즁了랴량氣키키○김나게말라自즈쯩然연션熟수슝了랴량○

自然히그리라니

客커컹人신신們문문○나그너네你니니打다다火

호훠那나나不부봉打다다火호훠○네블ᄯᅵᆺ기ᄒᆞ는다블ᄯᅵᆺ기못ᄒᆞ는다我오어

不부봉打다다火호훠唱허헝風봉봉那나나○내블ᄯᅵᆺ기ᄃᆞᄒᆞᄑᆞᄇᆞᄅᆞᆷ마시라

你 니니 疾 찡지 快 쾌쾌 做 주주 着 쟣죠 五 우우 箇 거거 人 신인 的 딍디 飯
한반 着 쟣죠 ○ 의네 밥ᄡᆞᆯ 올리 지다 으숫 라사 로 你 니니 喫 칭치 甚 씸슴 麽 마마
飯 빤반 ○ 올네 머므 글슴 다밥 我 어오 五 우우 箇 거거 人 신인 ○ 숫우 사리 름다
에 打 다다 着 쟣죠 三 산산 斤 긴긴 麵 면면 的 딍디 餠 빙빙 着 쟣죠 ○ 근서
망골 쿨릭 라떡 我 어오 自 쯔즈 買 매매 下 햐하 飯 빤반 去 큐큐 ○ 찬나 사는 라반
마가 你 니니 買 매매 下 햐하 飯 빤반 去 큐큐 時 씃스 ○ 라네 기반 거찬 든사 這
저저 間 견견 壁 빙비 肉 슣수 案 한안 上 쌍샹 買 매매 猪 쥬쥬 肉 슣수 去 큐큐
○ 엣이 猪브 肉롬 을ᄡᅳ 사잇 라집 가도 라마 是 씃스 今 긴긴 日 싀이 殺 상사 的 딍디
好 할한 猪 쥬쥬 肉 슣수 ○ 훈이 猪오 肉놀 이주 라긴 됴 多 더도 少 샾샤 一 힝이
斤 긴긴 ○ 훈언 근머 교의 二 슿슬 十 씽시 箇 거거 錢 쪈천 一 힝이 斤 긴긴 ○

스므낫돈에 ᄒᆞᆫ근식이라 你니니主쥬쥬人신신家갸갸 ○ 너主人아 就찍직與유유我어오買매매去큐큐 ○ 이믜셔 나를 위ᄒᆞ여 사라 가라 買매매一힝이斤긴긴肉숭수着쨯죠 ○ ᄒᆞᆫ근 고기를 사되 休힣휘要향얀十씽시分뿐븐肥회븨的딩디 ○ ᄀᆞ장 ᄉᆞᆯ지니란 말고 帶대대肋릭릭條땋턒的딩디肉숭수買매매着쨯죠 ○ 녑팔지 브튼 고기를 사다가 大따다片편편兒ᅀᅳᆯ을切쳥처着쨯죠 ○ 편쥬게 ᄡᅡᄒᆞ라 炒챻찬將쟝쟝來래래着쨯죠 ○ 봇가 가져오라 主쥬쥬人신신家갸갸 ○ 主人아 迭뗭뎌不봉부得뒁더時쓰스 ○ 밋처 못ᄒᆞ거든 咱장자們믄믄火훠호伴뻔번裏리리頭뜰투 ○ 우리 벗 듕에 敎걓갸一힝이箇거거自ᄍᆞᄌᆞ炒챻찬肉숭수 ○ ᄒᆞᆫ나ᄒᆞ로 ᄒᆞ여 손조 고기 봇게 ᄒᆞ쟈 我어오是쓰스高갛갚麗리리人신신 ○ 나는 高麗ㅅ사ᄅᆞᆷ이라 都두두不봉부

燴휘휘炒찬챵肉수숭 ○ 다고기봇기아디몯ᄒᆞ노라 有우잉甚슴씸麽마마

難난난處츄츄 ○ 므슴어려온고디아싀리오 刷솨솽了랴럏鍋고궈着죠쨯

○ 가미싯고 燒샤샹的디딩鍋고궈熱여셩時스씋 ○ 블서더가매덥거든

着죠쨯上샹썅半번뻔盞잔잔香향향油위잉 ○ 반잔ᄎᆞᆷ기ᄅᆞᆷ올두어 將쟝쟝

油위잉熱수쓩了랴럏時스씋 ○ 기름이니거든 下햐햐上샹썅肉수숭 ○

고기뎌허뒤이즈며 着죠쨯些서셔塩연연 ○ 져기소곰두고 着죠쨯筯쥬쮸子

즈ᄌᆞᆼ攪갸걓動둥뚱 ○ 져로뒤저어 炒찬챵的디딩半번번熱수쓩時스씋

○ 봇가반만니거든 調댜땅上샹썅些셔셔醬쟝쟝水쉬쉬生승승葱충충

料랴럏物우웅拌번뻔了랴럏 ○ 쟝믈의파와교토를ᄲᅡ노하섯고 鍋고궈子

즈ᄌᆞᆼ上샹썅蓋꺄개覆부봉了랴럏 ○ 가마두에덥고 休희힣着죠쨯出츄츙

氣키카 ○ 김나게 말고 燒샹샤 動뚱둥 火훠호 一힝이 霎삼사 兒ᅀᅳᆯᅀᅳᆯ 熟

슣수 了랼랴 ○ 블 셔 더 ᄒᆞᆫ 디위만 ᄒᆞ면 닉ᄂᆞ니라 這져져 肉ᅀᅲᆼᅀᅲ 熟슣수 了랼랴

○ 이 고기 닉거다 你니니 嘗짱창 看칸칸 ○ 네 맛보라 鹹현현 淡딴단 如ᅀᅲᅀᅲ

何허허 ○ 鹹淡이 엇더ᄒᆞ뇨 我어오 嘗짱창 得듸더 ○ 내 맛보니 微미위 微

미위 的듸디 有잉우 些셔셔 淡딴단 ○ 져기 슴거옴이 잇다 再재재 着쟢죠 上

썅샹 些셔셔 鹽연연 着쟢죠 ○ 다시 져기 소곰 두라 主쥬쥬 人신신 家갸갸 ○

主人아 餅빙빙 有잉우 了랼랴 不불부 會쯩층 ○ 떡 잇ᄂᆞ냐 몯 ᄒᆞ얏ᄂᆞ냐 將

쟝쟝 次ᄎᆞᄎᆞ 有잉우 了랼랴 ○ 장ᄎᆞ 이시리라 你니니 放방방 卓좌조 兒ᅀᅳᆯᅀᅳᆯ

先션션 喫칭치 ○ 네 상 노코 몬져 머그라 比비비 及끼기 喫칭치 了랼랴 時

ᄉᆞ스 ○ 머글만 다ᄃᆞ르면 我어오 也여여 了랼랴 了랼랴 ○ 나도 ᄆᆞᆺᄎᆞ리라 天

主쥬쥬人신신家갸갸 ○ 主人아 我어오明밍밍日싀시五우우更깅깅
頭뚤투早짱잔行힝힝 ○ 내ᄂᆡ일오경두에일갈거시니 咱장자們믄믄筭숸숸
了량랴房빵방錢쪈쳔火훠호錢쪈쳔着쨯죠 ○ 우리집의잔갑과밥지은갑혜
재 我어오這저저一횡이宿송수人신신馬마마 ○ 우리이ᄒᆞᄅᆞᆺ밤잔人馬에
盤뻔펀纏쪈쳔通퉁퉁該개개多더도少샾샤 ○ ᄡᅳᆯ거시통ᄒᆞ여히오니언머고
你니니稱칭칭了량랴三산산斤긴긴麵면면 ○ 네ᄃᆞ론서근ᄀᆞᄅᆞᄂᆞᆫ 每미미
斤긴긴十씽시箇거거錢쪈쳔 ○ 每斤에열낫돈식ᄒᆞ니 該개개三산산十
씽시箇거거錢쪈쳔 ○ 히오니설흔낫돈이오 切쳥쳐了량랴一횡이斤긴긴
猪쥬쥬肉솧수 ○ 싸흔ᄒᆞᆫ근猪肉에 該개개二ᅀᅳᆯ슬十씽시箇거거錢쪈쳔
○ 히오니스므낫돈이오 四슨스箇거거人신신 ○ 사롬네헤 每미미人신신

打다다火훠호房빵방錢쪈쳔十씽시箇거거錢쪈쳔○每人에 집갑블삽시 열낫 돈이니 該개개四ᄉᆞ스十씽시箇거거錢쪈쳔○ᄒᆡ오니 마은 낫 돈이오

黑흥허豆뚷두六룽릭斗등두○거믄콩 엿말엔 每믜믜斗등두五우우十씽시箇거거錢쪈쳔○每斗에 쉰 낫 돈이니 該개개三산산百븽버箇거거錢쪈쳔○ᄒᆡ오니 三百 낫 돈이오

草챵챠十씽시一힁이束송수○딥 열ᄒᆞᆫ 뭇센 每믜믜束송수十씽시箇거거錢쪈쳔○每束에 열낫 돈이니 該개개一힁이

百븽버一힁이十씽시錢쪈쳔○ᄒᆡ오니 돈이 一百열히로소니 通퉁퉁該개개五우우百븽버箇거거錢쪈쳔○대되 五百낫 돈이로다

我어오草참찬料럏랸麵면면○우리 딥과 콩과 ᄀᆞᄅᆞᆯ 都두두是쓿스你니니家갸갸裏리리買매매來래래的딩디○ᄯᅡ 내 집의 와 산 거시니 你니니減견견了랼랴些서서

老乞大諺解上 二十一

箇거거如유유何허햐○내져기더로마엇더ᄒᆞ뇨罷바빠罷바빠○두두위위

只즈즐將장쟝四스ᄉᆞ百버빙五우우十시씽箇거거錢쳔쪈來레래○

그저四百쉰낫돈을가져오라旣기기這져져般번번時스ᄊᆞ○이믜이러면火

호훠伴번뻔伱니니三산산箇거거○벗아너희세히一이잉發바빵都두두

出츄츙了랴량着죠쨩○홈씌다내고記기기着죠쨩數수수目무뭉○

數目뎌것다가到단당北버븽京깅깅時스ᄊᆞ○北京의가든一이잉發바빵

算숸숸除츄쮸○홈씌혀어더자那나나般번번時스ᄊᆞ○그러면我오어

都두두與유유他타타○내다뎌를주마火호훠伴번뻔伱니니將쟝장

料랴량撈랴량出츄츙來래래○벗아네콩을건더내여다가冷릉릉水쉬쉬

裏리리拔바빵着죠쨩○촌믈에것더等등등馬마마大다다控쿵쿵一

이힝 會훼휘 ○ ᄆᆞᆯ이ᄒᆞᆫ디위ᄀᆞ장쉬믈기ᄃᆞ려 慢만만 慢만만 的듸디 喂휘위 着
쟣죠 ○ 날호여머기라 初추추 喂휘위 時ᄊᆇ스 ○ 처ᅀᅥᆷ머길졔란 只즈즈 將쟝쟝
料랴랴 水쉬쉬 拌뻔번 與유유 他타타 ○ 그저콩믈을다가버므려주고 到당닾
五유우 更깅깅 一잉이 發방바 都두두 與유유 料랴랴 喫칭치 ○ 五更의다
ᄃᆞ라ᄒᆞᆷᄢᅴ콩ᄋᆞᆯ다주어머기라 這져져 般번번 時ᄊᆇ스 ○ 이리ᄒᆞ면 馬마마 們믄믄
分훈븐 外왜왜 喫칭치 得듸더 飽밮밮 ○ ᄆᆞᆯ들히分外로머거ᄇᆡ브르려니와 若
샿요 是ᄊᆇ스 先션션 與유유 料랴랴 時ᄊᆇ스 ○ ᄒᆞ다가몬져콩을주면 那나나
馬마마 只즈즈 揀견견 了랴랴 料랴랴 喫칭치 ○ 그ᄆᆞᆯ이다만콩만ᄀᆞᆯᄒᆡ여먹고
將쟝쟝 草창찬 都두두 抛팡팦 撒상사 了랴랴 ○ 딥플다가다헤텨ᄇᆞ리ᄂᆞ니라
勞랑랖 困쿤쿤 裏리리 休힝휘 飲힌인 水쉬쉬 ○ ᄀᆞᆺ바ᄒᆞᆯ졔란믈머기디말고

等등등喫칭치一힁이和훠호草찰찬時쓰스飲힌인○호번머므린답머거
톤기드려믈머기라咱장자們믄믄各공거自쯔즈睡쒸쉬些셔셔箇거거○
우리각각져기자고輪룬룬着쟢죠起키키來래래勤낀킨餵휘위馬마마○
돌려니러브즈러니몰머기쟈今긴긴日싕이是쓰스二슬을十씽시二슬을○
오놀은스므이틀이니五우우更깅깅頭뚱투正징징有잉우月웡웨明밍밍
○새배정히돌이볼글이라雞기기兒슬술叫걍갸○돍울거든起키키來래래
便뼌변行힝힝○니러즉제가쟈主쥬쥬人신신家갸가點뎐뎐箇거거燈
등등來래래○主人아등잔불켜오라我어오整징징理리리睡쒸쉬處츄츄
○우리잘티롤서릇쟈這져져的딩디燈등등來래래了량랴○이등잔블오나
다壁빙비子즈즈上썅샹掛과과着쟢죠○브롬에걸라這져져般번번

精징징土투투坑캉캉上썅샹怎즘즘的딍디睡쒸쉬 ○ 이런민흙구들에엇디자리오

有잉우甚씸씀麼마마藁강간薦젼젼 ○ 아므란딥지즑잇거든

將쟝쟝幾기기領링링來래래 ○ 여러닙가져오라

大따다嫂삼사 ○ 뭇아좀아

將쟝쟝藁강간薦젼젼席씽시子즈즈來래래 ○ 딥지즑과삿글가져다가

與유유客켜킁人신신們믄믄鋪푸푸 ○ 나그내들주어설게ᄒᆞ라席씽시子즈즈

與유유沒뭉무 ○ 삿근업거니와這져져的딍디三산산箇거거藁강간薦젼젼

與유유你니니鋪푸푸 ○ 이세낫지즑올너를주니설라

[illegible]主쥬쥬人신신家갸갸你니니種중중着죠죠火훠호 ○ 블ᄌᆞ사아네무드라

我어오明밍밍日싀시五우우更깅깅頭뚷투早잘장行혱힝 ○ 우리ᄂᆡ일五更頭에일가리라

那나나般번번着죠죠 ○ 그리ᄒᆞ마

客켜킁人신신們믄믄歇혀혐息시싱 ○ 나그

老乞大諺解 上 二十三

내들쉬라 我오어照쟈쟝覷츄츄了랴량門믄믄户후후睡쉬쉬也여여 ○

내門户를보 피ᄑ자리라 㕘 來래래來래래 ○ 오오라라 且쳐쳐休후휠去큐큐

○ 아직가디말라 我오어問운운你니니些셔셔話화화 ○ 내너두려 저기말무

로리 라 我오어先션션番반반北버븽京깅깅來래래時스쓰 ○ 내몬 젓번

의北京 셔올재 你니니這져져店뎐뎐西시시約요양二을슬十시씽里리리

來래래地디띠 ○ 너회이뎜셔편계 요二十里짜히 有우잉一이힝坐조쮜橋

꺄꺙塌타탕了랴량來래래 ○ ᄒᆞᆫ곳ᄃᆞ리믈 허뎌잇더니 如유유今긴긴修식싱

起키키了랴량不부붕曾충쯩 ○ 이제고텻는가 못ᄒᆞ엿느가 早찬잘修식싱

起키키了랴량 ○ 블셔고 텻느니 比비비在재째前천쪈 ○ 在前애 比권댄 高

간강二을슬尺치칭闊쿼쿼三산산尺치칭 ○ 두자히놉고석 자히너르니 如

유유 法바봥 做주주 的디딩 好핳항 ○ 법다이 밍ᄀᆞᆯ기ᄅᆞᆯ 됴히 ᄒᆞ엿ᄂᆞ니라 這져져
們믄믄 時스씋 ○ 이러면 我오어 明밍밍 日시싕 早잪잫 只즈즈 放방방
心신신 的디딩 去큐큐 也여여 ○ 우리 來日 일조기 ᄆᆞ음 노하 가쟈 你니니 十
시씋 分본뽄 休휘힣 要얍향 早잪장 行힝ᄒᆡᆼ ○ 네 ᄀᆞ장 일 가디 말라 我오어 聽
팅팅 得더듸 ○ 내 드ᄅᆞ니 前쳔쪈 頭투뚷 路루루 濟서씽 ○ 앏픠 길히 머ᄒᆞ다 ᄒᆞ
더라 爲위위 甚슴씸 麼마마 有우윙 這져져 般번뻔 的디딩 歹대대 人신신
○ 엇디 ᄒᆞ야 이런 사오나온 사ᄅᆞᆷ이 잇ᄂᆞᆫ고 你니니 偏편편 不부붕 理리리 會회휘
的디딩 ○ 네 독별이 모ᄅᆞᄂᆞᆫ고나 從충쭝 年년년 時스씋 天텬텬 旱한햔 田
텬뗜 禾호훠 不부붕 收식싁 ○ 젼년붓터 하ᄂᆞᆯ히 ᄀᆞᄆᆞ라 田禾ᄅᆞᆯ 거두디 못ᄒᆞ니 飢
기기 荒황황 的디딩 上샹썅 頭투뚷 ○ 飢荒ᄒᆞᆫ 젼ᄎᆞ로 生승승 出츄츙 歹대대

人신인來레래○아니완ᄒᆞᆫ사ᄅᆞᆷ어낫ᄂᆞ니라碍애해甚슴씸麼마마事스ᄊᆞ

○므스일걸리시리오我오어只즈ᄌᆞ是스ᄊᆞ赶간간着죠ᅑᅣᇰ這저져幾기기

箇거거馬마마○내다만이여러ᄆᆞᆯ올모라가며又우잉沒무뭉甚슴씸麼마마

錢천쪈本븐븐○ᄯᅩᆫ아므라도업스니라　천那나나廝스ᄉᆞ們믄믄待대때要

야ᇢ햐ᇢ我오어甚슴씸麼마마○그놈들히우리ᄅᆞᆯᄒᆞ여므엇ᄒᆞ리오休휘힣這저져

般번번說숴쉬○이리니ᄅᆞ디말라賊즤쯰們믄믄怎즘즘知지징伱니니

有우잉錢천쪈沒무뭉錢천쪈○도적ᄃᆞᆯ히네의쳔이시며쳔업ᄉᆞᆫ믈엇디알리오

小샤샹心신신些셔셔還환ᅘᆋᆫ好한항○조심호미도로혀됴ᄒᆞ니라 【】 我

오어這저져裏리리前천쪈年년년六릭룽月위웡裏리리○우리여ᄀᆡ前年

귀月의有우잉一이힝箇거거客커컹人신인○ᄒᆞᆫ나그내어ᄲᅥ纏천쪈帶

대대褭리리裝좡좡着쟣죠一힝이卷권권絨즁즈○젼대예훈권죠히를더허

腰략약褭리리絟솬솬着쟣죠○허리예믜오在째재路루루傍빵팡樹

쥬슈底디디下햐하歇혀혀涼량량睡쉬쉬○길ㅅ가나모밋서늘훈듸쉬여자더니

被쀡븨一힁이箇거거賊쮝지到닿다那나나褭리리見견견了랑랴○

훈도적올만나게와보고只즈즈道닿다是쓰스腰햫야褭리리纏쪈쳔帶대대

褭리리是쓰스錢쪈쳔物웅우○그저니로되허리젼대옛거시어錢物이라ᄒᆞ여

生숭숭起키키歹대대心신신來래래○사오나온ᄆᆞ음내여就찍직那나나

裏리리拿나나起키키一힝이塊쾌쾌大따다石씽시頭뚷투○즉재게셔

훈덩이큰돌흘가져다가把바바那나나人신신頭뚷투上쌍샹○그사름의머리

우흘다가打다다了랼랴一힝이下햐하○훈번텨打다다出츄츄腦낭나

擡장쟝來래레死ᄉᆞ스了랼랴 ○ 골치나죽거늘 那나나賊쯩즤將장쟝那
나나人신인的디디纏쪈쳔帶대대 ○ 그도적이그사ᄅᆞᆷ의젼대가져다가 解계계
下쌰하來래레看칸칸時ᄉᆞ스 ○ 글러보니 却쿵커是ᄉᆞ스紙즈즈 ○ 또죠
히매 就찍직那나나裏리리撇펑펴下쌰하走쭇주了럎랴 ○ 즉제게셔ᄇᆞ리
고ᄃᆞ라나니 官권권司ᄉᆞ스撿견견了량랴屍ᄉᆞ스 ○ 구의주검을검시ᄒᆞ고
正징징賊쯩즤捉좔조不붕부住쮸쥬 ○ 진짓도적은잡디못ᄒᆞ고 乾간간把
바바地디디主쥬쥬并빙빙左저조近긴긴平삥핑人신인 ○ 욕졀업시地主
와겨틧ᄉᆞ올다가 涉셩셔疑이이打다다拷쾅캎 ○ 의심ᄒᆞ여텨져주더니 後
횽후頭뜽투別뼝벼處츄츄官권권司ᄉᆞ스 ○ 후의다ᄅᆞᆫ틧마ᄋᆞᆯ이 却쿵커捉
좔조住쮸쥬那나나賊쯩즤 ○ 또그도적올자바 拔뱡바將장쟝來래레 ○

보내니 今 긴긴 年 년년 就 찍직 牢 랑랄 裏 리리 死 슨스 了 량랸 ○ 올헤 옥여

서주그니라 去 年 년년 時 씃스 又 잉우 有 잉우 一 힝이 箇 거거 客 킈커 人

신신 ○ 젼년의 또 혼 나그내 이셔 赶 간간 着 쨯죠 一 힝이 頭 뚷투 驢 류류 ○ 혼 나

귀룰 모라 着 쨯죠 兩 량량 箇 거거 荆 깅깅 籠 룽룽 子 즈즈 裏 리리 ○ 두 채롱애

盛 찡칭 着 쨯죠 棗 장잔 兒 슳슬 駝 떠토 着 쨯죠 行 힝힝 ○ 대쵸 다마 싯고 가더

니 後 홓후 頭 뚷투 有 잉우 一 힝이 箇 거거 騎 끼키 馬 마마 的 딍디 賊 찡즤

○ 뒤헤 혼 몰 톤 도적이 이셔 帶 대대 着 쨯죠 弓 궁궁 箭 젼젼 跟 근근 着 쨯죠 行

힝힝 ○ 활살 차고 미조차 가 到 당닾 箇 거거 酸 쉰쉰 棗 장잔 林 린린 兒 슳슬 無

후우 人 싄신 處 츄츄 ○ 酸棗林이라 ᄒᆞᄂᆞᆫ 無人處예 가 那 나나 賊 찡즤 將 쟝장 那

나나 客 킈커 人 신신 脊 징지 背 븨비 上 쌍샹 ○ 그 도적이 그 客ᄉᆞ의 등을 다가 射

시씅 了랴럏 一이잉 箭젼젼 ○ᄒᆞᆫ살로 ᄲᅩ니 那나나 人신신 倒단닿 了랴럏

○그사ᄅᆞᆷ이구 러디거ᄂᆞᆯ 那나나 賊즤쯰 只즈즈 道닾땋 是스쓰 死스쓰 了

랴럏 ○그도적이 닐오ᄃᆡ 주그니라 ᄒᆞ고 便변뼌 赶간간 着죠쨯 那나나 驢류류

○곳그나귀 ᄅᆞᆯ모라 往왕왕 前쳔쪈 行힝ᅘᅵᆼ ○앒프로 가더니 那나나 客킈킈

人신신 射시씽 的디딩 昏훈훈 了랴럏 ○그客人이 ᄡᅩ여 어즐ᄒᆞ엿다가 蘇수수

醒싱싱 迴휘훼 來래레 ○되ᄭᆡ야 나니 恰캬컁 好할항 有위잏 捕부뿌 盜

닾땋 的디딩 官권권 來레래 ○맛치됴히도적 잡는官員이와 那나나 裏리리 巡

슌쓘 警깅깅 ○거긔셔 슌 피거ᄂᆞᆯ 那나나 客킈킈 人신신 就직찍 告갛깧 了

랴럏 ○그客人이 즉 져告ᄒᆞ니 捕부뿌 盜닾땋 官권권 將장쟝 着죠쨯 弓궁궁

兵빙빙 ○捕盜官이 弓 兵을더블고 往왕왕 前쳔쪈 赶간간 到닾닿 約요얗 二

슴을 十씽시 里리리 地띠디 ○ 나아가ᄠᅧᆨ라계요 十里ᄯᅡ히ᄯᅡ드라 二 赶간간 上

썅상 那나나 賊찡즤 ○ 그도적을 밋처가 捉쟣조 拿나나 其끼키 間견견 ○

재블디여 △ 那나나 賊찡즤 便뼌변 將쟝쟝 一힝이 箇거거 弓궁궁 手싛식

○ 그도적이곳ᄒᆞᆫ 弓手를다가 放방방 箭젼젼 射씽시 下햐하 馬마마 來래래

○ 살로ᄡᅩ아몰 게ᄂᆞ려디니 那나나 賊찡즤 往왕왕 西시시 走즇주 馬마마 去

큐큐 了랼랴 ○ 그도적이西로향ᄒᆞ 여몰드려가니라 [illegible] 捕뿌부 盜땋닾 官권권

襲씽시 將쟝쟝 去큐큐 ○ 捕盜官이디 ᄧᅩᆼᄒᆞ여가 到닿닾 箇거거 村춘츈 裏

리리 差채채 了랼랴 一힝이 百뷩버 箇거거 壯좡좡 漢한한 ○ 村의가 一百壯

漢을 시겨 將쟝쟝 着쟣죠 弓궁궁 箭젼젼 器킈키 械햬혜 ○ 활살연장 가지고

把바바 那나나 賊찡즤 圍위위 在재재 一힝이 箇거거 山산산 峪융유 裏

리라 ○ 그도적을다가 ᄒᆞᆫ외ᄲᅳᆯ의여위 纔 째채 拿 나나 着 쟣죠 廻 홰휘 來 래레 ○

굿자바도 라오니 看 칸칸 那 나나 射 쎵시 着 쟣죠 的 딩디 弓 궁궁 手 싛수 ○

그살마ᄌᆞᆫ弓 手를보니 那 나나 人 신신 左 저조 肐 긍그 膊 밯봐 上 썅샹 射 쎵시

傷 샹샹 ○ 그사ᄅᆞᆷ이왼녁ᄑᆞᆯ독 에살다자샹ᄒᆞ엿고 不 붕부 會 쭝층 傷 샹샹 了 럏랴

性 싱싱 命 밍밍 ○ 일즙性命은샹티 아니ᄒᆞ돗더라 如 유유 今 긴긴 那 나나 賊

찡직 現 현현 在 째재 官 권권 司 ᄉᆞ스 牢 랑랖 裏 리리 禁 긴긴 着 쟣죠 ○ 이제

그도적이官司옥에번 ᄂᆞᆫ시이셔가텻ᄂᆞ니라 既 기기 這 져져 般 번번 路 루루 濇 씅서

時 씋스 ○ 이믜이리길 히머흘면 咱 짱자 們 믄믄 又 잉우 沒 뭉무 甚 씸슴 麼

마마 忙 망망 勾 궁구 當 당당 ○ 우리ᄯᅩ아므란밧 븐일이업ᄉᆞ니 要 얗야 甚 씸슴

麼 마마 早 쟣잔 行 힣힝 ○ 므슴아라 일녜리오 等 등등 到 닿다 天 텬텬 明 밍밍

時쓰스 ○ 든하 기늘 드이 려볽 거 慢만만 慢만만 的딩디 去큐큐 怕파피 甚

씸슴 麼마마 ○ 서날 시회 저여 프간 리들 오므 說숴쉬 的딩디 是쓰스 ○ 미날 올오

타 依이이 着쨯죠 你니니 ○ 대네 로말 天텬텬 明밍밍 時쓰스 行힝힝 ○

든하 가늘 리붉 라거 安한안 置징지 安한안 置징지 ○ 이이 대대 客킈커 人

신신 們믄믄 好핳핳 睡쒸쉬 着쨯죠 ○ 됴나 히그 자내 라들 主쥬쥬 人신신 家

갸갸 且쳐쳐 休힉휘 去큐큐 ○ 가主 디人 말아 라아 직 我어오 又잉우 忘망왕

了랼랴 一딩이 件견견 勾궁구 當당당 ○ 니내 저또 셰훈 라일 을 我어오 這

져져 馬마마 們믄믄 不봉부 曾쯩층 飲힌인 水쉬쉬 裏리리 ○ 물우 들리 흘어

디일 아즘 볻믈 뎌머 니기 等등등 一힝이 會휘휘 控쿵쿵 到닿닫 時쓰스 飲힌인

去큐큐 ○ 든흔 기디 드워 려쉬 머요 기믈 라잇 가굿 쟈흐 야 那나나 裏리리 有잉우

井 징징 ○ 어듸우믈 잇ᄂᆞ뇨 那 나나 房 방빵 後 후ᅘᆓ 便 변뼌 是 스ᄿᆞ 井 징징
○ 뎌집뒤헤 곳 우믈이라 有 우잉 轆 루룽 轤 루루 那 나나 沒 무몽 ○ 믈기를조
에잇ᄂᆞ냐 업스나 淺 천쳔 淺 쳔쳔 的 디딍 井 징징 見 술슌 ○ 엿트나엿튼우믈이
니 只 즈ᅎᅳ 着 죠쨯 繩 싱씽 子 즈ᅎᅳ 拔 바빠 水 쉬쉬 ○ 그저줄드레로 믈올깃ᄂᆞ
니라 井 징징 邊 변변 頭 투뜽 有 우잉 飲 인힌 馬 마마 的 디딍 石 시씽 槽 찬짱
兒 술슌 ○ 우믈ᄉᆡ애믈믈머기 ᄂᆞᆫ돌귀외잇ᄂᆞ니라 既 기기 這 저져 般 번번 時 스ᄿᆞ
○ 이믜이 러면 你 니니 收 수싷 拾 시씽 洒 사사 子 즈ᅎᅳ 井 징징 繩 싱씽 出
츄츙 來 레래 ○ 네드레와줄을收拾 ᄒᆞ야내여오고려 井 징징 邊 변변 頭 투뜽 洒
사사 子 즈ᅎᅳ 井 징징 繩 싱씽 都 두두 有 우잉 ○ 우믈ᄉᆡ에드레와 줄이다잇ᄂᆞ니라
我 오어 又 우잉 囑 쥬쥼 咐 부붕 你 니니 些 셔셔 話 화ᅘᅪ ○ 내또너ᄃᆞ 려져기말

을 당부ᄒᆞ노니 那나나 洒사사 子즈즈 不부봉 沉친쪈 水쉬쉬 ○ 그드레 믈에 ᄌᆞᆷ
기디 아니ᄒᆞᄂᆞ니 你니니 不부봉 會휘휘 擺배배 時스씃 ○ 네 뒤티기 아디 못ᄒᆞ
거든 洒사사 子즈즈 上샹쌍 拴솬솬 着죠쨯 一이힝 塊쾌쾌 塼줜줜 頭투뚬
着죠쨯 ○ 드레 우희 ᄒᆞᆫ 뎡이 벽을 믜라 這저져 的디딩 我오어 自ᄌᆞ쯔 會휘휘
的디딩 ○ 이ᄂᆞᆫ 나도 아노니 不부봉 要야햫 你니니 教갸걍 ○ 네 ᄀᆞᄅᆞ치디 말
라 〔下〕 咱자쟘 們믄믄 輪룬룬 着죠쨯 起키키 來레래 ○ 우리 돌려 니러 勤
킨낀 喂위휘 馬마마 ○ 브즈러니 ᄆᆞᆯ 머기쟈 常창쨩 言연연 道단땅 ○ 常言에 닐
오되 馬마마 不부봉 得더듷 夜여여 草찬참 不부봉 肥븨뼤 ○ ᄆᆞᆯ이 밤 여믈을
엇디 못ᄒᆞ면 ᄉᆞᆯ지디 못ᄒᆞ고 人신신 不부봉 得더듷 橫훙ᅘᅮᆼ 財채째 不부봉 富
부부 ○ 사ᄅᆞᆷ이 橫財物을 엇디 못ᄒᆞ면 가음여디 못ᄒᆞᆫ다 ᄒᆞᄂᆞ니 却커컹 休후힣 槽찬짬

兒슬슳平핑삥直지찡到닾당明밍밍○또귀요에平케주어 잇긋새배다ᄃᆞᆺ게말

라咱ᄍᆞ쟝們믄믄拌번뻔上샹썅馬마마喫치칭一이힝和호훠草찬챵

時스쓿飲인힌水쉬쉬去큐큐○우리믈을ᄒᆞᆫ번ᄃᆞᆮ섯거버 므려주어ᄆᆡ거든믈어기

라가 자盛칭찡草찬챵的디딩筐광쾅兒슬슳也여여沒무뭉○딥다 믈광

주리도 업ᄉᆞ니着죠쟣甚슴씸麼마마將쟝쟝的디딩草찬챵去큐큐○므 스

ᄀᆡᄉᆞ로딥 가져가료既기기沒무뭉時스쓿○이믜업 거든且처처着죠쟣布

부뷰衫산산襟긴긴兒슬슳抱밮빻些셔셔草찬챵去큐큐○아직뵈 젹삼쟈

락의안 아가라我오어將쟝쟝料랴량水쉬쉬去큐큐○내콩믈가 져가마這

저져主쥬쥬人신신家갸갸好한항不부붕整징징齊치찌○이主人 이ᄀᆡ장

整齊티 못ᄒᆞ다攪갸걓料랸량棒방빵也여여沒무뭉一이힝箇거거○콩 버

므릴 막대 ᄒᆞ나토 업ᄉᆞ니 疾찡지 快쾌쾌 取츄츄 將쟝쟝 咱쟝자 們믄믄 的딩디

拄쥬쥬 杖쨩장 來래래 ○ 쓸리우리 딥퍼온 막대 가져와 攪걍갸ᇢ 料량랴ᇢ ○ 공버

므리라 且처쳐 房빵방 子즈즈 裏리리 坐쭤조 的딩디 去큐큐 來래레 ○

아직 방의 안자시라가쟈 一힝이 霎삼사 兒ᅀᅳᆯᅀᅳᆯ 馬마마 喫칭치 了량랴ᇢ 這져져

和훠호 草창차ᇢ 飲힌인 水쉬쉬 去큐큐 ○ 훈디워몰이이버므 린여믈머거든믈머

기라가쟈 馬마마 敢간간 喫칭치 了량랴ᇢ 草창차ᇢ 也여여 ○ 물어딥먹 근듯ᄒᆞ니

飲힌인 去큐큐 來래래 ○ 믈머기라가쟈 [illegible] 咱쟝자 們믄믄 都두두 去큐큐

了량랴ᇢ 時씅스 ○ 우리다 나면 這져져 房빵방 子즈즈 裏리리 沒뭉무 人

ᅀᅵᆫᅀᅵᆫ ○ 이 房의 사름 업ᄉᆞ니 敢간간 不붕부 中즁중 ○ 맛당티 아닌 듯ᄒᆞ다 留릳루

一힝이 箇거거 看칸칸 房빵방 子즈즈 ○ ᄒᆞ나 머무러 房 보라ᄒᆞ고 別뼝벼 箇

거거的딍디牽켠켠馬마마去큐큐來래레○잇다그ᄅᆞ러니가는쟈올碍애애
甚씸슴麽마마事쓰스○리므씨스리일오결這져져店뎐뎐裏리리都두두
閑삐비了량랴門믄믄子즈즈了량랴○門이다店ᄃᆞ에면다怕피파有잉우
甚씸슴麽마마人신신入슝슈來래레○올므가슴저사프롬리이오ᄃᆞ러休
황휘那나나般번번說숼쉬○디그말리라니ᄅᆞ小샹샤心신신的딍디還
쵠환好항한○혀조됴심ᄒᆞ호니미라도로常짱창言연연道땋닾○에常날言
더오常짱창防빵방賊쮜쥐心신신○므샹음샹을의막도고적莫맣모偷틍투
他타타物웅우○말ᄂᆞᆷ라의ᄒᆞ것ᄂᆞᆫ도니적徐니니自쯔즈依히이着쟣죠我
어오○내네말스다ᄉᆞ로로留릳루一힝이箇거거看칸칸房빵방子즈즈○
방ᄒᆞ보나게흘ᄒᆞ두라어那나나般번번着쟣죠○ᄒᆞ그자리咱쟝자們믄믄留

리릥 誰쉬쒸 看칸칸 房방빵 子즈ᄌᆞ ○우리 누를 두워 방 보라 ᄒᆞ료 你니니 三
산산 箇거거 裏리리 頭투뜰 ○너희 셋 듕에 着죠쟣 這저져 老랖랑 的디딍
看칸칸 着죠쟣 ○이 늘그니ᄒᆞ야 보게 ᄒᆞ라 三산산 人신신 同퉁뚱 行힝ᅘᅵᆼ 小
샾샹 的디딍 苦쿠쿠 ○세 사ᄅᆞᆷ이 ᄒᆞᆷᄭᅴ 녜매 져므니 슈고ᄒᆞᄂᆞ니라 咱자쟝 們믄믄
三산산 箇거거 去큐큐 來래래 ○우리 세히 가쟈 這져저 衚후후 衕둥뚱
窖저궁 ○이 ᄭᅳᆯ이 조브니 牽견견 着죠쟣 馬마마 多도더 時스ᄊᆞ ○ᄆᆞᆯ 잇글기
만ᄒᆞᆫ 히면 過고궈 不부붕 去큐큐 ○디나 가디 못ᄒᆞ리라 咱자쟝 們믄믄 做주주
兩량량 遭잘쟐 兒슬ᅀᅳᆯ 牽견견 ○우리 두 번의 잇그러 가쟈 那나나 般번번 着
죠쟣 ○그리 ᄒᆞ쟈 你니니 敢간간 慣관관 打다다 水쉬쉬 ○네 믈 긷기 니근 듯ᄒᆞ
괴야 我오어 不부붕 慣관관 打다다 水쉬쉬 ○내 믈 깃기 닉디 못호롸 你니니

先션션打다다水쉬쉬去큐큐○네몬져믈길라가라我어오兩량량箇거거
牽켠켠馬마마去큐큐○우리ᄃᆞᆯ히ᄆᆞᆯ잇그러가마那나나般버반着쟣죠○
그리ᄒᆞ자我어오打다다水쉬쉬去큐큐○나ᄂᆞᆫ믈길라가노라你니니將장쟝
馬마마來래레○네ᄆᆞᆯ가저오라我어오恰캬캬纔재재這저저槽짱찬兒
ᅀᅳᆯᅀᅳᆯ裏리리頭뜰투○내앗가이구유안해拔빠바上썅샹兩량량洒사사子
쯔즈水쉬쉬也여여○두드레믈기러시니着쟣죠馬마마喫칭치○ᄆᆞᆯ들믈먹
어라這저저箇거거馬마마快쾌쾌喫칭치水쉬쉬○이ᄆᆞᆯ은믈잘먹고這
저저箇거거馬마마喫칭치水쉬쉬少샹샹○이ᄆᆞᆯ은믈먹기작게ᄒᆞᆫ다這저저
水쉬쉬少샹샹○이믈이작으니再재재打다다上쌍샹一힝이洒사사子
쯔즈着쟣죠○또ᄒᆞᆫ드레만기르라將장쟝洒사사子쯔즈來래레○드레가져

오라 我어오 試슷스 學햫효 打다다 ○내 시험ᄒᆞ여 믈 깃기 ᄇᆡ화지라 這저저 洒

사사 子ᄌᆞ즈 是ᄉᆞ스 不봉부 沉친친 水쉬쉬 ○이 드레 믈에 ᄌᆞᆷ기디 아니ᄒᆞ니 怎

즘즘 生숭승 得뒹더 倒닿닫 ○엇디ᄒᆞ여 것구리티리오 我어오 教걓갸 與유유

儞니니 ○내 너ᄃᆞ려 ᄀᆞᄅᆞ쳐 마 將쟝쟝 洒사사 子ᄌᆞ즈 提띠티 起키키 來래래

○드레ᄅᆞᆯ 다가 들어 離리리 水쉬쉬 面면면 擺빼배 動뚱둥 倒닿닫 ○믈우

희ᄢᅥ위ᄇᆡ텨구르텨 撞쫭쫭 入슝슈 水쉬쉬 去큐큐 ○믈에 맛바다 드러가면 便

뼌변 喫칭치 水쉬쉬 也여여 ○즉제 믈 먹ᄂᆞ니라 這저저 般번번 時ᄊᆞ스 ○

이러면 眞진진 箇거거 在쨰재 前쪈천 曾쯩층 見견견 人신신 打다다 水

쉬쉬 ○진실로 在前에 일즙 사ᄅᆞᆷ의 믈 깃기ᄅᆞᆯ 보와시되 不봉부 曾쯩층 學햫효 ○

일즙 ᄇᆡ호디 아니… 從쭝충 今긴긴 日ᅀᅵ시 理리리 會훠휘 得듷더 了

량랴 ○오늘븟터 알괘라 你니니 高강갈 麗리리 地띠디 面면면 裏리리
沒몽무 井징징 阿하아 怎즘즘 麼마마 ○너희 高麗人ᄯᅡ헤 우믈이 업ᄉ나 엇디오
我어오 那나나 裏리리 井징징 ○우리 뎃 우믈은 不붕부 似쓰스 這저저 般
번번 井징징 ○이런 우믈 ᄀᆞᆺ디 아니니 這저저 井징징 是쓰스 塼줜줜 砌치치
的딍디 井칭징 ○이 우믈은 벽으로 두운 우믈이라 至즣즈 小샿샤 有잏우 二
슳슬 丈쨩쟝 深신신 ○그 쟝ᄌᆞ 너야 二丈 깁픠 잇거니와 我어오 那나나 裏리리
井징징 ○우릐며 긔 우믈은 都두두 是쓰스 石씽시 頭뚱투 壘뤼뤼 的딍디
○다 돌로 무은 거시라 最쥐쥐 深신신 殺삼사 的딍디 沒뭉무 一힝이 丈쨩쟝
○ᄀᆞ장 깁프니도 一丈 깁픠 업서 都두두 是쓰스 七칭치 八빵바 尺칭치 來래래
深신신 ○다 닐곱 여듧 자 깁픠라 我어오 那나나 裏리리 男난난 子즈즈 漢

한한不붕부打다다水쉬쉬○우리 뎌긔 ᄉᆞ나회ᄂᆞᆫ 믈 깃디 아니ᄒᆞ고 只즈즈是
ᄽᆞ스婦뿌부人ᅀᅵᆫ신打다다水쉬쉬○다만 계집이 믈 깃기 ᄒᆞ되 着쨯죠箇거거
銅뚱퉁盔퀴퀴○동ᄒᆡ로 頭뜰투上썅샹頂딍딩水쉬쉬○머리예 믈을 이
ᄂᆞ니 各갛거自ᄍᆞ즈將쟝쟝着쨯죠箇거거打다다水쉬쉬的딍디瓢뺭퍈
兒ᅀᆞᆯ슬○각각 믈 깃ᄂᆞᆫ 박을 가지고 瓢뺭퍈兒ᅀᆞᆯ슬上썅샹○박우희 拴숸솬
着쨯죠一힝이條땽턒細시시繩씽싱子ᄌᆞ즈○ᄒᆞᆫ오리 ᄀᆞᄂᆞᆫ 노ᄒᆞᆯ 미얏ᄂᆞ니
却켱커和ᅘᅯ호這져져裏리리井징징繩씽싱洒사사子ᄌᆞ즈一힝이般
번번取츄츄水쉬쉬○ᄡᅡ여 그 줄 드레와 ᄒᆞᆫ가지로 믈 긷ᄂᆞ니라 却켱커怎즘즘麼
마마那나나般번번打다다水쉬쉬○ᄯᅩ 엇디 그리 믈을 깃ᄂᆞ뇨 我어오不붕부
理리리會ᅘᅱ휘得듷더○내 아디 몯ᄒᆞ리로다 我어오只즈즈道땋닾是ᄽᆞ스

老乞大諺解上　三十三

和 훠호 我 어오 這 져져 裏 리리 一 힝이 般 번번 打 다다 水 쉬쉬 ○ 저내 날그

로오 믈듸 깃우 ᄂᆞᆫ리 가여 ᄒᆞ리 더ᄒᆞᆫ 니가 라지 【兀】 你 니니 牽 켠켠 迴 훼휘 這 져져 馬

마마 去 큐큐 ○ 러내 도이 라몰 가잇 ᄑᆞᄉᆞ 再 재재 牽 켠켠 將 쟝쟝 別 뼈벼 箇 거거

的 딍디 來 래래 飮 힌인 ○ 가ᄯᅩ 져다 와른 믈이 머잇 기ᄉᆞ 라러 這 져져 馬 마마 都

두두 飮 힌인 了 랼랴 ○ 믈이 머몰 겨들 다다 這 져져 般 번번 黑 흫허 地 띠디 裏

리리 ○ 온이 싸런 히어 두 東 둥둥 廁 ᄎᆞᄎᆞ 裏 리리 難 난난 去 큐큐 ○ 의뒷 가간

오기 니어 려 咱 장자 們 믄믄 只 즈즈 這 져져 後 후후 園 원원 裏 리리 去 큐큐

○ 동우 산리 의그 가저 뒷 淨 찡징 手 싱식 不 붕부 好 항하 那 나나 ○ 기뒤 됴보

ᄒᆞ태 라아 니 我 어오 拿 나나 着 쨯죠 馬 마마 ○ 실내 새몰 시자 니바 你 니니 淨

찡징 手 싱식 去 큐큐 ○ 라네 가뒤 라보 我 어오 不 붕부 要 향야 淨 찡징 手 싱식

33b

○나ᄂᆞᆫ 뒤보기마다 你니니離리리路루루兒ᅀᅳᆯᅀᅳᆶ着죠쟣○네 길흘 ᄠᅴ워ᄒᆞᆫ
고 休휘힣在재쨰路루루邊변변淨징찡手식싷○길ᄀᆞᆺ에셔 뒤보기 말라
明밍밍日ᅀᅵᅀᅵᇰ着죠쟣人ᅀᅵᆫᅀᅵᆫ罵마마○닉일 ᄂᆞᆷ의 거ᅀᅮ지람 드르리라 咱자쟝
們믄믄一이잉箇거거人ᅀᅵᆫᅀᅵᆫ○우리 ᄒᆞᆫ 사ᄅᆞᆷ이 牽견켠着죠쟣兩량량箇
거거去큐큐○들식 잇ᄭᅳ러 가 絟솬솬的디딍牢랃랗着죠쟣○ᄆᆡ기ᄅᆞᆯ 구디 ᄒᆞ
라 這져져槽찬쨯道닿땋好핳항生승승寬퀀퀀○이 구유 터히 ᄀᆞ장 너ᄅᆞ니
離리리的디딍遠원원些셔셔兒ᅀᅳᆯᅀᅳᆶ絟솬솬○ᄠᅴ워 멀즈시 ᄆᆡ라 又의읭
怕파파繩싱씽子즈즈紐부붕着죠쟣○ᄯᅩ 노 허얼길가 저페라 疾지찡快
쾌퀘將장쟝草찬챃料랸럏來래래○ᄲᆞᆯ리 딥과 콩을 가져다가 拌번뻔上샹썅
着죠쟣○버므려 주어 儘진진着죠쟣他타타喫치칭着죠쟣○잇긋 멸로

ᄒᆞ여ᄆᆡ게ᄒᆞ교 咱자쟘 睡쉬쒸 去큐큐 來래래 ○ 우리자라가자 [?]火호훠 伴

번뻔 們믄믄 起키키 來래래 ○ 벗들아닐거라 雞기기 兒ᅀᅳᆯᅀᅳᆯ 叫쟌걓 第디띠

三산산 遍변변 了랴랴ᇢ ○ ᄃᆞᆰ이울언디세홰니 待대때 天텬텬 明밍밍 了랴랴ᇢ

也여여 ○ ᄒᆞ마하ᄂᆞᆯ도ᄇᆞᆯ그리로다 咱자쟘 急기깅 急기깅 的디딩 收시싷 拾

시씽 了랴랴ᇢ 行힝행 李리리 ○ 우리셜리짐들收拾ᄒᆞ쟈 鞁비삐 了랴랴ᇢ 馬마마

時스씅 ○ ᄆᆞᆯ기ᄅᆞ마짓노라ᄒᆞ면 天텬텬 亮량량 了랴랴ᇢ ○ 하ᄂᆞᆯ이ᄇᆞᆰ그리로두

辭ᄎᆞᄍᆞ 了랴랴ᇢ 主쥬쥬 人신ᅀᅵᆫ 家갸갸 去큐큐 來래래 ○ 主人의게하딕ᄒᆞ고

기쟈 主쥬쥬 人신ᅀᅵᆫ 家갸갸 哥거거 休휘힣 怪괘괘 ○ 主人형아허믈말라 我

오어 去큐큐 也여여 ○ 우리가노라 你니니 休휘힣 怪괘괘 好한핳 去큐큐

着죠쟣 ○ 네허믈말고됴히가라 迴휘훵 來레래 時스씅 ○ 도라올제 却거겨

來래래我오어店뎐뎜裏리리下하햐來래래 ○ 또우리店에와브리오라 這저저
橋갸꺌便변뼌是스씃我오어夜여여來래래說워숴的디딩橋갸꺌
○ 이ᄃᆞ리ᄂᆞᆫ곳내어제니ᄅᆞ던ᄃᆞ리니 比비비在재쨰前젼쪈十시씽分븐훈好
한항 ○ 아리과ᄇᆞ권대ᄀᆡ장됴타 在재쨰先션션只즈즘是스씃土투투搭타탕
的디딩橋갸꺌來래래 ○ 앏픠ᄂᆞᆫ그저흙터 명근ᄃᆞ리러니 如유유今긴긴都
두두是스씃板반반幔먼먼了랴랼 ○ 이제ᄂᆞᆫ다널ᄭᆞ랏고 這저저橋갸꺌梁
량량橋갸꺌柱쥬쮸 ○ 이ᄃᆞ릿보와기동이 比비비在재쨰前젼쪈忒틔틩牢
랖랖壯좡좡 ○ 아리과견조면너모굿다 這저저的디딩捱애얘十시씽年년년
也여여壞홰홰不부봉得더듿 ○ 이ᄂᆞᆫ十年을견듸여도허디디아니ᄒᆞ리로다믈
日시싀頭투퉁這저저般번번高갈갇了랴랼 ○ 희이리노팟고 前젼쪈

頭 투틓 又 잉일 沒 무뭉 甚 슴씸 麼 마마 店 뎐뎐 子 즈즈 ○ 앏피 또아 므란 店도

업스 니 咱 자짱 們 믄믄 只 즈즈 投 투틓 那 나나 人 신인 家 갸갸 糴 디딍 些

셔서 米 미미 ○ 우리 그저 人家의 드러가 ᄡᆞᆯ 밧고와 自 즈쯔 做 주주 飯 한빤 喫

치칭 去 큐큐 來 래래 ○ 손조 밥지어 먹고 가자 那 나나 般 번번 着 죠쨯 ○ 그 리

ᄒᆞ 자 肚 두뚜 裏 리리 好 한향 生 숭승 飢 기기 了 랴량 ○ 비ᄀ장 골프다 咱 자장

們 믄믄 去 큐큐 來 래래 ○ 우리 가자 這 저저 馬 마마 都 두두 卸 셔셔 下 하뺘

行 힝행 李 리리 ○ 이 몰다 짐 브리오고 鬆 숭숭 了 랴량 肚 두뚜 帶 대대 ○ 오 라

ᄂᆞ추 고 取 츄츄 了 랴량 嚼 죠쨯 子 즈쯔 ○ 마함 벗 기고 這 저저 路 루루 傍

팡빵 邊 변변 放 방방 了 랴량 ○ 이 길ᄉᆞ 에 노하 着 죠쨯 喫 치칭 草 찬찰 着 죠쨯

○ 플 먹게 ᄒᆞ고 教 갸걍 一 이잉 箇 거거 看 칸칸 着 죠쨯 ○ ᄒᆞ나ᄒᆞ로 ᄒᆞ여 보게

ᄒᆞ고 別 뼝벼 的 딍디 都 두두 投 뜽투 這 져저 人 신인 家 갸갸 問 운운 去 큐큐
來 래래 ○ 다ᄅᆞ니ᄂᆞᆫ 다 이 人家의 드러가 무로라 가쟈 主 쥬쥬 人 신신 家 갸갸
哥 거거 ○ 쥬인 형아 我 어오 幾 기기 箇 거거 行 ᅘᅵᆼ힝 路 루루 的 딍디 人 신신
○ 우리 여러 길 뎨ᄂᆞᆫ 사ᄅᆞᆷ이 這 져저 早 장잔 晚 환완 不 봉부 曾 쯩층 喫 칭치 早
장잔 飯 빤반 ○ 이리 느ᄌᆞ덕 일즉 아ᄎᆞᆷ밥을 못 먹엇고 前 쪈쳔 頭 뜽투 又 잉우 沒
뭉무 甚 씸슴 麼 마마 店 뎐뎐 子 즈즈 ○ 알ᄑᆡ ᄯᅩ 아므란 店도 업스매 我 어오 特
뜽디 的 딍디 來 래래 ○ 우리 부러 와시니 怎 즘즘 生 승승 糴 랑로 與 유유 些
셔셔 米 미미 做 주주 飯 빤반 喫 칭치 ○ 아므려나 져기 ᄡᆞᆯ 밧괴여 주어든 밥 지어 먹어지
라 要 향야 甚 씸슴 麼 마마 糴 뜽디 米 미미 ○ 므슴아라 ᄡᆞᆯ 밧고려 ᄒᆞᄂᆞ뇨 我
어오 的 딍디 飯 빤반 熟 쓩수 了 랴랴 ○ 우리 밥이 닉어시니 客 킝켜 人 신신 們

믄믄 喫 칭치 了 랼랴 過 궈고 去 큐귀 ○ 고나 디그 나네 가들 라먹 這 져져 般 번번
時 쓰스 ○ 면이 러 敢 간간 少 샹샤 了 랼랴 你 니니 飯 빤반 ○ 져네 글밥 듯이
다ᄒᆞ 不 붕부 妨 방방 事 쓰스 ○ ᄒᆞ므 니던 便 뼌변 少 샹샤 時 쓰스 ○ 거곳 든젹
我 어오 再 재재 做 주주 些 셔셔 箇 거거 便 뼌변 是 쓰스 ○ 기우 지리 으또 면져
니곳 ᄯᅥ이 텨어 將 쟝장 卓 잪조 兒 슬슬 來 래레 ○ 오상 라가 져 教 걓갸 客 킈커
人 신신 們 믄믄 只 즈즈 這 져져 棚 뿡풍 底 디디 下 햐하 坐 쭤조 的 딩디 喫
칭치 飯 빤반 ○ 아나 래그 안내 자들 셔ᄒᆞ 밥여 먹그 게저 ᄒᆞ이 쟈가 개 淡 딴단 飯 빤반
胡 후후 亂 련런 喫 칭치 些 셔셔 箇 거거 ○ 로믄 먹밥 으을 라간 대 有 잉우 甚
씸슴 麼 마마 熟 쑤수 菜 채채 蔬 수수 ○ 菜아 蔬므 잇란 거니 든근 將 쟝장 些 셔셔
來 래레 與 유유 客 킈커 人 신신 喫 칭치 ○ 내저 들기 주가 어져 먹다 게가 ᄒᆞ나 라그

怕파파沒뭉무時씃스○ᄒᆞ다가업거든有잉우蘿러로蔔뿡부生승ᄉᆼ葱
충충茄껴켜子즈즈將쟝쟝來래레○댓무우와파와가지잇거든가져오고就
찡쥐將쟝쟝些셔셔醬쟝쟝來래레○이믜셔져기쟝가져오라別뼈벼箇거거
菜채채都두두沒뭉무○터느ᄂᆞᄆᆞ새는다업거니와只즈즈有잉우塩연연
瓜과과兒ᅀᆞᆯ술○다만저린외이시니與뉴유客킈커人신신喫칭치○나그
내주어먹이쟈也여여好핳한將쟝쟝來래레○그도됴타가져오라客킈커人
신신們믄믄休휭휘恠괘괘○나그내들허믈말고胡ᅘᅮ후亂뤈뤈喫칭치些
셔셔○간대로먹으라小샿샤人신신們믄믄騣즁주面면면間견견廝ᄉᆞ스
見견견○小人돌히과그른ᄂᆞ치서ᄅᆞ보와셔大따다哥거거便뼌변這져져般
번번重쭝중意이이○큰형이곳이런듕ᄒᆞᆫᄠᅳᆺ으로與유유茶짜차飯ᅘᅡᆫ반喫

칭치 ○ 먹차 이반 시주 니어 怎 즘즘 麼 마마 敢 간간 恠 괘괘 ○ 이엇 나디 허싱 을심

료ᄒᆞ 量 량량 這 져져 些 셔셔 淡 딴단 飯 빤반 ○ 만혜 민건 밥대 이이 打 다다 甚

씸숨 麼 마마 緊 긴긴 ○ 긴므 ᄒᆞ스 됴거 시 偏 편편 我 어오 不 붕부 出 츄츄 外

왜왜 ○ 의ᄃᆞ 나별 가이 디내 아라 니외 랴방 出 츄츄 外 왜왜 時 쓰스 ○ 나외 가방 면의

也 여여 和 허호 你 니니 一 힝이 般 번번 ○ 지ᄯᅩ 어너 니와 ᄯᅥᄒᆞᆫ 녀가 大 따다 哥

거거 說 쉬숴 的 딍디 是 쓰스 ○ 룸큰 이형 올의 타니 慣 관관 會 쭝층 出 츄츄 外

왜왜 偏 편편 憐 련련 客 캬커 ○ 면일 일즙 편외 되방 이의 나나 그ᄃᆞᆫ 내니 를기 에니 엿그

기바 고ᄃᆞ 自 쯔즈 己 기기 貪 탄탄 盃 븨븨 惜 싱시 醉 쥐쥐 人 신인 ○ 술나 을곳

을탐 앗ᄒᆞ 기면 ᄂᆞ취 니ᄒᆞᆫ 라사 롬 你 니니 外 왜왜 頭 뜰투 還 환환 有 임우 火

훠호 伴 뻔번 麼 마마 ○ 벗네 이밧 잇긔 ᄂᆞ고 냐려 도 有 임우 一 힝이 箇 거거 看

칸칸 行 행힝 李 리리 ○ ᄂᆞᄒᆞ 나나 이히 셔짐 셔보 就 쯯직 放 방방 馬 마마 裏 리리
○ 노이 한믜 ᄂᆞ셔 니믈 他 타타 喫 칭치 的 딍디 飯 빤반 却 컹커 怎 즘즘 生 승승
○ 또뎌 엇의 ᄃᆞ머 ᄒᆞ글 료밥 을 我 어오 們 믄믄 喫 칭치 了 랼랴 時 ᄊᆞ스 ○ 리우
면먹 그 與 유유 他 타타 將 쟝장 些 셔셔 去 큐큐 ○ 기뎌 가위 져ᄒᆞ 가야 쟈져 有
읭위 椀 원원 與 유유 一 잉이 箇 거거 ○ ᄒᆞ사 나발 다잇 고거 든 這 져저 飯 빤반
裏 리리 盛 쪙칭 出 츙츄 一 잉이 椀 원원 飯 빤반 ○ 발이 만밥 다여 마셔 내ᄒᆞᆫ 어사
與 유유 那 나나 箇 거거 火 훠호 伴 뻔번 ○ 주뎌 쟈버 들 由 읭위 他 타타 ○
두져 고대 로 你 니니 都 두두 喫 칭치 了 럏랴 着 쟣죠 ○ 머너 그회 라다 家 갸갸
裏 리리 還 환한 有 읭위 飯 빤반 裏 리리 ○ 밤집 이의 이당 시시 니론 喫 칭치 了
럏랴 時 ᄊᆞ스 ○ 차먹 든기 므 將 쟝장 去 큐큐 ○ 가가 라져 你 니니 休 힣휘 做

주주 客킝켜 ○ 너회 손도 왼양 말고 慢만만 慢만만 喫칭치 的딍디 飽밯밮 着

쟣죠 ○ 날회여 비브로 머그라 我어오 是쓰스 行ᅘᅵᆼ힝 路루루 的딍디 客킝켜

人신신 ○ 우리는 길녜는 나그내라 又잉우 肯큰큰 做주주 甚씸슴 麼마마 客

킝켜 ○ ᄯᅩ 즐겨 므슴 손 인양ᄒᆞ리오 喫칭치 得딍더 飽밯밮 那나나 不봉부 飽

밯밮 ○ 머굼이 브르나 아니 브르나 我어오 好핳하 生승숭 飽밯밮 了랼랴 ○

우리 ᄀᆞ장 비브르다 收싛식 拾씽시 椀원원 楪뎡뎌 着쟣죠 ○ 사발 뎝시 서러즈라

[illegible] 客킝켜 人신신 們믄믄 ○ 나그내네 有잉우 一힝이 箇거거 看칸칸 着

쟣죠 馬마마 的딍디 ○ ᄒᆞᆫ나히 믈 보ᄂᆞᆫ 니 잇다 ᄒᆞ더니 不봉부 曾쯩츤 來래래 喫

칭치 飯빤반 ○ 일즙 와 밥 먹디 아니ᄒᆞ얏ᄂᆞ니 興힝힝 兒ᅀᅳᆯ슬 ○ 興兒야 你니니

另링링 盛쩡칭 一힝이 椀원원 飯빤반 ○ 네 ᄯᅩ로 ᄒᆞᆫ 사발 밥을 담고 罐권권 兒

슳술裏리리將쟝쟝些서셔湯탕탕○탕권에 져기 탕 가져跟근근着쟣죠客
킹켜人신신去큐큐○나그내 조차 가與유유那나나箇거거火훠호伴뻔번
○뎌 벗 주어喫칭치了랼랴時씃스○먹거든却켱커收싱식拾씽시家
갸갸事씃스來래래○ᄯᅩ 그릇들 설어저 오라主쥬쥬人신신家갸갸哥거거
○쥬인 형아休힝휘怪괘괘○허믈 말라小샿샤人신신們믄믄○小人들히
這져져裏리리定띵딩害해해○예와 유폐ᄒᆞ여이다有잉우甚씸슴麼마마
定띵딩害해하處츄츄○므슴 유폐ᄒᆞᆫ 곳이 이시리오喫칭치了랼랴些서셔
淡땀단飯빤환○져기ᄆᆡᆫ 밥 먹고又잉우沒뭉무甚씸슴麼마마好핳하茶
짜차飯빤한○ᄯᅩ 아므란 됴ᄒᆞᆫ 차반도 업시라休힝휘那나나般번번說쉉숴○
그리 니ᄅᆞ디 말라不붕부當당당○당티 몯ᄒᆞ여라飢기기時씃스得듷더一

老乞大諺解 上 三十九

잉이 口 쿻쿠 ○ 어끌 더튼 먹저 으훈 미입 強 꺙캉 如 유유 飽 밮반 時 쓿스 得 듷더
一 힝이 斗 둫두 ○ 도브 곤른 나쩌 으훈 나말 라어 듬 我 어오 正 직징 飢 기기 渴
컹커 時 쓿스 ○ 渴우 흐리 때졍 예히 飢 主 쥬쥬 人 신신 家 갸갸 ○ 이쥬 인 這
져져 般 번번 與 유유 茶 짜차 飯 빤반 喫 칭치 ○ 어이 머리 기차 시반 니주 怎 즘즘
生 승숭 忘 망왕 的 딣디 你 니니 ○ 니엇 즈디 리녀 오룰 休 힣휘 那 나나 般 번번
說 숳숴 ○ 디그 말리 라니 ᄅ 偏 편편 我 어오 出 츄츄 外 왜왜 時 쓿스 ○ 별독
의이 나내 가라 면외 방 頂 딩딩 着 쟣죠 房 빵방 子 즈즈 走 즉주 ○ 고집 드을 니이
라 也 여여 要 햨야 投 뚤투 人 신신 家 갸갸 ○ 드또 러ᄉ 가家 로 尋 씬신 飯
빤반 喫 칭치 裏 리리 ○ 으밥 리어 라더 먹 却 컹커 不 붕부 說 숳숴 ○ 니또 니아
나ᄅ ᄂ 好 항한 看 칸칸 千 쳔쳔 里 리리 客 킝커 ○ 를千 됴里 히엣 보나 와그 보내

내마 萬 완완 里 리리 要 얗얖 傳 쵠쵠 名 밍밍 ○ 萬里예 일훔을 뎐코져 홈이라 三
主 쥬쥬 人 신신 家 갸갸 哥 거거 ○ 쥬인 형아 小 샹샤 人 신신 這 져져 裏 리리
攪 걓갸 擾 샿샤 了 랼랴 ○ 小人이 예 와 블이오ᄃᆡ 姓 싱싱 也 여여 不 봉부 曾
쯩층 問 운운 ○ 셩도 일즉 묻디 아니ᄒᆞ엿더니 大 따다 哥 거거 貴 귀귀 姓 싱싱 ○
큰 형의 姓이 므스거신고 我 어오 姓 싱싱 張 쟝쟝 ○ 내 姓이 張개라 是 쓰스 張 쟝쟝
社 써셔 長 쟝쟝 家 갸갸 ○ 이 張社長 집이로다 客 킈켜 人 신신 你 니니 却 켱켜
姓 싱싱 甚 씸슴 麼 마마 ○ 나그내는 또 姓이 므섯고 小 샹샤 人 신신 姓 싱싱
王 왕왕 ○ 小人의 셩은 王개로니 在 째재 遼 럏랴 東 둥둥 城 찡칭 裏 리리 住
쮸쥬 ○ 遼東잣 안해 셔 사노라 大 따다 哥 거거 因 힌인 事 쓰스 ○ 큰 형이 일올 인
ᄒᆞ여 到 닿단 我 어오 那 나나 裏 리리 ○ 우리 더긔 오나든 不 봉부 棄 키키 嫌

현현 小 샹샤 人 신신 時 쓰ᇫ스 ○ 小人을 ᄇᆞ리디 아니ᄒᆞ시면 是 쓰ᇫ스 必 삥비 家

갸갸 裏 리리 來 래래 ○ 모로매 집으로 오고려 着 샿쇼 能 능능 勾 긓구 去 큐큐

時 쓰ᇫ스 節 졓져 ○ 힝혀 유여히 갈 시절이면 便 뼌변 尋 씬신 你 니니 家 갸갸 裏

리리 去 큐큐 ○ 곳 네 집을 ᄎᆞ자 가마 我 어오 偏 편편 背 븨븨 你 니니 ○ 내라 독별

이 너를 ᄇᆞ리라 【四】 那 나나 箇 거거 人 신신 家 갸갸 ○ 뎌 人家의 我 어오 恰 컁캬

纔 째채 糴 띵디 米 미미 去 큐큐 來 래래 ○ 내 앗가 곳 ᄡᆞᆯ 밧고라 갓더니 不 븧부

肯 큰큰 糶 턓탸 與 유유 我 어오 ○ 즐겨 날을 밧괴여 주디 아니ᄒᆞ고 他 타타 們

믄믄 做 주주 下 햐하 見 현현 成 찡칭 的 딍디 飯 빤반 ○ 저희 지어 잇는 밥을 與

유유 我 어오 喫 칭치 了 랼랴 ○ 우리 주어 먹이고 又 잉우 與 유유 你 니니 將

쟝쟝 來 래래 ○ 또 너를 주라 ᄒᆞ야 늘 가져와시니 你 니니 喫 칭치 了 랼랴 時 쓰ᇫ스

○어네 든먹 與유유 這져져 小샹샤 的딩디 摠줜준 㨾텽뎌 將쟝쟝 去큐큐

○주이 어아 가히 져를 가사 게발 ᄒᆞ텹 라시 火훠호 伴뻔번 你니니 赶간간 將쟝쟝

馬마마 來래래 ○오벗 라아 오네 라몰 咱쟝자 打다다 馳떠토 䭾떠토 ○리우

자짐 식 比비비 及끼기 馳떠토 了랼랴 時쓰스 ○애짐 미싯 ᄎᆞ기 면뭇 ᄎᆞᆷ 他

타타 也여여 喫칭치 了랼랴 飯빤반 也여여 ○뭇뎌 ᄎᆞ도 리밥 로먹 다기 咱쟝자

們믄믄 便뼌변 行ᅘᆡᆼ힝 ○길우 녜리 자즉 져 這져져 箇거거 馬마마 ○물이

이 怎즘즘 麼마마 這져져 般번번 難난난 拿나나 ○기엇 어디 려이 오리 뇨잡

元원원 來래래 這져져 般번번 的딩디 ○ᄒᆞ본 니디 라이 러 旣기기 這져져

般번번 歹대대 時쓰스 ○오임 나의 오이 면리 사 再재재 來래래 着쟢죠 絆

번번 着쟢죠 ○달노 쓰의 라란 지 我어오 在재재 前쪈쳔 絆번번 着쟢죠 來

래래 ○ 내아리ᄂᆞᆫ지 ᄆᆞᆯᄡᅥ더니 今 긴긴 日 시ᅀᅵᆼ 忘 왕망 了 랴럏 不 부붕 曾 충ᄍᆞᆼ

絆 번번 ○ 오ᄂᆞᆯ은닛고 일ᄌᆞᆷ 지 ᄆᆞᆯᄡᅥ디아니호라 咱 자장 們 믄믄 衆 중중 人 ᅀᅵᆫᅀᅵᆫ

攔 란란 當 당당 着 죠쟣 ○ 우리모ᄃᆞᆫ사ᄅᆞᆷ 이여워막자 拿 나나 住 쥬쮸 ○ 자바

다 騎 토떠 馱 토떠 都 두두 打 다다 了 랴럏 也 여여 ○ 짐싯기다 ᄒᆞ야다 咱

자장 們 믄믄 行 힝ᅘᅵᆼ 着 죠쟣 ○ 우리 네쟈 小 샤샹 的 디딩 ○ 아히 야 你 니니

將 쟝쟝 挽 원원 楪 뎌뎧 韁 권권 兒 슬ᅀᅳᆯ 家 가갸 去 큐큐 ○ 네사발답 시탕권가

져집의 가라 生 승승 受 식싛 你 니니 ○ 너슈고 ᄒᆞ여다 恢 휘휭 快 괘쾌 着 죠쟣

○ 허믈 말라 [illegible] 日 시ᅀᅵᆼ 頭 투ᄐᆡᇢ 却 커컁 又 우잉 這 져져 早 잔쟝 晩 완환 也

여여 ○ 히또이리 ᄂᆞ짓고나 這 져져 裏 리리 到 단당 夏 하햐 店 뎐뎐 ○ 예셔 夏店

가기 還 환환 有 우잉 十 시씽 里 리리 來 래래 地 디띠 ○ 당시롱十里 ᄯᅡ히이시니

到닫닿不부붕得더듷也여여○가디몯ᄒᆞ리로다只즈즘投투뜰這저저
路루루北버븽那나나人신신家갸갸○그지이길븍녁뎌ㅅ家의드러가尋
신씬箇거거宿수숭處츄츆去큐큐來래래○잘뎌어드라가쟈那나나般
번번着죠쨯○그리ᄒᆞ자咱자쨩們든믄去큐큐來래래○우리가쟈都두두
去큐큐時스씋○다가면那나나人신신家갸갸見견견人신신奈도ᄃᆡ
時스씋○뎌人家ㅣ사름이만ᄒᆞᆫ줄을보면不부붕肯큰큰教갸걓宿수숭○
즐거재디아니ᄒᆞ리니着죠쨯兩량량箇거거看칸칸行힝힝李리리○들ᄒᆞ
로ᄒᆞ여짐보게ᄒᆞ고我오어兩량량箇거거問운운去큐큐○우리들히무로라가
쟈[illegible]拜배배揖이힁○拜揖ᄒᆞ노라主쥬쥬人신신家갸갸哥거거○
主人형아我오어是스씋客커킝人신신○나ᄂᆞᆫ나그내러니今긴긴日시싀

晩완완了랼랼○오ᄂᆞᆯ이졈그러시니你니니房방방子즈즈裏리리○네집

의尋씬신箇거거宿숭수處츄츄○잘ᄃᆡ를더지라어我어오房빵방子

즈즈窄쟝저○우리집이조바沒믄무處츄츄安한안下햐하○브릴ᄃᆡ업스올

니你니니別뼝벼處츄츄尋씬시宿숭수處츄츄去유규○네다ᄅᆞᆫᄃᆡ잘ᄃᆡ

어드라가라你니니這지져般번번大따다人싄신家갸갸○네이리큰집외

量량량我어오兩량량三산산箇거거客킁켜人신신○혜건대우리두세나

그내를却컹커怎즘즘麼마마說쉉숴下햐하不봉부得듸더○또엇디브

리라오디몯ᄒᆞ리니르ᄂᆞ다你니니好항핳房빵방子즈즈裏리리○네됴ᄒᆞᆫ방

의不봉부教걍갸我어오宿숭수時씃스○우리재디아니커든只즈즈

這저저門믄믄前쪈쳔車쳐쳐房빵방裏리리○그저이문앏술읫간의교

걍갸 我어오 宿숑수 一힁이 夜여여 如유유 何허허 ○ 우리를ᄒᆞᄅᆞᆺ밤재게홈이
엇더ᄒᆞ뇨 我어오 不봉부 是ᄊᆞ스 不봉부 教걓갸 你니니 宿숑수 ○ 내너희를
재디아니려ᄒᆞᄂᆞᆫ줄이아니라 官권권 司ᄉᆞ스 排빼패 門믄믄 粉븐븐 壁빙비 ○
구의예셔집문마다ᄇᆞᄅᆞᆷ애분칠ᄒᆞ고써쇼ᄃᆡ 不봉부 得딍더 安한안 下햐하 面면면
生ᄉᆞᆼ숭 歹대대 人신신 ○ ᄂᆞᆺ선잡사ᄅᆞᆷ을브리오디못ᄒᆞ게ᄒᆞ엿ᄂᆞ니 知징지 他
타타 你니니 是ᄊᆞ스 那나나 裏리리 來래래 的딩디 客킝켜 人신신 ○ 네어
ᄃᆡᆺ나그낸줄알리오 自ᄍᆞ즈 來래래 ○ 본ᄃᆡ로 又잉우 不봉부 曾쯩층 相샹샹
識싱시 ○ ᄯᅩ일즙서ᄅᆞ아디못ᄒᆞ노니 怎즘즘 知징지 是ᄊᆞ스 好핳하 人신신
歹대대 人신신 ○ 엇디이됴ᄒᆞᆫ사ᄅᆞᆷ아니완ᄒᆞᆫ사ᄅᆞᆷ인줄올아라 便뼌변 怎즘즘 麼
마마 敢간간 容융융 留릳루 安한안 下햐하 ○ 곧엇디감히머믈워브리오리오

主쥬쥬人인인家갸갸哥거거○쥬인형아我어오不봉부是쓰스歹

ᄃᆡ대人인인○우리아니완ᄒᆞᆫ사ᄅᆞᆷ이아니라小샹샤人인인在쨰재遼량랴東

둥둥城찡칭裏리리住쮸쥬○小人이遼東잣안해셔사노니現현현將쟝쟝印

힌인信신신文운운引인인○인틴글월을번드시가졋노라你니니在쨰재遼

량랴東둥둥城찡칭裏리리那나나些셔셔箇거거住쮸쥬○네遼東잣안어

늬마츰셔사는다小샹샤人인인在쨰재遼량랴東둥둥城찡칭裏리리閣

갛거北븽버街계계東둥둥住쮸쥬○小人이遼東잣안해閣으론븍녁킈오거리론

동녁킈셔사노라離리리閣갛거有잉우多더도少샹샤近낀긴遠원원○

閣애셔ᄲᅳᆷ이언메나머뇨離리리閣갛거有잉우一힝이百븽버步뿌부地띠디

○閣애셔ᄲᅳᆷ이일ᄇᆡᆨ보ᄯᆞ흔ᄒᆞᆫ듸北븽버巷ᄬᅣᆼ향裏리리向향향街계계開캐개

雜짭자貨훠호鋪푸푸兒슬슬便뼌변是쓰스 ○ 북녁골거리향ᄒᆞ야잡황호젼

나ᄂᆞᆫᄃᆡ곳긔라 那나나雜짭자貨훠호鋪푸푸兒슬슬是쓰스你니니的딩디

那나나 ○ 그잡황호젼이네하가 近낀긴南난난隔걔겨着쨯죠兩량량家

갸가兒슬슬人신신家갸갸 ○ 남녀마작두집즈음ᄒᆞ야 有읭우箇거거酒징쥐

店뎐뎐 ○ 호술프ᄂᆞᆫ뎜잇ᄂᆞ니 是쓰스我어오相샹샹識싱시的딩디 ○ 이나

ᄅᆡ벗이러니 你니니認신신的딩디麽마마 ○ 네아ᄂᆞᆫ다 那나나箇거거是쓰스

劉릳릭清칭칭甫부부酒징쥐館권권 ○ 그劉清甫의술프ᄂᆞᆫ館이니 是쓰스

我어오街계계坊방방 ○ 이내이우지니 怎즘즘麽마마不부부認신신的

딩디 ○ 엇디모ᄅᆞ리오 雖쉬쉬然연연這저저般번번時쓰스 ○ 비록이러ᄒᆞ나

房빵방子즈즈委휘위實싱시窄쥉저 ○ 집이진실로조브니 宿숭수不부부

得더딍○자디못ᄒᆞ리라 伱니니可커컹憐련련見견견○네에엿비너기
라 伱니니是스쓰有우잉見견견識시싱的디딍○너는見識이잇는사ᄅᆞᆷ이
니 這저져早잔창晚완환○이리느저日시싀頭투뜽落로랄也여여○
희도덧ᄂᆞᆫ더 教갸걍我오어那나나裏리리尋신씬宿수숭處츄츄去큐큐
○우리로ᄒᆞ야어듸가잘뎌어드라가라ᄒᆞᄂᆞ뇨不부봉揀견견怎즘즘生승승○
아므라나혜더말고着죠쨯我오어宿수숭一이힝夜여여○우리로ᄒᆞ여ᄒᆞ롯밤
만재라 這저져客켜킁人신신○이나그내怎즘즘麼마마這저져般번번
歪왜왜廝스ᄉᆞ纏쳔쪈○엇디이리간대로싯고ᄂᆞ뇨如유유今긴긴官권권
司스ᄉᆞ好한항生승승嚴연연謹긴긴○이제구의ᄀᆞ장嚴謹ᄒᆞ야省싱싱會
휘훼人신신家갸갸○人家에디위ᄒᆞ여不부봉得더딍安안한下하햐面

면면 生숭숭 歹대대 人신신 ○ 낯선 아니완ᄒᆞᆫ 사ᄅᆞᆷ을 브티디 못ᄒᆞ게 ᄒᆞᄂᆞ니 你니니

雖쉬쉬 說숴숴 是ᄊᆞ스 遼랼랴 東둥둥 人신신 家갸갸 ○ 네 비록 遼東 사ᄅᆞᆷ이

로ᄒᆞ 각 我어오 不붕부 敢간간 保밯바 裏리리 ○ 내 밋디 못ᄒᆞ여라 你니니

這져저 幾기기 箇거거 火훠호 伴뻔번 的딩디 模무무 樣양양 ○ 네 이 여러

벗들의 모양이 又잉우 不붕부 是ᄊᆞ스 漢한한 兒ᅀᆞᆯ슬 ○ ᄯᅩ 한 사ᄅᆞᆷ도 아니오 又

잉우 不붕부 是ᄊᆞ스 達땅다 達땅다 ○ ᄯᅩ 達達도 아니니 知징지 他타타 是

ᄊᆞ스 甚씸슴 麼마마 人신신 ○ 모로리로다 엇던 사ᄅᆞᆷ고 我어오 怎즘즘 麼마마

敢간간 留릭릭 你니니 宿숭수 ○ 내 엇디 너를 머믈워재리오 你니니 不붕부

理리리 會휘휘 的딩디 ○ 네 모ᄅᆞᄂᆞᆫ고나 新신신 近낀긴 這져져 裏리리 有

웅위 一잉이 箇거거 人신신 家갸갸 ○ 요ᄉᆞ이 ᄒᆞᆫ 사ᄅᆞᆷ의 집의셔 只즈즈 爲위위

教걒걓幾기기箇거거客커킝人인인宿수숭來레래○그저여러나그내로

ᄒᆞ여재엿더니那나나客커킝人인인去큐큐了랴량的디딍後후ᅘᆕ頭투ᄠᆕ

○그나그내간후에事스ᄉᆞ發바ᄫᅪ○일이나니那나나人인인們믄믄○

그사ᄅᆞᆷ들히却커켱是스ᄉᆞ達다ᄯᅡ達다ᄯᅡ人인싄家갸캬走주즇出츄츙

來레래的디딍○또達達사ᄅᆞᆷ으로셔도망ᄒᆞ야나온이롯더라因인힌此츠ᄎᆞ○

이런젼ᄎᆞ로將장쟝那나나人인인家갸갸連련련累뤼뤼○그사ᄅᆞᆷ의집블

ᄃᆞ가조차버므려官권권司스ᄉᆞ見현현着죠쟣落로랗跟근근尋신씬逃

도ᄯᅡᇢ走주즇的디딍○구의시방절로ᄒᆞ여도망ᄒᆞ니ᄅᆞᆯ츄심ᄒᆞ라ᄒᆞᄂᆞ니似스ᄉᆞ這

저져般번번帶다대累뤼뤼人인인家갸갸○이러ᄐᆞᆺ人家를버므리니怎즘즘

麼마마敢간간留릭릫你니니宿수숭○엇디너를머믈워지리오主쥬쥬

人신신家갸갸 ○쥬인아 你니니說숑숴那나나裏리리話화화 ○네 어
딋 말올 니ᄅᆞ느뇨 好항한人신신歹대대人신신 ○됴흔 사롬 아니완흔 사롬올
怎즘즘麼마마不붕부認신신的딍디 ○엇디 모로리오 這저저幾기기箇
거거火훠호伴뻔번 ○이 여러 벗은 他타타是쑿스高강갸麗리리人신신
○뎌는 高麗ㅅ 사롬이니 從쭝충高강갸麗리리地띠디面면면裏리리來
래래 ○高麗ㅅ 따ᄒᆞ로셔 오니 他타타們믄믄高강갸麗리리地띠디面면면
○저희 高麗ㅅ 따히셔 守싱식口쿵쿠子즈즈渡뚜두江강강處츄츄的딍디
官권권司소스 ○어귀예 ᄂᆞᄅᆞᆨ 옴아는 구의 比비비咱짱자們믄믄這쪄저
裏리리一잉이般번번嚴연연 ○우리 예과 비컨대 ᄒᆞᆫ가지로 엄ᄒᆞ여 驗연연了
략랴文운운引인인 ○글월 보고 仔즈즈細시시的딍디盤뻔편問운운了

량랴 ○ ᄌᆞ세히 盤問ᄒᆞ고야 纏째채 放방방 過궈고 來래레 ○ 곳 노하 보내ᄂᆞ니

他타타 們믄믄 著쟣쇼 是ᄊᆞ스 歹대대 人신인 ○ 저희 만일에 잡사ᄅᆞᆷ이며 來

래레 歷리리 不붕부 明밍딩 時ᄊᆞ스 ○ 來歷不明ᄒᆞ면 怎즘즘 生승승 能능능

勾궇구 到닿닫 這져져 裏리리 來래레 ○ 엇디 능히 유여히 여긔 오리오 他타타

見현현 將쟝쟝 文운운 引인인 ○ 제 시방 글월 가지고 趕간간 着쟣죠 高갛갈

麗리리 馬마마 ○ 高麗ㅅ 물 모라 往왕왕 北븡버 京깅깅 做주주 買매매 賣

매매 去큐큐 ○ 북경을 향ᄒᆞ야 흥졍ᄒᆞ라 가ᄂᆞ니 他타타 漢한ᄒᆞᆫ 兒ᄉᆞᆯ술 言연연

語유유 說쉬쉬 不붕부 得듷더 的딩디 ○ 제 漢語를 니ᄅᆞ디 못ᄒᆞᆯ시 因힌인 此

ᄎᆞ초 上썅샹 ○ 이런 젼ᄎᆞ로 不붕부 敢간간 說쉬쉬 語유유 ○ 말 니ᄅᆞ디 못ᄒᆞ

ᄂᆞ니라 他타타 們믄믄 ○ 뎌들은 委휘위 實싱시 不붕부 是ᄊᆞ스 歹대대

人신신 ○ 진실로 잡사름 아니라 既기기 這저져 般번번 的딍디 時씃스 ○
이믜 이러ᄒᆞ면 休힁휘 只즘즈 管권권 的딍디 纏쪈젼 張쟝쟝 ○ 술이여 힐후디
말라 後흫후 頭뜰투 房빵방 子즘즈 窄짛저 ○ 뒤헤 방이 좁고 老랗랖 少샿샾
又읳우 多더도 ○ 老少ㅣ ᄯᅩ 만코 又읳우 有읳우 箇거거 老랗라 娘냥냥 娘
냥냥 不붛부 快쾌쾌 ○ ᄯᅩ 늘근이 편티 몯ᄒᆞ여 ᄒᆞ니 你니니 不붛부 嫌현현 冷
릉릉 時씃스 ○ 네 ᄎᆞᆫ듸롤 아쳐 아니커든 只즘즈 這져져 車쳐쳐 房빵방 裏리리
宿숳수 如슈슈 何허허 ○ 이 술윗 방의 잠이 엇더ᄒᆞ뇨 這져져 般번번 時씃스
○ 이러면 我ㅇ오 只즘즈 在쨰재 車쳐처 房빵방 裏리리 宿숳수 ○ 내 술
윗방의셔 자마 [illegible] 主쥬쥬 人신신 家갸갸 哥거거 ○ 쥬인 형아 小샿샤 人싄신
又읳우 有읳우 一힝이 句귀귀 話홰화 ○ 小人이 ᄯᅩ ᄒᆞᆫ 말이 이시니 敢간간 說

쉬숭 麼 마마 ○ 날홀 넘가 즉 有 우잉 甚 슴씸 麼 마마 事 스쓰 ○ 므이 슴인 일는
고 你 니니 說 숴숭 ○ 네른 니라 這 저저 早 잔장 晚 완환 黑 허훙 夜 여여 ○
이밤 져의 든 我 오어 其 키끼 實 시싱 肚 두뚜 裏 리리 餓 기기 了 랴량 ○ 내진
실끌 로패 비라 又 우잉 有 우잉 幾 기기 箇 거거 馬 마마 ○ 또이 여이 러시 몰니 一
이힝 客 커킹 不 부붕 犯 반빤 二 슬슨 主 쥬쥬 ○ 훈을 나적 그시 내디 두못 쥬홀 인셰
시니 怎 즘즘 麼 마마 ○ 엇러 디뇨 ᄒᆞ 可 커커 憐 련련 見 견견 ○ 어너 엿겨 비
糴 탸탕 與 유유 我 오어 一 이잉 頓 둔둔 飯 반빤 的 디딩 來 미미 ○ 우를 리훈
새쌀 법파 和 호혀 馬 마마 草 찬창 料 랴량 如 슈슈 何 허혀 ○ 물올 딥밧 과피 콩여
줌더 이ᄒᆞ 엇뇨 我 오어 這 저저 裏 리리 今 긴긴 年 년년 夏 하햐 裏 리리 天 텬텬
旱 한현 了 랴량 ○ 우의 리하 여늘 그히 올ᄀᆞ 녀믈 름ᄑᆞ 秋 칙칭 裏 리디 水 쉬쉬 澇

랑랖 了 량랴 ○ 믈ᄀᆞ 세올 여희 田 뗜텬 禾 훠호 不 붕부 收 싷식 的 딩디 ○ [illegible]

못들 ᄒᆞ거 니두 다 因 힌인 此 ᄎᆞ츠 上 썅샹 ○ ᄎᆞ이 로런 젼 我 어오 也 여여 旋

쒼쉰 糴 띵디 旋 쒼쉰 喫 칭치 裏 리리 ○ 아우 긋리 곰도 먹긋 으곰 디밧 고 那 나나

裏 리리 有 잉우 糶 탕턒 的 딩디 米 미미 ○ 이어 이뎌 시밧 리괴 오일 쏠 我 어오

從 쭝충 早 장잔 起 키키 喫 칭치 了 량랴 些 셔셔 飯 빤반 ○ 기내 밥새 먹배 고져

到 당닾 這 져져 早 장잔 晩 환완 ○ 다이 ᄃᆞ느 라즈 매 不 붕부 會 쭝층 喫 칭치

飯 빤반 裏 리리 ○ ᄒᆞ밥 여을 시먹 니디 못 好 항한 生 승숭 的 딩디 飢 기기 了

량랴 ○ 골ᄀᆞ 파장 라비 你 니니 糴 띵디 來 래레 的 딩디 米 미미 裏 리리 頭 뚷투

○ 온네 쏠밧 예피 셔여 那 너노 與 유유 我 어오 些 셔셔 箇 거거 ○ 기나 노를 날져

고워 려주 我 어오 只 즈즈 熬 암오 些 셔셔 粥 중주 喫 칭치 ○ 쥭우 쑤리 어져 먹기

어라 재 這 져져 的 디딩 一 이잉 百 버빙 箇 거거 錢 쳔젼 ○ 이一百낫 돈여 隨

취쉬 你 니니 意 이이 與 유유 些 셔셔 箇 거거 ○ 네 모음대로 져기 주고려 一 이잉

百 버빙 箇 거거 錢 쳔젼 ○ 一百낫 돈예 與 유유 你 니니 多 도더 少 샤샹 的

디딩 是 스씅 ○ 너를 얼머나주 어야 올흘고 隨 취쉬 你 니니 與 유유 的 디딩 是

스씅 ○ 내 대로 죰이 모뎐ᄒᆞ니라 今 긴긴 年 년년 為 위위 旱 한현 澇 랖랖 不 부봉

收 슈싱 ○ 올히 ᄀᆞ믈고 믈 셰여 거두디 못ᄒᆞᆫ 젼ᄎᆞ로 一 이잉 百 버빙 箇 거거 錢 쳔젼

○ 一百낫 돈에 糴 디띵 的 디딩 一 이잉 斗 두등 來 미미 ○ ᄒᆞᆫ말 ᄡᆞᆯ을 밧고려니

와 我 오어 本 븐븐 沒 무뭉 糶 탼턍 的 디딩 來 미미 ○ 내 본ᄃᆡ 밧괴 일ᄡᆞᆯ 워 업건

마는 既 기기 是 스씅 客 커킹 人 신신 只 즈즁 管 권권 的 디딩 央 양향 及 기낑

○ 임의 나그내네 그저 하비니 我 오어 糴 디띵 來 레래 的 디딩 來 미미 裏 리리

頭 뚷투 ○ 우리밧고아온쌀예셔 那 너노 與 유유 你 니니 三 산산 升 싱싱 ○

너를서되를노날워줄써시나 煮 쥬쥬 粥 죻주 胡 훟후 亂 뤈뤈 充 츙츙 飢 기기 ○

쥭쑤어간대로골픈뎌메오라 ◇ 客 킇커 人 신신 們 믄믄 休 힣힉 怪 괘괘 ○ 나그

내들허믈말라 其 끼키 實 씽시 今 긴긴 年 년년 艱 견견 難 난난 ○ 진실로올히가

난ᄒᆞ여라 若 샿쇼 是 쓿스 似 쑿스 往 왕왕 年 년년 好 핳항 收 싷식 時 씋스 ○

만일往年ᄀᆞᆺ티히거두어시면 됴 休 힣힉 說 쉏워 你 니니 兩 량량 三 산산 箇 거거

人 신신 ○ 너회두세사ᄅᆞᆷ은니ᄅᆞ디말려니와 便 뼌변 是 쓿스 十 씽시 數 수수 箇

거거 客 킇커 人 신신 ○ 곳열아믄나그내라도 也 여여 都 두두 與 유유 茶 짜차

飯 빤반 喫 칳치 ○ 또다차반주어먹이리라 主 쥬쥬 人 신신 家 갸갸 哥 거거 ○

쥬인형아 說 쉏쉬 的 딩디 正 징징 是 쓿스 ○ 니ᄅᆞᆷ이정히올타 我 어오 也 억여

打다다聽팅팅得듷더 ○ 나도 둣보니 今긴긴年년년這저져裏리리 ○

올히 여긔 田뎐텬禾훠호不봉부收싱식 ○ 田禾를 거두디 못ᄒᆞ다 ᄒᆞ더라 旣기기

這저져般번번時쓰스 ○ 임의 이러ᄒᆞ면 主쥬쥬人신신家갸갸哥거거 ○

쥬인 형아 小샿샤人신신們믄믄 ○ 小人들히 待때대要얗야後훟후頭틓투

熬암오粥죻주去큐큐 ○ ᄒᆞ마 뒤헤 쥭 쑤라 가고져 ᄒᆞ더 這저져早잫잔晩완완

黑헣허地띠디裏리리 ○ 이 져므러 어두온 디 出츄츄入슈슈不봉부便뼌변

當당당 ○ 出入이 편당티 아니ᄒᆞ고 又잉우你니니這저져狗궇구子즈즈利

리리害해해 ○ 또 네 이 개 모디니 不봉부揀견견怎즘즘麼마마 ○ 아므라나

골희디 말고 你니니與유유我어오做주주些서셔箇거거粥죻주如유유

何혀허 ○ 네 날를 져기 쥭 쑤어 줌이 엇더ᄒᆞ뇨 罷빠바罷빠바 ○ 두어 두어 你니니

客커킝人신신只즈즞這저져車처쳐房방빵裏리리○너희 나그내 그저 이
술윗방의 安안한排패빼宿수숭處츄츄○잘 듸ᄒᆞ여 어시라 我오어着죠쟣
孩해햬兒술숧們믄믄○내 아ᄒᆡ들ᄒᆞ야 做주주將쟝쟝粥주즁來래래與
유유你니니喫치칭○쥭 쑤어 가져다가 너희를 주어 먹이마 好하향好하향○
됴토다 됴토다 多도뎌謝셔쎠多도뎌謝셔쎠○ᄀᆞ장 깃게이다 [illegible]主쥬쥬人
신신家갸갸哥거거○쥬인 형아 又우읭有우읭一이힝句규귀話화홧○
또 ᄒᆞᆫ 말이 이셰라 人신신喫치칭的디딩且쳐쳐有우읭些셔셔箇거거○
사ᄅᆞᆷ 머글 써ᄉᆞᆫ 아ᄌᆞ져기 잇거니와 這저져馬마마們믄믄○이 ᄆᆞᆯ들홀 却거겨怎
즘즘生승승○또 엇디ᄒᆞ려뇨 一이힝發바봥那노너與유유些셔셔草찬참
料랴량如슈유何허헝○ᄒᆞᆷᄭᅴ 저 가딥과 콩을 논 일워줌이 엇더ᄒᆞ뇨 客커킝人

신인 們 믄믄 ○ 나그내들 說 쉬숴 甚 슴씀 麼 마마 話 화화 ○ 므슴말니르ᄂᆞ뇨

人 신인 喫 치칭 的 디딩 也 여여 沒 무뭉 ○ 사ᄅᆞᆷ머글것도업슨되 又 우잉 那

나나 裏 리리 將 장쟝 馬 마마 的 디딩 草 찬참 料 랴량 來 래래 ○ 또어듸가딥과

콩을가져오리오 我 오어 這 저져 院 원원 子 즈ᄌᆞ 後 후ᄒᆞᇴ 頭 투뚱 ○ 우리이터

뒤헤 有 우잉 的 디딩 是 스씃 草 찬참 場 창짱 ○ 잇ᄂᆞᆫ져ᄒᆞᆫ초당이니 你 니니 喫

치칭 了 랴량 飯 반빤 時 스씃 ○ 네밥먹기ᄆᆞᆺ차든 着 죠짶 兩 량량 箇 거거 ○

둘흐로ᄒᆞ야 趕 간간 着 죠짶 馬 마마 ○ 몰라 모 那 나나 裏 리리 放 방방 去

유유 ○ 게다가노ᄒᆞ라가라 頭 투뚱 到 다당 明 밍밍 ○ 새도록이시면 不 부봉 實

치칭 的 디딩 飽 반밯 了 랴량 ○ 아니머겨도비브르리니 不 부봉 須 슈슈 [illegible] 디뭉

草 찬참 料 랴량 ○ 구티여콩딥밧고디말라 這 저져 們 믄믄 時 스씃 ○ 이러면

哥거거哥거거說숴쉉的디딍是스씋○형의닐옴이올다我오어車쳐쳐
房방빵裏리리去유큐○내술윗방의가거니와沒무뭉甚슴씸麼마마火
호훠○아므란블이업ᄉᆞ니敎갸걍小샤샹狹해혜兒슐슐○아ᄒᆡᄒᆞ여拿나나
箇거거燈등등來래래○등잔블가져오게ᄒᆞ라這져져們믄믄時스씋○
이러면如유유今긴긴敎갸걍將쟝쟝來래래○이제ᄒᆡ여곰가져오게ᄒᆞ마
咱자쟝們믄믄喫치칭了랴랼飯반빤時스씋○우리밥먹기ᄆᆞᆺ차든這져져
裏리리留릭릳兩량량箇거거看칸칸行힝힝李리리○여긔들흘머믈워짐
들보게ᄒᆞ고先션션着죠쟣兩량량箇거거放방빵馬마마去큐큐○몬져
둘흐로ᄒᆞ여ᄆᆞᆯ노ᄒᆞ라날내고到단당半번번夜여여前쳔쪈後후흫○밤듕만다
ᄃᆞᆺ거든却커킁着죠쟣這져져裏리리的디딍兩량량箇거거○ᄯᅩ여긔들

로ᄒᆞ여곰 替티티 迴휘훼 來레래 ○ ᄀᆞ라도라 오게ᄒᆞ여라 大다따 家갸갸 ○ 대갸

ᄒᆞᆫ디 得더듸 些셔셔 驗쉬쒸 時스ᄊᆞ ○ 져기ᄌᆞᆷ 올자면 明밍밍 日ᅀᅵᅀᅵᆼ 不부부

渴커커 驗쉬쒸 ○ 너일ᄌᆞᆷ낫브디 아니ᄒᆞ리라 [又] 這져져 的디디 燈등등 來

레래 了랴랴 ○ 이등잔블 호나다 着요얗 有위잏 粥주쥭 將쟝쟝 來레래 ○

한일쥭잇ᄂᆞ 나가져오라 匙츠ᄊᆞ 鋺원훤 都두두 有위잏 ○ 술과사발 다이시니 你

니니 喫치칭 着죠쟣 ○ 네먹 으라 咱자장 們믄ᄂᆞᆫ 飯반ᄲᅡᆫ 也여여 喫치칭 了

랴랴 ○ 우리밥도 먹어다 你니니 兩량량 箇거거 先션션 放방방 馬마마 去

큐큐 ○ 너희들히몬져 몰노ᄒᆞ라가라 到닫당 半번번 夜여여 裏리리 ○ 밤듕 다돗

지 든 我오어 兩량량 箇거거 却커켱 替티티 你니니 去큐큐 ○ 우리들 히너회

롤골라 가마 我오어 恰캬캉 纔채재 驗쉬쒸 覺갸갸ᇢ 了랴랴 起키키 去큐큐

來 래래 ○ 아내 다앗 니가 러곳 가좀 자씨 參 슴순 見 숟술 高 강고 也 여여 ○ 셩숌

시이 니놉 파 敢 간간 是 쑹스 半 번번 夜 여여 了 랼랼 ○ 듯밤 ᄒᆞ뚱 다인 我 어오

先 션션 去 큐큐 ○ 져내 가몬 替 티티 那 나나 兩 량량 箇 거거 來 래래 騎 쒸쉬

○ 자뎌 게둘 ᄒᆞᆯ흘 쌔ᄀᆞ 시라 니와 你 니니 却 쿻커 來 래래 那 나나 裏 리리 ○ 쏘너

오뎌 나러 라로 咱 장자 們 믄믄 兩 량량 箇 거거 看 칸칸 着 쨯죠 馬 마마 ○ 리우

들돌 보히 자몰 這 져져 們 믄믄 時 쑹스 你 니니 去 큐큐 ○ 네이 가러 라편 你 니니

兩 량량 箇 거거 去 큐큐 騎 쒸쉬 些 셔셔 箇 거거 ○ 져너 기회 자둘 라히 가 到

당대 那 나나 裏 리리 時 쑹스 ○ 거게 든니 教 걓갸 那 나나 箇 거거 火 훠호 伴

뻔번 來 래래 着 쨯죠 ○ 여뎌 오벗 게으 ᄒᆞ로 라ᄒᆞ 你 니니 來 래래 了 랼랼 ○ 오네

다난 你 니니 趕 간간 過 궈고 馬 마마 來 래래 ○ 라네 다몰 가들 모 在 째재 一

이힝 處츄츄 着죠쨯 ○ 혼디잇게ᄒᆞ라 容융융 易이이 照쟌쨩 管권권 ○ 보숄

피기쉽게ᄒᆞ라 月웨웡 黑허훙 了랴럏 ○ ᄃᆞᆯ이어두오니 恐쿵쿵 怕파파 迷미미

失시싱 走주쭝 了랴럏 ○ 迷失ᄒᆞ야드라나 悞우우 了랴럏 走주쯓 路루루

○ 갈ᄆᆞᆯ머믈올가저퍼라 [illegible] 明밍밍 星싱싱 高갚강 了랴럏 ○ 새별이노파시

니 天텬텬 道닿땋 待대때 明밍밍 也여여 ○ 하ᄂᆞᆯ도ᄒᆞ마블그리로다 咱자쨩

們믄믄 赶간간 將쟝쟝 馬마마 去큐큐 來래레 ○ 우리ᄆᆞᆯ모라가 到닾당 下

하ᄲᅡ 處츄츄 ○ 하쳐의가셔 收식싛 拾시씽 了랴럏 行힝힝 李리리 時스쓰

○ 짐들收拾ᄒᆞ노라ᄒᆞ면 恰캬컇 明밍밍 也여여 ○ 마치블그리로다 這저져

馬마마 們믄믄 都두두 絟산산 住쥬쮸 着죠쨯 ○ 이ᄆᆞᆯ들을다ᄆᆡ야두고 教

갸걍 那나나 兩량량 箇거거 起키키 來래레 ○ 뎌둘흐로ᄒᆞ야날게ᄒᆞ라 你니니

兩량량箇거거疾찡지快쾌쾌起키키來래래○너희둘히쌀리니러收슝식
拾씽시行ᅘᅵᆼ힝李리리打다다駝떠토馱떠토○자븐것서러저짐시르라但
딴단是쑹스咱짱자們믄믄的딩디行ᅘᅵᆼ힝李리리○믈읫우리짐들흘收
슝식拾씽시到닿닷着쨯죠○收拾ᄒᆞ기를극진히ᄒᆞ고主쥬쥬人싄신家갸갸
的딩디東둥둥西시시○쥬인짓거스란休힣히錯챃초拿나나了럏랴去
큐큐○그ᄅᆞᆺ가져가디말라駝떠토馱떠토都두두打다다了럏랴○짐다시러
다叫걓갸主쥬쥬人싄신家갸갸辭ᄎᆞ츠了럏랴去큐큐來래레○쥬인
블러하딕ᄒᆞ라가쟈主쥬쥬人싄신家갸갸哥거거○쥬인형아休힣히怪괘괘
○허믈말라我어오去큐큐也여여○우리가노라這저저裏리리定띵딩
害ᅘᅢ해了럏랴○여긔별이괘라你니니有읗우甚씸슴麼마마定띵딩害

해쌔 處츄츄 ○ 너희 므슴 별인 ᄭᅳ디 이시리오 你니니 休히힝 怪괘괘 ○ 네 허믈 말

고 好하항 去큐큐 着죠쟣 ○ 됴히 가라 [illegible] 咱자쟝 們믄믄 前쳔쪈 頭투뚷

到다닿 夏하햐 店뎐뎐 時스쓰 ○ 우리 앏흐로 夏店의 가든 買매매 飯반빤 喫

치칭 了랴럏 ○ 밥 사 먹고 儘진진 晩완왠 到다닿 了랴럏 京깅깅 城칭쳥 ○

ᄀᆞ장 늦게야 京城의 가쟈 這져쪄 裏리리 到다닿 夏하햐 店뎐뎐 ○ 예셔 夏店 가기

有우잉 多도더 少쟈샿 路루루 ○ 언머 길히 잇ᄂᆞ뇨 敢간간 有우잉 三산산

十시씽 里리리 多도더 地디띠 ○ 三十里 남즉ᄒᆞᆫ ᄯᅡ히 잇ᄂᆞᆫ 듯ᄒᆞ다 你니니 夜

여여 來래래 怎즘즘 麽마마 說쉬쉉 十시씽 里리리 來래래 路루루 ○ 네 어

제 엇디 十里ㅅ길히라 니ᄅᆞ더니 今긴긴 日ᅀᅵᅀᅵᆼ 却커켱 怎즘즘 麽마마 說쉬쉉

三산산 十시씽 里리리 地디띠 ○ 오ᄂᆞᆯ은 ᄯᅩ 엇디 三十里 ᄯᅡ히라 니ᄅᆞᄂᆞ다 我오어

夜여여來래래錯참초記기기了랴랴 ○ 내어제그릇ᄉᆡᆼ각ᄒᆞ엿더니 今긴긴

日ᅀᅵᆼᅀᅵ再재재想샹샹起키키來래래 ○ 오ᄂᆞᆯ다시ᄉᆡᆼ각ᄒᆞ니 有윙우三산산

十씽시里리리多더도地띠디 ○ 三十里남즉ᄒᆞᆫᄯᅡ히잇다 咱장자們믄믄休

훙휘磨뭐모拖터토 ○ 우리믄그으다리말고 趁친친涼량량快쾌쾌 ○ 서늘ᄒᆞᆫ제

밋처馬마마又윙우喫칭치的딍디飽밯밮時쓩스 ○ ᄆᆞᆯ이ᄯᅩ먹어비브른져

趕간간動뚱둥着쟣죠 ○ 모라톄쟈 日ᅀᅵᆼᅀᅵ頭틓투又윙우這져져早장잔

晩환완了랗랴 ○ 희ᄯᅩ어리느젓는더 那나나望망왕着쟣죠的딍디黑흫허

林린린子즈즈 ○ 뎌보라는黑林이 便뻔변是쓰스夏햐하店뎐뎐 ○ 곳夏

店이라 這져져裏리리到땋닫那나나裏리리 ○ 예셔뎌감이 還환환有

윙우七칭치八빵바里리리路루루 ○ 당시롱七八里길히잇고나 你니니在

제째 先션션 也여여 會훙쯩 比비삥 京깅깅 去큐큐 來래래 ○ 네아래 일죽此

京도녀 시되 怎즘즘 麼마마 不부봉 理리리 會휘휘 的디딩 ○ 엇디아 디못ᄒᆞ

는 다 這저저 夏하햐 店뎐뎐 我오어 會훙쯩 走주주 了랴량 一이힁 兩량량

遭잔장 ○ 이夏店을내아래 ᄒᆞᆫ두번ᄃᆞᆫ녀마는 都두두 忘왕왕 了랴랑 ○ 다니 저시

내 那나나 裏리리 記기기 得더둥 ○ 어더싱각 ᄒᆞᆫ리오 店뎐뎐 子즈즈

待대때 到닿당 也여여 ○ 店도ᄒᆞ마다 ᄃᆞ룰이로다 咱자장 們믄믄 喫치칭 些

셔셔 甚슴씸 麼마마 茶차짜 飯반빤 好한항 ○ 우리므슴음식을 먹어야됴흘고

我오어 高갈강 麗리리 人신신 ○ 우리高麗 ᄉ사ᄅᆞᆷ은 不부봉 慣관꽌 喫치칭

濕시씽 麵면면 ○ 즌국슈먹기니 디못ᄒᆞ여라 咱자장 們믄믄 只즈즈 喫치칭

乾간간 的디딩 如유유 何허혀 ○ 우리그저므ᄅᆞ니 먹음이엇더ᄒᆞ뇨 這저져 們

믄믄 時 씃스 ○ 면이 러 咱 쟝자 們 믄믄 買 매미 些 셔셔 燒 샹샾 餠 빙빙 ○

燒우 餠리 사져 고기 炒 찰찰 些 셔셔 肉 슈수 喫 칭치 了 량랴 ○ 복져 가기 먹고 고기

過 궈고 去 큐큐 ○ 가디 쟈나 咱 쟝자 們 믄믄 這 져져 裏 리리 ○ 여우 그리 當

당당 住 쮸쥬 馬 마마 絟 숸숸 着 쨯죠 ○ 믜몰 고자 바 卸 셔셔 下 햐햐 行 힝힝

李 리리 着 쨯죠 ○ 오짐 고브 리 飯 빤한 店 뎐뎐 裏 리리 去 큐큐 來 래래 ○

뎜음 여식 가픈 쟈는 過 궈고 賣 매매 ○ 뒷음 사식 롬픈 아는 先 션션 將 쟝쟝 一 잉이

椀 원완 溫 온운 水 쉬쉬 來 래레 ○ 온믄 믈져 가호 져사 오발 라더 我 어오 洗 시시

面 면면 ○ 서내 지즛 라시 客 컿커 人 신인 們 믄는 洗 시시 面 면면 了 량랴 ○

나 그 서내 다네 過 궈고 賣 매매 ○ 뒷음 사식 롬픈 아는 抹 뭉마 桌 쭣조 兒 슬술

○ 상서 스라 客 컿커 人 신인 喫 칭치 些 셔셔 甚 씸슴 麼 마마 茶 짜차 飯 빤한

○나그내들므슴차반먹을고 我오어 四ᄉᆞᄉᆞ 箇거거 人인인 ○우리네사롬의
게 炒찰챵 着죠쨯 三산산 十시씽 箇거거 錢천쪈 的디딩 羊양양 肉수ᅀᆕ
○설흔낫돈엣羊肉을복고 將쟝쟝 二ᅀᅳᆯᅀᅳᆯ 十시씽 箇거거 錢천쪈 的디딩 燒
샾샿 餅빙빙 來래래 ○스므낫돈엣燒餅을가져오라 這져져 湯탕탕 淡단ᄯᅡᆫ ○
이탕이승거오니 有우잏 鹽연연 醬쟝쟝 拿나나 些셔셔 來래래 ○소곰쟝잇
거든져기가져오라 我오어 自ᄌᆞᄍᆞ 調탸땽 和호훠 喫치칭 ○내손조섯거먹어지
라 這져져 燒샾샿 餅빙빙 ○이燒餅이 一이잉 半번번 兒ᅀᅳᆯᅀᅳᆯ 冷릉릉 ○
반은ᄎᆞ고 一이잉 半번번 兒ᅀᅳᆯᅀᅳᆯ 熱여ᅀᅧᇰ ○반은덥다 熱여ᅀᅧᇰ 的디딩 留리릳
下하햐 着죠쨯 ○더오니란두라 我오어 喫치칭 ○우리먹쟈 這져져 冷릉릉
的디딩 伱니니 拿나나 去큐큐 ○이ᄎᆞ니란네가져가 爐루루 裏리리 熱여ᅀᅧᇰ

着죠짤來래래 ○ 화로에대위오라 咱자쟝們믄믄飯반한也여여喫치칭
了랴량 ○ 우리밥도먹어다 與유유了랴량飯반한錢천젼去큐큐 ○ 밥갑
주고가쟈 過고거賣매매 ○ 음식팔리아 來래래會휘훼錢천쎤 ○ 와돈모도
라 通퉁퉁該개개多도더少샤샿 ○ 대되언머고 二술슬十시씽箇거거
錢천젼燒샤샿餅빙빙 ○ 스므낫돈엣燒餅어오 三산산十시씽箇거거錢천젼
羊양양肉슈숭 ○ 설흔낫돈엣羊肉이니 通퉁퉁是스쓰五우우十시씽
箇거거錢천젼 ○ 모도니쉰낫돈이로다 [illegible] 咱자쟝們믄믄打다다馱도떠
行힝헝 ○ 우리짐시러녜쟈 日시싀頭투틓正징징晌샹샹午우우
也여여 ○ 희졍하나지니 有우윙些셔셔熱여셩 ○ 져기덥다 早자쟝來래래
○ 아춤의 喫치칭了랴량乾간간物우웅事스쓰 ○ 므른것먹으니 有우윙

些서셔渴컹커○져기 목ᄆᆞᄅᆞ다前쪈쳔頭뚷투不붕부遠원원○앏ᄑᆡ 아니

멀리有잉우箇거거草참찬店뎐뎐兒ᅀᅳᆯ슬○혼 초가로 지은 뎜이 이시니到

닿닫那나나裏리리○뎌 가咱장자們믄는喫칭치幾거기盞잔잔酒징직

○우리 두어 잔 술을 먹어解계계渴컹커○목ᄆᆞ른듸 헤왓고歇헝혀住쮸쥬

頭뚷투口쿵쿠着짷죠○즘싱 쉬오뎌霎짭잔時쓰스間견견○잠싼 덧이

나卸셔셔下뺘하行행힝李리리來래레○짐 브리웟다가喫칭치幾기기

盞잔잔酒징직○두어 잔 술 먹고便뼌변過궈고去큐큐○믄득 디나가쟈賣

매매酒징직的딩디○술 ᄑᆞᆯ리야拿나나二ᅀᅳᆯ슬十씽시箇거거錢쪈쳔的

딩디酒징직來래레○스므낫 돈엣 술올 가져오라客킹커人신인們믄믄○

나그내네這저져二ᅀᅳᆯ슬十씽시箇거거錢쪈쳔的딩디酒징직○이 스므낫

돈엣술이라 酒직짐好핲항麼마마○술이됴ᄒᆞ나好핲항酒직짐○됴ᄒᆞᆫ

술이나你니니嘗챵쨩看칸칸○네먹어보라酒직짐不부붕好핲항時

스쓰○술곳됴티아니커든不부붕要얖향還환환錢천쪈○갑술갑디말라將

장쟝就직찍喫치칭的디딍過고거○두위먹자타有우잉甚슴씸麼마마

好핲항菜채채蔬수수○므슴됴ᄒᆞᆫᄂᆞᄆᆞᆯ새잇거든拿나나些셔셔箇거거來

래레○져기가져오라這저져們믄믄時스쓰○이러면有우잉塩연연人

과과兒ᅀᆞᆯ슬○저린외이시니如슈슈今긴긴便변뼌將장쟝來레래○이저

즉제가져오마客커킝人신신們믄믄○나그내네熱셔셩喫치칭那나나涼

량량喫치칭○더오니먹을다ᄎᆞ니먹올다罷바빠罷바빠○두위두위休휘휭

旋션쎤去큐큐○데오락가디말라我오어只즈즐涼량량喫치칭○우리

그저ᄎᆞ니먹을이라 長大다따哥거거○큰형아 先션션喫치칭一이힝盞

잔잔○몬져ᄒᆞᆫ잔먹으라 大다따哥거거受식씽禮리리○큰형아몬져녜들바

드라 你니니敢간간年년년紀기기大다따○네나히한듯ᄒᆞ니 怎즘즘麽

마마受식씽禮리리○엇디내슈례ᄒᆞ료 大다따哥거거你니니貴귀귀壽

수씽○형아네나히언머고 小샨샹人신신年년년紀기기三산산十시씽五

우우歲쉬쉬○小人은나히셜흔다ᄉᆞᆺ시라 小샨샹人신신纔채째三산산十

시씽二을ᅀᅳᆯ歲쉬쉬○小人은곳三十二歲라 大다따哥거거○큰형아 你

니니年년년紀기기大다따○네나히하도다 受식씽禮리리○슈례ᄒᆞ라 小

샨샹人신신雖쉬쉬年년년紀기기大다따○小人이비록나히하나 怎즘즘

麽마마便변뼌受식씽禮리리○엇디곳슈례ᄒᆞ료 咱자짱們문믄都두두

起키키來래래 ○우리다니러야 大따다家갸갸自쯔쯔在째재 ○대되모옴

노홀이로다 那나나般번번時쓰스 ○그러면 敎걍갸你니니受씽식禮

리리 ○너ᄒᆞ여受禮ᄒᆞ라 호뒤 堅견견執징지不붕부肯큰큰 ○堅執ᄒᆞ고듯디

아니ᄒᆞ니 滿먼먼飮힌인一힝이盞잔찬 ○ᄒᆞᆫ잔ᄀᆞ득이먹고 休힣히留릫릭

底디디酒짇직 ○술을홀리디마자 咱쟝자們믄믄都두두休힣히講걍걍

禮리리 ○우리다禮를ᄎᆞᆯ히디말고 喫칭치一힝이盞잔잔酒짇직 ○ᄒᆞᆫ잔술을

먹자 喫칭치了량랴酒짇직也여여 ○술먹어다 會휘휘了량랴酒짇직錢

쪈쳔去큐큐來래래 ○술갑혜라가자 賣매매酒짇직的딩디 ○술ᄑᆞᆯ리야

來러래會휘휘錢쪈쳔 ○와돈혜라 這져져的딩디五우우分븐븐銀인인

子쯔즈 ○이五分은이니 貼텽텨六룽루箇거거錢쪈쳔饋귀귀我어오 ○

여슷낫돈을거스려날주고려 大따다哥거거與유유些서셔好함한的딍디銀

인인子즈즈○큰형아됴혼은을주고려 這저저銀인인只즈즈有잉위八방바

成찡칭銀인인○이은이八成은이니 怎즘즘麼마마使스스的딍디○엇디

쓰리오 這저저銀인인子즈즈嫌현현甚씸슴麼마마○이은을므서슬새리

는다 細시시絲스스兒슬술分븐분明밍밍都두두有잉위○細絲ㅣ分明히다이

시니 怎즘즘麼마마使스스不붕부得딍더○엇디쓰디못ᄒᆞ리오你니니

不붕부識싱시銀인인子즈즈時씃스○네은을아디못ᄒᆞ거든教걓갸別

뼝벼人신신看칸칸○다른사룸ᄒᆞ여뵈라 我어오怎즘즘麼마마不붕부識

싱시銀인인子즈즈○내엿디은을아디못ᄒᆞ여要향야甚씸슴麼마마教걓갸

別뼝벼人신신看칸칸去큐큐○므슴아라다른사룸ᄒᆞ여뵈라가리오換훤환

錢쪈쳔不붕부折쎵셔本븐븐○돈밧고와밋디디아니면호싀시니你니니自
쯔즈別뼝벼換훤환與유유五우우分븐븐好핳할的딩디銀인인子즈즈
便뼌변是쓰스○네각별이五分됴흔은을밧고와줌이大올커니ᄯᅳ나要햫얍甚
씸씀麽마마合껑거口쿻쿠○므슴아라입힐홈ᄒᆞ리오這져져賣매매酒징직
的딩디○이술ᄑᆞ는이也여여快쾌쾌纏쪈쳔○싯구기잘ᄒᆞ는고나這져져
們믄믄的딩디好핳할銀인인子즈즈○이런됴흔은을怎즘즘麽마마使
쓰스不붕부得듷더○엇디ᄡᅳ디못ᄒᆞ리오今긴긴早짷잔起키키喫칭치飯
빤반處츄츄○오ᄂᆞᆯ앗참밥먹은곳에서點뎡뎌將쟝쟝來래래的딩디銀인인
子즈즈○텀바다가져온은이라罷빠바罷빠바○두어두어將쟝쟝就찡직
留릳릐下햐하着쟣죠○두어라ᄒᆞ여두쟈便뼌변使쓰스不붕부得듷더

也여여 罷바빠 ○쓰디못ᄒᆞ여도무던ᄒᆞ다 你니니 說숴숴 甚슴씸 麼마마 話

화화 ○네므슴말을니ᄅᆞᄂᆞ다 使스ᄉᆞ 不부붕 得더듷 時스씃 ○쓰디못ᄒᆞᆯ새시

면 你니니 肯큰큰 要얀양 麼마마 ○네즐겨바들따 大 打다다 了랴랼 駝

토뗘 馱토뗘 着죠쟣 行힝힝 ○짐시러녀쟈 日ᅀᅵᅀᅵᇰ 頭투뚷 後후헣 晌샹샹

也여여 ○날이낫계엇다 這저져 裏리리 離리리 城칭쪙 有우잉 的디딍 五

우우 里리리 路루루 ○여서잣뜸이五里ㅅ질히외시니 着죠쟣 兩량량 箇거거

後후헣 頭투뚷 趕간간 將쟝쟝 頭투뚷 口쿠쿻 來레래 ○들ᄒᆞ로ᄒᆞ여뒤헤좀

싱모라오게ᄒᆞ고 我오어 和호훠 一이힝 箇거거 火호훠 伴번뻔 先션션 去

큐큐 ○나와ᄒᆞᆫ벗이몬져가 尋신씬 箇거거 好한할 店뎐뎐 安안한 下하햐 着

죠쟣 ○됴ᄒᆞᆫ店어더부리오고 却커컹 來레래 迎잉잉 你니니 ○또와너마자가

리라 咱쟝자們믄믄先션션說숴숴定띵당着쨯죠 ○ 우리 몬져 닐러 뎡ᄒᆞ야 시
니 只즈즈投뚷투順쓘슌城찡칭門믄믄官권권店뎐뎐裏리리下햐햐
去큐큐 ○ 그저 順城門 官店에 드러가 브리오쟈 那나나們믄믄時쓰스 ○ 그러
면 你니니兩량량箇거거先션션去큐큐 ○ 너희 둘히 몬져 가라 我어오兩
량량箇거거後훟후頭뚷투慢만만慢만만的디디赶간간將쟝쟝頭뚷투
口쿠쿠去큐큐 ○ 우리 둘흔 뒤헤 날회여 즘싱 모라 가마 咱쟝자們믄믄疾찡지
快쾌쾌行힝힝動뚱둥着쨯죠 ○ 우리 ᄲᆞᆯ리 녀쟈 比비비及끼기到당닫那
나나裏리리尋씬신了랴랴店뎐뎐時쓰스 ○ 뎌 가 뎜 어드매 미초면 那나나
兩량량箇거거到당닫來래래了랴랴也여여 ○ 뎌 둘토 오리라 [illegible]店뎐뎐
主쥬쥬人신인家갸갸哥거거 ○ 뎜쥬인 형아 後훟후頭뚷투還환환有

밍무 幾기기箇거거火훠호伴뻔번 ○ 뒤헤ᄯᅩ여러벗이 赶간간着쨯죠幾

기기 匹핑피馬마마來래래也여여 ○ 여러ᄆᆞᆯ을모라오ᄂᆞ니 你니니這져저

店뎜뎜裏리리 ○ 네이뎜에 下햐하的딩디我어오麼마마 ○ 우리ᄅᆞᆯ브리올

ᄯᅡ 你니니通퉁퉁幾기기箇거거人신신幾기기箇거거馬마마 ○ 너희

대되몃사ᄅᆞᆷ에몃ᄆᆞᆯ고 我어오共꿍궁通퉁퉁四ᄉᆞ스箇거거人신신 ○ 우리

대되네사ᄅᆞᆷ에 十씽시箇거거馬마마 ○ 열ᄆᆞᆯ이라 車쳐처子ᄌᆞ즈有잉우麼

마마 ○ 술위잇ᄂᆞ나 車쳐처子ᄌᆞ즈沒뭉무 ○ 술위업다 這져저們믄믄的

딩디 時ᄉᆞ스 ○ 이러면 下햐하的딩디你니니 ○ 너희ᄅᆞᆯ브리오마 那나나

東둥둥邊변변有잉우一힝이間견견空쿵쿵房빵방子ᄌᆞ즈 ○ 뎌동녁겻

틔ᄒᆞᆫ간뷘방이이시니 你니니看칸칸去큐큐 ○ 네보라가라 你니니引인인

我어오看칸칸去큐큐來래레○네 날을 드려 보라 가쟈 我어오忙망망○
내 밧카 沒몽무功궁궁夫부부去큐큐○결을 어더 가디 몯ᄒᆞ리로다 你니니
自쯔즈看칸칸去큐큐着쟣죠○네 보라 가라 悞우우了랼랴你니니多
더도少샿샤功궁궁夫부부○네 언머 공부ᄅᆞᆯ 머므로료 到닿닫那나나裏리리
看칸칸了랼랴房빵방子쯔즈中즁중不붕부中즁중○게 가 방이 맛당ᄒᆞᆫ가
못 맛당ᄒᆞᆫ가 보고야 我어오說쉬숴一잏이句규규話화화○내 ᄒᆞᆫ 말올 니ᄅᆞ려 ᄒᆞ
노라 這저저們믄믄時쓰스去큐큐來래래○이러 면 가마 你니니這저저
房빵방兒슳술也여여下햐하的딩디我어오○네 이 집의 우리ᄅᆞᆯ 브리오거니
와 茶짜차飯빤반如슈슈何혀허○차반은 엇디ᄒᆞ려뇨 茶짜차飯빤반時
쓰스 我어오店뎐뎐裏리리家갸갸小샿샤○음식은 우리 뎜예 집사ᄅᆞᆷ이 新

신신 近 끤긴 出 츄츄 去 큐큐 了 랼랴 ○ 기요 시ᄉᆞ 니이 나 委 휘위 實 싱시 沒
쿵무 人 신신 整 징징 治 찌치 ○ 룸진 이실 업로 ᄉᆞ달 니홀 사 你 니니 客 킈커 人
신신 們 믄믄 自 쯔즈 做 주주 飯 빤반 喫 칭치 ○ 조너 밥회 지나 어그 먹내 으들 라손
我 어오 們 믄믄 自 쯔즈 做 주주 飯 빤반 喫 칭치 時 쓰스 ○ 밥우 지리 어손 먹초
면으 鍋 궈고 竈 장잔 椀 원원 楪 뎡뎌 都 두두 有 읭우 麽 마마 ○ 노가 고마 자와
시디 다와 잇사 ᄂᆞ발 나텹 那 나나 的 딍디 你 니니 放 방빙 心 신신 ○ 므글 옴란 노너
라화 시 都 두두 有 읭우 ○ 다다 잇 這 져져 們 믄믄 便 뻔변 ○ 면이 러 我
어오 迎 잉잉 火 훠호 伴 뻔번 去 큐큐 ○ 조내 라벗 가을 마마 你 니니 去 큐큐 着
짱죠 ○ 라네 가 [illegible] 你 니니 兩 량량 箇 거거 到 닿다 這 져져 裏 리리 多 더도
少 샿샾 時 쓰스 ○ 디너 언회 머둘 나히 ᄒᆞ예 뇨오 난 我 어오 纔 째채 到 닿다 這

저저 裏 리리 ○ 우리 오리 와 여 待 따대 要 얀 尋 씬신 你 니니 去 큐큐 來

래래 ○ ᄒᆞ 라 마 가 너 려 호 ᄒᆞ 太 더 조 니 你 니니 却 컹커 來 래래 了 랴랴 ○ 네 오 쏘 나

다 店 뎐뎐 在 째재 那 나나 裏 리리 ○ 뎌 잇 이 ᄂᆞ 어 뇨 디 那 나나 西 시시 頭

투 뚜 有 잉익 ○ 뎌 잇 ᄂᆞ 셧 녁 니 라 깃 티 行 ᄒᆡᆼ힝 李 리리 都 두두 搬 번번 入 유 슈

來 래래 着 쨮죠 ○ 짐 ᄃᆞ 들 러 다 오 옴 고 겨 把 바바 馬 마마 們 믄믄 都 두두 鬆

숭 숭 了 랼랼 ○ 물 서 돌 오 다 니 오 ᄒᆞ 랑 고 을 且 쳐쳐 休 휘휘 摘 쪄저 了 랴랴 鞍

안 한 子 즈즈 ○ 아 벗 기 직 디 기 르 말 라 마 你 니니 去 큐큐 問 운운 主 쥬쥬 人 신신

家 갸갸 ○ 네 ᄃᆞ 가 러 主 무 人 러 要 양약 幾 기기 箇 거거 席 시시 子 즈즈 藁 갇강

薦 젼젼 來 래래 ○ 여 달 라 러 ᄒᆞ 돗 과 야 지 오 ᄌᆞ 고 을 就 직짇 拿 나나 苕

딮 딜 來 래래 掃 산상 地 디디 ○ 임 ᄃᆞ 의 가 셔 ᄡᅥ 닛 흘 뷔 ᄡᅳᆯ 가 라 져 行 ᄒᆡᆼ힝 李 리리

且쳐쳐休힣히搬번번入슝유去큐큐○집으란아직옴겨드리디말고等등등
鋪푸푸了량랴席씽시薦젼젼時ᄡᆞ스○돗과지즑ᄭᆞᆯ믈기ᄃᆞ려一잉이發
방비搬번번入슝유去큐큐○홈ᄢᅴ옴겨드려가라◇客켱커人신인們믄믄
○나그내네你니니這져저馬마마要향얀賣개매麼마마○네이ᄆᆞᆯ을ᄑᆞᆯ고
져ᄒᆞᄂᆞ냐可커커知징지我어오要향얀賣개매裏리리○그리어니내ᄑᆞᆯ고져
ᄒᆞ노라你니니既기기要향얀賣매매時ᄡᆞ스○네ᄒᆞ마ᄑᆞᆯ고져ᄒᆞ거든也
여여不붕부須슈슈你니니將쟝쟝往왕왕市ᄡᆞ스上썅샹去큐큐○또모
로미네가져져가디말고只ᄌᆞᆺ즈這져져店뎐뎐裏리리放방방着쟣죠○
그저이뎜에두라我어오與유유你니니尋씬신主쥬쥬兒ᅀᆞᆯ술都두두賣
매매了량랴○내너위ᄒᆞ야님자어더다ᄑᆞᆯ게ᄒᆞ마罷빠바罷빠바○두워두워

到닿단 明밍밍 日싱시 再재재 說숴숴 話화화 ○ ᄂᆡ일 다시 말ᄒᆞ쟈 咱쟘자

這져져 馬마마 們믄믄 路루루 上쌍샹 來래래 ○ 우리 이 ᄆᆞᆯ들ᄒᆞ 길ᄒᆡ 오노라

每믜믜 日싱시 走즇주 路루루 子즈즈 辛신신 苦쿠쿠 ○ ᄆᆡ일 길녀 슈구ᄒᆞ든

고 喂휘위 不붕부 到닿단 ○ 먹키기를 ᄀᆞ장 못ᄒᆞ야시니 都두두 沒뭉무 甚

씸슴 麼마마 飽밯반 ○ 다 아ᄆᆞ란 ᄉᆞᆯ짐이 업ᄉᆞ니 便변변 將쟝장 到닿단 市씃스

上쌍샹 ○ 즉제 져제 가져가면 市씃스 上쌍샹 人싄신 也여여 出츄츄 不붕부

上쌍샹 價갸갸 錢쪈쳔 ○ 져젯 사ᄅᆞᆷ도 갑슬 도도내디 아니ᄒᆞ리라 咱쟘자 們믄믄

捨셔셔 着쟢죠 草찰찬 料럎랴 ○ 우리 딥과 콩을 ᄇᆞ려 好핳한 生승승 喂휘위

幾기기 日싱시 發봥바 落랗로 ○ ᄀᆞ장 여러날 먹여디셔ᄒᆞ야도 也여여 不붕부

遲찌치 裏리리 ○ 또 더듸디 아니ᄒᆞ리라 你니니 說숴숴 的딩디 是씃스 ○

내 날옴이 올타 我어오 也여여 心신신 裏리리 這저저 們믄믄 想샹샹 着쟢죠
○ 나도 ᄆᆞᄋᆞᆷ애 이리 싱각ᄒᆞ엿노라 我어오 又잉우 有잉우 人신신 參슨순 毛
망뫄 施숲스 布부부 ○ 내 ᄯᅩ 人參과 모시뵈 이시니 明밍밍 日ᅀᅵ시 打다다 聽
팅팅 價갸갸 錢쪈쳔 去큐큐 來래래 ○ ᄂᆡ일 갑슬 듣보라 가셔 有잉우 價갸갸
錢쪈쳔 時쓰스 賣매매 了랼랴 着쟢죠 ○ 갑시 이시면 풀고 怕파파 十씽시
分뿐븐 的딩디 賤쪈젼 時쓰스 ○ ᄒᆞ다가 ᄀᆞ장 쳔ᄒᆞ면 且쳐쳐 停띵팅 些셔셔
時쓰스 ○ 아직 잠싼 머믈워두리라 伱니니 那나나 裏리리 打다다 聽팅팅 去
큐큐 ○ 네 어듸 듯보라 갈ᄯᅡ 吉깅기 慶킹킹 店뎐뎐 裏리리 有잉우 我어오 相
샹샹 識싱시 ○ 吉慶店에 내 서르 아ᄂᆞ니 이시니 那나나 裏리리 問운운 去큐큐
○ 뎌긔 무로라 가리다 這저저 們믄믄 時쓰스 ○ 이러면 到담다 明밍밍 日

이승 咱자쨩們믄믄同퉁뚱去큐큐○너 일 다 듯거든 우리 훈 번의 가쟈 你니니

兩량량箇거거看칸칸着죠쨮頭투뚷口쿠쿻○너희 둘히 즘싱 보라 我오어

兩량량箇거거到닾땁城칭찡裏리리去큐큐便변뼌來래래○우리 둘히

자안희 가셔 즉제 오마

老랄랗乞키킹大다따諺연연解계계上샹쌍

老 랄랄 乞 킹키 大 따다 諺 연연 解 계계 下 햐하

拜 배배 揖 힝이 大 따다 哥 거거 ○ 읍ᄒᆞ노이다 큰형아 這 저저 店 뎐뎐 裏 리리

買 매매 毛 망모 施 ᄉᆞ스 布 부부 的 딩디 高 갛가 麗 리리 客 켷커 人 신신 李 리리

舍 셔셔 有 읳우 麼 마마 ○ 이뎜에 모시뵈 ᄑᆞᆯ 高麗ㅅ 나그내 李개 잇ᄂᆞ냐 你 니니

尋 씬신 他 타타 怎 즘즘 麼 마마 ○ 네 뎌를 ᄎᆞ자 므슴 ᄒᆞᆯ싸 我 어오 是 ᄊᆞ스 他 타타

親 친친 眷 권권 ○ 내 뎌의 권당이러니 纔 ᄍᆡ채 從 쭝충 高 갛가 麗 리리 地 띠디

面 면면 來 래래 ○ 앗가 ᄀᆞᆺ 高麗ㅅ 싸ᄒᆞ로셔 오롸 恰 캬캬 纔 ᄍᆡ채 出 츄츄 去 큐큐

了 랼랴 ○ 앗가 ᄀᆞᆺ 나가시니 往 왕왕 羊 양양 市 ᄊᆞ스 角 걓교 頭 뜰투 去 큐큐

了 랼랴 ○ 羊져재 모롱이를 향ᄒᆞ야 가니라 他 타타 說 쉬워 便 뼌변 來 래래

○ 제 닐오ᄃᆡ 즉제 오려 ᄒᆞ더니 你 니니 且 쳐쳐 出 츄츄 去 큐큐 ○ 네 아직 나갓다

老乞大諺解下 一

가 等 등등 一 잉이 會 훼휘 再 재재 來 래레 ○ 다호 시디 오위 나기 라드 려 既

기기 他 타타 羊 양양 市 쓰스 角 걓교 頭 릏투 去 큐큐 時 쓰스 ○ 羊이 져믜 재제

가모 시롱 면이 여 又 윙우 不 붕부 遠 원원 ○ 니또 ᄒᆞ머 니디 아 我 어오 只 즈즈

這 저저 裏 리리 等 등등 ○ 기내 들그 오저 리여 라셔 隨 쒸취 你 니니 等 등등 着

○ 기네 돌미 오옴 라으 로 他 타타 在 째재 브 那 나나 箇 거거 房 빵방 子 즈즈

裏 리리 下 뺘햐 ○ 리제 워어 잇늬 느방 뇨의 那 나나 西 시시 南 난난 角 걓교

上 쌍상 ○ 모뎌 해西 南 芭 바바 籬 리리 門 믄믄 南 난난 邊 변변 ○ 윤바 남조

벽 小 샿샤 板 반반 門 믄믄 兒 슬슬 便 변변 是 쓰스 ○ 문죠 이고 긔만 라널 他

타타 出 츄츄 去 큐큐 了 랼랴 ○ 시져 연나 가 看 칸칸 家 갸갸 的 딩디 有 윙우

麼 마마 ○ 잇집 느보 나라 有 윙우 箇 거거 後 횡후 生 승송 來 래래 ○ 므호 니져

엇더니 這져저裏리리不봉부見견견 ○ 예업스니 敢간간出츄츄去큐큐
了럎랴 ○ 나간듯ᄒᆞ다 你니니高갛갛麗리리地띠디面면면裏리리
將쟝쟝甚씸슴麼마마貨훠호物웅우來래래 ○ 네高麗ᄯᅡ희셔므슴貨物가져
온다 我어오將쟝쟝的딩디幾기기疋핑피馬마마來래래 ○ 내여러필ᄆᆞᆯ을
가져오라 再재재有잉우甚씸슴麼마마貨훠호物웅우 ○ 또므슴貨物잇ᄂᆞ뇨
別뼝볘沒뭉무甚씸슴麼마마 ○ 다ᄅᆞᆫ아모것도업고 有잉우些셔셔人신신
蔘ᄉᆞᆫ손毛망마施ᄉᆞ스布부부 ○ 져기人蔘과모시뵈잇다 如유유今긴긴價
가가錢쪈쳔如유유何허허 ○ 이제갑시엇더ᄒᆞ뇨 價가가錢쪈쳔如유유常
쨩챵 ○ 갑시如常ᄒᆞ되 人신신蔘ᄉᆞᆫ손正징징缺퀑켜着쨯죠裏리리 ○ 人蔘
은졍히업스니 最쥐쥐好핳한價갸가錢쪈쳔 ○ 갑시ᄀᆞ장됴ᄒᆞ니라 如유유今

긴긴 賣 매매 的 딍디 多 더도 少 샿샤 ○ 에이 픈제 는언 고머 往 왕왕 年 년년 便

뼌변 只 즑즈 是 쓿스 三 산산 錢 쪈쳔 一 힁이 斤 긴긴 ○ 서往 돈年 에은 훈그 근저

러식 니이 如 슈슈 今 긴긴 爲 위위 沒 뭉무 有 잉우 賣 매매 的 딍디 ○ 풀이 리제

으업 로슴 五 우우 錢 쪈쳔 一 힁이 斤 긴긴 家 갸갸 也 여여 沒 뭉무 處 츄츄 尋

씬신 裏 리리 ○ 도닷 어돈 들에 듸호 업근 스식 니이 라라 你 니니 那 나나 蔘 슨손 那

나나 裏 리리 蔘 슨손 ○ 어네 뒷뎌 蔘蔘 고이 我 어오 的 딍디 是 쓿스 新 신신 羅

러로 蔘 슨손 ○ 羅내 蔘하 어는 라新 新 신신 羅 러로 蔘 슨손 時 쓿스 又 잉우 好

항할 ○ 면新 쑈羅 됴蔘 타이 愁 쯭추 甚 씽슴 麼 마마 賣 매매 ○ 근므 심슴 훈풀 료기

那 나나 箇 거거 不 봉부 是 쓿스 李 리리 舍 셔셔 來 래래 了 랼랴 ○ 마겨

오니 누李 卞개 好 항할 麼 마마 好 항할 麼 마마 ○ 이이 대대 幾 기기 時 쓿스 來

래래 ○ 오언 뇨제 家 갸가 裏 리리 都 두두 好 핳할 麽 마마 ○ 이집 대의 엿셔 던다
가 都 두두 安 한안 樂 랗로 來 래레 ○ 잇다 더이 라대 我 허오 下 햐하 處 츄츄
去 큐큐 ○ 에내 가하 쟈처 請 칭칭 請 칭칭 ○ 노청 니ᄒᆞ 裏 리리 頭 듷투 坐 쭤조
的 딍디 ○ ᄌᆞ안 라해 안 你 니니 從 쭝충 幾 기기 時 씋스 離 리리 了 랼랴 王
왕왕 京 깅깅 ○ 의네 셔언 뗘제 난ᄃᆞ 다京 我 어오 七 칭치 月 웡웨 初 추추 頭 뜽투
離 리리 了 랼랴 ○ 에내 뗘七 나月 롸초 싱 却 컹커 怎 즘즘 麽 마마 這 져져 時
씃스 間 견견 纔 째채 來 래래 到 닿닫 ○ 예또 아엇 굿디 온이 다즈 음 我 어오 沿
연연 路 루루 慢 만만 慢 만만 的 딍디 來 래래 ○ 날내 회길 여흘 오조 롸차 我 어오
家 갸가 裏 리리 有 잉우 書 슈슈 信 신신 麽 마마 ○ 뮈우 잇리 ᄂᆞ집 나의 유 有
잉우 書 슈슈 信 신신 ○ 잇유 다뮈 這 져져 書 슈슈 上 썅샹 寫 셔셔 着 쨯죠 ○

씨이 시유 미무 어 沒 몽무 甚 씽合 麼 마마 備 삐비 細 시시 ○ 셔아 흔믄 줄란 이조

다남 伱 니니 来 래레 時 쏘스 ○ 자네 괴올 我 어오 父 뿌부 親 친친 ○ 父우 親리

母 무무 親 친친 ○ 親母 伯 븽버 父 뿌부 ○ 자뭇 비아 叔 숑수 父 뿌부 ○ 으아

비아 자 伯 븽버 娘 냥냥 ○ 븨뭇 겨아 집자 嬸 신신 子 즈즈 ○ 븨아 겨ᄋ 집아 자

姐 져져 姐 져져 ○ 의뭇 누 姐 져져 夫 부부 ○ 남뭇 진누 의 二 숭을 哥 거거

○ 형둘 제 三 산산 哥 거거 ○ 형셋 지 嫂 샇사 子 즈즈 ○ 겨형 집의 妹 믜믜

子 즈즈 ○ 누아 의ᄋ 兄 흉흉 弟 띠디 們 믄믄 ○ 들아 히ᄋ 都 두두 安 한안 樂

랑로 好 항한 麼 마마 ○ 잇다 턴이 가매 都 두두 安 한안 樂 랑로 ○ 잇다 더이 라대

那 나나 般 번번 好 항한 時 쓰스 ○ 이그 시리 면됴 히 休 힣희 道 땅단 黃 황황

金 긴긴 貴 귀귀 ○ 니黃 르金 디이 말귀 라ᄒ 다 安 한안 樂 랑로 直 쯩지 錢 쳔천

爹더도○ᄊ편마마하홈니이라아 빗怪괘쾌道땋되○ᄒᆞ피다디今긴깁日
씅시早짱잔起키키○춤오의늘 아喜히히鵲챵챤兒슬술噪샇산○치가
고올又잉우有잉우嚏디디噴픈픈來래레○ᄒᆞᄯᅩ더조니치 옴果귀고然
연연有잉우親친친眷권권來래레○이果오然고권 당又잉우有잉우書
슈슈信신신○이ᄯᅩ시書니信 이却킁커不붕부道땋닾○ᄅᆞᄯᅩ느아나니 니
家갸갸書슈슈直찡지萬환완金긴긴○다家ᄒᆞ書느ㅣ니萬라金 ᄊ小샿샾
人신신拙쭤줘婦뿌부和훠호小샿샤孩해해兒슬술們믄믄○의ᄉᆞ계人
히집들과히아都두두安한안樂랗로麼마마○잇다뎐이가대都두두安한안
樂랗로○ᄒᆞ다뎌爹라樂你니니那나나小샿샤女뉴뉴兒슬술○져네근그
이둘出츔츄疹친친子즈즈來래레○낫되더야니기我어오來래레時쓰스

都 두두 完 원원 痊 춴춴 痾 커커 了 랼랴 ○ 내올제다됴하암그랏더라 伱

니니 將 쟝쟝 甚 씸슴 麼 마마 貨 훠호 物 옹우 來 래래 ○ 네므슴貨物올가져온다

我 어오 將 쟝쟝 着 쨯죠 幾 기기 匹 핑피 馬 마마 來 래래 ○ 내어러필몰올가져

오고 又 잉우 有 잉우 些 서서 人 싄인 參 슨손 毛 맣모 施 ᄉᆞ스 布 부부 ○ 또人

蔘과모시뵈이시니 如 유유 今 긴긴 價 가가 錢 쪈쳔 如 유유 何 허허 ○ 이졔갑시

엇더ᄒᆞ뇨 馬 먀마 的 딍디 價 갸갸 錢 쪈쳔 和 훠호 布 부부 價 갸가 只 즈즈 依

히이 往 왕왕 常 쨩챵 ○ 몰갑과뵈갑손그저뎨굿거니와 人 신인 參 슨손 價 가갸

錢 쪈쳔 十 씽시 分 븐븐 好 항한 ○ 人蔘갑손ᄀᆞ장됴ᄒᆞ니라 說 훵숴 的 딍디 是

ᄽᆞ스 ○ 날옴이올타 恰 컁캬 纔 쨰채 這 져져 店 뎐뎐 裏 리리 ○ 앗새곳이店겟

那 다나 客 킁커 人 신신 也 여여 這 져져 般 번번 說 훵숴 ○ 뎌나그내도이릐니

ᄐᆞ더라 你니니有잉우幾기기箇거거火훠호伴뻔번 ○네 몃 벗이 잇ᄂᆞ뇨

又잉우有잉우兩량량箇거거火훠호伴뻔번 ○또 두 벗이 이쇼되 都두두

是쓰스親친친眷권권 ○다 권당이니 一힝이箇거거是쓰스姑구구舅

귕구哥거거哥거거 ○ᄒᆞᆫ나ᄒᆞᆫ 姑舅의게셔 난 형이오 一힝이箇거거是쓰스兩

량량姨이이兄흉흉弟띠디 ○ᄒᆞᆫ나ᄒᆞᆫ 兩姨의게셔 난 아이라 在쨔재那나나裏

리리下햐하 ○어ᄃᆡ 부리워 잇ᄂᆞᆫ고 在쨔재順쓘슌城쳥칭門문문官권권店

뎐뎐街계계北븽버一힝이箇거거車처처房빵방裏리리下햐하着쟣죠

○順城門官店거릿 북녁ᄒᆞᆫ 술윗방의 부리워 잇노라 從쭝충幾기기時쓰스來래레

到당단 ○안제 오뇨 我어오只즐즈夜여여來래레到당단 ○내 그저 어제 오

롸 這져져火훠호伴뻔번是쓰스誰쒸쉬 ○이 벗은 누고고 到당단遼랑랴

老乞大諺解上 五

東둥둥這져저邊변변○遼東이녁킈와合거겅將장쟝他타타來래래○
못드라왓노라他타타也여여有우잉幾기기匹피핑馬마마○뎌도여러필몰
이어시니一이힁處츄츄趕간간將장쟝來래래○흔딕모라오랴他타타是
스쓰漢한한兒술슿人신신○뎌는漢人이니在재째遼랴랑東둥둥城칭찡
裏리리住쥬쮸○遼東잣안해셔사ᄂᆞ니我오어沿연연路루루來래래時
스쓰○내갈훌조차올적외好한항生승승多도더得더듷他타타濟지지○
ᄀᆞ장만히뎌외구제흠올어드라我오어漢한한兒술슿言연연語유유○내한
말올不부붕理리리會휘휘的디딩○아디못ᄒᆞ니路루루上샹쌍喫치칭
的디딩馬마마匹피핑草찬창料랴량并빙빙下하햐處츄츄○길헤먹옥
새시며몰들회후쵸와다못하쳐를全천쳔是스쓰這져저大다따哥거거辛신신

着 쿠쿠 ○ 슈젼 ᄑᆢ혀 ᄒᆞ이 더큰 니형 라이 說 쉬쉬 的 딍디 是 ᄊᆞ스 ○ 올닐 타오 미

咱 我 어오 且 쳐쳐 到 당닷 下 햐하 處 츄츄 去 큐큐 ○ 의내 가아 노직 라하 쳐

再 재재 廝 ᄉᆞ스 見 견견 ○ ᄅᆞ다 보시 쟈서 且 쳐쳐 停 띵팅 些 셔셔 時 ᄊᆞ스 ○

ᄃᆞ아 러직 든머 咱 쟘사 們 믄믄 聊 럏랴 且 쳐쳐 喫 칭치 一 힝이 盞 븨븨 酒 짇주

○ 잔우 술리 먹잠 어싼 훈 不 봉부 當 당당 接 졍져 風 퐁풍 ○ 호마 셋지 가아 니

不 봉부 要 향야 ○ 다마 今 긴긴 日 ᅀᅵᅀᅵ 忙 망망 ○ 밧오 브놀 니은 明 밍밍 日

ᅀᅵ시 再 재재 廝 ᄉᆞ스 見 견견 ○ 서너 ᄅᆞ일 보다 와시 喫 칭치 酒 짇주 也 여여 不

봉부 遲 찌치 裏 리리 ○ 아술 니먹 커어 니도 ᄠᆞ늣 녀디 這 져져 們 믄믄 時 ᄊᆞ스 ○

면이 러 明 밍밍 日 ᅀᅵ시 就 찧직 店 뎐뎐 裏 리리 尋 씬신 你 니니 去 큐큐 ○

너너 롤일 ᄎᆞ이 자의 가셔 서店 여 一 힝이 發 봥바 和 훠호 那 나나 親 친친 眷 권권

們믄믄 ○ 홈씩더권당들과 一이휭 處츄츄 喫치칭 一이휭 兩량량 盃븨븨

○ 혼디셔혼두잔먹자 我오어 送숭숭 你니니 到닾닿 外왜왜 頭투뜰 去큐큐

○ 내더보내라밧씌가마 不부붕 要얀향 你니니 送숭숭 ○ 네보내기말라 你

니니 這저저 房방빵 裏리리 沒무뭉 人신신 ○ 네이방의사ᄅᆞᆷ업ᄉᆞ니 不부붕

要얀향 去큐큐 ○ 가디말라 這저저 們믄믄 時스쓰 ○ 이러면 你니니 却

커쿵 休휘휭 快쾌쾌 ○ 네ᄯᅩ허믈말라 小샾샹 人신신 沒무뭉 甚솜씸 麼마마

館권권 待대때 ○ 가ᄉ은아므란이밧는일도업ᄉ니 快괘패 甚솜씸 麼마마 ○

므서술허믈ᄒ리오 咱자쟝 們믄믄 一이휭 家갸갸 人신신 ○ 우리호짓사ᄅᆞᆷ이오

又우잉 不부붕 是스쓰 別벼뼝 人신신 ○ ᄯᅩᄯᆞᆫ사ᄅᆞᆷ이아니어니ᄯ녀 不

부붕 多도더 時스쓰 ○ 아니오라 却커쿵 到닾닿 店뎐뎐 裏리리 見견견 ○

ᄯᅩ뎜에가보니 店뎐뎐主쥬쥬人신신和ᅘᅯ호三산산箇거거客킹커人신신

立링리地띠디看칸칸馬마마 ○ 店主人과세나그내셔셔믈보더니 店뎐뎐主

쥬쥬人싱신說숴숴 ○ 店主人이닐오되 這져져三산산箇거거火ᅘᅯ호伴

번번 ○ 이세벗이 兩량량箇거거是ᄿᅳ스買매매馬마마的딩디客킹커人

신신 ○ 둘흔물살나그내오 一잉이箇거거是ᄿᅳ스牙야야子즈즈 ○ ᄒᆞ나ᄒᆞᆫ즈

름이러라 你니니這져져馬마마 ○ 네이믈을 他타타們믄믄都두두一잉이

發봥바買매매將쟝쟝山산산東둥둥賣매매去큐큐 ○ 뎌들히다홈쁴사山

東ᄯᅡ히풀라가져가려ᄒᆞᄂᆞ니 便뼌변到닿단市ᄿᅳ스上썅샹 ○ 곳져져가도 也

여여只즈즈一잉이般번번 ○ ᄯᅩᄒᆞᆫ가지라 千쳔쳔零링링不붕부如유유

一잉이頓둔둔 ○ 일쳔거시ᄒᆞᆫ무들기만ᄀᆞᆺ디몯ᄒᆞ니 倒닿닷不붕부如유유

都두두賣매매與유유他타타○도로혀더롤다프라 줌안곳디못ᄒᆞ니你니니

既기기要향얀賣매매時씃스○네이믜풀 려ᄒᆞ면咱장자們믄믄商샹샹

量량량○우리혜 아리자這져져箇거거青칭칭馬마마多더도少샿샤歲

쉬쉬數수수○이총이몰이 나히언머고你니니只증즈拿나나着쟣죠牙야야

齒츳츠看칸칸○네니를자 바보라我어오看칸칸了랼랴也여여○내 보

다아上썅샹下햐하衢뀨큐都두두沒뭉무有윙우○아래웃골이 다업ᄉᆞ니

十씽시分뽄분老랼랴了랼랴○ᄀᆞ장 늙다你니니敢간간不붕부理리리

會훠휘的딩디馬마마歲쉬쉬○네물나홀모 ᄅᆞᄂᆞᆫ돗ᄒᆞ다這져져箇거거馬

마마如유유何혀허○이믈이엇 더ᄒᆞ뇨今긴긴春츈츈新신신騸션션了

럏랴的딩디十씽시分뽄분壯좡좡的딩디馬마마○올ᄉᆡ봄의새로 불틴ᄀᆞ장져

이믄 라몰 這 져져 好 핳한 的 딩디 歹 대대 的 딩디 ○ 오이 나됴 오흐 니니 사 都

두누 一 잉이 發 봥바 商 샹샹 量 량량 ○ 아다 리호 쟈딕 혜 這 져져 兒 숤술

馬 마마 ○ 게어 몰아 잘 騸 션션 馬 마마 ○ 몰딕 대 赤 칭치 馬 마마 ○ 다절

몰 黃 황황 馬 마마 ○ 몰공 골 鷰 연연 色 싱서 馬 마마 ○ 마오 류 栗 링리

色 싱서 馬 마마 ○ 몰구 렁 黑 힣허 鬃 중중 馬 마마 ○ 운가 돌리 白 뺑버 馬

마마 ○ 몰셜 아 黑 횡허 馬 마마 ○ 룸가 라 鎖 쉬소 羅 러로 青 칭칭 馬 마마

○ 몰츄 마 土 투투 黃 황황 馬 마마 ○ 몰고 라 繡 싱식 膊 밣바 馬 마마 ○

브쇠 튼느 몰려 破 퍼포 臉 련련 馬 마마 ○ 몰간 쟈 五 우우 明 밍밍 馬 마마 ○

폭가 뵉라 이간 몰쟈 ㅅ 桃 땋돠 花 화화 馬 마마 ○ 불도 몰화 잠 青 칭칭 白 뺑버

馬 마마 ○ 이털 몰청 총 豁 훵호 鼻 삐비 馬 마마 ○ 몰코 번 騍 쿼코 馬 마마

老乞大 … 上

○ 몰암 懷 홰회 駒 규규 馬 마마 ○ 빈삿 몰기 環 환환 眼 연연 馬 마만 ○ 회

몰눈 劣 령려 馬 마마 ○ 는ᄀ 몰래 這 져져 馬 마마 牛 늉누 行 ᅘᆡᆼ힝 花 화화 塔

방다 步 뿌부 ○ 즈이 느몰 즈이 느쇠 것거 는름 다곳 티 又 잉우 竄 촨촨 行 ᅘᆡᆼ힝 的

딩디 馬 마마 ○ 는또 몰잘 건 鈍 뚠둔 馬 마마 ○ 몰뜬 眼 연연 生 승승 馬 마마

○ 는줄 몰라 撒 상사 蹶 궤귀 的 딩디 馬 마마 ○ 몰뼈 는 前 쪈쳔 失 싱시 的

뎡뎌 馬 마마 ○ 눈앒 몰거 티 口 쿵쿠 硬 잉잉 馬 마마 ○ 센아 도귀 口 쿵쿠 軟

헌숸 馬 마마 ○ 론와 몰궈 므 遠 져져 些 셔셔 馬 마마 裏 리리 頭 뜽투 ○ 돌이

여뚱 歹 대대 的 딩디 十 씽시 箇 거거 ○ 나사 열오 히나 니오 一 힝이 箇 거거 瞎

향햐 ○ 눈ᄒᆞᆫ 멀나 고흔 一 힝이 箇 거겨 跛 뷔보 ○ 발ᄒᆞᆫ 절나 고흔 ᄒᆞᆫ 一 힝이 箇

거거 蹄 띠티 歪 왜왜 ○ 기ᄒᆞᆫ 울나 고흔 굽 一 힝이 箇 거거 磨 뭐모 硯 연연 ○

ᄒᆞ나ᄒᆞᆫ ᄀᆞ리고 一이힝 箇거거 打다다 破포풔 脊지징 梁량량 ○ ᄒᆞ나ᄒᆞᆫ 등헐고
一이힝 箇거거 熱수숭 瘸쿼꿔 ○ ᄒᆞ나ᄒᆞᆫ지 페디고 一이힝 箇거거 疥계계
○ ᄒᆞ나ᄒᆞᆫ 비ᄅᆞ먹고 三산산 箇거거 瘦수승 ○ 세ᄒᆞᆫ 여위니 只즈즈 有우읭
五우우 箇거거 好한항 馬마마 ○ 다믄 다ᄉᆞᆺ 됴ᄒᆞᆫ ᄆᆞᆯ이 잇다 [illegible] 你니니 這져져
馬마마 ○ 네 이 ᄆᆞᆯ을 好한항 的디딩 歹대따 的디딩 ○ 됴ᄒᆞ니 사오나오니 大
다따 的디딩 小샾샹 的디딩 ○ 크니 자그니 相샹샹 滾군군 着죠쟣 ○ 모도
와 要얀향 多도더 少샾샹 價갸갸 錢천젼 ○ 언머 갑슬 밧고져 ᄒᆞᄂᆞ다 一이힝
箇거거 家갸갸 說쉬숴 了랴럎 價갸갸 錢쳔젼 ○ ᄒᆞ나식 갑슬 니ᄅᆞ라 通퉁퉁
要얀향 一이힝 百버뷩 四스숭 十시씽 兩량량 銀인인 子즈즈 ○ 대되 一百
四十兩 은을 바ᄃᆞ려 ᄒᆞ노라 你니니 說쉬숴 這져져 般번번 價갸겨 錢쳔젼 怎

老乞大諺解 下

슴슴 麽 마마 ○ 므네 슴이 ᄒᆞ런 려갑 ᄒᆞ슬 는날 다려 你 니니 只 즈즈 說 숴숴 賣 매매
的 딩디 價 갸갸 錢 쪈쳔 ○ 슬네 니그 ᄅᆞ저 라폴 갑 沒 뭉무 來 래레 由 왕우 這
저저 般 번번 胡 ᅘᅮ후 討 탕탚 價 갸갸 錢 쪈쳔 ○ 대욕 로절 갑업 슬시 ᄡᅵ이 오리 는간
다 我 어오 不 붕부 是 쓰스 矯 걍갸 商 샹샹 量 량량 的 딩디 ○ 혜내 아너 리모
니는 라이 아 你 니니 說 숴숴 的 딩디 是 쓰스 時 쓰스 ○ 올네 ᄒᆞ닐 면옴 이 兩
량량 三 산산 句 규규 話 화화 ○ 애두 도세 말 交 걒갸 易 잉이 便 뼌변 成 찡칭
了 랼랴 ○ 일홍 새졍 시이 니즉 재 不 붕부 要 향야 你 니니 這 저저 般 번번 胡
ᅘᅮ후 討 탕탚 價 갸갸 錢 쪈쳔 ○ 슬네 바이 드리 려간 말대 라로 갑 怎 즘즘 麽 가마
還 ᅘᅪᆫ환 你 니니 的 딩디 是 쓰스 ○ 어엿 야대 올녀 ᄒᆞ를 료주 牙 야야 子 즈즈 說
숴숴 ○ 결즈 오롬 되이 客 킈켜 人 인신 們 믄믄 ○ 네마 ᄃᆡ그 你 니니 不 붕부 要

향얀十씽시分뿐분多더도討탛토○네ᄀᆞ장 너모 바드려 말라 你니니兩량량
箇거거枉왕왕自쯔즈成찡칭不봉부得딍더○너회 둘히 쇽절업시 일우디 못
ᄒᆞ리로다 我어오是씃스箇거거牙야야家갸갸○나는 즈름이니 也여여不
봉부向향향買매매主쥬쥬○ᄯᅩ 살 님자도셔다 아니ᄒᆞ며 也여여不봉부向
향향賣매매主쥬쥬○ᄯᅩ ᄑᆞᆯ 님자도셔다 아니ᄒᆞ야 我어오只쯔즈依이이直
찡지說숴숴○내 다믄 바른대로 니ᄅᆞ리라 你니니要향얀一힁이百뷩버四
ᄉᆞ스十씽시兩량량銀인인子ᄌᆞ즈時쓰스○네 一百四十兩 은을 바드려 ᄒᆞ면
這져쳐五우우箇거거好항한馬마마○이 다ᄉᆞᆺ 됴ᄒᆞᆫ 물과 十씽시箇거거
歹대대馬마마○열사오나온 몰 你니니算숸숸多더도少샹샤○네 언
어식 혜는다 這져져五우우箇거거好항한馬마마○이 다ᄉᆞᆺ 됴ᄒᆞᆫ 몰계는 我

오어 筭쏸쏸 的딩디 該개개 六룽릭 十씽시 兩량량 ○ 내혜옴은예 슌낭이오

這져져 十씽시 箇거거 歹대대 馬마마 ○ 이열사오나 온몰게논 我어오 筭

쏸쏸 的딩디 該개개 八빵바 十씽시 兩량량 ○ 내혜옴은여 든낭이라 似쓰스

這져져 般번번 價갸갸 錢쪈쳔 ○ 이러툿ᄒᆞᆫ 갑세는 其끼키 實씽시 賣매매

不붕부 得뒁더 ○ 진실로ᄑᆞ디 못ᄒᆞ리로다 如유유 今긴긴 老랖랖 實씽시 的

딩디 價갸갸 錢쪈쳔 ○ 이제고디 식ᄒᆞᆫ갑ᄉᆞᆯ 說쒀숴 與유유 你니니 ○ 네ᄃᆞ 려니

롤새 시니 兩량량 家갸갸 依히이 着쟢죠 我어오 說쒀숴 ○ 둘히내말 ᄋᆞᆯ조차

交걍갸 易잉이 了랼랴 如유유 何허허 ○ 흥졍ᄒᆞ미 엇더ᄒᆞ뇨 只 我어오 且

쳐쳐 聽팅팅 你니니 定띵딩 的딩디 價갸갸 錢쪈쳔 ○ 내아직네뎡 ᄒᆞᆫ갑ᄉᆞᆯ드르

마 、 這져져 五우우 匹핑피 好핳한 馬마마 ○ 이ᄃᆞᆺ빌됴 ᄒᆞᆫ몰게는 每믜믜 一

이힁 匹 피핑 八 바방 兩 량량 銀 인인 子 즈즈 ○ ᄆᆡ ᄒᆞᆫ 필의 여ᄃᆞᆲ 냥 은식 ᄒᆞ면 通

퉁퉁 該 개개 四 ᄉᆞ스 十 시씽 兩 량량 ○ 대되 마은 냥이오 這 져져 十 시씽 箇

거거 歹 대대 馬 마마 ○ 이 열 사오나온 ᄆᆞᆯ게는 每 믜믜 一 이힁 箇 거거 六 릭룽

兩 량량 銀 인인 子 즈즈 ○ ᄆᆡ ᄒᆞᆫ 나ᄒᆡ 엿 냥 은식 ᄒᆞ면 通 퉁퉁 該 개개 六 릭룽 十

시씽 兩 량량 ○ 대되 예슌 냥이니 共 궁궁 通 퉁퉁 一 이힁 百 버빙 兩 량량 ○

대되 一百 냥이니 成 칭찡 了 랴랼 罷 바빠 ○ 흥졍호미 므던ᄒᆞ다 似 ᄉᆞ스 你 니니

這 져져 般 번번 定 딩띵 價 갸갸 錢 쳔쪈 ○ 네 이리 뎡ᄒᆞᆫ 갑곳ᄐᆞ면 就 직찍 是

ᄉᆞ스 高 갈강 麗 리리 地 디띠 面 면면 裏 리리 ○ 곳 高麗ㅅ 싸히셔도 也 여여 買

매매 不 부붕 得 티딍 ○ 또 사디 못ᄒᆞ리라 那 나나 裏 리리 是 ᄉᆞ스 實 시싱 要

얀햫 買 매매 馬 마마 的 디딍 ○ 어더 진실로 ᄆᆞᆯ 사고져 ᄒᆞᄂᆞᆫ 이고 只 즈즈 是 ᄉᆞ스

老乞大諺解 下 十一

胡화후商샹샹量량량的딩디○그저간대로혜아리는이로괴야這저저箇
거거客킈커人신신○이나그내你니니說숭숴甚씸슴麽마마話화화○
네므슴말을니ᄅᆞ는다不봉부買매매時쓰스害해해風봉봉那나나○사디
아니ᄒᆞ면ᄇᆞ롬ᄲᅧ이라做주주甚씸슴麽마마來래래這저저裏리리商샹샹
量량량○므슴ᄒᆞ라예와혜아리리오這저저馬마마恰캉캬纔째채牙
야야家갸가定띵딩來래래的딩디價갸가錢쪈쳔○이몰을앗가즈름의뎡ᄒᆞᆫ
갑시還훤환虧퀴퀴着잫죠我어오了량랴○다흠내게셜웨라你니니這
저저般변번的딩디價겨갸錢젼쳔不봉부賣매메○네이런갑서ᄑᆞ디아니ᄒᆞ
고你니니還환환要향야想샹샹甚씸슴麽마마○네다흠므서ᄉᆞᆯ싱각ᄒᆞ논
다你니니兩량량家갸가休힝휘只즈즈管권권叫걓갸喚훤훤○너희

둘히ᄉᆞᆯ리야 짓궤디말고 買매매的딩디添텬텬些셔셔箇거거○사리는 져기더
ᄒᆞ고 賣매매的딩디減견견了랼랴些셔셔箇거거○풀리는져 기덜고 再
재자添텬텬五우우兩량량○다시닷냥 만더ᄒᆞ면 共꿍궁一잉이百뵝버零
링링五우우兩량량○대되一百량이오 ᄡᆞ니닷냥이니 成쪙칭交걓갸了랼랴
罷빠바○흥졍못ᄎᆞ미 므던ᄒᆞ니 天텬텬平삥핑地띠디平삥핑○天平 地平
이로 나 買매매主쥬쥬傢니니不불부添텬텬價갸가錢쪈쳔○살님 재네
갑ᄉᆞᆯ더ᄒᆞ 디아니면 也여여買매매不불부得둥더○ᄯᅩᄉᆞ디 못ᄒᆞ고 賣매매主
쥬쥬多더도指즈즈望왕왕價갸갸錢쪈쳔○풀님재갑ᄉᆞᆯ 만히ᄇᆞᆮ라면 也여여
賣매매不불부得둥더○ᄯᅩᄑᆞᆯ디못 ᄒᆞ리라 邊변변頭뚱투立링리地띠디
閑현현看칸칸的딩디人신신說숴쉬○ᄀᆞ애셔셔힘힘히보 ᄂᆞᆫ사ᄅᆞᆷ이닐오되

老乞大諺解下

這저저牙야야家가가說셩숴的디디價가가錢쳔쳔○으이 눈즐 갑음 시날
正징징是쓰스本븐븐分뻔븐的딩다言연연語유유○말정 이히 로고 다는
罷빠바罷빠바○두두 위위 咱쟝자們믄믄只즈즈依이이牙야야家갸갸
的딩디言연연語유유成쪙칭了랑랴罷빠바○의우 말리 대그 로저 못즐 太흠
ᄒᆞ미 다므 던 旣기기這저저般번번時쓰스○려임 ᄒᆞ의 면이 價갸갸錢쳔쳔
還환한觧쥐쥐着죵죠我어오○게갑 셜시 웨다 라홈 내 [illegible]只즈즈是쓰스
一휭이件견견○가ᄆᆡ 저만 는ᄒᆞ 低디디好인인子즈즈不블부要향야與
ㄲ뉴 我어오○날ᄂᆞ 주즌 디은 말으 고란 好항한銀인인子즈즈與유유我어오
些셔셔○날됴 주ᄒᆞ 고은 려을 咳캐해低디디銀인인我어오也여여沒물무
○게해 게ᄂᆞ 도즌 업은 고는 我어오的딩디都두두是쓰스細시시絲스스官

12b

권권 銀인인 ○ 내하는다細絲官銀이라 旣기기 是씃스 好핳한 銀인인 時씃스

○ 임의됴흔銀이라ᄒᆞ면 咱장자 先션션 看칸칸 了랼랴 銀인인 子즈즈 ○

우리몬져은을보고 寫셔셔 契키키 ○ 글월쓰쟈 這져져 們믄믄 便뼌변 布부부

袋때대 裏리리 取츄츄 銀인인 子즈즈 來래래 ○ 이러면布袋엣銀을가져다가

着쨯죠 牙야야 人신신 先션션 看칸칸 ○ 즈름으로몬져뵈라 你니니 賣매매

主쥬쥬 自쯔즈 家갸갸 看칸칸 ○ 네픈는님재손조보라 裏리리 頭뜰투 沒

충누 有윙우 一힝이 錠띵딩 兒슳술 低디디 的딩디 ○ 소개흔덩이도는조ᄒᆞ니업

스니라 這져져 銀인인 子즈즈 錐쥐쥐 是씃스 看칸칸 了랼랴 ○ 이은을비

록보나 眞진진 假갸갸 我어오 不붕부 識싱시 ○ 眞假를내아디못ᄒᆞ니 你

니니 記기기 認인신 着쨯죠 ○ 네보람두라 久깋구 後ᅘᆿ후 使ᄉᆞ스 不봏부

老乞大諺解下 十三

得더딍時스씋○오랜후의쓰디돗ᄒᆞ면我오어只즈즗問운운牙야야家
갸갸換훤환○내그제즐음ᄃᆞ려무러밧고리라我오어有우잏認신신色서싕
了랴럏○내보람을두어시니不부붕揀견견幾기기時스씋要야얗換훤환
○아모제라업시밧고리라立文운운契키키着죠쨯誰쉬쒸寫셔셔○글월
을늘로ᄒᆞ여쓰이료牙야야家갸갸就직찍寫셔셔○즐음이임의셔쓰라這져져
契키키寫셔셔時스씋○어글월을쓰면一이힝總중중寫셔셔麼마마○
ᄒᆞᆫ되쓰라分븐븐開캐캐着죠쨯寫셔셔○는화쓰고休휘힇總중중寫셔셔
○ᄒᆞᆫ되쓰디말라總중중寫셔셔時스씋○ᄒᆞᆫ되쓰면怎즘즘麼마마轉쥰줜
賣매매與유유人신신○엇디옴겨프라놈을주리오你니니各거갹自즈쯩
寫셔셔着죠쨯○네각각쓰라你니니這져져馬마마是스씋一이힝箇

거거主쥬쥬兒ᅀᅳᆯᅀᅳᆯ的디딍那나나○네이믈이훈님자의것가是스쓰各거강

自즈쯔的디딍○이각각치가這저져馬마마是스쓰四스ᄉᆞ箇거거主

쥬쥬兒ᅀᅳᆯᅀᅳᆯ的디딍○이믈이네님자의거시니各거강自즈쯔有우잉數수수

目무뭉○각각數目어잇ᄂᆞ니라你니니從충쭝頭투뚱寫셔셔我오어的

디딍馬마마契키키○네첫머리로내몰글월올쓰라你니니的디딍馬마ᄆᆞ是

스쓰家갸갸生승승的디딍那나나元원원買매매的디딍○네믈이집의셔

나힌이가본되사니가我오어的디딍是스쓰元원원買매매的디딍○내하

는본딕사니라你니니在재쨰那나나裏리리住쥬쮸○너어듸이서실머姓

싱싱甚승씸麽마마○셩이므섯고我오어在재쨰遼랴량東둥뚱城칭찡

裏리리住쥬쮸○내遼東잣안해셔사노라姓싱싱王왕왕○셩이王개니寫

서셔 着 쟢죠 王 왕왕 其 무무 着 쟢죠 ○ 라王 쓰아 라뫼 我 어오 寫 셔셔 了

량랴 這 져저 一 힝이 箇 거거 契 키키 了 량랴 ○ 월내 쓰이 과훈 라글 我 어오 讀

뚱누 伱 니니 聽 팅팅 ○ 네내 드닐 르거 라든 遼 량랴 東 둥둥 城 찡칭 裏 리리 住

쮸쥬 人 신신 王 왕왕 其 무무 ○ 는遼 사東 룸잣 ᄋᆞ안 아해 뫼셔 사 今 긴긴 為 위위

要 향야 錢 쪈쳔 使 스스 用 융융 ○ 고이 져제 ᄒᆞ돈 야쓰 遂 쒸쉬 將 쟝쟝 自 쓰즈

已 기기 元 훤원 買 매매 到 당닫 ○ 본드 되더 사여 온내 赤 칭치 色 싀서 騸 션션

馬 마마 一 힝이 匹 핑피 年 년년 五 우우 歲 쉬쉬 ○ 필졀 이다 나악 히대 다ᄆᆞᆫ ᄒᆞ혼

오이 左 저조 腿 튀퉤 上 쌍샹 有 왿위 印 힌인 記 기기 ○ 우왼 회녁 인뒷 마다 즌리

ᄂᆞ보 니람 ᄐᆞᆯ잇 憑 뼁핑 京 깅깅 城 찡칭 牙 야야 家 갸갸 羊 양양 市 ᄉᆞ스 角 걒교

頭 뜰투 街 계계 北 븩버 住 쮸쥬 坐 쭤조 張 쟝쟝 三 산산 ○ ᄒᆞ京 ᄂᆞᆫ城 양즈 저를

제기리북녁키셔사눈張三을의빙ᄒᆞ여 作잫조 中즁즁 人신신 ○中人을삼아 賣
매메 與유유 山산산 東둥둥 濟지지 南난난 府부부 客컹커 人신신 李리리
五우우 ○山東濟南府엣나그내李五의게ᄑᆞ라주어 永융융 遠원원 爲위위 主
쮸쥬 ○永遠히님자삼아 兩량량 言연연 議이이 定띵딩 ○두녁말로議定ᄒᆞ야
時쓰스 直찡지 價갸갸 錢쪈쳔 ○時直갑스로 白ᄈᆡ버 銀인인 十씽시 二
ᅀᅳᆯᅀᅳᆯ 兩량량 ○십픈은열두낭에ᄒᆞ야 其끼키 銀인인 立립리 契키키 之즈즈
日ᅀᅳᆼᅀᅵ ○그은을글월ᄒᆞᆫ날의 一잉이 弁빙빙 交걍갸 足죵주 ○ᄅᆞᆯ셔주물太거
ᄒᆞ고 外쇄왜 沒몽무 文권권 少샹샨 ○또로벼디미업개ᄒᆞ리라 如유유 馬마마
好향한 歹대대 ○ᄒᆞ다가몰의됴쿠즘으란 買매매 主쥬쥬 自쯔즈 見견견 ○
살님재제보고 如유유 馬마마 來래래 歷릭리 不부부 明밍밍 ○ᄒᆞ다가몰의来

ᄒᆞ歷 거이 든ᄌᆞ 明 賣 매매 主 쥬쥬 一 잉이 面 면면 承 찡칭 當 당당 ○ 님프 재는
ᄃᆞ혼 리자 라맛 成 찡칭 交 걒갸 已 이이 後 향후 ○ 츤흥 후정 예ᄆᆞ 各 강거 不 북부
許 휴휴 番 반반 悔 휘휘 ○ 를각 허각 티므 마르 쟈기 如 슈슈 先 션션 悔 휘휘 的
됨디 ○ 모ᄒᆞ 르다 는가 어몬 란져 罰 빵바 官 권권 銀 인인 五 우우 兩 량량 ○ 의구
울ᄯᆞ 벌기 ᄒᆞ온 아ᄃᆞᆼ 람 與 유유 不 붕부 悔 휘휘 之 즈즈 人 신신 ○ 아므 니르 ᄒᆞ자
수는 어사 름 使 ᄉᆞ스 用 용용 無 우우 詞 ᄉᆞ스 ○ 말쓰 못게 ᄒᆞᄒᆞ 리야 라도 잡 恐
흥흥 後 향후 無 우우 憑 핑핑 ○ 업후 슬에 가의 저빙 허홀 딕 故 구구 立 리리 此
즈즈 文 운운 契 키키 爲 위위 用 용용 者 져져 ○ 그부 라러 쓰이 게문 ᄒᆞ긔 노를 라밍
某 무무 年 년년 月 웨웨 日 싀이 ○ 돌아 아코 모히 날아 모 立 리리 契 키키 人
신신 王 왕왕 某 무무 押 야야 ○ 아글 모월 일밍 홈근 두사 고름 도 牙 야야 人 신신

張 장쟝 某 무무 押 햐야 ○ 즈름張아외 일홈두엇다 其 끼키 餘 유유 的 딩디 馬

마마 契 키키 ○ 그나믄믈 글월도 都 두두 寫 셔ᄉᆞ 了 랼랴 也 여여 ○ 다써 다

[下] 咱 쟝자 們 믄믄 算 숸숸 了 랼랴 牙 야야 稅 쉬쉬 錢 쪈쳔 着 쟣죠 ○ 우리

즈름갑글월벗 길삽혜아리쟈 舊 긩긔 例 리리 買 매매 主 쥬쥬 管 권권 稅 쉬쉬 ○

舊例여ᄂᆞᆫ살님재글월 벗길삽슬ᄀᆞ옴알고 賣 매매 主 쥬쥬 管 권권 牙 야야 錢 쪈쳔

○ ᄑᆞᆯ님재즈름갑 슬ᄀᆞ옴아ᄂᆞ니 你 니니 各 갛거 自 쯔즈 算 숸숸 將 쟝징 牙 야야

稅 쉬쉬 錢 쪈쳔 來 래레 ○ 네각각즈름갑 글월삽슬혜라 我 어오 這 져져 一 힉이

百 벵버 零 링링 五 우우 兩 량량 ○ 우리이一百이 오ᄲᅳᆫ이닷냥예 該 개개 多 더도

少 샿샤 牙 야야 稅 쉬쉬 錢 쪈쳔 ○ ᄒᆡ오니즈름삽글월벗 기ᄂᆞᆫ갑시얼머나ᄒᆞ뇨 你

니니 自 쯔즈 算 숸숸 ○ 네손조 혜라 一 힉이 兩 량량 該 개개 三 산산 分 뿐븐

老乞大諺解卷下 十六

○흔낭어서픈식이오十시씽兩량량該개개三산산錢천쩐○열낭애서돈식
흐나一이힁百버빙零링링五우우兩량량○一百이오반닷낭애牙야야稅
쉬쉬錢천쩐該개개三산산兩량량一이징錢천쩐五우우分븐뵨○즈름
갑글월갑시ᄒᆞ오니석냥ᄒᆞᆫ돈오픈이로소니牙야야稅쉬쉬錢천쩐都두두筭숸숸
了랴량○즈름갑글월갑슬다혀어다我오어這져저馬마마契키키○우리
이몰글월글幾기기時스씃稅쉬쉬了랴량○언저벗기료這져저的디딩
有우잉甚슴씸麼마마難난난○이야므슴어려옴이아시려오你니니着죠쟣
一이힁箇거거火호훠伴번뻔○네ᄒᆞᆫ벗으로ᄒᆞ여跟근근我오어去큐큐
來레래○날조차가到닾당那나나裏리리便변뼌了랴량○데가면곳ᄒᆞ리
라更긍긍不부붕時스씃○ᄯᅩ그리아니커든你니니都두두只즈쯔這

져져 裏리리 等등등 候후흫 着죠쟣 ○너희다그저예셔기ᄃᆞ리라 我오어 去

큐큐 稅쉬쉬 了랴랼 ○내가벗겨 送숭숭 將쟝쟝 來레래 與유유 你니니 ○

노놀 내여너주마 【】 我오어 不부붕 曾층쯩 好한황 生숭승 看칸칸 ○내일

즙ᄀᆞ장보디니ᄒᆞ엿더니이 這저져 箇거거 馬마마 元원훤 來래래 有우잉 病

빙삥 ○이몰어본ᄃᆡ병이잇고나 有우잉 甚숨씸 麽마마 病빙빵 ○므슴병이잇ᄂᆞ

뇨 那나나 鼻비삐 子즈ᄌᆞ 裏리리 流류릏 齈눙눙 ○더코희셔코흐르니 是

스쓰 瘙상상 馬마마 ○코내ᄂᆞᆫ몰이로고나 我오어 怎즘즘 麽마마 敢간간 買

매매 將쟝쟝 去큐큐 ○내엇디감히사가져가리오 不부붕 爭종증 將쟝쟝 去

큐큐 時스쓰 ○므더니녀겨가져가면 連련련 其키끼 餘유유 的디딩 馬마마

○다ᄅᆞᆫ몰조차 都두두 染연연 的디딩 壞홰쾌 了랴랼 ○다텬염ᄒᆞ여히야디

리로다 這 져져 們 믄믄 的 딍디 你 니니 要 ᄒᅸᇰᄋᅸ 番 반반 悔 휘휘 ○ 이러면 네

므ᄅᆞ고져 ᄒᆞ논다 我 어오 委 휘위 實 싱시 不 붕부 要 ᄒᅸᇰᄋᅸ ○ 내 진실로 말고져 ᄒᆞ

노라 你 니니 既 기기 不 붕부 要 ᄒᅸᇰᄋᅸ 時 씋스 ○ 네 임의 마다 ᄒᆞ면 契 키키 上

썅샹 明 밍밍 白 뻥버 寫 셔셔 着 쨯죠 ○ 글월여明白 키써시되 如 슈슈 馬 마마

好 향한 歹 대대 ○ ᄒᆞ다가 믈의 됴흠 구좀으란 買 매매 主 쥬쥬 自 쯩즈 見 견견

○ 살님재 제 보고 先 션션 悔 휘휘 的 딍디 罰 빵바 銀 인인 五 우우 兩 량량 ○

몬져 믈오쟈 ᄒᆞᄂᆞ니란 은 닷냥 벌ᄒᆞ쟈 ᄒᆞ얏ᄂᆞ니 官 권권 憑 삥핑 印 힌인 信 신신 ○

구의ᄂᆞᆫ 인신을 잇고 私 ᄉᆞᄉᆞ 憑 삥핑 要 ᄒᅸᇰᄋᅸ 約 햫요 ○ ᄉᆞᄉᆞᄂᆞᆫ 언약 미들새시니 을

你 니니 罰 빵바 下 햐하 銀 인인 五 우우 兩 량량 ○ 네 은 닷냥을 벌로 내여 與

유유 他 타타 賣 매매 主 쥬쥬 ○ 뎌 ᄑᆞᆫ님자를 주고 悔 휘휘 將 챵쟝 去 큐큐 便

변번 是 씃스 ○ 올믈 커러 니가 ᄯᅳ면 녀곳 不 불부 須 슈슈 惱 낭나 燥 잫잔 ○ 틔구

아야 말노 라ᄒᆞ 這 져져 們 믄믄 時 씃스 ○ 면이 러 你 니니 拿 나나 出 츟츄 這

져져 箇 거거 馬 마마 契 키키 來 래레 ○ 롤네 내이 여몰 다글 가월 問 운운 他 타타

們 믄믄 ○ 러더 무들 러도 元 원원 定 명딩 價 갸갸 錢 쳔쳔 內 뉘뉘 中 중중 ○

갑처 새엄 서뎡 ᄒᆞ 除 츄츄 了 랼랴 五 우우 兩 량량 銀 인인 子 즈즈 ○ 은닷 을냥

내디 여러 做 주주 番 반반 悔 휘휘 錢 쳔쳔 ○ 새므 혜르 고는 갑 扯 쳐쳐 了 랼랴

文 운운 契 키키 着 잪죠 ○ 넏샬 리월 라믜 여 這 져져 箇 거거 馬 마마 悔 휘휘

了 랼랴 ○ 러이 다몰 믈 該 개개 着 잪죠 八 바바 兩 량량 銀 인인 價 갸갸 錢

쳔쳔 ○ 돕히 냥오 갑니 시은 니여 你 니니 要 얍야 過 궈고 的 딩디 牙 야야 錢 쳔쳔

○ 즈네 롬바 갑다 도잇 는 通 퉁퉁 該 개개 着 잪죠 一 이이 錢 쳔쳔 二 ᅀᅳᆯ 分

老乞大諺解 卷下 十八

본볼 ○ 모도와 훈 돈 두픈이니 你 니니 却 켱커 迴 훼휘 將 쟝쟝 來 래레 ○ 네 또

도로 가져오라 那 나나 們 믄믄 時 씃스 迴 훼휘 與 유유 你 니니 ○ 그러면 도로 너

들 주마 你 니니 都 두두 這 져져 裏 리리 等 등등 候 흫후 着 쟣죠 ○ 네 다 예셔

기돌오라 我 어오 稅 쉬쉬 契 키키 去 큐큐 ○ 우리 글월 벗기라 가노라 要 햫야 甚

씸슴 麼 마마 等 등등 你 니니 ○ 므스ᄒ라 너를 기돌오료 我 어오 趕 간간 着 쟣죠

馬 마마 ○ 우리 몰 모라 下 햐하 處 츄츄 兌 뒤뒤 付 부부 草 챰찬 料 랼랴 去

큐큐 ○ 하쳐예 草料 장만ᄒ라 가노라 你 니니 稅 쉬쉬 了 랼랴 契 키키 時 씃스 ○

네 글월 벗겨든 到 닿닫 明 밍밍 日 싕시 ○ 내일 다ᄃ라 我 어오 下 햐하 處 츄츄

送 숭숭 來 래레 ○ 우리 하처로 보내여라 相 샹샹 別 뼈벼 散 산산 了 랼랴 ○

서르 여희여 흣터디쟈 [illegible] 你 니니 這 져져 人 신신 蔘 슨손 布 부부 匹 핑피 ○

네 이 人蔘과 布匹을 不 부 붕 曾 층 쯩 發 바 방 落 로 랑 ○ 일즙 디쳐 아니ᄒᆞ야시니
還 환 ᅘᅪᆫ 有 우 잉 此 서 서 時 스 ᄯᅳ 住 쥬 쮸 裏 리 리 ○ 당시롱 저기 머믈미 이실로다 我
오 어 別 버 뼝 沒 무 뭉 甚 合 씸 買 매 매 賣 매 매 ○ 내 다른 아므 흥졍 업스니란 比
비 비 及 기 핑 你 니 니 賣 매 매 布 부 부 的 디 딩 其 키 끼 間 견 견 ○ 네 뵈 ᄑᆞᆯ 믈 미처
그ᄉᆞ이예 我 오 어 買 매 매 些 셔 셔 羊 양 양 ○ 내 羊을 사 到 단 당 涿 조 좡 州 주 징
地 디 띠 面 면 면 賣 매 매 去 큐 큐 ○ 涿州ᄡᅡ히 가 ᄑᆞᆯ라 가 走 주 즘 一 이 잉 遭 잔 쟝
迴 휘 훼 來 래 래 ○ ᄒᆞᆫ디위ᄃᆞᆫ 녀오리라 咱 자 쟘 們 믄 믄 商 샹 샹 量 량 량 別 버 뼝
買 매 매 貨 호 훠 物 우 웡 如 슈 슈 何 허 허 ○ 우리 별로 살 貨物을 의논호ᄃᆡ 엇더ᄒᆞ뇨
這 져 져 們 믄 믄 時 스 ᄯᅳ 也 여 여 好 한 항 ○ 이러면 ᄯᅩ 됴토다 你 니 니 買 매 메
羊 양 양 時 스 ᄯᅳ ○ 네 羊을 사거든 咱 자 쟘 們 믄 믄 一 이 잉 處 츄 츄 去 큐 큐 來

래래 ○ 뒤우 가리 쟈흔 我 어오 也 여여 閑 현현 看 칸칸 價 갸갸 錢 쳔쳔 去 휴큐

○ 슬나 보도 라놀 가며 쟈갑 到 당닷 街 계계 上 썅샹 立 릥리 地 띠디 的 딩디 其

끼키 閙 낲낲 ○ 실거 소리 아예 예가 서 一 깅이 箇 거거 客 킹커 人 신신 赶 간간

着 챺쟢 一 힝이 羣 쿤쿤 羊 양양 過 궈고 來 래레 ○ 리흔 양나 을그 모내 라흔 디무

거나 놀오 大 따다 哥 거거 ○ 아큰 형 你 니니 這 져져 羊 양양 賣 매매 麼 마마

○ 울대 풀이 다羊 可 커커 知 지디 징지 賣 매매 裏 리리 ○ 풀그 리리 라어 니 你 니니

要 얖얖 買 매매 時 쓰스 ○ 져네 커사 든고 咱 장자 們 믄믄 商 샹샹 量 량량 ○

논구 흐리 쟈의 [illegible] 這 져져 箇 궈거 羝 디디 羊 양양 ○ 양이 수 臊 삼사 胡 후후

羊 양양 ○ 개아 양질 羯 경겨 羊 양양 ○ 양악 대 羖 구구 䍽 룅라 羔 강가 見

会 ○ 삿염 기쇼 毋 우무 羖 구구 䍽 륑리 ○ 쇼암 염 羖 공구 通 퉁퉁 要 얄얖

多 더도 少 샹샤 價 갸갸 錢 쪈쳔 ○ 셔도 풀도 려아 ᄒᆞ언 는머 다갑 我 어오 通 퉁퉁

要 ᅸ얗 三 산산 兩 량량 銀 인인 子 즈즈 ○ 을내 바대 드되 리석 라냥 은 量 량량

這 져져 些 셔셔 羊 양양 ○ 이혜 만아 싼리 양권 에대 討 탕토 這 져져 般 번번 大

ᄯᅡ다 價 갸갸 錢 쪈쳔 ○ 바이 드런 려큰 ᄒᆞ갑 면슬 好 핳할 綿 면면 羊 양양 却 켱거

賣 매메 多 더도 少 샹샤 ○ ᄯᅩ됴 언ᄒᆞᆫ 머소 에옴 풀더 다양 은 討 탕토 的 딩디 是

ᄊᆞᆼ스 虛 휴휴 ○ 거ᄢᅦ 죳오 거는 시니 오는 還 환환 的 딩디 是 ᄊᆞᆼ스 實 씽시 ○ 눈갑

거이 시야 라진 짓 你 니니 與 유유 多 더도 少 샹샤 ○ 나네 줄언 ᄀᆞ머 你 니니 這

져져 們 믄믄 胡 ᅘᅮ후 討 탕토 價 갸갸 錢 쪈쳔 ○ 슬네 바이 드리 려간 ᄒᆞ대 니로 갑

我 어오 還 환환 你 니니 多 더도 少 샹샤 的 딩디 是 ᄊᆞᆼ스 ○ 머내 나너 갑를 파언

ᄒᆞ야 고을 你 니니 說 숴쉬 的 딩디 是 ᄊᆞᆼ스 ○ 도네 올니 타른 這 져져 們 믄믄 便

변뻔 ○ 이러면 我오어 減견견 了랴량 五우우 錢천쪈 着죠쟣 ○ 내닷돈만
덜오마 ○ 你니니 來래래 ○ 이바 你니니 休휘힣 減견견 了랴량 五우우 錢
천쪈 ○ 네닷돈을더디말고 你니니 說숴쉉 老랖랍 實시싱 價갸갸 錢천쪈 ○
네고디식ᄒᆞᆫ갑슬니ᄅᆞ면 只즈즈 一이힝 句규규 兒ᅀᅳᆯᅀᅳᆯ 話화화 還환환 你니니
○ 그저ᄒᆞᆫ말에네게갑프마 我오어 與유유 你니니 二ᅀᅳᆯᅀᅳᆯ 兩량량 銀인인 ○
○ 내너를두냥은올줄쎄시니 肯큰큰 時스ᄊᆞ 便변뻔 賣매매 ○ 즐기거든풀고
你니니 不부붕 肯큰큰 時스ᄊᆞ 趕간간 將쟝쟝 去큐큐 罷바빠 ○ 네즐겨아
니커든모라가미므던ᄒᆞ다 休휘힣 要야양 只즈즈 說숴쉉 二ᅀᅳᆯᅀᅳᆯ 兩량량 ○
다만두냥만니ᄅᆞ디말고 你니니 再재재 添텬텬 五우우 錢천쪈 ○ 네ᄯᅩ닷돈만더
ᄒᆞ야든 賣매매 與유유 你니니 ○ 네게풀마 添텬텬 不부붕 得더듷 ○ 더주

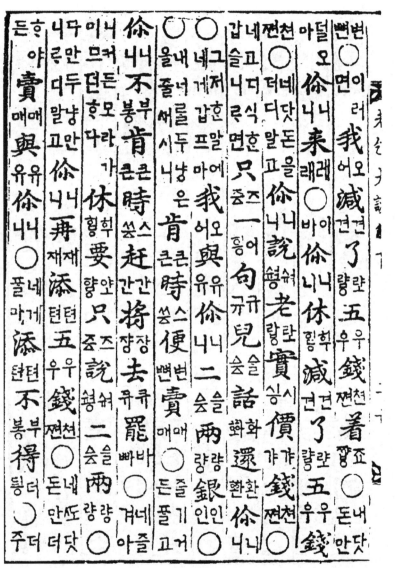

디못ᄒᆞ리로다 肯큰큰 時쓰스 肯큰큰 ○ 즐기거든 즐기고 不붕부 肯큰큰 時
쓰스 罷빠바 ○ 슬커든 말라 我어오 是쓰스 快쾌쾌 性싱싱 的딩디 ○ 나는
셩쌕론사 룸어니 揀견견 好항한 銀인인 子즈즈 來래레 ○ 됴ᄒᆞᆫ은을 골ᄒᆡ여오
라 臨린린 晩환완 也여여 ○ 나죵애 다ᄃᆞ라 我어오 濫란란 賤쪈젼 賣매매
與유유 你니니 ○ 내너손ᄃᆡ다 워프라주마 火훠호 伴뻔번 ○ 벗아 你니니 再
쟤제 下해하 處츄츄 好항한 去큐큐 坐쭤조 的딩디 着쟣죠 ○ 네사하 처예됴
히가안 자시라 我어오 趕간간 着쟣죠 羊양양 ○ 내양 모라 到닫됴 涿좔조 州
징쥐 賣매매 了량랴 便뼌변 廻휘휘 來래레 ○ 涿州가ᄑᆞᆯ고즉[illegible] 시도라오리라
我어오 恰캏캬 尋씬신 思ᄉᆞ스 來래레 ○ 내앗가싱 각ᄒᆞ니 這져져 幾기기
箇거거 羊양양 也여여 ○ 이여러 양도 當당당 走주주 一힁이 遭장잘 ○

ᄒᆞᆫ디위마가 던날거시니 既 기기 要 얀향 去 큐큐 時 스쑿 ○ 이믜가 려ᄒᆞ면 我 오어

有 와잉 些 셔셔 餘 유유 剩 싱씽 的 디딍 銀 인인 子 즈즈 ○ 내게나믄 은이이시

니 閑 현햔 放 방방 着 죠쟣 怎 즘즘 麽 마마 ○ 힘힘이노하두 위므슴ᄒᆞ료 一

이힝 發 바방 買 매매 段 둰뒨 子 즈즈 將 장쟝 去 큐큐 ○ 이믜셔비단 시가져가쟈

咱 자장 們 믄믄 鋪 푸푸 裏 리리 商 샹샹 量 량량 去 큐큐 來 래래 ○ 우리 푸조

에혜아리 라가쟈 賣 매매 段 뒨뒨 子 즈즈 的 디딍 大 다따 哥 거거 ○ 비단 프는

큰형 아 你 니니 那 나나 天 텬텬 青 칭칭 胷 흉흉 背 븨븨 ○ 네뎌텬청 빗체흉비

ᄒᆞᆫ비 단과 柳 리링 青 칭칭 膝 시싱 襴 란란 ○ 류쳥빗체무룹도 리로문ᄒᆞᆫ비단 鴨

야향 綠 루롱 界 계계 地 디띠 雲 윤윤 ○ 압두록빗체벽드 르헤운문ᄒᆞᆫ비난 鸚 잉힝

哥 거거 綠 루룽 寶 보봘 相 샹샹 花 화화 ○ 연초록빗체보 샹화문ᄒᆞᆫ비단 黑 하흥

綠루룽天텬텬花화화嵌켠컨八바방寶밮밮○면야토록빗체텬화의팔보새

혼문엣비단草찬참綠루룽蜂붕봉赶간간梅믜믜○초록빗체버리미화ᄇᆞ로

는문엣비단栢버뵝枝즈즈綠루룽四스ᄉᆞ季기기花화화○디튼춘록빗체

ᄉᆞ계화못호비단葱충충白버뵝骨구궁朶도더雲윤윤○옥식빗체굴근뼤구

룸문혼비단桃탚땋紅홍훙雲윤윤肩견견○桃紅빗체엇게예구룸문혼비단

大다따紅홍훙織지징金긴긴○다홍빗체금드리ᄧᆞᆫ비단銀인인紅홍훙西

시시番반한蓮련련○銀紅빗체西番蓮문혼비단肉우슝紅홍훙纏쳔쪈枝

즈즈牡무믕丹단단○肉紅빗체비牡모란문혼비단閃션쳔黃황훵筆비빙管

권권花화화○연黃빗체붓곳문혼비단鵝오어黃황횅四스ᄉᆞ雲윤윤○

디튼뉴황빗체ᄢᅵ雲문혼비단柳류림黃황횡穿쳔쳔花화화鳳봉봉○노른빗체

穿花鳳문흔비단 麝써셔香향향褐헝허膝싱시欄란란 ○ 샤향빗체슬란문흔

비단 艾애에褐허玉용유塼쥰쳔揩계계 ○ 쑥빗체벽드르문흔비단 蜜밍미

褐헝허光광광素수수 ○ 노른차할빗체비단 鷹힝잉背븨븨褐헝허海

허해馬마마 ○ 마등빗체희메문흔비단 茶짜차褐헝허暗한안花화호 ○ 찰감

빗체스믜문흔비단 這져져們믄믄的딍디紵쮸쥬絲ᅀᅳ스和훵화紗사사羅

뤄로都두두有잉우麼마마 ○ 이런비단과紗羅ㅣ다인ᄂᆞ냐 客컹커人신인你

니니要얀향南난난京깅깅的딍디那나나杭항항州징쥐的딍디那나나

蘇수수州징쥐的딍디那나나 ○ 나그내네南京치를ᄒᆞ려ᄒᆞᄂᆞᆫ다杭州치를ᄒᆞ려ᄒᆞ

ᄂᆞᆫ다蘇州치를ᄒᆞ려ᄒᆞᄂᆞᆫ다 大다따哥거거 ○ 큰형아 南난난京깅깅的딍디

顏연연色싱서好항화又잏약光꽝광細시시 ○ 南京치ᄂᆞᆫ빗치됴코또빗나고

ㄴ긔 와늘 거 只 즈즈 是 씃스 不 붕부 耐 내내 穿 춴츈 ○ 디다 못만 홀오 새래 시남

오 杭 향향 州 즘쥐 的 딩디 經 깅깅 緯 위위 相 샹샹 等 등등 ○ 는杭 뻐州 놀치

고히 굿 蘇 수수 州 즘쥐 的 딩디 十 씽시 分 뻔번 澆 걓걒 薄 빵보 ○ 치蘇 는州

뇬ᄂ 고장 又 읭위 有 윙우 粉 뿐븐 飾 싱시 不 붕부 牢 랗랖 壯 좡좡 ○ 조牢 머픈

아것 니고 흐질 니긔 라디 又 你 니니 有 읭우 好 할한 綾 링링 子 즈즈 麼 마마 ○

이네 인게 느됴 나호 綾 你 니니 要 향얀 甚 씸슴 麼 마마 綾 링링 子 즈즈 ○ 므너

려슴 흐綾 는올 다흐 我 어오 要 향얀 官 권권 綾 링링 子 즈즈 ○ 기내 綾구 을의 흐나

노려 라흐 那 나나 嘉 갸갸 興 힝힝 綾 링링 子 즈즈 不 붕부 好 할한 ○ 興뎌 綾嘉

니은 흐됴 니티 라아 客 컹커 官 권권 你 니니 要 향얀 絹 권권 子 즈즈 麼 마마 ○

깁나 올그 홀내 다야 네 我 어오 有 읭우 好 할한 山 산산 東 둥둥 大 따다 官 권권

綃권군 ○내게됴ᄒᆞᆫ山東셔난ᄂᆞᆫ구의人나기깁과謙권권涼량량綃권권 ○얼믄

깁과易이잉州주징綃권권 ○易州셔난조븐깁과倭오워綃권권 ○왜깁과

蘇수수州주징綃권권 ○蘇州깁과水쉬쉬光광광綃권권 ○제믈옛깁과

白버ᄈᆡ絲스ᄉᆞ綃권권 ○힌싱깁이잇다我오어只즈즈要얀향大다따官

관관綃권권白버ᄈᆡ絲스ᄉᆞ綃권권蘇수수州주징綃권권水쉬쉬光광광

綃권권 ○내다만大官綃과白絲綃과蘇州綃과水光綃을ᄒᆞ려ᄒᆞ노라其키끼餘유유

的디딍都두두不부붕要얀향 ○그나믄이ᄂᆞᆫ다마다你니니有우잉好핫향

絲스ᄉᆞ麽마마 ○너게됴ᄒᆞᆫ실인ᄂᆞᆫ냐我오어多도더要얀향些셔셔 ○내만

히ᄒᆞ고져ᄒᆞ노라要얀향甚슴씸麽마마絲스ᄉᆞ ○므슴실올ᄒᆞ려ᄒᆞᄂᆞᆫ다我

오어要얀향白버ᄈᆡ湖후후州주징絲스ᄉᆞ ○내힌湖州셔난실과花화화拘

구궁 縧 스숲 ○ 굵고 것다론 실을 호고져 호노라 那 나나 定 딩띵 州 쥐징 縧 스숲

不 부봉 要 얀햫 ○ 뎌 定州ㅅ 실은 마다 這 저져 段 된돤 匹 피핑 綾 링링 綃

권권 紗 사사 羅 로러 等 등등 項 향향 ○ 이 빗단과 綾과 깁과 사과 로들 혓새숲 你

니니 都 두두 看 칸칸 了 랸랑 ○ 네 다 보왓ᄂᆞ니 你 니니 端 돤된 的 디딩 要 얀햫

買 매매 甚 슴씸 麼 마마 段 된뚠 子 즈즈 ○ 네 정히 므슴 비단을 사고져 ᄒᆞᄂᆞ다 別

버뼝 箇 거거 不 부붕 要 얀햫 ○ 다론 거슨 마다 只 즈즈 要 얀햫 深 신신 靑 칭칭

織 지징 金 긴긴 胷 흉흉 背 비븨 段 된뛴 子 즈즈 ○ 다만 디든 야청 직금 흉븨 ᄒᆞᆫ 비

단을 ᄒᆞ고져 ᄒᆞ노니 我 오어 老 랖랑 實 시싱 對 뒤뒤 你 니니 說 숴쉉 ○ 내 고디시

기 너ᄃᆞ려 닐으마 不 부봉 是 스쏘 我 오어 自 즈쯔 穿 춴춴 的 디딩 ○ 내 니브려

ᄒᆞᄂᆞᆫ 줄이 아니라 要 얀햫 拿 나나 去 큐큐 別 버뼝 處 츄츄 轉 줜줜 賣 매매 ○

다ᄅᆞᆫ ᄃᆡ 가져 가 옴겨 ᄑᆞ라 尋쎤신些셔셔利리리錢쪈쳔的디디○니쳔 엇고져 ᄒᆞ

노나 你니니老랗랖實씽시討탛토價갸갸錢쪈쳔○네 고디시기 갑슬 바ᄃᆞ라

這져져織징지金긴긴曾훙훙背븨븨要향얗七칭치兩량량○이 직금흉

븨예 닐곱 냥을 바ᄃᆞ리라 你니니休힣휘這져져般번번胡ᅘᅮ후討탛토○네 이

리 간대로 바드려 말라 倒닿닿悞우우了랗랴你니니買매매賣매매○도로

혀 네 흥졍을 어을울이로다 我어오不불부是쓰스利리리家갸가○내 홍졍바

치 아니리도 這져져段뒨뒨子즈즈價갸갸錢쪈쳔○이 비단 갑슬 我어오

都두두知짇지道닿닾○내 다 아노라 這져져織징지金긴긴曾훙훙背

븨븨是쓰스蘇수수州짛쥐來래래的딩디草찬찬段뒨뒨子즈즈○이 진

금흉븨 비단은 蘇州셔 온 시오나온 비단이니 你니니討탛토七칭치兩량량時쓰스

◐ 네닐곱낭을 바드려ᄒᆞ면 這 져져 南 난난 京 긴긴 來 래레 的 딍디 ◯ 이南 京의

셔 온 清 칭칭 水 쉬쉬 織 징지 金 긴긴 絨 숭숭 段 돤된 子 즈즈 ◯ 픈조ᄊᆡ 업슨직

금ᄒᆞᆫᄀᆞᄂᆞᆫ도 혼비단으란 卻 컹커 賣 매매 多 더도 少 샹샨 ◯ 또안머 의풀ᄊᆡ

須 슈슈 多 더도 說 숴쉬 ◐ 구티여만 한양말라 你 니니 既 기기 知 징지 道 땅단

價 갸갸 錢 쳔쳔 ◯ 내임의갑 슬알거니 你 니니 與 유유 多 더도 少 샹샨 ◯ 내 언

머를 줄ᄯᅡ 這 져져 織 징지 金 긴긴 胸 흉흉 背 븨븨 ◯ 이직믄흉 ᄇᆡ비단을 與 유유

你 니니 五 우우 兩 량량 是 쓰스 實 싱시 實 싱시 的 딍디 價 갸갸 錢 쳔쳔 ◯

더를닷냥만줌이 이진짓갑시니 你 니니 肯 큰큰 時 쓰스 我 어오 買 매매 ◯ 네 줄

게거든 내사고 不 붕부 肯 큰큰 時 쓰스 我 어오 別 뼝벼 處 츄츄 商 샹샹 量 량량

去 큐큐 ◯ 즐기디아니커든내다른 고더의눈ᄋᆞ라가리라 你 니니 既 기기 知 징지

道닿땋價갸갸錢쳔쪈○네 임의 갑슬 열면 要얀향甚슴씸麼마마多도더

說숴숭○므슴ᄒᆞ라 말한양ᄒᆞᄂᆞ뇨揀견견好한향銀인인子즈ᄌᆞ來래래○

됴흔 은 골히여 가져오라賣매매與유유你니니○네손ᄃᆡ 풀마這저져段돤뒨

子즈ᄌᆞ買매매了랴량也여여○이 비단 사다[illegible]咱자장們믄믄再재재

商샹샹量량량◌우리 또 헤아리쟈這저져箇거거綾리링青칭칭紵슈쮸

絲스ᄉᆞ○이 류쳥 비단이有우잉多도더少샾샹尺치칭頭투뚱○자히 언머

고勾구긍做주주一이잉箇거거襖압향子즈ᄌᆞ麼마마○흔 오슬 조래지

올싸你니니說숴숭甚슴씸麼마마話화황○네 므슴 말을 니ᄅᆞ는다滿먼먼

七치칭托토탕有우잉餘유유○ᄀᆞᄃᆞᆨᄒᆞᆫ 닐곱 발 남즉ᄒᆞ니官권권尺치칭裏

리리二ᅀᅳᆯᅀᅳᆯ丈쟝쨩八바빙○구윗자흐로는 스믈여ᄃᆞᆲ 자히오裁채째衣이이

大 충ㅊ 裏 리리 二 슬슬 丈 쟝쟝 五 우우 ○ 스바 믈ᄂᆞ 대질 자자 히흐 니로 ᄂᆞᆫ 你

니니 一 힝이 般 번번 身 신신 材 재채 ○ 몸너 얼희 ᄀᆞᆺᄒᆞᆫ 에가 ᄂᆞᆫ지 做 주주 襖 얗오

子 즈즈 時 쓰스 ○ 으오 면슐 지 細 시시 褶 첩쳐 兒 슬올 也 여여 儘 진진 勾

홍쿠 了 랼랴 ○ 유ᄀᆞ 여ᄂᆞᆫ ᄒᆞ주 고룸 도 若 샿요 做 주주 直 찡지 身 신친 襖 핳안

ᄒᆞ 즈즈 ○ 옷ᄒᆞ 곳다 지ᄭᅵ 으ᄃᆞ 면녕 也 여여 有 잉우 剩 씽싱 的 딩디 ○ 음ᄯᅩ 이남

이리라마ᄉᆞ 보 你 니니 打 다다 開 캐캐 ○ 라내 펴 我 어오 托 탛토 看 칸칸 ○ 발내

那 나나 裏 리리 滿 먼먼 七 칭치 托 탛토 ○ 발어 거듸 ᄎᆞᆯ날 뇨곱 剛 강각

剛 강강 的 딩디 七 칭치 托 탛토 少 샿샤 些 셔셔 ○ 이제 낫요 브날 다곱 발 你

ᄂᆞ니 身 신신 材 재채 大 따다 的 딩디 人 신인 ○ 사네 름몸 은큰 一 힝이 托 탛토

叱 비비 別 뼈벼 人 신인 争 증중 多 더도 ○ 면ᄒᆞᆫ 만발 히도 ᄠᅳ놈 리과 라견 조 這

져져 段 똰돤 子 즈즈 地 띠디 頭 뚜투 是 쓰스 那 나나 裏 리리 的 딩디 ○ 비이

가단 어이 팃맛 치싸 고치 你 니니 說 쉬숴 是 쓰스 我 어오 織 싀시 貨 훠호 物 욷우

○ 物네 아니 노ᄅᆞ 라되 호내 되貨 却 컁커 又 왿우 不 붕부 識 싀시 ○ 느또 다모 ᄀ

這 져져 段 똰돤 子 즈즈 是 쓰스 南 난난 京 깅깅 的 딩디 ○ 南이 京비 치단 오

不 붕부 是 쓰스 外 왜왜 路 루루 的 딩디 ○ 아외 니방 니치 你 니니 仔 즈즈 細

시시 看 칸칸 ○ 히네 보조 라서 沒 뭉무 些 셔셔 箇 거거 粉 븐븐 飾 싀시 ○ 곰죠

써도 업픈 고조 好 항환 清 칭칭 水 쉬쉬 段 똰돤 子 즈즈 ○ 엣됴 段호 子淸 라水 [illegible]

향얀 多 더도 少 샿샾 價 갸갸 錢 쪈쳔 ○ 사갑 바슬 들언 다머 這 져져 段 똰돤 子

즈즈 價 갸갸 錢 쪈쳔 ○ 갑이 슬비 단 誰 쒸쉬 不 붕부 知 지 짐지 道 땋닫 ○ 모뉘

됴로 要 햫얀 甚 씸슴 麼 마마 討 탄탄 價 갸갸 錢 쪈쳔 ○ 슬므 씨슴 오아 리라 오갑

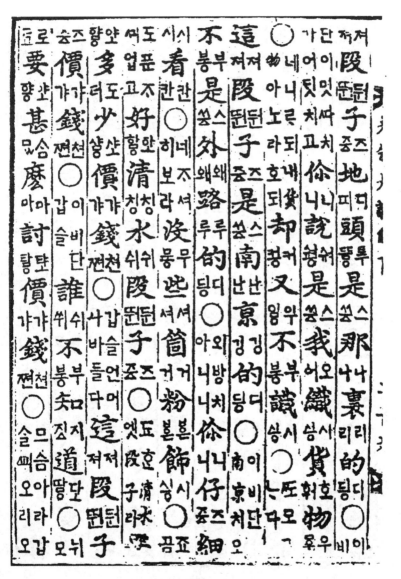

着죠샿討토톻時스쓰討토톻五우우兩량량○만일ᄢᅴ오면닷냥을ᄢᅴ오려니
와老랖랗實시씽價갸갸錢쳔쪈四스ᄉᆞ兩량량○고디식ᄒᆞᆫ갑ᄉᆞᆫ넉냥이니
拿나나銀인인子즈ᄌᆞ來래래便변뼌是스ᄊᆞ○銀을가져오미곧올ᄒᆞ니라
這져져段둰뒨子즈ᄌᆞ也여여買매매了랖량○이비단도사다[illegible]你니니
這져져鞍언한子즈ᄌᆞ○내이기ᄅᆞ마轡피비頭투뚷○구레鞦칙칭○
고ᄃᆞᆯ개攀편편胷흉흉○가ᄉᆞᆷ거리韂쳔쳔○ᄃᆞᆯ애鞍안한橋캎꺙子즈ᄌᆞ
○기ᄅᆞ마가지鴈연연翅츠ᄎᆞ板반반○등울鐙등등靳져쪙皮피삐○
등피肚두뚜帶대대○오랑接져쪙絡로랑○혁籠롱룽頭투뚷○바구
레包밮봥糞본뽄○밋마기編변변韁강강○다ᄒᆞᆫ혁繮강강繩싱씽
○쥬리올兜두뚷頦해ᄒᆡ○ᄌᆞ가미閘자쟝口쿠쿻○마함汗한ᄒᆞᆫ替

티티 ○ 치삼 어 皮 삐피 替 티티 ○ 치갓 어 替 더티 子 즈즈 ○ 처핫 어 都
두두 買 매매 了 랼랴 ○ 다다 사 再 재재 買 매매 一 잉이 張 쟝쟝 弓 궁궁
去 큐큐 ○ 사뎌 라ᄒᆞᆫ 가댱 쟈활 到 당다 賣 매매 弓 궁궁 的 듸디 房 빵방 子 즈즈
裏 리리 問 온운 道 당다 ○ 가활 무풀 로집 되의 有 읭우 賣 매매 的 듸디 好 항한
弓 궁궁 麼 마마 ○ 잇풀 느됴 냐ᄒᆞᆫ 활 可 커커 知 지지 有 읭우 ○ 니그 안리 느어
라내 沒 뭉무 時 쓰스 做 주주 甚 씀슴 麼 마마 買 매매 賣 매매 裏 리리 ○ 스업
졍면 ᄒᆞ므 리슴 오홍 徐 니니 將 쟝쟝 這 져져 一 힁이 張 쟝챵 黃 황황 樺 화화 弓
궁궁 上 썅샹 弦 현현 着 쨯죠 ○ 가네 져이 다ᄒᆞᆫ 가댱 시누 옭론 연봇 즈닙 라힌 활 我
어오 試 순스 扯 처처 ○ 여내 보ᄃᆞ 와뢰 氣 키키 力 링리 有 읭우 時 쓰스 我 어오
買 매매 ○ 내힘 사이 리잇 라거 든 新 신신 上 썅샹 了 랼랴 的 듸디 弓 궁궁 ○

○ 활곳 이연 니즌 慢 간만 慢 만만 的 딩디 扯 쳐처 ○ 드날 리회 라여 是 쓰스 好
항할 弓 궁궁 時 쓰스 ○ 활이 이됴 면흔 怕 피파 甚 씸슴 麼 마마 扯 쳐처 ○ 슴므
프혀 리기 오를 저 這 저져 弓 궁궁 弝 바바 裏 리리 軟 원원 ○ 이이 므활 르이 니좀
難 난난 扯 쳐처 ○ 어드 렵리 므기 沒 뭉무 迴 휘휘 性 싱싱 ○ 업돌 다셩 이 這
저져 弓 궁궁 你 니니 却 컴커 是 쓰스 胡 후후 駁 밯바 彈 딴탄 ○ 네이 쏘활 간을
라대 는로 괴흔 아나 므 這 저져 的 딩디 弓 궁궁 你 니니 還 환환 嫌 현현 甚 씸슴
麼 마마 ○ 서이 슬런 나활 므을 라네 는구 다홈 므 由 읭우 他 타타 說 숴숴 ○ 대제
나로 마니 나르 駁 밯바 彈 따탄 的 딩디 是 쓰스 買 매매 主 쥬쥬 ○ 라흔 나는 이므
재아 라살 님 這 저져 一 힝이 張 쟝쟝 弓 궁궁 爲 위위 甚 씸슴 麼 마마 不 붕부
樺 환화 了 랼랴 ○ 봇이 아흔 니댱 닙활 폇은 느엇 뇨디 你 니니 不 부봉 理 리리 會

휘휘 的 딩디 ○ 는네 고모 야ᄅ 這 져져 弓 궁궁 最 쥐쥐 好 항한 ○ ᄀ이 장활 됴이

니호 上 쌍상 等 등등 弓 궁궁 ○ 활上 이等 니엣 着 얗요 樺 화하 了 량랴 時 씃스

○ 남만 피일 면봇 買 매매 的 딩디 人 신신 不 붕부 信 신신 ○ 밋살 디사 아룸 니이

시홀 니새 教 걓갸 人 신신 看 칸칸 了 량랴 面 면면 子 즈즈 上 쌍샹 的 딩디 角

걓교 背 븨븨 子 즈즈 上 쌍샹 鋪 푸푸 的 딩디 筋 긴긴 ○ 여사 面름 예으 올로 닌히

션셜 힘과 뵈등 고우 회 商 샹샹 量 량량 了 량랴 價 갸갸 錢 쳔쳔 然 연연 後 향후

○ 호갑 후슬 예의 논 樺 호화 了 량랴 也 여여 不 붕부 遲 찌치 裏 리리 ○ 납봇

아펴 니도 리더 라되 디 這 져져 弓 궁궁 卸 셔셔 下 햐하 ○ 리이 오활 라브 彄 쿵쿠

子 즈즈 小 샿샤 些 셔셔 箇 거거 ○ 적온 고너 消 샹샤 兒 숤술 短 둰둰 ○ 재고

다더 ᄅ 弓 궁궁 也 여여 買 매매 了 량랴 也 여여 ○ 사활 다도 [illegible] 有 잉우 賣

매매 的딍디 弓궁궁 弦현현 時씃스 將쟝쟝 來래래 ○ 풀활시옰잇거든가져오
라 我어오 一힁이 發황바 買매매 一힁이 條뺭턒 ○ 내ᄒᆞᆫ번의ᄒᆞᆫ오리사 就
찧주 這져져 裏리리 上썅샹 了럏랴 這져져 弓궁궁 着쨯죠 ○ 임의셔예셔이
짓활자을 弦현현 有윌외 ○ 시옰이시니 你니니 自쯔즈 揀견견 着쨯죠 買
매매 ○ 네손조ᄀᆞᆯ히여사라 這져져 的딍디 忒틍티 細시시 ○ 이는너모ᄀᆞ놀고
這져져 的딍디 却컹커 又잉우 麤추추 倴븐븐 ○ 이는또굵고둔박ᄒᆞᆫ다 似
씃스 這져져 一힁이 等등등 兒ᅀᅳᇫᅀᅳᆯ 着쨯죠 中중즁 ○ 이ᄒᆞᆫ가지치야맛다 恰
컁캬 好핳핲 ○ 맛치됴타 這져져 弓궁궁 和혀호 弦현현 ○ 이활과시옰을 都
두두 買매매 了럏랴 也여여 ○ 다사다 [illegible] 再재재 買매매 幾기기 隻징지
箭젼젼 ○ 또여러낫살사자 這져져 鈚피피 子즈즈 ○ 이셔보조 虎후후 爪

장잔 ○ 살거리 廳 룽루 角 갸교 樸 갚보 頭 퉁투 ○ 도노리각고 響 향향 樸

뿡보 頭 퉁투 ○ 도제리오 艾 애에 葉 염여 ○ 箭艾 葉 柳 링리 葉 영여 ○ 葉柳

箭 迷 미미 針 진진 箭 젼젼 ○ 箭迷 針 這 저저 箭 젼젼 簳 간간 是 쓰스 竹

쭝주 子 쯔즈 的 딩디 ○ 는어 대살 오매 這 저져 的 딩디 是 쓰스 木 뭉무 頭 뭉투

的 딩디 ○ 기어 로는 다남 再 재재 買 매머 這 저저 弓 궁궁 箭 젼젼 撒 상사 袋

떼대 ○ 더또 도화 개살 사녀 [illegible] 둥 諸 쥬쥬 般 번번 的 딩디 都 두두 買 매매 了

량랸 也 여예 ○ 것여 딱랴 사가 다짓 [illegible] 再 재재 買 매매 些 서셔 鏇 쉔쉔 子 쯔즈

什 씽시 物 뭉우 ○ 롯또 벼사 돌발 사과 쟈그 鍋 궈고 兒 숣술 ○ 마가 鑼 더로 鍋

궈고 ○ 고노 荷 뼈허 葉 영여 鍋 궈고 ○ 단헤 가너 마러 兩 량량 耳 숦슬 鍋 궈고

○ 진두 가귀 아가 瓷 쯔츠 楪 뎡뎌 子 쯔즈 ○ 뎝조 시긔 木 뭉무 楪 뎡뎌 子 쯔즈

○나모텹시 漆치칭 楪뎌뎡 子즈즈 ○옷칠ᄒᆞᆫ 텹시 這저져 紅홍훙 漆치칭
匙츠ᄎᆞ ○이 블근 칠ᄒᆞᆫ 술 黑허헣 漆치칭 匙츠ᄎᆞ ○검은 칠ᄒᆞᆫ 술 銅퉁뚱 匙
츠ᄎᆞ ○놋술 紅홍훙 漆치칭 筯쥬쮸 ○블근 칠ᄒᆞᆫ 져 銅퉁뚱 筯쥬쮸 ○놋져
三산산 脚교걍 ○이리 쇠 甑증증 兒슬ᅀᅳᆯ ○시르 這저져 盤편뻔 子즈즈
○이 반 是스쓰 大다따 盤편뻔 子즈즈 ○이 큰 반 小샤샹 盤편뻔 子즈즈
○져 큰 반 漆치칭 椀원훤 ○칠ᄒᆞᆫ 사발 這저져 漆치칭 器키키 家갸갸 火
호훠 ○이 칠ᄒᆞᆫ 그릇버ㅣ 一이잉 半번번 兒슬ᅀᅳᆯ 是스쓰 通퉁퉁 布부부 裹
고궈 的디딍 ○반은 대되 뵈로 ᄡᆞᆫ니오 一이잉 半번번 兒슬ᅀᅳᆯ 是스쓰 膠갸걍
漆치칭 的디딍 ○반은 아교칠ᄒᆞᆫ 거시라 再재제 有우잏 些셔셔 薄보빻 薄
보빻 的디딍 生숭승 活호홯 ○또 사오나온 셩녕이 잇다 其키끼 餘유유 的디딍

都두두是쓰스布부부裏커고的딩디○그뵈나로믄쓴이거는시다니是쓰스
主쥬쥬顧구구生승승活훠호○성이녕는이마오최옴其끼키餘유유的
딩디都두두是쓰스市쓰스賣매매的딩디○제그프나느믄니이로는다다저
[illegible]今긴긴日씽이備삐비辦반반了랼랴些서서箇거거茶짜차飯빵반
○여오토놀와차반請칭칭咱장자們믄믄衆중중親친친眷권권閒현현
坐쭤조的딩디○ᄒᆞ우야리힘모힘드이권안당젓을차칭公궁궁公궁궁○나하
비婆뿨포婆뿨포○미할父뿌부親친친○비아母무무親친친○미어
伯빙버伯빙버○맛아형븨叔송수叔송수○아아ᄋᆞ븨哥거거哥거거○
형兄흉흉弟띠디○ᄋᆞ아姐져져姐져져○의맛누妹믜믜子쯔즈○
누아의ᄋᆞ外왜왜甥승숭○난누의아돌게姪찡지兒슬슬○의동난싱아형돌데

姪 찡지 女 뉴뉴 ○ 난동 아싱 ᄎᆞᆫ형 ᄯᆞᆯ뎨 게 舅 낑구 舅 낑구 ○ 라어 비믜 오 女
뉴뉴 壻 시시 ○ 회사 妗 낀긴 子 즈즈 ○ 븨어 겨믜 집오 라 又 윙우 嬸 신신 母
무무 ○ 븨아 겨ᄋᆞ 집아 자 姨 이이 姨 이이 ○ 집어 동믜 싱겨 姑 구구 姑 구구 ○
동싱 누븨 의동 姑 구구 夫 부부 ○ 누아 의븨 남동 진싱 姨 이이 夫 부부 ○ 겨어 집믜
남동 친싱 의 姐 져져 夫 부부 ○ 남ᄋᆞᆺ 진누 의 妹 믜믜 夫 부부 ○ 의아 남ᄋᆞ 진누
外 왜왜 甥 승송 女 뉴뉴 壻 시시 ○ 사ᄯᆞᆯ 회의 叔 송수 伯 뷩버 哥 거거 哥 거거
兄 훙훙 弟 띠디 ○ 형同 아姑 ᄋᆞ四 寸 姑 구구 舅 낑구 哥 거거 哥 거거 兄 훙훙
弟 띠디 ○ 형異 아姓 ᅀᆞ四 寸 房 빵방 親 친친 哥 거거 哥 거거 兄 훙훙 弟 띠디
○ 형同 아姓 ᅀᆞ六 寸 兩 량량 姨 이이 哥 거거 哥 거거 兄 훙훙 弟 띠디 ○ 믜어
ᄀᆡ거 셔집 난동 형싱 뎨의 親 친친 家 갸갸 公 궁궁 ○ 나사 ᅵ돈 짓 親 친친 家 갸갸

毋 무무 ○ 사돈짓어미 親 친친 家 갸갸 伯 븽버 伯 븽버 ○ 사돈짓아자비 親
親 친친 家 갸갸 舅 끵귀 舅 끵구 ○ 사돈짓어먹오라비 親 친친 家 갸갸 姨 이이 姨
이이 ○ 사돈짓어믜겨집동싱 使 숫스 喚 훤훤 的 딍디 奴 누누 婢 쎄비 ○ 브리
는奴婢들 都 두두 請 칭칭 將 장쟝 來 래레 ○ 다請ᄒᆞ야오라 攔 란란 門 믄믄 盞
잔잔 兒 숤술 都 두두 把 바바 了 랼랴 ○ 믄드림잔다밧ᄌᆞ오라 請 칭칭 家 갸갸
裏 리리 坐 쮜조 的 딍디 ○ 청ᄒᆞ노니집의드러ᄋᆞᆫ조쇼셔 今 긴긴 日 싕시 些 셔셔
小 샹샤 淡 딴단 薄 뽱보 禮 리리 ○ 오ᄂᆞᆯ잠싼담박ᄒᆞᆫ녜로 虛 휴휴 請 칭칭 親
친친 春 권권 ○ 쇽절업시권당을청ᄒᆞ야 酒 징주 也 여여 醉 쥐쥐 不 봉부 得 뒁더
○ 술도취티못ᄒᆞ고 茶 짜차 飯 빤반 也 여여 飽 빵바 不 봉부 得 뒁더 ○ 차반
도ᄇᆡ브르디못ᄒᆞ여다 休 흼히 怪 괘괘 ○ 허믈말라 休 흼히 這 져져 般 번번 說

웨웡 ○ 이리 니ᄅᆞ다 말라 不 부붕 當 당당 ○ 당티 못ᄒᆞ여라 教 갸걍 你 니니 一

어웡 日 ᅀᅵᅀᅵᆼ 辛 신신 苦 쿠쿠 ○ 별로 ᄒᆞ여곰 홀 놀슈고ᄒᆞ여다 我 오어 們 믄믄 酒

주ᄌᆞᆼ 也 여여 醉 쥐쥐 了 랴랴ᇢ ○ 우리 술도 취ᄒᆞ고 茶 지짜 飯 반빤 也 여여 飽

바ᄈᆞᇢ 了 랴랴ᇢ ○ 차반도 비브르다 你 니니 休 히힝 恠 패괘 ○ 네 허믈 말라 [illegible]

如 슈슈 今 긴긴 正 징징 是 스ᄉᆞ 臘 라랑 月 워웡 ○ 이제 정히 섯ᄃᆞᆯ이니 天 텬텬

氣 키키 寒 한ᄒᆞᆫ 冷 릉릉 ○ 하ᄂᆞᆯ히 친다 拾 시ᄊᆡᆼ 來 레래 的 디딩 糞 븐뿐 將

쟝쟝 來 레래 ○ 주어 온 몰ᄯᅩᇰ 가져다가 熰 우ᅙᅳᆷ 着 죠쟣 些 셔셔 火 호훠 ○ 블무

휘위 熱 여ᅀᅥᆼ 手 식심 脚 교ᄀᆞᇢ ○ 손발 대이자 糞 븐뿐 拾 시ᄊᆡᆼ 在 재ᄍᆡ 筐 광광

子 즈ᄌᆞ 裏 리리 頭 투ᄠᅳᇢ ○ 몰ᄯᅩᇰ을 주여 광조리 안ᄒᆡ 이시니 收 식ᄉᆡᆷ 進 진진 來

래래 ○ 거두어 드려오고 休 히힝 教 갸걍 別 벼ᄈᆡᆼ 人 신ᅀᅵᆫ 將 쟝쟝 去 큐큐 了

랴랑 ○ 다른사룸가저가게말라 這 져져 車 쳐쳐 子 즈즈 ○ 이술위 折 셔쎵 了

랴럏 車 쳐쳐 輞 왕망 子 즈즈 ○ 술윗박회밧도리해야디거다 輻 부봉 條 탄땅 將

장장 來 레래 ○ 살들가져오라 可 커커 惜 시싱 了 랴럏 ○ 앗가올샤 咱 자쨩 們

믄믄 後 후향 頭 투퉁 不 부붕 修 수싱 理 리리 那 나나 ○ 우리후의아나修理ᄒᆞ라

車 쳐쳐 軸 주쭝 ○ 술윗통 車 쳐쳐 釧 춴쳔 ○ 술윗통엣구무부리도리로박은쇠

車 쳐쳐 鐗 견견 ○ 술윗통안히달티아니케기조치로박은쇠 車 쳐쳐 頭 투퉁 ○

술윗압괴노눈나모 車 쳐ㅊ 梯 티티 ○ 술위뒤괴오눈나모 車 쳐쳐 廂 샹샹 ○ 술윗

두녁난간 車 쳐쳐 轅 원원 ○ 술윗느룻 繩 싱씽 索 수숭 都 두두 好 한항 ○ 바돌

다됴타 樓 투릏 子 즈즈 車 쳐쳐 ○ 집지은술위 庫 쿠쿠 車 쳐쳐 ○ 잡은것년

는술위 驢 류류 騾 로러 大 다따 車 쳐쳐 ○ 나귀노새돌머오는큰술위 坐 조쭤

車쳐쳐兒술슬○트는술위都두두好한항生숭승房방빵子즈즈裏리리
放방방着죠쟣○다됴히집의드려노하두고休희힝教갸걍雨유유雪쉐숑
濕씽시了랴랼○雨雪예젓게말라似스쑤這져져般번번冷릉릉時
스쑤○이리치우니咱쟈쨩們믄믄遠원원垜도뚜子즈즈放방방着죠쟣
射씽시○우리멀리솔티고쏘아賭두두一이잉箇거거羊양양○ᄒᆞᆫ양을던
으쟈咱자쟝們믄믄六릭륙箇거거人신신○우리여숫사ᄅᆞᆷ이三산산掤
븡붕兒술슬箭젼젼○세젼동살로勾궁구射씽시了랴랼○유여히쏘리로
다那나나邊변변先션션射씽시過궈고來래래○뎌편이몬져쏘라人
신신叫갸걍喚후훤大다따了랴랼○사름이짓괴기를크게ᄒᆞ더니纔차째射
씽시的디딩歪왜왜了랴랼○굿쏘기를기우로ᄒᆞ여다高갸깔些셔셔箇거거

射시씽○놉스기밧고休후힝小샤샹了랴랑○벼디게말라低디디射
時시씽스쑹○느즈기밧면竄훤훤到닾당了랴랑○근드겨가ᄂᆞ니라誰
쉬쒸贏임잉誰쉬쒸輸슈슈○뉘이긔며뉘못이긔뇨由우잉他타타○뎌더
두고您니닌看칸칸○네보라早잔장裏리리○일럿다一이힝會휘훼
兒술ᅀᆞᆯ○ᄒᆞᆫ다위再재재添텬텬一이힝枝즈즈箭젼젼時스쑹○ᄯᅩ살
ᄒᆞ더나ᄒᆞ만면咱자쟝們믄믄滿먼먼了랴랑○우리ᄎᆞ리로다我오어贏잉잉
了랴랑○우리이긔여다輸슈슈了랴랑的디딩○못이긔니ᄂᆞᆫ做주주筵
연연席시씽着죠쟣○이바디ᄒᆞ라咱자쟝們믄믄做주주漢한한兒
술ᅀᆞᆯ茶차짜飯반반着죠쟣○우리한차반밍그자頭투뚱一이힝道닾땅團
퉌퉌攛춴춴湯탕탕○첫ᄒᆞᆫ도ᄂᆞᆫ團攛湯이오○製法未詳第디떼二을ᅀᆞ道닾땅

鮮션션魚유유湯탕탕○第二道는 션탕이오 싱第띠디三산산道땋다鷄
기기湯탕탕○第三道는 둙탕이오第띠디四숬스道땋다五우우軟원원三
산산下햐햐鍋궈고○製法未詳第띠디五우우道땋다乾간간按한안酒
짇작○第五道논 므른안쥬第띠디六룽릐道땋다灌권권肺빙빙○第六道논
ᄒᆞᆫ난 니폐 권蒸징징餠빙빙○증편脫퉁토脫퉁토麻마마食씽시○투무
멋第띠디七칭치道땋다粉븐븐湯탕탕○第七道는 스면과饅먼먼頭
퉁투○상홰니打다다散산산○각산ᄒᆞᆯ세시라咱장자們믄믄點뎐뎐看
칸칸這져져果궈고子즈즈菜채채蔬수수○우리이과실과지소롤텰고ᄒᆞ여보
자整징징齊찌치麼마마不붕부整징징齊찌치○졍졔ᄒᆞᆫ가졍졔티아니ᄒᆞᆫ
가這져져藕음우菜채채○이년근ᄎᆡ黃황황瓜과과○외茄끼켜子

줏즈 ○ 지가 生 승승 葱 충충 ○ 파 薤 혜혜 ○ 치부 蒜 쉰쉰 ○ 눌마 蘿 러로

蔔 뿌부 ○ 우닷 무 冬 둥둥 瓜 과과 ○ 화동 葫 후후 蘆 루루 ○ 박 芥 계계

子 줏즈 ○ 조계 蔓 먼먼 菁 징징 ○ 우쉬 무 赤 칭치 根 근근 ○ ᄎᆞ시 근 海

해해 帶 대대 ○ 마다 ᄉᆞ 這 저저 按 한안 酒 징작 ○ 쥬이 논안 煎 젼젼 魚 유유

○ 전뭀 ᄒᆞ고 니기 羊 양양 雙 솽솽 腸 짱창 ○ 챵양 ᄌᆞ의 頭 뚷투 ○ 리머 蹄 띠티

○ 발 肚 뚜두 兒 숤술 ○ 양 睛 징징 ○ 올눈 망 脆 취취 骨 쿵구 ○ 식삭

ᄉᆡ호 쎼 耳 숤술 朶 뎌도 ○ 귀 這 저저 果 귀고 子 줏즈 ○ 실이 은과 棗 잪잔

兒 숤술 ○ 쵸데 乾 간간 柿 쑰스 ○ 감ᄆᆞ 른 核 횡허 桃 땋닫 ○ 도호 乾 간간

葡 뿌 萄 땋탈 ○ 보ᄆᆞ 도룬 龍 룽룽 眼 연연 ○ 안룡 荔 리리 支 줏즈 ○ 지녀

杏 씽힝 子 줏즈 ○ 고술 西 시시 瓜 과과 ○ 박슈 甜 뗜텬 瓜 과과 ○ 외참 甜

간간 子즈즈 ○ 감조 石시씽 榴류륟 ○ 석뉴 梨리리 兒술숤 ○ 비 李리리

子즈즈 ○ 외앗 松숭숭 子즈즈 ○ 잣 砂사사 糖탕땅 ○ 사당 蜜미밍 栗

리릥 子즈즈 ○ ᄭᅮᆯ에 조린 밤이라 這저저 肉수승 都두두 煮쥬쥬 熟수쓯 了

랴랼 ○ 이 고기 다 마닉거다 술 額 보 項향향 骨구긍 ○ 목ᄲᅧ 당 背비븨 皮

피뻬 ○ 겁지운 肋릭릥 扇션션 ○ 뎝팔치 前쳔젼 膊바방 ○ 업엇게 後

후향 腿튀튀 ○ 뒷다리 胷흉흉 子즈즈 ○ 가슴 却거컹 怎즘즘 麼마마 不

부봉 見견견 一이잉 箇거거 後후향 腿튀튀 ○ 또 엇디 혼 뒷다리 업소뇨 饅먼먼

頭투뚷 餡현현 兒술숤 裏리리 使스슷 了랴랼 ○ 샹화 소에 ᄡᅳ니라 湯탕탕

水쉬쉬 茶차짜 飯반빤 ○ 湯水와 茶飯이 都두두 完원원 備비삐 了랴랼 ○

다ᄀᆞ지다 日시씽 頭투뚷 落로랗 了랴랼 ○ 히뎌시니 疾지찡 忙망망 擡태때

肉ᅀᅮᆼ수 時쓰스 散산산 着ᄌᆞᇢ죠 ○ 쓸리대육드러 는흗터디쟈 咱쟝자 們믄믄

今긴긴 日ᅀᅵᆼ이 筵연연 席씨시 ○ 이우바리디오여ᄂᆞᆯ 喫칭치 了랴ᇢ랴 多더도

少ᄉᆞᇢ산 酒쥥쥐 ○ 먹언거멋뇨술을 喫칭치 了랴ᇢ랴 二ᅀᅳᆯ 兩랑량 銀인인

的디디 酒쥥쥐 ○ 올두머냥거은다엣술 咱쟝 們믄믄 通퉁퉁 是쓰스 十

씽시 數수수 箇거거 人ᅀᅵᆫ신 ○ 라우믄리사대룸되이열 怎즘즘 麽마마 喫칭치

二ᅀᅳᆯ 兩량량 銀인인 的디디 酒쥥쥐 ○ 술엇올디먹두그냥료은예 也여여

不부부 只즈즈 十씽시 數수수 箇거거 人ᅀᅵᆫ신 喫칭치 ○ 사또룸여만라먹은

아글나ᄲᅳᆫ라이 下ᄒᆞ햐 頭투투 伴뻔번 當당당 們믄믄 偏편편 不부부 喫칭치

○ 이아먹랫디반아당나은라독별 這져져 筵연연 席씨시 散산산 了랴ᇢ랴 ○

디이디이거바다디ᄒᆞ [illegible] 我어오 有읻우 些셔셔 腦낭나 痛퉁퉁 頭투투 眩

훤훤 ○내져기골치알프고머리도어즐ᄒᆞ니 請칭칭太태대醫이이來래래診
진진候향후脉맹머息싱시 ○의원청ᄒᆞ여다가脉잡혀보아지라 看칸칸甚씸슴
麽마마病삥빙 ○므슴병고보라 太태태醫이이說숴숴 ○의원이닐오ᄃᆡ 你
니니脉맹머息싱시浮뿌부沉찐친 ○네脉이浮ᄒᆞ락沉ᄒᆞ락ᄒᆞ니 你니니敢
간간傷샹샹着쟣죠冷릉릉物뭉무來래래 ○네冷物에샹ᄒᆞᆫ듯ᄒᆞ다 我어오
昨쭁조日싀이冷릉릉酒징직多더도喫칭치了랼랴 ○내어제ᄎᆞᆫ술을만히
먹으라 那나나般번번時쓰스 ○그러면 消샹샤化화화不붕부得듸더
○消化티몯ᄒᆞ여 因힌인此ᄎᆞ츠上썅샹 ○이런젼ᄎᆞ로 腦낭난痛퉁퉁頭
뜰투眩훤훤 ○ᄃᆡ골이알프고미리어즐ᄒᆞ고 不붕부思ᄉᆞ스飲힌인食씽시 ○
음식싱각아니라 我어오這져저藥약요裏리리頭뜰투 ○내이약ᄃᆞ어

與유유你니니些셔셔剋킈크化화화的디디藥얖요餌슬술○너로 쇼화

ᄒᆞᆯ 약을 줄기시니喫칭치了랼랴便변변教걒갸無우우事쓰스○먹으면곳

ᄒᆞ여곰 일 업ᄉᆞ리라消샾샤痞피피丸원원○消痞丸木뭉무香향향分분분

氣키키丸원원○木香分氣丸神씬신芎쿵쿵丸원원○神芎丸檳빈빈

榔랑링丸원원○檳榔丸這저저幾기기等등등藥얖요裏리리頭뚜투

○이 여러가지 약듕에堪칸칸服뽕부治찌치飲힌인食씽시停띵팅滯지

○음식 머믄 것곳 거슬ᄲᅢ 업족ᄒᆞ니只즈즈喫칭치一힁이服뽕부檳빈빈榔

榔랑랑丸원원○오직 檳榔丸 ᄒᆞᆫ 복만 먹을 거시니食씽시後흫후喫칭치○食後

에 먹으되每믜믜服뽕부三산산十씽시丸원원○ᄆᆡ ᄒᆞᆫ 복애 셜흔 환식 ᄒᆞ여生

승승薑강강湯탕탕送숭숭下햐하○生薑湯에 ᄂᆞ리오라喫칭치了랼랴時

스쓰 ○ 먹으면 便변뼌 動둥뚱 臟징짱 腑부부 ○ 곧 臟腑 動ᄒᆞ여 ㅣ 動둥뚱
一이이 兩량량 次츠ᄎᆞ 時스쓰 ○ ᄒᆞᆫ 두 번 動ᄒᆞ면 便변뼌 思스ᄉᆞ 量량량 飯
반빤 喫치칭 ○ 곳 밥 먹기를 ᄉᆡᆼ각ᄒᆞ리니 先션션 喫치칭 些셔셔 薄보뽀 粥주쥭
補부부 一이이 補부부 ○ 몬져 믈근 쥭 먹어 보ᄒᆞ고 然연연 後후ᅘᅮᇢ 喫치칭 茶
차짜 飯반빤 ○ 그린 후여 차반 먹으라 明밍밍 日시ᅀᅵ 太태태 醫이이 來래래
問운운 ○ 이틋날 太醫ㅣ 와 무로되 你니니 好한향 些셔셔 箇거거 麼마마 ○
네 져그나 됴커냐 今긴긴 日시ᅀᅵ 早잔장 晨친쳔 ○ 오늘 아ᄎᆞᆷ에 纔채째 喫
치칭 了랴량 些셔셔 粥주쥭 ○ 곳 쥭 먹으니 較갸걍 好한향 些셔셔 了랴량
○ 져기 됴해라 明밍밍 日시ᅀᅵ 病빙삥 痊쳔쳔 疴커커 了랴량 時스쓰 ○
네일 병이 다 됴커든 太태태 醫이이 上샹쌍 重중쭝 重중쭝 的디딩 酬추찡 謝

쎠셔 ○ 太醫세만히은혜 갑파샤례호리라 咱 장자 們 믄믄 每 믜믜 年 년년 每

믜믜 月 웡워 每 믜믜 日 싱시 快 쾌쾌 活 황호 ○ 우리每年每月 每日에즐기고 春

츈츈 夏 햐하 秋 칭칙 冬 둥둥 一 힝이 日 싱시 也 여여 不 붕부 要 얗얀 撇 펗퍼

了 량랴 ○ 春夏秋冬에ᄒᆞᄅᆞ 도ᄇᆞ리디마쟈 咱 장자 人 신신 今 긴긴 日 싱시 死

ᄉᆞᆼ스 的 딩디 明 밍밍 日 싱시 死 ᄉᆞᆼ스 的 딩디 ○ 우리사ᄅᆞᆷ이오ᄂᆞᆯ 죽을똥ᄂᆡ일죽을

ᄉᆞᆼ 不 붕부 理 리리 會 ᄒᆈ휘 得 딍더 ○ 아디못 ᄒᆞ니 安 한안 樂 랗로 時 ᄊᆞ스

不 붕부 快 쾌쾌 活 황호 時 ᄊᆞ스 ○ 편안ᄒᆞᆫ적의즐 기디아니ᄒᆞ면 眞 진진 箇 거거

呆 여여 人 신신 ○ 진짓어린 사ᄅᆞᆷ이라 死 ᄉᆞᆼ스 的 딩디 後 ᅘᅾ후 頭 ᄐᆕ투 ○ 죽 은

후에 ᄂᆞᆫ 不 붕부 揀 견견 甚 씸슴 麼 마마 ○ 아므것도골 히디못ᄒᆞ여 都 두두 做

주주 不 붕부 得 딍더 主 쥬쥬 張 쟝쟝 ○ 다쥬댱티 못ᄒᆞ여 好 ᄒᆞᇢ한 行 ᅘᅵᇰ힝 的

듸디 馬 마마 ○ 픈됴 물히 도것 別 뼝벼 人 싄신 騎 끼키 了 랑랴 ○ 롬다 이눈 트시

며 好 항한 襖 항안 子 즈즈 ○ 옷됴 도혼 別 뼝벼 人 싄신 穿 쳔쳔 了 랑랴 ○

아다 니른 브사 며롬 好 항한 媳 싱시 婦 뿌부 ○ 집됴 도혼 겨 別 뼝벼 人 신인 娶

츄츄 了 랑랴 ○ 이다 엇른 느사 니롬 活 황호 時 씃스 節 졍져 ○ 적사 의라 신 着

짱죠 甚 씸슴 麽 마미 來 래레 由 잉우 不 봉부 受 씽슈 用 융융 ○ 초므 로슴 쓰젼

훈디 리아 오니 [illegible] 大 따다 槩 개개 人 신싄 的 딩디 孩 해해 兒 숲술 ○ 사대 롬개

식의 여조 從 쭝충 小 샹샤 來 래레 ○ 브저 러거 셔 好 향한 教 걍갸 道 땅단 的

딩디 成 찡칭 人 신신 時 씃스 ○ 사잘 롬ᄀ 되르 면쳐 官 권권 人 신신 前 쪈천 面

면면 行 형힝 着 짱죠 ○ 둔관 니원 다앏 가피 他 타타 有 잉우 福 봉부 分 뿐분 時

씃스 ○ 이제 시복 면분 이 官 권권 人 신싄 也 여여 做 주주 了 랑랴 ○ 도관 되원

ᄂᆞ나라 着 쟣죠 教 걓갸 道 땋닾 他 타타 ○ ᄒᆞ다가저를ᄀᆞᄅᆞ쳐도 不 붕부 立

룅리 身 신신 成 찡칭 不 붕부 得 듷더 人 신신 ○ ᄒᆞ身몯ᄒᆞ고사ᄅᆞᆷ되디못ᄒᆞ면 也

여여 是 씋스 他 타타 的 딍디 命 밍밍 也 여여 ○ 또져명이어니ᄯᆞ녀 咱 쟝자 們

믄믄 盡 찐진 了 럏랖 為 윙위 父 뿧부 母 무무 的 딍디 心 신신 ○ 우리ᄂᆞᆫ부모되

을여 ○ 여잇ᄂᆞᆫᄆᆞᄋᆞᆷ을다ᄒᆞ여 不 붕부 會 쫑층 落 랗로 後 흫후 ○ ᄂᆞᆷ의게벼디디말새시라

你 니니 這 져져 小 썋샾 孩 해해 兒 ᅀᅳᆶᅀᅳᆯ ○ 네이아ᄒᆡ들히 着 쟣죠 成 찡칭 人

신신 時 씋스 ○ ᄒᆞ다가사ᄅᆞᆷ곳되면 三 산산 條 땋턓 路 루루 兒 ᅀᅳᆶᅀᅳᆯ 中 중중 間

견견 裏 리리 行 헝힝 着 쟣죠 ○ 세오리길헤가온대로ᄃᆞ닐거시라 別 뼣벼 人 신신

東 둥둥 西 시시 休 힣휘 愛 애애 ○ 다른사ᄅᆞᆷ의거슬ᄉᆞ랑티말며 別 뼣벼 人 신신

折 졓져 針 진진 也 여여 休 힣휘 拿 나나 ○ ᄂᆞᆷ의것근바ᄂᆞᆯ도가지디말며 別 뼣벼

人쉰신是씃스非빙븨休힣히說쉉숴○으늗디의말是라非녈着쟣쇼依
이이着쨯죠這져저般번번用융융心신신行혱힝時씃스○이ᄒᆞ대다로가
용든심니ᄒᆞ면여不봉부揀견견幾기기時씃스○라아업모시쪄成쨍칭得
더됭人쉰신了럏랴○리사라룸되常짱창言연연道땋닿○냐샹로언되여
老랗랖實씽시常짱창在쨰채○샹고샹디예식잇ᄒᆞ고니는脫퉝토空쿵쿠
常짱창敗뱨배○패섭ᄒᆞᆫ셥다ᄒᆞ훈나는ᄂᆞ니샹라샹여休힣히做주주賊찍죄
說숴쉉謊황황○말도니적ᄅᆞᄒᆞ기기말와며거즛休힣히姦견견猾홯화懶
란란情떠도○懶姦情猾티ᄒᆞ말기라와官권권人쉰신們믄믄前쪈천面면면
○앎과픠원의出츄츄不봉부得둥더氣키키力릥리行혱힝時씃스○
ᄒᆞ氣여ᄭᅵ든을니내면디못一힝이日씽이也여여做주주不봉부得둥더人

三十九

인 신 ○ ᄒᆞᄅᆞ도 사ᄅᆞᆷ되 다 못ᄒᆞ리라

火 호 훠 伴 뻔 번 中 중 즁 間 견 견 ○ 벗들
ᄉᆞ이예 自 즈 쯔 家 갸 갸 能 능 능 處 츄 츄 休 히 힝 說 쉬 슁 ○ 내 능ᄒᆞᆫ 곳을 니ᄅᆞ디
말며 休 히 힝 自 즈 쯩 誇 콰 콰 ○ 내 몸 자랑 말며 別 벼 뼝 人 신 신 落 로 랗 處 츄 츄
休 히 힝 笑 샤 샹 ○ ᄂᆞᆷ의 단곳 웃디 말라 船 쳔 쭨 是 스 쓿 從 충 쭝 水 쉬 쉬 裏 리 리
出 츄 츓 ○ 비ᄂᆞᆫ 믈에서 조차 나고 旱 한 한 地 디 띠 裏 리 리 行 힝 ᅘᅵᆼ 不 부 붕 得
더 듕 ○ 무틔ᄂᆞᆫ 니 못ᄒᆞ야든 須 슈 슈 要 야 향 車 처 쳐 子 즈 중 載 재 재 着 죠 쨯
○ 모로미 술위로 시ᄅᆞ며 車 처 쳐 子 즈 중 水 쉬 쉬 裏 리 리 去 큐 큐 時 스 쓿 ○
술위ᄂᆞᆫ 믈에 가면 水 쉬 쉬 裏 리 리 行 힝 ᅘᅵᆼ 不 부 붕 得 더 듕 ○ 믈에 ᄃᆞᆫ니디 못ᄒᆞ야
須 슈 슈 用 융 융 船 쳔 쭨 裏 리 리 載 져 재 着 죠 쨯 ○ 모로미 ᄇᆡ로 야 싯ᄂᆞ니라 一
이 힝 箇 거 거 手 수 싱 打 다 다 時 스 쓿 響 향 향 不 부 붕 得 더 듕 ○ ᄒᆞᆫ 손을 티면 소

리나디아니ᄒᆞ고 一이잉箇거거脚교갸ᇢ行힝ᄒᆡᇰ時스ᄊᆖ去큐큐不부붕得
더둥 ○ ᄒᆞᆫ발로거르면가디못ᄒᆞᄂᆞ니라 咱자장們믄믄人신신廝스ᄉᆖ將쟝쟝
就직찍廝스ᄉᆖ附부뿌帶대대行힝ᄒᆡᇰ時스ᄊᆖ好한항 ○ 우리사ᄅᆞᆷ어서르두
위라ᄒᆞ여서르더브러ᄃᆞᆫ기면됴ᄒᆞ니라 又우잉這저져火호훠伴번뻔們믄믄 ○
ᄯᅩ이벗들회 好한항的디딩歹대대的디딩 ○ 됴ᄒᆞᆫ니구ᄌᆞ니ᄅᆞᆯ 都두두廝
스ᄉᆖ扶부뿌助주쭈着죠쟣行힝ᄒᆡᇰ ○ 다서르잡드러ᄃᆞᆫ니쟈 人신신有우잉
好한항處츄츄揚양양說쉬숴着죠쟣 ○ 사ᄅᆞᆷ이됴ᄒᆞᆫ곳디잇거ᄃᆞᆫ내여니르여
人신신有우잉歹대대處츄츄掩연현藏창짱着죠쟣 ○ 사ᄅᆞᆷ이사오나온곳
디잇거ᄃᆞᆫ곰출써시니라 常창짱言연연道닿땋 ○ 샹언에니ᄅᆞ되 隱인힌惡어향
揚양양善션쎤 ○ 사오나온일란그이고됴ᄒᆞᆫ일란들어나게ᄒᆞ라ᄒᆞ니라 若쇼샿是

스씃隱인힌人신싄的디딩德더딓○ᄒᆞ다가사ᄅᆞᆷ의어딘일란그이고揚양양

人신싄的디딩非븨비○사오나온일란드러내미最쥐쥐是스씃歹대대勾

쿠쿵當당당○ᄀᆞ장사오나온일이라咱자쨩們믄믄做주주奴누누婢

비삐的디딩人신싄○우리죵되여잇는사ᄅᆞᆷ이跟근근着죠쟣官권권人신싄

們믄믄行힝힝時ᄉᆞ씃○官人을조차ᄃᆞᆫ닐제這져져裏리리那나나裏리리

下햐ᅘᅣ馬마마處츄츢○여긔뎌긔ᄆᆞᆯᄂᆞ리ᄂᆞᆫᄃᆡ將쟝쟝官권권人신싄的

디딩馬마마牽견견着죠쟣○官人의ᄆᆞᆯ을잇그러다가好한항生숭승絟산싼

着죠쟣○됴히ᄆᆡ고肥븨쀠馬마마凉량량着죠쟣○ᄉᆞᆯ진ᄆᆞᆯ란서늘게ᄒᆞ고

瘦수슿馬마마鞍안한子즈즈摘저징了랴랼○여윈ᄆᆞᆯ란기ᄅᆞ마벗기고絆

번번了랴랼脚교걍○발여지ᄃᆞᆯᄡᅳ고草찬창地디띠裏리리撒사삻了랴랼

○ 쯘기은 써 희노하 教걍갸 喫칭치 草찰찬 ○ ᄒᆞ여곰 플 먹게 ᄒᆞ고 布부부 帳

쟝장 子즈즈 疾찡지 忙망망 打다다 起키키 着쨯죠 ○ 布帳을 샐리 티고 鋪

푸푸 陳찐친 整징징 頓둔둔 着쨯즈 ○ 鋪陳을 정제히 ᄒᆞ고 房빵방 子즈즈 裏

디디 搬번번 入슝슈 去큐큐 着쨯죠 ○ 방의 올마 들거든 鞍한안 子즈즈 轡

비피 頭뚱투 ○ 기ᄅᆞ마과 굴여란 自쯔즈 己기기 睡쒸쉬 臥어오 房빵방 子

즈즈 裏리리 放빵방 着쨯죠 ○ 내 자는 방의 노코 上썅샹 頭뚱투 着쨯죠 拔

피피 氈젼젼 蓋개개 着쨯죠 ○ 우희 안롱으로 덥고 那나나 的딩디 之즈즈 後

흫후 ○ 그리ᄒᆞᆫ 후에 鑼러로 鍋궈고 安한안 了랼랴 着쨯죠 ○ 노고 안치고

疾찡지 忙망망 茶짜차 飯빤반 做주주 着쨯죠 ○ ᄲᆞᆯ리 차반 밍글고 肉슝수

熟슝수 了랼랴 ○ 고기 닉거든 撈랍랖 出츙츄 來래레 ○ 건뎌 내여와 茶

차저飯반빤喫치칭了랴랑時스쓯○茶飯먹어든捥원뒨子즈즁家갸갸

具규균收식싱拾시씽了랴량○사발과그릇써를슈습ᄒᆞ고官권권人신신

們믄믄騷쉬쒸了랴량時스쓯○官人들히자거든教갸걒一이딍箇거거

火호훠伴번뻔伺ᄎᆞᄉᆞᆼ候후훟着죠쨯○ᄒᆞᆫ벗으로ᄒᆞ여伺候ᄒᆞ게ᄒᆞ라着쇼쟣

這저저般번번謹긴긴慎신씬行힝힝時스쓯○만일이리조심ᄒᆞ여든나면

便변뻔是스ᄊᆞ在재째下하햐人신신○곳이아랫사ᄅᆞᆷ의扶부후侍스ᄊᆞ

官권권長장장的디딍道단땅理리리○官長모시ᄂᆞᆫ道理어니ᄯᆞ녀〔〕咱

자쟝們믄믄結겨경相샹샹識시싱行힝힝時스쓯○우리벗지어ᄃᆞᆫ녈작시면

休희힣說쉬숴你니니歹대대我오어好할항○네사오나오며나엇일라니ᄅᆞ

디말고朋픙뿡友우잉的디딍面면면皮피삐○벗의ᄂᆞᆺ갓ᄎᆞᆯ休희힣教

갼걍 着 시싱 了 랴럏 ○ 븟그업게 말라 親 친친 熱 셔셩 和 호훵 順 슌쓘 行 힝ᅘᅵᆼ
時 스쓰 ○ ᄉᆞ랑ᄒᆞ고 화동ᄒᆞ여 ᄃᆞᆫ니면 便 변뼌 是 스쓰 一 이힝 箇 거거 父 부뿌
毋 무무 生 숭승 的 디딩 弟 디띠 兄 훙흉 一 이힝 般 번번 ○ 곳 ᄒᆞᆫ 父毋의게 난 형
뎨과 ᄒᆞᆫ가지니 相 샹샹 待 대때 相 샹샹 顧 구구 盼 판판 着 죠쟣 行 힝ᅘᅵᆼ ○ 서ᄅᆞ
ᄃᆡ접ᄒᆞ며 서ᄅᆞ 보숣펴 ᄃᆞᆫ니라 朋 픙뿡 友 우잉 們 문문 ○ 벗들히 若 쇼ᅀᅣᇢ 困 쿤쿵
中 중쯍 沒 무몽 盤 펀뻔 纏 쳔쪈 時 스쓰 ○ ᄒᆞ다가 어려온 제 ᄡᅳᆯ 것 업ᄉᆞᆫ 적의 自
즈쯔 己 기기 錢 쳔쪈 物 우웅 休 히흫 愛 애애 惜 시싱 ○ 내 쳔을 앗기디 말고 接
져쟝 濟 지지 朋 픙뿡 友 우잉 們 문문 使 스승 着 죠쟣 ○ 벗들 주어 ᄡᅳ게 ᄒᆞ쟈 朋
풍뿡 友 우잉 若 쇼ᅀᅣᇢ 不 부붕 幸 힝ᅘᅵᆼ ○ 벗이 만일 不幸ᄒᆞ야 遭 잪쟣 着 죠쟣 官
권권 司 스ᄉᆞ 口 쿠쿵 舌 셔쎵 時 스쓰 ○ 구의 만과 口舌의 [illegible]을 죠낫거든 衆 즁중

朋픙뿡友우잉們믄믄○모든벗들히向향향前쳔쪈救긱깅濟지지着

죠쨯○나아가구제ᄒ라着쇼샿不부봉救긱깅時스씃○ᄒ다가구티아니ᄒ

면傍팡빵人신싄要얀얗唾토텋罵마마○겨티사롬이춤밧고우지ᄌ리라

有우잉些셔셔病빙삥疾지찡時스씃○병드러잇거든休후훟迴휘훼避

비삐○에도디말고請칭칭太태태醫이히下하햐藥요양看칸칸治치찡○

着죠쨯○태의를청ᄒ야약배보술펴곳티ᄯ早잔짱起키키晩완환夕시씽○

아츰조희나休후훟離리리了랴량○벼나디말고煎젼젼湯탕탕煑쥬쥬

水쉬쉬○탕달히며몰데이며問운운侯후훟着죠쨯○병증무로라着쇼샿

這져져般번번相샹샹看칸칸時스씃○이러ᄐ시서ᄅ보술피면便변변有

우잉十시씽分분뿐病빙삥也여여減견견了랴량五우우分분뿐○곳열

分만ᄒᆞᆫ 병이 잇다가도 五分이나 덜리라 朋뿡픙友잉우有잉우些서셔病뼝빙疾찡지 ○ 벗이 병드러 잇거든 你니니不붕부照쨯쟣覷츄츄他타타 ○ 네 뎌를 보ᄉᆞᆯ피디 아니ᄒᆞ면 那나나病뼝빙人신신想샹샹着쨯쟢沒뭉무朋뿡픙友잉우的딩디情찡칭分뻔븐 ○ 뎌 병든 사ᄅᆞᆷ이 싱각ᄒᆞ되 벗의 뜻이 업다 ᄒᆞ여 悽치치惶ᅘᅪᆼ황時쓰스 ○ 슬허ᄒᆞ면 縱중중有잉우五우우分뻔븐病뼝빙 ○ 비록 五分 간ᄒᆞᆫ 병이라도 添텬텬做주주十씽시分뻔븐了랼랴 ○ 더 十分이 되ᄂᆞ니라 咱장자們믄믄世씽시上쌍샹人신신 ○ 우리 세샹 사ᄅᆞᆷ이 做주주男난난兒ᅀᅳᆯ술行ᅘᅵᆼ힝時쓰스 ○ 男兒ㅣ 되여든 날션대 自쯔즈己기기祖주주上쌍샹的딩디名밍밍聲싱싱 ○ 내 조샹 명셩을 休ᅘᅱᆯ휘壞ᅘᅫ홰了랼랴 ○ ᄒᆞ여ᄇᆞ리디 말고 凡뻠반事쓰스要얗야謹긴긴愼씬신行ᅘᅵᆼ힝時쓰스 ○

믈읫일을조심ᄒᆞ여ᄃᆞᆫ니면 卓조잘 立리링 的디딍 男난난 子즈즈 ○ 어ᄃᆞᆫ男子

ㅣ어ㅣᄯᅵ녀 父부뿌 母무무 的디딍 名밍밍 聲싱싱 ○ 父母의名聲올 辱수슝

麼모뭐 了랴랑 時스쓰 ○ 더러이면 別벼뼝 人인인 唾토터 罵마마 也여여

○ ᄂᆞᆷ이춤밧고ᄭᅮ지즈리라 父부뿌 母무무 在재째 生승숭 時스쓰 ○ 父母ㅣ사

라신적의 家갸갸 法바황 名밍밍 聲싱싱 好한함 來래래 ○ 家法과名聲이됴호

며 田텬뎐 產찬찬 家갸갸 計기거 有우잉 來래래 ○ 뎐디가산도이시며 孳

스쯧 畜휴흉 頭투뜽 口쿠쿵 有우잉 來래래 ○ 기ᄅᆞ는효근즘싱과굴근즘싱도이

시며 人신신 口쿠쿵 奴누누 婢비삐 有우잉 來래래 ○ ᄃᆡ브린ᄂᆞᆫ사ᄅᆞᆷ이며죵들

도잇다가 爺여여 娘냥냥 亡왕망 沒무뭉 之즈즈 後후흫 ○ 부뫼업슨후에 落

로랑 後후흫 下하햐 的디딍 孩해해 兒ᅀᅳᆯᅀᆞᆯ 們믄믄 ○ 후ᄌᆞ식ᄃᆞᆯ히 不부붕

務우우營잉잉生숭승○살올일일오기힘쓰디아니ᄒᆞ고教갸ᇢ갸ᇢ些셔셔幇
방방閑현현的디딍潑포퐁男난난女뉴뉴○노롯ᄒᆞ며홍ᄯᅩᆼ여돌며보피로온男
女로ᄒᆞ여狐후후朋픙뿡狗쿠쿵黨당당○여ᄋᆞ벗지으며가히와무지지어每
믜믜日시싱穿춴춴茶차짜房방빵○每日차프는집의ᄢᅦ나들며入슈슝酒
주증肆스ᄉᆞ妓기끼女뉴뉴人신신家갸갸○술픈는져져와녀기픈져의드려가
胡후후使스ᄉᆞ錢쳔쪈○간대로쳔을ᄡᅳ거든衆중중親친친眷권권街계계
坊방방老랄랄的디딍們믄믄勸권권說숴쉬○모든권당과이우지늘근이돌
히말려니로ᄃᆡ你니니爲위위甚슴씸麼마마省싱싱不부봉得더듸○네엇
디ᄉᆞᆲ피디몯ᄒᆞ는다ᄒᆞ면執지장迷미미着죠쟣心신신○므음을어리워가지고셔
[illegible]휘휘言연연道닫닾○대답ᄒᆞ여使스ᄉᆞ寺스ᄉᆞ使스ᄉᆞ了랴략

我어오的딍디錢쪈쳔○을뻐쓰도고내 천壞홰홰時쓰스壞홰홰了랼랴

我어오的딍디家갸갸私숭스○슬히히여여ᄇᆞᄇᆞ려리도ᄂᆞ내니짓 거干간간

你니니甚씸슴麼마마事쑹스○이네브게트므뇨슴 일因힌인此츠츠上

쌍샹○ᄎᆞ이로런 전衆중중人신신再재재不붕부會쭝충勸퀀퀀他타타

○말모리든ᄃᆞ사아름니이ᄒᆞ다니시隨쒸취着쨯죠他타타胡후후使쓰스錢

쪈쳔○을져간ᄆᆞ매옴로으쁘로니쳔每믜믜日잉이十씽시數수수箇거거鞋

빙방閑현현的딍디家갸갸裏리리○롯每바日치열집아의믄 노媳싱시婦

홧후狹쌔해兒숭술○아거히집의파喫칭치的딍디穿쳔쳔的딍디○는먹

거것시닙 ᄂᆞᆫ都두두是쓰스這져져褁여여廝숭스的딍디錢쪈쳔○이다

쳔어어린라놈 의騎끼키的딍디馬마마三산산十씽시兩량량一힝이匹

핑피 好 함한 寬 퀀퀀 行 삥힝 馬 마마 ○ 호투 필는 ᄀ물 장은 것은 는셜 물흔 이낭 오쓰

鞍 한안 子 즈즈 是 쑿스 時 쑿스 樣 양양 減 견견 銀 인인 事 쑿스 件 견견 的

딩디 好 항한 鞍 한안 轡 비피 ○ ᄉ기 견ᄅ 엿마 됴는 흔시 기뎨 ᄅ예 마은 구입 레ᄉ ᄂ흔

通 통통 是 쑿스 四 슿스 十 씽시 兩 량량 銀 인인 ○ 은대 을되 엣마 더은 라낭

穿 춴춴 衣 이이 服 뿡부 時 쑿스 ○ 불오 쏜술 대니 按 한인 四 슿스 時 쑿스 穿

춴춴 衣 이이 服 뿡부 ○ 옷ᄉ 니절 브을 되조 차 每 믜믜 日 싀시 脫 퉁토 套 탕닭

換 훤훤 套 탕닭 ○ 호날 불마 ᄀ다 라훈 넘불 ᄂ벗 니고 春 츈츈 間 견견 好 함한 青

칭칭 羅 러로 衣 이이 ○ 撒 상사 ○ 노봄 이의 삭는 딕됴 녕흔 예야 청 白 삐버 羅 러로

大 따다 搭 땋다 胡 후후 ○ 그흰 래노 예큰 더 柳 률류 綠 루루 羅 러로 細 시시

褶 졍져 兒 슬술 ○ 줄픗 옴른 털뉴 릭청 이노 오ᄀ 는 到 당단 夏 뺘햐 間 견견 ○

듯녀 거롬 듣다 好 함한 極 끵기 細 시시 皆 딩디 毛 맘모 施 슷스 布 부부 布 부부

杉 산산 ○ 시ᄀ 뵈장 젹ᄀ 삼는 예모 上 썅샹 頭 뚱투 繡 싊식 銀 인인 條 턓턒 紗

사사 搭 당다 胡 훟후 ○ 뭔우 사예 더는 그슈 레노 예흔 흰 鴨 퍙야 綠 룽루 紗 사사

直 쯩지 身 신신 ○ 딕야 녕토 이로 오사 到 탕닾 秋 칭칙 間 견견 是 씄스 羅 러로

衣 히이 裳 썅샹 ○ 듣ᄀ 노올 오히 시다 오듯 거 到 탕닾 冬 둥둥 間 견견 ○ 울겨

거이 듣다 듯 界 계계 地 띠디 紵 쮸츄 綵 스숭 襖 팡오 子 즈즈 ○ 운벽 엣드 비르

과단 옷 綠 룽루 紬 쯍칙 襖 핳오 子 즈즈 ○ 핫초 옷록 과면 듀 織 징지 金 긴긴

膝 싷시 欄 란란 襖 핳오 子 즈즈 ○ 欄금 ᄒᆞᆫ으 핫로 옷ᄡᅩᆫ 과膝 茶 짜차 褐 헣허 氷

쉬쉬 波 뷔보 浪 랑랑 地 띠디 見 숤슬 四 숤스 花 화화 襖 핳오 子 즈즈 ○ 찰감

화비 문치 ᄒᆞᆫ믈 비설 단바 핫탕 옷예 과ᄉᆞ 青 칭칭 六 룽릭 雲 윤윤 襖 핳오 子 즈즈 ○

야청빗체六雲文비단핫옷과 茜천쳔紅훙훙氈전젼段돤둰藍란란綾링링子

즈즈 褲쿠쿠兒ᅀᅳᆯᅀᆞᆯ ○ 곡도숑물드린블근빗체털조차ᄧᆞᆫ비단과남능고의에 白버[illegible]

絹권권汗한한衫산산 ○ 흰깁한삼과 銀인인褐허헝紵쥬쮸絲스ᄉᆞ板

반반 摺져졍兒ᅀᅳᆯᅀᆞᆯ ○ 은빗체비단너븐주름텰릭과 短돤둰襖오합子즈즈 ○

더튼핫옷과 黑허헝綠루룽紵쥬쮸絲스ᄉᆞ比비비甲갸걍 ○ 黑綠빗체비단

비게를ᄒᆞ여 這져져般번번按안한四스ᄉᆞ時스ᄊᆞ穿쳔춴衣이이裳샹쌍

○ 이러트시ᄉᆞ졀을조차오ᄉᆞᆯ닙드라 [illegible] 繫기기腰얀향時스ᄊᆞ ○ ᄯᅴ도 也여ᅌᅧ

按안한四스ᄉᆞ季기기 ○ 또ᄉᆞ졀을조차히오되 春츈츈裏리리繫기기金

긴긴條토탕環환환 ○ 봄에는금툐환ᄯᅴ고 夏하햐裏리리繫기기玉유융鉤

쿠궁子즈즈 ○ 녀름예는옥으로ᄭᅧ굿테갈구리ᄒᆞ니를ᄯᅴ오되 最쥐쮜低디디的

老乞大諺解 下　四十六

딍디 是 씃스 菜 채채 玉 융유 ○ 아ᄀ 菜장 主ᄂ 이조 오니 最 쥐쥐 高 갛갚 的 딍디

是 씃스 羊 양양 脂 즈즈 玉 융유 ○ 羊ᄀ 脂장 玉놉 이프 오니 ᄂ 秋 칭칰 裏 리리

虀 기기 減 견견 金 긴긴 鉤 긓구 子 즈즈 ○ 혼ᄀ 구슬 조히 를논 ᄲ금 느입 나ᄉ 尋

씬신 常 쨩창 的 딍디 不 붕부 用 융융 ○ 다샹 아뎨 니써 코손 ᄡ 都 두두 是 씃스

玲 링링 瓏 룽룽 花 화화 樣 양양 的 딍디 ○ 긴다 거설 시픠 러게 라곳 사 冬 둥둥

裏 리리 虀 기기 金 긴긴 廂 샹샹 寶 밮바 石 씽시 閙 낳나 裝 좡좡 ○ 이겨 어울

젼ᄅ 조금 러으 나로 무보 민석 ᄣ에 를젼 ᄯ메 며위 위 又 잍우 虀 기기 有 잏우 綜 중중

服 연연 的 딍디 鳥 후우 犀 시시 虀 기기 腰 얗야 ○ 오또 셔종 각구 으무 로잇 밍는

엇근 드ᄲ 라를 ᄲ [illegible] 頭 틓투 上 썅샹 戴 대대 的 딍디 好 핳한 貂 댱댶 鼠 슈슈

皮 쁴피 披 피피 肩 견견 ○ 흔머 돈리 피에 이ᄲ 업거 이소 오됴 好 핳한 纏 젼쳔 攙

중중 金긴긴 頂딩딩 大따다 帽망맛 子즈즈 ○ 됴ᄒᆞᆫ증나모실로밋교그당ᄌᆞ브텬
갓이니 這져져 一힝이 箇거거 帽망맛 子즈즈 ○ 이ᄒᆞᆫ갓은 結경겨 裹궈고
四스스 兩량량 銀인인 子즈즈 ○ 넉량은을드려민그랏고 又잉우 有잉우 紵
쥬쥬 絲스스 剛강강 叉차차 帽망맛 兒슬슬 ○ ᄯᅩ비단으로드르두녁가르뼈돌마
기들온갓예 羊양양 脂즈즈 玉용유 頂딩딩 子즈즈 ○ 양지오당ᄌᆞ브텨시니
這져져 一힝이 箇거거 帽망맛 子즈즈 ○ 이ᄒᆞᆫ갓은 結경겨 裹궈고 三산산
兩량량 銀인인 子즈즈 ○ 셕량은을드려밍그라내엿고 又잉우 有잉우 天텬텬
青칭칭 紵쥬쥬 絲스스 帽망맛 兒슬슬 ○ ᄯᅩ텬청빗제비단갓과 雲윤윤 南
난난 氈젼젼 帽망맛 兒슬슬 ○ 雲南예셔난젼으로ᄒᆞᆫ갓과 又잉우 有잉우 貂
댱됴 鼠슈슈 皮삐피 狐후후 帽망맛 ○ ᄯᅩ돈피털깃애 上썅샹 頭뚱투 都두두

有우잉金긴긴頂딩딩子즈즈○우희다금딩ᄌᆞ잇드라 穿쵠쵠靴훠훠
時스ᄉᆞ○훠를신을딘대春춘춘間견견穿쵠쵠皂잔짱鹿기기皮피삐靴
훠훠○봄에는거믄기조피훠를신오되上상썅頭투뚱縫붕뿡着죠쨩倒닾닾
提티띠雲윤윤○우희구룸깃고로드리웟게호와잇고夏햐햐間견견穿쵠쵠
猠뎐뎐皮피삐靴훠훠○녀름에는뎐피훠를신고到닾당冬둥뚱間견견穿
쵠쵠嵌켠켠金긴긴線션션藍란란條톼땊子즈즈白버뻥鹿기기皮피삐
靴훠훠○겨을에는그션조차남비단갸품싼흰기조피훠를신오되氈젼젼襪와왕
穿쵠쵠好한항絨숭숭毛맏망襪와왕子즈즈○시욹천은됴흔보드라온털로
미론청신어쇼되都두두使스ᄉᆞ大다따紅훙훙紵쥬쮸絲스ᄉᆞ緣연연口
루룽子즈즈○다흥비단으로깃ᄃᆞ라이시니一이잉對뒤뒈靴훠훠上상썅

○ 휘훈 예빵 都 두두 有 잉위 紅 훙훙 絨 슝슝 鷹 연연 爪 잘잘 ○ 다블근실로고
ᄂᆞ콕잇더라 那 나나 靴 훠훠 底 디디 ○ 뎌훠창이 都 두두 是 쓰스 兩 량량 層
쭝층 淨 찡징 底 디디 ○ 다두층조ᄒᆞᆫ창예 上 썅샹 的 딩디 線 션션 ○ ᄃᆞ라잇ᄂᆞᆫ
실은 蠟 랑라 打 다다 了 랑랴 ○ 밀텨잇고 錐 쥐쥐 兒 슬술 細 시시 線 션션 麤
추추 ○ 송고ᄉᆞᆫᄀᆞᄂᆞᆯ고노ᄒᆞᆫ굴그니 上 썅샹 的 딩디 分 뿐분 外 왜왜 的 딩디 牢
랗랖 壯 쫭좡 ○ ᄃᆞ라잇ᄂᆞᆫ양이분외여구드니 好 항하 看 칸칸 ○ 보기됴트라
喫 칭치 飯 빤반 時 쓰스 ○ 밥먹글저ᄂᆞᆫ 揀 견견 口 쿻쿠 兒 슬술 喫 칭치 ○
입에먹검즉ᄒᆞᆫ거술골ᄒᆞ여먹더라 清 칭칭 早 장잔 晨 씬친 起 키키 來 래레 ○ 빌론
아ᄎᆞᆷ의나러나 梳 수수 頭 뜽투 洗 시시 面 면면 了 랑랸 ○ 머리빗고ᄂᆞᆺ싯고 先
션선 喫 칭치 些 셔셔 箇 거거 醒 싱싱 酒 징식 湯 탕탕 ○ 몬져술ᄭᆡ오ᄂᆞᆫ탕을먹고

或휘훵是스씋些셔셔點뎐뎐心신신 ○ 혹효근상화먹고 然연연後후흫

打다다餅빙빙熬오왐羊양양肉수숳 ○ 후에떡밍골며羊肉고으며 或휘훵

白버뻥煑쥬쥬着죠쨯羊양양腰야걓節저졓骨훙훙子즈즈喫치칭了

랴럏時스씋 ○ 혹민믈에양의존등과가숨을술마먹고 騎키끼着죠쨯鞍안한馬

마마 ○ 안마토고 引인인着죠쨯伴번뻔當당당 ○ 반당ᄃᆞ리고 着죠쨯幾

개기箇거거幫방방閑현현的디딩盤펀뻔弄룽룽着죠쨯 ○ 여러노롯바치

로놀이ᄒᆞ거든 先션션投투뜽大다따酒직징肆스숪裏리리坐조쮜下하햐

○ 몬져큰술져져가안자서 一이힝二술슳兩량량酒직징肉수숳 ○ ᄒᆞᆫ두낭엣

술고기틀 喫치칭了랴럏時스씋 ○ 먹거 酒직징帶대대半번번酣한한 ○

술을반만취ᄒᆞ여가지고 引인인動둥둥淫인인心신신 ○ 淫心을내여 唱창창

的딩디人신신家갸갸裏리리去큐큐○놀에브르는사롬의집의가到당됴
那나나裏리리○녀긔가셔敎걍갸那나나彈딴탄絃현현子즈즈的딍디
說황황廝숳스們믄믄○더줄품뉴ᄠᅧ끄거줏말ᄒᆞ는놈들로ᄒᆞ여捉잘조弄룽릉
着쟣죠○늘이ᄒᆞ며셔假갸갸意이이兒슬술叫걍갸幾기기聲싱싱○
거죳여러소의로브르되舍셔셔人신신公궁궁子즈즈○샤의공저야早장잔
開캐캐手싱식使숲스錢쪈천也여여○일쪽기손여러돈쓰라ᄒᆞ여드那나나
錢쪈천物웅우只즈즈由잉우那나나幫방방閑현현的딍디人신신支
使숲스○그錢物을더노룻ᄒᆞ는놈들의ᄆᆞ음대로ᄡᅳ게ᄒᆞ고他타타只즈즈[illegible]
짱짱孤구구○저는그저얼운다이正징징面면면見슬술坐쭤조着쟣죠○
정면으로ᄒᆞᆫ자做주주好항화漢한한○어딘남진톄ᄒᆞ거든那나나廝숳스們

ㄷ든○더놈둘흔將장장着죠쟣銀인인子즈즈花화화使스스了랴랼○
은을가져서간대로쓰고中중중間견견剋키킹落로랑了랴랼一이힝半번번
兒ᅀᅳᆯᅀᅳᆯ○듕간애반이나골여내여養양양活호홯他타타媳시싱婦부뿡孩
해햬兒ᅀᅳᆯᅀᅳᆯ○졔겨집과조식을치나一이힝箇거거日이잉頭투뜰○혼날
애比비비及기낑到단당晩완완出츄츙來레래時스씃○나조히다ᄃᆞ라
나오매미최는至즈즈少샤샹使스ᄾᆞ三산산四스ᄾᆞ兩량량銀인인子즈즈
○그장져거야서너량은을쓰ᄂᆞ니後후흫來레래使스ᄾᆞ的디딍家갸가私
스ᄾᆞ○후에집의ᄡᅳᆯ거시漸전젼漸젼젼的디딍消샤샹乏바황了랴랼○
점점납서人신신口쿠쿻頭투뜰匹피핑家갸갸財채째金긴긴銀인인器
키킈皿밍밍○사ᄅᆞᆷ믜쇼가지금은긔명을都두두盡진찐賣매매了랴랼○

다풀며 田 뗜뎐 産 찬찬 房 빵방 舍 셔셔 也 여여 典 뎐뎐 儅 당당 了 랼랴 ○ 뎐디며 집을

볼모드리니 身 신신 上 썅샹 穿 쵠쵠 的 듸디 也 여여 沒 뭉무 ○ 몸애

니블것도 업ᄉ여 口 쿻쿠 裏 리리 喫 칭치 的 듸디 也 여여 沒 뭉무 ○ 입에 먹을

것도 업ᄉ니 幇 방방 閑 현현 的 듸디 那 나나 廝 ᄉ스 們 믄믄 ○ 노릇ᄒ뎐 그 놈

들히 更 긍긍 沒 뭉무 一 힝이 箇 거거 肯 큰큰 偢 칭칙 倸 채채 的 듸디 ○ 노의

여ᄒ나토 긔수ᄒ리 업서 如 유유 今 긴긴 跟 근근 着 쟣죠 官 권권 人 신신 拿 나나

馬 마마 ○ 이제ᄂ 관원을 조차 ᄃᆞᆫ녀 믈을 잡아 且 쳐쳐 得 듸더 暖 뉘눤 衣 히이 飽

방반 飯 빤반 ○ 아직 아므려나 옷덥고 밥 비브르고져 ᄒᄂ니라 我 어오 買 매매

這 져져 貨 훠호 物 웋우 ○ 내 이 황호 옛것들 사 要 햫약 涿 좋조 州 쥐직 賣 매매

去 큐큐 ○ 涿州로 풀라 가려ᄒ더니 這 져져 幾 기기 日 ᅀᅵᇰ이 爲 위위 請 칭칭 親

친친 眷 권권 筵 연연 席 씽시 ○ 여요 이즈 바음 디권 ᄒᆞ당 며청 ᄒᆞ 又 왕우 爲 위위

病 뼝빙 疾 찡지 耽 단단 閣 강거 ○ 머또 믈병 어으 로 不 붕부 曾 쯩충 去 큐큐

的 딩디 ○ 엿가 더디 니못 ᄒᆞ 我 어오 如 슈슈 今 긴긴 去 큐큐 也 여여 ○ 이내

노져 라가 火 훠호 伴 뻔번 伱 니니 落 랄로 後 흫후 好 핳한 坐 쭤조 的 딩디 着

쟢죠 ○ 됴벗 히아 안녀 자ᄂᆞ 시버 라더 我 어오 到 닿다 那 나나 裏 리리 ○ 긔내 가뎌

賣 매매 了 럏랴 貨 훠호 物 웅우 便 뼌변 來 래레 ○ 즉황 시호 오플 마고 伱 니니

好 핳한 去 큐큐 着 쟢죠 ○ 가네 라됴 히 我 어오 賣 매매 了 럏랴 這 저저 人

신신 參 슨소 毛 맣모 施 슨스 布 부부 時 쓰스 ○ 모내 시이 뵈ㅅ 플參 면과 不 붕부

揀 견견 幾 기기 日 싀시 ○ 라아 업므 시날 이 好 핳한 歹 대대 等 등등 伱 니니

來 래레 ○ 기모 ᄃᆞ로 려매 서너 글 咱 장자 商 샹샹 量 량량 買 매매 迴 휘휘 去

큐큐 的딍디 貨훠호 物뭉우 ○ 우리 도라갈 貨物 사기를 의논ᄒᆞ리니 你니ᄂ 是
쓰스 必빙비 早잗잔 來래래 ○ 네 모로미 일오라 參店뎐뎐 主쥬쥬 人신신
家갸갸 ○ 뎜쥬인아 引인인 着쟣죠 幾기기 箇거거 鋪푸푸 家갸갸 來래래
○ 여러 뎐사ᄅᆞᆯ을 ᄃᆞ려오라 商샹샹 量량량 人신싄 參손슨 價갸갸 錢쪈쳔 ○
人參 갑슬 의논ᄒᆞ자 這져져 參손손 是쓰스 好핳한 麼마마 ○ 이 심이 됴ᄒᆞ냐 將
쟝쟝 些셔셔 樣양양 參손손 來래래 我어오 看칸칸 ○ 본블 심 가ᄌ오라 내 보쟈
這져져 參손손 是쓰스 新신신 羅러로 參손손 也여여 ○ 이 심은 新羅人심이
라 着쟣죠 中중중 ○ 듕품이로다 你니ᄂ 說숴숴 甚씸슴 麼마마 話쫘화
○ 네 므슴 말을 니ᄅᆞᄂᆞᆫ다 這져져 參손손 絕쭤쥬 高갛갸 ○ 이 심이 ᄀ장 됴ᄒᆞ니
怎즘즘 麼마마 做주주 着쟣죠 中중중 的딍디 看칸칸 ○ 엇디 듕품오로 보ᄂᆞᆫ

마牙야야家갸갸說쉉숴○즈름이닐오되你니니兩량량家갸갸不봉부
須슈슈折셩져辨뼌변高강갈低디디○너희둘히구틔여됴홈구즘을분변티말
라如슈슈今긴긴時씃스價갸갸五우우錢쪈쳔一잉이斤긴긴○이제
시개닷돈에훈근식이니有잉우甚씸슴麼마마商샹샹量량량○므슴혜아림이
이시리오你니니這져져蔘슨손多더도少샿샤斤긴긴重쭝중○네이蔘이
므긔몃근고我어오這져져蔘슨손一힝이百빙버一힝이十씽시斤긴긴
○내이蔘이일빅열근이라你니니稱칭칭如슈슈何혀허○네저울디엇뎌훈뇨
我어오的딩디是씃스官권권稱칭칭○내하는구윗저울이라放빵방着
쟣죠印힌인手쯪즈裏리리○인텻ᄂᆞ니誰쒸쉬敢간간使슷스私슷스稱
칭칭○뉘감히어름저울ᄡᅳ리오這져져價갸갸錢쪈쳔一힝이定띵딩也여여

◯ 뎡이 커갑 다시 일 我어오 只즈즈 要햘얗 上썅샹 等등등 官권권 銀인인

◯ 은내 올샹 바등 드엣 되됴 ᄒᆞᆫ 見현현 要햘얗 銀인인 子즈즈 ◯ 즉앏 제피 은셔

고글 밧 不봉부 賖셔셔 ◯ 니드 호리 리오 라디 아 怎즘즘 那나나 般번번 說

형쉬 ◯ 니엇 ᄅᆞ디 ᄂᆞ그 뇨리 銀인인 子즈즈 與유유 你니니 好황핲 的딩디 ◯

이은 를은 주너 려를 니됴 와ᄒᆞᆫ 買매매 貨훠호 物웅우 的딩디 ◯ 는황 이호 사 那

나나 裏리리 便뼌변 與유유 見현현 銀인인 ◯ 져어 은디 을앏 주피 리셔 오ᄒᆞᆨ 須

슈슈 要햘얗 限현현 幾기기 日ᅀᅵᆼ시 ◯ 날모 그로 ᄅᆞᆷ이 ᄒᆞ여 자려 你니니 兩량량

家갸가 休힣히 爭즁중 ◯ 구너 디희 말ᄒᆞᆯ 고히 싯 限현현 十씹시 箇거거 日

ᄒᆞᆫ이 頭뚷투 ◯ 올열 ᄒᆞ홀 아만 그 還환환 足쥬주 價갸갸 錢쪈쳔 ◯ 차갑 게슬

시가 라풀 새 這져저 般번번 時쓰스 ◯ 면이 런 依이이 着쟣죠 牙야야 家

갸갸 話화홰 ○즈름의말대로ᄒᆞ쟈 這져져 參소슨 稱칭칭 了랴량 ○이심을ᄃᆞ

니 只즈즁 有우윙 一이잉 百버빙 斤긴긴 ○다만일빅근이로다 伱니니 說

숴쉬 一이잉 百버빙 一이잉 十시씽 斤긴긴 ○네닐오되일빅열근이라ᄒᆞ더니

那나나 一이잉 十시씽 斤긴긴 ○뎌열근은 却커컹 在재째 那나나 裏리리

○또어ᄃᆡ잇ᄂᆞ뇨 我오어 家갸갸 裏리리 稱칭칭 了랴량 一이잉 百버빙 一

이잉 十시씽 斤긴긴 ○내집의셔ᄃᆞ니일빅열근이러니 伱니니 這져져 稱칭칭

大다따 ○네이저울이세니 因인힌 此ᄎᆞᄎᆞ 上샹쌍 ○이런젼ᄎᆞ로 折셔쎠

了랴량 十시씽 斤긴긴 ○열근이ᄉᆞ도다 那나나 裏리리 稱칭칭 大다따 ○

어이 ○어듸저울이세리오 這져져 參손손 伱니니 來레래 時스쑤 節저졍 有우윙 些

셔셔 濕시씽 ○이심이네올제져기저젓다가 如유유 今긴긴 乾간간 了랴량 ○

이라 제시 몰니 因인힌 此ᄎᆞᄎᆞ 上샹쌍 ○ 이ᄎᆞ 런로 젼 折셔쪄 了랴량 這져져

十시씽 斤긴긴 ○ 이셔 열도 ᄉᆞ다 이 這져져 蔘손ᄉᆞᆫ 做주주 了랴량 五우우

分분뿐 兒술ᅀᅳᆯ 分분뿐 了랴량 ○ 이운 심에 을논 다화 ᄉᆞᆺ 一이힝 箇거거 人

人신인 二술ᅀᅳᆯ 十시씽 斤긴긴 家갸갸 ○ ᄒᆞᆫ근 나식 히ᄒᆞᆫ 스야 므 每믜믜 一이힝

斤긴긴 五우우 錢쳔쪈 ○ 미돈 ᄒᆞᆫ식 근ᄒᆞᆫ 에면 닷 二술ᅀᅳᆯ 十시씽 斤긴긴 該

개갱 十시씽 兩량량 ○ 스열 므량 근이 에니 通퉁퉁 計기기 五우우 十시씽 兩

량량 ○ 대냥 되이 혀로 니다 쉬 [illegible] 又우임 店뎐뎐 主쥬쥬 人신인 家갸갸 ○

ᄯᅩ인 ᄐᆞᆯ아 쥬 引인인 將쟝쟝 幾기기 箇거거 買매매 毛뫄뫙 施스ᄉᆞ 布부부

的디딍 客커컹 人신싄 來래래 ○ 여니 러그 모내 시겨 븨오 살라 你니니 這져져

毛뫄뫙 施스ᄉᆞ 布부부 ○ 네시 이뵈 모 細시시 的디딍 價갸갸 錢쳔쪈 ○

已ᄂᆞᆫ이 엣갑과 麤추추 的딩디 價갸갸 錢쪈쳔 ○ 굴근이 엣갑슬 要향얀 多더도
少샿샾 ○ 언멋식밧고 져ᄒᆞᄂᆞ다 細시시 的딩디 上썅샹 等등등 好함핳 布부부
○ ᄀᆞᄂᆞᆫ뵈엣 됴흔뵈ᄂᆞᆫ 要향얀 一힝이 兩량량 二ᅀᅵ슬 錢쪈쳔 ○ ᄒᆞᆫ냥
두돈 밧고 麤추추 的딩디 要향얀 八빵바 錢쪈쳔 ○ 굴근이ᄂᆞᆫ여ᄃᆞᆲ 돈밧고져ᄒᆞ노
라 這져저 黃황황 布부부 ○ 이가믄 뵈예 好함핳 的딩디 多되도 少샿샾
價갸갸 錢쪈쳔 ○ 됴ᄒᆞᆫ니ᄂᆞᆫ갑 사언예며 低ᄃᆡ디 的딩디 多더도 少샿샾 價
갸갸 錢쪈쳔 賣매매 ○ 사오나온이ᄂᆞᆫ 언머쏩세풀다 這져저 一힝이 等등등 好
함핳 的딩디 一힝이 兩량량 ○ 이ᄒᆞᆫ등엣됴ᄒᆞᆫ 이ᄂᆞᆫᄒᆞᆫ냥이오 這져저 一힝이 等
등등 較걓갸 低디디 些셔셔 的딩디 七칭치 錢쪈쳔 家갸갸 ○ 이ᄒᆞᆫ등 엣져기
ᄂᆞᆺ즉ᄒᆞᆫ이ᄂᆞᆫ닐 곱돈식이라 你니니 休힉휘 胡훟후 討탈탁 價갸갸 錢쪈쳔 ○

네간대로갑오디말라 這져져布부부如유슈今긴긴見현현有읭우時쓰스
價갸갸○이뵈이제현들시時價ㅣ이시니 我어오買매매時쓰스○내사면
不붕부是쓰스買매매負쭝즈穿춴춴的딍디○이내니불것시아니라 一
힝어發봥바買매매將쟝쟝去큐큐○ᄒᆞᆷᄭᅴ사가져가要향야覓밍미些셔셔
利리리錢쪈쳔○리쳔을엇고져ᄒᆞ노라 我어오依히이着쨯죠如유슈今
긴긴的딍디價갸갸錢쪈쳔○내이젯갑ᄉᆞ로조차還훤환你니니○너를주려
라 這져져毛망모施슿스布부부高걍갚的딍디一힝이兩량량○이모
시뵈됴ᄒᆞᆫ이는ᄒᆞᆫ낭이오 低디디的딍디六룽릭錢쪈쳔○ᄂᆞᄌᆞᆫ이는엿돈이오 這
져져黃뽱황布부부高걍갚的딍디九깋귀錢쪈쳔○이가ᄆᆞᆫ뵈됴ᄒᆞᆫ이는아홉
돈이오 低디디的딍디五우우錢쪈쳔○ᄂᆞᄌᆞᆫ이는닷돈식ᄒᆞ야 我어오不

붕누 賒셔셔 你니니 的딩디 ○ 내네것드리오디아니코 一잉이 頓둔둔 兒술술
還환환 你니니 好함한 銀인인 子즈즈 ○ 흠쁴너를됴흔은을주리라 牙야야
家갸갸 說숴숴 ○ 즈름의니르되 他타타 們믄믄 還환환 的딩디 價갸갸 錢
쪈쳔 是쓰스 着짷죠 實씽시 的딩디 ○ 뎌의주려ᄒᆞ논갑시올ᄒᆞ니 你니니 客
큉커 人인인 們믄믄 ○ 너나그ᄂᆡ늘흔 遼럏랴 東둥둥 新신신 來래레 ○ 료동
으로셔새로와시니 不봉부 理리리 會휘휘 得딍디 這저저 着짷죠 實씽시 的
딩디 價갸갸 錢쪈쳔 ○ 이바룬갑ᄉᆞᆯ아디못ᄒᆞᄂᆞ니 你니니 休힣후 疑이이 惑
휑훠 ○ 네의심말고 成찡칭 交걓갸 了럏랴 罷빠바 ○ 흥졍못ᄎᆞᆷ이무던ᄒᆞ다
這저저 們믄믄 時쓰스 ○ 이려면 價갸갸 錢쪈쳔 依이이 着짷죠 你니니
○ 갑슨란너를조ᄎᆞ려니와 銀인인 子즈즈 依이이 的딩디 我어오 時쓰스 ○

은으란 내 말대로 ᄒᆞ면 成찡칭交걍갸 ○ 흥정을 못고 依이이不봉부得딍더
我어오時쓰스 ○ 내 말대로 아니면 我어오不봉부賣매매 ○ 내 ᄑᆞ디 아니리
라 我어오這져져低디디銀인인子즈즈都두두不봉부要향야 ○ 내 이
사오나온 은으란 다 마다 你니니只즈즈饋괴괴我어오一잉이様양양的딍디
好핳하銀인인子즈즈 ○ 네 나를 ᄒᆞᆫ가지 됴흔 은을 주고려 似쓰스你니니這
져져般번번都두두要향야官권권銀인인時쓰스 ○ 네 이러트시 다 구읫 나기
은으로 바ᄃᆞ면 爵쿼쿼着쨯죠我어오 ○ 내게 셜웨라 待때대爵쿼쿼你니니
多더도少샿샤 ○ 네 게 언머나 셜오뇨 肯큰큰時쓰스成찡칭交걍갸 ○ 즐기
거든 흥정을 ᄒᆞ고 不봉부肯큰큰時쓰스你니니別뼝벼處츄츄買매매去
큐퀴 ○ 슬커든 네 다룬 ᄃᆡ 사라 가라 這져져們믄믄時쓰스 ○ 이러면 與유유

你니니這저저好핳함銀인인子즈즈買매매 ○ 너롤 됴흔 은을 주고 사리라
你니니這저저布부부裏리리頭투뚷 ○ 네 이 뵈 듕에 長챵쨩短된뒨
不부붕等등등 ○ 댱단이 ᄀᆞᆺ디 아니ᄒᆞ야 有우읭勾구긓五우우十시씽尺치칭
的디딍 ○ 쉰 자 남으니도 이시며 也여여有우읭四스ᄉᆞᆼ十시씽尺치칭
的디딍 ○ ᄯᅩ 마은 자치도 이시며 也여여有우읭四스ᄉᆞᆼ十시씽八바방尺치칭
的디딍 ○ ᄯᅩ 마은 여듧 자치도 이시니 長챵쨩短된뒨不부붕等등등 ○
댱단이 ᄀᆞᆺ디 아니ᄒᆞ다 這저져布부부都두두是스ᄉᆞ地디띠頭투뚷織지징
來래래的디딍 ○ 이 뵈는 다 밋ᄯᅡ히셔 ᄧᅡ오고 我오어又우잉不부붕會충쭝
剪젼젼了랴럏稍샤샿子즈즈 ○ ᄯᅩ 일즉 ᄀᆞᆺ 버히디 아녀고 兩량랑頭투뚷
放방방着죠쟣印인힌記기기裏리리 ○ 두 머리에 보람 두엇ᄂᆞ니라 似스ᄉᆞ

這져저一힣이箇거거布부부○훈이 뵈곳 눈큰 經깅깅緯윙위都두두一
잏이般번번○굿삐 트놀 여히 다 便뼌변是씋스魚유유子즈즈兒슿슬也
여여似씋스勻윤윤淨찡징的딩디○고곳 굿고 굿기 훈알 거곳 니티 와고 로 似
씋스這져저一힣이等등등經깅깅緯위위不붕부等등등○지이 굿훈 르가
니니 아는 니뻐 훈놀 고히 굿 織징지的딩디又윙우鬆숭숭○얼버즈 믜거 어시 쏘
却켱커不붕부好항할○니또 훈됴 니티 아 買매매的딩디人신신多더도
少샹샾駁밤박彈딴○나살 므사 라롬 훌이 거ᄀ 시장 니회 急깅기且쳐쳐難
난난着쨯죠主쥬쥬兒슿슬○기과 어갈 려이 오님 리쟈 라엇 似씋스這져저等
등등布부부○트이 뵈등 는곳 寬퀀퀀時씋스好항할○커너 니브 와니 됴 這
져저幾기기箇거거布부부忒틍티窄쳥저○너이 모여 좁러 다뵈 는 窄죄저

時스쓰偏편편爭즁증甚슴씸麽마마○조브들독별히므서시ᄯ리오也여여

一이잉般번번賣매매了랴랼○또ᄒᆞᆫ가지로풀리라你니니怎즘즘麽마마

說숴숴那나나等등등的디딩話화화○네엇디뎌런말닐으ᄂᆞᆫ다寬쿼퀀時

스쓰做주주衣이히裳샹쌍有우잉餘유유剩싱씽○너브면옷지으매남음이

잇고又우잉容융융易이잉賣매매○또ᄑᆞᆯ기쉽거니와窄저쪙時스쓰做

주주衣이히裳샹쌍不부붕勾구긍○조브면옷지으매ᄌᆞ라디못ᄒᆞ여着쇼샵

少샤샹些셔셔時스쓰○ᄒᆞᆫ다가져기모조라면又우잉要야양這져져一

이잉等등등的디딩布부부零링링截져졍○또이ᄀᆞᆺ튼뵈ᄯᅩᆨ니언노라ᄒᆞ면又

우잉使스ᄉᆞ一이잉錢쳔쪈銀인인○또ᄒᆞᆫ돈은을쓰ᄂᆞ니爲위위這져져上

샹쌍○이런젼ᄎᆞ로買매매的디딩人신싄少샤샹○살사ᄅᆞᆷ이져그니라要

향얀 甚씸슴麼마마閑현현講강걍 ○ 므슴아라 업시겻고료 절 筭숸숸了

량랴 價가갸錢쪈쳔 ○ 갑ᄉᆞᆯ ᄒᆞ고 看칸킨了량랴銀인인子즈즈 ○ 은을 보쟈

你니니是씋스牙아야家갸갸 ○ 너는즈 름이니 你니니筭숸숸了량랴

着쟣죠 ○ 네혀 라 該개개多더도少샹샤 ○ 히오니언 머나ᄒᆞ뇨 上썅샹等

등등 毛망모施숭스布부부一힝이百뷩버匹핑피 ○ 샹등엣모시 뵈일빅필은

每믜믜匹핑피一힝이兩량량 ○ 每ᄒᆞᆫ필에 ᄒᆞᆫ 량식ᄒᆞ니 共궁궁該개기一

힝이 百뷩버兩량량 ○ 대되일빅 량이오 低디디的딩디三산산十씽시匹

핑피 ○ ᄂᆞᆺᄌᆞᆫ 설 흔필은 每믜믜匹핑피六루릭錢쪈쳔 ○ 每ᄒᆞᆫ필에 엿돈식ᄒᆞ

니 共궁궁通퉁퉁一힝이十씽시八빵바兩량량 ○ 대되열여 ᄃᆞᆲ량이니 都

두두 與유유好핳한銀인인子즈즈是씋스 ○ 다됴ᄒᆞᆫ은을 주 미올ᄒᆞ니라 委

휘위 實 싱시 沒 뭉무 許 휴휴 多 뎌도 好 함하 銀 인인 子 즈즈 ○ 뎌진 대실 도로
은륙 아만 업히 세됴 라흔 敢 간간 只 즈즈 到 땀닫 的 딩디 九 깋구 十 씽시 兩 량량
○ 는九 듯十 ᄒᆞ兩 다이 왓 那 나나 零 링링 的 딩디 二 술술 十 씽시 八 방바 兩
량랑 ○ 여그 ᄃᆞᆲ빋 량니 으스 란믈 與 유유 徐 니니 靑 칭칭 絲 스스 如 유유 何 허허
○ 주너 미룰 엇구 뎌품 ᄒᆞ은 뇨을 客 컿커 人 신신 看 칸칸 ○ 아나 보그 라내 這 져져
偺 서셔 多 뎌도 交 갸갸 易 잉이 ○ 흔이 흥뎌 정도 애록 만 要 ᅌᅣᇢ약 甚 씸슴 麽
마마 爭 즘증 競 깅깅 ○ 므 구슴 나아 뇨라 這 져져 些 셔셔 箇 거거 銀 인인 子
즈즈 是 쓰스 好 함하 靑 칭칭 絲 숬스 ○ 구이 품은 이이 니됴 ᄒᆞᆫ 比 비비 官 거권
銀 인인 一 힁이 般 번번 使 슨스 ○ 훈구 가읫 지나 로기 ᄡᆞᆯ은 것을 시골 라와 這 져져
們 믄믄 時 쓰스 依 이이 着 쟣죠 徐 니니 ○ 대이 로러 ᄒᆞᄒᆞ 리면 라네 將 장장 好

핳항 青 칭칭 絲 스ᄉᆞ 來 래래 ○ 됴흔 구품은 가져오라 這 져져 銀 인인 子 즈ᄌᆞ

都 두두 看 칸칸 了 랴랼 ○ 이 은 다 보아다 我 오어 數 수수 將 쟝장 布 부부 去

큐큐 ○ 내 뵈 혜여 가져가노라 你 니니 且 쳐쳐 住 쥬쮸 着 죠쟣 ○ 네 아직 날

회라 這 져져 銀 인인 子 즈ᄌᆞ 裏 리리 頭 투ᄠᅳᇢ ○ 이 銀ㅅ 듕에 真 진진 的 디딩

假 갸갸 的 디딩 ○ 진짓 써신동 거즛 써신동 我 오어 高 간강 麗 리리 人 신신 不

부붕 識 시싱 ○ 우리 高麗ㅅ 사름이 아디 못ᄒᆞ니 你 니니 都 두두 使 스ᄉᆞ 了 랴랼

記 기기 號 핳 着 죠쟣 ○ 네 다 보람 두고 牙 야야 家 가갸 眼 연연 同 둥뚱 看

칸칸 了 랴랼 着 죠쟣 ○ 즈름과 眼同ᄒᆞ여 보라 後 후ᅘᅮᇢ 頭 투ᄠᅳᇢ 使 스ᄉᆞ 不 부붕

得 더딍 時 스ᄉᆞ ○ 후에 ᄡᅳ디 못ᄒᆞ거든 我 오어 只 즈ᄌᆞ 問 운운 牙 야야 家 갸가

換 환훤 ○ 내 즈름ᄃᆞ려 무러 밧고리라 却 커컹 不 부붕 當 당당 面 면면 看 칸칸

了 럎량 見 현현 數 수수 ○ 또ᄂᆞᆺ출당ᄒᆞ야셔잇ᄂᆞᆫ수을보디아니ᄒᆞ엿ᄂᆞ냐 出 츄츙

門 믄믄 不 부봉 管 관권 退 퉈튀 換 환훤 ○ 문여나면므르기를알라못홀쎠시라

怎 즘즘 麽 마마 說 숴숴 ○ 므서시라니르ᄂᆞᆫ다 你 니니 這 저져 們 믄믄 慣 관관

做 주주 買 매매 賣 매매 的 디딍 人 신싄 ○ 내이러틋시흥졍ᄒᆞ기니근사ᄅᆞᆷ이 我

오어 一 이힝 等 등등 不 부봉 慣 관관 的 디딍 人 신싄 根 근근 前 쳔쪈 ○ 우리

ᄒᆞᆫ가지닉디못ᄒᆞᆫ사ᄅᆞᆷ의게 多 도더 有 위잉 欺 키키 瞞 먼먼 ○ 만히소기ᄂᆞ니 你

니니 使 스ᄉᆞ 着 죠쟣 記 가기 號 호햫 着 죠쟣 ○ 네보람다두예야ᄯᅡ 大 다ᄯᅡ 家 갸갸

把 바바 穩 운운 ○ 대되편안ᄒᆞ리라 這 저져 一 이힝 百 버븽 兩 량량 做 주주

一 이힝 包 밯밯 ○ 이일ᄇᆡᆨ냥으란ᄒᆞᆫᄡᆞᆷ여밍글라 這 저져 的 디딍 是 스ᄉᆞ 一 이힝

百 버븽 一 이힝 十 시씽 八 바ᄫᅡᇰ 兩 량량 ○ 이ᄂᆞᆫ일ᄇᆡᆨ열여ᄃᆞᆲ냥이로구 那 나나

幾 기기 箇 거거 客 킹커 人 신인 ○ 나더 그여 내러 將 장쟝 布 부부 子 즈즈 去
큐큐 了 랼랴 ○ 가뵈 거갸 다져 咱 쟝자 們 믄믄 人 신인 蔘 슨손 價 갸갸 錢 천쳔
○ ㅅ우 갑리 도ㅅ 蔘 也 여여 都 두두 收 슉식 拾 씽시 了 랼랴 ○ ᄒᆞ다 자收 拾
貨 훠호 物 울우 都 두두 發 봥바 落 랗로 了 랼랴 ○ 쳐황 ᄒᆞ호 여다 다디 [illegible] 咱
쟝자 們 믄믄 買 매매 些 셔셔 甚 씸슴 麼 마마 迴 휘휘 貨 훠호 去 큐큐 時 쓰스
好 할한 ○ 쌀우 황리 호져 롤그 사나 갸므 야슴 됴도 훌라 고가 商 샹샹 量 량량 其 끼키
間 견견 ○ ㅆ의 이논 예홀 琢 좔조 州 징주 買 매매 賣 매매 去 큐큐 來 래래 的
등디 火 훠호 伴 뻔번 到 당단 來 래래 ○ 갓琢 ᄠᅳᆫ州 벗ᄠᅦ 이흥 오정 나ᄒᆞ 눌라 相 샹샹
見 견견 ○ 보서 고ᄅᆞ 好 할한 麼 마마 好 할한 麼 마마 ○ 읻이 대대 買 매대 賣
매매 稱 칭칭 意 이이 麼 마마 ○ 의흥 마정 즌이 가ᄠᅳ 托 탁토 着 쨯죠 哥 거거 哥

거거們믄믄福붕부陰힌인裏리ㄷ ○ 분ᄃᆞᆫ을듈닙희어득也여여有잉우些

셔셔利리리錢쪈쳔 ○ 을또어져드기롸니 천你니니的딩디貨훠호要ᅌᅷ우

都두두賣매매了럏랴不붕부會쭝충 ○ 다네못황ᄒᆞ호엿를ᄂᆞᆫ다다ᄑᆞᆫ我어오

貨훠호物웋우都두두賣매매了럏랴 ○ 다우풀리고황 호正징징要ᅌᅣᇴ야

買매매迴휘휘去큐큐的딩디貨훠호物웋우 ○ 호졍사히려도ᄒᆞ라여갈 황

尋씬신思ᄉᆞ스不붕부定띵딩 ○ 못혀ᄒᆞ아엿림ᄃᆞ을니뎡 티恰캏캬好핳한

你니니來래래到닿다 ○ 너마올치샤됴 히你니니要ᅌᅣᇴ야買매매甚씸슴

麼마마貨훠호物웋우 ○ 사네려므ᄒᆞ슴ᄂᆞᆫ황ᄃᆞ호我어오知짛지他타타甚

씸슴麼마마好핳한拿나나去큐큐 ○ ᄀᆞ내져몰가려기라됴므홀스고거 시大

따다哥거거你니니與유유我어오擺배배布부부着쨯죠 ○ ᄃᆞ형려아긔날

결ᄒᆞ여라 我어오 曾쯩층 打다다 聽팅팅 得딓더 ○ 내일즙 드르니 高강갈 麗
리리 地띠디 面면면 裏리리 賣매매 的딍디 貨훠호 物뭏우 ○ 高麗ㅅ ᄯᅡ히 ᄑᆞ
ᄂᆞᆫ 황회 十씽시 分뿐븐 好핳핲 的딍디 ○ 그장 됴ᄒᆞᆫ 거슨 倒땋닿 賣매매 不
붕부 得딓더 ○ 도로혀 ᄑᆞ디 못ᄒᆞ고 只즘즈 宜이이 將쟝장 就찧직 的딍디 貨
훠호 物뭏우 ○ 다만 두어라 ᄒᆞᆯ 황회아 맛당ᄒᆞ여 倒땋닿 着쨯죠 主쥬쥬 兒ᅀᅳᇫᅀᅳᆯ
快쾌쾌 ○ 도로혀 님자 어듬어 ᄲᆞᄅᆞ다 ᄒᆞᄃᆞ라 可커커 知징자 ○ 그리어니 大따다
哥거거 你니니 說쉉숴 的딍디 正징징 是씋스 ○ 형아 네 니ᄅᆞᆷ어 졍히 올타 我
오어 那나나 裏리리 好핳핲 的딍디 歹대대 的딍디 不붕부 識싱시 ○ 우리
뎌긔ᄂᆞᆫ 됴ᄒᆞᆫ 것 구존 것 모ᄅᆞ고 只즘즈 揀ᄀᆞᆫ견 賤쪈전 的딍디 買매매 ○ 다만 쳔ᄒᆞᆫ
거슬 골라 사ᄂᆞ니 正징징 是씋스 宜이이 假갸갸 不붕부 宜이이 真진진 ○

잣정 거하 손거 맛츳 당거 티손 아맛 니당 ᄒᆞᄒᆞ 니고 라진 ◇ 我어오 引인언 着쨯죠 伱

니니 ◯ 라내 고너 ᄃᆞ 買매매 些서셔 零링링 碎쉬쉬 的딍디 貨훠호 物웅우

◯ 사효 리근 라황 호 紅훙홍 纓힝잉 一횡이 百븽버 斤긴긴 ◯ 百샹 斤모 一

燒샹샨 珠쥬쥬 兒ᅀᅳᆯ술 五우우 百븽버 串춴천 ◯ 긴구 五은 百구 목슬 갓

마마 瑙낭나 珠쥬쥬 兒ᅀᅳᆯ술 一횡이 百븽버 串춴천 ◯ 一마 百노 목갓 긴 琥

후후 珀퍼퍼 珠쥬쥬 兒ᅀᅳᆯ술 一횡이 百븽버 串춴천 ◯ 일호 빅박 목갓 긴 玉

유유 珠쥬쥬 兒ᅀᅳᆯ술 一횡이 百븽버 串춴천 ◯ 일옥 빅갓 목긴 香향향 串춴천

珠쥬쥬 兒ᅀᅳᆯ술 一횡이 百븽버 串춴천 ◯ 일향 빅쥬 목갓 긴 水쉬쉬 精징징

珠쥬쥬 兒ᅀᅳᆯ술 一횡이 百븽버 串춴천 ◯ 일슈 빅정 목갓 긴 珊산산 瑚후후

珠쥬쥬 兒ᅀᅳᆯ술 一횡이 百븽버 串춴천 ◯ 일산 빅호 목갓 긴 大따다 針진진

一이힝百버븽帖텨톙○큰바늘일빅빰小샤샹針진진一이힝百버븽帖
텨톙○세일빅밦鑷녀녕兒슬슿一이힝百버븽把바바○죠집게일빅낫
蘇수슈木무몽一이힝百버븽斤긴긴○다목일빅근氈젼젼帽마망兒
슬슿一이잉百버븽箇거거○시으갓일빅낫桃됴땋尖쟌쟌椶중중帽뫄망
兒슬슿一이힝百버븽箇거거○부롯흔층갓일빅낫琥후후珀퍼풩頂딩딩
子즈즈一이힝百버븽副부부○호박딩조일빅볼結겨경椶중중帽마망
兒슬슿一이잉百버븽箇거거○초느로미존갓일빅낫面면면粉분분一
이잉百버븽匣햐햑○면분일빅갑綿면면臙연연脂즈즈一이힝百버빅
箇거거○소옴연지일빅낫臘라랑臙연연脂즈즈一이힝百버븽斤긴긴
○밀여도린연지일빅근牛부닣角교걓盒허헣兒슬슿一이힝百버븽箇

거거 ○ 되쌀로흔면 합조일빅낫 麽 루룽 角 교걒 盒 허헝 見 슬슰 一 이잉 百 버빙

箇 거거 ○ 노각으로흔면 함조일빅낫 繡 식씸 針 진진 一 이잉 百 버빙 帖 텨텽

○ 슈쓰는바 늘일빅쌈 棗 잔장 木 우웅 梳 수수 子 즈즈 一 이잉 百 버빙 箇 거거

○ 대쵸나모어 레맛일빅낫 黄 왕황 楊 양양 木 무뭉 梳 수수 子 즈즈 一 이잉 百

버빙 箇 거거 ○ 황양목어레 빗일빅낫 大 다따 篦 비삐 子 즈즈 一 이잉 百 버빙

箇 거거 ○ 굴근춤빗 일빅낫 寬 미밍 篦 비삐 子 즈즈 一 이잉 百 버빙 箇 거거

○ 빈춤빗 일빅낫 斜 셔쎠 皮 피삐 針 진진 筒 통뚱 見 슬슰 一 이잉 百 버빙 箇

거거 ○ 셔피로흔바 늘통일빅낫 大 다따 小 샤샹 刀 다당 子 즈즈 共 궁궁 一 이잉

百 버빙 副 부부 ○ 大小刀子대 되일가불 雙 솽솽 鞘 샤샹 刀 다당 子 즈즈 一

이잉 十 시씽 把 바바 ○ 솽가플흔 칼일빅낫 雜 자쨩 使 스솓 刀 다당 子 즈즈 一

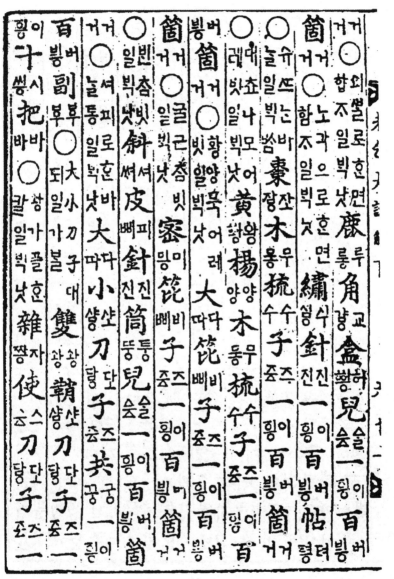

이ᅙᅵᆼ 十 시씽 把 바바 ○ 잡하의ᄡᅳᆯ칼열ᄌᆞᄅᆞ 割 거궁 紙 즈ᄌᆞᆼ 細 시시 刀 닷당 子

즈ᄌᆞᆼ 一 이ᅙᅵᆼ 十 시씽 把 바바 ○ 죠ᄒᆡ버힐ᄀᆞᄂᆞᆫ칼열ᄌᆞᄅᆞ 裙 균균 刀 닷당 子 즈ᄌᆞᆼ

一 이ᅙᅵᆼ 十 시씽 把 바바 ○ 치마ᄒᆞ리예ᄎᆞᆯ칼열ᄌᆞᄅᆞ 五 우우 事 스ᄉᆞᆼ 兒 ᅀᅳᆯᅀᅳᆼ 十

시씽 副 부부 ○ 연장ᄯᅡᄉᆞ드려ᄆᆡᆼ근칼열불 象 샹쌍 碁 키끼 十 시씽 副 부부 ○

장긔열부 大 다따 碁 키끼 十 시씽 副 부부 ○ 바독열부 雙 솽솽 六 류릉 十 시씽

副 부부 ○ [illegible]륙열부 茶 차짜 褐 허헝 欒 련뤈 帶 대대 一 이ᅙᅵᆼ 百 버빙 條 탸댱

○ 감찰아롱디ᄌᆞ일ᄇᆡᆨ오리 紫 즈ᄌᆞᆼ 條 탸턍 兒 ᅀᅳᆯᅀᅳᆼ 一 이ᅙᅵᆼ 百 버빙 條 탸댱 ○

ᄌᆞ디됴ᄋᆞ월ᄇᆡᆨ오리 壓 야향 口 쿠쿵 荷 허헝 包 밧방 一 어ᅙᅵᆼ 百 버빙 箇 거거 ○

닷개ᄒᆞᆫᄂᆞ뭇일ᄇᆡᆨ낫 剃 티티 頭 투뜽 刀 닷당 子 즈ᄌᆞᆼ 一 이ᅙᅵᆼ 百 버빙 把 바바 ○

머리갓ᄂᆞᆫ칼일ᄇᆡᆨᄌᆞᄅᆞ 剪 전젼 子 즈ᄌᆞᆼ 一 이ᅙᅵᆼ 百 버빙 把 바바 ○ ᄀᆞ애일ᄇᆡᆨᄌᆞᄅᆞ

錐취쥐兒숳슬一힝이百빙버箇거거○송곳일빅낫秤칭칭三산산十
씽시連련련○큰저울셜흔ᄆᆞᄅᆞ等등등子즈즈十씽시連련련○효근저울
열ᄆᆞᄅᆞ那나나秤칭칭等등등子즈즈都두두是ᄊᆞ스官권권做주주的
딍디○너큰저울저근저울이다구의예셔밍근의오秤칭칭竿간간秤칭칭錘쮜취
○저울대저울튜毫ᅘᅡᇢ호星싱싱秤칭칭鉤긓구子즈즈○저울눈저울갈구리
都두두有잉우○다잇다 再재재買매매些셔셔麤추추木뭉무綿
면면一힝이百빙버匹핑피○또굴근목면일빅필과織징지金긴긴和ᅘᅯ호
素수수段뒨뒨子즈즈一힝이百빙버匹핑피○금으로ᄧᆞᆫ나와민비단일빅필
과花화화樣양양段뒨뒨子즈즈一힝이百빙버匹핑피○화문비단일빅
필과更긍긍有잉우小샹샤狹ᅘᅨ혜兒숳슬們믄믄○또아히됴회小샹샤

鈴링링兒ᅀᆞᆯ술一이힝百버빙箇거거○효근방올일빅낫과馬마미纓잉힝
一이힝百버빙顆코쿼○물손동일빅낫과減견견鐵텨텽條탚탐環환햔
一이힝百버빙箇거거○쇠예입ᄉᆞ혼됴환일빅낫ᄎᆞᆯ사고更긍긍買매매些
셔셔文운ᄫᅮᆫ書슈슈一이힝部부뿌○또척ᄒᆞᆫ불을사되四스ᄉᆞ書슈슈都
두두是스ᄊᆞ晦휘휘庵안한集지찡註쥬쥬○四書란다晦庵註낸이ᄅᆞᆯᄒᆞ쟈又
우잉買매매一이힝部부뿌毛모망詩스ᄉᆞ尙샹쌍書슈슈周주즘易이잉
禮리리記기기五우우子즈ᄌᆞ書슈슈○또ᄒᆞᆫ불毛詩尙書周易禮記五子書과
韓한햔文운ᄫᅮᆫ柳릭링文운ᄫᅮᆫ東둥둥披피퓌詩스ᄉᆞ詩스ᄉᆞ學효햫大
다따成칭찡押야향韻윤윤君균균臣친찐故구구事스ᄊᆞ○韓文柳文東坡
詩詩學大成押韻君臣故事과資즈ᄌᆞ治지찡通퉁퉁鑑견견翰한한院원원新

신 書 슈슈 標 뱌뱡 題 티띠 小 샤샹 學 효햫 眞 징징 觀 권권 政 징징 要 얀향

三 산산 國 궈궝 誌 즈즈 評 핑핑 話 화화 ○ 資治通鑑翰院新書 標題小學眞觀政要

三國誌評話를 사자 這 져져 些 셔셔 貨 호훠 物 우뭉 ○ 이황호돌 都 두두 買 매매

了 랴랼 也 여여 ○ 다사다 我 오어 揀 견견 箇 거거 好 할항 日 ᅀᅵᅀᅵᆼ 頭

투뚷 廻 휘휘 去 큐큐 ○ 우리됴흔날ᄀᆞᆯ희여도라가쟈 我 오어 一 이잉 撥 바방 待

대때 筭 숸숸 一 이잉 卦 과꽈 去 큐큐 ○ 내임의셔음양ᄒᆞ여가고져ᄒᆞ노라 這 져져

裏 리리 有 우얻 五 우우 虎 후후 先 션션 生 승숭 ○ 여기五虎先生이이시니 最

쥐쥐 筭 숸숸 的 디딩 好 할항 ○ ᄀᆞ장츄명을잘ᄒᆞᄂᆞ니라 咱 자짱 們 믄믄 那 나나

裏 리리 筭 숸숸 去 큐큐 來 래래 ○ 우리뎌긔츄명ᄒᆞ라가쟈 到 댜당 那 나나 卦

과꽈 鋪 푸푸 裏 리리 坐 조쭤 定 딩띵 ○ 뎌츄명ᄒᆞᄂᆞᆫ져져가안자셔 問 운운 先

선션 生 승숭 ○ 무先 로生 되두 려 你 니니 與 유유 我 어오 看 칸칸 命 밍밍 ○

필네 조날 보뒤 고흐 려여 你 니니 說 워쉬 將 장장 年 년년 月 웡워 日 싱이 生 승숭

時 쓰스 來 래래 ○ 대네 톨난 니히 ᄅᆞ돌 라ᄅᆞ 我 어오 是 쓰스 屬 쑹슈 牛 닣누 兒

술술 的 딩디 ○ 로내 니쇼 희 今 긴긴 年 녀년 四 슷스 十 씽시 也 여여 ○ 히올

어마 오은 七 칭치 月 웡워 十 씽시 七 칭치 日 싱ᅀᅵ 寅 인인 時 쓰스 生 승숭 ○

인칠 시월 여열 낫닐 노웃 라날 你 니니 這 져져 八 바바 字 쯔즈 十 씽시 分 분분 好

항한 ○ ᄀ네 중이 됴필 라ᄌᆞ 一 힝이 生 승숭 不 붕부 少 샵샤 衣 이이 祿 룽루 ○

브一 디生 아여 니ᄉ 흔랍 고이 낫 不 붕부 受 씾싀 貧 삔핀 ○ ᄒᆞ가 려난 니티 와아 니

官 권권 星 싱싱 沒 뭉무 有 임위 ○ 업官 스星 니이 只 즈즈 宜 이이 做 주주 買

매매 賣 매매 ○ 기오 맛작 당買 ᄒᆞ賣 고ᄒᆞ 出 츄츄 入 슈슈 通 퉁퉁 達 따다 ○ 입츄

ᄒᆞ이 다통 달 今 긴긴 年 년년 交 걓갸 大 따다 運 윤윤 丙 빙빙 戌 슝슈 ○ 희올

다대 ᄃᆞ윤 라이 시兩 니戌 예 已 이이 後 흫후 財 쨰채 帛 뻥버 大 따다 聚 쮸쥬 ○

이이 만후 히여 모ᄂᆞᆫ 다쳔 량 強 걍캉 如 슈슈 已 이이 前 쪈쳔 數 수수 倍 뻬븨 ○

음이 이젼 비수 ᄒᆞ도 다ᄂᆞᆫ 나 這 져져 們 믄믄 時 쓰스 ○ 면이 러 我 어오 待 때대

近 긴긴 日 싱ᅀᅵ 迴 휘휘 程 찡칭 ○ 가내 교요 쳐ᄉᆞ ᄒᆞ이 너도 로 幾 기가 日 싱ᅀᅵ

好 항할 ○ 됴몃 ᄒᆞᆫ츈 교ᄇᆞᆯ 이 且 쳐쳐 住 쮸쥬 ○ 회아 라젹 날 我 어오 與 유유

你 니니 選 현현 箇 거거 好 항화 日 싱ᅀᅵ 頭 뚷투 ○ ᄒᆞᆫ내 날너 길위 회ᄒᆞ 쟈여 됴

甲 걓갸 乙 닝이 丙 빙빙 丁 딩딩 戊 뭉무 己 기기 庚 긍긍 辛 신신 壬 쉰신 癸

귀귀 是 쓰스 天 텬텬 干 간간 ○ 甲乙丙丁戊己庚辛壬癸는 이 텬간이오 子 죠조 丑

칭치 寅 인인 卯 망만 辰 찐친 巳 쓰스 午 우우 未 미위 申 신신 酉 잉위 戌 슝슈

亥하해是스쓰地디띠支즈즈 ○ 子丑寅卯辰巳午未申酉戌亥는 地支라 建견견

除츄쮸滿먼먼平핑삥定딩띵執지징破포퍼危위위成칭찡收식싱開

캐캐閉비비 ○ 建除滿平定執破危成收開閉예 你니니只즈즈這저저二슬슬

十시씃五우우日이싀起키키去큐큐 ○ 네 이스므닷쐣 날 나가되 寅인인時

스씃往왕왕東둥둥迎잉잉喜히히神신씬去큐큐 ○ 인시예 동향ᄒᆞ야 喜神을

마자 가면 大다따吉기깅利리리 ○ 대길리ᄒᆞ리라 五우우分분뿐卦과과錢

쳔쪈留릭릳下하햐着죠쨯 ○ 음양갑됴 솨을두라 各거겅自즈쯔散산산了

랴량 ○ 각각 흐터디쟈 [illegible]到닾당二슬슬十시씽五우우日이싕起키키程

칭찡 ○ 스므닷쐣날 다ᄃᆞ르면 起程ᄒᆞ리니 辭츠쓰別볘뼝那나나漢한한兒슬슬

火호훠伴번뻔 ○ 뎌 漢ㅅ벗의게 하딕ᄒᆞ쟈 已이이前쳔쪈盤편뗜纏쳔쪈了

랴럏的디딩火호훠帳쟝쟝○이쳔의쓰고뎌근것들都두두算숸쏸計기기

明밍밍白버뻥○다혜기를明白히ᄒᆞ쟈大다따哥거거我오어們든믄迴

휘훼去큐큐也여여○큰형아우리도라가노라你니니好한항坐조쭤的디딩

着죠쨯○네됴히안자잇거라我오어多도더多도더的디딩定딘띵害해쌔

你니니○우리네게만허해자ᄒᆞ과라你니니休희힣恠괘괘○네허믈말라

咱지쟝們믄믄為위위人인신○우리사름이도여셔四스숭海해해皆계계

兄흉흉弟디띠○四海다형뎨어니ᄯᆞ녀咱자쟝們는믄這저져般번번做

주주了랴럏數수수月워웡火호훠伴번뻔○우러이러ᄐᆞ시두어돌벗지어셔

不부붕會츙쭝面면면赤치칭○낫블키디아니ᄒᆞ엿더니如슈유今긴긴辭

츠ᄯᆞ別벼뼝了랴럏○이제소별ᄒᆞ거니와休희힝說쉬쉉後후훙頭투틍再

재재 不부봉 廝스ᄉᆞᆫ 見견견 ○후여다시서르보디못ᄒᆞ리라니로디말라 山산산

也여여 有우잉 相샹샹 逢봉뽕 的디딍 日ᅀᅵᅀᅵᇰ 頭투뚷 ○뫼도서르맛나ᄂᆞᆫ날

이잇ᄂᆞ니 今긴긴 後후훟 再재재 廝스ᄉᆞᆼ 見견견 時스ᄊᆞᆼ ○일록후에다시서르

보면 不부봉 是스ᄊᆞᆼ 好한항 弟디띠 兄흉흉 那나나 甚슴씸 麼마마 ○됴ᄒᆞᆫ

형뎨아니라므서시리오

老乞大新釋（影印本）

老乞大新釋 全
茁浦 林東錫
茁浦藏書
3917
3
奎章閣圖書
分類記號
一部冊數
서울大學校

老乞大新釋序

五方之民言語不通先王設四官以通其不通東曰寄西曰鞮南曰象北曰譯。類皆察其風氣之高下諳音之緩急適乎時而便於俗而已天下之生久矣言語之隨方變易與其時異同固如水之盆下況中州之與外國其齟齬不合差毫釐而謬千里者尤不勝其月異而歲不同矣然我國之於中州地之相去不過二千餘里視閩浙雲貴殆十之三四而閩浙雲貴之人能喋喋通語於幽燕大同而小異

我國則雖老譯舉皆古本間強話頭拙澁鄙孟氏莊嶽衆楚之訓寡善諭也我國古置質正官每歲以辨質華語爲任故東人之於華語較之他外國最稱嫻習百年之間玆事廢而譯學遂壞焉老乞大不知何時所創而

原其所錄亦甚草草且久而變焉則
其不中用無怪矣譯於燕者不過依
倣想而行之誠不可以膠柱而鼓
瑟舊時多名譯周通爽利聞一知二
不至逕庭撓近以來習俗解弛澀䇿
者亦多殆無以應對於兩國之間識

者憂之余嘗言不可不大家釐正
上可之及庚辰銜　命赴燕遂以
命賤臣易時譯士邊憲在行以華
語名賤臣請專屬於憲及至燕館遂
條改證別其同異務令適乎時便於
俗而古本亦不可刪没故併錄之蓋

存羊之意也書成名之曰老乞大新
釋承 上命也既又以朴通事新釋
分屬金昌祚之意 筵稟蒙 允自
此諸書幷有新釋可以無礙於通話
也今此新釋以便於通話爲主故往
往有舊用正音而今反從俗者亦不

得已也欲辨正音則有洪武正韻四聲通解諸書在可以考据此亦不可不知也在館見南掌國人即古越裳氏因雲南人通其語蓋重譯也雖侏㒧吞吐有不可了而然能畧通其情物信乎象譯之有關於王制也仍記

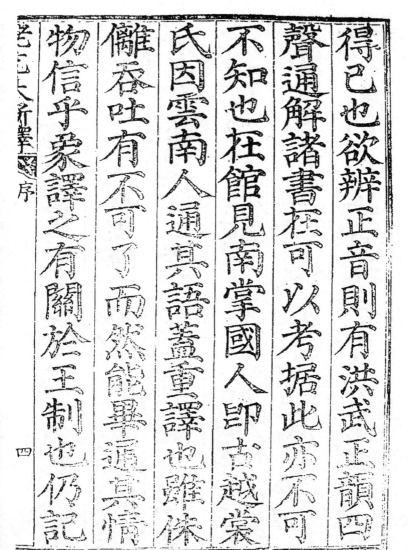

余丁卯赴日本南譯之鹵莽殆有甚於北故遂改編捷解新語以辨其古今之判殊諸譯便之日本有雨森東者能通三國語其弟子亦多能之者夫以我國文辨聰俐之俗苟有志於音訓之學亦何難於曲暢而傍通哉

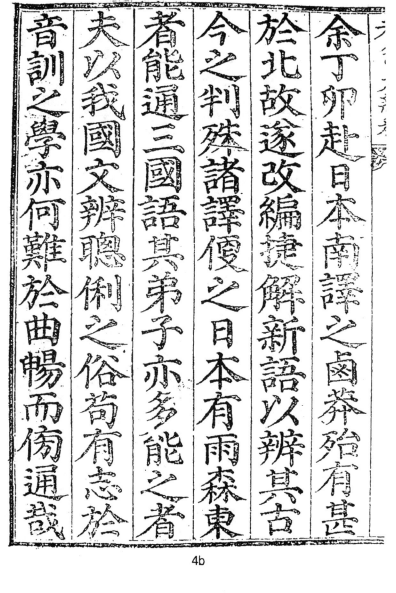

引而伸之觸類而長之天下言語之
能事畢矣諸譯豈有意哉勉之哉
上之三十七年辛巳八月下澣崇祿
大夫行議政府左參贊兼弘文館
提學洪啓禧謹書

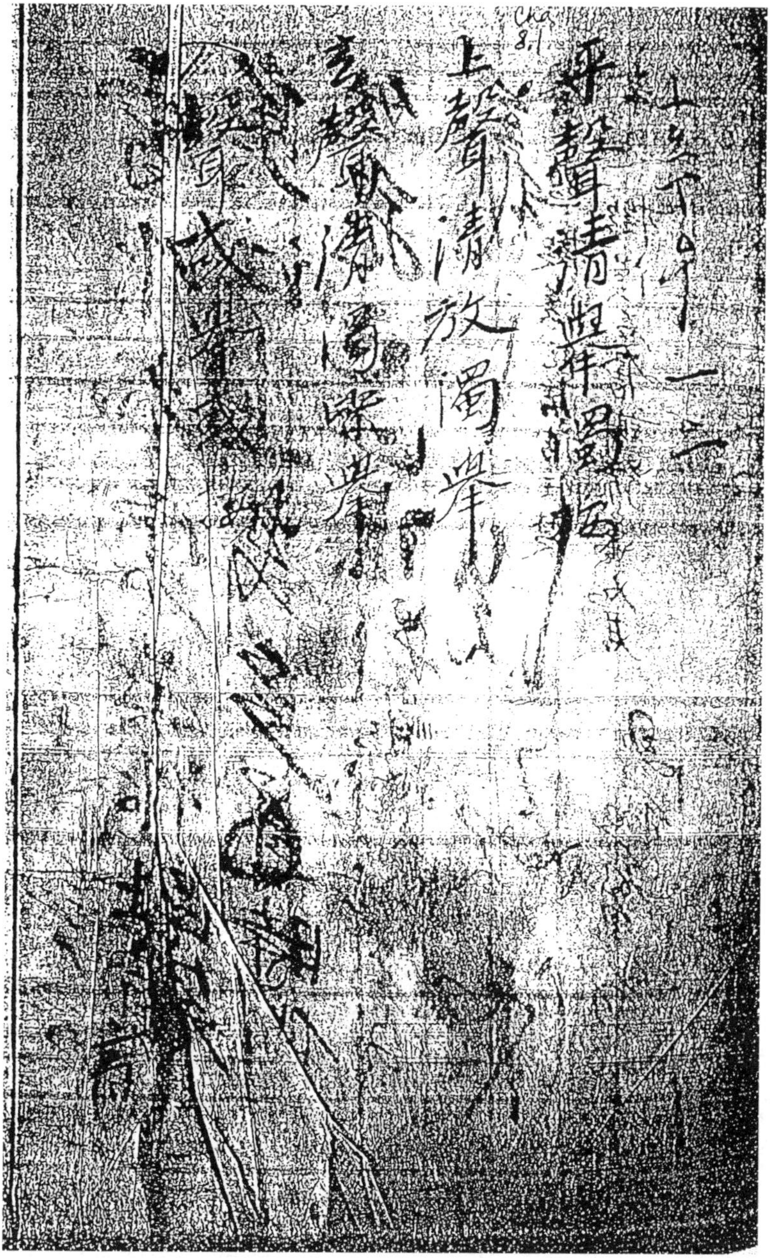

1a

老 랖랗 乞 킹키 大 따다 新 신신 釋 싱시 諺 연연 解 개계 卷 [illegible] 一 잉이

阿 허아 哥 거가 你 ᄂᆡ니 打 다다 那 너나 裏 리리 來 래레 ○ 형아 네 어ᄃᆡ로셔 온다

我 어오 從 쭝충 朝 쨩찬 鮮 션션 王 왕왕 京 깅징 來 래레 ○ 내 朝鮮ㅅ王京으로 조차 오롸

這 져져 回 휘휘 兒 싱울 那 너나 裏 레리 去 큐취 ○ 이번에 어듸로 가ᄂᆞ냐 我 여오

往 왕왕 北 븡버 京 깅징 去 큐취 ○ 내 北京으로 향ᄒᆞ여 가노라 你 ᄂᆡ니 多 더도

咱 잠잔 在 째재 王 왕왕 京 깅징 起 키치 身 신신 來 래레 着 쟝져 ○ [illegible] 셔 ᄯᅥ난다

我 어오 在 째재 這 져져 箇 거거 月 웡워 初 추추 一 잉이 日 싱시 [illegible]

離 레리 了 랑랴 王 왕왕 京 깅징 ○ 내 이 ᄃᆞᆯ 초ᄒᆞᄅᆞ날 王京셔 ᄯᅥ나롸 [illegible]

這 져져 箇 거거 月 웡워 初 추추 一 잉이 日 싱시 [illegible] 從 쭝충 王 [illegible]

[illegible] 身 신신 的 딩디 ○ [illegible] 京으로 조차 [illegible]

半반번箇거거月웨웨怎즘즘麽마뭐纔채째到닾둫這져져裏리리來래래
呢니녜○반ᄃᆞᆯ에다ᄃᆞᆺ게아엇지ᄀᆞᆺ여긔오뇨我오어因인힌有위잉箇거거朋풍뻥
友우잉落로랄後후흫了랴럏○내ᄒᆞᆫ벗이이셔뎌져시매所소수以이이在재쟤
路루루上샹썅慢만만慢만만的디듸走주즇着져쟣○이러므로길ᄒᆡ날호여녀
여等등덩候후흫他타터來레래○뎌ᄅᆞᆯ기드려오노라ᄒᆞ니故구구此츠ᄎᆞ來
래레的디듸遲치찌了랴럏○그러므로오미더듸여라那나너朋풍뻥友우잉如
유유今긴김趕간건的디듸上샹썅啊아허趕간건不부붕上샹썅啊아허○
그벗이이제밋출가밋지못ᄒᆞᆯ가這져져箇거거朋풍뻥友우잉就주쥭是시씨那
나너箇거거○이벗이곳긔니昨조졓兒을싈箇거거纔채째到닾둫來레래了
랴럏○어제ᄀᆞᆺ오니라你니녜這져져箇거거月웨웨底디데○네이ᄃᆞᆯ금음ᄭᅴ能

능닝 到닾당 北버븨 京징깅 麼마뭐 ○ 能히 北京 갈 到닾당 不부붕 得더듷 呢

니녜 ○ 가지 못홀가 這져져 話화화 我오어 不부붕 能능능 料랴럏 ○ 이 말을 내

能히 혜아리지 못ᄒᆞᄂᆞ니 萬완환 一이이 天텬텬 可커커 憐련련 見견견 ○ 萬一 하ᄂᆞᆯ이

어엿비 너기샤 身신신 體티티 平핑빙 安안언 ○ 몸이 平安ᄒᆞ면 想샹샹 來래래

也여여 可커커 到닾당 了랴럏 ○ ᄉᆡᆼ각건대 가리로다

大다 哥거 你니 從충 那나 裏리 來레 我오 從충 高꼬 麗리 王왕 京깅 來레 如유 今긴 那나 裏리 去큐

我오 往왕 北버 京깅 去큐 你니 幾기 時스 離리 了랴 王왕 京깅 我오 這져 月웨 初추 一이 日시 離리

了랴 王왕 京깅 旣기 是스 這져 月웨 初추 一이 日시 離리 了랴 王왕 京깅 到닾 今긴 半반 箇거 月웨

怎즘 麼마 纔채 到닾 的디 這져 裏리 我오 有우 一이 箇거 火호 伴뻔 落로 後후 了랖 來래 我오 [illegible]

路루 上상 慢만 慢만 的디 行힝 着죠 等등 候후 來래 因인 此츠 上상 來래 為웨 是시 [illegible]

伴如今赶上来了不曾這箇火伴便是恁来纔到

你這月盡頭到的北京麼到不得知他那話恁敢說天可憐見身已安樂時也到

你却是朝鮮人 ○ 너는 또 이 朝鮮 사ᄅᆞᆷ이라

怎麼能說我們的官話呢 ○ 엇지 能히 우리 한 말을 니ᄅᆞᄂᆞ다

我在中國人根前學書來着 ○ 내 中國ㅅ 사ᄅᆞᆷ의 손ᄃᆡ 글을 ᄇᆡ화시매

所以些須知道官話 ○ 이러무로 져기 한 말을 아노라

你跟着誰學書來着 ○ 네 누를 ᄯᆞ라 글을 ᄇᆡ혼다

我在中國人學堂裏 ○

내 中國ㅅ사ᄅᆞᆷ의 學堂에 이셔

學書來着○ 글을 비호롸

你學的是甚麽書○ 네 비혼 거시 이 므슴 글고

我曾念的是論語孟子小學○ 내 일즉 닑은 거시 論語 孟子 小學이라

你每日所做甚麽工課呢○ 네 每日 ᄒᆞ논 거시 므슴 공부고

每日清早晨起來○ 每日 이른 새베 니러

師傅根前受了書○ 스승ᄭᅴ 글 빗호고

放學○ 학당의셔 노하든

家裏吃完了飯○ 집의셔 밥 먹기 ᄆᆞᆺ고

再到學裏寫倣○ 또 학당의 가셔 품쓰기 ᄒᆞ고

寫倣後頭對句○ 셔품 쓴 後에 ᄃᆡ구ᄒᆞ기 ᄒᆞ고

對

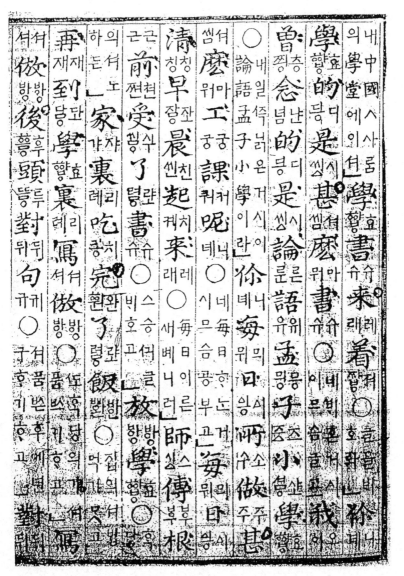

句귀규 後후흫 頭투뜰 念난념 詩시싱 ○ 년구ᄒᆞᆫ 후에 詩 븨기ᄒᆞ고 念난념 詩시싱
後후흫 頭투뜰 師스싱 傅부부 根근근 前쳔쪈 講쟝걍 書슈슈 ○ 詩 외기ᄆᆞᆺ ᄎᆞᆫ 후에 스
승 압희셔 글을 講ᄒᆞ노라 講쟝걍 甚시씸 麽마뭐 書슈슈 呢니녀 ○ 므슴 글을 講ᄒᆞᄂᆞ뇨
講쟝걍 的더뎡 是시씽 小샾숗 學효햫 論른룬 語위유 孟믕뭉 子즈즣 ○ 講ᄒᆞ
ᄂᆞᆫ 거슨 이 小學 論語 孟子ㅣ라
你니 是ᄉ 高갚 麗리 人신 却커 怎즘 麽마 漢한 兒ᅀᆞᆯ 言연 語유 說숴 的디 好핲 我오 漢한 兒ᅀᆞᆯ 人신
上상 學효 文운 書슈 因인 此ᄎ 上샹 些셔 少샾 漢한 兒ᅀᆞᆯ 言연 語유 省싱 的디 你니 誰쉬 根큰 底디
學효 文운 書슈 來레 我오 在재 漢한 兒ᅀᆞᆯ 學효 堂당 裏리 學효 文운 書슈 來레 你니 學효 甚슴 麽마
文운 書슈 來레 讀두 論룬 語유 孟믕 子즈 小샾 學효 你니 每믜 日이 做주 甚슴 麽마 工궁 課코 每믜
日시 清칭 早잪 晨친 起키 來레 到닾 學효 裏리 師스 傅부 上샹 受쉬 了랖 文운 書슈 放방 學효 到닾

家가裏리喫치飯반罷바 却커到댜學효裏리 寫셔倣방書슈 寫셔倣방書슈罷바 對뒤句귀 對뒤

句귀罷바 吟인詩스 吟인詩스罷바 師스傅부前쳔講강書슈 講강甚슴麼마文운書슈 講강小산

●學효論룬語유孟믕子즈

講 장강 書 슈슈 後 후흫 頭 투틓 又 우잉 做 주주 甚 셔씸 麼 마뭐 工 궁궁 課 커쿼

呢 니녜 ○ 글을講ᄒᆞᆫ후에또므슴공부ᄒᆞᄂᆞ뇨 到 단당 晚 완완 晌 샹샹 ○ 나죄다ᄃᆞᆺ거든

師 스싀 傅 부부 前 쳔쪈 面 면면 撤 쳐쳐 簽 쳔쳠 背 븨뷔 書 슈슈 ○ ᄉᆞ승앏화셔사

ᄉᆞᆯᄢᅢ혀글외오기ᄒᆞ여 背 븨뷔 的 디딍 熟 수쓩 白 더딍 ◎ 외오기닉으니는 師 스싀

傅 부부 給 지공 免 면면 帖 뎌텽 一 이잉 張 쟝쟝 ○ ᄉᆞ승이免帖ᄒᆞᆫ쟝을주고 若 쇼샿

背 비뷔 不 부붕 過 고궈 來 레래 的 디딍 ○ 만일외오지못ᄒᆞᄂᆞ니ᄂᆞᆫ 教 쟌걓 當 망당

直 지찡 的 디딍 學 효향 生 승싕 背 비뷔 起 치켸 來 레리 ○ 當直學生의로ᄒᆞ여마로

허세오고 打다다 三산삼 下햐햐 了럏럎 ○ 세흘치ᄂᆞ니라 怎즘즘 麽마뭐 樣양양

是시씽 撒처쳥 簽쳔쳠 背븨뷔 書슈슈 ○ 엇지ᄒᆞᆯ손이사ᄉᆞᆯ쌔혀글외오기면ᄒᆞᆯ 怎즘즘

麽마뭐 樣양양 是시씽 免면면 帖뎌뎡 呢니녜 ○ 엇지ᄒᆞᆯ손이免帖고 每믜뮈 一

이잉 箇거거 竹주쥭 簽쳔쳠 上샹썅 ○ 每ᄒᆞᆫ대ᄶᅩᆨ에 寫셔셔 着져쟣 一이잉 箇

거거 學효햫 生승싱 的디딩 名밍밍 字즈쯔 ○ ᄒᆞᆫ學生의일홈을쓰고 衆중즁 學

효햫 生승싱 的디딩 名밍밍 字즈쯔 ○ 모든學生의일홈을 都두두 一이잉 樣양양

寫셔셔 着져쟣 ○ 다一樣으로써 放방방 在재쨰 一이잉 箇거거 簽쳔쳠 筒퉁뚱

裏리례 盛칭찡 着져쟣 ○ ᄒᆞᆫ사ᄉᆞᆯ통에녀허담아 教쟈걒 當당당 直지찡 的디딩

學효햫 生승싱 ○ 當直學生으로ᄒᆞ여 拿나마 簽쳔쳠 筒퉁뚱 來레래 搖얀염 一

이잉 搖얀염 ○ 사ᄉᆞᆯ통가져다가흔드러 內늬뉘 中중즁 撒처쳥 着쟈쟝 誰슈쒸 的

디딩 ○ 그즁에ᄲᅡ히 니뉜고ᄒᆞ연 便변뼌 着챠쨯 那나너 人인싄 來레래 背배뷔 書

슈슈 ○ 곳그사ᄅᆞᆷ으로 ᄒᆞ여글외오되 背븨뷔 得더득 過고궈 的디딩 ○ 외오 ᄂᆡᄂᆞᆫ 師

스싕 傳부부 給지깅 他타터 免면면 帖뎌뎡 一이힝 箇거거 ○ 스승이冊 롤免帖ᄒᆞ

나흘주 ᄂᆞ니 那나너 免면면 帖뎌뎡 上샹썅 ○ 그免帖 우희 寫셔셔 的디딩 是

시씌 免면면 打다다 三산삼 下하햐 ○ 브스기롤세번마ᄌᆞ 믈免ᄒᆞ리라ᄒᆞ곤 免면면 帖

뎌뎡 上샹썅 師ᄉᆞ싕 傳부뿌 畫화화 着챠쨯 花화화 押야향 ○ 免帖우희 스승이슈

례두 고 若요얗 後후ᅘᅮᇢ 來레래 再재재 撒쳐청 簽쳔쳠 背븨뷔 不부붕 過고궈

書 슈슈 的디딩 ○ 만일후에다시사슬ᄲᅡ혀 글외오지못ᄒᆞᄂᆞ니ᄂᆞᆫ 拿나나 出츄츙 免

면면 帖뎌뎡 來레래 撕스ᄉᆞᆼ 開채채 ○ 免帖을내여 ᄡᅳ저ᄇᆞ리고 便변뼌 將쟝쟝 功

궁궁 折저졍 過고궈 免면면 打다다 了랸럏 ○ 곳功을다가過에맛 초와마즈믈免ᄒᆞ거

니완

若(쇼 샵)沒(무 몽)有(우 잉)免(면 면)帖(텨 텽) ○ 만일免帖곳업스면 一(이 힝)定(딩 띵)

吃(치 킹)打(다 다)三(산 삼)下(햐 햐) ○ 一定세번마즈믈닙ᄂᆞ니라

說(쉬)書(슈)罷(바)又(우)做(주)甚(숨)麽(마)工(궁)課(코)到(닾)晚(완)師(스)傅(부)前(쳔)撤(처)簽(쳔)背(븨)念(년)書(슈)

背(븨)過(고)的(디)師(스)傅(부)與(유)免(면)帖(텨)一(이)箇(거)若(요)背(븨)不(부)過(고)時(스)教(갸)當(당)直(지)的(디)

學(효)生(숭)背(븨)起(키)打(다)三(산)下(햐)怎(즘)的(디)是(스)撤(처)簽(쳔)背(븨)念(년)書(슈)怎(즘)的(디)是(스)免(면)

帖(텨)每(믜)一(이)箇(거)竹(주)簽(쳔)上(샹)寫(셔)着(죠)一(이)箇(거)學(효)生(숭)的(디)姓(싱)名(밍)衆(즁)學(효)生(숭)

的(디)姓(싱)名(밍)都(두)這(져)般(번)寫(셔)着(죠)一(이)箇(거)簽(쳔)筒(퉁)兒(ᅀᅳᆯ)裏(리)盛(칭)着(죠)教(갸)當(당)直(지)

的(디)學(효)生(숭)將(쟝)簽(쳔)筒(퉁)來(래)搖(양)動(둥)內(뉘)中(중)撤(처)一(이)箇(거)撤(처)着(죠)誰(쉬)的(디)便(변)

着(죠)那(나)人(ᅀᅵᆫ)背(븨)書(슈)背(븨)念(년)過(고)的(디)師(스)傅(부)與(유)免(면)帖(텨)一(이)箇(거)那(나)免(면)帖(텨)

上(샹)寫(셔)着(죠)免(면)打(다)三(산)下(햐)師(스)傅(부)上(샹)頭(투)畫(화)着(죠)花(화)押(야)若(요)再(재)撤(처)簽(쳔)

試스不부過고將장出츄免면掂뎌来레毁휘了랴便변將쟝功궁折쳐過고免면了랴打다若쇼

無우免면掂뎌定딩然연喫치打디三산下햐

你니녜是시씽朝챂쨯鮮션션人인싄○너ᄂᆞᆫ이朝鮮ᄉ사ᄅᆞᆷ이라學효햫他타타

官관권話화화做주주甚셔씸麽마뭐○져ᄒᆞᆫ말을ᄇᆡ화므슴ᄒᆞᆯ다你니녜說쉬숴

的디딩話화화也여여是시씽○네니ᄅᆞᄂᆞᆫ말도올커니와但단딴各거갛自조쯔

人인신都두두有우잉箇거거主쥬쥬見견견○다만각각사ᄅᆞᆷ이다主見이잇ᄂᆞ니

라你니녜有우잉甚셔씸麽마뭐主쥬쥬見견견○네므슴主見이잇ᄂᆞᆫ다你

니녜說쉬숴與위유我오어聽팅팅○네닐러내게들리라如슈슈今긴김朝챂쨯

廷팅띵一이힣統퉁퉁天텬텬下하햐○이제朝廷이天下룰一統ᄒᆞ여시니到도동

處츄츄用융융的디딩都두두是시씽官관권話화화○간곳마다ᄡᅳᄂᆞᆫ거시다이

한말이오 我오어 這져져 朝챠쟣 鮮션션 話화화 ○ 우리이朝鮮ᄉ말 只즈징 可

커커 在재쨰 朝챠쟣 鮮션션 地디뎨 方방방 行힝힝 得더듸 去취큐 ○ 다만朝鮮

ᄯᅡ히만ᄡᅳ고 過고궈 了랸럏 義이이 州쟉징 ○ 義州지나 到도닿 了랸럏 中즁즁

國궈궝 地디뎨 方방방 ○ 中國ᄯᅡ히가면 都두두 是스씽 官관권 話화화 ○

디이한말이라 儻탕탕 有우잉 人인신 問운운 一이향 句귀규 話화화 ○ 만일사ᄅᆞᆷ

이ᄒᆞᆫ구말을무러든 也여여 說숴숴 不부붕 出츄츟 來래래 ○ 또니ᄅᆞ지못ᄒᆞ면 別

벼ᄈᆞᆼ 人인신 將쟝장 我오어 們믄문 ○ 다ᄅᆞᆫ사ᄅᆞᆷ이우리ᄅᆞᆯ다간 看칸컨 作조좡 何

허ᄒᆟ 如슈슈 人인신 也여예 ○ 므슴사ᄅᆞᆷ으로보리오 你니녜 這져져 樣양양 學

효ᅘᅣᇢ 中즁즁 國궈궝 人인신 的디딍 書슈슈 ○ 네이리中國ᄉ사ᄅᆞᆷ의글을ᄇᆡ홀ᄲᅮᆫ시면

ᄀ 是시씽 你니녜 自즈쯩 己기계 要얀향 去취큐 學효ᅘᅣᇢ 來래래 麽마마 ○ 이네

임의로 비혼 것가 還(환/훤)是(시/씅)你(니/녜)的(디/딍)父(부/뿌)母(무/무)教(쟢/걒)你(니/녜)

去(취/큐)學(효/햫)的(디/딍)麼(마/뭐) ○ 당시롱 네 父母ㅣ 볼호가 비호라 혼 것가 是(시/씅)我

(오/어)父(부/뿌)母(무/무)教(쟢/걒)我(오/어)去(취/큐)學(효/햫)的(디/딍) ○ 올ᄒᆞ니 우리 父母ㅣ

날로 ᄒᆞ여 가비 ᄒᆞ라 ᄒᆞᆫ게시라 你(니/녜)學(효/햫)的(디/딍)多(도/더)少(샾/봉)時(스/씅)節(져/졍)

了(랸/령) ○ 네 비환지 언머나 ᄒᆞ노 我(오/어)學(효/햫)了(랸/령)半(반/번)年(년/년)有(우/잉)

餘(위/유)了(랸/령) ○ 내 비환지 반히 남즉ᄒᆞ여라 你(니/녜)都(두/두)能(능/넝)懂(둥/둥)得

(더/딍)了(랸/령)懂(둥/둥)不(부/붕)得(더/딍)呢(니/녜) ○ 네 다 能히 알리로소 나 아지 못ᄒᆞ리로소

나 每(믜/뮈)日(ᅀᅵ/ᅀᅵᆼ)同(퉁/뚱)漢(한/헌)學(효/햫)生(숭/싱)們(믄/문) ○ 每日에 漢ㅅ學生들

과 一(이/잉)處(츄/쥬)學(효/햫)習(시/씽)来(레/래) ○ ᄒᆞᆫ디셔 비화니이니 所(소/수)以(이/이)

略(랴/랑)略(랴/랑)的(디/딍)會(휘/훠)得(더/딍) ○ 이러므로 져게 아노라

你니是스高갇麗리人인學효他타漢한兒술文운書슈怎즘麼마你니說숴的디也여是스各거

自즈人인都두有위主쥬見견你니有위甚슴麼마主쥬見견你니說숴我오聽팅着죠如슈今긴

朝챺廷팅一이統퉁天텬下햐世시間견用융着죠的디是스漢한兒술言연語유我오這져高갇

麗리言연語유只즈是스高갇麗리地디面면裏리行힝的디過고的디義이州쥐漢한兒술地디

面면来레都두是스漢한兒술言연語유有위人인問운着죠一이句규話화也여說숴不부得디

時스別벼人인將장咱자們믄做주甚슴麼마人인看칸你니這져般번學효漢한兒술文운書슈

時스是스你니自즈心신裏리學효来레你니的디爺여娘냥教갸你니學효来레是스我오爺여

娘냥教갸我오學효来레你니學효了랴多도少샤時스節져我오學효了랴半번年년有위餘유

省싱的디那나省싱不부的디每믜日이和호漢한兒술學효生승們믄一이處츄學효文운書슈

来레因인此츠上상些셔少샤理리會회的디

你(니 녜)的(디 딍)師(스 싕)傅(부 부)是(시 씽)甚(셔 씸)麽(마 뭐)人(인 신)○네스승이이엇
던사ᄅᆞᆷ고 是(시 씽)漢(한 헌)人(인 신)啊(아 허)○이漢ㅅ사ᄅᆞᆷ이라 有(우 잏)多(도 더)
大(다 때)年(년 년)紀(기 계)了(랸 럏)○나히 언머나 ᄒᆞ뇨 三(산 삼)十(시 씽)五(우 우)歲(쉬 쉬)
了(랸 럏)○셜흔다ᄉᆞᆺ시라 用(융 융)心(신 심)教(쟌 걓)你(니 녜)們(믄 문)啊(아 허)○힘ᄡᅥ
너희ᄅᆞᆯ ᄀᆞᄅᆞ치ᄂᆞ냐 還(환 훤)是(시 씽)不(부 봉)用(융 융)心(신 심)教(쟌 걓)你(니 녜)們(믄 문)
咱(니 녜)○당시롱 힘ᄡᅥ 너희ᄅᆞᆯ ᄀᆞᄅᆞ치지 아니ᄒᆞᄂᆞ냐 我(오 어)師(스 싕)傅(부 부)性(싱 싱)
格(거 긩)溫(운 훈)厚(후 흫)○우리 스승이 영품이 溫厚ᄒᆞ연 很(흔 헌)用(융 륭)心(신 심)教
(쟌 걓)我(오 어)們(믄 문)○ᄆᆞ장 힘ᄡᅥ 우리ᄅᆞᆯ ᄀᆞᄅᆞ치ᄂᆞᆫ이라 你(니 녜)那(나 너)衆(중 즁)學
(효 햫)生(숭 싱)內(늬 뉘)中(중 즁)○네 져 모ᄃᆞᆫ 學生 즁에 有(우 잏)多(도 더)少(샾 셯)中(중 즁)
國(궈 귕)人(인 신)○언머ᄂᆞᆫ 中國ㅅ 사ᄅᆞᆷ이 이시며 多(도 더)少(샾 셯)朝(챺 쟣)鮮(션 션)人

신인 ○ 언머는 朝鮮ᄉ 사ᄅᆞᆷ고 大때다 槩개개 一힝이 半뷘반 是씽시 中즁중 國

광귀 人신인 ○ 大槩 一半은 이 中國ᄉ 사ᄅᆞᆷ이오 ⌐ 一힝이 半뷘반 是씽시 朝쟐챤 鮮

션션 人신인 ○ 一半은 朝鮮ᄉ 사ᄅᆞᆷ이라 ⌐ 這저저 裏리리 頭뚷투 也여여 有임우 皮

삐피 頭완완 的딍디 麽뭐마 ○ 이 즁에 ᄯᅩ 마래ᄂᆞᆫ 이 잇ᄂᆞ냐 ⌐ 是씽시 內뉘늬 中즁중

也여여 有임우 皮삐피 頭완완 的딍디 ○ 그리ᄒᆞ니 그 즁에 ᄯᅩ 마래ᄂᆞᆫ 이 잇ᄂᆞ니 ⌐ 每

뮈믜 日싕이 學햫효 學햫효 長쟝쟝 ○ 每日 學長이 ⌐ 將쟝쟝 那녀나 皮삐피 頭완완 的

딍디 學햫효 生싱승 ○ 져마래ᄂᆞᆫ 學生을 다가 ⌐ 向향향 師싱스 傅부부 禀빈빈 了

렬랴 ○ 스승ᄭᅴ 숣고 ⌐ 就찍쥐 打다다 了렬랴 他티타 ○ 즉시 져롤 치되 ⌐ 他터타 也

여여 是씽시 終즁중 久깋각 不봉부 怕파파 ○ 뎌 ᄯᅩ 죵시 저퍼 아니ᄒᆞᄂᆞ니 ⌐ 這저저

是씽시 漢헌한 小샹샨 廝송스 們문문 十씽시 分분분 皮삐피 頭완완 的딍디

○이漢ᄉ아희들은마쟝마래는이어니와 若(쇼 샹)朝(챂 쟣)鮮(션 션)小(샾 샾)厮(스 슨)們(믄 믄)却(커 챨)比(비 비)他(타 터)們(믄 믄)略(랴 량)好(한 항)些(셔 셔)

○朝鮮人아희들마든 이는또져들에比컨대져기어지니라

你(니)的(디)師(스)傅(부)是(스)甚(씀)麼(마)人(인)是(스)漢(한)兒(슬)人(인)有(우)多(도)少(샾)年(년)紀(기)三(산)十(시)五(우)歲(쉬)了(랸)耐(내)繁(반)教(걒)那(나)不(부)耐(내)繁(반)教(걒)我(오)師(스)傅(부)性(싱)兒(슬)溫(운)克(커)好(한)生(승)耐(내)繁(반)教(걒)你(니)那(나)衆(중)學(햪)生(승)內(뉘)中(중)多(도)少(샾)漢(한)兒(슬)人(싄)多(도)少(샾)高(간)麗(리)人(싄)漢(한)兒(슬)高(간)麗(리)中(중)半(번)裏(리)頭(투)也(여)有(우)頑(완)的(디)麼(마)哥(커)知(지)有(우)頑(완)的(디)每(믜)日(시)學(햪)長(쟝)將(쟝)那(나)頑(완)學(햪)生(승)師(스)傅(부)上(샹)稟(빈)了(랸)那(나)般(반)打(다)了(랸)時(스)只(즈)是(스)不(부)怕(파)漢(한)兒(슬)小(샾)厮(스)們(믄)十(시)分(븐)頑(완)高(간)麗(리)小(샾)厮(스)們(믄)較(걒)好(한)些(셔)

大 다따 哥 거거 ○ 큰형아 你 니니 如 유슈 今 긴긴 往 왕왕 那 나나 裏 리리 去 취큐

○ 네 이제 어듸로 향ᄒᆞ여 가ᄂᆞᆫ다 我 오어 也 여여 往 왕왕 北 버븨 京 징깅 去 취큐

○ 나도 北京을 향ᄒᆞ여 가노라 你 니니 旣 지기 往 왕왕 北 버븨 京 징깅 去 취큐

○ 네 이믜 北京을 향ᄒᆞ여 갈쟉시면 我 오어 是 시씌 朝 챂잪 鮮 션션 人 인신 ○ 나이 朝鮮ᄉᆞ사ᄅᆞᆷ이라

中 중즁 國 귀궈 地 디디 面 면면 素 수수 來 레래 行 항형 不 부붕 慣 관관

○ 中國ㅅ다히본듸도 니기닉지못ᄒᆞ니 你 니니 好 한황 歹 대대 帶 대대 我 오어

○ 네 모로미 나ᄅᆞᆯ 드려 作 조잡 箇 거거 同 퉁뚱 伴 반뿐 去 취큐 ○ ᄒᆞᆫ가지로 벗지어 가쟈

這 져져 麼 마뭐 着 져쨥 ○ 이러면 咱 자잔 們 믄믄 一 이힝 同 퉁뚱 去 취큐

罷 바빠 ○ 우리 ᄒᆞᆫ가지로 가쟈 大 다따 哥 거거 你 니니 貴 귀귀 姓 싱싱 ○ 큰형아 네

貴姓이 연 賤 쳔쪈 姓 싱싱 王 왕왕 ○ 賤姓이 王가ㅣ로라 你 니니 家 쟈갸 在 재째 那 나나

녀니 裏 례리 住 쮸쥬 ○ 네 집이 어듸 이셔 사ᄂᆞᆫ다 我 어오 在 째재 遼 랴랴 陽 양양 城

찡칭 裏 례리 住 쮸쥬 ○ 내 遼陽 잣 안헤 이셔 사노라 你 니니 往 왕왕 京 깅징 裏 례리

去 큐취 ○ 네 셔울 향ᄒᆞ여 갈 ᄯᅢ시면 有 웡우 甚 씸셔 麽 뭐마 勾 긓구 當 당당 去

큐취 ○ 므ᄉᆞᆷ 일이 이셔 가ᄂᆞᆫ다 我 어오 要 얗얀 將 쟝쟝 這 져져 幾 계지 箇 거거 馬

마마 賣 매매 去 큐취 ○ 내 이 여러 ᄆᆞᆯ을 가져 ᄑᆞᆯ라 가려 ᄒᆞ노라 這 져져 麽 뭐마 的 디디

呢 ᄂᆡ니 很 흔흔 好 할한 ○ 이러면 ᄀᆞ장 죠타 我 어오 也 여여 要 얗얀 去 큐취 賣

매매 這 져져 幾 계지 箇 거거 馬 마마 ○ 나도 가이 여러 ᄆᆞᆯ을 ᄑᆞᆯ려 ᄒᆞ고 這 져져 馬 마마

上 썅샹 馳 떠토 着 쨔져 的 딍디 ○ 이 ᄆᆞᆯ예 시른 些 셔셔 微 뮈위 幾 계지 疋 핑픽

毛 맣만 藍 람란 布 부부 ○ 뎌 기여러 필 모시뵈도 一 힝이 併 빙빙 都 두두 是 ᄉᆞ시

要 얗얀 賣 매매 的 딍디 ○ 옴겨 다 ᄑᆞᆯ려 ᄒᆞᄂᆡ 你 니니 旣 기기 是 ᄉᆞ시 去 큐취 賣

賣馬◯ 네 이 ᄆᆞᆯ을 ᄑᆞᆯ려 ᄒᆞ면 咱們正好一

同去◯ 우리 ᄒᆞᆫ가지로 가미 正히 됴ᄒᆞ니라

大哥你如今那裏去 我也往北京去 你既往北京

去時 我是高麗人 漢兒地面裏不慣行 你好歹

帶我做火伴去 這們時 咱們一同去來 哥哥你貴

姓 我姓王 你家在那裏住 我在遼陽城裏住 你京

裏有甚麽勾當去 我將這幾箇馬賣去 那般時最

好 我也待賣這幾箇馬去 這馬上馱着的些少毛

施布 一就待賣去 你既賣馬去時 咱們恰好做火

伴去

大때다哥거거○큰형아 可귀커知찌지道땋닿○알셔시넌 京깅징裏리리
馬마마價갸가如슈슈何허허○셔울ᄆᆞᆯ갑시엇더ᄒᆞᆫ고 近긴긴有잉위相샹샹
識싱시的뎡디人신인來래레說숴숴○요ᄉᆞ이서로아ᄂᆞᆫ ᄅᆞᆷ이이녀와니ᄅᆞ되 馬마마
的딩디價갸가錢쪈쳔這져져幾계지日싀ᅀᅵ好핳할○ᄆᆞᆯ갑시 ᄉᆞ이죠ᄒᆞ고
就찍쥬這져져頭틓투等둥등的딩디馬마마○ᄀᆞ장읏듬엣ᄆᆞᆯ은 賣매매得
득더十씽시五우우兩량량以이이上썅샹○十五兩上에ᄑᆞᆯ고 似쓰ᄉᆞ這져져
一잉이等둥등的딩디馬마마○이ᄒᆞᆫ등엣ᄆᆞᆯ은 可커커賣매매十씽시兩
량량以이이上썅샹○十兩以上에ᄑᆞᆫ다ᄒᆞ더라 却걓커知찌지道땋다布부부價
갸가的딩디高강깐低데디麽뭐마○또뵈ㅅ갑시놉흐며ᄂᆞᄌᆞᆷ을아ᄂᆞᆫ가 布부부價
갸가比비비往왕왕年년년的딩디價갸가錢쪈쳔差차차不부부多도도○

뵈갑슨往年ㅅ갑서ᄯᅥ러 대되ᄡᅡ아니타ᄒᆞ더라」京깅징裏리리吃치치食시시貴귀귀

賤쪈젼如슈슈何ᄒᆔ허○賤ᄒᆞ여먹을이어더ᄒᆞ여시니貴ᄒᆞ뇨」我ᅌᅥ오那나나相샹샹

識싱시人신인曾쯩층說쉉쉬○내이져알아즉ᄂᆞᆫ사ᄅᆞᆷ이니르되」他타타來래레時ᄉᆞ시

스ᄡᆞ○제ᄯᅢ올예」一이흥斗두등粳징깅米미메賣매매八바빵分분뿐銀인인

子즈ᄌᆞ○ᄒᆞᆫ말粳米ᄂᆞᆫ팔푼은에풀고」一이흥斗두등小샾썋米미메賣매매五

우우分분뿐銀인힌子즈ᄌᆞ○ᄒᆞᆫ말小米ᄂᆞᆫ오푼은에풀고」乾간건麵면면十시씽

斤긴긴賣매매一이흥錢쳔쪈銀인인子즈ᄌᆞ○ᄒᆞᆫ근ᄆᆞ론국슈ᄂᆞᆫ열돈은에풀고」

羊양양肉류ᅀᅲᆨ一이흥斤긴긴賣매매二ᅀᅵ을分분뿐銀인힌子즈ᄌᆞ○

ᄒᆞᆫ근오두푼은에푼다ᄒᆞ더라」似스ᄊᆞ這져져等등ᄐᆡᆼ看칸컨起키ᄒᆡ來래레○

이보량면」與위유我오ᅌᅥ當당당年년년在재ᄌᆡ京징깅裏리리時시ᄉᆞ○

희예셔울이실쎄와 價가가 錢쳔쪈 都두두 是시씨 一이힝 樣양양 ○ 갑시다혼가지로다

哥거 哥거 曾층 知지 得더 京깅 裏리 馬마 價가 如유 何허 近긴 有우 相샹 識시 人신 來래 說숴 馬마

的디 價가 錢쳔 這져 幾기 日시 好할 似스 這져 一이 等등 的디 馬마 賣매 十시 五우 兩량 以이 上샹

這져 一이 等등 的디 馬마 賣매 十시 兩량 以이 上샹 曾층 知지 得더 布부 價가 高갈 低디 麽마 布부

價가 如유 往왕 年년 的디 價가 錢쳔 一이 般번 京깅 裏리 喫치 食시 貴귀 賤쳔 我오 那나 相샹 識시

人신 曾층 說숴 他타 來래 時스 八바 分븐 銀인 子즈 一이 斗두 粳깅 米미 五우 分븐 一이 斗두 小샤

米미 一이 錢쳔 銀인 子즈 十시 斤긴 麪면 二을 分븐 銀인 子즈 一이 斤긴 羊양 肉수 似스 這져 般번

時스 我오 年년 時스 在재 京깅 裏리 來래 價가 錢쳔 都두 一이 般번

咱자장 們믄믄 今긴김 夜여여 那나너 裏리레 去취큐 住쥬쮸 呢니 ○ 우리

오늘밤에어듸가머믈료 咱 자장 們 믄문 往 왕왕 前 쳔젼 走 주즘 ○ 우리앏흘향ᄒᆞ여네

여 十 시씽 多 도더 里 리례 路 루루 ○ 十里남즉ᄒᆞᆫ길희 有 위잉 一 이힝 箇 거거

店 뎐뎜 ○ ᄒᆞᆫ店이이시되 名 밍밍 叫 쟌걍 做 주주 尾 와와 店 뎐뎜 ○ 일홈을尾店이

라브ᄅᆞᄂᆞ니 咱 자장 們 믄문 到 단당 那 나너 裏 리레 ○ 우리져귀가리 或 휘횡 早

잔장 或 휘횡 晚 완완 ○ 或일으나或느즈나 可 커커 同 퉁뚱 宿 수슝 了 랼럏 罷 바빠

○ ᄒᆞᆫ가지로자쟈 若 쇼샿 再 재재 過 고궈 去 취큐 ○ 만일또지나가면 往 왕왕 前

쳔젼 二 을싱 十 시씽 多 도더 里 리례 地 디뎨 ○ 앏흘향ᄒᆞ여二十里남즉ᄒᆞᆫᄯᅡ히 沒

무몽 有 위잉 人 인신 家 쟈갸 了 랼럏 ○ 人家ㅣ업스니라 旣 지계 是 시씨 那 나너

麽 마뭐 着 져쨩 ○ 이믜그러면 前 쳔젼 不 부붕 着 쟌쨩 村 춘춘 ○ 앏호로村에미

ᄎᆞᆺ지못ᄒᆞ고 後 후흫 不 부붕 着 쟌쨩 店 뎐뎜 ○ 뒤흐로店에미ᄎᆞᆺ지못ᄒᆞ리니 咱 자장

們믄믄 又잉우 投뜽투 那너나 裏레리 去큐취 宿숭수 呢녀니 ○ 우리 ᄯᅩ 어듸 가
자리오 ㄴ 到당닫 那너나 裏레리 時씃스 候흫후 雖쉬쉬 早잫잔 也여여 好핳한
○ 져긔 가ᄃᆡ 비록 일러도 죠ᄒᆞ니 ㄴ 歇혀혀 息싱시 牲승승 口쿵쿠 ○ 즘ᄉᆡᆼ을 쉬워ᄒᆞ고 ㄴ 明
밍밍 日싱ᅀᅵ 早잫잔 行힝힝 的디디 便뺸편 宜이이 ○ ᄂᆡ일 일 녀미 맛당ᄒᆞ다 ㄴ 但
딴단 這져져 裏레리 到당닫 京깅징 裏레리 ○ 다만 여긔셔 셔울 가기 ㄴ 尚썅샹 有
잉우 多더도 少샿샨 路루루 呢녀니 ○ 오히려 언머 길히 잇ᄂᆞ뇨 ㄴ 這져져 裏레리 到당닫
京깅징 裏레리 ○ 여긔셔 셔울 가기 ㄴ 還환환 有잉우 五우우 百빙비 多더도
里레리 ○ 당시롱 五百里 남즉이 잇ᄂᆞ니 ㄴ 若샿숖 天텬텬 可커커 憐련련 見견견 ○
만일 하ᄂᆞᆯ히 어엿비 너기샤 ㄴ 咱잫자 們믄믄 身신신 子ᄌᆞᄌᆞ 平핑핑 安한안 ○ 우리
몸이 平安ᄒᆞ면 ㄴ 再재재 有잉우 五우우 六륳루 日싱시 可커커 以이이 到닫닫 了럏랴

랸령 ○ 住五六日만ᄒᆞ면가히가리라 咱자쟝 們믄문 到닾둫 京징깅 時스씃 ○ 우리

셔울가면 那나너 裏리례 住쥬쮸 下햐햐 好한핳 ○ 어디머므러야죠ᄒᆞ료 咱자쟝

們믄문 往왕왕 順슌쓘 城칭찡 門믄문 官관권 店뎐뎜 裏리례 住쥬쮸 下햐햐

○ 우리順城門官店에가셔머므자 那나너 裏리례 向향향 馬마마 市시씃 裏리례

去취큐 却커캳 近긴낀 些셔셔 ○ 져긔셔믈져제가기ᄯᅩ갓가오니라 你니녜 說쉬숴

的디딍 是시씃 ○ 네니ᄅᆞ미올타 我오어 也여여 心신심 裏리례 這저져 麽마뭐

想샹샹 着져쟣 ○ 나도ᄆᆞᄋᆞᆷ에이리ᄉᆡᆼ각ᄒᆞ엿더니 你니녀 說쉬숴 的디딍 恰햐컁

合허헝 我오어 意이이 ○ 네니ᄅᆞ미맛치내ᄯᅳᆺ과ᄀᆞᆺ다 就직찍 是시씃 那나너 裏

리례 好한핳 ○ 이믜셔져귀죠ᄒᆞ니 但단딴 是시씃 遼랴럎 東동뚱 去취큐 的디딍

客커킈 人인신 們믄문 ○ 다만遼東으로셔가ᄂᆞᆫ나그ᄂᆡ들이 別비쁴 處츄츄 不부붕

下햐하 ○ 다룬ᄃᆡ 브리오지 아니ᄒ고 大때다槩개개都무두在째재那나나
裏례리住쮸쥬 ○ 大槩 다 져기 머므ᄂ니 我어오當당당年년년也여여在째재那나나
裏례리住쮸쥬 ○ 내 그ᄒᆡ예도 져기 머므니 十씽시分분분便뼌변宜의이 ○
ᄀᆞ장 맛당ᄒ더라
咱자們믄今긴夜여那나裏리宿수去큐咱자們믄往왕前쳔行힝的디十시里리來래田뎐地디
裏리有위箇거店뎐子즈名밍喚훤尾와店뎐咱자們믄到됴時스或훼早잪或훼晩완只즈那나
裏리宿수去큐若요過고去큐了랴時스那나邊변有우二슬十시里리地디沒무人신家갸[illegible]
那나般반時스前쳔不부着죠村춘後후不부着죠店뎐咱자們믄只즈投투那나裏리宿수去큐
到됴那나裏리便변早잪時스也여好화咱자們믄歇혀息시頭투口쿠明밍日싀早잪行힝[illegible]
裏리到됴京깅裏리有우幾기程칭地디這져裏리到됴京깅裏리還환有우五우百버里리[illegible]

老乞大[illegible]諺解 一

上天可憐見身子安樂時再着五箇日頭到了咱

們到時那裏安下好咱們往順城門官店裏下去

來那裏就便投馬市裏去却近些你說的是我也

心裏這般想着你說的恰和我意同只除那裏好

但是遼東去的客人們別處不下都在那裏安下

我年時也在那裏下來十分便當

你這幾箇牲口 ○ 네 이 여러 즘싱이 每夜

예 먹여 吃多少草料 ○ 每夜예 언머 집과 콩을 먹이면 共

用多少錢 ○ 대되 언머 돈을 쓰느뇨 這六箇

馮 ○ 이 여숫 몰에 每一箇五升料一

細쿤쿤草찬창○每흔나희닷되공과흔뭇집히나니ㄴ共궁궁儹좐쥰來레래○대되
헤ㄴ大다때槩개개兒을싱用융융盤판뽠纏쳔쪈二을싱錢쳔쪈銀인힌子
즈즘○大槩盤纏을두돈은을쓰ᄂᆞ니ㄴ這져져六루룽箇거거馬마마○이여ᄉᆞ몰이ㅣ
每미뮈夜여여吃치킹的디딩草찬참料랸량也여여不부붕一이힝樣양양
○每夜에먹ᄂᆞᆫ집과콩이ᄯᅩᄒᆞᆫ가지아니라ㄴ草찬참料랸량貴귀귀處츄츄○집과콩이
貴ᄒᆞᆫ곳은ㄴ用융융銀인힌三산삼四스ᄉᆞ錢쳔쪈○은서ᄂᆞᆫ돈을쓰고ㄴ草찬창料
랸령賤젼쪈處츄츄○집과콩이賤ᄒᆞᆫ곳은ㄴ用융융銀인힌二을싱錢쳔쪈○은두
돈을쓰ᄂᆞ니라ㄴ這져져箇거거馬마마也여여走주증的디딩好화항○이몰이ᄯᅩ
거름이ᄌᆞᆯ타ㄴ也여여有우잉幾지계步부뿌走주증○ᄯᅩ여러거름이ᄋᆞᆺᄂᆞ니라ㄴ除
휴츄了랸령這져져箇거거馬마마○이몰을덜고ㄴ別베뼝箇거거的디딩都

두두 不부붕 好핲핳 ○ 다ᄅᆞᆫ이ᄂᆞᆫ 다 죠치 아닌이라 ㄴ你니녜 這져져 馮마마 與유유

布부부 ○ 네 이 몰과 뵈ᄅᆞᆯ 到댜당 北버븡 京징깅 賣매매 了랴랑 ○ 北京 가 ᄑᆞᆯ고

却켜캳 買매매 些셔셔 甚셔씸 麽마뭐 貨호훠 物우뭉 ○ 므슴 貨物을 사 ㄴ回

휘휘 到댜당 朝챠졍 鮮셴션 去취큐 賣매매 呢니녜 ○ 朝鮮에 도라가 ᄑᆞᄂᆞ뇨 ㄴ我

오어 要야얗 往왕왕 山산산 東둥둥 濟지졔 寧닝닝 府부부 東둥둥 昌창챵 縣

현현 高갚갛 唐탕땅 縣현현 ○ 내 山東濟寧府엣 東昌縣 高唐縣에 가 ㄴ收슈싱 買매매

些셔셔 絹켠켠 疋피핑 綾링링 子즈즈 涼량량 花화화 紬칙찍 子즈즈 ○ 져기

필과 綾과 소옴과 비단을 거두어 사 ㄴ回휘휘 到댜당 王왕왕 京징깅 賣매매 去취큐

○ 王京에 도라가 ᄑᆞ려 ᄒᆞ노라 ㄴ若쇼샾 到댜당 你니녜 那나너 地디뗴 方방방 ○

만일 네 져긔 가면 ㄴ也여여 有우잉 些셔셔 利리례 錢쳔쪈 麽마뭐 ○ 任有 利錢이

잇ᄂᆞ니 那나너 箇거거 也여여 好한핳 ○그ᄂᆞᆫᄯᅩ죠호니 我오어 當당당 年년년

○내그희예 跟근근 着져쟙 中중즁 國궈궝 人인인 ○中國ㅅ사ᄅᆞᆷ을ᄯᅡ라 到도담

高간광 唐탕땅 ○高唐에간 收수싕 買매매 些셔셔 綾링링 絹견견 ○져기綾과

갑ᄉᆞᆯ거두어산 回회휘 到도담 王왕왕 京징깅 賣매매 了랴럎 ○王京에도라가ᄑᆞᆫ

也여여 得더듷 些셔셔 利리례 錢쳔쪈 ○ᄯᅩ져기利錢을어들러라

你니 這져 幾기 箇거 頭투 口쿠 每믜 夜여 喫치 的디 草찬 料랸 通퉁 該개 多도 少샾 錢쳔 這저 六릭

箇거 馬마 每믜 一이 箇거 五우 升싱 料랸 一이 束수 草찬 通퉁 筭숸 過고 來레 盤편 纏쳔 著죠 二을

錢쳔 銀인 子즈 這져 六릭 箇거 馬마 每믜 夜여 喫치 的디 草찬 料랸 不부 等등 草찬 料랸 貴귀 處츄

盤편 纏쳔 三산 四스 錢쳔 銀인 子즈 草찬 料랸 錢쳔 處츄 盤편 纏쳔 二을 錢쳔 銀인 子즈 這져 箇거

馬마 也여 行힝 的디 好한 可커 知지 有위 幾기 步부 慢만 竄촨 除츄 了럎 這져 箇거 馬마 別볘 箇거

的디都두不부好한你니這져馬마和호布부子즈到닾北버京깅賣매了랴時스却켜買매些서

甚슴麼마貨호物우廻휘還환高갚麗리地디面면裏리賣매去큐我오往왕山산東둥濟지寧닝

府부東둥昌창高갚唐탕收수買매些서絹편子즈綾링子즈綿면子즈廻휘還환王왕京깅賣매

去큐到닾你니那나地디面면裏리也여有우些서利리錢쳔麼미那나的디也여中중我오年닌

時스跟근着죠漢한兒술火호伴번到닾高갚唐탕收수買매些서綿면絹편將장到닾王왕京깅

賣매了랴也여尋신了랴些서利리錢쳔

你니녜那나녀綾링링絹편편涼량량花화화 ○ 네뎌綾과깁과소옴을 在재째

本븐분地디뎨多도더少샾봉價갸갸錢쳔쳔買매매來레래的디딩 ○ 맛

히뎌언머갑스로사온거시면 到닾닿王왕왕京징깅多도더少샾봉價갸갸錢쳔쳔

賣매매出츄츄去취큐的디띵 ○ 王京에가언머갑스로프노거시뇨 我오허買매매

的디딍價갸갸錢쳔쪈○내사ᄂᆞᆫ갑슨小샨셩絹켠켠一이잉疋피핑三산삼

錢쳔쪈○小絹ᄒᆞᆫ필에서돈에ᄒᆞ연染연염做주주小샨셩紅홍훙顏연연色서싀

做주주裏리레絹켠켠○小紅빗드려안깁문돌고綾링링子조즈每믜뮈疋피핑

二을싱两량량○綾每疋에두냥에ᄒᆞ여染연염做주주鴉야햐青칭칭小샨셩

紅홍훙顏연연色서싀○鴉青과小紅빗출드리나絹켠켠子조즈每믜뮈疋피핑

○깁每疋에염染연염錢쳔쪈二을싱錢쳔쪈○물갑시두돈이오綾링링子조즈

每믜뮈疋피핑○綾每疋에染연염鴉야햐青칭칭的디딍三산삼錢쳔쪈○

鴉青드리논디서돈이오小샨셩紅홍훙的디딍二을샹錢쳔쪈○小紅에논두돈

이오凉량량花화화每믜뮈一이잉斤긴긴○소옴每혼근에價갸갸銀인인二을

싱錢쳔쪈○갑은이두돈이니到닾닿玉왕왕京칭깅去취큐○王京의가絹

편편 一 이잉 疋 피핑 ○ 갑호疋엔 換 환훤 細 시세 麻 마마 布 부부 兩 량량 疋 피핑

○ 細麻布두필에밧고와 」 折 져졍 銀 인인 一 이잉 兩 량량 二 을싀 錢 쳔쪈 ○ 銀호

냥두돈에치고 」 綾 링링 子 즈즁 一 이잉 疋 피핑 ○ 綾호필엔 」 鴉 야야 青 칭칭 的 디딩

換 환훤 布 부부 六 뤼룽 疋 피핑 ○ 鴉青은뵈엿疋에밧고와 」 折 져졍 銀 인인 子 즈즁

三 산삼 兩 량량 六 뤼룽 錢 쳔쪈 ○ 銀석냥엿돈에치고 」 小 샾셯 紅 홍훙 的 디딩 換

換 환훤 布 부부 五 우우 疋 피핑 ○ 小紅은뵈닷필에밧고와 」 折 져졍 銀 인인 子 즈즁 二

三 산삼 兩 량량 ○ 은석냥에치고 」 涼 량량 花 화햐 每 믜뮈 一 이잉 斤 긴근 ○ 소음每호

근에 」 換 환훤 布 부부 一 이잉 疋 피핑 ○ 뵈훈疋에밧고와 」 折 져졍 銀 인인 子 즈즁

六 뤼룽 錢 쳔쪈 ○ 銀엿돈에쳐 」 通 퉁퉁 共 궁궁 筭 솬숸 來 래레 ○ 대되혜오니 」

除 츄쮸 了 랴령 牙 야야 稅 쉬쉬 脚 교갹 價 가갸 之 즈징 外 왜왜 ○ 즈름갑稅갑삭

갑더론밧긔 也여여可커커得더둥加갸갸五우우的디딩利리례錢쳔쪈 ○

征허직온利錢을어들러라

你니那나綾링絹견綿면子즈就주地디頭투多도少샾價갸錢쳔買매來래到닾王왕京깅多도

少샾價갸錢쳔賣매我오買매的디價갸錢쳔小샾絹견一이疋피三산錢쳔染연做주小샾紅홍

裏리絹견綾링子즈每믜疋피二을兩랑家갸染연做주鴉야青칭和호小샾紅홍絹견子즈每믜

疋피染연錢쳔二을錢쳔綾링子즈每믜疋피染연錢쳔鴉야青칭的디三산錢쳔小샾紅홍的디

二을錢쳔又우綿면子즈每믜一이斤긴價갸錢쳔六릭錢쳔銀인子즈到닾王왕京깅絹견子즈

一이疋피賣매細시麻마布부兩량疋피折저銀인一이兩량二을錢쳔綾링子즈一이疋피鴉야

青칭的디賣매布부六릭疋피折저銀인子즈三산兩량六릭錢쳔小샾紅홍的디賣매布부五우

疋피折저銀인子즈三산兩량綿면子즈每믜四스兩량賣매布부一이疋피折저銀인子즈六릭

錢(쳔)通(퉁)滚(군)算(숸)着(죠)除(츄)了(랴)牙(야)稅(쉬)繳(갸)計(기)外(왜)也(여)尋(신)了(랴)加(갸)五(우)利(리)錢(쳔)

你 니녜 從 충쭝 來 레래 ○ 네 본디 到 닾당 京 징깅 裏 리례 ○ 셔울 가 賣 매매

了 랴령 貨 호휘 物 우뭉 ○ 貨物을 ᄑᆞᆯ고 就 직찍 買 매매 綾 링링 絹 권권 ○ 즉시

綾과 깁을 사 到 닾당 王 왕왕 京 징깅 去 취큐 賣 매매 ○ 王京에 가 ᄑᆞ노라 ᄒᆞ면 前

쳔쪈 後 후흫 住 쥬쮸 了 랴령 多 도뎌 少 샨셩 日 시싱 子 조즈 ○ 前後에 며ᄎᆞᆯ을 머믈

러뇨 我 오어 從 충쭝 年 년녠 時 스씅 正 징정 月 워웡 裏 리례 ○ 내 샹년 正月브터

將 쟝쟝 馬 마마 匹 피핑 與 위유 布 부부 ○ 馬匹과 뵈를 가져 到 닾당 京 징깅 都

두두 賣 매매 了 랴령 ○ 셔울 가 다 ᄑᆞᆯ고 五 우후 月 워웡 裏 리례 到 닾당 高 갚강 唐

탕땅 去 취큐 ○ 五月에 高唐에 가 收 식싱 買 매매 些 셔셔 綾 링링 絹 권권 ○ 져기

綾과 깁을 거두어 사 到 닾당 直 지찡 沽 구구 裏 리례 上 샹썅 船 쳔쮠 過 거궈 海 해해

○直沽에가비타바다건너十시씽月웨웨裏리레到닾당王왕왕京징깅○十月

에王京에가到닾당年년년終중즁○年終에다두랴這져져些셔셔貨호훠物우우

우롱都두두賣매매了랴랴○이貨物을다풀고就직쥐買매매了랴랴這져져

幾지계匹피핑馬마마○이믜여이여러필몰과併빙뼹毛맢망藍란란布부부

來레래了랴랴○아오로모시뵈롤사오노라

你니自즈來레到닾京깅裏리賣매了랴貨호物우却거買매綿면綃햪到닾王왕京깅賣매了랴

前쳔後후住쥬了랴多도少샤時스我오從충年년時스正칭月웨裏리將장馬마和호布부子즈

到닾京깅都두賣매了랴五우月웨裏리到닾高잪唐탕收쌱起키綿면綃햪到닾直지沽구裏리

上샹船쳔過고海해十시月웨裏리到닾王왕京깅投투到닾年년終중貨호物우都두賣매了랴

又우買매了랴這져些셔馬마并빙毛맢施스布부來레了랴

這져져 三삼산 箇거거 火훠호 伴뻔번 ○ 이 세 벗의 是씽지 你네니 親친친 眷

권권 麼뭐마 ○ 이 네 권당가 與유위 你네니 同뚱퉁 來래레 的듸디 啊허야 ○

너와 ᄒᆞᆫ가지로 오니가 却캬거 不붕부 曾쯩충 問문운 他터타 的듸디 姓싱싱 名

밍밍 ○ 또 일즉 져의 姓名을 묻지 못ᄒᆞ엿더니 姓싱싱 甚씸셔 麼뭐마 ○ 姓이 무어시면

名밍밍 字쯔즈 甚씸셔 麼뭐마 ○ 일홈이 므엇고 這져져 箇거거 姓싱싱 金김긴

○ 이ᄂᆞᆫ 姓이 金가ㅣ니 是씽시 我어오 姑구구 舅끟꾸 哥거거 哥거거 ○ 이ᄂᆞᆫ 네 姑

舅외게 형이오 生 這져져 箇거거 姓싱싱 李례리 ○ 이ᄂᆞᆫ 姓이 李가ㅣ니 是씽시 我

어오 兩량량 姨이이 兄훵흉 弟뗴디 ○ 이ᄂᆞᆫ 내 兩姨의게 난 아이오 這져져 箇거거

姓싱싱 趙쨩잔 的듸디 ○ 이 姓 趙가ᄂᆞᆫ 是씽시 我어오 街걔개 坊방방 ○ 내이

이웃이라 你네니 旣계지 是씽시 他터타 姑구구 舅끟꾸 弟뗴디 兄훵흉 ○ 이네

의귀姑舅의게 난 弟兄이면」

誰是舅舅的兒子 ○누구는 이 舅舅의 子息이며」 誰是姑姑的兒子呢 ○누구는 이 姑姑의게 난 子息고

我是姑姑生的 ○나는 이 姑娘의게 난 이오 他是舅舅養的 ○저는 이 내 舅舅의 나흔 이라」

你這兩姨弟兄 ○네 이 兩姨 弟兄이면 是親兩姨 是房分兩姨呢 ○任이ᄉ杢에 갈나兩姨고

是親兩姨弟兄 ○이 親兩姨 弟兄이니 我母親是姐姐 ○우리 母親은 이 姐姐ㅣ오 他母親是妹子 ○저의 母親은 이 妹子ㅣ라

你們旣是姑

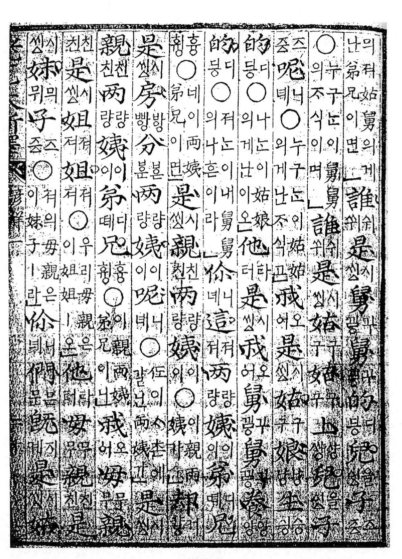

구구舅구꿍兩량량姨이이弟디뎨兄훙훵○너희이믜姑舅兩姨에벋弟兄이면

즘즘麽마뭐沿연연路루루上샹샹多도더有우윋戱히히言연연○엇지길헤

戱言이만하ᄂᆞ全촨춴不부붕避비삐諱휘휘呢니녜○전혀避諱치아니ᄒᆞᄂᆞ뇨這

져져是시씽我오어們믄믄不부붕忌지계的디딩人인신家쟈가○이우리예

리지아닏ᄂᆞᆫ사ᄅᆞᆷ은親친친弟디뎨兄훙훵說쉬숴話화화○親弟兄이을ᄒᆞ여도말

尚샹샹不부붕許지계較쟌걒○오히려혜아리지아니ᄒᆞ거든況황황是시씽姑

구구舅구꿍兩량량姨이이的디딩弟디뎨兄훙훵○ᄒᆞ믈며이姑舅兩姨에난弟兄

이얀又우잉何허허必비삥理리례論룬룬呵아여○또엇지반ᄃᆞ시혀기리오

這져三산箇거火호伴번是스你니親친眷쥬那나是스相샹會휘來레的디都두不부曾층問운

姓싱甚슴麽마這져箇거姓싱金긴是스小샾人신姑구舅구哥거哥거這져箇거姓싱李리是스

小人兩姨兄弟這箇姓趙是我街坊你是姑舅弟

兄誰是舅舅上孩兒誰是姑姑上孩兒小人是姑

姑生的他是舅舅生的你兩姨弟兄是親兩姨那

是房親兩姨是親兩姨弟兄我母親是姐姐他母

親是妹子你既是姑舅兩姨弟兄怎麽沿路穢語

不迴避我一們不會體例的人親弟兄也不隔話姑

舅兩姨更那裏問

咱們閑話別講罷 우리 잡말 니르지 마쟈

那前頭的便是瓦店了 뎌 앏픠

희여손 곳이 瓦店이니 尋箇好乾淨店房

(쥬/쮸) 下(하/햐) ○ 마장乾淨ᄒᆞᆫ店房을어더브리오고 且(쳐/쳐) 歇(혀/혀) 息(시/싱) 牲(승/싱) 口

(쿠/큥) ○ 또즘싱을쉬오자 那(나/너) 街(개/걔) 北(비/븽) 這(져/져) 一(이/잉) 箇(거/거) 店(뎐/뎜)

○ 져거리북녁이ᄒᆞᆫ店은 是(시/씨) 我(오/어) 舊(직/찍) 主(쥬/쥬) 人(인/신) 家(쟈/갸) ○ 이우

리녯主人이니 咱(자/장) 們(믄/문) 就(직/찍) 到(도/당) 那(나/너) 裏(리/레) 下(하/햐) ○ 우리즉시

져긔가브리오자 主(쥬/쥬) 人(인/신) 家(쟈/갸) 拜(배/배) 揖(이/힝) 了(랴/령) ○ 主人아拜揖ᄒᆞ

노라 噯(애/해) 呀(야/햐) 王(왕/왕) 大(다/때) 哥(거/거) 來(래/래) 了(랴/령) 麼(마/머) ○ 噯呀王가

큰형이왓고나 久(구/궁) 違(위/위) 了(랴/령) ○ 오래보지못ᄒᆞ엿더니 好(호/항) 啊(아/허) ○

편안ᄒᆞ냐 你(니/니) 這(져/져) 幾(지/기) 箇(기/거) 火(호/훠) 伴(번/뻔) ○ 네이여러벗인 從(충/쭝)

那(나/너) 裏(리/레) 同(퉁/뚱) 來(레/래) 的(디/딩) ○ 어ᄃᆡ로셔ᄒᆞᆫ가지로오니고 這(져/져) 是(시/씨)

(시/씨) 我(오/어) 沿(연/연) 路(루/루) 上(샹/썅) ○ 이는내길ᄒᆡ셔 做(주/주) 火(호/훠) 伴(번/뻔) 一

이황 哥퉁뚱 往왕왕 北버뵈 京징깅 去취큐 的디딩 ○ 벋지어 ᄒᆞᆫ가지로 北京 가ᄂᆞ이

라 你니녜 這저져 店뎐뎜 裏리레 草찬참 料랼럏 都두두 有우잏 沒무뭉 有

우잏 ○ 네 이 店에 집과 콩이 다 잇ᄂᆞ냐 업ᄂᆞ냐 ㄴ 草찬참 料랼럏 都두두 有우잏 ○ 집과

콩이 다 이시되 ㄴ 料랼럏 是시씅 黑희흥 豆두뜽 草찬참 是시씅 稈간건 草찬참 ○

콩은 이 거믄 콩이오 집흔 이 조ㅅ집히라 ㄴ 這저져 稈간건 草찬참 好화함 ○ 이 조ㅅ집히 죠

타 ㄴ 若쇼샿 是시씅 稻다땋 草찬참 ○ 만일 니ㅅ 집히면 ㄴ 牲승싱 口쿠킇 多도더

有우잉 不부붕 吃치킹 的디딩 ○ 즘싱이 먹지 아니리 만히 이시리라 ㄴ 黑희흥 豆두뜽

多도더 少샾셯 一이힝 斗두듷 ○ 거믄콩을 언머에 ᄒᆞᆫ 말이며 ㄴ 草찬참 多도더 少

샾셯 一이힝 綑쿤쿤 ○ 집흔 언머에 ᄒᆞᆫ 뭇고 ㄴ 黑희흥 豆두뜽 五우우 十시씽 箇거궈

錢쳔젼 一이힝 斗두듷 ○ 거믄콩은 쉰낫 돈에 ᄒᆞᆫ 말이오 ㄴ 草찬참 十시씽 箇거거 錢

쳔쳔 一 힝이 細 쿤쿤 ○ 집흔 열낫 돈에 호 못시라 是 씨시 實 씽시 價 갸갸 麽 머마 ○
이실 온갑 가다 不 부붕 要 얖ㅎ 說 쉬쉥 謊 황황 瞞 만먼 我 오어 ○ 거즛말 로 나를 속이지 말라
이지 말 란 大 다때 哥 거거 說 쉬쉥 甚 씸씸 麽 머마 話 화화 ○ 큰형 아 무 슴 말을 니르는다
다 你 니네 是 시씽 熟 수숭 主 쥬쥬 顧 구구 ○ 너는 이 닉 은 단골이라 咱 자잠 們 믄
믄 與 유유 你 니네 便 변뼌 是 시씽 自 즈쯔 家 쟈갸 人 인쉰 一 이힝 般 번번 ○
우리 너와 곳 집사 룸 훈 가지라 我 오어 怎 즘즘 麽 마머 敢 간감 說 쉬쉥 謊 황황 ○ 내 엇
지 감히 거즛말 을 니르리오 你 니네 若 쇼샵 不 부붕 信 신신 我 오어 的 디뎌 話 화화
麽 마머 ○ 네 만일 내 말을 밋지 아니커든 到 단당 別 벼뼝 箇 거거 店 뎐뎜 裏 리레 問
운 문 問 운문 去 취큐 ○ 다 른 店 에 므 러가라 看 칸권 是 시씽 說 쉬쉥 謊 황황 不
부붕 說 쉬쉥 謊 황황 ○ 이거즛말인가 거즛말 아닌가 보라 我 오어 只 즈즤 這 저져 麽

說숴 ○ 나ᄂᆞᆫ 그저 이러 니ᄅᆞ노라

咱자們믄閑현話화且쳐休히說숴那나店뎐子즈便변是스尾와店뎐尋신箇거好할乾깐淨징

店뎐裏리下햐去큐來레歇혀頭투口쿠着죠街계北버這져箇거店뎐子즈是스我오舊쥬主쥬

人신家갸咱자們믄則즈這져裏리下햐去큐來레拜배揖이主쥬人신家갸哥거曖애却캬是스

王왕太다哥거多도時스不부見견好할麽마好할麽마你니這져幾기箇거火호伴번從충那나

裏리合거將장來레我오沿연路루相샹合거着죠做주火호伴번北버京깅去큐你니這져店뎐

裏리草찬料랴都두有우阿아沒무草찬料랴都두有우料랴是스黑허豆두草찬是스稈간草찬

是스稈간草찬好할若쇼是스稻닾草찬時스這져頭투口쿠們믄多도有우不부喫치的디黑허

豆두多도少샾一이斗듀草찬多도少샾一이束수黑허豆두五우十시箇거錢쳔一이斗듀草찬

一이十시箇거錢쳔一이束수是스真진箇거麽마你니却캬休히瞞먼我오這져大다哥거甚슴

麽마言연語유你니是스熟수客커人신咱자們믄便변是스自즈家갸裏리一이般번我오怎즘

麽마敢간胡후說숴怕파你니不부信신時스別뼈箇거店뎐裏리試스商상量량去큐我오則즈

是스這져般번說숴

我오어通퉁퉁共궁궁十시씽一이힝箇거거馬마마 ○ 우리 대되 열ᄒᆞᆫ ᄆᆞᆯ이니

要얖영量량량六릭룽斗두둥料랴럏十시씽一이힝綑쿤쿤草찬창 ○ 엿 말

콩과 열ᄒᆞᆫ 뭇 집흘 혜아리고려 這져져鍘자쨩刀단당不부붕快쾌쾌 ○ 이 쟉도ㅣ 드지

아니ᄒᆞ니 許쉬휴多도더草찬창幾지계時스씃纔채째鍘자쨩得더듸完완훤

呢니녀 ○ 許多ᄒᆞᆫ 집흘 언제 마치 ᄡᆞ흐러 못 ᄎᆞ리오 主쥬쥬人인신家쟈갸 ○ 主人아

你니녀可커커往왕왕別볘뼝處츄츄 ○ 네 다ᄅᆞᆫ 곳에 가 借져졔一이힝把바바

快쾌쾌鍘자쨩刀단당來레래 ○ ᄒᆞᆫ ᄌᆞᄅᆞ 드ᄂᆞᆫ 쟉도ᄅᆞᆯ 비러오라 這져져麽마뭐着

져 쨩 ○ 이러면 ㄴ 我 오 어 借 져 져 去 취 큐 ○ 내 빌라 가마 ㄴ 這 져 져 鍘 자 짱 刀 닾 당

是 시 씌 我 오 어 親 친 친 眷 권 권 家 쟈 갸 的 디 딍 ○ 이 쟉도ᄂᆞᆫ 이 우리 권당의 집 거시라 ㄴ

他 타 터 不 부 붕 肯 큰 킁 借 져 져 ○ 져 즐겨 빌리지 아니ᄒᆞ거놀 ㄴ 是 시 씌 我 오 어 懇

큰 큰 求 착 끵 他 타 터 借 져 져 來 레 래 ○ 이 내 져의게 懇求ᄒᆞ여 비러와시니 ㄴ 風 봉 봉 霜

샹 솽 一 이 힝 樣 양 양 很 흔 흔 快 쾌 쾌 的 디 딍 ○ 風霜ᄀᆞ치 ᄆᆞ장 드ᄂᆞ니 ㄴ 你 니 녜 小

샨 셩 心 신 심 些 셔 셔 ○ 네 져기 조심ᄒᆞ고 ㄴ 不 부 붕 要 얀 영 弄 룽 룽 壞 화 홰 了 랸 령

他 타 터 的 디 딍 ○ 놈의 것 ᄒᆡ여 ᄇᆞ리지 말라 ㄴ 這 져 져 火 호 훠 伴 번 뻔 你 니 녜 鍘 자 짱

的 디 딍 草 찬 챻 忒 티 틩 麤 추 추 了 랸 령 ○ 이 벗아 네 빠ᄒᆞᄂᆞᆫ 집히 너무 굵으니 ㄴ 牲 승 싱

口 쿠 쿻 怎 즘 즘 麽 마 뭐 吃 치 칭 呢 니 녜 ○ 즘싱이 엇지 먹으료 ㄴ 好 한 항 生 승 싱 細

시 씌 細 시 씌 的 디 딍 鍘 자 짱 罷 바 빠 ○ ᄆᆞ장 ᄀᆞᄂᆞᆯ게 빠흘미 무면ᄒᆞ라 ㄴ 這 져 져 火 호 훠

伴번뻔你니녀敢간감是시씨不부붕會휘훼煮쥬쥬料랸럏麽마머○벗애

애네공숨기아지 못ᄒᆞᄂᆞᆫ듯ᄒᆞ다ㄴ你니뇌把바바鍋고궈燒샤셯滾군군了랴령○

네가마롤다가 블ᄢᅵ더ᄭᅳᆯ커든ㄴ下햐햐上샹썅豆두뜽子즈즁○콩을너 허두고ㄴ但단딴

看칸컨水쉬쉬開캐캐了랴령一이힝會휘훼兒을싱○다만물이ᄒᆞᆫ 지위ᄭᅳᆯ키룰

보 아ㄴ把바바那나너鍘자짱的디딩草찬참○져ᄲᅡ흔집 흘다가ㄴ放방방在재째

豆두뜽子즈즁上샹썅○콩우희 두고ㄴ蓋개개好한항了랸령鍋고궈○가 마

두에잘 덥고ㄴ也여여不부붕用융융燒샤셩火호훠○또블ᄯᅵᆺ 지말고ㄴ只즈짛教

쟈걍不부붕要얀영走주증了랸령氣치켸○그저김내지 말게ᄒᆞ면ㄴ自즈쯔然

얀션熟수쓩了랸령○自然히닉 ᄂᆞ니라

我오共궁通퉁十시一이箇거馬마量량着죠六루斗두料랸與유十시一이束수草챂着죠這져

五

鏇刀不快許多草幾時切得了往人家別處快鏇刀借一箇來這們時我借去這鏇刀是我親眷家的他不肯我哀告借將來風刃也似快你小心些使休壞了他的這火伴你切的草忒麤頭口們怎生喫的好生細細的切着這火伴你敢不會煮料你燒的鍋滾時下上豆子但滾的一霎兒將這切了的草豆子上蓋覆了休燒火休教走了氣自然熟了

客人們◯你打中火呵◯

不打中火呵◯我

오어 不부봉 打다다 中즁중 火호훠 喝허헝 風봉봉 麽마뭐 ○ 내 中火 아니ᄒᆞ고 ᄇᆞ
ᄅᆞᆷ을 마시랴 ㄴ 這져져 麽마뭐 你니녀 快쾌쾌 作조잡 起치키 五우우 箇거거 人
인신 的디딍 飯반빤 來레래 ○ 이러면 네 셜리 다ᄉᆞᆺ 사ᄅᆞᆷ의 밥을 지어오라 ㄴ 你니녀 吃
치칭 甚씸 麽마뭐 飯반빤 ○ 네 므슴 밥을 먹을ᄯᆞᆫ ㄴ 我오어 五우우 箇거거 人인신
○ 우리 다ᄉᆞᆺ 사ᄅᆞᆷ에 ㄴ 打다다 三산삼 斤긴긴 麵면면 的디딍 餑보뽕 餑보뽕 ○
서근 ᄀᆞᄅᆞ 떡을 치라 ㄴ 我오어 自즈즈 去취큐 買매매 下하햐 飯반빤 菜채채 ○ 내 손
조 가 반찬 사쟈 ㄴ 你니녀 自즈즈 己기계 買매매 下하햐 飯반빤 菜채채 去취큐 ○
네 손조 반찬 사라 가거든 這져져 間간갼 壁비빙 肉류슝 案안헌 上상쌍 ○ 이 ᄇᆞ
ᄅᆞᆷ 肉案 上에 ㄴ 買매매 豬쥬쥬 肉류슝 去취큐 ○ 豬肉을 사라 가라 ㄴ 是시씽 今긴김
日싀씅 殺사쌍 的디딍 新신신 鮮션션 的디딍 好화핳 豬쥬쥬 肉류슝 ○ 이오

놀잡은셩훈죠흔猪肉이라 多(도 더)少(샤 셩)錢(쳔 쪈)一(이 힝)斤(긴 긴)○언멋돈에혼근

고 三(을 삸)十(시 씽)錢(쳔 쪈)一(이 힝)斤(고 긴)○소므낫돈에혼근이라 你(니 녀)主(쥬 쥬)

人(인 신)家(쟈 갸)○너主ㅅ안 就(작 찜)與(위 유)我(오 어)買(매 매)去(취 큐)○아미

여나룰위ᄒᆞ여사라가 買(매 매)一(이 힝)斤(긴 긴)肉(류 숭)○혼근고기룰사되 不(부 불)

要(얀 얗)十(시 씽)分(븐 분)肥(뵈 삥)的(디 딍)○마장술진이란말라 帶(대 대)肋(릭 릭)條(탼 뗭)

的(디 딍)就(직 찡)好(한 항)○녑팔지브튼거시곳죠흐니 太(다 때)片(편 편)切(쳐 쳥)

着(져 쨥)○눈굵게싸흐라 炒(찬 참)來(레 래)吃(치 킹)罷(바 빠)○복가다가먹으미무던호

다

客(커)人(인)們(믄)你(니)打(다)火(호)那(나)不(부)打(다)火(호)我(오)不(부)打(다)火(호)喝(허)風(붕)那(나)你(니)疾(지)

快(쾌)做(주)着(죠)五(우)箇(거)人(인)的(디)飯(반)着(죠)你(니)喫(치)甚(숨)麼(머)飯(반)我(오)五(우)箇(거)人(인)的(디)

着죠三산斤긴麪면的디餠빙着죠我오自즈買매下햐飯반去큐你니買매下햐飯반去큐時스

這뎌間견壁비肉수案안上샹買매猪쥬肉수去큐是스今긴日시殺사的디好햐猪쥬肉수多도

少산一이斤긴二슬十시箇거錢천一이斤긴你니主쥬人인家쟈就주與유我오買매去큐買매

一이斤긴肉수着죠休휘要얀十시分븐肥븨的디帶대肋리條툐的디肉수買매着죠大다片편

兒ᅀᅳᆯ切쳐着죠炒찬將쟝來래着죠

主쥬츄人인신家쟈갸 ○ 主人아 你니녜們믄문若쇼샾不부붕會휘훼炒찬참

肉류숭 ○ 너희들이 만일 고기 복글 줄을 모로거든 咱자쨩們믄문火호훠伴번뻔

裏리레頭투뜰 ○ 우리 벗 즁에 敎쟌걍一이힝箇거거人인신自즈쯔己기계

去취큐炒찬참肉류숭 ○ ᄒᆞ나ᄒᆞ로ᄒᆞ여 손조 가 고기 복게 ᄒᆞ쟈 我오어是서씨朝

찬졍鮮션션人인신 ○ 나ᄂᆞᆫ 이 朝鮮ㅅ 사ᄅᆞᆷ이란 都두두不부붕會휘훼炒찬참肉

류슝 ○ 다고기복기아지못ᄒᆞ노라 」 有우잉 甚셔씸 麽마뭐 難난난 處츄츄 ○ 무슴

어려온곳이이시리오 」 刷솨솽 了랴럏 鍋고궈 ○ 가마ᄅᆞᆯ싯고 」 燒샨셯 熱셔셩 了

랴럏 ○ 블ᄯᅵ더덥거든 」 放방빵 上샹썅 半반붠 盞잔잔 香향향 油우잉 ○ 半盞ᄎᆞᆷ기

름을붓고 」 待대때 油우잉 大다때 熟수쓩 了랴럏 後후헣 頭투뜽 ○ 기ᄅᆞᆷ이닉거든

키ᄅᆞᆯ기ᄃᆡ려 」 下하햐 上샹썅 肉류슝 ○ 고기ᄅᆞᆯ녓코 」 着쟈쨯 些셔셔 鹽얀염 ○

져기소곰두고 」 把바바 抉쾌쾌 子즈ᄌᆞ 攪쟌걓 動둥뚱 ○ 져로다가뒤저어 」 炒찬찰

的디딍 半반붠 熟수쓩 了랴럏 ○ 복가반만닉거든 」 調댱턍 上샹썅 些셔셔 醬

쟝쨩 水쉬쉬 ○ 져가쟝믈을버므리고 」 把바바 生승싱 葱충충 作조졻 料랴럏 着

쟈쨯 上샹썅 ○ 파로고명올민ᄃᆞ라너허두고 」 蓋개개 好하핳 了랴럏 鍋고궈 ○ 가마

두에잘덥고 」 不부부 要얀얗 出추츟 氣치키 ○ 김내지말고 」 燒샨셯 動둥뚱 火

호훠 一이힝 會휘훼 兒올싈 熟수숭 了랴럏 ○ 블ᄯᅵ 더ᄒᆞᆫ 자위 만 ᄒᆞ면 닉 니라 」 你

니녜 再채재 嘗챵쨩 看칸컨 ○ 네 ᄯᅩ 맛 보라 」 鹹현혐 淡단땀 如슈슈 何허혀 ○

鹹淡이 엇 더ᄒᆞ고 」 我오어 嘗챵쨩 得더뒁 ○ 내 맛 보 니 」 略랴략 略랴략 有우읨 些

셔셔 淡단땀 ○ 져기 슴거 온 듯 ᄒᆞ 다 」 再재재 着쟌쨩 上샹썅 些셔셔 鹽얀옌 ○ ᄯᅡ 치

져기소 곰두라 」 主쥬쥬 人인신 家쟈갸 ○ 主人아 」 餑보뽕 餑보뽕 有우윔 了랴럏

麼마뭐 不부붕 曾층쯩 ○ 떡이 잇ᄂᆞ냐 못ᄒᆞ엿ᄂᆞ냐 」 立리링 刻킈킁 就쥐쯩 有우윔

了랴럏 ○ 즉금 즉시 이 실거시니 」 你니녜 放방방 上샹썅 卓조쭁 子ᄌᆞᄍᆞ 先션션

吃치킁 ○ 비상을 노코 몬져 먹으라 」 你니녜 吃치킁 時ᄉᆞᄊᆞ ○ 네 먹을 ᄯᅢ이면 我

這져져 裏리례 也여여 就쥐쯩 好화항 完완훤 了랴럏 ○ 내 여긔 ᄯᅩ 즉 시 잘 ᄆᆞᆺ초리

라

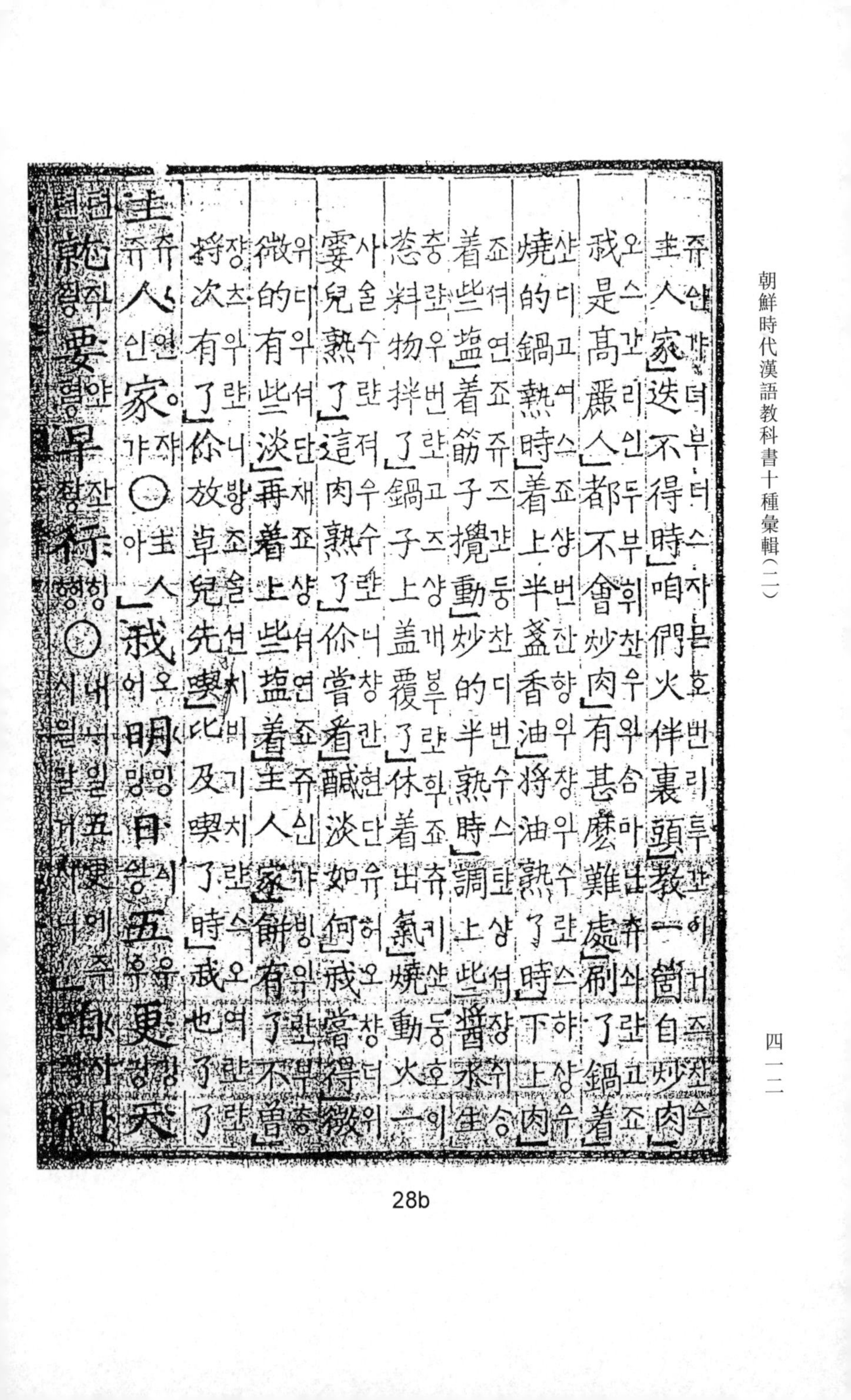

主人家迭不得時咱們火伴裏頭教一箇自炒肉

我是高麗人都不會炒肉有甚麼難處刷了鍋着

燒的鍋熱時着上半盞香油將油熟了時下上肉

着些塩着筯子攪動炒的半熟時調上些醬水生

葱料物拌了鍋子上盖覆了休着出氣燒動火一

霎兒熟了這肉熟了你嘗看鹹淡如何我嘗得微

微的有些淡再着上些塩着主人家餅有了不曾

將次有了你放卓兒先喫比及喫了時我也了了

主人家○主人我明日五更天

就要早行○내일五更에[illegible]

문믄 筭솬숸了랴럏房방빵錢쳔쪈火호훠錢쳔쪈○우리방갑 블갑[illegible]這져저

一이힝夜여여住쥬쮸的디딩人인싄馬마마使시싀喚훤훤的디딩盤판펀

纏쳔쪈○이ᄒᆞᆫ밤머믄人馬에쓴盤纏이共궁궁該개개多도더少샨샹○대되

ᄒᆡ오니언머고你니녜稱칭칭了랴럏來레래的디딩三산삼斤긴긴麵면면○

네ᄃᆞ라온서근ᄀᆞᄅᆞᆫ每믜뮈斤긴긴十시씽箇거거錢쳔쪈○每斤에열낫돈이니該

개개三산삼十시씽錢쳔쪈○ᄒᆡ오니셜흔낫돈이오切쳐쳥了랴럏來레래的

디딩一이힝斤긴긴猪쥬쮸肉류숭○ᄲᅡᄒᆞ라온ᄒᆞᆫ근猪肉에該개개二을싱十

시씽錢쳔쪈○ᄒᆡ오니스므낫돈이오四스ᄉᆞ箇거거人인신○네사ᄅᆞᆷ에每믜뮈

人인신房방빵錢쳔쪈十시씽箇거거錢쳔쪈○每人에방갑시열낫돈이니

궁궁該개개四스ᄉᆞ十시씽錢쳔쪈○대되ᄒᆡ오니마흔낫돈이오黑허희豆두뚱

六(리/룽)斗(두/둥)○거문콩엿말에每(뫼/뮈)斗(두/둥)五(우/우)十(시/씽)錢(쳔/쪈)○[illegible]

에쉰낫돈이번該(개/개)三(산/삼)百(버/빙)錢(쳔/쪈)○히오니三百낫돈이오草(찰/창)十

(시/씽)一(이/힝)綑(쿤/쿤)○집열호뭇세每(믜/뭐)綑(쿤/쿤)十(시/씽)箇(거/거)錢(쳔/쪈)○

每뭇세열낫돈이니該(개/개)一(이/힝)百(버/빙)一(이/힝)十(시/씽)錢(쳔/쪈)○히오니一百열

낫돈이니通(퉁/퉁)共(궁/광)該(개/개)錢(쳔/쪈)五(우/우)百(버/빙)錢(쳔/쪈)○대되히오니도

이五百낫돈이로다這(져/쳐)草(찬/창)料(랴/령)麪(면/면)○이집과콩과골룰都(두/두)是

(시/씽)你(니/녜)家(쟈/갸)裏(리/레)賣(매/매)出(츄/충)來(레/래)的(디/딍)○다이네집의셔픈라

변거시니減(견/감)少(샨/셩)些(셔/셔)錢(쳔/쪈)如(슈/슈)何(허/허)○져기돈을덜믹엿더호뇨

罷(바/빠)罷(바/빠)○두어두언你(니/녜)只(즈/징)給(지/강)四(스/승)百(버/빙)五(우/우)十

(시/씽)錢(쳔/쪈)罷(바/빠)○네그저四百五十낫돈을추미무던호다旣(지/계)這(져/쳐)般(번/빈)

說숴쉬 ○ 이믜 이리 니ᄅᆞ면 火훠호 伴뻔번 伱늬니 三삼산 箇거거 人신인 ○ 벗아 너희 세 사ᄅᆞᆷ이 一이 齊쩨치 都두두 拿나나 出츄츄 來래래 給긔기 他터타

○ 흠믜다 내여 져ᄅᆞᆯ 주고 記계지 着쟣져 數수수 目뭉무 ○ 數目을 긔록ᄒᆞ엿다가 到당단 北븽버 京깅징 ○ 北京에 간 打다다 總중중 再재재 筭솬산 罷빠바 ○

대되 다시 혜미 무던ᄒᆞ다 這져져 般번번 我어오 就찍직 都두두 給긔지 他더타 ○ 이러면 내 즉시 다 져ᄅᆞᆯ 주마

主쥬人인家갸我오明밍日이五우更깅頭투早잘行힝咱자們믄筭숸了랖房방錢쳔火호錢쳔

着죠我오這져一이宿수人인馬마盤펀纏쳔通퉁該개多도少샾伱니稱칭了랖三산斤긴麵면

每믜斤긴十시箇거錢쳔該개三산十시箇거錢쳔切쳐了랖一이斤긴猪쥬肉우該개二을十시

箇거錢쳔四스箇거人인每믜人인打다火호房방錢쳔十시箇거錢쳔該개四스十시箇거錢쳔

黑豆六斗，每斗五十箇錢，該三百箇錢。草十一束，
每束十箇錢，該一百一十錢，通該五百箇錢[illegible]草
料麵都是你家裏買來的，你減了些箇如何罷罷
只將四百五十箇錢來。既這般時，火伴你三箇
發都出了着，記着數目，到北京時一發筭除。那般
時我都與他。
火伴你把料撈出來 ○ 벗아 네 콩을 다
가 건져내여 冷水裏拔着 ○ ᄎᆞ믈에 치와 等遲
一會 ○ 이속이 흐치 위기드려 好慢慢的喂
馬 ○ ᄆᆞ장 날호여 ᄆᆞᆯ을 먹이되 初喂他的時候

후흫麼마뭐○처음져롤먹일제란」就쟉쯩把바바料랴럏水쉬쉬拌번뻔草찬창

與위유他타터吃치칭○이믜셔콩믈을다가여믈에버무려져롤주어먹이고」到

五우우更깅긍再재재把바바料랴럏都두두添텬렴與위유他타터吃치칭

○五更에다다ᄃᆞᆺ거든또콩을다가다져롤주어먹이라」似스쓰這져쳐般번뻔喂위휘法

바빵○이러트시먹일法이면」這져쳐馬마마是시씽分본뿐外왜왜吃치칭得

더등飽반밤○이ᄆᆞᆯ이分외로먹어비브르려니와」若쇼샿是시씽先션션饋귀퀴他

타더料랴럏○만일몬져콩을주면」那나너馬마마只즈짛管권권揀견갼料랴럏

吃치칭○그ᄆᆞᆯ이ᄉᆞᄅᆞ여콩만ᄀᆞᆯ희여먹고」草찬창都두두抛팦팡撒사샹了랴럏

○여믈을다ᄒᆞᆺ터ᄇᆞ리ᄂᆞ니라」那나너馬마마勞랖럏苦쿠쿠了랴럏的디딩時

스씽候후흫○져ᄆᆞᆯ이勞苦ᄒᆞᆯ제란」不부붕要얀영就쟉쯩飲인힝水쉬쉬○시즉

물먹이지말고 等 등딩 他 타터 吃 치킈 一 이ᅙᅵ 會 휘훼 草 찬챵 再 재재 去 취큐 飲

인힘 ○ ᄒᆞ지위여믈먹기를기ᄃᆞ려다시가믈먹이라 咱 자쟝 們 믄문 各 거갛 自 즈쯔 瞧

쉬쒸 罷 바빠 ○ 우리각각좀자리자 輪 륜륜 着 져쨥 班 반반 起 치케 來 레래 勤 킨낀

些 셔서 喂 위휘 馮 마마 ○ 太례로돌려니부ᄌᆞ련이몰력이자 今 긴김 日 시ᅀᅵᆼ 是

시씌 二 을ᅀᅵᆯ 十 시씽 二 을ᅀᅵᆯ 日 시ᅀᅵᆼ ○ 오ᄂᆞᆯ은이스므이ᄐᆞᆯ이니 五 우우 更 깅긩 時

스씽 正 징징 有 우임 月 위웡 ○ 五更에正히돌이이시리니 雞 지계 叫 쟌경 起 치케

來 레래 走 주즘 罷 바빠 ○ ᄃᆞᆰ이울거든니러가자 主 쥬쥬 人 인신 家 쟈가 點 뎐뎜

燈 등딩 來 레래 ○ 主人아볼혀오라 我 오어 好 한함 收 쇠심 拾 사씽 瞧 쉬쒸 覺

쟌걍 ○ 내잘收拾ᄒᆞ고자차 點 뎐뎜 燈 등딩 來 레래 了 랴령 ○ 불혀왓다 墻 챵쨩 上

샹썅 好 한함 掛 과파 ○ 바ᄅᆞᆷ에잘걸라 這 져쳐 純 츈쓘 土 투투 炕 캉캉 上 샹썅 [illegible]

즘즘麼마뭐睡쉬쒸○이 민ᄒᆞᆫ 구들에 엇지 자리오」有익잉甚셔씸麼마뭐草챂참

薦젼젼○아모란 집지즑 잇거든」拿나나幾지계領링링來레래鋪푸푸上샹썅

○여러 납 가져다가 펴라」大다때嫂산상○大嫂ㅣ 안」拿나나草챂참薦젼젼席시

씽子즈ᄌᆞᆼ來레래○집지즑과 삿글 가져다간」與위유客커킈人인신們믄문鋪푸

푸○나그ᄂᆡ들 주어 펴게 ᄒᆞ라」席시씽子즈ᄌᆞᆼ沒무뭉有익잉○삿근 업고」這져져

三산삼領링링草챂참薦쳔젼與위유你니녜們믐문鋪푸푸罷바빠○이 세

납 집지즑을 너희를 주니 펴라

火호伴번你니將쟝料랸撈랖出츄來레」冷릉水쉬裏리拔바着죠」等등馬마大다控쿵一이會휘」

慢만慢만的디喂위着죠」初추喂위時스」則즈將쟝料랸水쉬拌번與유他타」到닾五우更깅一이

撥바都두與유料랸喫치」這저般번時스」馬마們믄分본外왜喫치得더飽밮」若숖是스免션與유

料時那馬則揀了料喫將草都抛撒了勞困裏休
랴스나마즈견랴랴치장챤두퐈사랴랃쿤리힉

飲水等喫一和草時飲咱們各自睡些箇輪着起
인쉬등치이호찬스인자믄거즈쉬서거룬죠키

來勤喂馬今日是二十二五更頭正有月明雞兒
래킨위마긴시스슬시슬우깅투칭위윢밍기슬

咱起來便行主人家點箇燈來我整理睡處這的
잔키레변힝쥬쉰갸뎐거등레오징리쉬츄져디

燈來了壁子上掛着這般精土炕上怎的睡有甚
등레랴비즈상과죠저번징투캉상즘디쉬익슴

麼藁薦將領來大嫂將藁薦席子來與客人們
마갚젼장랑레다산장갚젼시즈레유커신믄

鋪席子沒的三箇藁薦與你鋪
푸시즈무디산거갚젼유니푸

主(쥬쥬)人(신인)家(갸쟈)你(니녜)種(즁중)些(셔셔)火(호훠)○主人아 네 져기 블 무드라

我(오어)明(밍밍)日(싀싕)五(우우)更(깅깅)天(텬텬)起(치키)來(레래)○내닐 五更에 니러

趁(직찡)要(얀영)早(잘장)走(주증)的(디딩)○즉시 일 가려 ᄒᆞ노라 那(나너)麼(마뭐)

的(디 딩) ○ 그러면 客(커 킈) 人(인 신) 們(믄 문) 請(칭 칭) 歇(혀 헝) 息(시 싱) 罷(바 빠) ○

나그ᄂᆡ들 請권대 쉬라 我(오 어) 查(차 쨔) 看(칸 컨) 了(랸 령) 門(믄 문) 戶(후 ᅘᅮ) 也(여 여) 就

(쥐 찡) 去(취 큐) 睡(쉬 쒸) 了(랸 령) ○ 내 門戶를 보ᄉᆞᆯ피고 ᄯᅩ 즉시 가 자리라 來(레 래) 來(레 래)

○ 오라 오라 且(처 쳐) 不(부 붕) 要(얀 혐) 去(취 큐) ○ 아직 가지 말라 我(오 어) 還(환 ᅘᅪᆫ) 問

(운 문) 你(니 녜) 些(셔 셔) 話(화 ᅘᅪ) ○ 내 당시롱 네게 져기 말 뭇쟈 我(오 어) 前(쳔 쪈) 番(반 환)

從(충 쭝) 北(버 븽) 京(징 깅) 來(레 래) 時(스 씽) ○ 내 前에 北京으로 올제 離(리 례) 你(니 녜)

這(저 져) 店(뎐 뎜) 裏(리 례) 約(요 향) 走(주 즘) 二(을 싕) 十(시 씽) 里(리 례) 來(레 래) 地(디 뗴)

○ 네 이 店에 ᄃᆞ미계오 二十里ᄯᅡ히 有(우 잉) 一(이 힝) 坐(조 쭤) 橋(챠 꺙) 塌(타 탕) 了(랴 령)

○ ᄒᆞᆫ ᄃᆞ리 문허지미 잇더니 如(유 슈) 今(긴 김) 可(커 커) 曾(층 쯩) 修(식 심) 起(치 켸) 了(랴 령)

不(부 붕) 曾(층 쯩) ○ 이제 일즉 고쳐ᄂᆞᆫ가 못ᄒᆞ엿ᄂᆞᆫ가 早(잪 쟘) 修(식 심) 起(치 켸) 了(랸 령)

○볼셔고쳐시되 比비비 在재째 先션션 的디딩 ○이젼에比컨대 高갚강 二을싈
尺치칭 濶쿼쿵 三산삼 尺치칭 ○두자히놉고석자히너ᄅᆞ니 越워웡 發바봥 做
주주 的디딩 甚신씸 好한항 ○더욱문ᄃᆞᆯ기ᄅᆞᆯ잘ᄒᆞ엿ᄂᆞ니라 這저져 麼마뭐 我오어
們믄문 明밍밍 日이잉 一이잉 早잔잠 好한항 放방방 心신씸 的디딩 去취큐
了랴럏 ○이러면우리ᄂᆡ일일즉이마장放心ᄒᆞ여가리라 你니녜 們믄문 不부붕 要
얀영 十시씽 分븐분 早잔잠 行힝형 ○너희마장일가지말라 我오어 聽팅팅 得
더딍 ○내드르니 前천쪈 頭투뜰 路루루 上샹썅 甚신씸 惹여여 有위염 歹대대
人인신 ○앏히길히甚히험ᄒᆞ여사오나온사ᄅᆞᆷ이잇다ᄒᆞ더라 爲위위 甚서씸 麼마뭐
有워임 歹대대 人인신 呢니녜 ○므슴ᄒᆞ라사오나온사ᄅᆞᆷ이잇ᄂᆞ뇨 你니녜 不부붕
知지징 道닾땅 ○네아지몯ᄒᆞᆫ다 因인힌 去취큐 年년년 年년년 成칭찡 荒황황

旱한현 ○ 지난ᄒᆡ예년ᄉᆔㅣ荒旱ᄒᆞ여 田뎐텬 禾호훠 沒무뭉 有우잉 收슈싛 成칭
찡 的디딩 上샹썅 頭투뜰 ○ 田禾롤거둘거시업스므로 就작쫗 生승싱 出츄츙
這저져 些셔셔 歹대대 人인신 來레래 了랴령 ○ 이믜셔이저긔사오나온사ᄅᆞᆷ이낫
ᄂᆞ니라 怕파파 白 甚셔씸 麽마뭐 事스씅 ○ 므슴일이저프리오 我오어 們믄문 只
즈징 趕간건 着저짶 這저져 幾지계 箇거거 馬마마 ○ 우리그저이여러ᄆᆞᆯ을몰고
又우잉 沒무뭉 甚서씸 麽마뭐 銀인인 錢쳔쪈 帶대대 來레래 的디딩 ○ ᄯᅩ아
무란銀錢가져온거시업스니 就작쫗 逢풍뽕 見견견 了랴령 他타더 不부붕 相샹샹
干간건 ○ 이믜셔저롤만나도관계치아니ᄒᆞ다 那나너 賊직쩡 們믄문 想샹샹 要
얀형 我오어 們믄문 甚서씸 麽마뭐 ○ 저도적들이우리롤ᄒᆞ여무엇ᄒᆞ료 別벼뼝 要
얀형 這저져 般번붠 說쉬쉉 ○ 이리니ᄅᆞ지말라 那나너 賊직쩡 們믄문 怎즘즘

知지징你니녜有위잉錢쳔쪈沒무뭉錢쳔쪈 ○ 져도적들이네돈이시며돈업스믈엇지알리오

寧닝닝可커커小샾셯心신심些셔셔纔채째是시씽 ○ ᄎᆞ라리조심홈이ᄌᆞ올ᄒᆞ니라

主쥬人ᅀᅵᆫ家갸你니種중着죠火호我오明밍日ᅀᅵ五우更깅頭투早잪行힝那나般번着죠客켜

人ᅀᅵᆫ們믄歇혀息시我오照쟢覷츄了랖門믄戶후睡쉬也여來레來레且쳐休힉去큐我오問운

你니些셔話화我오先션番반北버京깅來레時스你니這저店뎐西시約요二ᅀᅳᆯ十시里리來레

地디有위一이坐조橋캰塌타了랖來레如슈今긴修식起키了랖不부曾층早잪修식起키了랖

比비在재前쳔高갚二ᅀᅳᆯ尺치濶쿼三산尺치如슈法바做주的디好핲這저們믄時스我오明밍

日ᅀᅵ早잪則즈放방心신的디去큐也여你니十시分븐休힉要얖早잪行힝我오聽팅得더前쳔

頭투路루迭서爲위甚숨麼마有우這저般번的디歹대人ᅀᅵᆫ你니偏편不부理리會휘的디從충

年년時스天텬旱한田뎐禾호不부收식飢기荒황的디上샹頭투生승出츄歹대人인來래碍애

甚슴麼마事스我오則즈是스趕간着죠這저幾기箇거馬마又우沒무甚슴麼마錢쳔本본那나

厮스們믄待대要얖我오甚슴麼마休휘這저般번說쉬賊직們믄怎즘知지你니有우錢쳔沒무

錢쳔小샾心신些셔還환好핲

我(오/어)這(저/져)裏(리/례)前(쳔/쪈)年(년/년)六(릭/룽)月(웨/웽)裏(리/례)○우리여긔前年

六月에 有(우/잉)一(이/힝)箇(거/거)客(커/킁)人(인/신)○ᄒᆞᆫ나그내이셔 搭(다/똥)包(밮/방)

裏(리/례)藏(창/짱)着(저/쟢)一(이/힝)打(다/다)子(즈/즈)紙(즈/징)○전대에ᄒᆞᆫ권죠히ᄅᆞᆯ녀헌

腰(얖/혐)裏(리/례)絟(솬/쏸)着(저/쟢)○허리에ᄆᆡ고 在(재/째)路(루/루)傍(팡/빵)樹(슈/쓔)

底(디/뎨)下(하/햐)歇(허/혐)涼(량/량)睡(쉬/쒸)○길ᄀᆞᆺ나모밋서ᄂᆞᆯᄒᆞᆫ듸쉬며자더니 被(비/삐)

一(이/힝)箇(거/거)賊(직/찡)到(닾/당)那(나/너)裏(리/례)看(칸/컨)見(견/견)了(랖/럎)○ᄒᆞᆫ도

적이게와보믈넙으니 └只즈징說숴쉉是시씌腰얍얗裏리례帶데대的디딩是

시씌錢쳔쪈物우웅 ○ 그저니르되허리헤셰딘거시이錢物이라ᄒᆞ여 └生승승起치킈歹

대대心신심來레래 ○ 사오나온ᄆᆞᄋᆞᆷ내여 └就작짷那나너裏리례拿나나起치킈

一이힝塊쾌쾌大다때石시씡頭투뜽 ○ 즉시게셔ᄒᆞᆫ덩이큰돌을가져다가 └把바바

那나너人인신頭투뜽上샹썅 ○ 그사ᄅᆞᆷ의마리ᄅᆞᆯ └打다다了랼령一이힝下

햐햫 ○ ᄒᆞᆫ번쳐 └打다다出츄츙腦노놓漿쟝쟝來레래死스ᄉᆞᆼ了랼령 ○ 골치

나죽은지라 └那나너賊직쯩把바바那나너人인신的디딩搭다땅包반밯解

계개來레래看칸컨 ○ 그도적이그사ᄅᆞᆷ의전대ᄅᆞᆯ다가글러보니 └却커캷是시씌紙

즈징 ○ ᄯᅩ이죠희매 └就작짷在재째那나너裏리례甩룡링了랼령走주즉了

랼령 ○ 즉시게셔ᄇᆞ리고ᄃᆞ라나니 └官관권府부부去취큐檢견겸了랼령屍스ᄉᆞᆼ

埋매매了럎령○구의 가죽엄을 검시ᄒᆞ여 못ᄒᆞ고 正징징賊쯰쩡捉조잡不부붕住쥬
쥬쮸○조모적은 잡지 못ᄒᆞ고 單단단把비바地디뗴主쥬쥬並방빙左조저近
긴낀人인신拷칸캉打다다○다만 地主와 ᄀᆞᆺ히 사ᄅᆞᆷ을 쳐져주더니 後후흫頭투뜽
別버뼈地디뗴方방방的디딩官관권府부부○후에 다ᄅᆞᆫ ᄯᅢ 구의에셔 却캬걍
捉조잡住쥬쮸那나너賊적쯩○ᄯᅩ 그 도적을 잡아 發바봥到단당這저져裏
리례官관권府부부處츄츄来레래○보내여 이 구의에 왓더니 今긴김年년년就
쥐쯩在재째牢랖랑裏리례死스슿了럎령○올히 이 막셔 옥에셔 죽으니라
我오這저裏리前쳔年년六루月웨裏리有위一이箇거客커人인纏쳔帶대裏리裝좡着죠一이
卷편紙즈腰야裏리絟쏸着죠在재路루傍팡樹슈底디下하歇혀凉량睡쉬被비一이箇거賊적
到단那나裏리見견了럎則즈道단是스腰얀裏리纏쳡帶대裏리是ᄉ錢쳔物우生숭起키歹대

心신來레就작那나裏리拿나起키一이塊쾌大다石시頭투把바那나人신頭투上샹打다了랴

一이下하打다出츄腦노漿장來레死스了랴那나賊직將장那나人신的디纏천帶대解계下하

來레看칸時스却키是스紙즈就작那나裏리撒퍼下하走주了랴官권司스撿건了랴屍스正징

賊직捉조不부住쥬乾간把바地디主쥬并빙左조近긴平핑人신涉셔起이打다拷캎後후頭투

別버處츄官권司스却커捉조住쥬那나賊직發바將장來레今긴年년就작牢랖裏리死스了랴

舊작깅年년년又우잉有우잉一이힝箇거거客커킝人인신○젼년에또흔나

그네이셔起간건着저쨯一이힝頭투뜰驢뤼류子즈즈○흔나귀를모라兩량량

箇거거荊징깅籠룽룽子즈즈裏리레○두채롱엔盛칭찡着저쨯棗찬짬兒

을싱駞토떠着저쨯走주즘○대쵸담아싣고가더니後후흫頭투뜰有우잉一

이힝箇거거騎치끠馬마마的디딩賊직찡○뒤헤흔몰든도적이이셔帶대대着

諺解 一

져쨩 弓궁궁 箭잔젼 跟근근 着져쨩 走주즇 ○ 활살 ᄎᆞ고 ᄯᅩ라 티어 到닿당 箇거거

酸숸숸 棗잔장 林린림 地디뎨 方방방 無우무 人인신 處츄츄 ○ 酸棗林이라 ᄒᆞᄂᆞᆫ ᄯᅡ 無人處에 다ᄃᆞ라

那나너 賊직쩽 把바바 客커큥 人인신 脊지징 背븨뷔 上샹썅 ○ 그 도적이 客人의 등을 다가 射시씽 了랴령 一이힝 箭잔젼 ○ ᄒᆞᆫ 살로 마치니

那나너 客커큥 人인신 就쥐찍 倒단당 了랴령 ○ 그 客人이 즉시 것구러지거늘 那나너 賊직쩽 只즈짓 說쉬숴 是시씽 死스ᅀᆞ 了랴령 ○ 그 도적이 그저 니로되 이 죽으니라 ᄒᆞ여

就쥐찍 趕간건 着져쨩 客커큥 人인신 的디딍 驢뤼류 子즈중 ○ 즉시 客人의 나귀를 모라 往왕왕 前천쪈 行힝형 走주즇 ○ 앏흐로 가더니 這져져 客커큥

人인신 被비쀠 賊직쩽 一이힝 箭잔젼 射시씽 的디딍 昏훈훈 了랴령 ○ 客人이 도적의 ᄒᆞᆫ 살에 ᄡᅩ여 어즐ᄒᆞ엿다가 蘇수수 醒싱상 回휘훼 來레래 ○ 되ᄭᅴ여 나니

恰카컁好한향有우잉捕부뿌盜닾땅的디딩官관권○맛치죠히捕盜ᄒᆞ는관원
이이셔⌞到닾당那나너裏리레巡쓘쓘哨샾셯○게와슌경ᄒᆞ거늘⌞那나너客
커킁人인신就직찡把바바這져져緣연연故구구告간강了랸령○그나그네
즉시이緣故를다가告ᄒᆞ니⌞捕부뿌盜닾땅官관권就작찡咱쟌졍公궁궁兵빙빙
○捕盜ᄒᆞ는관원이즉시公兵을불러⌞往왕왕前쳔쪈趕간건○압흘향ᄒᆞ여ᄯᆞᆯ와⌞約
요향到닾당二을싱十시씽里리레地디뎨方방방○계요二十里ᄯᅡ희다ᄃᆞ라⌞趕
간건上상쌍了랸령那나너賊직찡○그도적을밋처⌞要얀염捉조좝拿나나他
타터○저를잡으려ᄒᆞ더니⌞誰쉬쒸知지징那나너賊직찡就직찡放방방一이잉
箭잔젼○뉘저도적이ᄒᆞᆫ살로ᄡᅩᆯ줄을알리오⌞把바바一이잉箇거거弓궁궁手식싱
射시씽下하햐馬마마來레래○ᄒᆞᆫ弓手를ᄡᅩ아물게ᄂᆞ리차고⌞那나너賊직찡跑

老乞大新釋諺解 一 三十七

팔 취 랴 고도적이돌
뺑 去 큐 了 렴 ○ 려가니라

년스위와이거커인간죠이투류죠량거깅룽즈
年時又有一箇客人赶着一頭驢着兩箇荊籠子

리칭죠잔솔토죠힝후투와이거키마디직대죠
裏盛着棗兒馳着行後頭有一箇騎馬的賊帶着

궁젼근죠힝닾거쉰잔린솔우인추나직쟝나커
弓箭跟着行到箇酸棗林兒無人處那賊將那客

인지븨샹시랴이젼나인닾랴나직즈닾스스랴
人脊背上射了一箭那人倒了那賊則道是死了

번간죠나류왕쳔힝나커인시디훈랴수싱휘레
便赶着那驢往前行那客人射的昏了蘇醒回來

캬핲와부닾디권레나리슌깅나커인찯갚랴부
恰好有捕盜的官來那裏巡警那客人就告了捕

닾권쟝죠궁빙왕쳔간닾요슬시리디간샹나직
盜官將着弓兵往前赶到約二十里地赶上那賊

조나키견나직변쟝이거궁삭방젼시햐마레나
捉拿其間那賊便將一箇弓手放箭射下馬來那

직왕시주마큐랴
賊往西走馬去了

十二

那(나녀)捕(부뿌)盜(닾땅)官(관권)○저 捕盜ᄒᆞᆫ 관원이 赶(간건)到(닾땅)村(춘춘)裏

(리레)○村에 밋처가 差(채채)了(랴려)一(이힁)百(버뷕)箇(거거)壯(장장)漢(한헌)○

一百 壯漢을 시겨 帶(대대)着(저쟣)弓(궁궁)箭(잔젼)器(치키)械(혜해)○활 살 연장 가지

고 把(바바)那(나너)賊(적쯕)圍(위위)在(재째)一(이힁)箇(거거)山(산산)峪(유융)裏

(리레)○저 도적을다가 ᄒᆞᆫ 묏골에 에워 纔(채째)能(능넝)拿(나나)着(저쟣)廻(휘훠)來(레래)

○ᄀᆞᆺ 잡아 도라와 看(칸컨)那(나너)被(븨삐)射(시씽)的(디딩)弓(궁궁)手(슈싱)○그 살

마즌 弓手를 보니 肐(그긍)膊(바밯)上(샹썅)射(시씽)上(샹썅)○ᄑᆞᆯ독에 살 마쟛고 却

(커캬)不(부붕)曾(층쯩)傷(샹샹)性(싱싱)命(망밍)○ᄯᅩ 일즉 性命은 샹치 아니ᄒᆞ엿더라 如

(유유)今(긴김)那(나너)賊(적쯕)現(현현)在(재째)牢(랖랗)裏(리레)監(견갼)禁(긴김)着

(저쟣)○이제 저 도적이 시방 옥에 가텻ᄂᆞ니라 旣(지계)這(저쳐)般(번번)路(루루)上(샹썅)

有임우歹대대人인인○아믜이럿트시길헤샤오나온사름이이시면咱장자們문문
又임우沒뭉무甚씸셔麼뭐마忙망망勾긓구當당당○우리ᄯᅩ아모랸밧븐일이
업스니何허허必빙비要얄얀早잠잔行힝힝○엇지반ᄃᆞ시일가리오等등등
到당단天텬텬明밍밍○하ᄂᆞᆯ이ᄇᆞᆰ기를기ᄃᆞ려慢만만慢만만的딍디去킈킈
怕파파甚씸셔麼뭐마○날회여가면므서시저프리오說숴쉬的딍디是씽시○
니ᄅᆞ미올타依히이着쨮져祢녜니○네대로天텬텬明밍밍了럏랼再재쟤
走즘주罷빠바○하ᄂᆞᆯ이ᄇᆞᆰ거든다시감이무던ᄒᆞ다
捕부盜ᄃᆞᆫ官권襲시將장去큐到ᄃᆞᆫ箇거村춘裏리差채了랴一이百버箇거壯장漢한將장着죠
弓궁箭젼器키械혜把바那나賊즤圍위在재一이箇거山산峪유裏리纏채拿나着죠迴희來례
看칸那나射시着죠的디弓궁手ᄉᆞᆨ那나人신左조胳그膊받上샹射시傷샹不부曾층傷샹了랴

十三

性싱命밍如슈今긴那나賊쥐現현在재官권司스牢랖裏리禁긴着죠旣기這져般번路루謎서

時스咱자們믄又악沒무甚슴麼마忙망勾구當당要얖甚슴麼마早잔行힝等등到닾天텬明밍

時스慢만慢만的디去큐怕파甚슴麼마說숴的디是스依이着죠你니天텬明망時스行힝

請칭칭安헌안置징지 ○ 죠히 이시믈 請ᄒᆞ노라 客킹커人신인好함한睡쒸쉬

罷빠바 ○ 나그늬 죠히 자라 主쥬쥬人신인家갸쟈且쳐쳐不붕부要향얀去

큐취 ○ 主人아 아직 가지 말라 我어오又임우忘망왕了럏럎一힝이件껸견勾

긍구當당당 ○ 내 ᄉᆞ도ᄒᆞᆫ 일을 니젓노라 我어오這져져馬마마還환환不붕부曾

쩡층喝헝허水쉬쉬 ○ 우리 이 믈을 시롱 일즉 믈 먹이지 못ᄒᆞ여시니 等딩등一힝이

會훼휘要향얀拉랑라他터타喝헝허去큐취 ○ ᄒᆞᆫ지위 기ᄃᆞ려 져를 잇그러 믈 먹이

라가 쟈 那너나裏례리有임우井징징 ○ 어ᄃᆡ 우믈 이 잇ᄂᆞ뇨 那너나房빵방後

후흫 便변뼌 是시씽 井징징 ○ 저집뒤히곳이우믈이란 有우잉 轆루룽 轤루루 没
무뭉 有우잉 ○ 조애잇ᄂᆞ냐업ᄂᆞ냐 那나너 井징징 甚신씸 淺쳔쳔 ○ 저우믈이甚히
엿허 只즈징 用융융 繩싱씽 桶퉁퉁 打다다 水쉬쉬 ○ 그저줄드레로믈을깃고 井
징징 邊변변 上샹썅 有우잉 飲인힘 馬마마 的디딩 石시씽 槽찬짱 ○ 우믈ᄉᆞ에
믈을먹이는돌귀유잇ᄂᆞ니라 既지계 這저져 般번뻔 ○ 이믜이러면 你니녜 收삭싱
拾시씽 柳루릳 鑵관권 井징징 繩싱씽 出츄츔 來래래 ○ 네드레와줄을收拾ᄒᆞ여
내여오라 那나너 井징징 邊변변 頭투뜰 ○ 저우믈ᄉᆞᄆᆞ엔 柳루릳 鑵관권 井징징
繩싱씽 都두두 現현혇 成칭찡 的디딩 有우잉 那나너 裏리례 呢니녜 ○ 드레
와줄이다現成ᄒᆞ여뎌긔잇ᄂᆞ니라 我오어 又우잉 要얀형 囑쥬쥼 咐부부 你니녜 話
화ᅘᅪ ○ 내ᄯᅩ네게말당부ᄒᆞ쟈 那나너 柳루릳 鑵관권 不부봉 沉친찜 水쉬쉬 ○

저드레 물에 ᄌᆞᆷ기지 아니ᄒᆞ니 你니녜 不부불 會휘훼 擺배배 ○ 네 뒤치기하지 못ᄒᆞ거든

要얀영 把바바 柳릭링 鑵관권 上샹샹 ○ 드레 우희다가 絟촨촨 着져쟢 一이힝

塊괘괘 磚좐좐 頭투뚷 纔채째 好한향 呢니녜 ○ ᄒᆞᆫ 덩이 벽을 미맛치 죠라 這

저져 麽마뭐 的디딩 ○ 이러면 我오어 自즈쯔 會휘훼 的디딩 ○ 나도 아ᄂᆞ니

不부붕 要얀영 你니녜 教쟌걒 ○ 네 마ᄅᆞ시지 말라

安안 置지 安안 置지 客커 人인 們믄 好한 睡쉬 着죠 主쥬 人인 家갸 且쳐 休희 去큐 我오 又우 忘왕

了랴 一이 件견 勾구 當당 我오 這저 馬마 們믄 不부 曾층 飮인 水쉬 裏리 等등 一이 會휘 控쿵 到닾

時스 飮인 去큐 那나 裏리 有우 井징 那나 房방 後후 便변 是스 井징 有우 轆루 轤루 那나 沒무 淺천

淺천 的디 井징 兒ᅀᆞᆯ 則즈 着죠 繩싱 子즈 被바 水쉬 井징 邊변 頭투 有우 飮인 馬마 的디 石시 槽찬

兒ᅀᆞᆯ 既기 這저 般번 時스 你니 收숙 拾시 洒사 子즈 井징 繩싱 出츄 來레 井징 邊변 頭투 洒사 子즈

井징繩싱都두有우我오又우囑쥬咐부你니些셔話화」那나洒사子즈不부沉천水쉬」你니不부

會휘擺배時스」洒사子즈上상絟산着죠一이塊쾌磚젼頭투着죠這저的디我오自즈會휘的디」

不부要야你니敎갸오

咱자장們믄문輪룬룬着져쨩起치키來레래○우리돌려니러」好한향勤킨낀

喂위휘馬마마○ᄆ장브즈러니믈먹이쟈」常창짱言연연道닾땋○常言에니르되」

馬마마不부붕得더둥夜여여草찬챵不부붕肥븨뻬○믈이밤여믈을엇지못ᄒᆞ

면솔지지못ᄒᆞ고」人인싄不부붕得더둥橫훙훵財채째不부붕富부부○사롬

이橫財롤엇지못ᄒᆞ면가옴여지못ᄒᆞᆫ다ᄒᆞ니」再재쟤別버뼝槽찬짱兒을싈裏리레多

도더饋귀퀴他타터到닾땋天텬텬明밍밍○또귀유에만히주어붉으매다ᄃᆞᆺ게말고」

咱자장們믄문先션션揣번뻔些셔셔草찬챵○우리몬져젹이여믈버무려」馬

마마 喫치킹 一이힝 會회훼 再재재 去취큐 飲인힘 水쉬쉬 ○ 물이훈지위먹거든

ᄯᅩ가믈먹이쟌」盛칭찡 草찬창 的디딩 筐광광 也여여 沒무뭉 有우잉 ○ 집담을광

주리도업ᄉ넌」拿나나 甚셔씸 麼마뭐 盛칭찡 草찬창 去취큐 ○ 므어시여믈을담아

가리오」旣지계 沒무뭉 有우잉 筐광광 ○ 이믜광주리업거든」且쳐쳐 把바바 衣

이히 襟긴김 抱반빵 些셔셔 草찬창 去취큐 ○ 아직옷자락에져기여물을안아가라」

我오어 取츄츄 料랸렬 水쉬쉬 去취큐 ○ 나는콩믈을가져가마」這져져 主쥬쥬

人인신 家쟈갸 好한향 不부붕 嫯징정 齊치졔 ○ 이主人이ᄀ장嫯齊치못ᄒ단」連

련련 攪쟐걀 料랸렬 棒방빵 也여여 沒무뭉 有우잉 一이힝 箇거거 ○ 콩버무릴

막대조차도ᄒ나히업단」快쾌쾌 拿나나 咱자잠 們믄문 的디딍 拄쥬쥬 杖장짱 來

래래 攪쟐걀 料랸렬 ○ ᄉ블리우리집허온라대가져다가콩버무리라」且쳐쳐 到 팡판 房

방빵裏리레去취큐○아직 房에 가 一이힁會휘휘等등둥着져잪馬마마吃
치킹了랼렴這져져草찬참○흔지위 몰이 이 여물 먹기룰 기드려 好핟항拉라랑他
타터飲인힌水쉬쉬去취큐○져룰 잇그러 물 먹이라 가미 죠타 我오어這져져馬
마마吃치킹了랼렴草찬참也여여○우리 이 몰이 여물 먹어다 要얀염飲인힌去
취큐○물 먹이라 가쟈

咱자們믄輪륜着죠起키來레勤킨喂위馬마常챵言연道닾馬마不부得더夜여草찬不부肥븨
人인不부得더橫홍財채不부富부却커休휘槽챂兒ᅀᅳᆯ平핑直지到닾明밍咱자們믄拌번上샹
馬마喫치一이和호草찬時스飲인水쉬去큐盛칭草찬的디筐광兒ᅀᅳᆯ也여沒무着죠甚슴麽마
將장的디草찬去큐旣기沒무時스且쳐着죠布부衫산襟긴兒ᅀᅳᆯ拖톼些셔草찬去큐我오將장
料랖水쉬去큐這져主쥬人인家갸好할不부整징齊치攪걒料랖棒방也여沒무一이箇거疾지

快쾌 取츄 将장 咱자 們믄 的디 拄쥬 杖장 来래 攪걒 料랸 且쳐 房방 子즈 裏리 坐조 的디 去큐 來래

一이 耍사 兒슬 馬마 喫치 了랸 這저 和호 草찬 飲인 水쉬 去큐 馬마 敢간 喫치 了랸 草찬 也여 飲인

去큐 来레

咱자쟝 們믄문 都두두 去취큐 了랴령 麽마뭐 ○ 우리다가면 這저져 房방빵

子즈즈 教쟌걒 誰쉬쒸 看칸컨 守수싱 着져쟣 呢니녜 ○ 이집을눌로ᄒᆞ여보게ᄒᆞ

리오 且쳐쳐 留리링 一이힁 箇거거 看칸컨 房방빵 子즈즈 ○ 아직ᄒᆞ나흘머무러

집을보게ᄒᆞ고 着쟈쟣 兩량량 箇거거 拉라랑 馬마마 去취큐 罷바빠 ○ 둘로ᄒᆞ여

ᄆᆞᆯ을잇그러가미무던ᄒᆞ다 怕파파 甚서씸 麽마뭐 事스씃 ○ 므슴일이저프리오 這

저저 店뎐뎜 門믄문 都두두 關관관 上상썅 了랸량 ○ 이店에門을다다드면 還

환환 怕파파 有위잉 誰쉬쒸 進진진 来레래 ○ 당시롱뉘드러올가저프리오 徐너녜

不부봉要얀영那나녀般번뷘說숴숑○네 그리 니ᄅᆞ지 말라 小샾셩心신심些
서서好하함○조심호미 저기 죠ᄒᆞ니라 常창쨩言연연道닾땅○常言에 니ᄅᆞ되 常
창쨩防방빵賊적찡心신심○뎟뎟이 도적 ᄆᆞ음을 막고 莫모맘偸투틍他타터物
우뭉○놈의 것도 적질 말라 ᄒᆞ니 依이히我오어的디딍話화홰○내 말대로 必비빙
要얀영留리릭一이힝箇거거人인신看칸컨房방빵子즈즈纔채째是시씽
○반ᄃᆞ시 ᄒᆞᆫ 사ᄅᆞᆷ을 머무러 집을 뵈미 맛치 죠타 旣지계是시씽這저져麽마뭐○이믜
이러면 咱자쟝們믄문留리릭誰쉬쒸看칸컨房방빵子즈즈○우리 누룰 머무
러 집을 보게 ᄒᆞ리오 你니녜三산삼箇거거裏리례頭투뚱○디희 셋 즁에 着쟈쨩
這저져箇거거老랖랖年년년的디딍看칸컨着져쨩罷바빠○이 늙으니로 ᄒᆞ
여 보게 호미 무던ᄒᆞ다 自즈쫑古구구道닾땅○녜로브터 니ᄅᆞ되 三산삼人인신

同뚱퉁行힝힝少셩샾的듸디吃칭치苦쿠쿠○세사ᄅᆞᆷ이ᄒᆞᆫ가지로가매점은이슈고ᄒᆞᆫ다ᄒᆞ나」

我어오們문믄三삼산箇거거人신인去큐취罷빠바○우리세사ᄅᆞᆷ이가미무던ᄒᆞ다

咱자們믄都두去큐了랖時ᄉᆞ這저房방子즈裏리沒무人신敢간不부中중留릭一이箇거看칸

房방子즈別벼箇거的디牽켠馬마去큐來래碍애甚合麽마事ᄉᆞ這저店뎐裏리都두閑비了랖

門믄子즈了랖怕파有우甚合麽마人신入슈來래休휘那나般번說쉬小샾心신的디還환好하

常창言연道닾常창防방賊즤心신莫모偸투他타物우伱니自즈依이着죠我오留릭一이箇거

看칸房방子즈那나般번着죠咱자們믄留릭誰쉬看칸房방子즈伱니三산箇거裏리頭투着죠

這저老랖的디看간着죠三산人신同퉁行힝小샾的디苦쿠咱자們믄三산箇거去큐來래

這저저衚후후衕뚱둥窄쩡재○이골이좁으니」牽켠켠了랴랖多더도馬마마

○만흔물을잇글면 過고궈不부붕去취큐 ○지나가재못ᄒᆞ리니 咱자쟝們믄문做주주兩량량回휘훼牽견견罷바빠 ○우리두즈레에잇글미무던ᄒᆞ다 那나나麽마뭐着저짭 ○그리ᄒᆞ쟈 你니녜慣관관會휘훼打다다水쉬쉬 ○네믈깃기닉이아ᄂᆞ다 我오어不부붕會휘훼打다다冰쉬쉬 ○내믈깃기아지못ᄒᆞ노라 你니녜打다다冰쉬쉬去취큐 ○네믈길라가라 我오어兩량량箇거거牽견켠馬마마去취큐 ○우리둘히믈잇그러가마 那나너麽마뭐着저짭 ○그러면 我오어打다다水쉬쉬去취큐 ○내믈길라가니 你니녜拉라랑馬마마來레래 ○네몰잇그러오라 這저져槽찰짱裏리레我오어纔채째剛강강打다다兩량량洒사사子즈즈冰쉬쉬 ○이귀유에내ᄀᆞᆺ두드레물을기러시니 可커커勾구궇馬마하吃치칭麽마뭐 ○몰먹기넉넉ᄒᆞ랴 這저져冰쉬쉬少샾셯 ○이믈이젹으니 再

재재 打다다 一잉이 酒샤샤 子조조 ○ 물또 걸호 옹숩 라래 」拿나나 酒샤샤 子조조

來래레 ○ 져도 오레 라가 」我어오 也여여 學햫효 打다다 拏다다 看컨칸 ○ 또나

화믈 보깃 쟈기 」비 這져져 酒사사 子조즈 是씃시 不봉부 沉찜친 水쉬쉬 的뎡디

○ 기이 지두 아레 녀이 ᄒᆞ믈 누에 녀좀 」息즘즐 麽뭐마 得등더 滿뭔만 盛쩡칭 了령랴

水쉬쉬 了령랴 呢네니 ○ ᄀᆞ엇 득지 ᄯᅳᄒᆞ 리여 오믈 을 」我어오 教걒쟢 你녜니 ○

내네 롱너 마롬 」ᄆᆞ 把바바 柳릫루 罐권관 提뎨디 起키키 來래레 ○ 다드 가레 됴롤

라 」在째재 水쉬쉬 面면면 上썅샹 擺배배 倒당닫 ○ 멋믈 ᄀᆞ우 됴희 쳐배 」처 撞

장장 下햐햐 水쉬쉬 去큐쥐 ○ ᄂᆞ믈 려에 가맛 면바 」ᄯᅡ 乾쪈깐 能넝능 盛쩡칭 滿

뭔만 了령랴 氷쉬쉬 了령랴 ○ 득곳 담能 기하 는믈 이이 랃ᄆᆞ 」果겨고 真진진 的뎡디

麽뭐마 ○ 실과 욕면 야진 」向향향 來래레 常짱창 見견견 人신인 打다다 水쉬쉬

저적의 견니 사롬의 을 깃기롤 보아시되 從쭝不부曾충試싀○시험ᄒ치 못ᄒ엿더니

今긴日싀却갸會훼了랴○오ᄂᆞᆯ도(?) 알괘라

這저衚후衕둥窄저窄쳔着죠馬마多도時스過고不부去큐咱자們믄做주兩량遭잪兒ᅀᅳᆯ牽켠

那나般번着죠你니敢깐慣관打다水쉬我오不부慣관打다水쉬你니先션打다水쉬去큐我오

兩량箇거牽켠馬마去큐那나般번着죠我오打다水쉬去큐你니將쟝馬마來래我오恰캬纔채

這저槽챂兒ᅀᅳᆯ裏리頭투撥바上샹兩량洒사子즈水쉬也여着죠馬마喫치這저箇거馬마快쾌

喫치水쉬這저箇거馬마喫치水쉬少샾這저水쉬少샾再재打다上샹一이洒사子즈着죠將쟝

洒사子즈來래我오試스學햪打다這저洒사子[illegible]是[illegible]不[illegible]沉친水쉬怎즘生숭得더倒닾我오

敎갸與유你니將쟝洒사子즈提티起키來래離리水쉬面면擺배動둥倒닾撞좡入슈水쉬去큐

便변喫치水쉬也여這저般번時스眞친箇거在재前쳔曾충見견人신打다水쉬不부曾충學햪

十七

從충今긴日ᅀᅵ理리會휘得더了랴

你니네們믄문那나나裏리레朝챠쟣鮮션션地디띠方방방 ○ 너희朝鮮지 귀

ᄉᆞ다 희 ⌐有우잉井징징沒무뭉有우잉 ○ 우믈이잇ᄂᆞ 나업ᄂᆞ냐 ⌐怎즘즘麽마뭐

不부붕會휘훼打다다氷쉬쉬呢니네 ○ 엇지믈깃기몰 아치못ᄒᆞᄂᆞ뇨 ⌐我오어那

裏리레井징징 ○ 우리저귀 우믈은 ⌐不부붕似스쓰這저저般번번 ○ 이 ᄀᆞᆺ

지아니 ᄒᆞ니 ⌐這저저井징징是시씨磚쥰쥰砌치체的디딩 ○ 이우믈은 이벽으로

무은거 시라 ⌐狠흔흔小샤셜有우잉二을ᅀᅵᆯ丈장쨩深신심 ○ 마장젹어 야二丈갑

희잇거 너와 ⌐我오어那나너裏리레井징징 ○ 우리저귀 우믈은 ⌐都두두是시씨

石시씽頭투뜽壘리뤼的디딩 ○ 다돌로무 은거시라 ⌐狠흔흔深신심的디딩沒

무뭉有우잉一이힝丈장쨩 ○ 마장깁ᄒᆞ니도 一丈이업서 ⌐不부뷰過고궈十시씽

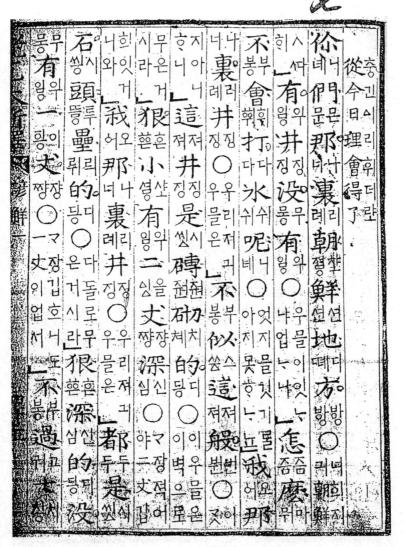

八 바방 尺 치칭 深 신심 ○ 七八尺깁희에지 나지몯ᄒᆞᄂᆞᆫ이라」我 오어 那 나너 裏 리레

男 난남 人 인신 不 부붕 打 다다 水 쉬쉬 ○ 우리저긔ᄉᆞ나희 믈깃지아니ᄒᆞ고」都 두두

是 시씽 女 뉴뉴 人 인싄 們 믄문 打 다다 水 쉬쉬 ○ 다계집들이 믈깃ᄂᆞ니」那 나너

箇 거거 打 다다 水 쉬쉬 的 디딩 女 뉴뉴 人 인신 們 믄문 ○ 저믈깃ᄂᆞᆫ 계집들인」放

방방 箇 거거 銅 퉁뚱 盔 퀴퀴 ○ 동회 로」在 재쨰 頭 투뜰 上 샹썅 頂 딩띵 水 쉬쉬

○ 마리에믈 을이되」各 거갛 自 즈쯔 帶 대대 箇 거거 打 다다 水 쉬쉬 的 디딩 瓢

퍄뺲 ○ 각각믈깃ᄂᆞᆫ 박을가지고」瓢 퍄뺲 上 샹썅 拴 솬숸 着 져쨯 一 이힝 條 랼뗭 細

시세 繩 싱씽 子 ᄌᆞᄌᆞᆼ ○ 박에ᄒᆞᆫ오리ᄀᆞ ᄂᆞ노ᄒᆞᆯ미여」却 캬걓 與 위유 這 져쪄 裏 리레

的 디딩 井 징찡 繩 싱씽 洒 샤사 子 ᄌᆞᄌᆞᆼ 一 이힝 般 번뻔 取 츄츢 水 쉬쉬 ○ ᄉᆞᆷ 여

긔줄드레와ᄒᆞᆫ가 지로믈을깃고」原 원원 來 레래 沒 무뭉 有 우잉 男 난남 人 인신 拿

나나 匾변변 担단단 挑탄탄 氷쉬쉬 的디딩 規귀귀 矩귀규 ○ 본ᄃᆡ ᄉᆞ나 희 변대 믈

가져 믈 깃ᄂᆞᆫ 법 이 업ᄂᆞᆫ이라 爲위위 甚셔씸 麼마뭐 那나너 般번뵌 打다다 氷쉬쉬

呢니네 ○ 므슴ᄒᆞ라 저 리 믈 깃ᄂᆞ뇨 我오어 却키캎 不부붕 理리레 會휘횡 ○ 내 ᄉᆡ오

아지 못 ᄒᆞ노라 我오어 們믄문 心신심 裏리레 只즈즹 說숴숭 ○ 우리 ᄆᆞᄋᆞᆷ 에 그저 너

ᄅᆞ 되 是시씽 與위유 我오어 這져져 裏리레 一이 ᄒᆞᆼ 般번뵌 打다다 氷쉬쉬 ○

이 우리 여긔 ᄒᆞᆫ 가지로 믈 깃논 가 ᄒᆞ더니라

你니 高갚 麗리 地디 面면 裏리 沒무 井징 阿아 怎즘 麼마 我오 那나 裏리 井징 不부 似스 這져 般번

井징 這져 井징 是스 磚줜 砌치 的디 井징 至즈 小샾 有우 二슬 丈쟝 深신 我오 那나 裏리 井칭 都두

是스 石시 頭투 壘뤼 的디 最쥐 深신 殺사 的디 沒무 一이 丈쟝 都두 是스 七치 八바 尺치 来레 深신

我오 那나 裏리 男난 子즈 漢한 不부 打다 水쉬 則즈 是스 婦부 人신 打다 水쉬 着죠 箇거 銅퉁 盔쿼

頭투 上샹 項딩 水쉬 各거 自즈 將쟝 着죠 箇거 打다 水쉬 的디 瓢퍞 兒솔 瓢퍞 兒솔 上샹 絟쉰 着죠
一이 條탿 細시 繩싱 子즈 却커 和호 這져 裏리 井징 繩싱 洒사 子즈 一이 般번 取츄 水쉬 却커 怎즘
麼마 那나 般번 打파 水쉬 我오 不부 理리 會휘 得더 我오 則즈 道닾 是스 和호 我오 這져 裏리 一이
般번 打파 水쉬
伱니네 把바바 這져져 馬마마 牽견견 迴휘훼 去취큐 ○ 네이몰을다 가잇그러가
고」 再재재 牽견견 別벼뼝 箇거거 來레래 飲인힘 氷쉬쉬 ○ 또다른이 물잇그려
와물먹 이라」 這져져 馬마마 都두두 喝허헝 水쉬쉬 了럏럏 ○ 이몰다믈 먹어다」
這져져 樣양양 黑흑희 地디떼 裏리례 ○ 이리어두 온ᄯᅡ히」 茅만맘 房방빵 裏
리례 難난난 去취큐 ○ 뒤간에가기 어려오니」 咱자쟝 們믄문 就직찍 到닾당 後
후ᄒᆞᇢ 園원원 裏리례 去취큐 ○ 우리곳뒷 동산에가」 出츄츟 恭궁궁 不부붕 好핲핳

麼마뭐 ○뒤보기죠치아니ᄒᆞ라 」我오어 拉라랑 着저짱 馬마마 ○내몰을잇글새
시니 」你니녜 自즈쯔 出츄츙 恭궁궁 去취큐 ○네뒤보라가란 」我오어 不부붕 要
얀형 出츄츙 恭궁궁 去취큐 ○내뒤보라가기마단 」你니녜 萬완완 一이힝 要얀형
出츄츙 恭궁궁 去취큐 ○네萬一에뒤보라가려ᄒᆞ거든 」離리레 大다때 路루루 遠
원원 些서서 ○큰길ᄒᆡᄯᅴ워멀즉이ᄒᆞ고 」別벼뼝 在재째 路루루 邊변변 上상쌍 出
츄츙 恭궁궁 ○길ᄭᆞ에뒤보지말란 」明밍밍 日ᅀᅵᅀᅵᆼ 惹여ᅀᅧ 人인ᅀᅵᆫ 罵마마 了랸령
○ᄂᆡ일사룸의구지람ᄂᆞ러라 」咱자쟝 們믄몬 一이힝 箇거거 人인ᅀᅵᆫ ○우리ᄒᆞᆫ사
룸인 」拉라랑 着저쨩 兩량량 箇거거 馬마마 去취큐 ○두몰을잇그러가 」絟솬솬
的디딍 牢랖랗 着저쨩 ○ᄆᆡ기룰돈돈이ᄒᆞ쟌 」這저져 馬마마 槽챂짷 寬퀀퀀 大
다때 ○이귀위너ᄅᆞ다 」離리레 遠원원 些서서 絟솬솬 ○멀즉이ᄆᆡ야 」不부붕 要

얀영 把바바 繩싱싱 子즈즈 紐닏늉 着져쟣 ○ 곳비열리게말고 快쾌쾌 些셔셔

拿나나 草찬짷 料랴럏 来래레 ○ 셜리여믈과콩을가져다가 拌번뻔 上상썅 饋

귀귀 他타터 ○ 버무려주어 且쳐쳐 儘진진 他타터 吃치킇 ○ 도잇솟먹게ᄒᆞ고

咱자장 們믄문 好한항 去큐큐 睡쉬쒸 ○ 우리죠히가자쟈

你니 牽권 廻휘 這저 馬마 去큐 再재 牽권 將쟝 別벼 箇거 的디 来레 飲인 這저 馬마 都두 飲인 了랖

這저 般번 黑허 地디 裏리 東둥 廁츠 裏리 難난 去큐 咱자 們믄 只즈 這저 後후 園원 裏리 去큐 淨징

手삭 不부 好한 那나 我오 拿나 着죠 馬마 你니 淨징 手삭 去큐 我오 不부 要얀 淨징 手삭 你니 離리

路루 兒얼 着죠 休휘 在채 路루 邊변 淨징 手삭 明밍 白시 着죠 人싄 罵화 咱자 們믄 一이 箇거 人싄

牽권 着죠 兩량 箇거 去큐 絟쏸 的디 牢랖 着죠 這저 槽찬 道닾 好한 生숭 寬쿼 離리 的디 遠원 些서

兒얼 絟쏸 又우 怕파 繩싱 子즈 紐닏 着죠 疾지 快쾌 將장 草찬 料럎 来래 拌번 上샹 着죠 儘진 着죠

老乞大新釋

十九

他대喫치着죠咱자睡쉬去큐来레

火호훠伴번뻔們믄문快쾌쾌起치켸來레래 ○ 벗들아샐리닐거라」鷄지계叫

쟢걍第디뎨三산삼遍변변了랸럏 ○ 돍이우런지세홰니」不부붕久각강東둥둥

開캐캐了랸럏 ○ 오래지아녀東이트리라」快쾌쾌快쾌쾌的디듸起치켸來레래

洗시세臉련렴 ○ 밧비니러늣싯고」穿쳔츈上샹썅衣이히裳샹썅 ○ 옷닙고」

喝허헝幾지계鍾중즁酒작쟝 ○ 여러잔술먹고」收싀싕拾시씽行힝힝李리레

鞴비삐馬마마 ○ 行李로收拾ᄒᆞ여몰기르마짓고」天텬텬亮량량了랸럏 ○ 하놀

이붉거든」告간강辭츠쓰主쥬쥬人인싄家쟈갸去취큐罷바빠 ○ 主人의게하직

ᄒᆞ고가쟌」主쥬쥬人인싄家쟈갸別벼뼝㧟괘괘 ○ 主人아허믈말라」我오어們

믄문去취큐了랸럏 ○ 우리가노라」你니녜們믄문別벼뼝㧟괘괘好한항去

[illegible]諺解 一 四十八

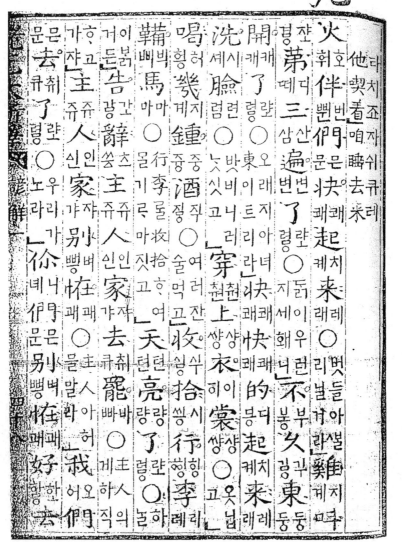

취큐 罷 바빠 ○ 너희허믈말고죠하가라 迴 휘훼 來 레래 却 커캳 仍 싄잉 到 닾당 我

오어 店 뎐뎜 裏 리례 來 레래 住 쥬쮸 ○ 도라올제또우리店에와머믈라 這 져져 坐

조쭤 橋 챺꺙 ○ 이ᄃᆞ리ᄂᆞᆫ 就 직찡 是 시씽 我 오어 夜 여여 來 레래 說 쉬숴 的 디딩

橋 챺꺙 ○ 곳이내어제나ᄅᆞ던ᄃᆞ리니 比 비비 從 충쭝 前 쳔쪈 十 시씽 分 븐분 脩

식싱 好 핲항 了 랼럎 ○ 前에比컨대ᄆᆞ장고치기롤잘ᄒᆞ엿다 在 재쨰 先 션션 都 두두

是 시씽 土 투투 搭 타탕 的 디딩 ○ 在先은다ᄒᆞᆰ친거시러니 如 유유 今 긴김 都 두두

用 융융 板 반반 幔 먼뭔 了 랼럎 ○ 이제ᄂᆞᆫ다널로ᄊᆞ랏고 就 직찡 是 시씽 這 져져

橋 챺꺙 梁 량량 橋 챺꺙 柱 쥬쮸 ○ 이믜셔이ᄃᆞ릿보와ᄃᆞ릿기동이 也 여여 比 비비

在 재쨰 前 쳔쪈 收 식싱 拾 시씽 的 디딩 牢 랖랗 壯 좡장 ○ 또在前에比권대收拾ᄒᆞ

기롤牢壯이ᄒᆞ여시니 再 재재 過 고궈 十 시씽 幾 지계 年 년년 ○ 또열아믄히롤지내

平

也不能壞的○또能히믄허지지아닐꺼시로다

火伴們起来雜兒第三遍了待天明了也咱急

急的收拾了行李鞴了馬時天亮了辭了主人家

去来主人家哥休恠我去也伱休恠好去着迴来

時却来我店裏下来這橋便是我夜来說的橋比

在前十分好在先則是土搭的橋来如今都是板

幔了這橋梁橋柱比在前忒牢壯這的捱十年也

壞不得

日頭這般高了○히이리놉핫고往前

又沒有甚麼店○앏흐로또아모店도업스니自

차쟝 們믄문 且쳐처 投투뚷 箇거거 人인싄 家쟈갸 羅뤄뚱 些셔섀 米미메 ○
우리아직흔人家에드러가져기빨밧고와 自즈쯔 做주주 飯반뻔 吃치킹 ○손조밥지
어먹고 卸셔셔 下하햐 行힝힝 李리레 ○行李부리오고 歇혀형 息시싱 牲승싱
口쿠큼 ○즘싱쉬오고 歇혀형 歇혀형 去취큐 罷바빠 ○쉬여가쟈 那나너 麼
마뭐 很흔흔 好한항 ○그러면쟝초다 肚두뚜 裏리레 也여여 餓어어 了랴렬
○비ᄯᅩ곪흐니 咱자쟝 們믄문 去취큐 ○우리가쟈 把바바 這져져 馬마마 上
상썅 行힝힝 李리레 卸셔셔 下하햐 ○이몰게行李룰다가부리오고 鬆숭숭 了랴렬
肚두뚜 帶대대 ○오랑느추고 去취큐 了랴렬 嚼쟌짭 子즈쯔 ○마함벗기고
就쥐찍 在재째 這져져 路루루 傍팡빵 ○곳이길ㄱ에 放방방 他타터 吃치킹
些셔셔 草찬참 ○노하져기폴먹게ᄒᆞ고 只즈짇 用용융 一이흥 箇거거 看칸컨

○그저ᄒᆞᆫ나ᄒᆞ로ᄒᆞ여보게ᄒᆞ고 別벼뼝的디딩都두두到닫당那나너邊변변人

신인家쟈갸問운몬去취큐○다ᄅᆞᆫ이ᄂᆞᆫ다저人家에가무르라가쟈

日ᅀᅵ頭투這저般번高갇了랴前천頭투又우沒무甚슴麽마店뎐子즈咱자們믄則즈投투那나

人신家가糴디些셔米미自즈做주飯반喫치去큐來레那나般번着죠肚두裏리好한生승飢기

了랴咱자們믄去큐來레這저馬마都두卸셔下하行힝李리鬆숭了랴肚두帶대取츄了랴嚼죠

子즈這저路루傍팡邊변放방了랴着죠喫치草찻着죠教갸一이箇거看칸着죠別벼的디都두

投투這저人신家갸問운去큐來레

主쥬쥬人신인家쟈갸○아主人 我어오們믄문是시씽行힝힝路루루的

디딩人신인○우리ᄂᆞᆫ이길ᄃᆞᆫ기ᄂᆞᆫ사ᄅᆞᆷ이라 這저져時스씽候후흫不부붕曾층쯩

吃치킹早잘장飯반빤○이ᄯᅢ도록일즉早飯을먹지못ᄒᆞ엿고 前천쪈面면면又

학임 沒무몽 店뎐뎜 ○ 앏희 또 店이 업스매 故구구 此ᄎᆞ츠 來레래 借저져 問운운
你니녜 ○ 그러므로 네게 뭇ᄂᆞ니 你니녜 們믄문 若쇼샹 有우잉 米미메 ○ 너희
만일 ᄡᆞᆯ 잇거든 糶탸됴 些셔셔 與위유 我오어 們믄문 做주주 飯반빤 吃치킹 ○
져기 우리ᄅᆞᆯ 밧괴여 주어든 밥 지어 먹어지라 主쥬쥬 人인신 家자가 心신심 裏리레 怎
즘즘 麽마뭐 說쉬숴 ○ 主人의 ᄆᆞ음에 엇지 니ᄅᆞᄂᆞᆫ다 要얀염 饋귀뀌 就직쯩 說쉬숴
饋귀뀌 ○ 주려 ᄒᆞ거든 즉시 주리라 니ᄅᆞ고 要얀염 不부붕 饋귀뀌 就직쯩 說쉬숴
不부붕 饋귀뀌 ○ 주지 아니려 ᄒᆞ거든 즉시 주지 못ᄒᆞ리라 니ᄅᆞ라 你니녜 們믄문 不
부붕 用융융 糴디뗭 米미메 ○ 너희 ᄡᆞᆯ을 밧고지 말라 我오어 這저져 裏리례 飯
반빤 一이횽 定딩띵 煮쥬쥬 熟수쓩 了랸량 ○ 우리 여긔 밥이 一定 닉어실 거시니 客
커킹 人인신 們믄문 要얀염 吃치킹 ○ 나그ᄂᆡ들 먹으려 ᄒᆞ거든 就작쯩 吃치킹 些

셔셔 去취큐 罷바빠 ○즉시져기먹고가미무던ᄒᆞ다 這져저 般번번 說숴쉉 ○미리
니ᄅᆞ면 但단딴 恐쿵큥 怕파파 少샤셯 了랴렬 你니녜 們믄문 吃치킈 的디뎡
飯반뽠 ○다만너희먹을밥이젹을가ᄒᆞ노라 不부붕 妨방방 事ᄉᆞ씃 ○일에해롭지아
니라 便변뼌 少샤셯 些셔셔 飯반뽠 ○곳밥이젹으면 我오어 再재재 做주주 些
셔셔 使시싀 得더듸ᇰ ○내또져기지으면쓰리라 拿나나 桌조좝 子즈즈 來래레 ○
상가져다가 教쟌걒 客커킈 人인신 們믄문 ○나그ᄂᆡ들로ᄒᆞ여 就직찍 在재째
這저져 棚픙뻥 子즈즈 底디뎨 下하햐 坐조쭤 着져쟣 吃치킈 飯반뽠 ○이믜
셔이가개아리안자밥먹게ᄒᆞ라 只즈짇 是시씌 淡단땀 飯반뽠 胡후ᅘᅮ 亂뤈뤈 吃
치킈 些셔셔 罷바빠 ○그저민밥을간대로져기먹으라 幫방방 子즈즈 們믄문 在
재쩨 那나너 裏리레 呢니녜 ○종들이어ᄃᆡ잇ᄂᆞ뇨 有우잉 甚셔씸 麽마뭐 數수숭

諺解 五十一

菜채채蔬수수○아모란닉은ᄂᆞ믈잇거든取츄츄些셔셔來래레與유위客킈커

人신인們문믄吃킈치○가져와나그ᄂᆡ들주어먹이라客킈커人신인們문믄○

나그ᄂᆡ들你녜니愛해애吃킈치甚씸셔麼뭐마飯빤판菜채채○네므슴반찬을

즐겨먹을ᄯᅡ不봉부用융융問문운他터타○뭇지말고家갸쟈裏레리有잉위

的딩디拿나나來래레饋꿔긔他터타吃킈치○집의잇ᄂᆞᆫ거슬가져다가주어먹게

ᄒᆞ라沒몽무甚씸셔麼뭐마該개개吃킈치東둥둥西세시○아모란먹엄즉ᄒᆞᆫ거

시업다有임위蘿러로蔔뽕부生싱승葱충충茄켜켜子즈즈拿나나來리레

○댓무우와파와가지잇거든가져오고取츄츄醬쟝쟝來래레蘸참잔着짭져吃

킈치○醬가져오라직어먹쟈這져져菜채차都두두沒몽무有임위○이菜다업

고只짖즈有임위些셔셔鹽염얀瓜과과○다만져기져린외이시ᄂᆡ與유위客

커킹人인신吃치킹 ○ 나그ᄂᆡ주어 먹게ᄒᆞ쟈 客커킹人인신們믄문別베뼝在

괘괘 ○ 나그ᄂᆡ들 허믈말고 將쟝쟝就직찍吃치킹些셔셔罷바빠 ○ 두어라 ᄒᆞ여져

기먹으미 무던ᄒᆞ단 我오어們믄문與위유你니녜驟주쯍然안연相샹샹會휘회

○ 우리너와졸연 이서ᄅᆞ만나 大다때哥거겨就직찍這져져般번번見견견愛

애해 ○ 큰형이곳이 리ᄉᆞ랑ᄒᆞ고 給지깅茶차짜飯반빤吃치킹 ○ 차반주어 먹이니

怎즘즘麼마뭐敢간감搓괘괘呢니녜 ○ 엇지감히허 믈ᄒᆞ리오 客커킹人인신

們믄문說쉬숴甚셔씸麼마뭐話화화 ○ 나그ᄂᆡ들므ᄉᆞᆷ 말니ᄅᆞᄂᆞᆫ다 量량량這

져져般번번淡단땀飯반빤 ○ 혀아리건대 이만민밥인 打다다甚셔씸麼마뭐緊

긴긴 ○ 무어시緊 ᄒᆞ리오 偏편편我오어不부붕出추츙外왜왜 ○ 독별이 내라밧

긔나가지 아니ᄒᆞ랴 若쇼샵出추츙外왜왜時스씽候후흫 ○ 만일밧긔 나갈제면 也

與 유위 你 녜니 們 문믄 一 힝이 般 븐번 的 딍디 ○ 또 너와 ᄒᆞᆫ가지라 大 때다
哥 거거 說 숴쉬 的 딍디 是 씽시 ○ 큰형의 니르미 올타 俗 숭쉬 話 화화 說 숴쉬 ○
속말에 닐러시되 慣 관관 曾 쯍층 出 츄츄 外 왜왜 偏 편편 憐 련련 客 킝커 ○ 밧긔
나가기 닉으면 독별이 나그닉롤 에엿비너기고 自 쯔즈 己 계기 貪 탐탄 杯 뷔븨 惜 싱시
醉 쮜쮜 人 신인 ○ 이녁이 술을 貪ᄒᆞ면 醉ᄒᆞᆫ 사ᄅᆞᆷ을 앗긴다 ᄒᆞᄂᆞ니 果 궈고 然 션연 不 붕부
錯 참초 ○ 果然 그르지 아니ᄒᆞ도다
主쥬人신家가哥거我오幾기箇거行힝路루的디人인這저早잔晩완不부曾층吃치早잔飯반
前천頭투又위沒무甚슴麽마店뎐子즈我오特듸的디來레怎즘生숭糴됴與유些셔米미做주
飯반喫치要얀甚슴麽마糴디米미我오的디飯반熟수了랴客커人인們믄喫치了랴過고去큐
這져般번時스敢간少샤了랴你니飯반不부妨방事스便변少샤時스我오再재做주些셔箇거

便변是스將장卓조兒ᅀᅳᆯ來레教갼客커人인們믄則즈這저棚픙底디下햐坐조的디喫치飯반
淡단飯반胡후亂런喫치些셔箇거有우甚슴麽마熟수菜채蔬수將장些셔來레與유客커人인
喫치怕파沒무時스有우蘿로蔔부生숭葱총茄켜子즈將장來레就직將장些셔醬장來레別벼
箇거菜채都두沒무只즈有우鹽연瓜과兒ᅀᅳᆯ與유客커人인喫치也여好한將장來레客커人인
們믄休히恠괘胡후亂런喫치些셔小샾人인們믄驟쥬面면間견廝스見견大다哥거便변這저
般번重중意이與유茶차飯반喫치怎즘麽마敢간恠괘量량這저些셔淡단飯반打다甚슴麽마
緊긴偏편我오不부出츄外왜出츄外왜時스也여和호你니一이般번太다哥거說쉬的디是스
慣관曾층出츄外왜偏편憐련客커自즈巳기貪탄杯븨惜시醉쥐人인
你니녜們믄문外왜왜頭투뜰還환환有우잉火호훠伴번뻔麽마뭐○
밧긔당시롱 벗이잇느난 還환환有우잉一이황箇거꺼在재째那나너裏리○

당시롱ᄒᆞ나 히져긔이셔 看칸컨 行힝힝 李리례 放방방 馬마마 呢니녜 ○ 行李 보고

몰을노 하시니 他타터 不부붕 能능닝 来래래 吃치칭 飯반빤 ○ 제能히와 밥먹지못

홀써 시니 怎즘즘 麽마뭐 好한항 ○ 엇지ᄒᆞ여야 죠흐리오 我오어 們믄문 吃치칭

完완훤 了랸령 ○ 우리먹어 못거든 給지깅 他타터 帶대대 些셔서 去취큐 ○

져룰주라져 기가져가쟈 有우잉 椀완훤 給지깅 一이힝 箇거거 ○ 사발잇거 든ᄒᆞ나주

고 련 就직찡 盛칭찡 出츄츙 一이힝 椀완훤 飯반빤 来래레 ○ 이믜셔ᄒᆞᆫ 사발밥을

담아 내여 帶대대 與위유 那나너 箇거거 火호훠 伴번뻔 吃치칭 ○ 가져다 가져밧

을주어먹 게ᄒᆞ쟈 且쳐쳐 隨쉬쒸 他타터 們믄문 吃치칭 着져쨯 ○ 아직져 들대로

먹게 ᄒᆞ라 家쟈가 裏리례 還환햰 有우잉 飯반빤 ○ 집의당시롱 밥이이시니 吃치칭

完완훤 了랸령 再재재 給치깅 他타터 帶대대 去취큐 ○ 먹어못거든 또져룰주라

가쟈가라 你니녜 們믄문 休후힣 做주주 客커킈 ○ 너희 나그닌 쳬 말고 慢만만 慢
만만 的디딍 往왕왕 飽밮밤 裏리례 吃치킝 罷바빠 ○ 날호여 브르도록 먹으미 무던
ᄒᆞ다 我오어 們믄문 都두두 是시씽 行힝힝 路루루 的디딍 客커킈 人인신 ○ 우리 다 길ᄃᆞᆫ니
는 나그ᄂᆡ라 肯큰킁 做주주 甚서씸 麽마뭐 客커킈 呢니녜 ○ 즐겨
므슴 손인 체ᄒᆞ리오 吃치킝 得더듷 飽반밤 不부봉 飽반밤 ○ 먹어 브르나 브르지 아니
ᄒᆞ난 我오어 們믄문 吃치킝 得더듷 大다때 飽반밤 了랴럏 ○ 우리 먹어 ᄆᆞ장 ᄇᆡ브
르다 收수싱 拾시씽 了랴럏 椀완원 楪뎌뎡 罷바빠 ○ 사발 졉시 收拾ᄒᆞ라
你니 外왜 頭투 還환 有우 火호 伴번 麽마 有우 一이 箇거 看칸 行힝 李리 就직 放방 馬마 裏리 他타
喫치 的디 飯반 却켜 怎즘 生승 我오 們믄 喫치 了랴 時스 與유 他타 將쟝 些셔 去큐 有우 椀원 與유
一이 箇거 這저 飯반 裏리 盛칭 出츄 一이 椀원 飯반 與유 那나 箇거 火호 伴번 由우 他타 你니 都두

老乞大新釋諺解　五十四

喫(치) 了(랖) 着(죠) 家(갸) 裏(리) 還(환) 有(우) 飯(반) 裏(리) 喫(치) 了(랖) 時(스) 將(쟝) 去(큐) 你(니) 休(히) 做(주) 客(커) 慢(만)

慢(만) 喫(치) 的(디) 飽(반) 着(죠) 我(오) 是(스) 行(힝) 路(루) 的(디) 客(커) 人(인) 又(우) 肯(큰) 做(주) 甚(슴) 麽(마) 客(커) 喫(치)

得(더) 飽(반) 那(나) 不(부) 飽(반) 我(오) 好(할) 生(승) 飽(반) 了(랖) 收(식) 拾(시) 椀(원) 楪(뎨) 着(죠)

客(커 킁) 人(인 싄) 們(믄 문) ○ 나그네들 還(환 훤) 有(우 잉) 一(이 힝) 箇(거 거) 看(칸 컨) 馬(마 마)

的(디 딩) ○ 당시롱ᄒᆞᆫ나ᄆᆞᆯ보ᄂᆞ니잇다ᄒᆞ더닌 沒(무 뭉) 有(우 잉) 來(레 래) 吃(치 킹) 飯

(반 뽠) ○ 와밥먹으미업스니 興(힝 힝) 兒(을 ᅀᅵᆼ) ○ 興兒ㅣ안 你(니 녜) 可(커 거) 另(링 링) 盛

(칭 찡) 一(이 힝) 椀(완 원) 飯(반 뽠) ○ 네ᄯᆞ로ᄒᆞᆫ사발밥을담고 拿(나 나) 鑵(관 권) 取(츄 츄) 些

(셔 셔) 湯(탕 탕) ○ 탕관에져기湯을가져 跟(근 근) 客(커 킁) 人(인 싄) 去(취 큐) ○ 나그ᄂᆡᄅᆞᆯ

ᄯᆞ라가 給(지 깅) 那(나 너) 火(호 훠) 伴(번 뻔) 吃(치 킹) ○ 져벗을주어먹이고 吃(치 킹) 完

(완 훤) 了(랖 럏) ○ 먹거든 再(재 재) 收(식 싱) 拾(시 씽) 回(휘 휘) 來(레 래) ○ ᄯᅩ收拾ᄒᆞ여오

라 主쥬쥬人인신家쟈가別벼뼝㤞패패 ○ 主人아 허믈 말라 我오어們믄문

在재째這져져裏리례打다다攬쟌랑了랴량 ○ 우리 여긔 폐ᄒᆞ여다 有우잉甚

셔씸麼마뭐打다다攬쟌랑處츄츄的디딩 ○ 므슴 폐ᄒᆞᆫ 곳이 이시리오 是시씽淡

담땀飯반빤又우잉沒무뭉甚셔씸麼마뭐好한황菜채채 ○ 이 민밥이오 또 아모

란 반찬이 업셰라 不부붕要얀양那나너般번번說쉬숸 ○ 그리 니ᄅᆞ지 말라 當

당당不부붕得더딍 ○ 當치 못ᄒᆞ여라 饑지계時스씽一이힝口쿠큳 ○ 곫ᄒᆞᆯ 제 ᄒᆞᆫ

입 다시민 強창걍如슈쥬飽반방時스씽得더딍一이힝斗투듛 ○ 브른 제 ᄒᆞᆫ 말 어

든도곤 나으니 我오어們믄문正징징在재쨰饑지계渴커컹時스씽候후흥 ○

우리 正히 飢渴ᄒᆞᆯ ᄣᆡ예 主쥬쥬人인신家쟈가 ○ 主人이 就직쥥這져져般번번

給지공茶차짜飯반뺜吃치킹 ○ 이믜셔 이러 차반 주어 먹이니 怎즘즘麼마뭐能

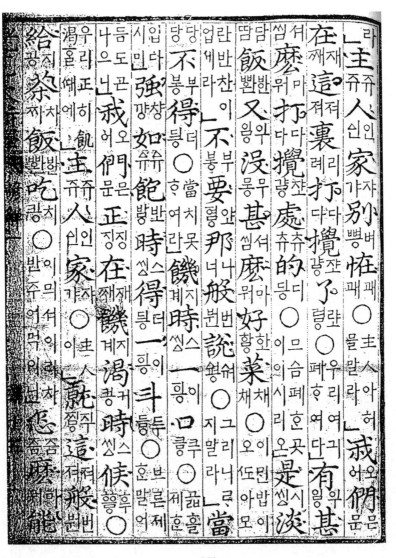

능닝 忘 왕망 你 니늬 的 디딍 情 칭찡 呢 니녜 ○ 엇지 能히 네 情을 니즈리오 也 여예

別 벼뼈 那 나너 般 반뻔 說 숴숭 ○ 또 그리 니ᄅᆞ지 말라 誰 쉬쒸 人 인인 出 츄츙 外

웨왜 帶 대대 着 져쨯 房 방빵 子 즈즘 走 주증 ○ 뉘 밧긔 나가매 집을 가지고 ᄃᆞ니랴 也

여여 辭 츠쏭 不 부붕 得 더듷 要 얀햫 投 투뜽 人 인신 家 쟈갸 尋 신씸 飯 반뽠 吃

치킹 ○ 人家에 드러가 밥 어더 먹기를 ᄉᆞ양치 못ᄒᆞ리라 俗 쉬쑹 語 위유 說 숴숭 ○ 속말

에 니ᄅᆞ되 好 한항 看 칸권 千 쳔쳔 里 리례 客 커킁 ○ 千里에 나그네ᄅᆞᆯ 죠히 보미 萬

완완 里 리례 要 얀햫 傳 쵄쫜 名 밍밍 ○ 萬里에 일홈을 젼코져 ᄒᆞ미라 ᄒᆞᄂᆞ니 這 져져 話

화화 却 거갸 也 여여 不 부붕 錯 초찰 的 디딍 ○ 이 말이 그르지 아니ᄒᆞ니라

客 커 人 인 們 믄 有 위 一 이 箇 거 看 칸 着 죠 馬 마 的 디 不 부 曾 층 来 레 喫 치 飯 반 興 힝 兒 올 你 니 另 링

盛 칭 一 이 椀 원 飯 반 鑵 권 兒 올 裏 리 將 쟝 些 셔 湯 탕 跟 근 着 죠 客 커 人 인 去 큐 與 유 那 나 箇 거 火 호

伴번喫치了랖時스却켜收수拾시家갸事ᄉᆞ來레主쥬人신家갸哥거休휘怪괘小샤人신們믄

這져裏리空딩害해有우甚슴麼마空딩害해處츄喫치了랴些셔淡단飯반又우沒무甚슴麼마

好한茶차飯반休휘那나般번說숴不부當당飢기時스得더一이口쿠強걍如슈飽반時스得더

一이頭두我오正징飢기渴커時스主쥬人신家갸這져般번與유茶차飯반喫치怎즘生승忘왕

的디你니休휘那나般번說숴偏편我오出츄外왜時스頂딩着죠房방子즈走주也여要얀投투

人신家갸尋신飯반喫치裏리却커不부說숴好한看칸千쳔里리客커萬완里리要얀傳쵄名밍

主 쥬쥬 人 신인 家 갸쟈 ○ 主人아 我 어오 們 문믄 攪 걒쟌 擾 셜샾 這 져져 半

반번 日 ᅀᅵ시 ○ 우리 이 半日을 너리오되 連 련련 尊 준존 姓 싱싱 也 여여 不 부부 曾

층층 問 운운 得 더듸 ○ 놉흔 姓조차 일즉 뭇지 못ᄒᆞ엿더니 大 다대 哥 거거 貴 귀귀 姓

싱싱 ○ 큰형의 貴ᄒᆞᆫ 姓이여 我 어오 姓 싱싱 張 장장 ○ 내 姓이 張가ㅣ니라 是 시시 張

장장 社셔셔長장장一이힝家쟈갸○이張社長의一家ㅣ라」客커컹人인인你
니녜姓싱싱甚셔씸麽마뭐○나그닉네姓이무섯고」我오어姓싱싱王왕왕○
내姓은王가ㅣ니」在재째遼랸량東둥둥城칭찡裏리례住쥬쮸○遼東ㅅ잣안히
셔사노란」大다때哥거거若쇼샹有우잉事스씅○큰형이만일일이이셔」到닫당
我오어那나너裏리례不부붕棄키켸嫌현혐○우리제와브리지아니ᄒ거든」可
커커到닫당我오어家쟈갸下햐햐来래래○또우리집의와브리오라」若쇼샹能
능능去취큐的디딩時스씽節져졍○만일能히갈時節이면」一이힝定딩띵要
얀형尋신씸到닫당你니녜家쟈갸去츄큐的디딩○一定네집을ᄎ자갈꺼시니」
我오어肯큰킁忘왕망了랸령你니녜麽마뭐○내라즐겨너롤니즈라
主쥬人인家갸哥거」小샤人신這져裏리攪갼擾샾了랸」姓싱也여不부曾층聞운大다哥거貴귀

姓싱 我오 姓싱 張장 是스 張장 社셔 長장 家갸 客커 人인 你니 却커 姓싱 甚슴 麽마 小샤 人신 姓싱
王왕 在재 遼랴 東둥 城칭 裏리 住쥬 大다 哥거 因인 事스 到다 我오 那나 裏리 不부 棄키 嫌현 小샤
人신 時스 是스 必비 家갸 裏리 來레 若쇼 能능 勾구 去큐 時스 節져 便변 尋신 你니 家갸 裏리 去규
我오 偏편 背븨 你니

那나너 人인신 家쟈갸 ○ 져 人家엔 我오어 纔채째 剛강강 去취큐 要야영 糴디띵
米미몌 ○ 내 ᄀᆞᆺ가 가 ᄡᆞᆯ을 밧고려 ᄒᆞ니 他타터 不부불 肯큰킁 糴댜뎡 與위유
我오어 ○ 제 즐겨 밧고여 나ᄅᆞᆯ 주지 아니ᄒᆞ고 他타터 們은문 做주주 下하햐 現헌현
成칭찡 的디딩 飯반빤 ○ 져들이 지어 現成ᄒᆞᆫ 밥을 敎쟌걍 我오어 們은문 吃치킹
了랴령 ○ 우리로 ᄒᆞ여 먹게 ᄒᆞ고 又우잉 敎쟌걍 吃치킹 你니뉘 帶대대 來레래
○ 또 너ᄅᆞᆯ 먹이라 ᄒᆞ여ᄂᆞᆯ 가져 와시니 你니녜 吃치킹 完완훤 了랴령 ○ 네 먹어 못거든

可 커커 就 찍작 與 유위 這 져져 小 셜샾 厮 슷스 椀 원완 楪 뎡뎌 帶 대대 回 훼휘
去 큐취 罷 빠바 ○즉시 이 아히롤 사발 졉시 주어 가져가게 ᄒᆞ라ㄴ 火 훠호 伴 뽄번 你 니니
赶 건간 馬 마마 来 래레 ○벗아 네 ᄆᆞᆯ을 모라 오라ㄴ 咱 장자 好 항한 打 다다 朶 더도
子 즈즈 ○우리 짐 시르미 죠타ㄴ 等 등등 到 당닾 打 다다 完 원완 了 령랖 朶 더도 子
즈즈 ○짐 싯기 ᄆᆞᆺᄎᆞᆷ애 다ᄃᆞ르면 他 티타 飯 빤반 也 여여 好 항한 吃 칭치 完 원완 了
령랖 ○제 밥을 ᄯᅩ 잘 먹어 ᄆᆞᆺ초거시니ㄴ 咱 장자 們 문문 就 찍작 好 항한 行 힝힝 路 루루
○우리 즉시 가미 죠타ㄴ 這 져져 箇 거거 馬 마마 恁 즘즘 麽 뭐마 這 져져 般 뷘번 難
난난 拿 나나 ○이 ᄆᆞᆯ이 엇지 이리 잡기 어려오뇨ㄴ 原 원원 来 래레 是 씨시 這 져져 般
뷘번 ○본ᄃᆡ 이러ᄒᆞ니라ㄴ 旣 계지 這 져져 般 뷘번 利 례리 害 해해 麽 뭐마 ○이믜
이리 사오납거든ㄴ 後 흫후 頭 뜰투 呢 녀니 用 융융 絆 뷘번 罷 빠바 ○후에란 디달ᄇᆡᆺ

미무던ᄒᆞ다」從충쭝前쳔쪈却킈캬絆번뻔着져쨯○이젼은年ᄒᆞ뵌ᄡᅥ티니」今
긴김日시잉偏편편忘왕망了랴럏不부붕曾층쯩絆번뻔○오ᄂᆞᆯ혹별이낫고피
달ᄡᅵ지못ᄒᆞ엿다」咱자쟝們믄문都두두攔란란着져쨯拿나나住쥬쮸○우리
다막아잡자」朶도뎌子즈즈都두두打다다完완훤了랴럏駄토떠上샹썽○
짐다ᄆᆡ야시러다」咱자쟝們믄문好화항走주증○우리죠히가쟈」小샤셜廝스ᄉᆞ
你니녜可커커拿나나了랴럏椀완원楪뎌톙與위유瓦와와罐관권回회휘
家쟈갸去취큐○아ᄒᆡ아네사발졉시탕관가져집의가라」生승싱受쉬씽你니녜了
랴럏○니롤슈고시겨다」你니녜別버뼝怪괘괘○네허믈말라
那나箇거人신家가」我오恰캬纔채糴디米미去큐來레」不부肯큰糶툐與유我오」他타們믄做주
下하見현成칭的디飯반與유我오喫치了랴」又우與유你니將쟝來레」你니喫치了랴些스與유

這저小샤的디椀원楪뎨將쟝去큐火호伴번伱니赶간將쟝馬마来래咱자打다馳토駄도比븨

及기馳토了랴時스他타也여喫치了랴飯반也여咱자們믄便변行힝這져箇거馬마怎즘麽마

這져般번難난拿나元원来레這져般번的디既기這져般번歹대時스再재来레着죠絆번着죠

戒오在재前쳔絆번着죠来레今긴日시忘왕了랴不부曾층絆번咱자們믄衆중人신攔란當당

着죠拿나住쥬馳토駄토都두打다了랴也여咱자們믄行힝着죠小샾的디伱니將쟝椀원楪뎨

罐권兒술家가去큐生승受삭伱니休회恠괘着죠

伱 니 녜 看 칸 컨 這 져 져 箇 거 거 時 스 씽 候 후 흫 却 커 캎 又 우 읗 將 쟝 쟝 晚 완 왠

了 랴 령 ○ 비 보라 이 ᄣᅢ 任 장ᄎ 느짓고 這 져 졔 裏 리 레 到 돠 당 夏 하 해 店 뎐 뎜 ○

예셔 夏店 가기 還 환 햔 有 우 잏 十 시 씽 里 리 례 来 레 래 地 디 띠 ○ 당시롱 十里ᄯᅡ히 이

시니 若 요 약 到 돠 당 不 부 붕 去 취 큐 ○ 만일 가지 못 ᄒᆞ량이면 就 쥐 찓 往 왕 왕 路

루루此빙비那너나人신인家갸쟈○곳 길 北 人家에 가 尋씽신箇거거瞞

쉬쉬覺쟌걍處츄츄罷바빠○잘 ᄃᆡ롤 어드미 무텬ᄒᆞ단 既지刂是시씽這져져般

번뷘○이믜 이러면 咱자쨩們믄문不부붕可커커都두두去취큐○우리 다 가

지 몯ᄒᆞ리라 那나너人인신家쟈갸見견견人인신多도더了랖령○져 家ㅣ

사ᄅᆞᆷ 만ᄒᆞ믈 보면 恐쿵쿵怕파파不부붕肯큰킁教쟌걍宿수슝○즐겨 재오지 아

닐가 ᄒᆞ노라 着잔짱兩량량箇거거看칸컨行힝형李리려○둘로 ᄒᆞ여 行李롤 보

게 ᄒᆞ고 我오어兩량량箇거거先션선問운문去취큐○우리 둘히 몬져 므르라 가

쟈

日싀頭투却커又우這져早잔晩완也여這져裏리到또夏햐店뎐還환有위十시里리來래地디

到됴不부得더也여則즈投투這져路루北버那나人신家가尋신箇거宿수處츄去큐來래那나

般着咱們去來都去時那人家見人多時不肯
宿着兩箇看行李我兩箇問去

老乞大新釋諺解 一 終

平聲清濁

上聲清放濁

去聲清濁

入聲清濁

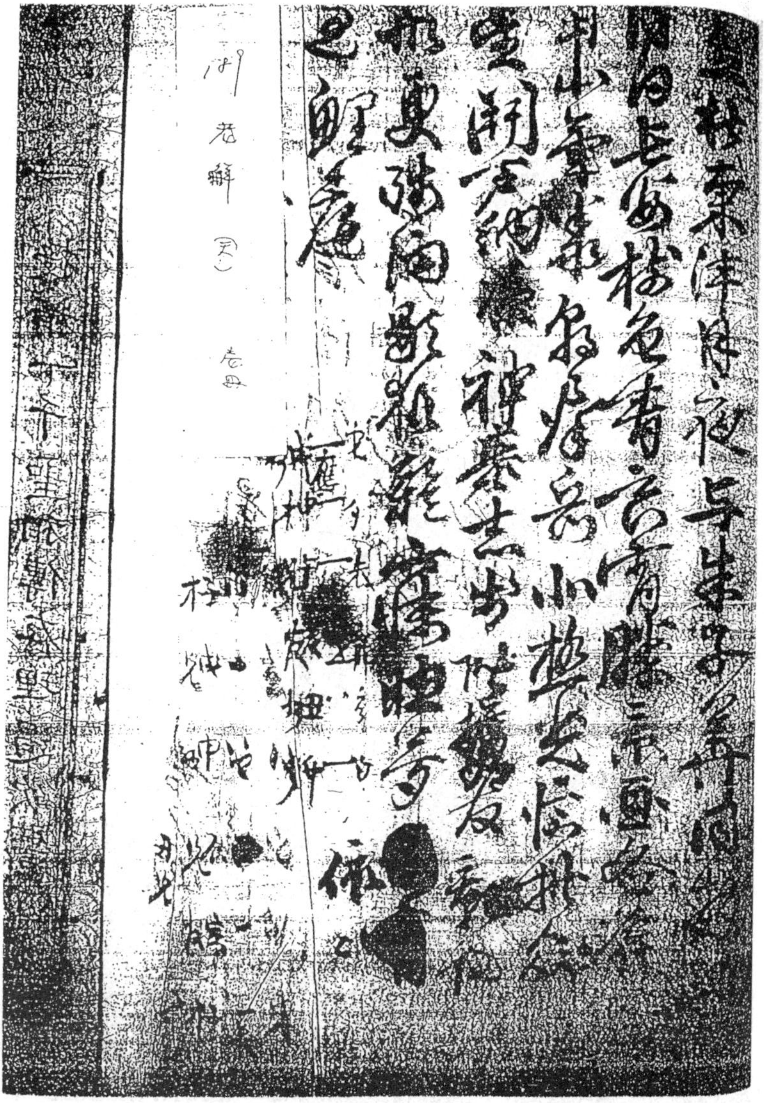

61a

[illegible]

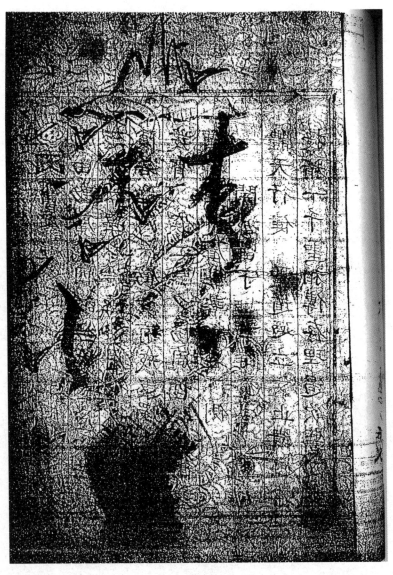

震恒
娶金州[illegible]氏

子益[illegible]
娶[illegible]州[illegible]氏 娶金州[illegible]氏

子友徽

順[illegible]
娶平李氏

子益彭
娶善山金氏

子弘煒

子益三
娶金海金氏

子弘根
娶安氏

子益萬
娶咸原宋氏

子國祿
娶濟州高氏

子國彬

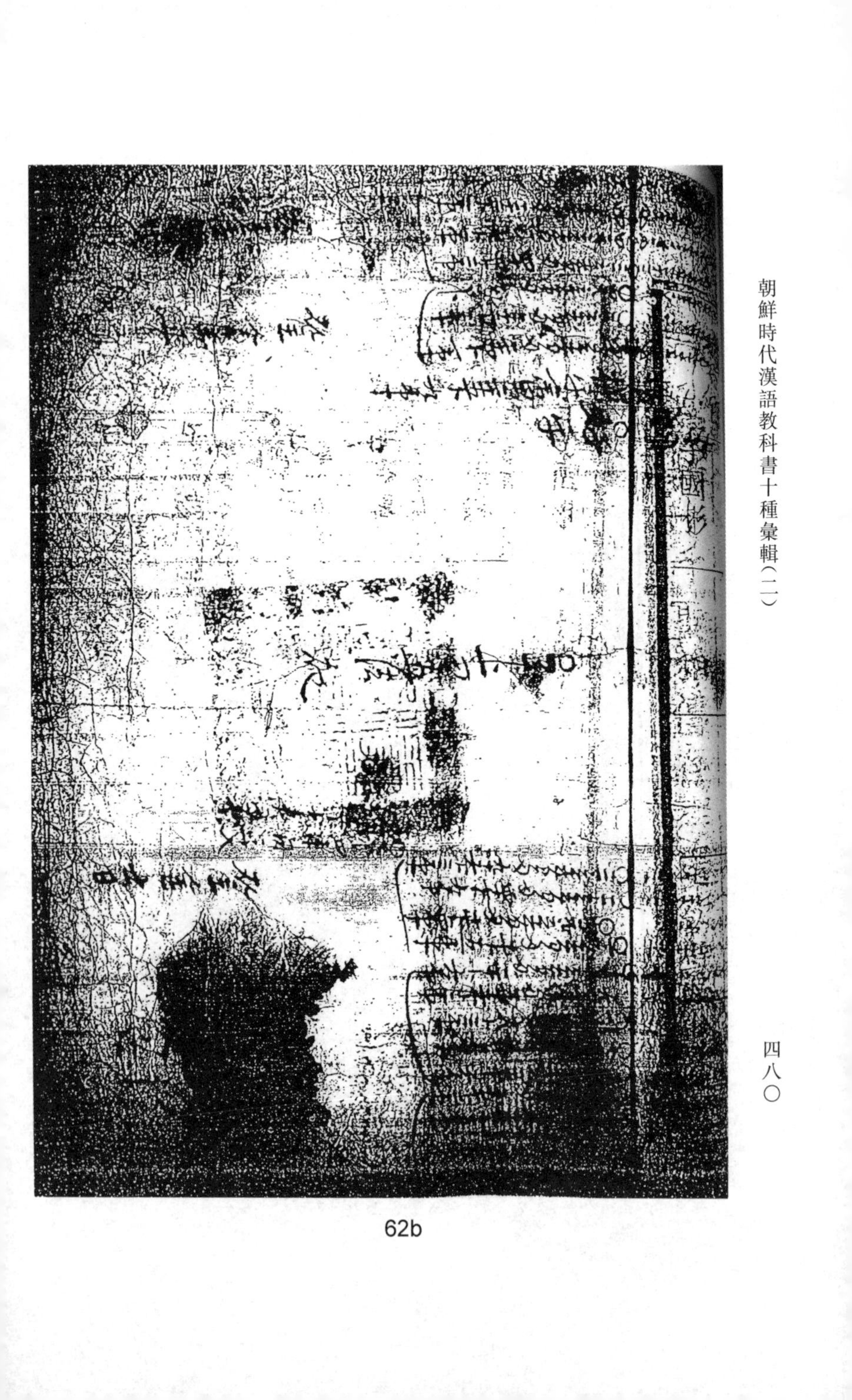

END OF TITLE

老朴輯覽（最初之世宗新命編 未刊
世祖命乙亥活字로 用하여 刊行되었다
老乞大諺解 上下 二冊 英祖朝時 三鑄甲寅活字로 刊行이되었다
重刊老乞大諺解 上下
新釋老乞大諺解 上下 ）
漢語學必要書，新解漢譯科士取此書，初世宗時命編
傳習久 英祖時 譯官 邊憲等 新 音義 釋文
方孝彥等之補足刊行
邊憲字總華 原西州人 肅宗丁亥生 景宗壬寅譯
科選官正堂上同中樞至
華山識之

老朴輯覽（最初之世宗新命編 未刊）

世祖命乙亥活字으로 用하여 新編되었음

老乞大諺解 上下 二册 英祖朝 新附 三鑄甲寅活字로 刊行이 되었음 己

重刊老乞大諺解 上下

新釋老乞大諺解 上下

漢語學必要書 新解 漢譯科士取此書 初 世宗時命編

傳習久 英祖時 譯官 邊憲等新 音義 釋其文

方孝彥等之補足刊行

邊憲字 德章 原州人 肅宗丁亥生 景宗壬寅譯

科選 官正憲同中樞至

華山錄之

老朴輯覽 最初는 世宗朝命編 未刊

世祖命乙亥活字로 印刷刊行되었다

老乞大諺解 成宗二十二年 黃注 崔世珍 三鑄甲寅字로 刊行되었음

重刊老乞大諺解 上下

新釋老乞大諺解 上下

漢語學習書 朝鮮 漢語譯科 取此書 初 世宗時命編

僕習人 漢語譯官 邊憲 新釋 老乞大 釋文 一

方言之補足刊行

邊憲 後 洪啓禧 金昌祚 譯

新釋 同中樞

老乞大諺解文 大之 一冊 甲申校刊 ……

第 山 …

老朴輯覽

(最初는 世宗朝命編 未刊

世祖命乙亥活字을 用하여 刊行이되었다

老乞大諺解 上下二冊 英祖朝에 三鑄甲寅字로 刊行이되었다

重刊老乞大諺解 上下

新釋老乞大諺解 上下

漢語學必要書 朝鮮 讀譯科 士取此書 初 世宗時命編

傳習久 英祖時 譯官 邊憲等 新言語、釋文

方孝彦等之補足刊行

邊憲字 德章 原州人 肅宗癸巳生 英宗壬寅譯

科選 官正憲 同中樞至

老乞大諺解 又大文 一冊 甲四枚 亦有하다

華山 抄之

老乞大新釋

阿哥伱打那裏來。我從朝鮮王京來。這回兒那裏去。我往北京去。伱多站在王京起身來着。我在這箇月初一日間離了王京。既然這箇月初一日間從王京起身的。到得半箇月怎麼纔到這裏來呢。我因有箇朋友落後了。所以在路上慢慢的走着。等候他來。故此來的遲了。那朋友如今赶的上啊赶不上啊。這箇朋友就是那箇。昨兒箇纔到來了。伱這箇月底能到北京麼。到不得呢。這話我不能料。萬一天可憐見身體平安。想來也可到了○伱却是朝鮮人。怎麼能說我們的官話呢。我在中國人根前學書來着。所以些一須知道官話。你跟着誰學書來着。我在中國人學堂裏學書來着。你學的是甚麽書。我曾念的是論語孟子小學。你每日所做甚麽工課呢。每日清早晨起來。師傅根前受了書。放學家裏吃完了飯。再到學裏寫倣寫倣後頭對句。對句後頭念詩。念詩後頭師傅根前講書。講甚麽書呢。講的是小學論語孟子○講書後頭又做甚麽工課呢。到晚晌師傅前面撤簽背書。背的熟的。師傅給免帖一張。若背不過來的。教當直的學生背起來。打三下了。怎麽樣是撤簽背書。怎麽

㨾是免帖呢。每一箇竹簽上。寫着一箇學生的名字
衆學生的名字都一㨾寫着。放在一箇簽筒裏盛着。
教當直的學生。拿簽筒來摇一摇。内中撒着誰的。便
着那人來背書。背得過的。師傅給他免帖一箇。那免
帖上。寫的是免打三下。免帖上師傅畫着花押。若後
來再撒簽背不過書的。拿出免帖來撕開。便將功折
過免打了。若沒有免帖。一定吃打三下○你是朝鮮
人。學他官話做甚麽。你說的話也是。但各自人都有
箇主見。你有甚麽主見。你說與我聽。如今朝廷一統
天下。到處用的都是官話。我這朝鮮話。只可在朝鮮

地方行得去。過了義州。到了中國地方。都是官話。倘
有人問一句話。也説不出來。别人將我們看作何如
人也。伱這様學中國人的書。是伱自已要去學來啊。
還是伱的父母教伱去學的麽。是我父母教我去學
的。伱學的多少時節了。我學了半年有餘了。伱都能
懂得了懂不得呢。每日同漢學生們。一處學習來。所
以略略的會得○伱的師傅是甚麽人。是漢人啊有
多大年紀了。三十五歲了。用心教伱們啊。還是不用
心教伱們呢。我師傅性格溫厚。很用心教我們。伱那
衆學生内中。有多少中國人。多少朝鮮人。大槩一半

是中國人。一半是朝鮮人。這裏頭也有皮頑的麼。是內中也有皮頑的。每日學長將那皮頑的學生。向師傅稟了。就打了他。他也是終久不怕。這是漢小厮們十分皮頑的。若朝鮮小厮們却比他們略好些〇大哥。你如今往那裏去。我也往北京去。你既往北京去。我是朝鮮人。中國地面素來行不慣。你好歹帶我作箇同伴去。這麼着咱們一同去罷。大哥你貴姓。賤姓王。你家在那裏住。我在遼陽城裏住。你往京裏去有甚麼勾當去。我要將這幾箇馬賣去。這麼的呢狠好。我也要去賣這幾箇馬。這馬上馳着的些微幾疋毛

藍布。一併都是要賣的。你既也去賣馬。咱們正好一
同去○大哥。可知道京裏馬價如何。近有相識的人
來說。馬的價錢這幾日好。就這頭等的馬。賣得十五
兩以上。似這一等的馬。可賣十兩以上。卻知道布價
的高低麽。布價比往年的價錢差不多。京裏吃食貴
賤如何。我那相識人會說。他來時。一斗粳米賣八分
銀子。一斗小米賣五分銀子。乾麵十斤賣一錢銀子。
羊肉一斤賣二分銀子。似這等看起來。與我當年在
京裏時。價錢都是一樣○咱們今夜那裏去住呢。咱
們往前走。十多里路。有一箇店。名叫做瓦店。咱們到

那裏。或早。或晚。可同宿了罷。若再過去。往前二十多
里地。沒有人家了。既是那麼着。前不着村。後不着店。
咱們又投那裏去宿呢。到那裏時候雖早也好。歇息
牲口。明日早行的便宜。但這裏到京裏。尚有多少路
呢。這裏到京裏。還有五百多里。若天可憐見。咱們身
子平安。再有五六日可以到了。咱們到京時。那裏往
下好。咱們往順城門官店裏住下。那裏向馬市裏去
却近些。你說的是。我也心裏這麼想着。你說的恰合
我意。就是那裏好。但是遼東去的客人們。別處不下。
大槩都在那裏住。我當年也在那裏住。十分便宜○

你這幾箇牲口。每夜吃多少草料。共用多少錢。這六
箇馬。每一箇五升料一綑草。共筭來大槩兒用盤纏
二錢銀子。這六箇馬。每夜吃的草料也不一樣。草料
貴處。用銀三四錢。草料賤處。用銀二錢。這箇馬也走
的好。也有幾步走。除了這箇馬。別箇的都不好。你這
馬與布。到北京賣了。却買些甚麽貨物。廻到朝鮮去
賣呢。我要往山東濟寧府東昌縣高唐縣。收買些絹
疋綾子凉花細子。廻到王京賣去。若到你那地方也
有些利錢麽。那箇也好。我當年跟着中國人。到高唐。
收買些綾絹。廻到王京賣了。也得些利錢○你那綾

綃涼花。在本地多少價錢買來的。到王京多少價錢賣出去的。我買的價錢小綃一疋三錢。染做小紅顏色做裏綃綾子每疋二兩。染做鴉青小紅顏色。綃子每疋染錢二錢。綾子每疋染鴉青的三錢。小紅的二錢。涼花每一斤價銀二錢。到王京去。綃一疋。換細麻布兩疋。折銀一兩二錢。綾子一疋。鴉青的換布六疋。折銀子三兩六錢。小紅的換布五疋。折銀子三兩。涼花每一斤。換布一疋。折銀子六錢。通共筭來。除了牙稅脚價之外。也可得加五的利錢。○你從來到京裏。賣了貨物。就買綾綃。到王京去賣。前後住了多少日子。我從年時正月裏將馬匹與布。到京都賣了。五月裏到高唐去。收買些綾絹。到直沽裏上船過海。十月裏到王京。到年終。這些貨物都賣了。就買了這幾匹馬。併毛藍布來了○這三箇火伴是伱親眷麼。與伱同來的啊。却不曾問他的姓名。姓甚麼名字甚麼。這箇姓金。是我姑舅哥哥。這箇姓李。是我兩姨兄弟。這箇姓趙的。是我街坊。伱既是他姑舅弟兄。誰是舅舅的兒子。誰是姑姑上兒子呢。我是姑娘生的。他是我舅舅養的。伱這兩姨弟兄。是親兩姨。却是房分兩姨呢。是親兩姨弟兄。我母親是姐姐。他母親是妹子。伱們既是姑舅兩姨弟兄。怎麽沿路上多有礙言。全不避諱呢。這是我們不忌的人家。親弟兄說話。尚不計較。況是姑舅兩姨的弟兄。又何必理論啊○咱們閑話別講罷。那前頭的便是尾店了。尋箇好乾淨店房住下。且歇息牲口。那街北這一箇店。是我舊主人家。咱們就到那裏下。主人家拜揖了。嗳呀王大哥來了麽。久違了。好啊。你這幾箇火伴。從那裏同來的。這是我沿路上做火伴。一同往北京去的。你這店裏草料都有沒有。草料都有。料是黒豆。草是稈草。這稈草好。若是稻草。牲口多有不吃的。黒豆多少一斗。草多少一細黑豆五十箇錢一斗。草十箇錢一細。是實價麼。不要說謊瞞我。大哥說甚麼話。你是熟主顧。咱們與你便是自家人一般。我怎麼敢說謊。你若不信我的話麼。到別箇店裏問問去。看是說謊不說謊。我只這麼說○我通共十一箇馬。要量六斗料十一細草。這鍘刀不快。許多草幾時纔鍘得完呢。主人家。你可往別處借一把快鍘刀來。這麼着。我借去。這鍘刀是我親眷家的。他不肯借。是我懇求他借來。風霜一㨾狠快的。你小心些。不要弄壞了他的。這火伴你鍘的草忒麄麄了。牲口怎麼吃呢。好生細細的鍘罷。這火伴你敢是不會煮料麽。你把鍋燒滚了。下上豆子。但看水開了一會兒。把那鍘的草。放在豆子上。盖好了鍋。也不用燒火。只教不要走了氣。自然熟了。○客人們。你打中火啊。不打中火啊。我不打中火喝風麽。這麽。你快作起五箇人的飯来。你吃甚麽飯。我五箇人。打三斤麵的餑餑。我自去買下飯菜。你自己買下飯菜去。這間壁肉案上買猪肉去。是今日殺的新鮮的好猪肉。多少錢一斤。二十錢一斤。你主人家就與我買去。買一斤肉。不要十分肥的。帶肋條的就好。大片切着。炒来吃罷。○主人家。你們若不會炒肉。咱們火伴裏頭教一箇人自已去炒肉。我是朝鮮人。都不會炒肉。有甚麼難處。刷了鍋。燒熱了。放上半盞香油。待油大熟了。後頭下上肉。着些鹽。把快子攪動。炒的半熟了。調上些醬水。把生葱作料着上。盖好了鍋。不要出氣。燒動火一會兒熟了。你再嘗着。鹹淡如何。我嘗得略略有些淡。再着上些鹽。主人家。餑餑有了麽。不曾。立刻就有了。你放上卓子先吃。你吃時。我這裏也就好完了。

○主人家。我明日五更天就要早行。咱們筭了房錢火錢。這一夜住的人馬使喚的盤纏。共該多少。你稱了来的三斤麵。每斤十箇錢。該三十錢。切了来

的一斤猪肉。該二十錢。四箇人每人房錢十箇錢。共
該四十錢。黑豆六斗。每斗五十錢。該三百錢。草十一
綑。每綑十箇錢。該一百一十錢。通共該錢五百錢。這
草料麵。都是你家裏賣出來的。减少些錢如何。罷罷
你只給四百五十錢罷。旣這般說。火伴你三箇人。一
齊都拿出來給他。記着數目。到北京。打總再筭罷。這
般我就都給他○火伴你把料撈出來。冷水裏拔着。
等遲一會。好慢慢的喂馬。初喂他的時候。就把料
水拌草與他吃。到五更再把料都添與他吃。似這般
喂法。這馬是分外吃得飽。若是先饋他料。那馬只管

揀料吃。草都抛撒了。那馬勞苦了的時候。不要就飲
水。等他吃一會。草再去飲。咱們各自睡罷。輪着班起
来勤些喂馬。今日是二十二日。五更時正有月。雞呌
起来走罷。主人家點燈来。我好收拾睡覺。點燈来了。
墻上好掛。這純土炕上怎麽睡。有甚麽草薦。拿幾領
来鋪上。大嫂。拿草薦席子来。與客人們鋪。席子沒有。
這三領草薦與你們鋪罷○主人家你種些火。我明
日五更天起來。就要早走的。那麽的。客人們請歇息
罷。我查看了門戶也就去睡了。來來且不要去。我還
問你些話。我前番從北京來時。離你這店裏約走二

十里來地有一坐橋塌了。如今可曾修起了不曾。早
修起了。比在先的高二尺濶三尺越發做的甚好。這
麼我們明日一早好放心的去了。伱們不要十分早
行。我聽得前頭路上甚惹有歹人。爲甚麼有歹人呢。
伱不知道。因去年年成荒旱。田禾没有收成的上頭。
就生出這些歹人來了。怕甚麼事。我們只趕着這幾
箇馬。又没甚麼銀錢帶來的。就逢見了他不相干。那
賊們想要我們甚麼。別要這般說。那賊們怎知伱有
錢没錢。寧可小心些纔是○我這裏前年六月裏有
一箇客人。搭包裏藏着一打子紙。腰裏絟着。在路傍

樹底下歇凉睡。被一箇賊到那裏看見了。只說是腰
裏帶的是錢物。生起歹心來。就那裏拿起一塊大石
頭。把那人頭上。打了一下。打出腦漿來死了。那賊把
那人的搭包解來看。却是紙。就在那裏甩了走了。官
府去撿了屍埋了。正賊捉不住。單把地主併左近人
拷打。後頭別地方的官府。却捉住那賊。發到這裏官
府處來。今年就在牢裏死了○舊年又有一箇客人。
赶着一頭驢子。兩箇荊籠子裏。盛着棗兒馳着走。後
頭有一箇騎馬的賊。帶着弓箭跟着走到箇酸棗林
地方無人處。那賊把客人脊背上。射了一箭。那客人

就倒了。那賊只說是死了。就趕着客人的驢子。往前行走。這客人被賊一箭射的昏了。蘇醒回來。恰好有捕盜的官。到那裏巡哨。那客人就把這緣故告了。捕盜官就叫公兵。往前趕。約到二十里地方。趕上了那賊。要捉拿他。誰知那賊就放一箭。把一箇弓手射下馬來。那賊跑去了○那捕盜官。趕到村裏。差了一百箇壯漢。帶着弓箭器械。把那賊圍在一箇山峪裏。纔能拿着。回來。看那被射的弓手。肐膊上射上。却不曾傷性命。如今那賊現在牢裏監禁着。既這般路上有歹人。咱們又沒甚麽忙勾當。何必要早行。等到天明。

慢慢的去怕甚麽。說的是。依着你。天明了再走罷◯請安置客人好睡罷。主人家且不要去。我又忘了一件勾當。我這馬還不曾喝水。等一會要拉他喝去。那裏有井。那房後便是井。有轆轤沒有。那井甚淺。只用繩桶打水。井邊上有飲馬的石槽。既這般。你收拾柳罐井繩出來。那井邊頭柳罐井繩都現成的有那裏呢。我又要囑咐你話。那柳罐不沉水。你不會擺。要把柳罐上。拴着一塊磚頭縺好呢。這麽的。我自會的。不要你教◯咱們輪着起來。好勤喂馬。常言道。馬不得夜草不肥。人不得橫財不富。再別槽兒裏多饋他到、天明咱們先拌些草。馬吃一會再去飲水。盛草的筐也沒有。拿甚麼盛草去。既沒有筐。且把衣襟兜些草去。我取料水去。這主人家好不整齊。連攪料棒也沒有一箇。快拿咱們的拄杖來攪料。且到房裏去。一會等着馬吃了這草。好拉他飲水去。我這馬吃了草也。要飲去○咱們都去了麼。這房子教誰看守着呢。且留一箇看房子。着兩箇拉馬去罷。怕甚麼事。這店門都關上了。還怕有誰進来。你不要那般說。小心些好。常言道。常防賊心。莫偷他物。依我的話。必要留一箇人看房子纔是。既是這麼。咱們留誰看房子。你三箇裏頭着這箇老年的看着罷。自古道。三人同行少的吃苦。我們三箇人去罷○這衚衕窄。牵了多馬過不去。咱們做兩回牵罷。那麼着。你慣會打水。我不會打水。你打水去。我兩箇牵馬去。那麼着。我打水去。你拉馬來。這槽裏我纔剛打兩灑子水。可勾馬吃麼。這水小。再打一灑子。拿灑子來。我也學打打看。這灑子是不沉水的。怎麼得滿盛了水了呢。我教你。把柳鑵提起來。在水面上擺倒。撞下水去。就能盛滿了水了。果真的麼。向來常見人打水。從不曾試。今日却會了○你們那裏朝鮮地方。有井沒有。怎麼不會打水呢。我那裏井。不似這般。這井是磚砌的。狠小有二丈深。我那裏井。都是石頭壘的。狠深的沒有一丈。不過七八尺深。我那裏男人不打水。都是女人們打水。那箇打水的女人們。放箇銅盔在頭上頂水。各自帶箇打水的瓢。瓢上絟着一條細繩子。却與這裏的井繩灑子一般取水。原来沒有男人拿匾担挑水的規矩。為甚麼那般打水呢。我却不理會。我們心裏只說是與我這裏一般打水○伱把這馬牽迴去。再牽別箇來飲水。這馬都喝水了。這様黑地裏茅房裏難去。咱們就到後園裏去。出恭不好麼。我拉着馬。伱自出恭去。我不要出恭去。儞萬一要出恭去。離大路遠遠些別在路邊上出恭。明日惹人罵了。咱們一箇人。拉着兩箇馬去。絟的牢着。這馬槽寬大離遠些絟。不要把繩子紐着。快些拿草料来。拌上餧他。且儘他吃。咱們好去睡

○火伴們快起来。雞叫第三遍了。不久東開了。快快的起来洗臉。穿上衣裳。喝幾鍾酒。收拾行李鞴馬。天亮了。告辭主人家去罷。主人家別恠。我們去了。儞們別恠好去罷。廻來却仍到我店裏來住。這坐橋。就是我夜來說的橋。比從前十分修好了。在先都是土搭的。如今都用板幔了。就是這橋梁橋柱。也比在前收

拾的牢壯。再過十幾年。也不能壞的○日頭這般高
了。往前又沒有甚麼店。咱們且投箇人家糴些米自
做飯吃。卸下行李。歇息牲口。歇歇去罷。那麼很好肚
裏也餓了。咱們去。把這馬上行李卸下。鬆了肚帶。去
了嚼子。就在這路傍。放他吃些草。只用一箇看。別的
都到那邊人家問去○主人家。我們是行路的人。這
時候不曾吃早飯。前面又沒店。故此來借問你。你們
若有米。糶些與我們做飯吃。主人家心裏怎麼說。要
饋就說饋。要不饋就說不饋。你們不用糴米。我這裏
飯一定煮熟了。客人們要吃。就吃些去罷。這般說。但

恐怕小了你們吃的飯。不妨事。便小些飯。我再做些
使得。拿卓子來。教客人們就在這棚子底下坐着吃
飯。只是淡飯胡亂吃些罷。幇子們在那裏呢。有甚麼
熟菜蔬。取些來與客人們吃。客人們。你愛吃甚麼飯
菜。不用問他家裏有的拿來。饋他吃。沒甚麼該吃東
西。有蘿葍生葱茄子拿來。取醬來。蘸着吃。這菜都沒
有。只有些塩瓜。與客人吃。客人們別恠。將就吃些罷。
我們與你驟然相會。大哥就這般見愛。給茶飯吃。怎
麼敢恠呢。客人們說甚麼話。量這般淡飯打甚麼緊。
偏我不出外。若出外時候。也與你們一般的。大哥說

13b

的是俗語說慣。曾出外偏憐客。自己貪杯惜醉人。果然不錯○你們外頭還有火伴麼。還有一箇在那裏。看行李放馬呢。他不能來吃飯怎麼好。我們吃完了。給他帶些去。有椀給一箇。就盛出一椀飯來。帶與那箇火伴吃。且隨你們吃着。家裏還有飯。吃完了再給他帶去。你們休做客。慢慢的往飽裏吃罷。我們都是行路的客人。肯做甚麼客呢。吃得飽不飽。我們吃得大飽了。收拾了椀楪罷○客人們還有一箇看馬的。沒有來吃飯。興兒。你可另盛一椀飯。拿罐取些湯跟客人去。給那火伴吃。吃完了。再收拾迴來。主人家別衹我們在這裏打攪了。有甚麼打攪處的。是淡飯。又沒甚麼好菜。不要那般說。當不得。飢時一口。強如飽時得一斗。我們正在飢渴時候。主人家就這般給茶飯吃。怎麼能忘你的情呢。也別那般說。誰人出外帶着房子走。也辭不得要投人家尋飯吃。俗語說。好看千里客。萬里要傳名。這話却也不錯的。○主人家。我們攪擾這半日。連尊姓也不曾問得。大哥貴姓。我姓張。是張社長一家。客人你姓甚麼。我姓王。在遼東城裏住。大哥若有事。到我那裏。不棄嫌。可到我家下來。若能去的時節。一定要尋到你家去的。我肯忘了你

麽○那人家。我纔剛去要糴米。他不肯糶與我。他們
做下現成的飯。教我們吃了。又教吃你帶來。你吃完
了。可就與這小厮挽槽帶廻去罷。火伴你赶馬來。咱
好打朶子。等到打完了朶子。他飯也好吃完了。咱們
就好行路。這箇馬怎麽這般難拿。原來是這般。旣這
般剌害麽。後頭呢用絆罷。從前却絆着。今日偏忘了
不曾絆。咱們都攔着拿住。朶子都打完了馱上。咱們
好走。小厮你可拿了挽槽與尾鑵廻家去。生受你了。
你別恠○你看這箇時候却又將晚了。這裏到夏店。
還有十里來地。若到不去。就往路北那人家。尋箇睡

覓處罷。既是這般。咱們不可都去。那人家見人多了。恐怕不肯教宿。着兩箇看行李。我兩箇先問去○主人家拜了。我們是行路的客人。今日天晚了。要借你房子。做箇宿處。我房子窄。沒處下。你別處尋宿去罷。你這般大人家。量我兩三箇人。却怎麽說房窄下不得呢。你那好炕。不教我宿也罷。就這大門傍邊車房裏。教我宿一夜如何。我不是不要教你宿。近來官司排門稽查。都不敢留面生人住宿。我知他你是那來的客人。向來又不曾相識。那裏知道你們是好人歹人。怎敢就容留你們住呢○主人家。我不是歹人。我們在遼東城裏住。現帶得有印信路引在此。你們在遼東城裏那裏住。我在遼東城裏閣北街東住。離閣有多少近遠。離閣有一百多步。北巷大街開的雜貨鋪便是。那雜貨鋪是你的麽。近南偏着兩家人家。有箇酒店。是我舊相識。你認得他麽。那箇是劉清甫酒舘。是我街坊。怎麽不認的。雖然這般說。房子實在窄小。住不下○你見愛我罷。你是有見識人。這時候天已晚了。日也落了。教我那裏尋宿處去。不要推托。容我宿一夜罷。這客人怎麽這般歪纏。如今官府稽查好生嚴謹。省事人家。不敢住下面生歹人。你雖說是遼東人。我。却不敢保你的來歷呢。況你這幾箇火伴的摸樣。又不是漢人。又不像撻子。不知是甚麽人。我怎麽就敢留你宿。你不知道。新近這裏。有一箇人家。只爲教幾箇客人住下。等那客人去了的後頭。事發了。誰知道那人是撻子人家逃走出來的。因此就連累他犯官司。現今着落他要那逃走的人。你看似這般帶累人家。我怎麽還敢留你們宿麽。○主人家。你說那裏話。好人歹人怎麽不認的。這幾箇火伴。他是朝鮮人。從朝鮮地方來。他那裏有口子渡江處。有官把守着。比咱們這裏一般嚴緊。先驗了文引。又仔細

的盤問明白後頭。纔放過來。他們若是歹人。來歷不
明。怎麼能勾到這裏來。他現有帶的文引。赶着朝鮮
馬。往北京做買賣去。他不懂漢人說的官話。故此不
敢說話。他們眞箇不是歹人。旣是這般。別只管纏張
後頭房子窄。家裏孩子們多有。又有箇老娘。身子不
快。你若不嫌冷。就在這車房裏。住一宿如何。這般我
們將就在這車房裏睡覺罷。○主人家。我又有一句
話要說。心裏躕躇。不敢開口。有甚麼話你說。如今已
是黑夜了。我們實在肚裏餓了。又有幾箇馬要喂。一
客不勞二主。望你可憐見我們糴些米給我煮。一頓

飯吃。你賣些草料給我喂馬如何。我這裏今年夏天
大旱。到秋來又水澇了。莊家田禾没有收成。故此。我
們都是現糴現吃。那裏還有糶的來。我們從早起吃。
了些飯。到這時候不曾吃些甚麽。肚裏好飢餓。你就
把那糴來的米裏頭。小分些饋我。熬些粥吃也好。這
一百錢。隨你的意思。給些米罷。這一百錢。與你多少
米呢。隨你饋我多少就是了。今年因旱澇不收。一百
錢糴的一斗米。我本来没有糶的米。既是客人只管
央及我。我就把糴來的米。給你三升。煮些粥胡亂充飢
罷。○客人們不要見恠。實在今年艱難。若是似往年

好收麽別說你兩三箇人就是十數箇客人我也能都給茶飯吃主人家說的狠是我也曾打聽今年這裏實在田禾不收旣這般主人家我們要到後頭熬粥去這黑地裏出入不便當你家這狗又利害不嫵煩勞麽你就給我做些粥來吃如何也罷客人們且在車房裏收拾我教孩子們做些粥來與你們吃罷費心多謝多謝○主人家還有一句話說人吃的雖是有了這馬也當要喂一發賣些草料與我喂他如何客人們說甚麽話人吃的尚且短少那裏還有賣與馬的草料我這院子後頭一遍都是青草地你吃

了飯着兩箇人赶馬放去。到天亮了。這馬都可吃飽了。何必又要草料呢。主人哥說的是。我們車房裏去。沒有火怎麼好。教小孩子拿箇燈來罷。這麼我就教小廝們送燈去。再饋你兩三根糠燈。咱們吃了飯。留兩箇在這裏看行李。着兩箇放馬去。到半夜後却換這兩箇起去替他。大家安息安息。明日好不渴睡○

這的燈來了。粥也拿來了。匙椀都有。你們吃罷。咱們飯也吃了。你兩箇先放馬去。到半夜裏我兩箇却替你去。我睡醒了起來。噯呀參星高了。敢是半夜了。我先去。替那兩箇來睡。你就到那裏來。咱們兩箇看馬。

這麼。你先去。換你兩箇去睡一睡。到那時候。教那箇
火伴來。你來了。你赶過馬來在一處。容易照管。月黑
了。恐怕有迷失。悞了明日走路○明星高了。天待要
明了。咱們赶馬到下處去。收拾了行李。只怕天就明
了。這馬且絟着。教那兩箇起來。你兩箇快起來。收拾
行李好馳朶子。須把咱們的行李。查明白着。主人家
的東西。不要錯拿了去。朶子都打完了。辭了主人家
去罷。主人哥。我們去了。在這裏破費你了。喫有甚麽
破費處。慢待了。別恠。好去罷○咱們前頭到夏店買
飯吃了。赶晚可到京城了。這裏到夏店有多少路。還

有三十多地。伱昨日怎麽説只有十里多路。今日卻
又怎麽説三十里地。我昨日錯記了。今日想起來有
三十多地。咱們不要遲延趂凉快。馬又吃的飽。趕早
快走。日頭又大高的了。望那黒林子。便是夏店。這裏
到那裏。還有七八里路。伱在先也曾到北京去。怎麽
不理會的呢。這夏店我在先曾走了一兩遭。如今都
忘了。那裏記得。○夏店待到了。咱們吃些甚麽茶飯
好。我朝鮮人。不慣吃濕麵。咱們只吃乾的如何。這麽
咱們買些燒餅。炒些肉吃罷。咱們這裏好絟馬。卸下
行李。到飯店裏去。掌櫃的。先拿一盆温水來。我要洗

臉。再拿漱口水來。客人們洗臉了。店家。抹卓子。客人吃些甚麽茶飯。我四箇人。炒三十錢的羊肉。取二十錢的燒餅來。這湯淡。有塩醬拿些來。我自家調和吃。這燒餅。一半冷的。一半熱的。熱的留下我吃。這冷的你拿去。火盆上烤熱了來。咱們飯也吃了。給他飯錢罷。店家來會錢。共該多少。二十錢燒餅。三十錢羊肉。共該五十錢。○咱們快上路子走罷。日頭又晌午了。有些熱。吃了些乾東西。又有些渴。前頭不遠。有箇草房店。到那裏。咱們且吃幾盞酒。解渴。歇息牲口。暫卸下行李。吃幾盞酒。再去。賣酒的。打二十錢的酒來。我要喝。客人們。這是二十錢的酒。酒好麽。不是黄酒。是乾乾的燒酒。雖是海量。喝一鍾就醉了。你嘗嘗看。若不好。你别還錢。將就吃的過。有甚麽好下酒菜。拿些來。我這裏只有的是鹽瓜。且取些來。那酒要熱吃麽。還是凉吃呢○阿哥。先吃一杯。阿哥受禮。你敢年紀大。怎麽受禮。阿哥你多大年紀。我今年三十五歲。我纔三十二歲。阿哥你年紀大。大我三歲。應該受禮。我雖年紀大。怎麽便受禮呢。咱們都起來。大家同吃罷。那麽殺你受禮。堅執不肯。如今要你滿飲一杯。不可留一點酒底。咱們且不要講禮。吃一杯罷。吃完了酒。

會了酒錢去罷○賣酒的。來會錢。這的五分銀子。貼六箇錢給我。大哥給些好銀子。這銀只有八成銀。怎麽使的。似這様銀子還嫌甚麽。細絲都有在內。怎麽使不得。你不識銀子。再教別人看去。我怎麽不識銀子。為甚麽教別人去看。拿去換錢。不折本就罷。你自另換五分銀子與我便是了。不用多說。這賣酒的也歪纏。這様好銀子。還說使不得。今早我們在吃飯處找來的銀子。罷罷。將就留下罷。就使不得也罷了。你說甚麽話。若果然使不得。你肯要麽○打了朶子走罷。日頭已到午後了。這裏離城還有五里路。着兩箇

在後趕牲口来。我同一箇火伴先去。尋箇好店占住
下處。再来迎接你們。如何。咱們先説定着。只投順城
門官店裏下去。那麽着。你兩箇先去。我兩箇後頭。慢
慢的趕牲口、去。先去躧店的。出来接着我們罷。咱們
快快走罷。比及到那裏尋了店。後頭的那兩箇也好
到来了○店主人家。我們後頭。還有幾箇火伴。赶着
幾匹馬来。你這店裏。可下我們麽。你通共幾箇人幾
匹馬呢。我們四箇人十匹馬。有車子没有。車子没有。
這們的好下的。那東邊有一間空房子。你看去。你帶
着我看看去。我忙没工夫去。你自己看去罷。能悮了

伱多少工夫到那裏看了房子。中意不中意。不過說一句話就完了。這麽同伱去看一看。伱這房子。也可以勾住了。伱這裏茶飯如何。我這裏茶飯麽。因我家店小兒新近出去了。委實沒人料理。伱客人們各自做飯吃罷。我們若自已做飯吃。鍋竈椀楪都有麽。那箇伱放心。都有。既這等便當。我們就定在這房裏住。且迎接火伴去○伱兩箇到這裏多少時候了。我們纔到這裏。剛要尋伱去。伱却来了。店在那裏。在那西頭。有行李都搬進来。把馬絟了。且不要摘鞍子。伱去問主人家。要幾領席子草薦来。就拿笤箒来掃地。行李且不要搬進去。等鋪了席子草薦。再搬進去○客人們。你這馬要賣麼。是我要賣的。你既要賣也不必你往市上去。就這店裏放着。我與你尋箇主兒来。就都賣了。罷罷到明日再說話。咱這馬一路来。每日行走狠辛苦了。又喂不到。故此都沒甚麼膘。就到市上去。市上人也出不上價錢。咱們多給他草料。好生喂他幾日。再出脫他也不遲了。你說的是。我心裏也這們想着。我又有人蔘毛藍布。明日且去打聽價錢如何。若價錢好。就賣了。若價錢十分的賤。且停些日子再賣。你那裏打聽去。那吉慶店裏有我的相識。我到

他那裏去問一問看這。麽的。到明日咱們同去。你兩
箇看着牲口。我兩箇到城裏去就来○大哥作揖了。
這店裏却有賣毛藍布的。朝鮮客人李舍麽。你尋他
怎麽。我是他的親戚。我纔從朝鮮地方来。纔剛出門。
往羊市角頭去了。他說就廻来。你且在外頭等。一會
再来。他既往羊市角頭去。路又不遠。我就在這裏等
他罷。憑你等着罷。他在那箇房子裏往。那西南角上。
芭籬門南邊。小板門便是。他出去了。看家的有誰呢。
常有箇後生在這裏。如今不見。想是出去了○你從
朝鮮地方来。帶些甚麽物貨来賣呢。我帶幾匹馬来。

再有甚麼物貨呢。没有甚麼别的。還有些人參毛藍布。如今價錢如何。價錢也只照舊。人參正缺少呢。所以價錢很好。如今賣多少。往年也只是三錢一斤。如今因没有賣的。就五錢一斤家也没處尋。伱那根子是那裏的。我的是新羅參。新羅參很好。怕有甚麼賣不出去呢。伱不知道這幾年我們那裏挖梆槌的少。所以價錢很貴了。萬一在先一樣的價錢麼。一定虧本。誰肯帶来呢。○那箇不是李爺来了。李大哥好麼。伱幾時来的。家裏都好麼。我家裏好。我到下處去。請裏頭坐。伱多站從王京来的。我從七月初頭起身離家的。却怎麼這時候纔到来。我在路上走得慢。我家裏有書信来麼。有書信帶来了。這書上寫的。不大詳細。伱来時我父親。母親。伯父。叔父。大娘。嬸子。姐姐。姐夫。二哥。三哥。嫂子。妹子。兄弟們。都好麼。都好甚是平安。這様甚好。别說黄金貴。平安直錢多。恠道今日早起。喜鵲亂噪。又打嚏噴。果然有親戚来。又有帶来的書信。却不說家書直萬金。我的賤内與小兒們。都平安麼。都好。伱那小女兒。出疹子。我来時都痊疴了○伱帶甚麼貨物来。我帶幾匹馬来。又有些人蔘毛藍布。如今價錢如何。馬的價錢與布的價錢同往常一様人蔘價錢近來十分好。你說的是。纔剛這店裏客人也是這般說。你同幾箇火伴來。有兩箇火伴。都是親戚。一箇是姑舅哥哥。一箇是兩姨兄弟。都在那裏下着呢。都在順城門外街北一箇店裏下着。從幾時到來。我們昨兒箇來的。你這幾箇火伴來。做甚麼買賣的。又那一箇火伴是誰。他在遼東這邊。我同他作伴來。他也有幾匹馬。一同赶來要賣。他是漢人。在遼東城裏住。我一路上。多虧得他幫助。我中國的話。我不能會。路上馬的草料併下處。全仗這大哥替我辛苦料理。說的是。○我們且到下處去。再相見罷。且停

些時咱們聊吃一杯酒接風不好麼不敢當今日行
明日再奉擾吃酒也不遲哩既這麼明日就往店裏
尋你去一發和你親眷們一同吃一兩杯我送你到
外頭去不須你送了你這炕裏沒人不要出去罷這
麼你不要見恠啊我爲甚麼恠你呢咱們都是一家
人又比不得別人○小時再到店裏看店主人與三
箇客人站着看馬店主人說這三箇火伴兩箇是買
馬的客人一箇是牙子你這馬他們都要一齊買到
山東賣去就到市上賣去也是一樣千零不如一頓
倒不如都賣與他好你摠要賣的咱們好商量這箇

青馬多少歲數。你只看牙。便知歲數。我看見了。這馬
上下衢都沒有。是十分老了。你敢是不理會看馬的
歲數呢。這箇馬如何。今春新騸了的。十分臕壯的馬。
這馬好的歹的。都一樣商量要買的。◯這兒馬。騸馬。
赤馬。黃馬。鷰色馬。栗色馬。黑鬃馬。白馬。黑馬。青馬。灰
馬。花馬。跑馬。土黃馬。繡膊馬。破臉馬。四明馬。五明馬。
桃花馬。青白馬。豁鼻馬。孤蹄馬。騍馬。懷駒馬。環眼馬。
馬駒子。劣馬。這馬牛行一樣慢慢的走。又慢行的馬。
急性馬。點的馬。細點的馬。鈍馬。眼生馬。撒蹄的馬。前
失的馬。單蹄撣的。撂人的。咬人的。口硬馬。口軟馬。念

群馬快走馬。這些馬裏頭。有歹的十六箇。一箇瞎的。兩箇蹶的。一箇蹄歪的。一箇磨硯的。三箇打破迎鞍頭的。一箇熟瘸的。一箇癩的。一箇骨眼的。四箇瘦的。一箇光當的。內中也有十箇好馬○你這馬。好的不好的。大的小的。打配着。一共要多少銀子。一揔說了價錢罷。共要二百四十八兩銀子。你說這些價錢怎麼。你只說實在賣的價錢。不要這樣胡討虛價。我不是沒有商量的。你說的是。兩三句話交易就成了。不要這樣混胡討謊價。教我怎麼還你是。牙子你說罷。客人們。你別狠多要罷。也是枉然。我是箇牙家。也不

肯單向着買主也不肯偏向着賣主我只憑公道直
説據你要二百四十八兩銀子這十箇好馬十六箇
歹馬你筭多少這十箇好馬我筭該一百二十兩這
十六箇歹馬我筭該一百二十八兩似這價錢實在
賣不得了今老實價錢説與你兩家依着我就交易
了如何○我且聽你定的價錢這十匹好馬每一匹
八兩銀子共八十兩這十六箇歹馬每一箇六兩銀
子共九十六兩通共一百七十六兩成就了這交易
罷似你這定的價錢就是朝鮮本地方也買不來那
裏是實在要買馬的不必再胡商量了你這箇客人

說甚麽話。不是實在要買麽。做甚麽在這裏與你商
量呢○這馬纔剛牙家定的價錢實在虧着我的本
錢哩。給你這般價錢不賣。你還要想甚麽。你兩家不
要只管爭多爭少了。要買的添些。要賣的減些。攙我
說合再添五兩。共一百八十一兩成交罷。天平地平。
買主若不添些。也買不了去。賣主多要爭價錢也不
能賣去。傍邊站着閑看的人說。這牙子說的價錢甚
是公道。罷罷。你們就依了牙子的話。成就了罷。旣這
般說。就賣了罷。但這箇價錢實在虧本了○但是一
件。潮銀子是不要的。給我些好銀子纔要呢。咳潮銀

子我也沒有。我的都是細絲紋銀。既是好銀子。我先要看了銀子。寫契罷。既這麽着。銀子在布袋裏。取銀子来教牙子先看了。你賣主自家再看。裏頭沒有一塊不好的。這銀子雖是看了。真假我不認得。你記認着。久後若使不得。我只問牙家換。銀子上我有畫押了。不論甚麽時候換給你○文契教誰寫。牙子就寫寫這契。大家一揔寫麽。分開寫。不要揔寫。揔寫了。怎麽分賣與人呢。你們各自寫着罷。你這馬是一箇主兒的那。是各人的。這馬是四箇主兒的。各自有數目。你先寫我的馬契。你的馬是家中養的麽。還是買来的啊。我的原是買來的。你在那裏住。姓甚麼。我在遼東城裏住。姓王。寫王某罷○我寫完這契了。我念給你聽。遼東城內人王某。今為少錢使用。願將自己原買赤色騸馬一匹。口五歲。左腿有印記。憑京城牙行羊市角頭街北住的張三。作中人。賣與山東濟南府客人李五。永遠騎坐。議定時值價錢十二兩。那箇銀子立契之日。一併交足。外無欠少。如馬好歹。買主自認。如馬有來歷不明。賣主一面承管。成交之後。各無反悔。如有先悔者。議定罰銀五兩。與不悔之人使用。恐後無憑。立此文契為照。某年月日立契人王某押。

牙行人張某押。其餘的馬契。都寫了了○咱們筭了
牙稅錢着。舊例買主管稅。賣主管牙錢。你各自筭牙
稅錢。共該出多少呢。我這一百八十零一兩。該多少
牙稅錢。你自筭。一兩該三分。十兩該三錢。一百八十
零一兩。牙稅錢該五兩四錢三分。牙稅錢都筭了。我
這馬契多站要稅了来。這箇有甚麼難。你着一箇火
伴。跟了我去。到那裏納稅了。不要那麼的呢。你們都
在這裏等候着。我去上稅送来與你○我没有好生
細看。這馬原来有病。有甚麼病。那鼻子裏流鼻膿是癩
馬。我怎麼肯買了去。若拉馬去。連其餘的馬。都帶累

壞了。這麽說。你是要反悔了麽。我直箇不要。你旣不
要麽。這文券上明白寫着。如馬好歹。買主自家看。先
悔的罰銀五兩。古人說。官憑印信。私憑畫押。你罰下
五兩銀子給賣主。毁了文券。便好了。不須爭論。這麽
說。原定價錢內中。除了五兩銀子。做反悔錢。撕開文
券去了罷。這箇馬悔了。該除八兩銀。你要過的牙錢
該一錢五分。你却退出來罷。旣那麽退給你。你們在
這裏等候着。我稅了契就來的。又何必等你呢。我赶
着馬往下處兒付草料去。你稅了契。明日送到我下
處來罷。各散了罷○你這人蔘布匹。不曾發賣。還有

些時住哩。我沒有別的買賣。等你在這裏賣布的時節。我買些羊。到涿州地方去賣。走一遭廻來。咱們再商量另買貨物如何。這麼也好。你去買羊。咱們一同去。我也好知道些價錢。到街上立地的其間。一箇客人。赶着一羣羊來了。大哥你這羊賣麼。是賣的。你若要買。咱們好商量○這箇羝羊。臊胡羊。羯羊。羖䍽羔兒。母羖䍽。一共要多少價錢。我共要三兩銀子。你幾箇羊。就要這些大價錢。若是好綿羊却賣多少呢。你要的是虛價。還的是實價。啊據你給多少。你胡討價錢。我還你多少是呢。你說的是。我就減去五錢如何。

你來不要只説減去五錢的話。你説老實價錢。只一句話就是了。我饋你二兩銀。若肯便賣。若不肯你就赶了去罷。你不要只説二兩銀子。你若再添五錢。我就賣與你了。添不得。肯賣不肯賣憑你罷。我是爽快的人。你揀好銀子給我罷。臨晚。我濫賤的賣與你了。火伴。你往下處坐着。我赶這羊。往涿州去賣了就迴來○我却想來。這幾箇羊也不值得走一遭。既要去。我有些下剩的銀子。閑放着做甚麼。一發買些緞子拿去賣罷。咱們且到鋪裏商量去。賣緞子的相公。你鋪子裏那魚白。月白。天青。石青。柳青。草綠。鸚哥綠。黑綠南松北松官綠鴨綠鴨青油綠粉紅銀紅桃紅大紅真紅鷹背葱白灰色醬色真紫沉香閃黃鵝黃朱黃柳黃艾褐蜜褐各樣顏色顏色深的顏色淺的又那膂背膝欄界地雲寶相花八寶蜂赶梅四季花骨朶雲西番蓮牧丹六雲八雲海馬暗花這各樣的緞子與些紵絲紗羅都有麽我要瞧瞧揀揀買客官你要南京的還是那杭州的蘇州的呢大哥南京的顏色好又光潤只是不着實不耐穿杭州的經緯相等蘇州的十分澆薄又有些粉飾不牢壯○你有好綾子麽你要甚麽綾子我要官綾子那嘉興綾子不好

客官你却要綃麽。我有山東好大官綃。譙凉綃。易州
綃。倭綃。蘓州綃。水光綃。白絲綃。我只要大官綃白絲
綃蘓州綃水光綃。其餘的都不要。你有好絲麽。我多
要些。要甚麽絲。我要湖州白絲。花拘絲。那定州絲不
要○這緞疋綾綃紗羅等項。你都看了。你真箇要買
甚麽緞子呢。別箇不要。只要深青織金胷背緞子。我
老實對你說。不是我自己穿的。要拿去別處轉賣尋
些利錢的。你老實討價錢。這織金胷背。要七兩。離胡
啊。你不要這般胡討價錢。我不是外行。這緞子價錢
我都知道。這織金胷背。是蘓州來的假估緞子。你還

要討七兩銀子。若是南京來的。清水織金緞子。却賣
多少呢。不須多說。伱既知道價錢。伱就給多少罷。這
織金胷背。與伱五兩。這是實在價錢。伱肯我就買。若
不肯我別處去。伱既知道價錢。我也不多說了。只揀
好銀子與我。就賣與伱了。這等子拉。伱添上天平地
平的等子。伱要補定麼。罷。呀包起來。我拿去。這緞子
買了。○咱們再商量。這箇柳青顏色紬子。有多少尺
頭。勾做一箇襖子麼。伱說甚麼話。滿七托有餘。官尺
足有二丈八。裁衣尺足有二丈五。似伱這般身材。若
細摺做。摺做襖子。也儘勾了。若做直身襖子。還有餘

剩的。你打開我托一托看。那裏滿七托。若說七托却
少些。你的身子大手臂長。一托比別人長得多呢。這
紬子地頭是那裏的。你說是識貨怎麼却又不識呢。
這紬子是南京的。不是別處來的。你仔細看。沒一點
粉飾。實在好清水紬子。要多少價錢這紬子價錢誰
不知道。要討甚麼價錢。若討價要五兩銀子。老實價
錢只要四兩。拿銀子來就賣給你。這紬子也買了○
這鞍子。轡頭。鞦皮。攀胷。馬韂。馬鐙。鞍橋子。鴈翅板。鐙
折皮肚帶。折舌。緹胸。籠頭。扯手。包糞。編繮。繮繩。兜頦
閘口。汗替。馬鞭子。稍繩。都買了○再買一張弓去。且

到那賣弓的店裏去問。有賣的好弓麽。客人。我店內若沒有好弓。做甚麽買賣呢。你把這一張黄樺皮弓上了弦。我拉拉試試看。有幾箇氣力若好。我就買了去。新上了的弓。慢慢的拉。既是好弓。怎麽怕拉呢。這弓弓把軟。不好拉。不隨手。又一半欺。再沒有廻性。客人。不要認錯了。似這般的弓。你還嫌甚麽。由他說。自古道。褒貶的是買主。這一張弓為甚麽不樺了。你不知道。這弓最好。是上等的。若樺了呢。買的人就不信了。教人看了面上的角。背上鋪的筋。還定了價錢。然後樺也不遲。這弓卸下。彄子小些。弰兒短些。弓[illegible]子也薄些兒將就也買了去罷○再有賣的弓弦取來我也買一條就這裏上了這弓去有伱只揀着買這條或細這條又太麄似這一等着中的纔好這弓與那弦都買了○還要買幾枝箭這鈚子虎爪鹿角樸頭響樸頭叉葉箭柳葉箭迷針箭挑遠箭骨鈚箭這箭簳是竹的這是木頭的再要買一副弓箭撒袋弓拿子箭梯扮指子這幾様的又都買了○還要買些椀盞什物傢伙鑼鍋荷葉鍋兩耳鍋茶罐大椀小椀銅椀磁楪子茶楪子漆楪子紅漆匙子黑漆匙子銅匙子湯匙紅漆快子銅快子盒子瓶子背壺執壺

長頭甁。小口甁。三脚。甌兒。這盤子是。要大盤子。小盤
子。蠟臺。夜壺。這漆器傢伙。一半是要布裹的。一半是
要膠漆的。再有些工夫不到的不要。餘外的都是這
布裹的是主顧生活。餘外的都是尋常賣貨。是平常
的○今日要備辦些茶飯。請咱們衆親眷來閑坐。家
中呢。請大公。大婆。祖父。阿婆。父親。母親。伯伯。伯母。叔
叔。嬸娘。哥哥。嫂子。兄弟。小嬸。姐姐。妹子。大媳婦。小媳
婦。姪兒。姪女。噯苦了。大大公。大大婆在世麽。請的好。
九原不可作。如今沒奈何。外頭呢。請公公。婆婆。外公。
外婆。舅舅。姑娘。姑夫。姨娘。姨夫。姐夫。妹夫。外甥。女壻。

33b

叔伯哥哥兄弟。姑舅哥哥兄弟。房分哥哥兄弟。兩姨哥哥兄弟。連妗。妯娌。奶娘。小娘子。大舅子。小舅子。大姨。小姨。親家公。親家母。親家伯。親家舅舅。親家姨。他們帶來使喚的丫頭小厮。都要給他幾桌子飯菜吃纔好。酒席須預備停妥着○客人們都到門了。先要吃箇到門盞。纔是。各位請家裏坐。今日略備些淡薄筵席。屈尊親眷。酒也沒有醉。飯也沒有飽。不要見怪。你別這麼說。我們很不當。遭擾府上一日。辛苦。我們酒也醉了。飯也飽了。多謝。你別要見過○如今正是臘月。天氣冷啊。拾來的馬糞好拿來熰些火烤烤手脚。馬糞拾在筐子裏頭。收進來。不要教別人拿了去。這車子。折了車輞輻條。可惜了。那不相干。咱們後頭不修理麽。車。車軸。車釧。車鐧。車頭。車梯。車廂。車轅。繩索都好。樓子車。庫車。驢騾大車。與那尋常坐的車子。都應該在房子裏放着。不要教雨雪淋濕了。○似這般冷。咱們放箇遠垜子。射幾箭賭一箇羊吃如何。咱們六箇人。分做三回射罷。看那邊射箭。衆人叫喚的時候。射的歪了。又失手放。須要高些射。低了就竄過把子去了。誰贏誰輸。由他們射罷。早了。一會兒再添幾枝箭勾了。咱們也同射賭箇輸贏。我贏了。你輸了。就罰一遭筵席。請我們○咱們若做漢人筵席呢。頭一椀燕窩。第二椀魚翅。第三椀匾食。第四椀鰒魚。第五椀海蔘。頓肉。第六椀雞。第七椀鮮魚。粉湯。饅頭。打糕。雞蛋糕。撻子餑餑。都吃完了。先吃空湯。後吃茶。就散罷。咱們用這菜蔬齊整麽。不齊整。還要備些果子好下酒的。這藕菜。黃瓜。茄子。生葱。薤。蒜。蘿蔔。冬瓜。葫蘆。芥子。小蒜。蔓菁。赤根菜。海帶菜。馬蹄菜。這菜裏頭有煠不熟的。也有柴的○這按酒。煎魚。羊雙腸。頭蹄。肚兒。這果子是棗兒。柿餅。核桃。紅姑娘。山裏紅。甜梨。酸梨。葡萄。龍眼。荔芰。杏子。西瓜。香瓜。柑子。橘子。石榴。李子。松子、栗子。些椀菜果子都用的好。這肉都煮熟了。
頦子。頭。肋條。前膊。後腿。胷肋都有。怎麽不見一箇後
腿。做饅頭餡裹使了。酒席湯飯都完備了。日頭落了
快些擡過来吃了好。咱們今日筵席吃了多少酒。吃
了二兩銀子的酒。咱們只有十數箇人怎麽就吃二
两銀子的酒。不但上頭客人只十數箇人吃。那下頭
還有十多箇伴當們。怎麽不教他吃麽。這筵席散了
○我有些腦痛頭眩。快請太醫来。診一診脉息看。看
是甚麽病。太醫說。你脉息浮沉。你敢是吃了冷物傷
着了。我昨日冷酒多吃了。那般不錯。不能尅化。所以

致腦痛頭眩。不思飲食。我這藥是替你治飽脹的。你吃了就可以立時見效的。木香散氣丸。檳榔丸。這藥裏頭該吃專治飲食停滯的吃檳榔丸。必要在食後吃。每服三十丸。生薑湯送下。吃了麽。就要蹓躂走動。先吃稀粥補一補。然後再吃飯。第二日大醫再來說。你好些了麽。今日早晨纔吃了些粥。較好些了。若病大好了。必要重重的酬謝。○咱們一生應該每日尋快活纔是。春夏秋冬一日也不該尋煩惱。你看咱們人在世上。有今日活着明日死了的。有那不省悟的。能句安樂。偏不會尋快活。眞箇是癡人。到了那臨死。

誰還能勾自做主張好坐箇馬別人騎着好襖子別人穿着好媳婦別人娶去了這麽看起来活時節為甚麽不尋些快活受用呢○大槩人家的兒孫從小必要教導他成人作官兒在人前面行走他若有福分長大了官兒要做的若教的不好不能成人雖是他的命該如此咱們為父母的心怎麽能不懊悔呢這小孩子若要他成人有三條路在當中走別人東西不要愛別人折針也不要拿別人是非不要說若依着這般用心行去習慣了就能成人常言道老實常在脫空常敗不要說謊不要姦猾懶惰若在人前

面。捴不肯出力。便到處不得人意。還想誰喜歡他呢○火伴們。你們自家有能處。不要自己誇張。別人有壞處。不要笑話他。自古說。船從水出旱地上是行不得的。車從地行水裏是行不去的。一箇把掌是打不響的。一箇脚是不能走的。咱們的人。都要將就些彼此挈帶着些好。況這火伴中。也有好的。也有歹的。大家都幇扶人。有好處賛揚他。人有歹處替他掩蔵着。常言道。隱惡揚善。若是隱人的德。揚人的惡。最是不好的事情○咱們做奴才的人。跟着官府。這裏去那裏去。官府若下了馬。就把馬拉去。好生絟着。把馬鞍子摘了。用絆赶到草裏放去吃草。把帳房忙打起來。
鋪陳整頓了。搬到帳房。鞍子轡頭。搬到自己睡處放
下。上頭把氈子盖了。然後埋好了鑼鍋。悪忙做茶飯。
肉煮熟了。就撈出來。到吃完了飯。椀盞傢伙收拾了。
等官府睡了。還教一箇火伴伺候着。似這般小心謹
慎做去。纔是在下的人。服侍官府的道理呢○咱們
會相與人。不要說你歹我好。不要羞了朋友的面皮。
親近得好了。就同是一箇父母生的弟兄一般。相幫
着看顧着。遇着朋友在困苦患亂中。沒有盤纏。自已
的錢財。不要愛惜。就接濟他些。朋友若不幸。遭了官

司口舌。衆朋友都向前救他。若不肯救。就是傍人也
要唾罵。若有些病痛。不要看冷淡。就替他請太醫調
治。早晚不要離開。替他料理。煎些藥。送些湯水。若這
般看待。便有十分病也減了五分。你若不看顧他。那
病人想着。沒有朋友的情分。自己心裏悽惶麽。纔得
五分病也。就添做十分了。○咱們世上人做男子行
事。須要想自己祖上的聲名。不可壞了。凡事要小心
謹慎行去。若把父母的聲名玷辱了。就要被別人唾
罵說。他父母在生時。家法名聲好。来田地房產都有。
又有騎坐的牲口。使喚的奴婢。到他爺娘死後。竟落

薄下來。真是孩子們。不務營生。教些幫閑的潑男女。狐朋狗黨。每日穿茶房。入酒肆。又常到俵子家裏去。胡使錢。衆親戚街坊有老成的。勸他說。你爲甚麽不知世務。執迷了心。竟不思改過。他反倒回說。使是使了我的錢。壞是壞了我的名。干你甚麽事。所以衆人再不肯勸他了。隨他胡使錢。每日同着十數箇幫閑的遊蕩的。到那些小人家去。那俵子人家。吃的穿的。都是這獃子的錢。騎的馬是三十兩一匹好馬。鞍子是時樣減銀事件的好鞍轡。共該用四十兩銀子。○身上穿的衣服。也要按四季穿。每日脫套換套。春間

要穿。好青羅白羅綠羅細褶單袍子。到夏天。好極細
的毛藍布衫。上頭穿銀條紗袍子。鴨綠紗直身。到秋
間是羅衣裳。到冬間是紵絲襖子。綵紬襖子。織金襖
子。茶褐水波浪四花襖子。青六雲襖子。茜紅綾子袴
子。白綃汗衫。銀色紵絲板褶兒短襖子。黑綠紵絲比
甲。這般按四季穿衣裳◯就是繫腰的。要按四季。春
裏繫金條環。夏裏繫玉鉤子。最平常的是菜玉。最貴
重的是羊脂玉。秋裏繫減金鉤子。平常的不用。都要
是玲瓏花樣。冬裏要繫金廂寶石的。或是有綜眼的
烏犀帶纔繫◯頭上戴的。好貂鼠暖帽。或是掃雪深

老乞大新釋　三十九

做的帽子。好纏綜金廂大帽子。這一箇帽子。須得四兩銀子。又有紵絲剛叉帽。羊脂玉頂子。這一箇帽子。須得三兩銀子。又有天青紵絲帽。雲南氊帽。又有貂鼠皮帽子。上頭都有金頂子○若穿的靴。春間穿皀麂皮靴。上頭縫着倒提雲。夏間穿獐皮靴。到冬裏穿嵌金線藍條子白麂皮靴。氊襪要穿好絨毛的。都使大紅紵絲縁口。一對靴上都有紅絨鴈爪。那靴底都是兩層淨底。上的蠟打了。錐子細線麁上的分外牢壯好看○吃飯麽。要揀可口的吃。清早起來梳了頭洗了臉。先吃些醒酒湯。或是點心。然後打餑餑炒肉。

或白煮着羊腰節膏子。吃完了。騎着馬。引着伴當着
幾箇幇閑的陪着。往大酒肆裏坐下。不愛銀子多少。
把酒肉吃飽了。酒帶半酣。引動淫心。就到唱的人家
去。到那裏。教那彈弦子的謊精們。捉弄着。假意叫幾
聲。舍人公子。便開手賞賜罷。他拿錢。又只隨幇閑的
人使他。只粧腔正面坐做好漢。那些幇閑的。把銀子
分散使了些。中間剋落了一半。拿去養活他媳婦孩
兒。一箇日子到晚出來。狠小也要使去三四兩銀子。
後來使的家私。漸漸的消磨了。人口馬疋。家財金銀
器皿都盡賣了。田産房子也都典當了。身上穿的也

没有。口裏吃的也没有。幇閑的那厮們也没一箇肯
偢倸他了。如今跟着别人拿馬。但求得暖衣飽飯便
勾了○我買這貨物。要到涿州賣去。這幾日爲請親
戚。備辦筵席。又爲有些病耽閣了不曾去。我如今要
去了。火伴你在這裏且等着。我到那裏賣了貨物就
迴来的。你好去。我賣這人參毛藍布。也還有幾日。好
歹等你来。咱們再商量買迴去的貨物。你必要早些
来○店主人家。你可引幾箇鋪家来。好商量人參價
錢。這參是好的麼。拿些樣參来我看。這參是新羅參。
也不過是中等的。你說甚麼話。這參狠高。怎麼照中

等的看。牙子說。你兩家且不須爭辯高低。如今時價五錢一斤。有甚麽商量。你這蔘共多少斤重。我這蔘共一百一十斤。你的等子如何。我的是官等子。放着印子哩。誰敢用私稱。這價錢既是一定的。我只要十足紋銀。現要銀子不賒的。怎那般說。銀子與你好的。從來買貨物的。那裏便有現銀子呢。也須遲幾日湊足了纔好兑給呢。你兩家不用爭。限十日內就照價錢數目兑銀。斷不短少的。既這般。就依着牙子的話

○這蔘稱了。只有一百斤。你說一百一十斤。却短了十斤了。我家裏稱來的。一百一十斤。省是你這稱大。

故此短了十斤了。我這稱那裹大。你這蔘想帶來時有些濕。如今乾了。故此折去些了。這蔘做了五分分了罷。一人二十斤。每一斤五錢。二十斤該銀十兩。通計共該銀五十兩○又店主人家。你還引幾箇買毛藍布的客人來。你這毛藍布。細的價錢要多少。麤的價錢要多少。細的上等好布。要一兩二錢。麤的要八錢。這黄布上好的要多少價。次的要多少價錢纔賣呢。這上好的是一兩。這次些的是七錢。你別胡討價錢。這布如今現有時價。我買去不是自家穿的。要拿去發賣的。還要覔些利錢哩。我依着如今現有的時價還你這毛藍布。高的給你一兩。次的六錢。這黃布好的給你九錢。次的五錢。我不賒你的。一頓兒給你好銀子○牙行說。他們還的價錢。是按時價。不敢錯的。你客人們。自從遼東新來。不曉得這實在價錢。你不要疑惑。就成了交易罷。這們的呢。價錢依着你。銀子依着我。就成交。若不依我。我是不賣。這低銀子我也不要。你只給我一色好銀子罷。似你這般都要好銀子。却教我吃虧了。怎麼你吃多少虧。你若肯就成交。不肯你別處去買罷。這麼的。就給你這好銀子買罷○你這布裏頭。長短不等。有五十棍子的。也有四

十棍子的。也有四十八棍子的。大槩長短不等。這布
都是本地方織來的。我又不曾剪了去。兩頭放着印
記哩。似這一箇布。經緯都一般。就是魚子兒也似勻
淨的。似這一等經緯不一様。織的又鬆。却不好。買主
是看不上眼。一時且難找主兒。似這等布。却寬還好。
這幾箇布却忒窄了。就窄些怕甚麽。小不得他一般
都賣了。你怎麽說那等的話。寬的做衣裳。是有材料。
有餘剩的。可以又容易賣。窄的做衣裳是没材料。不
勾。若短少了。又必要添些零布。又得多使一錢銀子。
故此。買的人就少了。說甚麽閑話。就筭了價錢看了

銀子交易了罷○你是牙行。你就筭一筭。該多少銀子。上等毛藍布一百疋。每疋一兩。共該一百兩。次一等的三十疋。每疋六錢。共該一十八兩。都給好銀子罷。委實没有這許多的好銀子。好的只有九十兩。那零的二十八兩。給你玄絲。如何。客人們。就交易了罷。不要爭競了。就這銀子也是好細絲。與紋銀一般的使用。這麼就依你。拿好細絲来。這銀子都兊了。好照數點了布去○你且住着。這銀子裏頭。真的假的我朝鮮人不大認識。你都做了記號。牙子一同看了。若再来使不得。我只問牙子換。你不當面看了好歹件

數出門許一不管退換的。怎麽說。你們是慣做買賣的
人。我們却不慣欺騙人。你用了記號。却大家把穩些。
這一百兩做一包。這一十八兩做一包。交易完了。客
人們拿了布去罷。咱們人參也都出脫了。貨物也都
發落了。○咱們買些甚麽廻貨去好。你看這涿州去。
做買賣的火伴已到來了。火伴好麽。買賣稱意麽。托
賴大哥們的洪福。也有些利錢。你們的貨物都賣了
不曾。我們貨物都賣了。正要買些貨物廻去。商量未
定。恰好你到來了。你們要買些甚麽貨物。好拿廻去。
大哥你且與我筭計着看。我曾打聽得。朝鮮地方所

賣的貨物。十分好的。倒賣不去。只宜將就些的貨物。
倒有主兒賣得快。大哥你說的正是。我那裏人好歹
都不能大識。只是揀賤的買。正是宜假不宜真。○我
帶着你。買些零碎貨物去罷。紅纓一百斤。燒玻璃珠
子五百串。瑪瑙珠兒一百串。琥珀珠兒一百串。水晶
珠兒一百串。珊瑚珠兒一百串。犀角一十斤。象牙三
十斤。吸鐵石二十斤。倭鉛一百斤。大針一百帖。小針
一百帖。鑷子一百把。蘇木一百斤。氈帽一百箇。桃尖
椶帽一百箇。琥珀頂子一百副。結椶帽子一百箇。面
粉一百匣。紅臙脂一百箇。鑞臙脂一百箇。牛角盒兒

一百箇。鹿角盒兒一百箇。繡針一百帖。棗木梳子一百箇。黄楊木梳子一百箇。大篦子一百箇。密篦子一百箇。斜皮針筒兒一百箇。羅鏡二十箇。大小刀子共一百副。雙鞘刀子一十把。雜使刀子一十把。裁紙小刀子一百把。裙上帶的小刀子一百把。五件全的十副。象棊十副。大棊十副。雙陸十副。茶褐欒帶一百條。紫條兒一百條。小瓶口一百箇。剃頭刀子一百把。剪子一百把。錐子一百箇。稱三十。等子十把。那稱與等子都要官做的。稱桿稱鍾。都要好的○再買綿布一百匹。素緞子一百匹。花樣緞子一百匹。還有那小孩

兒們的。小鈴鐺一百箇。馬纓一百顆。減鐵條環一百
箇。還要買書集幾部。四書却要是晦菴集註。再要買
毛詩尚書。周易禮記。韓文柳文。東坡詩。詩學大成韻
部。資治通鑑。翰苑新書。標題小學。貞觀政要。三國誌。
這些貨物。都是要買了去的。○我們要揀箇好日子
廻去。就去筭一卦。如何。這裏有箇五虎先生最是筭
的好。咱們就到那裏筭卦。先生你與我看箇命。你說
年月日生時來。我是屬牛的。今年四十歲。是七月十
七日寅時生的。你這八字十分好。一生不少衣祿。不
曾受貧。官星却沒有。只宜做買賣。出外通達。今年交

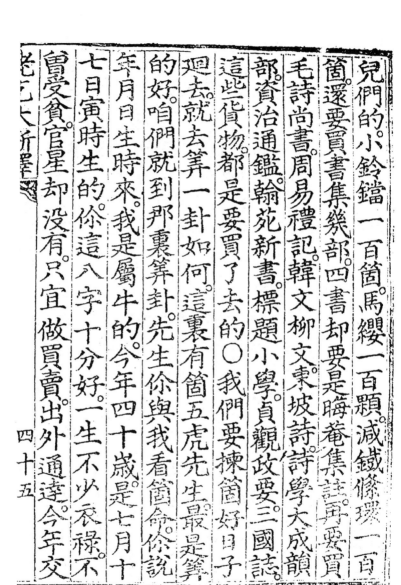

大運丙戌已後財帛可聚強如已前數倍這麼你替我看幾時好起身廻去。且住。我與你選箇好日子。甲乙丙丁戊己庚辛壬癸是天干。子丑寅卯辰巳午未申酉戌亥是地支。建除滿平。定執破危。成收開閉。你只這二十五日起程廻去。寅時往東迎喜神去。大吉利。五十卦錢你留下。各自散了罷◯到二十五日起程。再來辭別。你那箇漢人火伴。從前盤纏過了的火帳。都算明白了。大哥我們廻去了。你們好廻去罷。這裏多多的待慢你了。你別見恠。咱們爲人。四海之內皆兄弟。在這裏做了數箇月火伴。不曾有閑話面紅

面赤。如今要辭別了。別說後來就不看見了。儻若再相逢的日子。豈不都是好弟兄麽

老乞大新釋終

撿察官

資憲大夫前知中樞府事金昌祚

嘉義大夫前同知中樞府事邊 憲

校正官

通訓大夫前行監牧官李天埴

通訓大夫前司譯院正李命說

通訓大夫行司譯院訓導李寅昇

通訓大夫行司譯院訓導李性恭

通訓大夫行司譯院訓導金鼎德

通訓大夫前司譯院正李泰昌

通訓大夫前行司譯院僉正丁好信

書寫官

通訓大夫前行司譯院僉正趙東洙 諺解正書入梓

通訓大夫前行司譯院主簿李彥璸

朝散大夫前行司譯院直長鄭德純 諺解正書入梓

朝散大夫行司譯院叅奉李 煐

重刊老乞大諺解（影印本）

重刊老乞大諺解

老乞大諺解 上

重[illegible]刊[illegible]老랖랄乞키킹大다때諺연연解계개上샹썅

伱니녜從충쭝那나너裏리례來레래○큰형아네어드러로셔조

[illegible]온我오어從충쭝朝찬쟣鮮션션王왕왕京징깅來레래○내朝鮮ㅅ王京

[illegible]로조차[illegible]노라如유슈今긴김那나너裏리례去취큐○이제어듸로가ᄂᆞᆫ다我

[illegible]어往왕왕北버븽京징깅去취큐○내北京으로향ᄒᆞ여가노라伱니녜幾지계

時스씃在재째王왕왕京징깅起치계身신신來레래着져쨯○네언제王京셔

ᄠᅥ나온다我오어在재째這져져箇거거月웨웡初추주一이힣日시싀離리례

了랴럏王왕왕京징깅○내이돌초ᄒᆞᄅᆞᆺ날王京셔ᄠᅥ낫노라旣지계是시씃這져져

箇거거月웨웡初추주一이힣日시싀離리례了랴럏王왕왕京징깅○이미

이돌초ᄒᆞᄅᆞᆺ날王京셔ᄠᅥ나시면到닾닿得더듷半반뷘箇거거月웨웡怎[illegible]麽[illegible]

뭐마 纔 째채 到 당닾 這 져저 裏 레리 ○ 반돌에다돗게야엇지굿여괴오뇨 我 어오 有

잉우 一 힝이 箇 거거 朋 뻥풍 友 잉우 落 랗로 後 훟후 了 럏랸 ○ 내호벗이이서셔저

매시 所 수소 以 이이 在 째재 路 루루 上 쌍상 慢 만만 慢 만만 的 딩디 走 쭇주 着

쨩저 ○ 이러므로길히날호여녜여 等 딩등 候 훟후 他 러타 來 래레 ○ 져룰기드려오

호노 니라 故 구구 此 충츠 來 래레 的 딩디 遲 찡치 了 럏랸 ○ 그러므로오미더듸여라

那 너나 朋 뻥풍 友 잉우 如 슈슈 今 김긴 趕 건간 上 쌍상 趕 건간 不 붕부 上 쌍상

마啊 허아 ○ 그벗이이제밋츠가밋지못호가 這 져저 箇 거거 朋 뻥풍 友 잉우 就 찡직

是 씽시 他 러타 ○ 이벗이곳긔니 昨 쨯조 兒 싕을 箇 거거 纔 째채 到 닿닾 來 래레

了 럏랸 ○ 어제굿오니라 你 녜니 這 져저 箇 거거 月 웽워 底 뎨디 ○ 네이돌금음쇠

能 닝능 到 닿닾 北 븽버 京 깅징 麼 뭐마 ○ 能히北京갈싸 到 닿닾 不 붕부 得 듷더

○가지 못홀새지 這저저話화홧我오어不부불能능능料랴럏○내 이 말을 能히 혜아리지 못ᄒᆞᄂᆞ니 萬완만一이잉天텬텬可커커憐련련見견견○萬一 ᄒᆞᄂᆞᆯ이 어엿비 너기샤 身신신子즈즈平핑삥安안헌○몸이 平安ᄒᆞ면 想샹샹來래레也여여可커커到단닿了랴럏○싱각건대 또 可히 가리로다

你니녜却커캬是시씽朝챠쨯鮮션션人인신○너ᄂᆞᆫ 또 이 朝鮮ㅅ 사ᄅᆞᆷ이라 怎즘즘麽마뭐能능능說숴숳我오어們믄문的디딩官관권話화홧○엇지 能히 우리 한말을 니ᄅᆞᄂᆞᆫ다 我오어在재째中중즁國궈궤人인신根근근前쳔쪈學효향書슈슈來래레○내 中國ㅅ 사ᄅᆞᆷ의게 글을 빈화시매 所소수以이이些셔셔須슈슈知지징道단땋官관권話화홧○이러므로 져기 한말을 아노라 你니녜跟근근着저쨯誰쉬쒸學효향書슈슈來래레○네 누룰 ᄃᆞ라 글을 빈혼다 我오어在재째

中 중즁 國 궈궈 人 인신 學 효햫 堂 탕땅 裏 리레 學 효햫 書 슈슈 來 레래 ○ 내中
國人사롬의學堂에서글을비호롸 你 니녜 學 효햫 的 디딍 是 시씡 甚 셔씸 麼 마뭐 書
슈슈 ○ 네비혼거시이므슴글고 我 오어 曾 층쯩 念 냔념 的 디딍 是 시씡 論 른룬 語
위유 孟 뭉밍 子 즈즈 小 샨셯 學 효햫 ○ 내일쪽닑은거시이論語孟子小學이라 你 니녜
每 믜뮈 日 시잉 做 주주 甚 서씸 麼 마뭐 工 궁궁 課 커쿼 ○ 네每日므슴공부ᄒᆞᄂᆞ뇨
每 믜뮈 日 시잉 清 칭칭 早 잔쟝 晨 친씬 起 치켸 來 레래 ○ 每日이른새배니러 師
스싱 傳 부부 根 근근 前 천쪈 受 사씽 了 랴령 書 슈슈 ○ 스승끠글비호고 放 방방
學 효햫 ○ 혹당의서노하든 到 단당 家 쟈갸 裏 리레 喫 치킁 飯 반빤 ○ 집의가밥
먹고 再 재재 到 단당 學 효햫 裏 리레 寫 서셔 倣 방방 ○ 또혹당의가서픔쓰기ᄒᆞ고
寫 서셔 倣 방방 後 후흫 頭 투틓 對 뒤뒤 句 귀규 ○ 셔품쓴후에년구ᄒᆞ기ᄒᆞ고 對

뒤뒤 句귀규 後후훙 頭투뜰 念난념 詩시싱 ○ 년구ᄒᆞᆫ 후에 詩 닑기ᄒᆞ고 念난념 詩

시싱 後후훙 頭투뜰 師스싱 傅부부 根근근 前쳔젼 講쟝강 書슈슈 ○ 詩 닑은 후

에 스승 앏희셔 글을 講ᄒᆞ노라 講쟝강 甚서씸 麼마뭐 書슈슈 ○ 므슴 글을 講ᄒᆞᄂᆞ뇨 講

쟝강 的디딩 是시씽 小샾셯 學햪 論론룬 語위유 孟뭉밍 子즈ᄌᆞ ○ 講ᄒᆞᄂᆞᆫ 거

ᄉᆞᆫ 이 小學 論語 孟子ㅣ라

講쟝강 書슈슈 後후훙 頭투뜰 又위잉 做주주 甚서씸 麼마뭐 工궁궁 課커퀴

○ 글을 講ᄒᆞᆫ 후에 ᄯᅩ 므슴 공부ᄒᆞᄂᆞ뇨 到닾당 晩완완 晌샹샹 ○ 나죄 다ᄃᆞᆺ거든 師스싱

傅부부 面면면 前쳔젼 抽추칠 籤쳔쳠 背븨뷔 書슈슈 ○ 스승 앏희셔 사슬 ᄲᅢ혀 글

외오기 ᄒᆞ여 背븨뷔 得더듸 熟수쓯 的디딩 ○ 외오기 닉은 이ᄂᆞᆫ 師스싱 傅부부

給지깅 免면면 帖텨뎡 一이잉 張쟝쟝 ○ 스승이 免帖 ᄒᆞᆫ 쟝을 주고 若요약 背븨뷔

不부붕過고궈的디딩○만일외오지못ᄒᆞᄂᆞᆫ이ᄂᆞᆫ教쟢걓當당당直지찡的디딩
學효햫生승싱背븨뷔起치키來레래○當直學生으로ᄒᆞ여도로혀세오고打다다
三산삼下하햐了랴럏○세홀치ᄂᆞ니라怎즘즘麼마뭐樣양양是시씽抽착칭
簽쳔쳠背븨뷔書슈슈○엇지홀손이사슬ᄲᅢ혀글외오기며怎즘즘麼마뭐樣양양
是시씽免면면帖텨텽○엇지홀손이免帖고每믜뮈一이힝箇거거竹주쥼簽
쳔쳠上샹썅○每ᄒᆞᆫ대ᄧᅧᆨ에寫셔셔着져쟣一이힝箇거거學효햫生승싱的
디딩姓싱싱名밍밍○ᄒᆞᆫ學生의姓名을쓰고衆중츙學효햫生승싱的디딩姓
싱싱名밍밍○모든學生의姓名을都두두一이힝樣양양寫셔셔着셔쟣○다一
樣으로써一이힝箇거거簽쳔쳠筒퉁뚱裏리례盛칭찡着져쟣○ᄒᆞᆫ사슬통에담
아教쟢걓當당당直지찡的디딩學효햫生승싱○當直學生으로ᄒᆞ여拿나나

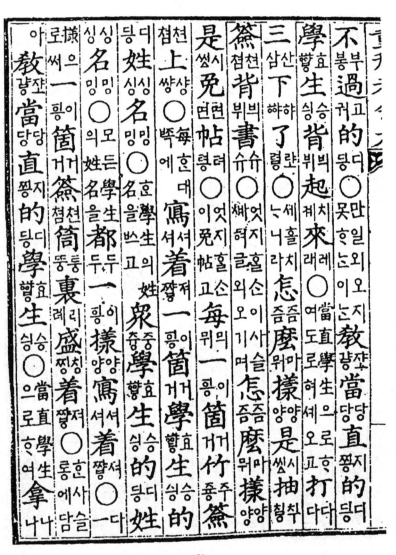

簽쳠첨筒퉁뚱來레래搖얀영一이힝搖얀영○사슬통가져다가흔드러內늬뉘
中중즁抽착칭着져쟣一이힝箇거거○그중에ᄒᆞᆫ나ᄒᆞᆯᄲᅢ혀便변뼌教쟌걓那
나너人인인來레래背븨뷔書슈슈○곳그사ᄅᆞᆷ으로ᄒᆞ여글외오되背븨뷔得더딍
過고궈的디딍○외오ᄂᆞᆫ이ᄂᆞᆫ師스싀傳부부給지깅他타터免면면帖텨텽
一이힝箇거거○스승이저ᄅᆞᆯ免帖ᄒᆞ나ᄒᆞᆯ주ᄂᆞ니那나너免면면帖텨텽上샹썅
○그免帖에寫셔셔的디딍是시씽免면면打다다三산삼下햐ᅘᅣ○ᄡᅳᆫ거시이
세번치믈免ᄒᆞ리라ᄒᆞ고免면면帖텨텽上샹썅師스싀傳부부畫화ᅘᅪ着쟈쨯花
화화押야향○免帖에스승이슈례두고若요샿後후ᅘᅮᇢ來레래再재재抽칙칭簽
쳔쳠背븨뷔不부붕過고궈的디딍○만일후에다시사슬ᄲᅢ혀외오지못ᄒᆞᄂᆞᆫ이ᄂᆞᆫ拿
나나出츄츙免면면帖텨텽來레래撕스ᄉᆞᆼ開개캐○免帖올내여다가ᄠᅳᆺ고便

重刊老乞大諺解上 四

뻔변 將쟝쟝 功궁궁 折졍져 過궈고 免면면 打다다 了럏랴 ○ 곳功을다가過에엇

겨치믈면ᄒᆞᆫ고 若얗요 沒뭉무 有잉우 免면면 帖텽텨 ○ 만일免帖이업스면 一힝이

定띵딩 喫캉치 打다다 三삼산 下햐하 ○ 一定세번치믈닙ᄂᆞ니라

儞녜니 是씽시 朝쟣챠 鮮션션 人인인 ○ 너ᄂᆞᆫ이朝鮮ㅅ사ᄅᆞᆷ이라 學햫효 他타다

官권관 話홰화 做주주 甚씸셔 麽뭐마 ○ 저한말을비화므슴홀ᄯᅡ 儞녜니 說숴쉬

的듸디 話홰화 也여여 是씽시 ○ 네니ᄅᆞᄂᆞᆫ말도올커니와 但딴단 各갛거 自쯔즈

人인인 都두두 有잉우 箇거거 主쥬쥬 見견견 ○ 다만각각사ᄅᆞᆷ이다主見이잇ᄂᆞ니

라 儞녜니 有잉우 甚씸셔 麽뭐마 主쥬쥬 見견견 ○ 네므슴主見이잇ᄂᆞᆫ다 儞

녜니 說숴쉬 與유위 我어오 聽팅팅 ○ 네날러내게들리라 如슈유 今깁긴 朝쨯챠

廷띵팅 一힝이 統퉁퉁 天텬텬 下햐하 ○ 이제朝廷이天下롤一統ᄒᆞ여시니 到닿도

處츄츄用융융的딩디都두두是씽시官권관話화화○간곳마다쓰는거시다이

한말이오我어오這져져朝쟣챺鮮션션話화화○우리이朝鮮ㅅ말은只징즈可

커거在째재朝쟣챺鮮션션地띠디方방방行힝힝得듸더去큐취○다만朝鮮

ㅅ다히만쓰고過궈고了럏랴義이이州징주○義州지나到닿단了럏랴中즁중

國귕궈地띠디方방방○中國ㅅ다히가면都두두是씽시官권관話화화○

다이한말이라儻탕탕有잉우人신인問운운一힁이句귀귀話화화○만일사롬

이ᄒᆞᆫ구말을무르리이셔든也여여說숴쉬不붕부出츄츄來래래○또니르지못ᄒᆞ

면別뼝볘人신인將쟝쟝我어오們문믄○다룬사롬이우리룰다가看칸간作

조짱何허허如유유人신인○엇더ᄒᆞᆫ사롬으로보리오你니니這져져樣양양學

효뺭中즁중國궈궈人신인的딩디書슈슈○네이리中國ㅅ사롬의글을빈홀빠시면

是시씌 你니녜 自즈쯔 心신심 裏리레 要얀햘 學효햫 來레래 啊아허 ○ 이네

ᄆᆞᄋᆞᆷ으로 ᄇᆡ호려 ᄒᆞᆫ 것가 還환햰 是시씌 你니녜 的디딍 父부뿌 母무무 教쟈걓 你

니녜 去취큐 學효햫 的디딍 麼마뭐 ○ 도로혀 네 父母ㅣ 너로 ᄒᆞ여 가 ᄇᆡ호라 ᄒᆞᆫ 것가 是

시씌 我오어 父부뿌 母무무 教쟈걓 我오어 去취큐 學효햫 的디딍 ○ 올ᄒᆞ니 우

리 父母ㅣ 날로 ᄒᆞ여 가 ᄇᆡ호라 ᄒᆞᆫ 거시라 你니녜 學효햫 的디딍 多도더 少샾셯 時스씽

節저졍 了랴럏 ○ 네 ᄇᆡ환지 언머 ᄒᆡ나 ᄒᆞ뇨 我오어 學효햫 了랴럏 半반뷘 年년년

有우잏 餘위유 了랴럏 ○ 내 ᄇᆡ환지 반 ᄒᆡ 남즉 ᄒᆞ여라 你니녜 都두두 能능닝 懂

둥둥 得더딍 懂둥둥 不부붕 得더딍 ○ 네 다 能히 아ᄂᆞ냐 아지 못ᄒᆞᄂᆞ냐 每믜뮈 日

이잉 同퉁뚱 漢한헌 學효햫 生승싱 們문믄 ○ 每日에 漢ㅅ 學生들과 一이잉 處

츄츄 學효햫 習시씽 來레래 ○ ᄒᆞᆫᄃᆡ셔 ᄇᆡ화 니여시매 所소수 以이이 略랴랼 略

량랴的딍디會휘휘得듸더 ○ 이러므로 져기 아노라
你녜니的딍디師싀스傅부부是씌시甚씸셔麼뭐마人싄인 ○ 네 스승이 엇
던 사룸고 是씌시漢헌한人싄인 ○ 이 漢ㅅ 사룸이라 有윙와多더도大때다年년
년년紀계기 ○ 나히 언머나 ᄒᆞ뇨 三삼산十씡시五ᅌᅮ우歲쉬쉬了럏랴 ○ 셜흔
다ᄉᆞᆺ시라 用융용心심신教걓쟈你녜니們문믄 ○ 힘써 너희를 ᄀᆞᄅᆞ치ᄂᆞ냐 還환환
是씌시不불부用융융心심신教걓쟈你녜니們문믄啊허아 ○ 도로혀 힘써 너
희를 ᄀᆞᄅᆞ치지 아니ᄒᆞᄂᆞ냐 我어오師싀스傅부부性싱싱格긩거溫운운厚흫후
○ 우리 스승이 셩품이 溫厚ᄒᆞ여 狠흔흔用융융心심신教걓쟈我어오們문믄 ○
ᄌᆞ장 힘써 우리를 ᄀᆞᄅᆞ치ᄂᆞ니라 你녜니那너나衆즁중學햫효生싱승內뉘늬中
중 ○ 네 져 모든 學生 즁에 有윙와多더도少셯샤中즁중國궝궈人싄인 ○ 언머

重刊老乞大諺解上 六

ᄂᆞᆫ中國ㅅ사ᄅᆞᆷ이이시며 多더도 少셔샤 朝쟣챠 鮮션션 人신인 ○언머ᄂᆞᆫ朝鮮ㅅ사ᄅᆞᆷ

고 大때다 槩개개 一힝이 半붠반 是씽시 中즁즁 國궈귀 人신인 ○大槩一半

은이中國ㅅ사ᄅᆞᆷ이오 一힝이 半붠반 是씽시 朝쟣챠 鮮션션 人신인 ○一半은이

朝鮮ㅅ사ᄅᆞᆷ이라 這져져 裏례리 頭뜰투 也여여 有잉우 皮삐피 頑완완 的딩디

麽뭐마 ○이즘에ᄯᅩᄀᆞ래ᄂᆞᆫ이잇ᄂᆞ냐 是씽시 內뉘늬 中즁즁 也여여 有잉우 皮

삐피 頑완완 的딩디 ○올ᄒᆞ니그즘에ᄯᅩᄀᆞ래ᄂᆞᆫ이잇ᄂᆞ니 每뮈믜 日싕이 學향효 長

쟝쟝 ○每日學長이 將쟝쟝 那너나 皮삐피 頑완완 的딩디 學향효 生싱승 ○

져ᄀᆞ래ᄂᆞᆫ學生을다가 禀빈빈 了럎랴 師싱스 傅부부 就쯩쥐 打다다 他터타 ○

스승ᄭᅴ숣고곳져ᄅᆞᆯ치되 他터타 只징즈 是씽시 不봉부 怕파파 ○제그저저퍼아니ᄒᆞ

ᄂᆞ니 這져져 是씽시 漢헌한 小셔샤 廝ᄉᆞ스 們문믄 十씽시 分분븐 皮삐피 頑

완완 的 디딩 ○ 이 漢ㅅ 아ᄒᆡ들은 ᄆᆞ장 ᄀᆞ래ᄂᆞᆫ이어니와 朝 챺쟣 鮮 션션 小 샾셯 廝 스ᄉᆞ

們 믄문 比 비비 他 타터 們 믄문 略 랸량 好 한황 些 셔셔 ○ 朝鮮ㅅ 아ᄒᆡ들은 저들에

比컨대 져기 나으니라

大 다때 哥 거거 ○ 큰 형아 伱 니녜 如 유유 今 긴김 那 나너 裏 리례 去 취큐 ○

네 이제 어ᄃᆡ로 가ᄂᆞᆫ다 我 오어 也 여여 往 왕왕 北 버븽 京 징깅 去 취큐 ○ 나도 北京

을 향ᄒᆞ여 가노라 伱 니녜 旣 지계 往 왕왕 北 버븽 京 징깅 去 취큐 ○ 네 이믜 北京을

향ᄒᆞ여 갈 양이면 我 오어 是 시씽 朝 챺쟣 鮮 션션 人 인신 ○ 나ᄂᆞᆫ 이 朝鮮ㅅ 사ᄅᆞᆷ이라

中 중즁 國 궈귀 地 디뎨 面 면면 素 수수 來 레래 行 힝힝 不 부봉 慣 관관 ○ 中國

ㅅ ᄯᅡ히 본ᄃᆡ ᄃᆞ니기 닉지 못ᄒᆞ니 伱 니녜 好 한황 歹 대대 帶 대대 我 오어 ○ 네 모로미

나ᄅᆞᆯ ᄃᆞ려 作 조작 箇 거거 同 퉁뚱 伴 번뻔 去 취큐 ○ ᄒᆞᆫ가지로 벗지어 가쟈 這 저져

麼뭐마着쟣져○이러면咱장자們문믄一힁이同뚱퉁去큐취罷빠바○
우리ᄒᆞᆫ가지로가쟈大때다哥거거你녜니貴귀귀姓싱싱○큰형아네貴姓이여賤
쪈젼姓싱싱王왕왕○賤姓이王가ㅣ로라你녜니家갸쟈在째재那너나裏례리
住쮸쥬○네집이어듸이셔사ᄂᆞᆫ다我어오在째재遼럏랴陽양양城쪙칭裏례리
住쮸쥬○내遼陽ㅅ城인ᄒᆡ이셔사노라你녜니往왕왕京깅징裏례리去큐취○
네셔울을향ᄒᆞ여갈양이면有잉우甚씸셔麼뭐마勾귷구當당당○므슴월이잇ᄂᆞᆫ
다我어오將쟝장這져져幾계지箇거거馬마마賣매매去큐취○내이여러
ᄆᆞᆯ을가져ᄑᆞᆯ라가노라這져져麼뭐마的딩디呢녜니狠흔흔好핳한○이러면ᄀᆞ
장죠타我어오也여여要햫얀去큐취賣매매這져져幾계지箇거거馬마마
○나도가이여러ᄆᆞᆯ을ᄑᆞᆯ려ᄒᆞ고這져져馬마마上썅샹馱뗘토着쨯져的딩디些

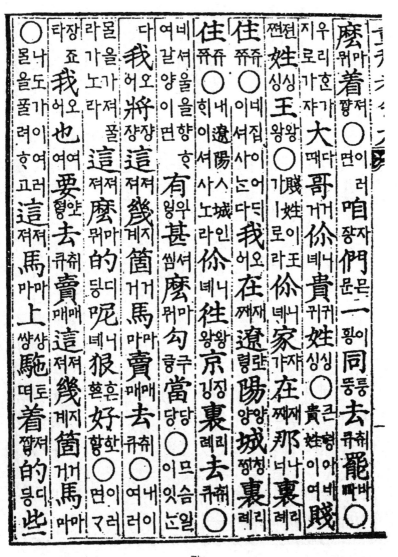

서셔少샾샤毛랑맏藍람란布부부○간이모몰시세뵈시도른약一힝이併삥빙
都두두是씽시要햫얀賣매매的딩디○ᄒᆞ홈ᄂᆞᆫ쁴거다시풀니려你녜니旣계지
要햫얀去큐츄賣매매馬마마○올네꿀이려믜ᄒᆞ가면몰咱쟝재們문믄正징징
好항한一힝이同뚱퉁去큐츄○가우미리졍ᄒᆞᆫ히가죠지타로
大때다哥거거可커커知징지道땋닾○셔큰시형니이알京깅징裏례리馬
마마價갸갸如슈슈何허허○엇셔더울ᄒᆞᆫ몰고갑시近낀낀有잉우相샹샹識
싱시人인인來래레說숴쉬○이요어ᄉᆞ셔이와아니ᄂᆞᆫᄅᆞ사되롬馬마마的듸디價
갸갸錢쪈쳔這져져幾계치日싕시好항한○ᄉᆞ몰이갑쇼시하요就찧잭這져져
頭뚷투等딩등的딩디馬마마○듬뭇몰이은웃賣매매十씽시五우우兩량량
以이이上썅샹○上十에五꼴兩고以似쓰스這져져一힝이等딩등的딩디馬

마마 ○ ᄆᆞ이 ᄐᆞᆫᄒᆞᆫ 이등 ᄂᆞᆫ롤 可 커커 賣 매매 十 씽시 兩 량량 以 이이 上 썅샹 ○ 兩十

라以 ᄒᆞ上 더에 라폴 리 却 걓캬 知 징지 道 땋닾 布 부부 價 갸갸 的 딍디 高 값갚 低

뎨디 麼 뭐마 ○ ᄂᆞ또 즈빗 믈갑 아시 ᄂᆞᆫ놉 가ᄒᆞ 며 布 부부 價 갸갸 比 비비 往 왕왕 年

년년 差 차차 不 붕부 多 더도 ○ ᄂᆡ빗 도갑 치ᄉᆞᆫ 아往 니年 다에 ᄒᆞ比 더컨 라대 京 깅징 裏

례리 喫 캉치 食 씽시 貴 귀귀 賤 쪈젼 如 유유 何 허허 ○ 貴셔 賤울 이먹 엇올 더싸 ᄒᆞ시

고.던 我 어오 那 너나 相 샹샹 識 씽시 人 싄인 曾 쯩층 說 숴숴 ○ 사내 롬져 이아 일ᄂᆞᆫ

ᄅᆞ즉 되나 他 터타 來 래래 時 씽스 ○ ᄀᆡ대져 예올 八 방바 分 분분 銀 인인 子 즈즈 一

흥이 斗 듷두 粳 깅징 米 메미 ○ 말八 粳分 米銀 오에 ᄒᆞᆫ 五 우우 分 분분 銀 인인 子

즈즈 一 황이 斗 듷두 小 셯샤 米 메미 ○ 말五 小分 米銀 오에 ᄒᆞᆫ 乾 건간 麵 면면 十

씽시 斤 긴긴 一 흥이 錢 쪈쳔 銀 인인 子 즈즈 ○ ᄒᆞᆫ乾 돈麵 銀열 이근 오에 羊 양양 肉

류융 一 이잉 斤 긴긴 二 을싱 分 본분 銀 인인 子 즈즈 ○ 羊肉훈근에두 픈銀이라훈더

라 似 스쑤 這 저저 等 등팅 看 칸컨 起 치키 來 레래 ○ 이리볼 양이면 與 유유 我

오어 當 당당 年 년년 在 재째 京 징깅 裏 리레 時 스씅 ○ 내그히예서 울이실쎄와 價

갸갸 錢 쳔쪈 都 두두 是 시씅 一 이잉 樣 양양 ○ 갑시다훈 갸지로다

咱 자장 們 믄문 今 긴김 夜 여여 那 나너 裏 리레 去 취큐 住 쥬쮸 ○ 우리오 놀밤에

어듸가 어믈료 咱 자장 們 믄문 往 왕왕 前 쳔쪈 走 주쯯 ○ 우리앏흘향 후여녜여 十

시씽 多 도더 里 리레 路 루루 ○ 十里남죽 훈길히 有 우잉 箇 거거 店 뎐뎜 ○ 호 店

이이 시니 名 밍잉 叫 쟢경 尾 와와 店 뎐뎜 ○ 일홈을尾店이 라브르ᄂᆞ니 咱 자장 們

믄문 到 닾당 那 나너 裏 리레 ○ 우리져 긔가 或 휘훵 早 잔장 或 휘훵 晩 완환 ○

或일으나 或느즈나 只 즈징 在 재째 那 나너 裏 리레 睡 쉬쒸 覺 쟌걍 罷 바빠 ○ 그저

重刊老乞大諺解上 九

자져 쟈긔 셔 若 얃요 再 재재 過 궈교 去 큐취 ○ 나만 가일 면또 지 往 왕왕 前 쳔쳔

二 싕을 十 씽시 里 례리 地 뗴디 ○ 二얇 十흘 里향 ᄯᅡᄒᆞ 희여 沒 뭉무 有 웧우 人 싄인

家 갸쟈 了 럏랴 ○ ᄂᆞᄉ 니家 라ㅣ 업 旣 계지 是 씽시 那 너나 麼 뭐마 着 쨯져 ○

러이 면의 그 前 쪈쳔 不 붕부 着 짷쟈 村 춘츈 ○ ᄃᆞᆺ앏 지흐 못로 ᄒᆞ村 고에 다 後 ᅘᅮᇢ후

不 붕부 着 짷쟈 店 뎜뎐 ○ ᄃᆞᆺ뒤 지흐 못로 ᄒᆞ店 릐에 니다 咱 쟝자 們 믄믄 又 잉우 投

뚷투 那 너나 裏 례리 去 큐취 宿 숭수 ○ 가우 자리 리또 오어 딕 到 땋닾 那 너나 裏

례리 雖 쉬쉬 是 씽시 早 짷잔 些 셔셔 兒 싕을 也 여여 好 핳핲 ○ 록져 져긔 기가 일비

ᄒᆞ러 니도 죠 歇 혛혀 息 싱시 牲 싕승 口 쿻쿠 ○ 쉬즘 워싱 을 明 밍밍 日 싕싀 早

쟝잪 行 힝힝 ○ 녜ᄂᆡ 쟈일 일 這 져져 裏 례리 到 땋닾 京 깅징 裏 례리 ○ 셔여 셔긔

기울 가 有 윟우 多 더도 少 셯샾 路 루루 ○ 잇언 ᄂᆞ머 뇨길 히 咳 ᅘᆡ해 有 윟우 五

우우 百 븽버 多 더도 里 례리 ○ 咳五百里남즉이 잇ᄂᆞ니 再 재재 有 웍우 五 우우 六
룽리 日 잉ᅀᅵ 可 커커 以 이이 到 당닫 了 령랴 ○ ᄯᅩ 五六日만ᄒᆞ면 可히 가리라 咱 쟝자
們 문믄 到 당닫 京 깅징 時 씽스 ○ 우리 셔울 가면셔 那 너나 裏 례리 住 쮸쥬 下 햐햐
好 황한 ○ 어ᄃᆡ 머므러야 죠흐료 咱 쟝자 們 문믄 往 왕왕 順 쓘슌 城 찡칭 門 문믄
官 권관 店 뎜뎐 裏 례리 住 쮸쥬 下 햐햐 ○ 우리 順城門 官店에 가셔 머므쟈 那 너나
裏 례리 往 왕왕 馬 마마 市 씽시 裏 례리 去 큐취 却 캬커 近 낀긴 些 셔셔 ○ 져긔
셔 ᄆᆞᆯ져제 가기 ᄯᅩ 져기 갓가오니라 你 녜니 說 쉉쉬 的 딩디 是 씽시 ○ 네 니ᄅᆞ미 올타 我
어오 也 여여 心 심신 裏 례리 這 져져 麼 뭐마 想 샹샹 着 쨯져 ○ 나도 ᄆᆞᄋᆞᆷ에 이리 ᄉᆡᇰ
각ᄒᆞ엿더니 你 녜니 說 쉉쉬 的 딩디 恰 컇캬 合 훵허 我 어오 意 이이 ○ 네 니ᄅᆞ미
맛치 내 ᄠᅳᆮ과 ᄀᆞᆺ다 就 찧작 是 씽시 那 너나 裏 례리 好 황한 ○ 곳 져긔 죠흐니 大 때다

槩개개遼랸럏東둥둥來레래的디딍客커킝人인싄們믄문○大槩遼東으로

셔오ᄂᆞᆫ나그ᄂᆡ들이別벼뼝處츄츄不부붕下하햐○다ᄅᆞᆫᄃᆡ브리오지아니ᄒᆞ고都

두두在재쨰那나너裏리레住쥬쮸○다뎌긔머므ᄂᆞ니我오어當당당年넌년

也여여在재쨰那나너裏리레住쥬쮸○내그ᄒᆡ예도뎌긔머므니十시씽分븐분

便편뼌當당당○ᄆᆞ장便當ᄒᆞ더라

你니녀這져져幾지계箇거거牲승상口쿠쿻○네이여러즘싱이每믜뮈夜

여여喫치킹多도더少샾썋草찬챻料랸럏○每夜에언멋집과콩을먹으며共궁궁

用융융多도더少샾썋錢쳔쪈○대되언멋돈을쓰ᄂᆞ뇨這져져六루룽箇거거

馬마마○이여ᄉᆞᆺᄆᆞᆯ에每믜뮈一이힝箇거거五우우升싱싱料랸럏一이힝

細쿤쿤草찬챻○每ᄒᆞ나ᄒᆡ닷되콩과ᄒᆞᆫ뭇집히니共궁궁計지계來레래○대되

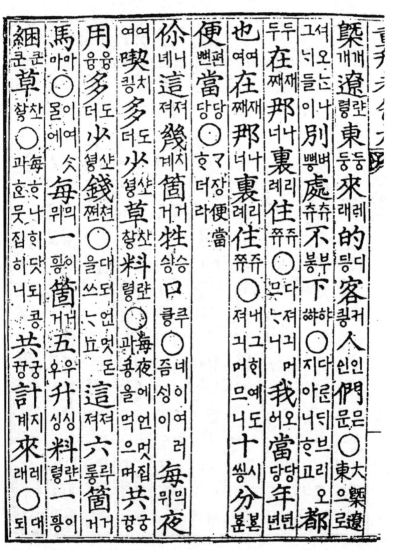

혜니 大다때槩개개用융융盤판뽠纏쳔쪈二ᅀᅳᆯᅀᅵᆼ錢쳔쪈銀인힌子즈즈 ○
大槩盤纏을 두돈 은을 쓰ᄂᆞ니 這져져六루룽箇거거馬마마 ○ 이 여ᄉᆞᆺ 몰이 每믜뮈
夜여여喫치킹的디딩草찬창料랸럏也여여不부붕一이힁樣양양 ○ 每夜
에 먹는 집과 콩이 ᄯᅩ ᄒᆞᆫ가지 아니라 草찬창料랸럏貴귀귀處츄츄 ○ 집과 콩이 貴ᄒᆞᆫ 곳은
用융융銀인힌三산삼四스ᄾᅳ錢쳔쪈 ○ 은 서너 돈을 쓰고 草찬창料랸럏賤
쳔쪈處츄츄 ○ 집과 콩이 賤ᄒᆞᆫ 곳은 用융융銀인힌二ᅀᅳᆯᅀᅵᆼ錢쳔쪈 ○ 은 두 돈을 쓰ᄂᆞ
니라 這져져箇거거馬마마走주즇的디딩好핲항 ○ 이 몰이 거름이 죠타 也여여
有우읻幾지계步부뿌走주즇 ○ ᄯᅩ 여러 거름이 잇ᄂᆞ니라 除츄쮸了랖럏這져져
箇거거馬마마 ○ 이 몰을 덜고ᄂᆞᆫ 別버뼝的디딩都두두不부붕好핲항 ○ 다ᄅᆞᆫ
이ᄂᆞᆫ 다 죠치 아니ᄒᆞ다 你니녜這져져馬마마與위유布부부 ○ 네 이 몰과 다몯 뵈ᄅᆞᆯ

到닿닫北븡버京깅징賣매매了럏랸○北京가 ᄑᆞᆯ고却걓겨買매매些셔셔

甚씸서麼뭐마貨훠호物뭉우○또져기므슴 貨物올사回훼휘到닿닫朝쨯챠

鮮션션去큐취賣매매○朝鮮에도라 가ᄑᆞᄂᆞ뇨我어오要얗얀往왕왕山산산

東둥둥濟제지寧닝닝府부부東둥둥昌챵창縣현현高갛간唐땅탕縣현현

○내山東濟寧府엣東 昌縣高唐縣에가收싱식買매매些셔셔絹견견子즈즈綾

링링子즈즈涼랑량花화화紬쯯칙子즈즈○져기깁과綾과소옴 과비단올거두어사

回훼휘到닿닫王왕왕京깅징賣매매去큐취○王京에도라가 ᄑᆞᆯ려ᄒᆞ노라若

샿쇼到닿닫你니니那너나地띠디方방방○만일네져 ᄯᅡ희가면也여여有잏위

些셔셔利레리錢쪈쳔麼뭐마○또져기利錢 이잇ᄂᆞ냐那너나箇거거也여여

好핳한○그ᄂᆞᆫ또 죠ᄒᆞ니我어오當당당年녇년○내그 ᄒᆡ에跟근근着쨯저中

중즁國귀궤人인인○中國人사ᄅᆞᆷ을ᄯᆞ라到단당高간강唐탕땅○高唐에가收

수싱買매매些셔셔綾링링絹견견○져기綾과깁을거두어사回휘훼到단당王

왕왕京징깅賣매매了랴럏○王京에도라가ᄑᆞ니也여여得더듸些셔셔利리례

錢쳔쪈○또져기利錢을어들러라

你니늬那나너綾링링絹견견涼량량花화화○네져綾과깁과소옴을在재쟤

本븐본地디떼多도더少샤셯價갸갸錢쳔쪈買매매來래래○밋다히셔언머

갑스로사와시며到단당王왕왕京징깅多도더少샤셯價갸갸錢쳔쪈賣매매

○王京에가언머갑스로ᄑᆞᄂᆞ뇨我오어買매매的디딍價갸갸錢쳔쪈○내사ᄂᆞᆫ갑

슨小샤셯絹견견一이힝疋피핑三산삼錢쳔쪈○小絹ᄒᆞᆫ필에서돈에ᄒᆞ여染

션염做주주小샤셯紅홍훙顏연연色서싀做주주裏리레絹견견○小紅빗ᄃᆞ

문러 돌안 고깁 綾링링 子즈즈 每믜믜 疋핑피 二싀을 兩량량 ○ 두綾 냥每 에疋 흔에

여 染염연 做주주 鴉햐야 青칭칭 小셩샨 紅훙훙 ○ 을鴉 드青 리파 나小 紅 綃

켠켠 子즈즈 每믜믜 疋핑피 ○ 疋깁 에每 染염연 錢쪈쳔 二싀을 錢쪈쳔 ○ 갑믈

이시 오두 돈 綾링링 子즈즈 每믜믜 疋핑피 ○ 疋綾 에每 染염연 鴉햐야 青칭칭

的딍디 三삼산 錢쪈쳔 ○ 눈鴉 서青 도드 이리 오눈 되 小셩샨 紅훙훙 的딍디 二

싀을 錢쪈쳔 ○ 두小 돈紅 이에 오눈 涼량량 花화화 每믜믜 一힝이 斤긴긴 ○ 옴소

근每 에흔 價갸갸 銀인인 二싀을 錢쪈쳔 ○ 돈갑 이錢 니이 두 到당닾 王왕왕 京

깅징 ○ 에王 가京 綃켠켠 子즈즈 一힝이 疋핑피 ○ 필깁 에흔 換훤환 細셰시 麻

마마 布부부 兩량량 疋핑피 ○ 을細 밧麻 고布 와두 필 折졍저 銀인인 一힝이 兩

량량 二싀을 錢쪈쳔 ○ 돈銀 에흔 치낭 고두 綾링링 子즈즈 一힝이 疋핑피 ○ 흔綾

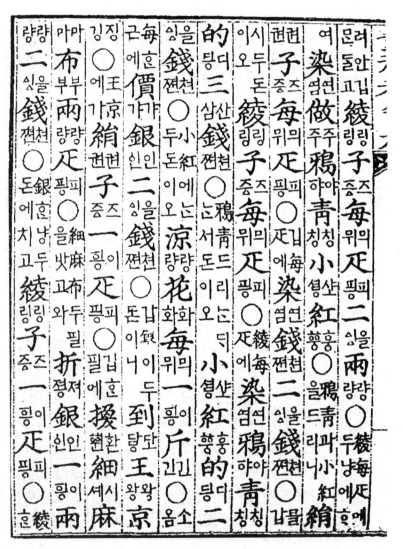

필에 鴉야야 青칭칭 的디딩 撥환훤 布부부 六릭룽 疋피핑 ○ 鴉青은뵈 엿필을밧

고와 折져졍 銀인인 三산삼 兩량량 六릭룽 錢쳔쪈 ○ 銀석냥엿 돈에치고 小샤셩

紅홍훙 的디딩 撥환훤 布부부 五우우 疋피핑 ○ 小紅은뵈닷 필을밧고와 折져졍

銀인인 三산삼 兩량량 ○ 銀석냥 에치고 涼량량 花화화 每믜뮈 一이힝 斤긴긴

○ 소옴每 호근에 撥환훤 布부부 一이힝 疋피핑 ○ 뵈호필을 밧고와 折져졍 銀

인힌 六릭룽 錢쳔쪈 ○ 銀엿돈 에쳐 通퉁퉁 共궁궁 計지계 來레래 ○ 대되 혜오

니 除츄쮸 了랴령 牙야야 稅쉬쉬 脚교걍 價갸갸 之즈징 外왜왜 ○ 즈름 갑세

갑삭갑더 론밧긔 也여여 可커커 得더듸 加갸갸 五우우 的디딩 利리례 錢쳔쪈

○ 또可히혀직온利 錢을어둘러라

伱니녜 從충쭝 來레래 ○ 비본 되 到단당 京징깅 裏리례 ○ 셔울 가 賣매매

了랸령 貨호훠 物우웅 ○ 貨物을 풀고 就직찡 買매매 綾링링 絹견견 ○ 곳綾

과깁을사 到단당 王왕왕 京징깅 去취큐 賣매매 ○ 王京에가ᄑ노라ᄒ면 前쳔쪈

後후향 住쥬쮸 了랸령 多도더 少샤셩 日시싱 子즈즁 ○ 前後에몃날을머믈려뇨

我오어 從충쭝 年년년 時스씅 正징징 月워웽 裏리례 ○ 내샹년正月브터 將

장쟝 馬마마 匹피핑 與위유 布부부 ○ 馬匹과다몯뵈롤가져 到단당 京징깅 都

두두 賣매매 了랸령 ○ 셔울가다풀고 五우우 月워웽 裏리례 到단당 高갇강 唐

탕땅 ○ 五月에高唐애가 收수싱 買매매 些셔셔 綾링링 絹견견 ○ 져기綾파깁을

버두어사 到단당 直지찡 沽구구 裏리례 上샹썅 船촨쭨 過고궈 海해해 ○ 直沽

에가비타바다건너 十시씽 月워웽 裏리례 到단당 王왕왕 京징깅 ○ 十月에王京에

가 到단당 年년년 終중즁 ○ 年終에다ᄃᆞ라 這저져 些셔셔 貨호훠 物우웅 都

두두 賣매매 了랴럏 ○이貨物을다풀고 又우잉 買매매 了랴럏 這져저 幾지계

匹피핑 馬마마 ○또이여러필몰파 倂빙뼝 毛맏맏 藍란람 布부부 來레래 了

랴럏 ○아오로모시뵈롤사오노라

這져저 三산삼 箇거거 火호훠 伴번뻔 ○이세벗이 是시씽 你니니 親친친 眷

권권 麼마뭐 ○이네권당가 與위유 你니녜 同퉁뚱 來레래 的디딍 啊아허 ○

너와ᄒᆞᆫ가지로오니가 都두두 不부붕 曾충쯩 問운문 ○다일즉뭇지아니ᄒᆞ엿더니

姓싱싱 甚셔씸 麼마뭐 ○姓이므어시뇨 這져저 箇거거 姓싱싱 金긴김 ○이ᄂᆞᆫ

姓이金가ㅣ니 是시씽 我오어 姑구구 舅구낑 哥거거 哥거거 ○이내姑舅의게난형

이오 這져저 箇거거 姓싱싱 李리례 ○이ᄂᆞᆫ姓이李가ㅣ니 是시씽 我오어 兩량랑

姨이이 兄흉휭 弟디뎨 ○이내兩姨의게난아이오 這져저 箇거거 姓싱싱 趙쟢쨯

○ 이논姓이趙가ㅣ니 是시씽 我오어 街개개 坊방방 ○ 이내이웃이라 伱니녀 旣

지계 是시씽 他타터 姑구구 舅구킹 弟디뗴 兄훙훵 ○ 네이믜저姑舅의게난弟兄이

면 誰쉬쒸 是시씽 舅구킹 舅구킹 的디딍 兒을싈 子즈즘 ○ 누구논이舅舅의아

돌이며 誰쉬쒸 是시씽 姑구구 姑구구 上상썅 兒을싱 子즈즘 ○ 누구논이姑姑

의게난아돌고 我오어 是시씽 姑구구 娘낭냥 生승싱 的디딍 ○ 나논이姑娘의게난

어오 他타터 是시씽 我오어 舅구킹 舅구킹 養양양 的디딍 ○ 저논이내舅舅의나

혼이라 伱니녀 這저져 兩량량 姨이이 弟디뗴 兄훙훵 ○ 네이兩姨弟兄이면 是

시씽 親친친 兩량량 姨이이 ○ 이親兩姨가 却커컁 是시씽 房방빵 分분분 兩

량량 姨이이 ○ 또이ᄉ촌에갈린兩姨가 是시씽 親친친 兩량량 姨이이 弟디뗴 兄

훙훵 ○ 이親兩姨弟兄이니 我오어 母무무 親친친 是시씽 姐저져 姐저져 ○ 우리

母親은이 姐姐ㅣ오 他타터母무무親친친是시씨妹믜뮈子즈즈○저의母 親은이
妹子 ㅣ라你니녜們믄문既지게是시씨姑구구舅구광兩량량姨이이弟디떼
兄흉훙○너희이믜姑舅兩 姨에난弟兄이면怎즘즘麼마뭐沿연연路루루上샹썅
多도더有우잉戲히히言연연○엇지길희戲 言이만ᄒᆞ뇨我오어們믄문不부붕
會휘훼體티톄例리례的디딩人인신○우리ᄂᆞᆫ體例모 로ᄂᆞᆫ사ᄅᆞᆷ이오又우잉是
시씨路루루上샹썅閑현햔話화홰○또이길희힘 ᄒᆞᆫ말이매自즈쯔然연션不
부붕能능닝迴회훼避비삐了랸럏○自然이능히迴 避치못ᄒᆞ여라
咱자쟝們믄문閑현햔話화홰且쳐쳐休후힇說숴숳○우리힘힘ᄒᆞᆫ 말아직너르
지마 쟈那나너前쳔쪈頭투뜰的디딩便변뼌是시씨尾와와店뎐뎜○져 앏
희새시곳이 尾店이니尋신씸箇거거好할항乾간건淨징찡店뎐뎜房방빵住

쥬쥬 下 햐하 ○ ᄀᆞ장 乾淨ᄒᆞᆫ 店房을 어더 머믈고 歇 헝혀 息 싱시 牲 싱승 口 쿻쿠 ○

즘싱을 쉬오자 街 개개 北 븽버 這 져져 箇 거거 店 뎜뎐 子 즈즈 ○ 이 거리 북녁 店은

是 씽시 我 어오 舊 끵직 主 쥬쥬 人 신인 家 갸쟈 ○ 이 우리 녯 主人이니 咱 쨩자 們

문믄 就 찡직 到 닿닾 那 너나 裏 려리 下 햐하 ○ 우리 곳 져긔 가 브리오쟈 主 쥬쥬 人

신인 家 갸쟈 拜 배배 揖 잉이 了 럏랴 ○ 主人아 拜揖ᄒᆞ노라 噯 해개 王 왕왕 大 때다

哥 거거 來 래레 了 럏랴 麽 뭐마 ○ 噯 王가 큰 형이 왓ᄂᆞ냐 久 깋구 違 위위 了 럏랴

○ 오래 보지 못ᄒᆞ엿더니 好 핳하 啊 허아 ○ 편안ᄒᆞ냐 你 녜니 這 져져 幾 계지 箇

거거 火 훠호 伴 뻔번 ○ 네 이 여러 벗이 從 쭝충 那 너나 裏 려리 同 뚱퉁 來 래레 的

딍디 ○ 어듸로조차 ᄒᆞᆫ가지로 오니고 這 져져 是 씽시 我 어오 沿 연연 路 루루 上 썅샹

○ 이ᄂᆞᆫ 네 길헤셔 做 주주 火 훠호 伴 뻔번 一 잉이 同 뚱퉁 往 왕왕 北 븽버 京 깅징

去큐취的딩디 ○ 벗지어ᄒᆞᆫ가지로北京을향ᄒᆞ여가ᄂᆞᆫ이라 你녜니這져져店뎜뎐
裏례리草창찬料령랸都두두有잉우沒뭉무有잉우 ○ 네이店에집과콩이다잇
ᄂᆞ냐업ᄂᆞ나 草창찬料령랸都두두有잉우 ○ 집과콩이다이시되 料령랸是씽시
黑흥희豆뜽두草창찬是씽시秆건간草창찬 ○ 콩은이거믄콩이오집흔이조ᄉ집
히라 這져져秆건간草창찬好항한 ○ 이조ᄉ집히죠타 若샿쇼是씽시稻땋닫
草창찬 ○ 만일니ᄉ집히면 牲싕승口킁쿠多더도有잉우不붕부喫칭치的
딩디 ○ 즘싱이먹지아니리만히이시리라 黑흥희豆뜽두多더도少셯샨一힝이斗
등두 ○ 거믄콩은언머에ᄒᆞᆫ말이며 草창찬多더도少셯샨一힝이綑쿤쿤 ○ 집흔
언머에ᄒᆞᆫ뭇고 黑흥희豆뜽두五우우十씽시箇거거錢쪈쳔一힝이斗등두 ○
거믄콩은쉰낫돈에ᄒᆞᆫ말이오 草창찬十씽시箇거거錢쪈쳔一힝이綑쿤쿤 ○ 집흔

열낫돈에ᄒᆞᆫ못시라 是시씽 實시싱 價갸갸 麼마뭐 ○ 이실샤온갑가 不부붕 要얖햫

說숴숑 謊황황 ○ 거줏말니ᄅᆞ지말라 大다때 哥거거 說숴숑 甚셔씸 麼마뭐 話

화홰 ○ 큰형아므슴말을니ᄅᆞᄂᆞᆫ다 你니녜 是시씽 熟수쓩 主쥬쥬 顧구구 ○ 너ᄂᆞᆫ

이닉은단골이라 咱자쨩 們믄문 與위유 你니녜 便변뼌 是시씽 自즈쯔 家쟈갸

人인신 一이힝 般번뻔 ○ 우리너와곳이집사ᄅᆞᆷᄒᆞᆫ가지라 我오어 怎즘즘 敢간감

說숴숑 謊황황 ○ 내엇지감히거줏말을니ᄅᆞ리오 你니녜 若쇼샹 不부붕 信신신

我오어 的디딩 話화홰 麼마뭐 ○ 네만일내말을밋지아니커든 到닾당 別벼뼝 箇

거거 店뎐뎜 裏리례 問운문 問운문 去취큐 ○ 다른店에므ᄅᆞ라가 看칸컨 是시씽

說숴숑 謊황황 不부붕 說숴숑 謊황황 ○ 이거줏말인가거줏말아닌가보라 我오어

只즈짓 這저져 麼마뭐 說숴숑 ○ 나ᄂᆞᆫ그저이리니ᄅᆞ노라

我어오通퉁퉁共꿍궁十씽시一힝이箇거거馬마마○열우흔리낫게몰대이되

니量량량着쨩져六룽릭斗듷두料럏랴十씽시一힝이細큰큰草찰찬○

열혜흔아뭇리집니히엿로말다공과這져져鐁쯔자刀닿단不붕부快괘쾌○쟉이

아도니ㅣ흔드니지許휴쉬多더도草찰찬幾게지時씽스鐁쯔자得듸더完훤완

了럏랴○싸許흐多러흔뭇집太흘리언오제主쥬쥬人신인家갸쟈○아主人伱

녜니可커커往왕왕別뼈벼處츄츄○룬네곳可에히가다借져져一힝이把바바

快괘쾌鐁쯔자刀닿단來래레○도흔룰주비르러드오느라쟉這져져麽뭐마着

쨩져○면이러我어오借져져去큐취○가내마빌라這져져鐁쯔자刀닿단

是씽시我어오親친친眷권권家갸쟈的딍디○권이당작의도집는거이시우라리

他터타不붕부肯킹큰借져져○아져니즐흔겨거빌눌리지是씽시我어오懇

큰큰 求 낌칵 他 러타 借 져져 來 래레 ○ 흔이 여내 비저 러의 와게 시懇 니求 風 봉봉 霜

상솽 一 힝이 樣 양양 狠 흔흔 快 쾌쾌 的 딩디 ○ 드風 는霜 거ᄀ 시치 니ᄆ 장 儞 녜니

小 셤샨 心 심신 些 셔셔 ○ 심네 흐져 여기 조 休 힣후 壞 홰홰 了 럏랴 他 터타 的

딩디 ○ 브놈 리의 지것 말히 라여 這 져져 火 훠호 伴 뿬번 儞 녜니 鏟 쨩자 的 딩디 草

참찬 忒 틩틔 麤 추추 ○ 집이 히벗 너아 무네 긂빠 으흐 니는 牲 싱승 口 킇쿠 怎 즘즘 麼

뮈마 喫 킹치 ○ 지즘 먹싱 으이 료엇 好 핳한 生 싱승 細 셰시 細 셰시 的 딩디 鏟 쨩자

罷 빠바 ○ 흘ᄆ 미장 무ᄆ 던놀 흐게 다빠 這 져져 火 훠호 伴 뿬번 儞 녜니 敢 감간 是

씽시 不 붕부 會 휘휘 煮 쥬쥬 料 럏랴 ○ 지이 못벗 흐아 는네 둣공 흐숨 다기 아 儞 녜니

把 바바 鍋 궈고 燒 셯샾 滚 군군 了 럏랴 ○ 블네 ᄢᅵ가 더마 쓸룰 커다 든가 下 햐하 上

썅샹 豆 듷두 子 즈즈 ○ 허공 두을 고너 但 딴단 看 컨칸 水 쉬쉬 開 개개 了 럏랴 一

이힝 會휘훼兒을잉 ○다만 믈이 ᄒᆞᆫ지위 ᄭᅳᆯ키롤 보아 把바바那나너鍘쟈쨩的디딩

草찬창 ○져 ᄲᅡᄒᆞᆫ 집흘 다가 放방방在재째豆두뚱子즈즁上상샹 ○콩우희 두

고 蓋개개了랴럏鍋교궈子즈즁 ○가마 덥고 不부붕用융융再재재燒샤셯

火호훠 ○다시 블 ᄯᅵᆺ지 말고 別벼뼝教쟌걓走주즇了랴럏氣치켸 ○김내지 말

게ᄒᆞ면 自즈쯓然얀연熟수쓩了랴럏 ○自然히 닉ᄂᆞ니라

客커컹人인신們믄문 ○나그ᄂᆡ들 你니녜打다다中중즁火호훠啊아허 ○

네 中火ᄒᆞᄂᆞ냐 不부붕打다다中중즁火호훠啊아허 ○中火ᄒᆞ지 아니ᄒᆞᄂᆞ냐 我

오어 不부붕打다다中중즁火호훠喝허헝風붕붕麽마뭐 ○내 中火 아니ᄒᆞ고 ᄇᆡ

ᄅᆞᆷ을 마시랴 這저져麽마뭐你니녜快쾌쾌作조좡五우우箇거거人인신的

디딩 飯반빤來레래 ○이러면 네 ᄲᆞᆯ리 다ᄉᆞᆺ 사ᄅᆞᆷ의 밥을 지어오라 你니녜喫치킹甚

諺解上 十八

씸서麽뭐마飯빤반○을네먹므을슴ᄉ다밥我어오五우우箇거거人인인○리우

룸다에슷 사打다다三삼산斤긴긴麵면면的딍디餑뽕보餑뽕보○롤서릭근

차떡라을我어오自쯔즈去큐취買매매下햐하飯빤반菜채채○가네반손찬조

쟈사你녜니自쯔즈己계기買매매去큐취○라네가손거조든사這져저間갼간

壁빙비肉숭류案현안上썅샹○肉이案ᄉ上잇에부 람買매매猪쥬쥬肉숭류

去큐취○리猪가肉라을 사是씌시今김긴日싕시殺샹사的딍디新신신鮮

션션的딍디好핳한猪쥬쥬肉숭류○죠이흔오猪놀肉집이은라성 흔多더도少

셩샨錢쪈쳔一힝이斤긴긴○흔언근멋고돈 에二싱을十씽시錢쪈쳔一힝이

斤긴긴○흔스근므이낫라돈 에主쥬쥬人싄인家갸자○아主 人你녜니替

뎨티我어오買매매去큐취○차네사나라롤가마 ㄹ買매매一힝이斤긴긴肉

슝류○ᄒᆞᆫ근고기를사되不붕부要햫얀十씽시分분븐肥삐븨的딍디○ᄀᆞ장
ᄉᆞᆯ진이란말라帶대대肋릉릐條턍탸的딍디就짷직好황한○넙팔지브튼거시곳
죠ᄒᆞ니大때대片편편切쳥쳐着짷져炒챵찬來래레罷빠바○편굵게ᄡᅡᄒᆞ라
복가오라
主쥬쥬人신인家갸쟈○主人아你녜니們문믄若샹쇼不붕부會훼휘炒
챵찬肉슝류○너희들이만일고기복기아지못ᄒᆞ거든咱장자們문믄火훠호伴뿬번
裏례리頭뜰투○우리벗즁에敎걓쟌一힝이箇거거人신인去큐취炒챵찬
肉슝류○ᄒᆞᆫ사ᄅᆞᆷ으로ᄒᆞ여가고기복게ᄒᆞ쟈我어오是씽시朝쨯챠鮮션션人신인
○나는이朝鮮ᄉ사ᄅᆞᆷ이라都두두不붕부會훼휘炒챵찬肉슝류○다고기복기아
지못ᄒᆞ노라有잉우甚씸셔麼뭐마難난난處츄츄○므슴어려온곳이이시리오

刷쇄솨了럏랴鍋궈고 ○ 가마긁싯고 燒셯샤熱셩여了럏랴 ○ 블씨더덥거든

放방방上쌍샹半뻔반盞잔잔香향향油윙우 ○ 半盞춤기름을붓고 待때대油

윙우大때다熟쑹수了럏랴 ○ 기름이잇긋닉 기룰기드려 下햐햐上쌍샹肉숭류

○ 고기로넛코 着짱쟌些셔셔鹽옌얀 ○ 저기소곰두고 把바바快쾌쾌子즈즈

攪걍쟌動뚱둥 ○ 저로다가뒤저어 炒챵찬的딩디半뻔반熟쑹수了럏랴 ○

복가반만닉거든 調뗭댜上쌍샹些셔셔醬쟝쟝水쉬쉬 ○ 저기장을버므리고

把바바生싱승葱충충作잡조料럏랴着짱쟌上쌍샹 ○ 파로고명을 민드라넛코

蓋개개好핳한了럏랴鍋궈고 ○ 가마두에잘덥허 不봉부敎걍쟌出츙츄氣

계치 ○ 김나게말고 燒셯샤動뚱둥火훠호一힝이會훼휘兒싕을熟쑹수了

럏랴 ○ 블씨더ᄒᆞᆫ지위만 ᄒᆞ면닉ᄂᆞ니라 你녜니再재재嘗짱샹看컨칸 ○ 네또맛보

라 鹹혐헌淡땀단如유유何허허 ○ 鹹淡이 엇더ᄒᆞ뇨 我어오嘗쨩챵得듸더
○ 내 맛보니 略략랸略략랸有잉우些셔셔淡땀단 ○ 져기 슴거옴이 잇다 再재재
着쨯쟌上썅샹些셔셔鹽염얀 ○ 다시 소곰 져기 두라 主쥬쥬人인인家갸쟈 ○
主人아 餑뽕보餑뽕보有잉우了럏랸不붕부曾쯍층 ○ 셕이 잇ᄂᆞ냐 못ᄒᆞ엿ᄂᆞ냐
立링리刻킝킈有잉우了럏랸 ○ 즉금 이실새시니 你녜니放방방卓좌조子
즁즈先션션喫킹치 ○ 네 상을 노코 몬져 먹으라 你녜니喫킹치了럏랸時씽스 ○
네 먹을 쩍이면 我어오也여여就쯩쥐完훤완了럏랸 ○ 나도 곳 못츠리라
主쥬쥬人인인家갸쟈 ○ 主人아 我어오明밍밍日잉이五우우更깅깅天
텬텬就쯩쥐要햫야早짷잪行힝힝 ○ 내 ᄂᆡ일 五更에 곳 일 가려 ᄒᆞ니 咱쟝자們문믄
計계지了럏랸房빵방錢쪈쳔火훠호錢쪈쳔 ○ 우리 방ㅅ갑 블스갑 혜자 這져져

一이힝 夜여여 住쥬쮸 的디딍 人인싄 馬마마 ◯ 이ᄒᆞᄅᆞᆺ밤머믇人馬에 盤판뽠

纏쳔쪈 共궁꿍 該개개 多도더 少샤셯 ◯ 盤纏이대되힉오니언머고 你니녀 稱칭칭

了랸럏 來레래 的디딍 三산삼 斤긴긴 麵면면 ◯ 네ᄃᆞ라온서근ᄀᆞᆯ릐 每믜뮈

斤긴긴 十시씽 箇거거 錢쳔쪈 ◯ 每斤에열낫돈이니 該개개 三산삼 十시씽 錢

쳔쪈 ◯ 히오니설흔낫돈이오 切쳐쳥 了랸럏 來레래 的디딍 一이힝 斤긴긴 猪

쥬쮸 肉류슉 ◯ 빠ᄒᆞ라온ᄒᆞᆫ근猪肉에 該개개 二을싱 十시씽 錢쳔쪈 ◯ 히오니ᄉᆞ

므낫돈이오 四스ᄉᆞᆼ 箇거거 人인싄 ◯ 네사ᄅᆞᆷ에 每믜뮈 人인싄 房방빵 錢쳔쪈

十시씽 箇거거 錢쳔쪈 ◯ 每人에房錢이열낫돈이니 共궁꿍 該개개 四스ᄉᆞᆼ 十

시씽 錢쳔쪈 ◯ 대되ᄒᆡ오니마흔낫돈이오 黑희흥 豆두뜽 六루룽 斗두뜽 ◯ 거믇

콩엿말에 每믜뮈 斗두뜽 五우우 十시씽 箇거거 錢쳔쪈 ◯ 每斗에쉰낫돈이니 該

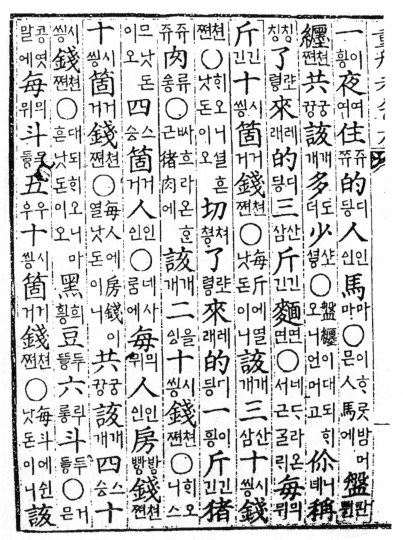

개개 三삼산 百븽버 錢쪈쳔 ○ 히오너三百낫돈이오 草참찬 十씽시 一힝이 細

쿤쿤 ○ 집열혼뭇세 每뮈믜 細쿤쿤 十씽시 箇거거 錢쪈쳔 ○ 每뭇세열낫돈이니

該개개 一힝이 百븽버 一힝이 十씽시 錢쪈쳔 ○ 희오너一百열낫돈이니 通퉁퉁

共꿍궁 五우우 百븽버 箇거거 錢쪈쳔 ○ 대되五百낫돈이로다 這저저 草참찬

料럎랸 麵면면 ○ 이집과콩과골리 都두두 是씽시 伱녜니 家갸쟈 裏려리 賣

매매 出츄츄 來래래 的딩디 ○ 다이네집의셔ᄑᆞ라낸거시니 減갼견 少셯샤 些셔셔

錢쪈쳔 如유유 何혀허 ○ 져기돈을덜미엇더ᄒᆞ뇨 罷빠바 罷빠바 ○ 두어두어 伱

네니 只짛즈 給깋지 四승스 百븽버 五우우 十씽시 錢쪈쳔 罷빠바 ○ 네그저四

百五十낫돈을주고려 旣계지 這져져 般번번 說숴쉬 ○ 이믜이리니ᄅᆞ면 火훠호

伴뻔번 伱녜니 三삼산 箇거거 人신인 ○ 벗너희세사ᄅᆞᆷ이 一힝이 齊쪠치 都

二十一

두두 拿나나 出츙츄 來래레 給긩지 他터타 ○ 홈ᄭᅴ 다 내여 저를 주고 記계자 着

짱져 數수수 目뭉무 ○ 數目을 거록ᄒᆞ엿다가 到당닾 北븽버 京깅징 ○ 北京에 가

打다다 總중중 再재재 計계지 罷빠바 ○ 대되 다시 혜쟈 這져져 般붠번 我어오

都두두 給긩지 他터타 ○ 이러면 내 다 져를 주마

火훠호 伴뻔번 伱녜니 把바바 料럏랴 撈랗랴 出츙츄 來래레 ○ 벗아 네 콩을 다

가건져 내마 冷링릉 水쉬쉬 裏례리 拔빵바 着짭져 ○ ᄎᆞᆫ물에 치와 等딩등 一

힁이 會휘휘 慢만만 慢만만 的딍디 喂위위 馬마마 ○ ᄒᆞᆫ지위기 ᄃᆞ려 날호여 ᄆᆞᆯ을 먹

이되 初추추 喂위위 的딍디 時씽스 候흫후 ○ 처음 먹일 뻬란 就쯯쥐 把바바 料

럏랴 水쉬쉬 拌뻔번 草챃찬 與유위 他터타 喫칭치 ○ ᄀᆞᆺ 콩물을 다가 여물에 버무려

저롤 주어 먹이고 到당닾 五우우 更긩깅 再재재 把바바 料럏랴 都두두 添렴련

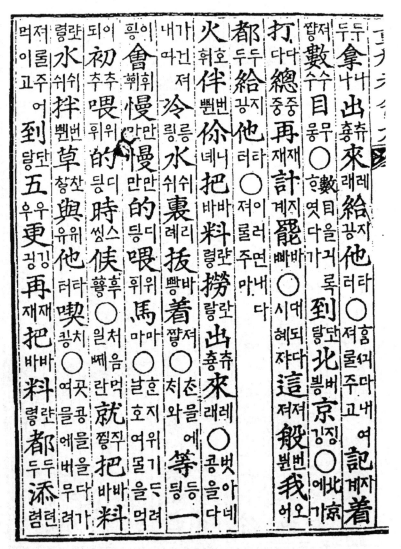

與유위他터타喫킹치○五更에다ᄃᆞᆺ거든또콩을다가다져ᄅᆞᆯ더주어먹이라似쓰ᄉᆞ

這져져般붠번喂위위○이러ᄐᆞ시먹이면那너나馬마마分뿐분外왜왜喫킹치得듷더飽방봐○그ᄆᆞᆯ이分와로먹어브르려니와若ᅀᅣᇢᅀᅭ是씋시先션션饋

뀌귀他터타料렿랼○만일몬져콩을주면那너나馬마마只짛즈管권권揀간견

料렿랼喫킹치○그ᄆᆞᆯ이그저ᄉᆞᄅᆞ여콩만ᄀᆞᆯ희여먹고把바바草찰찬都두두抛

팔팔撒상사了렿랼○여믈을다가다ᄒᆞ터ᄇᆞ리ᄂᆞ니라那너나馬마마勞랗랖苦

쿠쿠的듸디時씋스候흫후○그ᄆᆞᆯ이ᄌᆞᆺ바흘ᄢᅵ란不붕부要얗얀就찧직飲힘인

水쉬쉬○즉시믈먹이지말고等딍등他터타喫킹치一힝이會휘휘草찰찬再

재재去큐취飲힘인○ᄒᆞᆫ지위여믈먹기ᄅᆞᆯ기ᄃᆞ려다시가믈먹이라咱장자們문믄各

갑거自쯔즈睡쒸쉬覺걓쟌○우리각각좀자고輪륜륜着쨯져起키치來래레

重刊老乞大諺解上 二十二

勤 낀킨 喂 워위 馬 마마 ○ 런돌 이려 몰너 먹러 이부 쟈즈 今 김긴 日 씽시 是 씡시 二

싱을 十 씽시 二 싱을 日 씅시 ○ 므오 이놀 틀은 이이 니스 五 우우 更 깅깅 時 씽스 正

징징 有 임우 月 웨위 亮 량량 ○ 이五 붉更 을에 셔정 시히 니돌 雞 계지 叫 겋쟌 起 켸치

來 래레 走 즉주 罷 빠바 ○ 니돍 러이 가울 쟈거 든 主 쥬쥬 人 신인 家 갸쟈 點 뎜뎐

燈 딍등 來 래레 ○ 혀主 오人 라아 블 我 어오 好 핳할 收 심싂 拾 씽시 睡 쒸쉬 覺

걍쟌 ○ 호내 고잘 자收 쟈拾 點 뎜뎐 燈 딍등 來 래레 了 령랴 ○ 왓블 다혀 壁 빙비 子

즘즈 上 썅샹 好 할한 掛 과과 ○ 잘벽 걸롬 라에 這 져져 純 쓘츈 土 투투 炕 캉캉 上

썅샹 怎 즘즘 麽 뭐마 睡 쒸쉬 ○ 엇이 지뢴 자홁 리구 오들 에 有 임우 甚 씸셔 麽 뭐마

草 창찬 薦 젼젼 ○ 즑아 잇므 거란 든집 지 拿 나나 幾 계지 領 링링 來 래레 鋪 푸푸

上 썅샹 ○ 다여 가러 펴납 라가 저 大 때다 嫂 상산 ○ ㅣ大 아嫂 拿 나나 草 창찬 薦

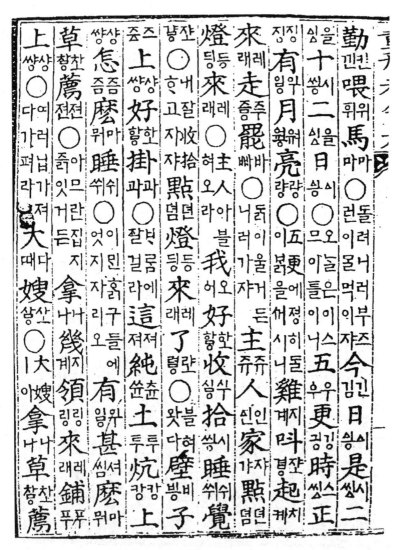

전전 席씽시子즈즈來래레 ○ 집지즤과삿글가져다가 與유위客킹커人신인們
문믄 鋪푸푸 ○ 나그ᄂᆡ들주어펴게ᄒᆞ라 席씽시子즈즈沒뭉무有잉우 ○ 삿근업고
這져져三삼산領링링草참찬薦젼젼與유위你녜니們문믄鋪푸푸罷빠바
○ 이세닙집지즤을너희롤주너펴라
主쥬쥬人신인家갸쟈你녜니種즁중些셔셔火훠호 ○ 主人아네져기블무드라
我어오明밍밍日ᅀᅵᆼ시五우우更깅깅天텬텬起키치來래레 ○ 내ᄂᆡᆯ일五更에
니러 就찍직要햘얀早잠잔走즘주 ○ 즉시일가려ᄒᆞ노라 那너나麼뭐마的듸디
○ 그러면 客킹커人신인們문믄請칭칭歇헝혀息싱시罷빠바 ○ 나그ᄂᆡ들
쉬라 請권대 我어오査짜차看컨칸了럏랴門문믄戶ᅘᅮ후也여여就찍직去
큐취 睡쒸쉬了럏랴 ○ 내門戶를보ᄉᆞᆯ피고또즉시가자리라 來래레來래레 ○ 오라

重刊老乞大諺解上 二十三

오라 且쳐쳐休히힝去취큐 ○ 아직가지말라 我오어還환환問운운你니녜些
셔셔話화화 ○ 내ᄯᅩ네게져기말뭇쟈 我오어前쳔쪈番반봔從충쭝北버븽京
징깅來레래時스씅 ○ 내前에北京으로조차올ᄢᅴ 離리례你니녜這져져店뎐뎜
裏리례約요햪走주즇二을싀十시씽里리례來레래地디뗴 ○ 네아店에ᄯᅳ미
계요二十里ᄯᅡ히 有우잉一이힝坐조쭤橋챠꺟塌타탕了랴럏 ○ 혼ᄃᆞ리문허지
미잇더니 如슈슈今긴김修쉬싷起치켸了랴럏不부붕曾층쯩 ○ 이제고첫ᄂᆞᆫ가
못ᄒᆞ엿ᄂᆞᆫ가 早잔쨯修쉬싷起치켸了랴럏 ○ 볼셔고쳐시되 比비비在재쨰先
션션的디딩 ○ 이젼에比건대 高간강二을싀尺치칭濶쿼퀑三산삼尺치칭 ○
두자히놉고석자히너ᄅᆞ니 越위웨發바봥做주주的디딩好한항 ○ 더욱믄됴기로
잘ᄒᆞ엿ᄂᆞ니라 這져져麼마뭐我오어們믄문明밍밍日시싱一이힝早잔쨯好

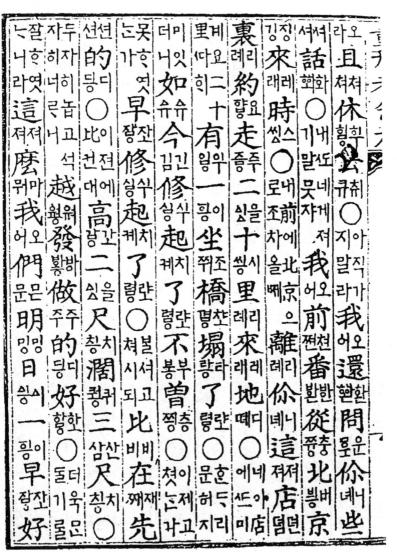

한황 放방방 心신심 去취큐 了랸럏 ○ 이러면 우리 ᄂᆡ일 일즉 ᄀᆞ장 放心ᄒᆞ여 가리라 [illegible]

你니녜 們믄문 不부불 要얖햠 十시씽 分븐붕 早잪짱 行힝헹 ○ 너희 ᄀᆞ장 일 가

지 말라 我오어 聽팅팅 得더듸 ○ 내 드르니 前쳔쪈 頭투뚷 路루루 澁서씁 有

위잉 歹대대 人인신 ○ 앏희 길히 머흐러 사오나온 사ᄅᆞᆷ이 잇다 ᄒᆞ더라 爲위위 甚셔씸

麽마뭐 有위잉 歹대대 人인신 ○ 므슴ᄒᆞ라 사오나온 사ᄅᆞᆷ이 잇ᄂᆞ뇨 你니녜 不부불

知지징 道닾땋 ○ 네 아지 못ᄒᆞᆫ다 因인힌 去취큐 年년년 年년년 成칭쩡 荒황황

旱한현 ○ 지난ᄒᆡ예 년ᄉᆞ ㅣ 荒旱ᄒᆞ여 田텬텬 禾호훠 沒무뭉 有위잉 收식싱 成

칭쩡 ○ 田禾ᄅᆞᆯ 거둔 거시 업스므로 就직찍 生승싱 出츄츙 歹대대 人인신 來레래

了랸럏 ○ 곳 사오나온 사ᄅᆞᆷ이 낫ᄂᆞ니라 怕파파 甚셔씸 麽마뭐 事스씽 ○ 므슴 일이

저프리오 我오어 們믄문 只즈징 趕간건 這져져 幾지계 箇거거 馬마마 ○ 우리

老乞大 二 二十四

그저 이여러 몰을 몰고 又위잉 沒무몽 甚셔씸 麼마뭐 銀인인 錢쳔쪈 帶대대 來

래레 的디딩 ○ 또 아모란 銀錢 가져온 거시 업스니 就직쭣 逢풍뽕 見견견 了랴럏 他

타텨 也여여 不부붕 相샹샹 干간건 ○ 곳 져ᄅᆞᆯ 만나도 관계치 아니ᄒᆞ다 那나너 賊

즤쯩 們믄문 要얀향 我오어 們믄문 做주주 甚셔씸 麼마뭐 ○ 져 도적들이 우리를

ᄒᆞ여 무엇ᄒᆞ료 別벼뼝 要얀향 這져져 般번뭔 說숴숸 ○ 이리 니ᄅᆞ지 말라 那나너

賊즤쯩 們믄문 怎즘즘 知지짛 你니녜 有위잉 錢쳔쪈 沒무몽 錢쳔쪈 ○ 져도

젹들이 엇지 네 돈이 시며 돈 업스믈 알리오 只즈짛 管권권 小샾셯 心신심 些셔셔 纔

채ᄶᅢ 是시씽 ○ 그저 ᄉᆞᄅᆞ여 조심홈이 마치 올ᄒᆞ니라

我오어 這져져 裏리례 前쳔쪈 年년년 六류륳 月웨웛 裏리례 ○ 우리 여긔 前年

六月에 有위잉 一이힝 箇거거 客커킝 人인신 ○ ᄒᆞᆫ 나그ᄂᆡ 이셔 搭다당 包바방

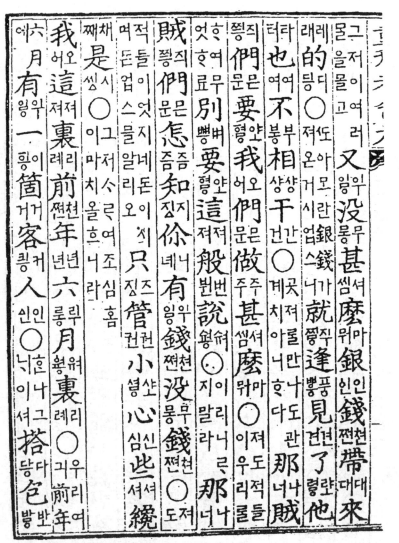

裏리례藏창쨩着져쨯一이힝打다다子즈즈紙즈즈○뎐대에ᄒᆞᆫ권죠희ᄅᆞᆯ너허
腰얀햫裏리례絟솬솬着져쨯○허리에ᄆᆡ고在재쨰路루루傍팡빵樹슈쓔
底디뎨下햐햐歇허혀凉량량睡쉬쒸○길겻나모밋서늘ᄒᆞᆫ듸쉬며자더니被비삐
一이힝箇거거賊즤찡到닾땋那나너裏리례看칸컨見견견了랴럎○ᄒᆞᆫ도
적이게와보믈닙으니只즈징道닾땋是시씨腰얀햫裏리례帶대대的디딍是
시씨錢쳔쪈物우뭉○그저니ᄅᆞ되허리에ᄯᅴᆫ거시이錢物이라ᄒᆞ여生승싱起치켸歹
대대心신심來레래○사오나온ᄆᆞᄋᆞᆷ내여就직찍那나너裏리례拿나나起치켸
一이힝塊괘쾌大다때石시씨頭투뜰○곳게셔ᄒᆞᆫ덩이큰돌을가져다가把바바
那나너人신인頭투뜰上샹썅○그사ᄅᆞᆷ의마리ᄅᆞᆯ다가打다다了랴럎一이힝
下햐햐○ᄒᆞᆫ번텨打다다出츄춯腦나낳漿쟝쟝來레래死스ᄾᆞ了랴럎○

重刊老乞大諺解上　二十五

골치나 죽 은지파 那나너 賊직쯩 把바바 那나너 人인신 的디딩 搭다닿 包반방

解계개 下하햐 來레래 看칸컨 ○ 그도적이그사룸의 뎐대로글러보나 却거걓 是

시씽 紙즈짇 ○ 또죠 희매 就직찡 在재째 那나너 裏리례 甩륭룅 了랸령 走주증

了랸령 ○ 곳거긔브리 고드라나니 官관권 府부부 撿견겸 了랸령 屍스싱 埋매매

了랸령 ○ 구의죽엄올 검 시흐여뭇고 正징징 賊직쬥 捉조좝 不부붕 住쥬쮸 ○

정도적은 잡 지못흐고 單단단 把바바 地디뗴 主쥬쥬 併빙빙 左조저 近긴낀 人

인신 拷칸캉 打다다 ○ 다만地主와다뭇겻희 사 롬을다가쳐져주더니 後후흥 頭투뜽

別벼뼝 處츄츄 官관권 府부부 ○ 후에다른 곳 구의에셔 却거걓 捉조좝 住쥬쮸

那나너 賊직쯩 ○ 또그도 적 을잡아 發바봥 到단당 這저져 裏리례 官관권 府

부붕 來레래 ○ 보내여이구 의에왓더니 今긴김 年년년 就직찡 在재째 牢란람 裏

(리/레) 死(스/숭) 了(랼/령) ○ 올히곳옥에서죽으니라

舊(직/깅) 年(년/녠) 又(우/잉) 有(우/잉) 一(이/힝) 箇(거/거) 客(커/킝) 人(인/싄) ○ 젼년에ᄯᅩᄒᆞᆫ나

그ᄂᆡ이셔 趕(간/건) 着(져/쨩) 一(이/힝) 頭(투/뜽) 驢(뤼/류) 子(즈/중) ○ ᄒᆞᆫ나귀롤모라 兩(량/량)

箇(거/거) 荊(징/깅) 籠(룽/룽) 子(즈/중) 裏(리/레) ○ 두채롱에 盛(칭/찡) 着(져/쨩) 棗(잪/짷) 兒(을/싱)

(을/싱) 馲(토/뗘) 着(져/쨩) 走(주/증) ○ 대쵸담아싯고가더니 後(후/흫) 頭(투/뜽) 有(우/잉) 一

(이/힝) 箇(거/거) 騎(치/끼) 馬(마/마) 的(디/딩) 賊(직/찡) ○ 뒤헤ᄒᆞᆫ몰톤도적이이셔 帶(대/대) 着

(져/쨩) 弓(궁/궁) 箭(쟌/젼) 跟(근/근) 着(져/쨩) 走(주/증) ○ 화살ᄎᆞ고ᄯᅡ라녜여 到(단/당) 箇(거/거)

酸(쉰/쉰) 棗(잪/짷) 林(린/림) 兒(을/싱) 無(우/뭉) 人(인/싄) 處(츄/츄) ○ 酸棗林이라ᄒᆞᄂᆞᆫ無人處

에다ᄃᆞ라 那(나/너) 賊(직/찡) 把(바/바) 客(커/킝) 人(인/싄) 脊(지/징) 背(븨/뷔) 上(샹/썅) ○ 그도

적이나그ᄂᆡ등을다가 射(시/씽) 了(랼/령) 一(이/힝) 箭(쟌/젼) ○ ᄒᆞᆫ살로ᄡᅩ니 那(나/너) 客

킁커人신인就찡직倒땅닾了럏랴○구그러나자그거늬늘곳것那너나賊찍즤

只징즈道땋닾是씽시死숭스了럏랴○되그이도죽적으이나그라저ᄒᆞ니여르就

찡직趕껀간着쨯져那너나驢류릐子즈즈往왕왕前쪈쳔走즉주○그즉나시

향킈ᄒᆞ룰여모가라더압니ᄒᆞ로那너나客킁커人신인被삐븨賊찍즤射씽시的

딩디昏훈훈了럏랴○뻐그여나어그즐늬ᄒᆞ도엿적다의가게蘇수수醒싱싱回휘휘

來래레○나되니셔여恰캬갸好항한有일우捕뿌부盜땋닾的딩디官권관

○는맛관치원죠이히이捕셔盜ᄒᆞ到당닾那너나裏레리巡쓘슌哨셯샾○와게

거슌늘경ᄒᆞ那너나客킁커人신인把바바這져져緣연연故구구告강갚了

령랴○룰그다나가그告늬ᄒᆞ이니緣故捕뿌부盜땋닾官권관就찡직叫쟝쟢官

권관兵빙빙○즉捕시盜官ᄒᆞ兵는을관불원러이往왕왕前쪈쳔趕껀간○향앏ᄒᆞ흘

여와 또 約략요 到닿닾 二싱을 十씽시 里례리 地뗴디 ○ 계요二十里ᄯᅡ히다ᄃᆞ라

赶건간 上썅샹 了럏랸 那너나 賊쩡즤 ○ 그도적을밋처 要햫얀 捉좋조 拿나나

他터타 ○ 저를잡으려ᄒᆞ더니 那너나 賊쩡즤 就찧직 放방방 一힁이 箭젼쟌 ○

그도적이곳ᄒᆞᆫ살로ᄡᅩ아 把바바 一힁이 箇거거 弓궁궁 手싷식 射씽시 下햐해 馬

마마 來래레 ○ ᄒᆞᆫ弓手ᄅᆞᆯ다가ᄡᅩ아ᄆᆞᆯᄯᅦᄂᆞ리치고 那너나 賊쩡즤 跑빵팦 去큐취 了

럏랸 ○ 그도적이ᄃᆞᆯ려가니라

那너나 捕뿌부 盜땋닾 官권관 ○ 저捕盜ᄒᆞᄂᆞᆫ관원이 赶건간 到닿닾 村춘춘 裏

례리 ○ 村에밋처가 差채채 了럏랸 一힁이 百븽버 箇거거 壯장좡 漢헌한 ○

一百壯漢을시켜 帶대대 着쟣져 弓궁궁 箭젼쟌 器켸치 械해혜 ○ 弓箭器械가지

고 把바바 那너나 賊쩡즤 圍위위 在째재 一힁이 箇거거 山산산 峪융유 裏

리레 ○ 그도적을다가 ᄒᆞᆫ뫼골에에워 繞재째 拿나나 着져쟣 廻휘훠 來래래 ○ 잡

아도라와 看칸권 那나너 被븨삐 射시씽 的디딍 弓궁궁 手식싱 ○ 그살마즌弓手

ᄅᆞᆯ보니 肐그긍 膊받밯 上샹썅 射시씽 上샹썅 ○ ᄑᆞᆯ독에살마잣고 却거걍 不

부븡 曾층쯩 傷샹샹 了랴럏 性싱싱 命밍밍 ○ ᄯᅩ일즉性命은샹치아니ᄒᆞ엿더라 如

ᅀᅲᅀᅲ 今긴김 那나너 賊즤쯩 現현현 在재째 牢랖랗 裏리레 監견걈 禁긴김 着

져쟣 ○ 이제그도적이시방옥에가쳣ᄂᆞ니라 旣지계 這져져 般번뻔 路루루 上샹썅

有우잉 歹대대 人인신 ○ 이믜이리길헤사오나온사ᄅᆞᆷ이이시면 咱자쟘 們믄문 又

우잉 沒무뭉 甚셔씸 麽마뭐 忙망망 勾구긍 當당당 ○ 우리ᄯᅩ아모란밧븐일이업스

니 何허혀 必비삥 要약햫 早잪쨯 行힝ᅘᅵᆼ ○ 엇지반ᄃᆞ시일가려ᄒᆞ리오 等등딍

到단당 天텬텬 明밍밍 ○ 하ᄂᆞᆯ이ᄇᆞᆰ기ᄅᆞᆯ기ᄃᆞ려 慢만만 慢만만 的디딍 去취큐

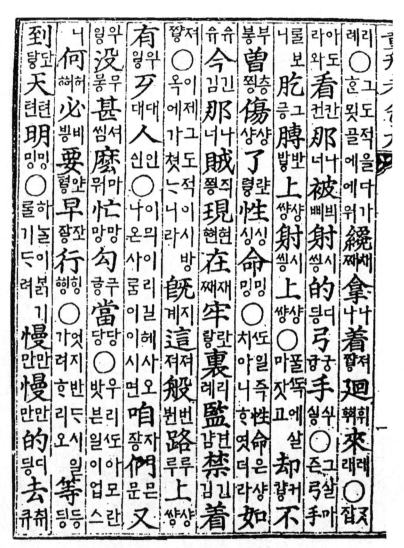

怕 파파 甚 씸셔 麽 뭐마 ○ 날회여 가면 므서시 저프리오 說 쉉쉬 的 딯디 是 씃시 ○
니ᄅᆞ미 올라 依 히이 着 쨯저 你 녜니 ○ 네대로 天 텬텬 明 밍밍 了 럏랸 走 줗주
罷 빠바 ○ 하ᄂᆞᆯ이 ᄇᆞᆰ거든 가쟈
請 칭칭 安 헌안 息 싱시 ○ 편안이 쉼을 請ᄒᆞᄂᆞ니 客 킈커 人 신인 好 핳핤 睡 쒸쉬
罷 빠바 ○ 나그ᄂᆡ 죠히 자라 主 쥬쥬 人 신인 家 갸쟈 且 쳐쳐 休 힣휘 去 큐취 ○
主人아 아직 가지 말라 我 어오 又 잉우 忘 망왕 了 럏랸 一 힝이 件 껸견 勾 긓구 當
당당 ○ 내 ᄯᅩᄒᆞᆫ 일을 니젓노라 我 어오 這 져져 馬 마마 不 붕부 曾 쯩층 喝 헝허 水
쉬쉬 ○ 우리 이 ᄆᆞᆯ이 일즉 믈 먹이지 못ᄒᆞ여시매 等 띵등 一 힝이 會 휘휘 要 햫얀 拉 랑라
他 러타 喝 헝허 去 큐취 ○ ᄒᆞᆫ지위 기ᄃᆞ려 져를 잇그러 믈 먹이라 가려ᄒᆞ니 那 너나 裏
례리 有 잉우 井 징징 ○ 어ᄃᆡ 우믈이 잇ᄂᆞ뇨 那 너나 房 빵방 後 흫후 便 뼌변 是 씽시

二十八

井징징 ○ 져집뒤히곳이우믈이라 有잉위 轆룽루 轤루루 沒뭉무 有잉위 ○ 즈애

잇ᄂᆞ냐업ᄂᆞ냐 那너나 井징징 不붕부 大때다 滲심신 ○ 져우믈이ᄀᆞ장깁지아니ᄒᆞ여

只징즈 用융융 繩씽싱 桶퉁퉁 打다다 水쉬쉬 ○ 그저줄드레로믈을깃고 井징징

邊변변 上썅샹 有잉위 飲힘인 馬마마 的딩디 石씽시 槽짱찬 ○ 우믈ᄀᆞ에몰믈

먹이ᄂᆞᆫ돌귀유잇ᄂᆞ니라 既계지 這져져 般뷘번 ○ 이믜이러면 你네니 收실식 拾

씽시 柳림리 鑵권관 井징징 繩씽싱 出츙츄 來래레 ○ 收拾 네드레와줄을ᄒᆞ여내여

오라 那너나 井징징 邊변변 頭뜰투 ○ 져우믈ᄉᆞᄆᆞ에 柳림리 鑵권관 井징징 繩

씽싱 都두두 有잉위 ○ 드레와줄이다잇ᄂᆞ니라 我어오 又잉위 囑죵쥬 附부부 你

네니 些셔셔 話화화 ○ 내또네게저기말을당부ᄒᆞ쟈 那너나 柳림리 鑵권관 不붕부

沉찜친 水쉬쉬 ○ 져드레믈에ᄌᆞᆷ기지아니ᄒᆞ니 你네니 不붕부 會훼휘 擺배배 ○

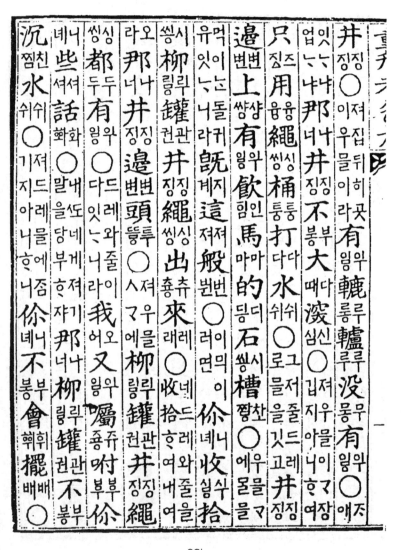

네뒤치기아지못ᄒᆞ거든 柳루릫罐관권上샹썅拴솬쏸着져쨯一이힝塊쾌쾌磚
줜줜頭투뜰纔채째好한핳 ○ 드레에ᄒᆞᆫ덩이벽을ᄆᆡ면맛치죠ᄒᆞ니라 這저져麼마뭐
的디딩 ○ 이러면 我오어自즈쯔會휘휘的디딩 ○ 나도아ᄂᆞ니 不부붕要
얀얗你니녀教쟌걓 ○ 네ᄀᆞᄅᆞ치지말라
咱자짱們믄믄輪룬룬着져쨯起치키來레래 ○ 우리돌려니러 好한핳勤킨낀
喂위쥐馬마마 ○ ᄆᆞ장브즈러니ᄆᆞᆯ머이쟈 常챵짱言연연道단땅 ○ 常言에니ᄅᆞ되
人인신不부붕得더듷橫훙휭財채째不부붕富부뿡 ○ 사ᄅᆞᆷ이橫財ᄅᆞᆯ얻지못ᄒᆞ
면가ᄋᆞᆷ여지못ᄒᆞ고 馬마마不부붕得더듷夜여여草찬챃不부붕肥뷔삐 ○ ᄆᆞᆯ이
夜草ᄅᆞᆯ얻지못ᄒᆞ면ᄉᆞᆯ지지못ᄒᆞᆫᄃᆞᄒᆞᄂᆞ니 你니녀別벼뼝槽찬짷兒을싱裏리례多도더
饋귀귀他타터到닾땋天텬텬明밍밍 ○ 네귀유에만히주어ᄇᆞᆰ으매다ᄃᆞᆺ게말고 咱

咱자장們믄문先션션拌번뻔些셔셔草찬챵○우리몬져져기여믈버무려馬마마

喫치칭一이힝會휘휘再재재去취큐飲인힘水쉬쉬○몬이혼지위먹거든또가

믈먹이자盛칭쩡草찬챵的디딍筐광광也여여没무뭉有우윙○여믈담을광ᄌᆞ

리도업스니拿나나甚셔씸麼마뭐盛칭쩡草찬챵去취큐○므어서여믈을담아

가오리既지계没무뭉有우윙筐광광○이믜광주리업거든且쳐쳐把바바衣

이히襟긴김抱반빵些셔셔草찬챵去취큐○아직옷자락에져거여믈을안아가라

我오어取츄츄料랸럏水쉬쉬去취큐○나ᄂᆞᆫ콩믈을가져가마這져져主쥬쥬

人인신家쟈갸好한할不부붕整징징齊치졔○이主人이ᄀᆞ장整齊치못ᄒᆞ다連

련련攬쟌걍料랸럏棒방빵也여여没무뭉有우윙一이힝箇거거○콩버무릴

막대조차ᄯᅩᄒᆞ나히업다快쾌쾌拿나나咱자장們믄문的디딍拄쥬쥬杖쟝쨩來

레래 攬쟌냐料랴럏 ○ 샐리우리집허온막대가져다가콩버무리라 且쳐처到닿다房
방빵裏리레去취큐 ○ 아직房에가 一이힝會휘훼等등딩着져쨯馬마마喫
치킹了랴럏這져져草찬창 ○ ᄒᆞᆫ지위ᄆᆞᆯ이이여믈먹기롤기ᄃᆞ려 好호항拉라랑他
다더飮인힌水쉬쉬去취큐 ○ 져롤잇그러믈먹이라가미죠타 這져져馬마마喫
치킹了랴럏草찬창也여여 ○ 이ᄆᆞᆯ이여믈먹어다 飮인힘水쉬쉬去취큐罷바빠
○ 믈먹이라가쟈
咱자쟝們믄문都두두去취큐了랴럏麼마뭐 ○ 우리다가면 這져져房방빵
子즈즁敎쟌냐誰쉬쒸看칸컨守식싱着져쨯 ○ 이집을눌로ᄒᆞ여보게ᄒᆞ리오 留
루릥一이힝箇거거看칸컨房방빵子즈즁 ○ ᄒᆞ나ᄒᆞᆯ머무러집을보게ᄒᆞ고着쟈쨯
兩량량箇거거拉라랑馬마마去취큐罷바빠 ○ 둘로ᄒᆞ여ᄆᆞᆯ을잇그러가쟈 怕

파파 甚씸셔 麼뭐마 事씽스 ○ 므슴 일이 저프리오 這져져 店뎜뎐 門문믄 都두두

關관관 上쌍샹 了럏랴 ○ 이 店門을 다 다드면 還햔환 怕파파 有잉우 誰쒸쉬 進

진진 來래레 ○ 도로혀 뉘 드러올까 저프리오 你녜니 別뼝벼 那너나 般뷘번 說쒕숴

○ 네 그리니ᄅᆞ지 말라 小셩샤 心심신 的딩디 好핳하 ○ 조심홈이 죠호니라 常쨩창

言연연 道땋닾 ○ 常言에 니ᄅᆞ되 常쨩창 防빵방 賊쬥직 心심신 ○ 덧덧이 도적 모

음을 막고 莫맣모 偸틓투 他터타 物뭉우 ○ 놈의 것 도적질 말라 ᄒᆞ니 依이이 我어오

的딩디 話홯화 ○ 내 말대로 必빙비 要햫야 留릳루 一잉이 箇거거 看컨간 房

빵방 子즈즈 纔째채 是씽시 ○ 반ᄃᆞ시 ᄒᆞᆫ나흘 머무러 집을 보게 홈이 맛치 올타 既계지

是씽시 這져져 麼뭐마 ○ 이믜 이러면 咱쟝자 們문믄 留릳루 誰쒸쉬 看컨간

房빵방 子즈즈 ○ 우리 누를 머무러 집을 보게 ᄒᆞ리오 你녜니 三삼산 箇거거 裏례리

頭 뚷투 ○ 너희 즁에 셋 着 짷쟈 這 져져 箇 거거 老 랗랖 秊 녠년 的 딍디 看 칸칸
着 쟣져 罷 빠바 ○ 이 늙은이로 ᄒᆞ여 보게 ᄒᆞ쟈 自 쯔즈 古 구구 道 땋닾 ○ 녜브터 니
ᄅᆞ되 三 삼산 人 신인 同 뚱퉁 行 헝힝 少 셯샾 的 딍디 苦 쿠쿠 ○ 세 사ᄅᆞᆷ이 ᄒᆞᆫ가지로
가매 졈은이 슈고ᄒᆞᆫ다 ᄒᆞ니 我 어오 們 믄믄 三 삼산 箇 거거 人 신인 去 큐취 罷 빠바
○ 우리 세 사ᄅᆞᆷ이 가쟈
這 져져 衚 흏후 衕 뚱둥 窄 쩡재 ○ 이 골이 좁으니 牽 켠켠 了 럏랸 多 더도 馬 마마
過 궈고 不 붕부 去 큐취 ○ 만흔 ᄆᆞᆯ을 잇글면 지나가지 못ᄒᆞᆯ새시니 咱 짱자 們 믄믄 做
주주 兩 량량 回 훼휘 牽 켠켠 罷 빠바 ○ 우리 두 즈레에 잇그쟈 那 너나 麼 뭐마 着
쟣져 ○ 그러면 伱 녜니 慣 관관 會 훼휘 打 다다 水 쉬쉬 ○ 네 믈 깃기 니이 아ᄂᆞᆫ다
我 어오 不 붕부 會 훼휘 打 다다 水 쉬쉬 ○ 내 믈 깃기 아지 못ᄒᆞ니 伱 녜니 打 다다

三十一

水 쉬쉬 去 큐취 ○ 라네 가믈 라길 我 어오 兩 량량 箇 거거 牽 켠켠 馬 마마 去 큐취

○ 잇우 그리 러둘 가히 마몰 那 너나 麼 뭐마 着 쨯저 ○ 면그 러 我 어오 打 다다 水

쉬쉬 去 큐취 ○ 라내 가믈 니길 你 니 拉 랑라 馬 마마 來 래레 ○ 러네 오몰 라잇 그

這 저저 槽 짱찬 裏 레리 我 어오 纔 째채 剛 강강 打 다다 兩 량량 洒 사사 子 즈즈

水 쉬쉬 ○ 레이 믈귀 올유 기에 러내 시것 니두 드 可 거커 勾 긐구 馬 마마 喫 킹치 麼

뭐마 ○ 넉몰 ᄒᆞ먹 랴기 넉 這 저저 水 쉬쉬 小 셜샨 ○ 적이 으믈 니이 再 재재 打 다다

一 힝이 洒 사사 子 즈즈 ○ 롤또 길ᄒᆞᆫ 으드 라레 拿 나나 洒 사사 子 즈즈 來 래레 ○

져드 오레 라가 我 어오 也 여여 學 햘효 打 다다 打 다다 看 컨칸 ○ 롤나 빈도 화깃 기기

자러 보 這 저저 洒 사사 子 즈즈 是 씽시 不 봉부 沉 찜친 水 쉬쉬 ○ 믈이 에드 좀레

니기 ᄒᆞ지 니아 怎 즘즘 麼 뭐마 得 듣더 滿 뭔만 盛 찡칭 了 럏랴 水 쉬쉬 ○ ᄒᆞ엇 여지

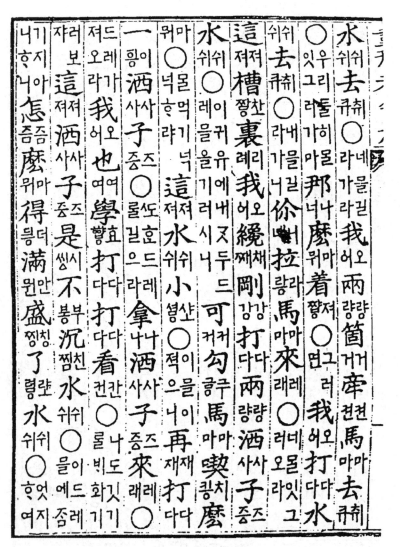

믈을ᄀᆞ드ᄡᅳ리오 我오어 教쟌걍 與위유 你니녜 ○내너ᄅᆞᆯᄀᆞᄅᆞ치마 把바바 柳

루링 轤관권 提티뎨 起치켸 來레래 ○드레ᄅᆞᆯ다가드러 離리례 水쉬쉬 面면면

擺배배 倒단댱 ○믈우희ᄠᅴ워배쳐거구로쳐 撞좡장 下햐햐 水쉬쉬 去취큐 ○

믈에맛바다ᄂᆞ려가면 就직찧 能능닁 滿만뭔 盛칭찡 了랼렿 水쉬쉬 了랼렿 ○

곧能히믈이ᄀᆞ드ᄡᅳ이ᄂᆞᆫ이라 果고궈 真진진 的디딍 麽마뭐 ○과연진실로야 向향향

來레래 常챵짱 見견견 人인신 打다다 水쉬쉬 ○쳐적의건ᄂᆡ사ᄅᆞᆷ의믈깃기ᄅᆞᆯ보아

시되 從충쯍 不부붛 曾층찡 試스싀 ○일즉시험치못ᄒᆞ엿더니 今긴김 日ᅀᅵᅀᅵᆼ 却

커걓 會휘휭 了랼렿 ○오ᄂᆞᆯ또알괘라

你니녜 們믄문 朝챺졍 鮮션션 地디뎨 方방방 ○너희朝鮮ᄯᅡ희 有우읳 井

징징 沒무뭉 有우읳 ○우믈이잇ᄂᆞ나업ᄂᆞ나 怎즘즘 不부붛 會휘휭 打다다 水

쉬쉬 ○ 엇지 믈 깃기를 아지 못ᄒᆞᄂᆞ뇨 我 어오 那 너나 裏 레리 井 징징 ○ 우리 져긔 우믈

은 不 봉부 似 쓰스 這 져져 般 번번 ○ 이 ᄀᆞᆺ지 아니ᄒᆞ니 這 져져 井 징징 是 씃시

磚 줜줜 砌 체치 的 딍디 ○ 이 우믈은 이 벽으로 무은 거시라 狠 흔흔 小 셯샤 有 잏우

二 싀을 丈 짱쟝 深 심신 ○ ᄆᆞ장 젹어야 二丈 깁희 잇거니와 我 어오 那 너나 裏 레리

井 징징 ○ 우리 져긔 우믈은 都 두두 是 씃시 石 씃시 頭 뜰투 壘 뤼리 的 딍디 ○

다 이 돌로 무은 거시라 狠 흔흔 深 심신 的 딍디 沒 뭉무 有 잏우 一 힝이 丈 짱쟝 ○

ᄆᆞ장 깁ᄒᆞ니도 一丈이 업서 不 봉부 過 궈고 七 칭치 八 방바 尺 칭치 深 심신 ○ 八七

尺 깁희에 지나지 못ᄒᆞᄂᆞ니라 我 어오 那 너나 裏 레리 男 남난 人 신인 不 봉부 打 다다

水 쉬쉬 ○ 우리 져긔 ᄉᆞ나희 믈 깃지 아니ᄒᆞ고 都 두두 是 씃시 女 뉴뉴 人 신인 們 문믄

打 다다 水 쉬쉬 ○ 다 이 계집들이 믈 깃ᄂᆞ니 把 바바 箇 거거 銅 뚱퉁 盔 퀴퀴 放 방방

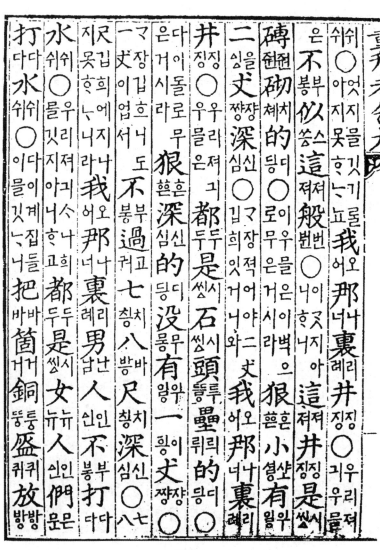

在짜재頭뜰투上썅샹頂딩딩水쉬쉬○동회롤다가마리에노하믈을이되各갛거

自쯔즈帶대대箇거거打다다水쉬쉬的딍디瓢뺭퍌○각각믈깃는박을가지고

瓢뺭퍌上썅샹拴숸솬着쨩져一힁이條떃턒細셰시繩씽싱子쯔즈○박에

ᄒᆞᆫ오리ᄀᆞᄂᆞᆫ노흘미여却걓거與유위這져져裏례리的딍디井징징繩씽싱洒

사사子쯔즈一힁이般붠번取츄츄水쉬쉬○또여긔줄드레와ᄒᆞᆫ가지로믈깃고原

원원來래레沒뭉무有잉우男남난人싄인拿나나匾변변担단단挑턒턒水

쉬쉬的딍디覘귀귀矩규귀○본ᄃᆡᄉᆞ나희변대롤가져믈깃ᄂᆞᆫ법이업ᄂᆞᆫ이라爲위위

甚씸셔麼뭐마那너나般붠번打다다水쉬쉬○므슴ᄒᆞ라져리믈깃ᄂᆞ뇨我어오

却걓거不봉부理례리會휘휘○내ᄯᅩ아지못ᄒᆞ리로다我어오們믄믄只징즈

道땅닫○우리그저니ᄅᆞ되與유위我어오這져져裏례리一힁이般붠번打

다다 水쉬쉬 ○ 우리여긔와ᄒᆞᆫ가지로 믈깃는가ᄒᆞ더니라

你녜니 牽견견 迴휘휘 這져져 馬마마 去큐취 ○ 네이ᄆᆞᆯ잇그 러도라가고 再재재

牽견견 別뼈벼 的딩디 來래레 飲힘인 水쉬쉬 ○ ᄯᅩ다ᄅᆞᆫ거슬잇그 러와믈머기라

這져져 馬마마 都두두 喝헝허 水쉬쉬 了령랸 ○ 이ᄆᆞᆯ다믈 먹어다 這져져 㨨

양양 黑흥희 地띠디 裏례리 ○ 이리어두 온ᄯᅡ히 茅망만 房빵방 裏례리 難난난

去큐취 ○ 뒷간에가기 어려오니 咱짬자 們문믄 就찡작 到당단 後흫후 園원원

裏례리 去큐취 ○ 우리곳뒷 동산에가 出츙츄 恭궁궁 不붕부 好항한 麼뭐마 ○

뒤보미죠치 아니ᄒᆞ랴 我어오 拉랑라 着짱져 馬마마 ○ 내ᄆᆞᆯ을잇 글ᄯᅢ시니 你녜니

自쯔즈 出츙츄 恭궁궁 去큐취 ○ 네ᄉᆞᄉᆞ로뒤 보라가라 我어오 不붕부 要향얀

出츙츄 恭궁궁 ○ 내뒤보 기마다 你녜니 要향얀 出츙츄 恭궁궁 去큐취 ○ 네 뒤

보라 가려 ᄒᆞ거든 離례리大때다路루루遠원원些셔셔 ○ 큰길헤셔위 멀즉이ᄒᆞ고

別뼝뼈在째재路루루邊변변上썅샹出츙츄恭궁궁 ○ 길ᄀᆞ에셔 뒤 보지 말라

明밍밍日ᅀᅵᆼᅀᅵ惹ᅀᅥᅀᅧ人ᅀᅵᆫᅀᅵᆫ罵마마了럏랴 ○ ᄂᆡ일 사ᄅᆞᆷ의 ᄭᅮ지람 나리라 咱

장자們문믄一ᅙᅵᆼ이箇거거人ᅀᅵᆫᅀᅵᆫ ○ 우리 ᄒᆞᆫ 사ᄅᆞᆷ이 拉랑라着쨯져兩량량箇

거거馬마마去큐취 ○ 두 ᄆᆞᆯ을 잇그러 가 絟숸숸的띵디牢랗랖着쨯져 ○ ᄆᆡ기

ᄅᆞᆯ ᄃᆞᆫᄃᆞᆫ이 ᄒᆞ쟈 這져져馬마마槽짷찬寬퀀퀀大때다 ○ 이 ᄆᆞᆯ귀유 너르니 離례리

的띵디遠원원些셔셔兒ᅀᅵᆼ을絟숸숸 ○ ᄯᅴ워 멀즉이 ᄆᆡ라 怕파파繩씽싱子

ᄌᆞᆼ즈紐닣부着쨯져 ○ 노히 얽힐ᄊᆞ 저페라 快괘괘拿나나草챃찬料럏랴來래래

○ ᄲᆞᆯ리 여믈과 콩을 가져다가 拌뻔번上썅샹饋뀌긔他터타 ○ 버무려 주어 且

쳐쳐儘진진他터타喫킹치着쨯져 ○ 또 잇ᄭᆞᆺ 먹게 ᄒᆞ고 咱장자們문믄好함한

去 큐취 睡 쒸쉬 ○ 가우 자리 쟈죠 히

火 훠호 伴 뻔번 們 문믄 起 켸치 來 래레 ○ 닐벗 거들 라아 雞 계지 叫 경쟌 第 뗴디

三 심산 遍 변변 了 령량 ○ 지돍 세이 홰우 나런 不 봉부 久 깅구 東 둥둥 開 캐캐 了

럏랸 ○ 東오 이래 트지 리아 라녀 快 쾌쾌 快 쾌쾌 的 딩디 起 켸치 來 래레 洗 셰시 臉

렴련 ○ 굿셜 싯리 고니 러 穿 춴춴 上 썅샹 衣 히이 裳 썅샹 ○ 고옷 닙 唱 헝허 喏

계지 鍾 즁중 酒 징쥐 ○ 술여 먹러 고잔 收 싱수 拾 씽시 行 헹힝 李 례리 鞴 뼤븨 馬

마마 ○ 몰行 기李 릇롤 마收 짓拾 고ᄒ 여 天 텬텬 亮 량량 了 럏랸 ○ 볽하 거놀 든이 告

감간 辭 쓰츠 主 쥬쥬 人 신인 家 갸쟈 去 큐취 罷 빠바 ○ 직主 ᄒ人 고의 가게 쟈하 主

쥬쥬 人 신인 家 갸쟈 別 뼤벼 恠 괘괘 ○ 믈主 말ᄉ 라아 허 我 어오 們 문믄 去 큐취

了 럏랸 ○ 노우 라리 가 你 녜니 們 문믄 別 뼤벼 恠 괘괘 好 항한 去 큐취 罷 빠바

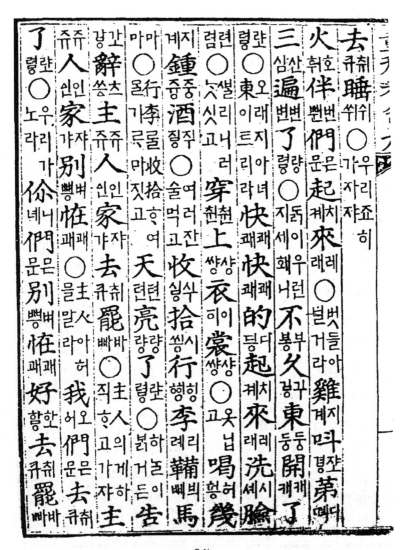

○너희허믈말고죠히가라 迴휘훼 來레래 時스씽 也여여 到닾당 我오어 店뎐뎜
裏리레 來레래 住쥬쮸 ○도라올쎄ᄯᅩ우리店에와머믈라 這져져 坐조쭤 橋챠꺙
○이ᄃᆞ리ᄂᆞᆫ 就작찡 是시씽 我오어 夜여여 來레래 說숴숳 的디딩 橋챠꺙 ○
곳이네어제너ᄅᆞ던ᄃᆞ리니 比비비 從충쭝 前천쪈 十시씽 分분붕 收삭쉼 拾시씽
的디딩 好핲항 了랸렁 ○前에比컨대ᄀᆞ장고치기ᄅᆞᆯ잘ᄒᆞ엿다 在재째 先션션 是
시씽 土투투 搭타탕 的디딩 ○在先은이홁친거시러니 如유유 今긴김 都두두 用
융융 板반반 幔먼뭔 了랸렁 ○이제ᄂᆞᆫ다널로ᄭᆞ랏고 這져져 橋챠꺙 梁량량 橋
챠꺙 柱쥬쮸 ○이ᄃᆞ릿보와ᄃᆞ릿기동이 也여여 比비비 在재째 前천쪈 更긍깅
牢란랑 壯좡장 ○ᄯᅩ在前에比컨대더옥牢壯ᄒᆞ니 再재재 過고궈 十시씽 幾지계
年년년 ○다시열아믄ᄒᆡᄅᆞᆯ지내여도 也여여 不부붕 壞홰홰 了랸렁 ○ᄯᅩ문허지

지아니ᄒᆞ리로다

日잉이頭뜰투這져져般뻔번高강간了럏랴○ᄒᆡ이리놉핫고往왕왕前쪈쳔

又잉우沒몽무有잉우甚씸셔麼뭐마店뎜뎐○앏흐로향ᄒᆞ여ᄯᅩ아모란店도업스

니咱장자們문믄且쳐쳐投뜰투那너나人신인家갸쟈○우리아직져人家에

드러가糴띵디些셔셔米메미自쯔즈做주주飯빤반喫킹치○져기ᄡᆞᆯ밧고아

손조밥지어먹고卸셔셔下쌰햐行힝힝李례리○行李부리오고歇형혀息싱시

牲싱승口킇쿠○즘ᄉᆡᆼ쉬오고歇형혀歇형혀去큐취罷빠바○쉬여가쟈那

너나麼뭐마狠흔흔好할한○그러면ᄆᆞ장죠타肚뚜두裏례리也여여餓어어

了럏랴○ᄇᆡᄯᅩ곫흐니咱장자們문믄去큐취○우리가쟈把바바這져져馬

마마上썅샹行힝힝李례리卸셔셔下쌰햐○이ᄆᆞᆯ셰行李롤다가부리오고鬆슝숭

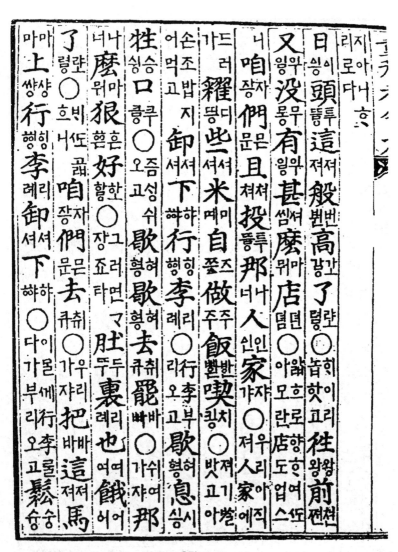

了랴렴 肚두뚜 滯대대 ○오랑느 추고 去취큐 了랴렴 嚼쟢쨮 子즈즈 ○마 함

벗기 고 就작찍 在재째 這져져 路루루 傍팡빵 放방방 他타터 喫치킹 些셔셔

草찬참 ○곳이길ᄀᆞ에노하 져기풀먹게ᄒᆞ고 只즈짖 教쟢걓 一이힝 箇거거 看칸컨

○그저ᄒᆞᆫ나ᄒᆞ로 ᄒᆞ여보게ᄒᆞ고 別벼뼝 的디딩 都두두 到닾닿 那나녀 邊변변 人

인신 家쟈갸 問운문 去취큐 ○다ᄅᆞᆫ이ᄂᆞᆫ다져人家 에가무르라가쟈

主쥬쥬 人인신 家쟈갸 ○主人 我오어 們믄문 是시씌 行힝형 路루루 的

디딩 人인신 ○우리ᄂᆞᆫ이길ᄃᆞᆫ 너ᄂᆞᆫ사ᄅᆞᆷ이라 這져져 時스씌 候후흫 不부붕 曾층쯩

喫치킹 早잔잠 飯반빤 ○이ᄯᅢ도록일즉早飯 을먹지못ᄒᆞ엿고 前쳔쪈 面면면 又

우잉 沒무뭉 店뎐뎜 ○앏희ᄯᅩ店 이업스매 故구구 此ᄎᆞ층 來레래 借져져 問운문

你니녜 ○그러므로와 네게뭇ᄂᆞ니 你니녜 們믄문 若쇼샿 有우잉 米미몌 ○너 희

老乞大諺解上 三十六

만일 쌀 잇거든 糶턓탸 些셔셔 與유위 我어오 們믄믄 做주주 飯뽠반 喫킹치 ○

저기 밧괴여 우리를 주어든 밥 지어 먹어지라 主쥬쥬 人신인 家갸쟈 你녜니 怎즘즘 麽

뭐마 說숽쉬 ○ 主人아 네 엇지 너ᄅᆞᄂᆞᆫ다 要향얀 饋뀌괴 就찡쥐 說숽쉬 饋뀌괴 ○

주려 ᄒᆞ거든 곳 주리라 너ᄅᆞ고 要향얀 不붕부 饋뀌괴 就찡쥐 說숽쉬 不붕부 饋뀌괴

○ 주지 아니려 ᄒᆞ거든 곳 주지 못ᄒᆞ리라 너ᄅᆞ라 你녜니 們믄믄 不붕부 用융융 糴띵디

米메미 ○ 너희 쌀을 밧고지 말라 我어오 這져져 裏레리 飯뽠반 熟쑹수 了럏랴

○ 우리 여긔 밥이 닉어시니 客킝커 人신인 們믄믄 喫킹치 些셔셔 去큐취 罷빠바

○ 나그ᄂᆡ들 져 가 먹고 가라 這져져 般뻔번 說숽쉬 ○ 이리 니ᄅᆞ면 只징즈 怕파파

少셯샤 了럏랴 你녜니 們믄믄 喫킹치 的딩디 ○ 그저 너희 먹을 것시 적을쌔 저페라

不붕부 妨방방 事씃스 ○ 일에 해롭지 아니타 便뼌변 少셯샤 些셔셔 ○ 곳 적으면

我 어오 再 재재 做 주주 也 여여 使 싱시 得 뒁더 ○ 내 다시 지어도 쓰리라 拿 나나

卓 좝조 子 즈즈 來 래레 ○ 상 가져다가 敎 걒쟌 客 킇커 人 인인 們 믄믄 ○ 나그

네들로 ᄒᆞ여 就 찍직 在 째재 這 져져 棚 뻥픙 子 즈즈 底 뎨디 下 햐하 坐 쭤조 着

쟢져 喫 칳치 飯 빤반 ○ 곳이 가개 아릐셔 안자 밥을 먹게 ᄒᆞ라 只 짛즈 是 씧시 淡 땀단

飯 빤반 胡 후후 亂 뤈뤈 喫 칳치 些 셔셔 罷 빠바 ○ 그저 민밥을 간대로 져기 먹으라

幇 방방 子 즈즈 們 믄믄 在 째재 那 너나 裏 레리 ○ 종들이 어듸 잇ᄂᆞ뇨 有 잏우 甚

셔씸 麼 뭐마 熟 쑿수 菜 채채 蔬 수수 ○ 아모란 닉은 ᄂᆞ믈 잇거든 取 츄츄 些 셔셔 來

래레 與 유위 客 킇커 人 인인 們 믄믄 喫 칳치 ○ 져기 가져와 나그ᄂᆡ들 주어 먹이라 客

킇커 人 인인 們 믄믄 ○ 나그ᄂᆡ들 你 녜니 愛 해애 喫 칳치 甚 씸셔 麼 뭐마 飯 빤반

菜 채채 ○ 네 므슴 반찬을 즐겨 먹을ᄯᅡ 不 봉부 用 융융 問 운문 他 타타 ○ 뭇지 말고

三十七

家 갸쟈 裏 례리 有 잉우 的 딍디 拿 나나 來 래레 饋 꾸긔 他 터타 喫 킹치 ○ 집의

잇ᄂᆞᆫ거슬 가져다가 저를 주어 먹이라 沒 뭉무 甚 씸셔 麼 뭐마 該 개개 喫 킹치 的 딍디

菜 채채 ○ 아모란 먹엄즉ᄒᆞᆫ 菜 업다 有 잉우 蘿 러로 葍 뿡부 生 싱승 葱 충충 茄 겨켜

子 즈ᇫ즈 拿 나나 來 래레 ○ 댓무우와 파와 가지 잇거든 가져오고 取 츄츄 醬 쟝쟝 來

래레 醮 잠잔 着 쨭져 喫 킹치 ○ 醬 가져오라 직어 먹쟈 這 져져 菜 채채 都 두두 沒

뭉무 有 잉우 ○ 이 菜 다 업고 只 지ᇫ즈 有 잉우 些 셔셔 鹽 염얀 瓜 과과 ○ 다만 져기

저린 외 이시니 與 유위 客 킹커 人 신인 喫 킹치 ○ 나그ᄂᆡ 주어 먹게 ᄒᆞ쟈 客 킹커 人

신인 們 문믄 別 뼝뻐 恠 괘괘 ○ 나그ᄂᆡ들 허믈 말고 將 쟝쟝 就 찡직 喫 킹치 些 셔셔

罷 빠바 ○ 두어라 ᄒᆞ여 져기 먹으라 我 어오 們 문믄 與 유위 你 녜니 驟 쭈주 然 연얀

相 샹샹 會 휘휘 ○ 우리 너와 졸연이 서ᄅᆞ 만나 大 때다 哥 거거 就 찡직 這 져져 般

번뻔見견견愛애해○큰형이곳이리ᄉᆞ랑ᄒᆞ고給지긩茶차짜飯반빤喫치킹○
차반주어먹이니怎즘즘麼마뭐敢간감怪괘괘呢니녜○엇지감히허믈ᄒᆞ리오
客커킈人인신們믄문說숴숑甚셔씸麼마뭐話화홰○나그ᄂᆡ들므슴말니ᄅᆞ는
다量량량這져져般번뻔淡단땀飯반빤○혜아리건대이만믠밥이打다다甚
셔씸麼마뭐緊긴긴○무어시ᄒᆞ리오緊偏편편我오어不부붕出츄츙外왜왜
○편벽히내라밧긔나가지아니ᄒᆞ라若쇼샹出츄츙外왜왜時스씅候후흫○만일
밧긔나갈빼면也여여與유유你니녜們믄문一이힝般번뻔○또너희와ᄒᆞᆫ가지라
大다때哥거거說숴숑的디딍是시씅○큰형의니ᄅᆞ미올타俗수쑹話화홰說
숴숑○속말에니ᄅᆞ되慣관관曾층쯩出츄츙外왜왜偏편편憐련련客커킈○
밧긔나가기닉으면편벽히나그ᄂᆡ를어엿비너기고自즈쯔己기계貪탄탐杯븨뷔惜

重刊老乞大諺解上　三十八

重刊老乞大

시심醉쥐쥐人인인○이녁이술을貪ᄒᆞ면醉ᄒᆞᆫ 사ᄅᆞᆷ을앗긴다ᄒᆞ니라

你니녜們믄문外왜왜頭투ᄯᅳᇢ還환환有우잉火호훠伴번뻔麽마뭐○너희

밧긔도로혀 벗이잇ᄂᆞ냐有우잉一이힝箇거거在재째那나너裏리레○ᄒᆞᆫ낫 히젼

긔이 셔看칸컨行힝힝李리례放방방馬마마了랴려○行李보고ᄆᆞᆯ 을노핫ᄂᆞ니

라他타터不부불能능넝來레래喫치킹飯반빤○졔能히와밥먹 지못ᄒᆞᆯ새시니

怎즘즘麽마뭐好한항○엇지ᄒᆞ여야 죠ᄒᆞ리오我오어們믄문喫치킹完완훤

了랴려○우리먹 기못고帶대대些셔셔去취큐給지깅他타터○져기가 져가져

ᄅᆞᆯ주 쟈有우잉椀완훤給지깅一이힝箇거거○사발잇거든 ᄒᆞᆫ나주고려就직찡

盛칭찡出츄츙一이힝椀완훤飯반빤來레래○곳ᄒᆞᆫ사발밥을 담아내여다가帶

대대與위유那나너箇거거火호훠伴번뻔喫치킹○가져다가져벗 을주어먹게ᄒᆞ

쟈 且쳐쳐 隨쉬쒸 你니녜 們믄문 喫치킹 着져쨯 ○아직 너희대로 먹으라 家쟈갸 裏리례 還환훤 有우잏 飯반뽠 ○집의 도로혀 밥이 이시니 喫치킹 完완훤 了랴려ᇢ 再재재 給지깅 他타터 帶대대 去츄큐 ○먹어 못거든 또 져롤 주라 가져가라 你니녜 們믄문 休후힣 做주주 客커킝 ○너희 나그낸 체 말고 慢만만 慢만만 的디딩 飽바ᅩ방 喫치킹 罷바빠 ○날호여 브르게 먹으라 我오어 們믄문 都두두 是시씽 行힝형 路루루 的디딩 客커킝 人인싄 ○우리 다 길ᄃᆞᆫ니ᄂᆞᆫ 나그ᄂᆡ라 肯큰킹 做주주 甚서씸 麼마뭐 客커킝 ○즐겨 므슴 손인 체ᄒᆞ리오 喫치킹 得더딍 飽바ᅩ방 不부붕 飽바ᅩ방 ○먹어 브르나 브르지 아니ᄒᆞ냐 我오어 們믄문 喫치킹 得더딍 大다때 飽바ᅩ방 了랴려ᇢ ○우리 먹어 ᄀᆞ장 브르다 收식싱 拾시씽 了랴려ᇢ 椀완훤 楪뎌뎡 罷바빠 ○사발 졉시 收拾ᄒᆞ라

老乞大諺解 二 三十九

客킈커人신인們믄믄○나그ᄂᆡ들有잉우一힝이箇거거看컨칸馬마마的
딍디○ᄒᆞ나몰보ᄂᆞ니잇다ᄒᆞ더니不봉부曾쯩층來래레喫킈치飯빤반○일즉
와밥먹지아니ᄒᆞ여시니興힝힝兒싱을○興兒ㅣ아伱녜니另링링盛찡칭一힝이
椀훤완飯빤반○네ᄯᅡ로ᄒᆞᆫ사발밥을담고鑵권관兒싱을裏레리取츄츄些셔셔
湯탕탕○탕관에쳐기湯을가져跟근근客킈커人신인去큐취○나그ᄂᆡ룰ᄯᆞ라
가給긩지那녀나火훠호伴뻔번喫킈치○져벗을주어먹이고喫킈치完훤완
了럏랸收싱식拾씽시回휘휘來래레○먹어못거든收拾ᄒᆞ여도라오라主쥬쥬
人신인家갸쟈別뻥비㑣괘괘○主人아허믈말라我어오們문믄在째재這
저저裏레리打다다攪걒쟌了럏랸○우리여긔셔폐ᄒᆞ여다有윙우甚씸서麼
뭐마打다다攪걒쟌處츄츄○므슴폐ᄒᆞᆫ곳이이시리오是씽시淡땀단飯빤반又

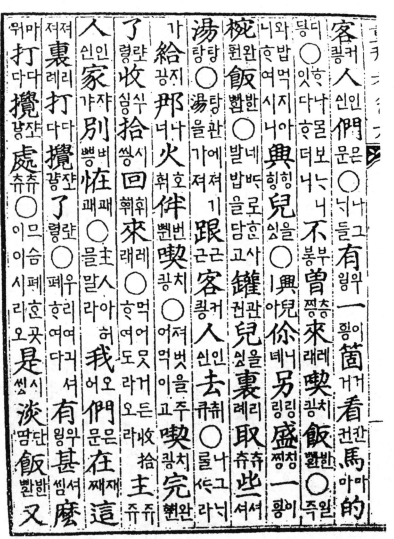

와임 沒무몽 甚셔씸 麽마뭐 好한함 菜채채 ○ 이뫈밥이오또아모 란죠흔菜업세라

別비뼝 那나너 般번뷘 說쉬쉉 ○ 그리니ᄅᆞ 지말라 當당당 不부붕 得더듷 ○

當치못 ᄒᆞ여라 饑지계 時스씽 得더듷 一이힝 口쿠쿵 ○ 곪흘쁴ᄒᆞᆫ 입어드미 强챵걍

如슈슈 飽받밯 時스씽 得더듷 一이힝 斗두듷 ○ 브른제ᄒᆞᆫ말어 듬도곤나으니 我

오어 們믄문 正징징 在재쨰 饑지계 渴커컹 時스씽 候후흫 ○ 우리正히 飢渴ᄒᆞᆯ쎼

에 主쥬쥬 人인신 家쟈갸 ○ 主人 이 就작찧 這져저 般번뷘 給지깅 茶차짜

飯반뺜 喫치킹 ○ 못이리차반 주어머이니 怎즘즘 能능닝 忘왕망 你니녜 的디딩

情칭찡 ○ 엇지能히네情 을니즈리오 你니녜 休후힝 那나너 般번뷘 說쉬쉉 ○

네그리니 ᄅᆞ지말라 誰쉬쒸 人인신 出츄츙 外왜왜 頂딩딩 着져쨯 房방빵 子즈즛

走주즣 ○ 뉘밧긔나가매집 을이고ᄃᆞᆫ니라 也여여 辭츠쓰 不부붕 得더듷 投투틓

老乞大諺解上 四十

人신인家갸쟈尋씸신飯빤반喫킹치○또人家에드러가밥어더먹기룰ᄉᆞ양치못ᄒᆞ

리라却갸거不붕부說숴쉬○또니ᄅᆞ지아니ᄒᆞ엿ᄂᆞ냐好핳한看권칸千쳔쳔里

례리客킝커○千里에나그ᄂᆡ룰죠히보미萬환완里례리要yo얍얀傳쭨쳔名밍밍

○萬里에일홈을젼코져홈이라

主쥬쥬人신인家갸쟈○主人아我어오們문믄攬럄쟌擾셤샾這져져半

반뻔日ᄉᆡ시○우리이半日을들레되姓싱싱也여여不붕부曾쯩층問운운○

姓도일즉뭇지못ᄒᆞ엿더니大때다哥거거貴귀귀姓싱싱○큰형의貴ᄒᆞᆫ姓이여我

오어姓싱싱張쟝쟝○내姓이張가ㅣ니是씌시張쟝쟝社셔셔長쟝쟝家갸쟈

○이張社長집이라客컹커人신인伱니녜姓싱싱甚씸셔麽뭐마○나그ᄂᆡ네

姓이무ᄉᆞᆺ고我어오姓싱싱王왕왕○내姓은王가ㅣ니在쟤재遼럏랸東둥둥

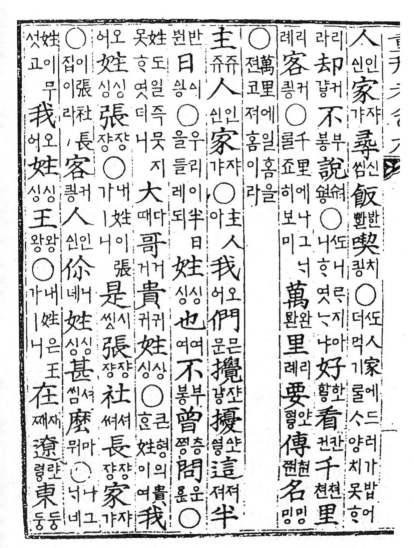

城칭찡裏리례住쥬쮸 ○遼東ㅅ城 안ᄒᆡ셔 사노라 大다대哥거거若숖샿有우잏 事스씅 ○큰 형이 만일 일이 이셔 到도당我오어那나너裏리례不부붕棄키켸 嫌현혐 ○우리 제와 ᄇᆞ리지 아니ᄒᆞ거든 可커커到도당我오어家쟈갸裏리례來레래 ○ᄯᅩ 우리 집의 오게 ᄒᆞ라 若숖샿能능닝去취큐的디딩時스씅節져뎡 ○만일 能히 갈 ᄯᅢ면 一이힝定딩띵尋신씸到도당你니녜家쟈갸去취큐 ○一定 네 집을 ᄎᆞ자 갈 ᄭᅥ시니 我오어肯큰킁忘왕망了랖렿你니녜麽마뭐 ○내라 즐겨 너ᄅᆞᆯ 니즈랴 那나너人인신家쟈갸 ○져人家에 我오어纔채째剛강강去취큐要얖햫糴디띵米미몌 ○내 앗가 가 ᄡᆞᆯ을 밧고려 ᄒᆞ니 他타터不부붕肯큰킁糶툐턍與위유 我오어 ○제 즐겨 밧고여 내ᄅᆞᆯ 주지 아니ᄒᆞ고 他타터們믄문做주주下하햐現현현

四十一

成 찡칭 的 딩디 飯 빤반 ○ 저들이지어 現成호밥을 教 쟢쟌 我 어오 們 문믄 喫 킹치
帶 대대 了 럎랸 ○ 우리로ᄒᆞ여 먹게ᄒᆞ고 又 일우 教 쟢쟌 給 긩지 你 녜니 喫 킹치 帶 대대
來 래레 ○ ᄯᅩ너롤주어먹이라 ᄒᆞ여놀가져와시니 你 녜니 喫 킹치 完 훤완 了 럎랸 ○
네먹어 못거든 與 유위 這 져져 小 셤샨 廝 승스 椀 원완 楪 톙뎌 帶 대대 回 휘휘 去
큐취 罷 빠바 ○ 이아히롤사발졉시 주어가져가게ᄒᆞ라 火 훠호 伴 뻔번 你 녜니 赶 건간
馬 마마 來 래레 ○ 벗아네몰을 모라오라 咱 쟝자 好 할할 打 다다 朶 더도 子 즈즈
○ 우리짐시 르미죠타 等 딍등 到 닿단 打 다다 完 훤완 了 럎랸 朶 더도 子 즈즈 ○
짐싯기못춤 애다ᄃᆞ르면 他 터타 飯 빤반 也 여여 喫 킹치 完 훤완 了 럎랸 ○ 제밥 을ᄯᅩ
먹어못출 셔시니 咱 쟝자 們 문믄 就 찍직 好 할할 行 힝힝 路 루루 ○ 우리길 가미꼿
죠 타 這 져져 箇 거거 馬 마마 怎 즘즘 麽 뭐마 這 져져 般 번번 難 난난 拿 나나 ○

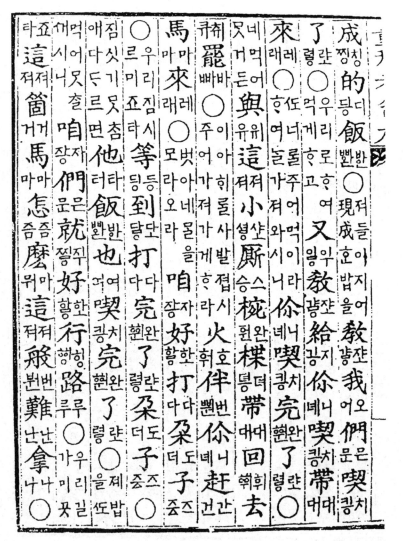

이몸이엇지이리잡기어려오뇨 原원원來래레是씨ᇫ시這져저般번번○본ᄃᆡ이러
ᄒᆞ니라 既계지這져저般번번利례리害해해麼뭐마○이믜이리사오나오면
後흫후頭뜰투呢녜니用융융絆뻔번罷빠바○후에란ᄃᆡ달밧라從쭝충前
쪈쳔却걍커絆뻔번着쨯져○이젼은또ᄃᆡ달밧더니今김긴日싕시偏편편忘
망왕了럏랸不붕부曾쯩층絆뻔번○오ᄂᆞᆯ편벽히닛고일즉ᄃᆡ달밧지못ᄒᆞ엿다咱
장자們문믄都두두攔란란着쨯져○우리다에워막쟈拿나나住쮸쥬○잡아
다 朶더도子즈ᇫ즈都두두打다다完훤완了럏랸馱떠토上썅샹○짐다믜야
시러다 咱장자們문믄好핳한走즇주○우리죠히가쟈小셩샤廝스ᇫ스伱녜니
可커커拿나나了럏랸椀훤완楪뎡뎌與유위瓦와와罐권관回휘휘家갸자
去큐취○아ᄒᆡ아네사발졉시와탕관가져집의도라가라生싱승受씁수伱녜니了

랸령 ○ 너룰슈고시거다 你니녜 別뼈뼝 怪괘괘 ○ 네허믈말라

你니녜 看칸컨 這저져 箇거거 時스씅 候후흫 却커캳 又우읻 將쟝쟝 晩완환

了랸령 ○ 네보라이ᄯᅢ도쟝ᄎᆞᆺ느젓고 這저져 裏리레 到닫당 夏하햐 店뎐뎜 ○

예셔夏店가기 還환휀 有우읻 十시씽 里리레 來레래 地디뎨 ○ 도로혀十里ᄯᅡ히이

시니 到닫당 不부봉 得더딍 了랴령 ○ 가지못홀새시니 就직쥥 往왕왕 路루루

北버븽 那나너 人인신 家쟈갸 ○ 곳길北녁져人家예가 尋신씸 箇거거 睡쉬쒸

覺쟌걍 處츄츄 罷바빠 ○ 잘곳올엇자 那나너 般번붠 着져쨩 ○ 그러면 咱

자장 們믄문 去취큐 罷바빠 ○ 우리가쟈 若쇼샹 都두두 去취큐 ○ 만일다가면

那나너 人인신 家쟈갸 見견견 了랸령 人인신 多도더 ○ 저人家ㅣ사룸만ᄒᆞ믈보

면 恐쿵큥 怕파파 不부봉 肯큰킹 敎쟌걍 宿수슝 ○ 즐겨재오지아닐ᄭᆞ저프니

着쨯쟌兩량량箇거거看컨칸行ᅘᅵᆼ힝李례리 ○ 둘로ᄒᆞ여行李를보게ᄒᆞ고 我어오兩량량箇거거先션션問운운去큐취 ○ 우리둘히몬져므르라가쟈 主쥬쥬人신인家갸쟈拜배배了럏랴 ○ 主人아절ᄒᆞ노라 我어오們문믄是씽시行ᅘᅵᆼ힝路루루的딩디客컹커人신인 ○ 우리ᄂᆞᆫ이길ᄃᆞ니ᄂᆞᆫ나그ᄂᆡ라 今김긴日싱시天텬텬晩환완了럏랴 ○ 오ᄂᆞᆯ하ᄂᆞᆯ이느저시니 要얗얀借져져你녜니房빵방子즈즈 ○ 네집을비러 做주주箇거거宿숭수處츄츄 ○ 잘ᄯᅴᄒᆞ여지라 我어오房빵방子즈즈窄징재沒뭉무處츄츄下ᅘᅣ햐 ○ 내집이좁아브리올ᄯᅴ업스니 你녜니別뼝벼處츄츄尋씸신宿숭수去큐취罷빠바 ○ 네다ᄅᆞᆫᄃᆡ잘ᄯᅴ어드라가라 你녜니這져져般뷘번大때다人신인家갸쟈 ○ 네이리큰人家에 量량량 我어오兩량량三삼산箇거거人신인 ○ 혜아리건대우리두세사ᄅᆞᆷ을 却걓거

怎 즘즘 麼 마뭐 說 숴숴 房 방빵 窄 재징 下 햐햐 不 부붕 得 더등 ○ 또 엇지 집이 좁아 브리오지 못ᄒᆞ리라 니ᄅᆞᆫ뇨

你 니녜 那 나너 好 한할 炕 캉캉 ○ 네 져 죠흔 방에 不 부붕 教 쟈걍 我 오어 宿 수슝 也 여여 罷 바빠 ○ 우리로 ᄒᆞ여 재오지 아니믄 무던ᄒᆞ거니와

就 직찍 這 져져 大 다때 門 믄문 傍 팡빵 邊 변변 車 쳐쳐 房 방빵 裏 리례 ○ 곳이 大門 겻 술위ㅅ 방에 教 쟈걍 我 오어 宿 수슝 一 이힝 夜 여여 如 슈슈 何 허혀 ○ 우리로 ᄒᆞ여 ᄒᆞᄅᆞᆺ밤 재오미 엇더ᄒᆞ뇨

我 오어 不 부붕 是 시씽 不 부붕 要 약햫 教 쟈걍 你 니녜 宿 수슝 ○ 내 너를 재오지 아니려 ᄒᆞ논 거시 아니라 近 긴낀 來 레래 官 관권 司 스ᅀᆞ 排 패빼 門 믄문 稽 지계 查 차짜 ○ 요ᄉᆞ이 구의예셔 門마다 ᄉᆞᆲ힘으로 都 두두 不 부붕 敢 간감 留 루릳 面 면면 生 승싱 人 인신 住 쥬쮸 宿 수슝 ○ 다 敢히 ᄂᆞᆺ선 사ᄅᆞᆷ을 어므러 재오지 못ᄒᆞᄂᆞ니 我 오어 知 지징 他 타터 你 니녜 是 시씽 那 나너 裏 리례 來

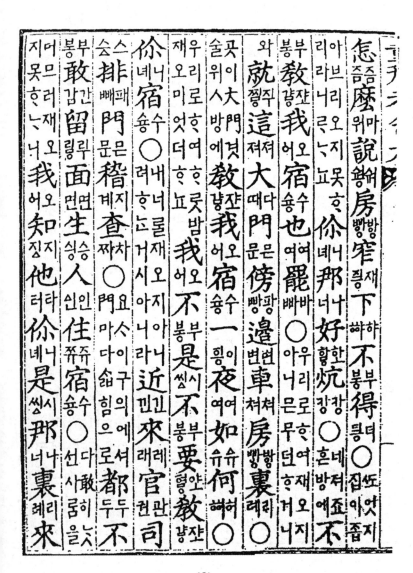

레래 的 디딍 客 커킈 人 인싄 ○ 내모로리로다너는이어딕로셔온나그넌지 向 향향 來
레래 又 우읶 不 부붕 曾 층쯩 相 샹샹 識 시싕 ○ 이젼에또일즉셔로아지못ᄒᆞ니 怎
즘즘 知 지징 道 단담 伱 니녜 們 믄문 是 시씽 好 한항 人 인싄 歹 대대 人 인싄 ○
엇지너희들이이죠흔사ᄅᆞᆷ사오나온사ᄅᆞᆷ인줄을아라 敢 간감 容 융융 留 루릳 伱 니녜 們
믄문 住 쥬쮸 呢 니녜 ○ 敢히너희ᄅᆞᆯ용납ᄒᆞ여머무르리오
主 쥬쥬 人 인싄 家 쟈갸 ○ 主人아 我 오어 不 부붕 是 시씽 歹 대대 人 인싄 ○
나ᄂᆞᆫ이사오나온사ᄅᆞᆷ이아니라 我 오어 們 믄문 在 재째 遼 랸럎 東 둥둥 城 칭찡 裏
리례 住 쥬쮸 ○ 우리遼東ㅅ城안ᄒᆡ이셔사ᄂᆞ니 現 현현 帶 ᄃᆡ디 得 더듷 印 인힌 信
신신 路 루루 引 인인 在 재재 此 츠층 ○ 번드시印信잇ᄂᆞᆫ路引을가져여긔잇노라 伱
니녜 們 믄문 在 재째 遼 랸럎 東 둥둥 城 칭찡 裏 리례 那 나너 裏 리례 住 쥬쮸 ○

重刊老乞大諺解上 四十四

너희 遼東ㅅ城 안 어ᄃᆡ셔 사ᄂᆞ다 我오어 在재ᄍᆡ 遼랼럏 東둥둥 城칭찡 裏리례 閣
거갛 北버븽 街개개 東둥둥 住쥬쮸 ○ 내 遼東ㅅ城 안 閣으로 北녁 거리 東녁희셔 사노라
離리례 閣거갛 有우임 多도더 少샾셯 近긴낀 遠원웜 ○ 閣에셔 ᄠᅳᆷ이 언머나 머뇨
離리례 閣거갛 有우임 一이힝 百버빙 多도더 步부뿌 ○ 閣에셔 ᄠᅳᆷ이 一百步 남즉
ᄒᆞ니 北버븽 巷향향 大다때 街개걔 開캐캐 的디딍 雜자짱 貨호훠 鋪푸푸 便
변뼌 是시씽 ○ 北녁 골 큰 거리에 연 雜貨鋪ㅣ 곳이라 那나너 雜자짱 貨호훠 鋪푸푸
是시씽 你니녜 的디딍 麽마뭐 ○ 져 雜貨鋪ㅣ 이 네 것가 近긴낀 南난남 關겨긩
着져쨩 兩량량 家쟈갸 人인신 家쟈갸 ○ 南녁 마작 두 집 人家ᄅᆞᆯ 조음ᄒᆞ여 有우임
箇거거 酒쥐징 店뎐뎜 ○ ᄒᆞᆫ 酒店이 이시니 是시씽 我오어 舊쥐끵 相샹샹 識
시싱 ○ 이 내 녜 서로 아ᄂᆞᆫ 이라 你니녜 認인신 得디딍 他타터 麽마뭐 ○ 네 져ᄅᆞᆯ 아

ᄂᆞᆫ다 那나너 箇거거 是시씨 劉루릳 清칭칭 甫부부 酒주짇 舘권권 ○져ᄂᆞᆫ 이劉

清甫의 酒舘이라 是시씨 我오어 街개개 坊방방 ○이우리 이옷이니 怎즘즘 麼

마뭐 不부붕 認인신 的디딩 ○엇지 모로리오 雖쉬쉬 然얀연 這져져 般번뻔 說

숴숑 ○비록 이리 니ᄅᆞ나 房방빵 子즈즁 實시싱 在재째 窄재징 小샤셯 ○집이

實로 좁으니 住쥬쮸 不부붕 得더듷 ○머무지 못ᄒᆞ리라

你니녜 見견견 愛애해 我오어 罷바빠 ○네 나ᄅᆞᆯ ᄉᆞ랑ᄒᆞ라 你니녜 是시씽 有

위잉 見견견 識시싱 人인신 ○너ᄂᆞᆫ 이 見識 잇ᄂᆞᆫ 사ᄅᆞᆷ이라 這져져 時스씽 候후흫

○이ᄯᅢ에 天텬텬 己이이 晩완한 了랴럏 ○하ᄂᆞᆯ이 이믜 느저시니 敎쟈갸 我

오어 那나너 裏리레 尋신씸 宿수숭 處츄츄 去취큐 ○날로 ᄒᆞ여 어ᄃᆡ 잘ᄯᅥ 어드라 가

라ᄒᆞᄂᆞ뇨 你니녜 別벼뼝 推튀퉤 托토탕 ○네 推托지 말고 容용융 我오어 宿수숭

諺解上 四十五

一이힝夜여여罷바빠○우리ᄅᆞᆯᄒᆞᄅᆞᆺ밤자게ᄒᆞ라這저져客커킝人인싄怎즘즘

麽마뭐這저져般번뷘歪왜왜纏천쪈○아나그닉엇디이리짓궤ᄂᆞ뇨如슈유今

긴김官관권府부부稽지계查차짜好한항生승싱嚴연염謹긴긴○이제구의

ᄉᆞᆯ피기ᄅᆞᆯᄀᆞ장嚴謹히ᄒᆞ여省싱싱會휘휘人인인家쟈갸○ㅅ家에지위ᄒᆞ여不

부붕教쟌걍住쥬쮸下하햐面면면生승싱歹대대人인싄○ᄂᆞᆺ선사오나온사ᄅᆞᆷ

을머무로지못ᄒᆞ게ᄒᆞ여시니你니녜雖쉬쉬說쉬숴是시씌遼럎렿東둥둥人인싄

○네비록니ᄅᆞ되이遼東ㅅ사ᄅᆞᆷ이라ᄒᆞ나我오어不부붕敢간감保반방你니녜的

디딩來레래歷리링○내敢히네來歷을밋지못ᄒᆞ고況황황你니녜這저져幾지계

箇거거火호훠伴번뻰的디딩模무무樣양양○ᄒᆞ믈며네이여러벗의模樣이又

우잉不부붕是시씌漢한헌人인싄○또이漢ㅅ사ᄅᆞᆷ도아니오又우잉不부붕像

쌍샹 㺚 땅다 子 증즈 ○ 또 㺚子도 ᄀᆞᆺ지 아니ᄒᆞ니 不 붕부 知 징지 是 씽시 甚 씸셔 麼
뭐마 人 신인 ○ 아지 몯게라 이 엇던 사ᄅᆞᆷ인지 我 어오 怎 즘즘 敢 감간 留 릭루 你 녜니
宿 슝수 ○ 내 엇지 敢히 너를 머무러 재오리오 你 녜니 不 붕부 知 징지 道 닿닫 ○ 네 아
지 몯ᄒᆞᆫ다 新 신신 近 낀긴 這 져져 裏 례리 ○ 요ᄉᆞ이 여긔 有 잏우 一 힝이 箇 거거
人 신인 家 갸쟈 ○ ᄒᆞᆫ 人家ㅣ 이셔 只 징즈 爲 위위 教 걍쟈 幾 계지 箇 거거 客 킁커
人 신인 住 쮸쥬 下 햐하 ○ 그 져 여러 나그내로 ᄒᆞ여 머무럿더니 那 너나 客 킁커 人
신인 去 큐취 了 럏랴 後 흫후 頭 틓투 ○ 그 나그내 간 후에 事 씃스 發 봥바 了 럏랴
○ 일이 나니 誰 쒸쉬 知 징지 道 닿닫 那 너나 人 신인 是 씽시 㺚 땅다 子 증즈 人
신인 家 갸쟈 逃 땋닾 走 증주 出 춓츄 來 래레 的 딩디 ○ 뉘 그 사ᄅᆞᆷ이 이 㺚子ㅅ 사ᄅᆞᆷ으
로 도망ᄒᆞ여 나오닌 줄을 아라 지리오 因 힌인 此 층츠 就 찧쥐 連 련련 累 뤼릐 他 터타

犯반빰官관권司스숭○이러므로곳저롤連累ᄒᆞ여구의롤犯ᄒᆞ여現현현今긴김

教잔걍他타터跟근근尋신씸那나너逃닿땋走주줗的디딩人인싄○시방

저로ᄒᆞ여그도망ᄒᆞᆫ사ᄅᆞᆷ을츄심ᄒᆞᄂᆞ니你니녜看칸컨似스쓰這저져般번뷘帶대대

累리뤼人인싄家쟈갸○네보라이러ᄐᆞ시ᄉᆞ家롤버무리니我오어怎즘즘敢간감

留루릥你니녜宿수숭○내엇지敢히너롤머무러재오리오

主쥬쥬人인싄家쟈갸○主人아你니녜說쉬쉉那나너裏리례話화홰○

네어뒷말을니ᄅᆞᄂᆞᆫ다好한항人인싄歹대대人인싄怎즘즘麽마뭐不부붕認

인싄的디딩○죠ᄒᆞᆫ사ᄅᆞᆷ사오나온사ᄅᆞᆷ을엇지아지못ᄒᆞ리오這저져幾지계箇거거

火호훠伴번뻔○이여러벗이他타터是시씽朝찬쟣鮮션션人인싄○저ᄂᆞᆫ

이朝鮮ㅅ사ᄅᆞᆷ이라從충쭝朝찬쟣鮮션션地디뎨方방방來레래○朝鮮ㅅᄯᅡ흐로

조차와시너 他타터 那나너 裏리레 口쿠큳 子즈즈 渡두뚜 江쟝걍 處츄츄 ○ 저희 져긔 어귀 江 건ᄂᆞᄂᆞᆫ 곳에 有우잉 官관권 把바바 守식싱 着져쨩 ○ 관가ㅣ 把守이셔 比비비 咱자짱 們믄문 這져져 裏리레 一이힝 般번뷘 嚴연염 緊긴긴 ○ 우리 여긔 比컨대 ᄒᆞᆫ가지로 嚴緊ᄒᆞ여 先션션 驗연현 了랴ᇢ려ᇢ 文운문 引인인 ○ 몬져 글월을 수험ᄒᆞ고 又우잉 仔즈즈 細시셰 的디딩 盤판뿬 問운문 ○ 또 仔細히 盤問ᄒᆞ고야 纔채째 放방빵 過고궈 來레래 ○ ᄀᆞᆺ 노혀 와시니 他타터 們믄문 若ᅀᅣᅀᅣᇰ 是시씨 歹대대 人인ᅀᅵᆫ ○ 져들이 만일 이 사오나온 사ᄅᆞᆷ이오 來歷이 明ᄒᆞ면 不 怎즘즘 麽마뭐 能능넝 勾구긍 到도됴 這져져 裏리례 來레래 ○ 엇지 能히 유여히 여긔 오리오 他타터 現현현 有우잉 文운문 引인인 ○ 제 시방 글월 이잇고 赶간건 着져쨩 朝챠쟣 鮮션션 馬마마 ○ 朝鮮ㅅ 몰을 모라

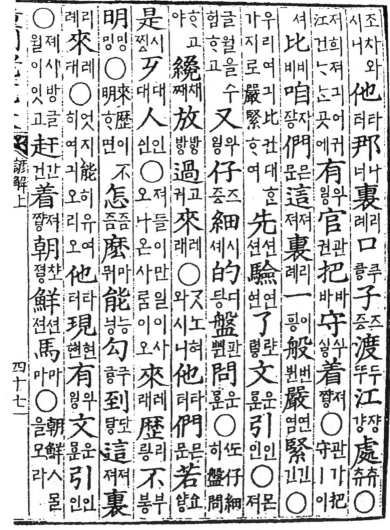

往 왕왕 北 뷩버 京 깅징 做 주주 買 매매 賣 매매 去 큐취 ○ 北京을 향ᄒᆞ여 買賣ᄒᆞ라

가니 他 터타 不 봉부 懂 둥둥 中 즁즁 國 궝궈 的 딩디 話 화화 ○ 제 中國말을 아지 못

ᄒᆞ메 故 구구 此 츠츠 不 봉부 能 닝능 說 숴쉬 話 화화 ○ 그러므로 능히 말ᄒᆞ지 못ᄒᆞ거

니와 他 터타 們 문믄 真 진진 箇 거거 不 봉부 是 씽시 歹 대대 人 신인 ○ 저들이 진

실로 이 사오나온 사ᄅᆞᆷ이 아니라 旣 계지 是 씽시 這 져져 般 뷘번 ○ 이믜 이러면 別

뼝벼 只 징즈 管 권권 纏 쪈쳔 張 쟝쟝 ○ 그저 ᄉᆞᆯᄋᆞ여 힐우지 말라 後 흫후 頭 뚷투 房

빵방 子 즈즈 窄 징재 ○ 뒤헤 집이 좁고 家 갸쟈 裏 례리 孩 해해 子 즈즈 們 문믄 也

여여 多 더도 ○ 집의 아ᄒᆡ들도 만코 又 잉우 有 잉우 箇 거거 老 랗랖 娘 냥냥 ○ ᄯᅩ 老

娘이 이셔 身 신신 子 즈즈 不 봉부 快 쾌쾌 ○ 몸이 편치 못ᄒᆞ니 你 녜니 若 샿쇼 不

봉부 嫌 혐현 冷 릉릉 ○ 네 만일 ᄎᆞᆫᄃᆡ를 혐의치 아니ᄒᆞ거든 就 찧작 在 쨰재 這 져져 車

쳐쳐 房 빵방 裏 례리 ○ ㅅ곳 방이 의술 셔위 住 쮸쥬 一 힝이 宿 숭수 如 유유 何 허허

○ 미ᄒᆞ 엇ᄅᆞᆺ 더밤 ᄒᆞ머 뇨믈 這 져져 般 뷘번 我 어오 們 믄믄 將 쟝쟝 就 쩧잗 在 쨰재

這 져져 車 쳐쳐 房 빵방 裏 례리 睡 쒸쉬 罷 빠바 ○ 라이 ᄒᆞ러 여면 이우 술리 위두 ㅅ어

자방 쟈에 셔

主 쥬쥬 人 인인 家 갸쟈 ○ 아主 人 我 어오 又 잉우 有 잉우 一 힝이 句 규귀 話

ᅘᅪ화 要 햫얀 說 숴쉬 ○ 셔내 니ᄯᅩ ᄅᆞᄒᆞᆫ 고귀 저말 호이 되이 心 심신 裏 례리 躕 쭣차 躇

츢츄 ○ 躇ᄆᆞ ᄒᆞ음 ᄋᆞ에 躕 不 봉부 敢 감간 開 캐캐 口 킁쿠 ○ 지감 못히 ᄒᆞ입 노을 라여

有 잉우 甚 씸서 麼 뭐마 話 ᅘᅪ화 你 녜니 說 숴쉬 ○ 뇨므 네슴 니말 ᄅᆞ이 라잇 ᄂᆞ 如

슈슈 今 김긴 己 이이 是 씽시 黑 힝히 夜 여여 ○ 두이 온제 밤이 이믜 오어 我 어오 們

믄믄 實 씽시 在 쨰재 肚 뚜두 裏 례리 餓 어어 了 럏랴 ○ 비우 곫리 ᄒᆞ진 고실 로 又

임우 有 임우 幾 계지 箇 거거 馬 마마 要 햘얀 喂 위위 ○ 셔또 먹여 이러 려몰 ᄒᆞ이 니이
一 힁이 客 컹커 不 붕부 煩 빤반 二 잉을 主 쥬쥬 ○ 을ᄒᆞᆫ 번나 거그 계ᄂᆡ 못두 홀쥬 새인
너사 伱 녜니 可 커커 憐 련련 見 견견 ○ 비네 너어 겨엿 糶 턍됴 些 셔셔 米 메미 給
깅지 我 어오 ○ 여져 나기 로쌀 주을 어밧 괴 煮 쥬쥬 一 힁이 頓 둔둔 飯 빤반 喫 킹치
○ 먹ᄒᆞᆫ 게시 ᄒᆞ밥 고지 어 倂 빙빙 賣 매매 些 셔셔 草 찰찰 料 럏랸 給 깅지 我 어오
喂 휘위 馬 마마 ○ 나아 로오 주로 어져 몰기 을집 먹과 이공 게을 ᄒᆞ프 라라 我 어오 這 져져
裏 례리 今 김긴 年 년년 夏 햐하 天 텬텬 大 때다 旱 한한 ○ 히우 녀리 롬여 이긔 크올
을게 고ᄀᆞ 到 당닾 秋 칭칙 來 래레 又 잉우 水 쉬쉬 澇 랑랖 了 럏랴 ○ 다ᄆᆞ 드을 라에
시또 어을 田 뗜뎐 禾 훠호 不 붕부 收 싱식 ○ 못田 ᄒᆞ禾 여를 시거 매두 지 故 구구 此
층츠 ○ 므ᄀᆞ 로러 我 어오 們 믄믄 都 두두 是 씽시 旋 쒼쉰 糴 띵디 旋 쒼쉰 喫 킹치

○우리다시방밧고 와시방먹으니 那(나너)裏(리례)有(우잉)糴(댠뎡)的(디딩)來(레래)

○어듸밧괴일 새 시이시리오 我(오어)們(믄문)早(잔잘)喫(치킹)些(셔셔)飯(반뻔)○

우리일즉 져 기밥먹고 到(닾당)這(져져)時(스씽)候(후흫)不(부붕)曾(층쯩)喫(치킹)些

(셔셔)甚(셔씸)麼(마뭐)○이쌔다ᄃᆞᆺ도록일즉져기아 모란것먹지못ᄒᆞ여시니 肚(두뚜)裏

(리례)好(한황)飢(지계)餓(어어)○비ᄀᆞ장 곫흐니 你(니녜)那(나너)糴(디뎡)來(레래)的

(디딩)米(미몌)裏(리례)頭(투뜰)○네져밧고 와 온쌀에셔 小(샾셜)分(븐븐)些(셔셔)給

(지깅)我(오어)○져기는화 나 룰주어든 熬(앞암)些(셔셔)粥(주즇)喫(치킹)也(여여)好

(한황)○저기죡쓰어 먹 으미또죠타 這(져져)一(이힝)百(버뷩)錢(쳔쪈)○이一百 낫돈에

隨(쉬쒸)你(니녜)的(디딩)意(이히)思(스승)○네ᄆᆞ음 대로 給(지깅)些(셔셔)米(미몌)

罷(바빠)○저기쌀 을주라 這(져져)一(이힝)百(버뷩)錢(쳔쪈)○이一百 낫돈에 與(위유)

你 네니 多 더도 少 셛샾 的 딍디 是 씽시 ○ 너롤 언머나 주어야 올ᄒᆞ료 隨 쒸쉬 你

네니 多 더도 少 셛샾 就 찍쥐 是 씽시 了 럏랖 ○ 네대로 언머나 이곳 올ᄒᆞ너라 흠 今

김긴 年 년년 因 힌인 旱 헌한 澇 랗랖 不 붕부 收 싷숴 ○ 올희 ᄀᆞ믈고 믈 시어 거두지 못

홈으로 一 힝이 百 빙버 錢 쪈쳔 糴 띵디 一 힝이 斗 듷둫 米 몌미 ○ 一百낫 돈에 ᄒᆞᆫ

말 ᄡᆞᆯ을 밧고 거니와 我 어오 本 분븐 來 래레 沒 뭉무 有 잉이 糶 텽탸 的 딍디 米 몌미

○ 내 본ᄃᆡ 밧괴 일 ᄡᆞᆯ이 업스되 旣 계지 是 씽시 客 킝커 人 신인 只 징즈 管 권권 央

향양 及 낑기 ○ 이믜 나그ᄂᆡ 그 저ᄉᆞᆯᄋᆞ여 비니 我 어오 就 찍쥐 把 바바 糴 띵디 來 래레

的 딍디 米 몌미 裏 레릐 頭 뜽투 ○ 내 곳 밧고 와 온 ᄡᆞᆯ에셔 給 깅지 你 네니 三 삼산

升 싱싱 ○ 너롤 서 되 룰 주너 煮 쥬쥬 些 셔셔 粥 쥼주 胡 ᅘᅮ후 亂 뤈뤈 充 츙충 飢

계지 罷 빠바 ○ 져기 쥭 쑤어 간대로 ᄀᆞᆯ흔듸 메오라

客커컹人인인們믄문休후힝恠괘괘○나그ᄂᆡ들 허믈말라 實시싱在재째今긴김年년녠艱견갼難난난○실로 올ᄒᆡ 艱難ᄒᆞ여라 若쇼샤是시씽似스쓰往왕왕年년녠好한항收식심麽마뭐○만일 往年ᄀᆞ치 잘 거두어시면 別벼뼝說숴숴你니녜兩량량三산삼箇거거人인인○너 두세 사ᄅᆞᆷ은 니ᄅᆞ지 말고 就주쯯是시씽十시씽數수수箇거거客커컹人인인○곳 이여라믄 나그ᄂᆡ라도 我오어也여여能능닁都두두給지긩茶차짜飯반빤喫치킹○내 또 能히 다 차반 주어 먹이리라

主쥬쥬人인신家쟈갸說숴숴的디딍是시씽○主人의 니ᄅᆞ미 올타 我오어也여여曾층쯩打다다聽팅팅○나도 일즉 듯보니 今긴김年년녠這저저裏리례年년녠成칭찡不부봉好한항○올ᄒᆡ 여긔 년서 죠치 아니타 ᄒᆞ더라 旣지계這저저般번뻔○이믜 이러면 主쥬쥬人인신家쟈갸○主人아 我오어們믄문

要얀얗到닾닿後후흫頭투틓熬앞앟粥주즁去취큐○우리뒤희粥쑤라가려ᄒᆞ

되這저져黑희흥地디띠裏리레○이어두은ᄯᅡ희出추충入슈싕不부붕便

편변當당당○出入이便當치아니ᄒᆞ고你니녀家자갸這저져狗구긓又우읗利

리례害해해○네집이개ᄯᅩ사오나오니不부붕嫌현혐煩반뺜勞랖랗麼마뭐○

煩勞롤혐의치아니ᄒᆞ거든你니녀就직찍做주주些서셔粥주즁來레래與위유

我오어喫치킹如슈슈何허혀○네곳저기粥쑤어다가나롤주어먹이미엇더ᄒᆞ뇨也

여여罷바빠○ᄯᅩ무던ᄒᆞ다客커킝人인신們믄문且쳐쳐在재쨰車쳐쳐房

방빵裏리레收식싕拾시씽○나그닉들아직술위ᄉᆞ방에셔收拾ᄒᆞ라我오어教쟌걓

孩해해子즈즈們믄문○네아ᄒᆡ들ᄒᆞ여做주주些서셔粥주즁來레래與위유

你니녀們믄문喫치킹罷바빠○저기粥쑤어다가너희롤주어먹이쟈費븨븨心

신심 ○ 안심치아니ᄒᆞ여라 多도더 謝셔써 多도더 謝셔써 ○ 多謝多謝ᄒᆞ여라

主쥬쥬 人인인 家쟈갸 ○ 主人아 還환환 有우잉 一이ᅙᅵᇙ 句귀규 話화화 ○

도로혀ᄒᆞᆫ구말이이시니 人인인 喫치킹 的디딍 雖쉬쉬 是시씽 有우잉 了랴럏 ○

사ᄅᆞᆷ먹을ᄭᅥ슨비록이시나 這져져 馬마마 却거걓 怎즘즘 麽마뭐 的디딍 ○ 이몰

을또엇지ᄒᆞ리오 一이ᅙᅵᇙ 發바봥 賣매매 些셔서 草찬창 料랴럏 ○ ᄒᆞᆫ번에져기집

과콩을프라 喂위위 他타터 如슈슈 何허혀 ○ 져ᄅᆞᆯ먹이미엇더ᄒᆞ뇨 客커킝 人

인인 們믄믄 說쉬쉬 甚셔씸 麽마뭐 話화화 ○ 나그ᄂᆡ들므슴말을니ᄅᆞᄂᆞᆫ다 人인인

喫치킹 的디딍 尚샹썅 且쳐쳐 短돤돤 少샤셯 ○ 사ᄅᆞᆷ먹을것도오히려적은ᄃᆡ 那

나너 裏리레 有우잉 喂위위 馬마마 的디딍 草찬창 料랴럏 ○ 어ᄃᆡᄆᆞᆯ먹일집과콩

이이시리오 我오어 這져져 院원원 子즈ᄌᆞ 後ᅘᅳᇢ 頭투ᄐᆓ ○ 우리이터뒤히 一

이힝 遍변변 都두두 是시씽 青청칭 草찬참 地디떼 ○ 두로다이青草地라 你니녀
喫치킹 了랴럏 飯반빤 ○ 네밥먹거든 着쟈쟣 兩량량 箇거거 人인인 ○ 두사
ᄅᆞᆷ으로ᄒᆞ여 赶간건 馬마마 放방방 去취큐 ○ ᄆᆞᆯ을모라노ᄒᆞ라가 到닾닿 天텬텬
亮량량 了랴럏 ○ 하ᄂᆞᆯ이ᄇᆞᆰ으매다ᄃᆞᄅᆞ면 這져져 馬마마 都두두 可커커 喫치킹
飽반밮 了랴럏 ○ 이ᄆᆞᆯ이다可히먹어ᄇᆡ브를쌔시니 何허헣 必비빙 又우잏 要얀얗
草찬참 料랴럏 ○ 엇지반ᄃᆞ시ᄯᅩ집과콩을어드려ᄒᆞ리오 主쥬쥬 人인인 哥거거 說
쉬쓩 的디딩 是시씽 ○ 主ᄉ형의니ᄅᆞ미올타 我오어 們믄믄 車쳐쳐 房방빵 裏
리례 去취큐 ○ 우리수릿방에가거니와 沒무뭉 有우잏 火호훠 怎즘즘 麼마뭐 好
한핳 ○ 불이업스니엇지면죠ᄒᆞ료 教쟈걓 小샤셯 孩해해 子즈즈 ○ 아희로ᄒᆞ여
拿나나 箇거거 燈등등 來레래 罷바빠 ○ 등잔가져오게ᄒᆞ라 這져져 麼마뭐 我

오어 就직찡 教쟌걓 小샾숗 厮스숭 們믄문 送숭숭 燈등둥 去취큐 ○이러면내

곳아ᄒᆡ들ᄒᆞ여등잔보내고 再재쨰 給지강 你니녜 兩량량 三산삼 根근근 糠캉캉

燈등둥 ○ᄯᅩ너ᄅᆞᆯ두세낫롱지ᄅᆞᆯ주마 咱자쟝 們믄문 喫치킹 了랸럏 飯반빤 ○

우리밥먹거든 留루릏 兩량량 箇거거 在재째 這저져 裏리레 看칸컨 行힝헝 李

리레 ○두ᄅᆞᆯ머무러예이셔行李ᄅᆞᆯ보고 着쟌쨩 兩량량 箇거거 放방뱡 馬마마 去

취큐 ○둘로ᄒᆞ여몰을노ᄒᆞ라가 到단당 半반뿬 夜여여 後후ᄒᆜᇢ ○밤ㅅ즁에다ᄃᆞᆺ거든

却키캳 教쟌걓 這저져 兩량량 箇거거 起치킈 去취큐 替티톄 他타터 ○ᄯᅩ이

둘로ᄒᆞ여니러가져ᄅᆞᆯᄀᆞ라차 大다때 家쟈갸 安안헌 息시싱 安안헌 息시싱 ○에되

편안이쉬면 明밍밍 日이ᅀᅵᇰ 好화ᄒᅘᇰ 不부붕 渴커컹 睡쉬쒸 ○니일ᄀᆞ장조오롬겹

지아니ᄒᆞ리라

這져저的딍디燈딍둥來래레了럏랴○이등잔블오나다粥쥼주也여여拿

나나來래레了럏랴○粥도가져오거다匙씅츠椀원완都두두有읻우○술와

사발다이시나你녜니們믄믄喫킹치罷빠바○너희들먹으라咱쟝자們믄믄飯

빤반也여여喫킹치了럏랴○우리밥도먹어다你녜니兩량량箇거거先션션

放방방馬마마去큐취○너희둘히몬져몰노호라가라到닿닫半뷘반夜여여裏

례리○밤ㅅ듕에다ᄃᆞᆺ거든我어오兩량량箇거거却캏커替례티你녜니去큐취

○우리둘히ᄯᅩ너희룰ᄀᆞᄅᆞ차라가마我어오睡쒸쉬醒싱싱了럏랴起키치來래레

○네좀ᄭᅴ여다니러나쟈噯해애參슴슨星싱싱高갛갚了럏랴○噯參星이놉하

니시敢감간是씅시半뷘반夜여여了럏랴○이밤ㅅ즁인ᄃᆞᆺᄒᆞ다我어오先션션

去큐취○내몬져가替례티那너나兩량량箇거거來래레睡쒸쉬○져둘올ᄀᆞ

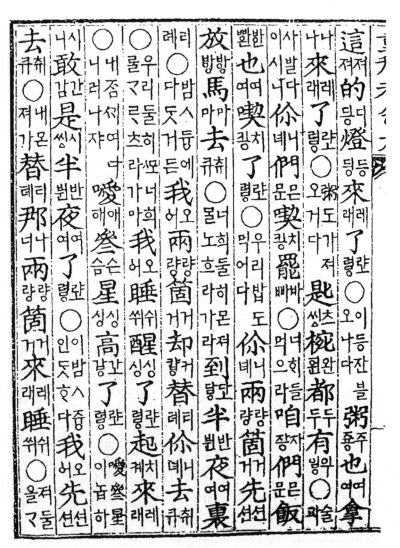

ᄅᆞ차와자게 ᄒᆞᆯ새시니 你(니녜) 就(작짷) 到(닫닿) 那(나너) 裏(리례) 來(레래) ○ 네곳 져긔

오 라 咱(자쟝) 們(믄문) 兩(량량) 箇(거거) 看(칸권) 馬(마마) ○ 우리둘히 몰을보쟈 這(져져)

麼(마뭐) 你(니녜) 先(션션) 去(취큐) 罷(바빠) ○ 이러면네 몬져가라 你(니녜) 兩(량량) 箇

(거거) 去(취큐) 睡(쉬쉬) 一(이힝) 睡(쉬쉬) ○ 너희둘히 가자고 到(닫닿) 那(나너) 裏(리례)

○ 져긔가 거든 就(작짷) 教(쟈갸) 那(나너) 箇(거거) 火(호훠) 伴(번뻔) 來(레래) ○ 곳 져

벗으로ᄒᆞ여 오게ᄒᆞ라 你(니녜) 來(레래) 了(랴럏) ○ 네오 나다 你(니녜) 趕(간건) 過(고궈)

馬(마마) 來(레래) 在(재쨰) 一(이힝) 處(츄츄) ○ 네몰을다가 ᄒᆞᆫ곳에두어 容(융융) 易

이 이 照(쟌쟣) 管(권권) ○ 보ᄉᆞᆯ피기 쉽게ᄒᆞ라 月(워웡) 黑(회흫) 了(랴럏) ○ 둘이어 두오니

恐(쿵쿵) 怕(파파) 有(우읳) 迷(미몌) 失(시싱) ○ 迷失ᄒᆞ여 이이셔 悞(우우) 了(랴럏) 明(밍밍)

日(ᅀᅵ싱) 走(주즇) 路(루루) ○ ᄂᆡ일갈길을그 릇ᄒᆞᆯ새저페라

重刊老乞大諺解上 五十三

明밍밍星싱싱高갛간了럏랖○새별이 놉하시니天텬텬待때대要향얖明
밍밍了럏랖○하ᄂᆞᆯ이 ᄒᆞ마 ᄇᆞᆰ으리라咱장자們믄믄趕건간馬마마到닿단下
햐하處츄츄去큐취○우리 ᄆᆞᆯ을 모라 下處에 가收싷샥拾씽시行힝힝李레리○
行李收拾ᄒᆞ노라ᄒᆞ면只징즈怕파파天텬텬就찍작明밍밍了럏랖○그저 저프
건데 하ᄂᆞᆯ이 곳 ᄇᆞᆰ으리로다這져져馬마마且쳐쳐絟숸솬着쟣져○이 ᄆᆞᆯ을 아직 ᄆᆡ얏
고教갸쟌那너나兩량량箇거거起계치來래레○저 둘로 ᄒᆞ여 닐게 ᄒᆞ라你
녜니兩량량箇거거快쾌쾌起계치來래레○너희 둘히 밧비 니러收싷샥拾씽시
行힝힝李레리好항한馱떠토朵더도子즈즈○行李를 收拾ᄒᆞ여 잘 짐시ᄅᆞ되須
슈슈把바바咱장자們믄믄的딩디行힝힝李레리○모로미 우리 行李를 다 가明
밍밍白뱅배查짜차看컨칸○明白히 ᄉᆞᆲ혀 보고主쥬쥬人인인家갸쟈的딩디

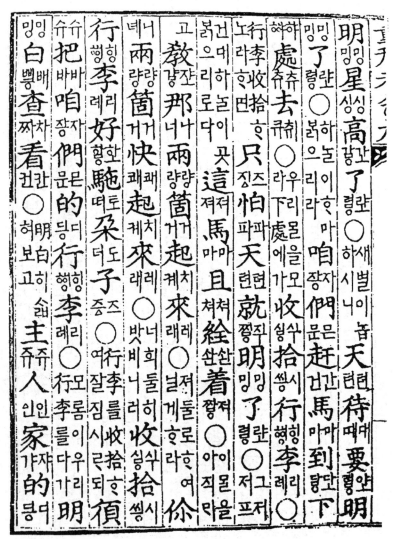

東둥둥西시셰○主人의 거슬休휘힝錯초챻拿나나了랴럏去취큐○그릇
가져가지 말라朶도더子즈즇都두두打다다完완훤了랴럏○짐다시러 못차다
辭츠씅了랴럏主쥬쥬人인신家쟈갸去취큐罷바빠○主人의게 하직ᄒᆞ고 가쟈
主쥬쥬人인신哥거거○主人 형아我오어們믄문去취큐了랴럏○우리 가노
라在재째這저져裏리레破포풔費뵈빙你니녀了랴럏○예 이셔 네게 슈폐ᄒᆞ
여라咳해해有우잉甚셔씸麼마뭐破포풔費뵈빙處츄츄○咳므슴 슈폐ᄒᆞᆫ 곳이
이시리오慢만만待대때了랴럏○잘 못 디접ᄒᆞ여시니別벼뼝恠괘괘好한항去
취큐罷바빠○허믈 말고 죠히 가라
咱자장們믄문前쳔쪈頭투뜰到다당夏햐햐店뎐뎜○우리 앏흐로 夏店에 가
買매매飯반빤喫치킹○밥시 먹고赶간건晩완완可커커到다당京징깅城

칭찡了랴령○느즈매밋처可히셔울가리라這져져裏리례到닫당夏하햐店뎐뎜
○예셔夏店가기有우잉多도더少샤셯路루루○언머길히잇ᄂᆞ뇨還환훤有
우잉三산삼十시씽多도더里리례○도로혀三十里남즉이잇ᄂᆞ니라你니녜昨
조짭日시싕怎즘즘麽마뭐說숴쉬只즈징有우잉十시씽里리례多도더路
루루○네어제엇지十里남즉ᄒᆞᆫ길히잇다니ᄅᆞ더니今긴김日시싕却거갸又우잉怎
즘즘麽마뭐說숴쉬三산삼十시씽里리례地디뎨○오ᄂᆞᆯ또엇지三十里ᄯᅡ히라니
ᄅᆞᄂᆞᆫ다我오어昨조짭日시싕錯초찰記지계了랴령○내어제그릇긔록ᄒᆞ엿더
니今긴김日시싕想샹샹起치계來레래○오ᄂᆞᆯ싱각ᄒᆞ니有우잉三산삼十
시씽多도더地디뎨○三十里남즉ᄒᆞᆫᄯᅡ히잇다咱자쟝們믄문不부붕要얀얗遲
치찡延연연○우리믄그으지말고趁친친涼량량快쾌쾌○서ᄂᆞᆯᄒᆞᆫ제밋처馬마마

重刊老乞大諺解

又우잉喫치킹的디딩飽밮방 ○ 몰이또먹어 불러시니 赶간건早잪장快쾌쾌
走주증 ○ 이ᄅᆞ믈밋처 ᄲᆞᆯ리가쟈 日시싱頭투뚷又우잉晌샹샹午우우了랴령
○ ᄒᆡ또낫 이나 那나너望왕망着저쨯的디딩黑희흥林린림子즈즣 ○ 저ᄇᆡᆨ
라ᄂᆞᆫ黑 林子ㅣ 便변뼌是시씽夏하햐店뎐뎜 ○ 곳이夏 店이라 這저져裏리레到
단당 那나너裏리레 ○ 예셔져 긔가기 還환퐌有우잉七치칭八바방里리레路
루루 ○ 도로혀七八里 길히잇ᄂᆞ니 你니녜在재쨰先선션也여여曾층쯩到단당
北버븽京징깅去취큐 ○ 네젼에또일즉 北京ᄃᆞ녀시되 怎즘즘麼마뭐不부붕理
리레會휘훼 ○ 엇지아지 못ᄒᆞᄂᆞ뇨 這저져夏하햐店뎐뎜我오어在재쨰先선션
走주증過고궈一이힝兩량량遭잪잫 ○ 이夏店을내젼에ᄒᆞᆫ 두번ᄃᆞ녀션마ᄂᆞᆫ 如
슈슈今긴김都두두忘왕망了랴령 ○ 이제다니 저시니 那나너裏리레記지계

得듷더 ○어듸 싱각ᄒᆞ리오

夏햐햐 店뎜뎐 待때대 到닿닫 了럏랴 ○夏店도 ᄒᆞ마 다ᄃᆞᆯ을이로다 咱쟝자 們

們믄믄 喫킹치 些셔셔 甚씸셔 麼뭐마 茶쨔차 飯빤반 好핳한 ○우리 져기 므슴 차반

먹어야 죠ᄒᆞ료 我어오 朝쟣챠 鮮션션 人신인 ○우리 朝鮮 ᄉᆞᄅᆞᆷ은 不붕부 慣관관

喫킹치 濕씽시 麵면면 ○즌국슈 먹기 닉지 못ᄒᆞ니 咱쟝자 們문믄 只징즈 喫킹치

乾건간 的딩디 如슈슈 何허허 ○우리 그저 ᄆᆞ론것 먹으미 엇더ᄒᆞ뇨 這져져 麼뭐마

○이러면 咱쟝자 們문믄 買매매 些셔셔 燒샿샤 餅빙빙 ○우리 져기 燒餅 사고

炒찰챠 些셔셔 肉숭류 喫킹치 罷빠바 ○져기 고기 복가 먹쟈 咱쟝자 們문믄 這

져져 裏례리 絟숸숸 馬마마 ○우리 여긔 ᄆᆞᆯ ᄆᆡ고 卸셔셔 下햐하 行힝힝 李례리

○行李 부리오고 到닿닫 飯빤반 店뎜뎐 裏례리 去큐취 ○밥店에 가쟈 掌쟝쟝

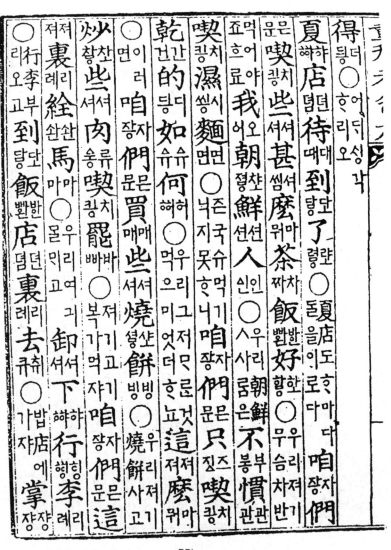

積귀뀌的디딩○뎜쥬인아先션션拿나나一이황盆픈뿐溫운훈水쉬쉬來
레래○몬져ᄒᆞᆫ소라더온믈가져오라我오어要얀향洗시셰臉련렴○내ᄂᆞᆺᄡᅵ스려ᄒᆞ
노라再재재拿나나漱수숭口쿠쿵水쉬쉬來레래○또양치믈가져오라客커킝
人인ᅀᅵᆫ們믄문洗시셰臉련렴了랴령○나그ᄂᆡ들ᄂᆞᆺᄡᅵ스라店뎐뎜家쟈갸抹
마뫙卓조좡子즈ᄌᆞ○뎜쥬인아상ᄡᅳ스라客커킝人인ᅀᅵᆫ要얀향喫치킝甚셔씸
麼마뭐茶차짜飯반빤○나그ᄂᆡ므슴차반먹으려ᄒᆞᄂᆞᆫ다我오어四스ᄉᆞ箇거거
人인ᅀᅵᆫ○우리네사ᄅᆞᆷ에炒찬챵三산삼十시씽錢쳔쪈的디딩羊양양肉류슉
○설흔낫돈에羊肉을복고取츄츄二을ᅀᅵᆯ十시씽錢쳔쪈的디딩燒샤셩餅빙빙
來레래○스므낫돈에燒餅을가져오라這져져湯탕땅淡단땀○이湯이슴거오니
有우잉鹽얀옘醬쟝쟝拿나나些셔셔來레래○鹽醬잇거든져기가져오라我

오어 自즈쯔 調댠뗭 和허훠 喫치킝 ○ 우리손조석거먹자 這져져 燒샾셯 餅빙빙

○ 이燒餅이 一이힝 半반뷘 冷릉링 一이힝 半반뷘 熱여셩 ○ 半은ᄎᆞ고半은더우

니 熱여영 的디딩 留리렬 下하햐 我오어 喫치킝 ○ 더온이란두라내먹고 這

쳐져 冷릉링 的디딩 你니녜 拿나나 去취큐 ○ 이ᄎᆞᆫ이란네가져가 火호훠 盆픈뿐

上샹쌍 烤캎캉 熱여셩 了랴럏 來레래 ○ 화로에쪼야데여오라 咱자쟝 們믄문

飯반빤 也여여 喫치킝 了랴럏 ○ 우리밥도먹어다 給지깋 他타터 飯반빤 錢

쳔쪈 罷바빠 ○ 져룰밥갑주쟈 店뎐뎜 家쟈갸 來레래 會휘훼 錢쳔쪈 ○ 뎜쥬인아

와돈혜라 共궁꿍 該개개 多도더 少샾셯 ○ 대되희오니언머고 二을싱 十시씽 錢

쳔쪈 燒샾셯 餅빙빙 ○ 스므낫돈에燒餅이오 三산삼 十시씽 錢쳔쪈 羊양양 肉

류숭 ○ 설흔낫돈에羊肉이니 共궁꿍 該개개 五우우 十시씽 錢쳔쪈 ○ 대되히오

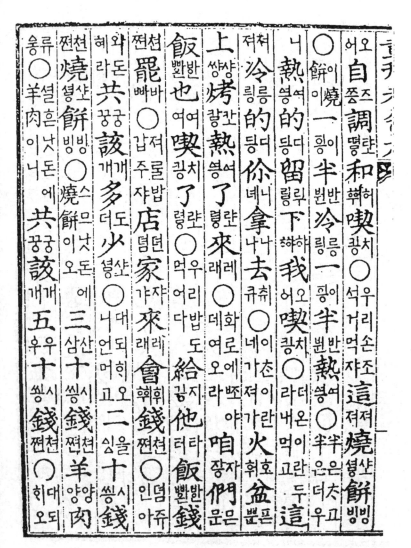

니쉰낫돈이로라

咱자쟝們믄문快쾌쾌上샹썅朶도더子즈즈走주즣罷바빠 ○ 우리밧비짐사
러녜쟈

日싀잉頭투뜰晌샹샹午우우矬초쭤了랴럏 ○ 히낫이계엿다有우잉

些셔셔熱여뗭 ○ 저기더옴이잇고喫치킹了랴럏些셔셔乾간건東둥둥西시

세 ○ 저기모론것먹어셔니有우잉些셔셔渴커컹 ○ 져기목ᄆᆞ룸이잇다前쳔쪈

頭투뜽不부붕遠원원 ○ 압ᄒᆞ로머지아니케有우잉箇거거草찬창房방빵店

뎐뎜 ○ ᄒᆞᆫ초가店이이시니到단당那나너裏리례 ○ 제가咱자쟝們믄문喝허힝

幾지계盞잔잔酒직징解계개渴커컹 ○ 우리여러잔술먹어解渴ᄒᆞ고歇혀형息

시싱牲승싱口쿠킇 ○ 즘ᄉᆡᆼ쉬오고暫잔짬卸셔셔下햐햐行힝힝李리례 ○

잠간行李부리오고喝허힝幾지계盞잔잔酒직징再재재去취큐 ○ 여러잔술먹고

重刊老乞大諺解上 五十七

또가쟈 賣매매酒작징的디딍○술풀라아打다댜二을싱十시씽錢천쪈的

디딍酒작징來레래○스므낫돈에술을가져오라客커컹人인인們믄문○나그

네들這저져是시씽二을싱十시씽錢천쪈的디딍酒작징○이스므삿돈에술아

라 酒작징好한항麼마뭐○술이죠흐냐不부붕是시씽黃황뽱酒작징○

이黃酒ㅣ아니오是시씽乾간건乾간건的디딍燒샤셜酒작징○이된燒酒ㅣ니

雖쉬쉬是시씽海해해量량량○비록海量이라도喝허훠一이잉鍾중즁就

직쯩醉쥐쥐了랴려○ᄒᆞᆫ잔먹으면곳醉ᄒᆞ리라你니녜先션션嘗창짱看칸컨○

네몬져맛보아若요샹不부붕好한항○만일죠치아니、커든你니녜別벼뼝還환훤

錢천쪈○네돈을갑지말라將쟝쟝就직쯩喫치킹的디딍過고궈○두어라먹

자 有위잉甚셔씸麼마뭐好한항下햐햐酒작징菜채채○아므란죠흔안쥬잇

거든 拿나나些셔셔來래레 ○져기가져오라 我어오這져져裏례리有잉우的
딩디 只징즈是씽시鹽염얀瓜과과 ○우리여긔잇ᄂᆞᆫ거시그저이저린외라 且쳐쳐
取츄츄些셔셔來래레 ○또져기가져오라 那너나酒짇쥐要햫얀熱셩여喫
칭치麼뭐마 ○져술을더온이로먹을ᄯᅡ 罷빠바罷빠바 ○두어두어 我어오只징즈
涼량량喫칭치 ○내그저ᄎᆞᆫ이로먹으리라
大때다哥거거先션션喫칭치一잉이盞잔잔 ○큰형아몬져ᄒᆞᆫ잔먹으라 大때다
哥거거受씽식禮례리 ○큰형아禮롤바드라 你녜니敢감간年년년紀계기大
때다 ○네나히만흔듯ᄒᆞ니 怎즘즘麼뭐마受씽식禮례리 ○엇지禮롤바드리오 大
때다哥거거你녜니貴귀귀壽씽식 ○큰형아네귀ᄒᆞᆫ나히여 我어오今김긴年
년년三삼산十씽시五우우歲쉬쉬 ○내올ᄒᆡ셜흔다ᄉᆞᆺ이로라 我어오纔쨰채三

삼산 十씽시 二ᅀᅵᆼᅀᅳᆯ 歲쉬쉬 ○ 나ᄂᆞᆫ 셜흔둘이라 大때다 哥거거 你녜니 年년년

紀계기 大때다 ○ 큰형아 네 나히 만하 大때다 我어오 三삼산 歲쉬쉬 ○ 내게 세 힛

못이너 應힝잉 該개개 受씽식 禮례리 ○ 응당 禮로 바드리라 我어오 雖쉬쉬 是

씽시 年년년 紀계기 大때다 ○ 내 비록 나히 만호나 怎즘즘 麼뭐마 便뻔변 受씽식

禮례리 ○ 엇지 곳 禮로 바드리오 咱짱자 們문믄 都두두 起키치 來래레 ○ 우리

다 니러 大때다 家갸쟈 同뚱퉁 喫킹치 罷빠바 ○ 대되 ᄒᆞᆫ가지로 먹자 那너나 麼

뭐마 教걍쟈 你녜니 受씽식 禮례리 ○ 그러면 널로 ᄒᆞ여 禮로 바드라 호디 堅견견 執

징지 不봉부 肯킹큰 ○ 堅執ᄒᆞ고 즐겨 아니ᄒᆞ니 如슈슈 今김긴 要햠얀 你녜니 滿

먼만 飲힘인 一힝이 盞잔잔 ○ 이제 널로 ᄒᆞ여 ᄀᆞ득 이 ᄒᆞᆫ잔 먹게 ᄒᆞᄂᆞ니 不봉부 可커커

留릳루 一힝이 點뎜뎐 底뎨디 酒짇주 ○ 可히 一點듸쥬를 머무로지 말라 咱짱자

們문믄 且쳐쳐 不봉부 要햠얀 講걍걍 禮례리 ○ 우리 또 禮롤 출호지 말고 喫칭치

一힝이 盞잔잔 罷빠바 ○ 흔 잔 먹자 喫칭치 完훤완 了럏랴 酒짇작 ○ 술 먹기 못

차다 會휘휘 了럏랴 酒짇작 錢쪈쳔 去큐취 罷빠바 ○ 술갑 혜고 가쟈

賣매매 酒짇작 的딍디 ○ 술 폰 이야 來래레 會휘휘 錢쪈쳔 ○ 와 돈 혜라 這

져져 的딍디 五우우 分분본 銀인인 子즈즈 ○ 이 오픈 은이너 貼텽텨 六룽루 箇

거거 錢쪈쳔 給깅지 我어오 ○ 여숫 낫 돈을 거스려 나롤 주고려 大때다 哥거거 給

깅지 些셔셔 好함한 銀인인 子즈즈 ○ 큰 형아 져기 죠흔 은을 주고려 這져져 銀인인

只징즈 是씽시 八방바 成찡칭 ○ 이 八成銀이니 다만 怎즘즘 麼뭐마 使싱시

的딍디 ○ 엇지 쓰리오 似쏭스 這져져 樣양양 銀인인 子즈즈 還환환 嫌혐현

甚씸셔 麼뭐마 ○ 이런 銀을 도로혀 므어슬 나므라ᄒᆞᄂᆞᆫ다 細세시 絲슷스 分분본 明

밍밍 都두두 有잉우 ○ 細絲ㅣ分明히 다 이시니 怎즘즘 麼뭐마 使싀시 不봉부 得

등더 ○ 엇지ᄡ지 못ᄒ리오 你녜니 不봉부 識싱시 銀인인 子즈즈 ○ 네 은을 아지 못

ᄒ거든 教걍쟌 別뼝벼 人신인 看컨칸 ○ 다ᄅᆞᆫ 사ᄅᆞᆷ ᄒ여 뵈라 我어오 怎즘즘 麼

뭐마 不봉부 識싱시 銀인인 子즈즈 ○ 내 엇지 은을 아지 못ᄒ여 爲위위 甚씸셔 麼

뭐마 教걍쟌 別뼝벼 人신인 看컨칸 ○ 므슴ᄒ라 다ᄅᆞᆫ 사ᄅᆞᆷ ᄒ여 뵈리오 換휜환 錢

쪈쳔 不봉부 折쎵셔 本분븐 就찡직 罷빠바 ○ 돈을 밧고아 밋지지 아니ᄒ면 곳 무던ᄒ

다 你녜니 自쯔즈 另링링 換휜환 五우우 分분븐 銀인인 子즈즈 與유위 我

어오 便뼌변 是씽시 ○ 네 별로 오픈 은을 밧고와 나로 주미 곳 올ᄒ니 不봉부 用융융 多

더도 說슝쉬 ○ 말ᄒᆞᆫ양 말라 這져져 賣매매 酒찍쥐 的딩디 也여여 歪왜왜 纏

쪈쳔 ○ 이 술 ᄑᆞᄂᆞᆫ 이 싯구기ᄒᆞ다 또 這져져 様양양 好항한 銀인인 子즈즈 ○ 이런

죠흔 은을 還환환說숴쉉使시싱不부봉得더듷 ○ 도로혀 쓰지 못ᄒᆞ리라 니ᄅᆞᄂᆞᆫ다

今긴김早잔잘喫치칭飯반빤處츄츄 ○ 오ᄂᆞᆯ 앗참 밥 먹은 곳에셔 找잔잘來레래

的디딩銀인인子즈즈 ○ ᄎᆞ자온 은이라 罷바빠罷바빠 ○ 두어 두어 將쟝쟝就

직찡留릭릳下햐햐罷바빠 ○ 두어라 ᄒᆞ여 두쟈 便변뼌使시싱不부봉得더듷

也여여罷바빠了랴럏 ○ 곳 쓰지 못ᄒᆞ여도 무던ᄒᆞ다 你니녜說숴숸甚서씸麼

마뭐話화쫘 ○ 네 므슴 말 니ᄅᆞᄂᆞᆫ다 若쇼샹是시씡使시싱不부봉得더듷 ○ 만일

쓰지 못ᄒᆞ량이면 你니녜肯큰킹要얀향麼마뭐 ○ 네 즐겨 바드랴

打다다了랴럏朶도더子즈즈走주즇罷바빠 ○ 짐 시러 녜쟈 日ᅀᅵ싕頭투듷

已이이到닫당午우우後후흫了랴럏 ○ ᄒᆡ 임의 午後ㅣ 되엿고 這져져裏리레

離리레城칭찡還환환有wi잉五우우里리레路루루 ○ 예셔 城ᄯᅳᆷ이 도로혀 五里

길히 이시니 着쟈쨯 兩량량 箇거거 在재째 後후흫 趕간건 牲승싱 口쿠킇 來
레래 ○ 둘로 ᄒᆞ여 뒤ᄒᆡ셔 즘ᄉᆡᆼ 모라오게 ᄒᆞ고 我오어 同퉁뚱 一이힝 箇거거 火호훠
伴번뻔 先션션 去취큐 ○ 내 ᄒᆞᆫ 벗과 몬져 가 尋신씸 箇거거 好할핳 店뎐뎜 占
뎐뎜 住쥬쮸 下햐햬 處츄츄 ○ 죠ᄒᆞᆫ 店을 어더 머믈 곳을 뎡ᄒᆞ고 再재재 來레래 迎
잉잉 接져졍 你니녀 們믄문 如슈슈 何허혀 ○ 또 와 너희를 마즘이 엇더ᄒᆞ뇨 咱자장
們믄문 先션션 說숴숴 定딩띵 着져쨯 ○ 우리 몬져 닐러 定ᄒᆞ여시니 只즈짐 投
투뜰 順슌쓘 城칭찡 門믄문 官관권 店뎐뎜 裏리례 下햐햬 去취큐 ○ 그저 順城
門官店에 부리오라 가쟈 那나너 麼마뭐 着져쨯 ○ 그러면 你니녜 兩량량 箇거거
先션션 去취큐 ○ 너희 둘히 몬져 가라 我오어 兩량량 箇거거 後후흫 頭투뜰 慢
만만 慢만만 的디딩 趕간건 牲승싱 口쿠킇 去취큐 ○ 우리 둘히 뒤ᄒᆡ 날회여 즘ᄉᆡᆼ 모

라갈써 시니 先션션 去취큐 踹채채 店뎐뎜 的디딩 ○ 몬져가집 잡으니 出츄츙
來레래 接져졍 着져쨯 我오어 們믄문 罷바빠 ○ 나와우리 를마즈라 咱자쟝 們
快쾌쾌 快쾌쾌 走주즘 罷바빠 ○ 우리밧 비가쟈 比비비 及기낑 到닫닿 那
나너 裏리례 尋신씸 了랸럏 店뎐뎜 ○ 제가店을ᄎᆞ ᄌᆞ매밋ᄎᆞ면 後후ᅘᅳᇢ 頭투뜨ᇢ 的
디딩 那나너 兩량량 箇거거 也여여 好할항 到닫닿 來레래 了랸럏 ○ 뒤히 져둘
도됴히밋 ᄎᆞ오리라
店뎐뎜 主쥬쥬 人인싄 家쟈갸 ○ 店主 人아 我오어 們믄문 後후ᅘᅳᇢ 頭투뜨ᇢ ○
우리 뒤희 還환ᅘᆑᆫ 有잏잉 幾지계 箇거거 火호훠 伴번뻔 ○ 도로혀여러 벗이이셔
趕간건 着져쨯 幾지계 匹피퓡 馬마마 來레래 ○ 여러ᄑᆞ몰을 모라오니 你니녜
這져져 店뎐뎜 裏리례 ○ 네이 店에 可커커 下하ᅘᅡ 我오어 們믄문 麽마뭐 ○

可히우리를부리올사你니녜通퉁퉁共궁꿍幾지계箇거거人인신幾지계匹
피핑馬마마○네대되몃사룸에몃몰고我오어們믄문四스ᄉᆞ箇거거人인신十
시씽匹피핑馬마마○우리네사룸에열몰이라車쳐쳐子즈즘有우잉沒무뭉有
우잉○술위잇ᄂᆞ냐업ᄂᆞ냐車쳐쳐子즈즘沒무뭉有우잉○술위업다這저저們
믄문的디딩好한항下햐햐的디딩○이러면부리오기죠타那나너東둥둥邊
번변有우잉一이힝間간갼空쿵쿵房방빵子즈즘○져동편에ᄒᆞᆫ간뷘방이이시니
你니녜看칸컨去취큐○네보라가라你니녜帶대대我오어看칸컨看칸컨
去취큐○네나ᄅᆞᆯᄃᆞ려보라가라我오어忙망망沒무뭉工궁궁夫부부去취큐
○나ᄂᆞᆫ밧바갈겨를이업스니你니녜自즈쯔看칸컨去취큐罷바빠○네손조보
라가라俟우우了랴럎你니녜多도더少샤셩工궁궁夫부부○네언머겨를을

그릇치리오 到닿닫 那너나 裏례리 看컨칸 了럎랸 房빵방 子즈즈 ○ 제가집을

보아 中즁중 意이이 不붕부 中즁중 意이이 ○ 뜻에마즈나뜻에맛지아니나 不붕부

過궈고 一힁이 句귀귀 話화화 就찍직 完훤완 了럎랸 ○ 不過ᄒᆞᆫ구말에곳못ᄎᆞ리

라 這져져 麼뭐마 同뚱퉁 伱녜니 去큐취 看컨칸 一힁이 看컨칸 ○ 이러면너

와ᄒᆞᆫ가지로가보쟈 伱녜니 這져져 房빵방 子즈즈 ○ 네이집은 可커커 以이이 勾

구긍 住쮸쥬 了럎랸 ○ 可히넉넉이머믈러니와 伱녜니 這져져 裏례리 茶짜차 飯

빤반 如슈슈 何혀허 ○ 네여긔차반은엇더ᄒᆞ고 茶짜차 飯빤반 麼뭐마 ○ 차반은

因힌인 我어오 店뎜뎐 小셩샾 兒싱을 新신신 近낀긴 出츙츄 去큐취 了럎랸

○ 우리店에아희들이요ᄉᆞ이나가시므로 委위위 實씽시 沒몽무 人신인 料럎랸 理

례리 ○ 진실로ᄎᆞᆯ홀사ᄅᆞᆷ이업스니 伱녜니 客킈커 人신인 們믄믄 自쯔즈 做주주

重刊老乞大諺解上 六十二

飯빤반喫킹치罷빠바 ○조너밥희지나어그먹녀으들라손 我어오們문믄若샿요
自쯔즈做주주飯빤반喫킹치 ○밥우지리어만먹일으손면조 鍋궈고竈짷잔椀
원완楪뎡뎌都두두有잉우麽뭐마 ○접가시마다자잇리ᄂᆞ와나사 발 那너나箇
거거你녜니放방방心심신 ○心그ᄒᆞ란라네 放 都두두有잉우 ○다다 잇 旣
계지這져져等딍등便뼌편當당당 ○便이當믜ᄒᆞ이면리 我어오迎잉잉接졍져
火훠호伴뻔번去큐취 ○즈내라벗가을쟈마
你녜니兩량량箇거거到당단這져져裏례리多더도少섛샤時씽스候흫후
○지너언희머둘ᄯᅢ이나여ᄒᆞ긔뇨관 我어오們문믄纔째채到당단這져져裏례리
○긔우왓리노굿라여 待때대要햫얀尋씸신你녜니去큐취 ○츠ᄒᆞ즈마라너가롤
더려니ᄒᆞ 你녜니却캳쳐來래레了럏랴 ○나네다ᄯᅩ 오 店뎜뎐在째재那너나

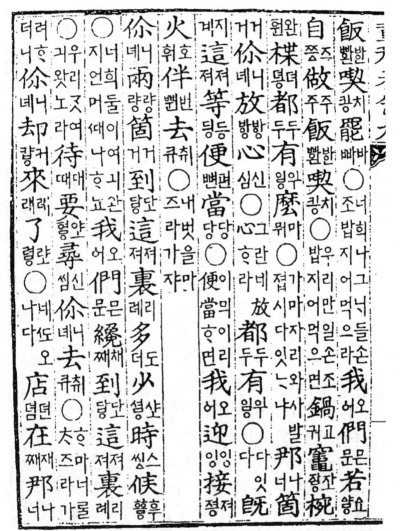

裏리례 ○店이어ᄃᆡ잇ᄂᆞ뇨 在재째 那나너 西시셰 頭투뜽 ○져셔편에잇다 行

힝ᅘᅵᆼ 李리례 都두두 搬반붠 進진진 來래레 ○行李ᄅᆞᆯ다옴겨드리고 把바바 馬

마마 絟솬숸 了랸럏 ○ᄆᆞᆯ을다가ᄆᆡ고 且쳐쳐 不부붕 要얀혱 摘재징 鞍안헌 子

즈즇 ○아직기ᄅᆞ마벗기지말고 你니녜 去취큐 問운문 主쥬쥬 人인ᅀᅵᆫ 家쟈갸 ○

네가主人ᄃᆞ려무러 要얀혱 幾지계 領링링 席시씽 子즈즇 草찬창 薦젼젼 來래레

○여러납삿과집지즑을어더오고 就작찡 拿나나 笤탼뗭 帚주징 來래레 掃산상

地디뗴 ○곳닛뷔가져다가ᄡᅥᄡᅳᆯ고 行힝ᅘᅵᆼ 李리례 且쳐쳐 不부붕 要얀혱 搬반뿬

進진진 去취큐 ○行李ᄅᆞᆯ아직옴겨가지말고 等등딩 鋪푸푸 了랸럏 席시씽 子

즈즇 草찬창 薦젼젼 ○삿과집지즑펴기ᄅᆞᆯ기ᄃᆞ려 再재재 搬반붠 進진진 去취큐

○다시옴겨가라

客커킁人인신們믄문 ○ 나그ᄂᆡ들 你니녜這져져馬마마要야햫賣매매麼
마뮈 ○ 네이ᄆᆞᆯ을ᄑᆞᆯ려ᄒᆞᄂᆞᆫ다 是시씽我오어要야햫賣매매的디딩 ○ 올흐니내
ᄑᆞᆯ려ᄒᆞ노라 你니녜旣지계要야햫賣매매 ○ 네이의ᄑᆞᆯ려ᄒᆞ면 也어여不부봉
必비빙你니녜往왕왕市시씽上샹쌍去취큐 ○ 또구ᄐᆞ여네市上에가자말표只
즈징在재쩨這져져店뎐뎜裏리레放방빵着져쨩 ○ 그져이店에노하두라我
오어與위유你니녜尋신씸箇거거主쥬쥬兒을싱來레래 ○ 내너ᄅᆞᆯ위ᄒᆞ여님자
어더와就작쨍都두두賣매매了랸령 ○ 즉시다ᄑᆞᆯ계ᄒᆞ쟈罷바빠罷바빠 ○
두어두어到단당明밍밍日이잉再재재說쉬쉥話화홰 ○ ᄂᆡ일다ᄃᆞ라다시말ᄒᆞ쟈
咱자쟝這져져馬마마一이힝路루루來레래 ○ 우리이ᄆᆞᆯ이길에오노라每믜뮈
日이잉走주즁路루루很흔흗辛신신苦쿠쿠 ○ 每日에길ᄃᆞᆫ녀ᄀᆞ장슈고ᄒᆞ고又

와잉 喂위휘 不부붕 到댠당 ○ ᄯᅩ먹이기를 잇긋못ᄒᆞ니 故구구 此츠ᄎᆞ 都두두 没

무뭉 甚셔씸 麼마뭐 膘뱌뱧 ○ 그러므로다아오 란ᄉᆞᆯ이업스니 就직찧 到댠당 市

시씝 上샹씽 去취큐 ○ 뭇市上 에가면 市시씝 上샹썅 人인싄 也여여 出츄츙 不

부붕 上샹썅 價가갸 錢쳔쪈 ○ 市上사ᄅᆞᆷ이ᄯᅩ갑슬도 도내지야날새시니 咱자쟝 們

믄문 多도더 給지깅 草챺참 料랴령 ○ 우리만히草 料를주어 好하황 生승싕 喂

위위 幾지계 日ᅀᅵᅀᅵᆼ ○ ᄆᆞ장여러 날먹여 再재재 出츄츙 脫토퉁 他타텨 也여여

不부붕 遲치찡 了랴령 ○ 다시쳐치ᄒᆞ여도더 듸지아니ᄒᆞ리라 你니니 說쉬쉉 的

디딩 是시씝 ○ 네니ᄅᆞ 미올타 我오어 心신심 裏리레 也여여 這저저 們믄문 想

샹샹 着저쨩 ○ 내ᄆᆞ옴에도이리 싱각ᄒᆞ엿더니라 我오어 又우잉 有우잉 人인싄 蔘

슨슴 毛맏망 藍란람 布부부 ○ 버ᄯᅩ人蔘과모 시뵈이시니 明밍밍 日ᅀᅵᅀᅵᆼ 打다다

老乞大諺解上 六十四

聽 팅팅 價 갸갸 錢 쪈쳔 ○ 네일갑슬 듯보아 若 얗요 價 갸갸 錢 쪈쳔 好 항화 ○

만일갑시 죠거든 就 찧작 賣 매매 了 럏랴 ○ 즉시 풀교 若 얗요 價 갸갸 錢 쪈쳔 十

씽시 分 분본 的 딩디 賤 쪈젼 ○ 만일갑시ᄆᆞ 장賤ᄒᆞ거든 且 쳐쳐 停 띵팅 些 셔셔 日

싱시 子 즈즈 再 재재 賣 매매 ○ ᄯᅩ져기날을머 므러다시ᄑᆞ쟈 你 녜니 那 너나 裏 례리

打 다다 聽 팅팅 去 큐취 ○ 네어듸듯보라 가려ᄒᆞᄂᆞᆫ다 那 너나 吉 깅기 慶 킹킹 店

뎜뎐 裏 례리 有 잉우 我 어오 的 딩디 相 샹샹 識 싱시 ○ 져吉慶店에우 리서로아ᄂᆞ니

이시 니 我 어오 到 당도 那 너나 裏 례리 問 문운 去 큐취 ○ 내져긔무 르라가쟈 這

저져 麼 뭐마 的 딩디 ○ 이러 면 到 당도 明 밍밍 日 싱시 咱 장자 們 문믄 同 뚱퉁

去 큐취 ○ ᄂᆡ일다ᄃᆞᆺ거든 우리ᄒᆞᆷᄭᅴ가쟈 你 녜니 兩 량량 箇 거거 看 컨칸 着 쨯져 牲

싱승 口 큳쿠 ○ 너희둘히즘 ᄉᆡᆼ을보라 我 어오 兩 량량 箇 거거 到 당도 城 찡칭 裏

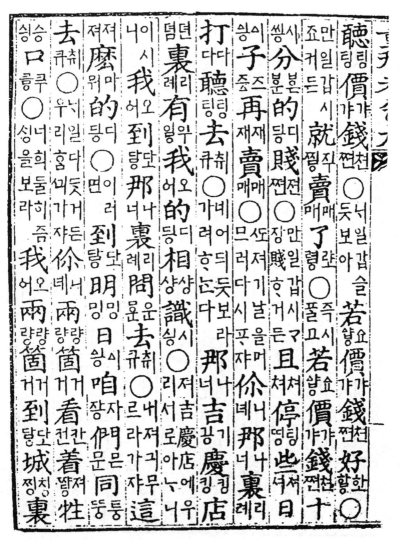

리레 去취큐 就직찡 來레래 ○ 우리둘히城에 가즉시오마

重刊老乞大諺解

老乞大諺解 下

重(중충)刊老(랑랖)乞(킹키)大(때다)諺(연연)解(개계)下(햐하)

大(대)哥(거거)作(잫조)揖(힝이)了(럏랴) ○ 큰형아 揖ᄒᆞ노라 這(져저)店(뎜뎐)

裏賣(매매)毛(망맢)藍(람란)布(부부)的(딩디)朝(쟣챤)鮮(션션)客(킝커)人(싄인)

李舍(셔셔)有(잉우)麼(뭐마) ○ 이 店에 모시뵈 ᄑᆞᆯ 朝鮮ㅅ 나그ᄂᆡ 李가ㅣ 잇ᄂᆞ냐 你(녜니)

尋(씬친)他(더타)怎(즘즘)麼(뭐마) ○ 네 져를 ᄎᆞ자 므슴ᄒᆞᆯ다 我(어오)是(씨시)他(더타)

的(딩디)親(친친)戚(칭치) ○ 나ᄂᆞᆫ 이 져의 권당이니 纔(째채)從(쯍충)朝(쟣챤)鮮(션션)

地(띠디)方(방방)來(래레) ○ ᄀᆞᆺ 朝鮮ㅅ 다ᄒᆞ로 조차 왓노라 纔(째채)[illegible](상강)出(츄츄)門

(믄은) ○ ᄀᆞᆺ 門에 나 往(왕왕)羊(양양)市(씨시)角(갸교)頭(뜰투)去(큐취)了 ( ) 羊

제 모롱이를 향ᄒᆞ여 가시니 他(더타)說(숴쉬)就(쭈직)迴(휘휘)來(래레) ( ) [illegible] 즉시

도라오마 ᄒᆞ여시니 你(녜니)且(쳐쳐)在(째재)外(왜왜)頭(뜰투) ○ 네 아[illegible] 긔 이셔시[illegible]

딩등一힝이會휘회再재재來래레○ᄒᆞᆫ지위기ᄃᆞ려다시오라他터타旣계지往
왕왕羊양양市씽시角걒교頭뚷투去큐취○졔이믜羊市모롱이롤향ᄒᆞ여가니
路루루又왿우不봉부遠원원○길히ᄯᅩ머지아니ᄒᆞ니我어오只ᄌᆞ在째재
這져져裏례리等듕등他터타罷빠바○내그저예셔져롤기ᄃᆞ리쟈憑삥핑你
녜니等듕등着쟣져罷빠바○네대로기ᄃᆞ리라他터타在째재那너나箇거거
房빵방子ᄌᆞ즈裏례리住쮸쥬○제어ᄂᆡ방의셔머므ᄂᆞ뇨那너나西세시南남난
角걒교上썅샹○져西南모롱이芭바바籬례리門믄문南남난邊변변○바ᄌᆞ
門남녁小셩샤板반반門믄문便뼌변是씽시○적은널門이곳이라他터타
츙츄去큐취了럎랴○제나가시면看컨칸家갸쟈的딩디有잉유麼뭐마○
집보리잇ᄂᆞ냐有잏우箇거기後훙후生싱승在째재這져져裏려리○ᄒᆞᆫ셔므니

重刊老乞大諺解

七一七

이셔예 잇더니 如유유今김긴不붕부見견견○이제 업스니 敢깐간是씽시出
츙츄去큐취了럏랴○나간ᄃᆞᆺ ᄒᆞ다
你녜니從쭝충朝쪙챠鮮션션地뗴디方방방來래레○네 朝鮮ᄯᅡ흐로조차
시면有임우甚씸셔麼뭐마帶대대來래레的딍디貨훠호物뭉우○므슴 가져
온 貨物이 잇ᄂᆞ냐 我어오帶대대幾계지匹핑피馬마마來래레○내 여러 필 ᄆᆞᆯ을
가져 왓노라 再재재有임우甚씸셔麼뭐마○또 무서시 잇ᄂᆞ냐 沒뭉무有임우
別뼝벼的딍디○다른 거시 업고 還환환有임우些셔셔人인인蔘슴순毛망모
藍람란布부부○도로혀 져기 人蔘과 모시뵈 이시니 如유유今김긴價갸가錢쪈쳔
如유유何혀허○이제 갑시 엇더ᄒᆞ뇨 布부부價갸가是씽시往왕왕年년년一
힝이様양양○뵈ᄉᆞ갑ᄉᆞ 往年과 ᄒᆞᆫ가지로ᄃᆡ 人인인蔘슴슨正징징缺퀑쿼少셩샤

○人蔘이 正히 업스니 所수소以이이價갸갸錢쪈쳔狠흔흔好항핟 ○이러ᄆᆞ로

갑시 ᄀᆞ장 됴ᄒᆞ니라 如유슈今김긴賣매매多더도少샹샤 ○이제 언머에 ᄑᆞᄂᆞ뇨 往

往왕왕年년년只짛즈是씽시三삼산錢쪈쳔一힝이斤긴긴 ○往年은 그저 서 돈에

ᄒᆞᆫ 근이러니 如유슈今김긴因힌인沒믕무有잉우賣매매的딩디 ○이제 ᄑᆞᆯ리

업슴으로 五우우錢쪈쳔一힝이斤긴긴家갸쟈 ○닷 돈에 ᄒᆞᆫ 근식이라도 也여여

沒뭉무處츄츄尋씸신 ○ᄯᅩ 어ᄃᆞᆯ 곳 업ᄂᆞ니라 你녜니那너나根근근子즁즈是

是씽시那너나裏례리的딩디 ○네 져ㅅ蔘이 이 어ᄃᆡᆺ 것고 我어오的딩디是씽시新

新신신羅러로蔘숨손 ○내 ᄒᆞᄂᆞᆫ 이 新羅ㅅ蔘이라 新신신羅러로蔘숨손狠흔흔好

항핟 ○新羅ㅅ蔘이면 ᄀᆞ장 됴ᄒᆞ니 怕파파有잉우甚씸셔麽뭐마賣미매不붕부

出츙츄去큐취 ○므슴 ᄑᆞᆯ지 못ᄒᆞᆯ까 저프미 이시리오 你녜니不붕부知짛지道땋됴

○네 아지 못ᄒᆞ다 這저져幾계지年년년我어오們문믄那너나裏레리○이여
러히우리져긔挖화와梆방방槌쮜취的듸디少셩샾○손킈리적으미所수소以
이이價갸갸錢쪈쳔狠흔흔貴귀귀了럏랴○이러므로갑시ᄀᆞ장貴ᄒᆞ니라萬눈되
一힝이在쨰재先션션一힝이樣양양的듸디價갸갸錢쪈쳔麼뭐마○一萬
이젼과ᄒᆞᆫ가지갑시면一힝이定띵딩虧퀴퀴本분븐○一定밋질새시니誰쒸쉬
肯큉큰帶대대來래레呢녀니○뉘즐겨가져오리오
那너나箇거거不붕부是씽시李례리舍셔셔來래레了럏랴○제아니李가ㅣ
오ᄂᆞᆫ나好핳한麼뭐마好핳한麼뭐마○편안ᄒᆞ나편안ᄒᆞ나你녀니幾계지時
씽스來래레的듸디○네언제오니고家갸쟈裏레리都두두好핳한麼뭐마○
집이다편안ᄒᆞ나我어오家갸쟈裏레리好핳한○네집이편안ᄒᆞ여라我어오到

당다 下 햐햐 處 츄츄 去 큐취 ○ 내 下處에 가자 請 칭칭 裏 리리 頭 뜽투 坐 쭤조 ○

請컨대 안ᄒᆡ 안즈라 你 녜니 多 더도 站 잠잔 從 쭝충 王 왕왕 京 깅징 來 래레 的 딩디

○ 네 언제 王京으로셔 조차 온이고 我 어오 七 칭치 月 웡워 初 추추 頭 뜽투 起 켸치

身 신신 的 딩디 ○ 내 七月 초싱에 떠ᄂᆞ이라 却 컇커 怎 즘즘 麼 뭐마 這 져져 時 씽스

候 흫후 纔 째채 到 닿닷 來 래레 ○ 또 엇지 이제야 굿 온다 我 어오 在 째재 路 루루

上 썅샹 走 즘주 得 딍더 慢 만만 ○ 내 길히셔 날호여 왓노라 我 어오 家 갸쟈 裏 례리

有 잉우 書 슈슈 信 신신 來 래레 麼 뭐마 ○ 우리 집의 書信이 이서 왓ᄂᆞ냐 有 잉우 書

슈슈 信 신신 帶 대대 來 래레 了 렬랴 ○ 書信이 이서 가져 왓노라 這 져져 書 슈슈 上

썅샹 寫 셔셔 的 딩디 ○ 이 글에 쁜 거시 不 봉부 大 때다 詳 썅샹 細 셰시 ○ ᄀᆞ장 詳細

치 아니ᄒᆞ니 你 녜니 來 래레 時 씽스 ○ 네 올 ᄯᆡ예 我 어오 父 뿌부 親 친친 ○ 우리

父親母무무親친친○母親伯버븽父부뿌○맛아자비叔수슝父부뿌○아ᄋᆞ
아자비大다때娘냥냥○맛아자븨쳐嬸신심子즈즈○아ᄋᆞ아자븨쳐姐져져
姐져져○맛누의姐져져夫부부○맛누의남편二을싀哥거거○둘재셩
三산삼哥거거○셋재형嫂산상子즈즈○형의쳐妹믜뮈子즈즈○아ᄋᆞ
누의兄흉휭弟디뎨們믄문○아ᄋᆞ들이都두두好한함麼마뭐○다편안ᄒᆞ더냐
都두두好한함○다편안ᄒᆞ더라這져져樣양양都두두好한함○이리다편안ᄒᆞ
량이면休후힉道단땁黃황황金긴김貴귀귀○黃金을貴타니르지말라安안헌
樂라랍直지찡錢쳔쪈多도더○安樂호미갑ᄊᆞᆷ이하니라怪괘괘道단땁○고이
ᄒᆞ다今긴김日시싀早잔장起치켸○오ᄂᆞᆯ아츰에喜시히鵲챤챵亂뤈뤈噪
산상○喜鵲이어즈러이운고又우잉打다다嚔디뎨噴픈푼○또ᄌᆞ치옴ᄒᆞ더니

果고궈然얀연有우잉親친친戚치칭來레래○果然권당이이셔오고又우잉

有우잉書슈슈信신신○또書信이이시나却커캎不부붕說쉬숴○또니ᄅᆞ지

아니ᄒᆞ엿ᄂᆞ냐家쟈갸書슈슈直지찡萬완환金긴김○家書ㅣ萬金ᄡᆞ다ᄒᆞ엿ᄂᆞ니라

我오어的디딩賤젼쪈內늬뉘與위유小샤셯兒을싕們믄문○내쳐와다못아

ᄒᆡ이들都두두平핑삥安안헌麼마뭐○다平安ᄒᆞ더냐都두두平핑삥安안헌

○다平安ᄒᆞ고儞니녜那나너小샤셯女뉴뉴兒을싕○네그져근ᄯᆞᆯ이出츄츙

疹친친子조즈○되야기낫더니我오어來레래時스씌都두두痊찬춴疴커허

了랴럏○내올ᄢᅢ다나앗더라

儞니녜帶대대甚셔씸麼마뭐貨호훠物우웋來레래○네므슴貨物을가져온다

我오어帶대대幾지계匹피핑馬마마來레래○내여러필ᄆᆞᆯ을가져오고又우잉

七二三

有잉우些셔셔人신인蔘슴슨毛망모藍람란布부부○또져기人蔘과모시뵈이

시니如슈슈今김긴價갸갸錢젼쳔如슈슈何ᅘᅥ허○이제갑시엇더ᄒᆞ뇨馬마마

的딩디價갸갸錢젼쳔與유위布부부的딩디價갸갸錢젼쳔往왕왕常쨩창

一힝이樣양양○ᄆᆞᆯ갑과다뭇뵈ᄉ갑시져적과ᄒᆞᆫ가지로되人신인蔘슴슨價갸갸

錢쪈쳔近낀긴來래레十씽시分훈븐好핳한○人蔘갑슨요ᄉᆞ이ᄀᆞ장죠ᄒᆞ니라

伱녜니說숴숴的딩디是씽시○네니ᄅᆞ미올타纔째채剛강강這져져店뎜뎐

裏례리客킈커人신인○앗가이店에나그ᄂᆡ也여여是씽시這져져般번번說

숴숴○또이ᄅᆡ니ᄅᆞᆺ더라伱녜니同뚱퉁幾계지箇거거火훠호伴뻔번來래레

○네멋벗과ᄒᆞᆫ가지로온다有잉우兩량량箇거거火훠호伴뻔번○두벗이이시되

都두두是씽시親친친戚칭치○다이권당이니一힝이箇거거是씽시姑구구

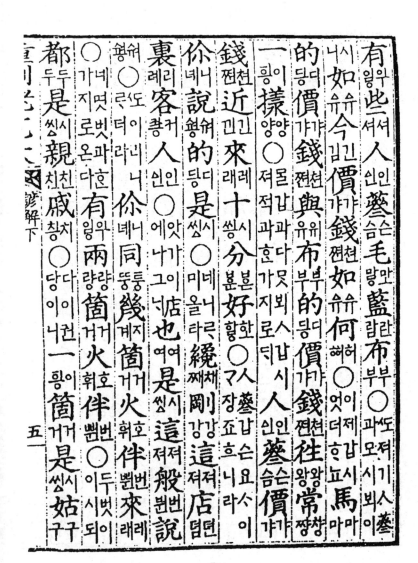

舅밍꾸哥거거哥거거○ᄒᆞ나ᄒᆞᆫ이姑舅의게 난 형이오 一힝이箇거거是씽시兩

량량姨이이兄훵흉弟뗴디○ᄒᆞ나ᄒᆞᆫ이兩姨의게 난 아이라 都두두在째재那너나

裏례리下햐하○다 어듸 이셔 브리엇ᄂᆞ뇨 在째재順쓘슌城쪙칭門문믄外왜왜

街개개北뵝버一힝이箇거거店뎜뎐裏례리下햐하着쟣져○順城門 밧 거릿

北녁ᄒᆞᆫ店에 이셔 브리엇노라 幾계지時씽스到닿닫這져져裏례리○언제 여긔 온다

我어오們문믄昨쨯조兒싱을箇거거來래레的딩디○우리 어제 온이라 你

녜니這져져幾계지箇거거火훠호伴뻔번來래레○네 이 여러 벗이 와 做주주

甚씸서麼뭐마買매매賣매매○므슴 흥졍을 ᄒᆞ고 又읨우那너나一힝이箇

거거火훠호伴뻔번是씽시誰쒸쉬○또 져 ᄒᆞᆫ 벗은 이 누구고 他타라在째재遼

량랸東둥둥這져져邊변변○제 遼東 이편에셔 我어오同뚱퉁他타라作잡조

伴뻔번來래레○내져와ᄒᆞᆫ가지로벗지어왓노라他터타也여여有잉우幾계지

匹핑피馬마마○져도여러필ᄆᆞᆯ이이셔一힝이同뚱퉁赶건간來래레要햫얀

賣매매○ᄒᆞᆫ디ᄆᆞ라와ᄑᆞᆯ려ᄒᆞᄂᆞ니라他터타是씌시漢헌한人신인○져ᄂᆞᆫ이漢

ᄉᆞ사ᄅᆞᆷ이니在째재遼령랸東둥둥城찡칭裏레리住쮸쥬○遼東ㅅ城안희셔사

ᄂᆞ니我어오一힝이路루루上썅샹○내길ᄒᆡ多더도虧퀴퀴得듷더他터타

幫방방助쭈주○만히져의돌봄을힘닙어시니我어오們문믄不붕부會훼휘中

즁중國궝궈的딩디話홰화○우리中國ㅅ말을아지못ᄒᆞ매路루루上썅샹馬마마

的딩디草챃찬料럏랸併빙빙下햐햐處츄츄○길ᄒᆡᄆᆞᆯ집과콩과다못下處ᄅᆞᆯ全

쵄챤仗쨩쟝這저저大때다哥거거替톄티我어오料럏랸理례리○젼혀이큰

형이나ᄅᆞᆯᄀᆞᄅᆞ차ᄎᆞ리믈미덧노라說숴쉬的딩디是씌시○니ᄅᆞ미올타

我오어且쳐쳐到단닿下햐햐處츄츄去취큐○내아직下處에가노라再재재
相샹샹見견견罷바빠⊙다시서로보쟈且쳐쳐停팅띵些셔셔時스씽○아직
져기머믈라咱자찹們믄문聊랸럏唱허헝一이힝杯븨뷔酒쟉쥥○우리아직
ᄒᆞᆫ잔술먹어接져졍風붕뽕不부붕好한항麼마뭐○마지호미죠치아니ᄒᆞ랴不
부붕敢간감當당당○敢히當치몯ᄒᆞ여라今긴김日이싱忙망망○오ᄂᆞᆯ은밧브니
明밍밍日이싱再재재奉봉뽕擾샾셯○ᄂᆡ일다시만나와唱허헝酒쟉징也
여여不부붕遲치찡哩리레○술먹어도더듸지아니ᄒᆞ다旣지계這져져麼마뭐,
○이믜이러면明밍밍日이싱就쥐찡往왕왕店뎐뎜裏리레尋신씬你니녜
去취큐○ᄂᆡ일곳店에너롤ᄎᆞᄌᆞ라가一이힝發바봘和허훠你니녜親친친眷
권권們믄문○ᄒᆞᆷᄭᅴ네권당들과一이힝同퉁뚱唱허힝一이힝兩량량杯븨뷔

○ 잔훈 술가 을지 먹로 쟈훈 두 我 어오 送 숭숭 你 녜니 到 닾단 外 왜왜 頭 틓투 去

큐취 ○ 라내 밧너 긔롤 가보 쟈내 不 붕부 須 슈슈 你 녜니 送 숭숭 了 럏랴 ○ 미모 내로

말보 라내 지 你 녜니 這 져저 炕 캉강 裏 례리 沒 뭉무 人 인인 ○ 사네 롬이 이방 업에

니ᄉ 不 붕부 用 융융 出 츙츄 去 큐취 罷 빠바 ○ 말나 라가 지 這 져저 麼 뭐마 你

녜니 不 붕부 見 견견 恠 괘괘 啊 허아 ○ 치이 아러 니면 홀네 ᄯᅡ허 믈 我 어오 爲 위위

甚 씸셔 麼 뭐마 恠 괘괘 你 녜니 ○ 룰내 허므 믈슴 흐흐 리라 오너 咱 장자 們 믄믄 都

두두 是 씽시 一 황이 家 갸쟈 人 신인 ○ 집우 사리 룸다 이이 니훈 比 비비 不 붕부 得

뎡더 別 뼝벼 人 신인 ○ 치다 못룬 훈사 리룸 라에 比

不 붕부 多 더도 時 씽스 再 재재 到 탕닾 店 뎜뎐 裏 례리 看 권칸 ○ 라아 ᄯᅩ니 店오

보에 니가 店 뎜뎐 主 쥬쥬 人 인인 與 유위 三 삼산 箇 거거 客 킈커 人 인인 ○ 主店

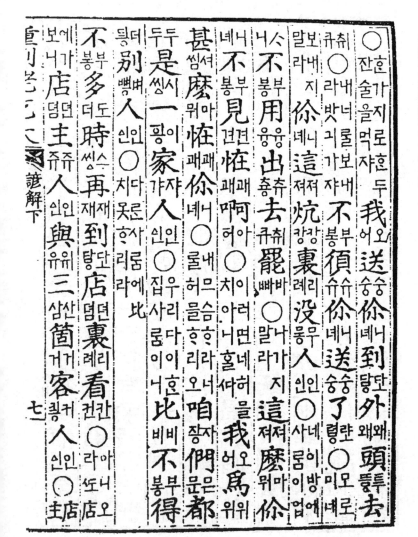

세시 나과 그다 닉못 站 잠잔 着 쨮져 看 컨칸 馬 마마 ○ 보서 더셔 너뫁 을 店 뎜뎐 主

쥬쥬 人 신인 說 숴숴 ○ 너店 르主 되人 이 這 져져 三 삼산 箇 거거 火 훠호 伴 뻔번

○ 벗이 이세 兩 량량 箇 거거 是 씽시 買 매매 馬 마마 的 딩디 客 킈커 人 신인 ○

나돌 그은 닉이 오몰 살 一 힝이 箇 거거 是 씽시 牙 야야 子 즈즈 ○ 즈ᄒᆞ 름나 이흔 라이

伱 네니 這 져져 馬 마마 ○ 몰네 을이 他 터타 們 문믄 都 두두 要 얗야 一 힝이 齊

쪠치 買 매매 了 럏랴 到 당댜 山 산산 東 둥둥 賣 매매 去 큐취 ○ 훔져 쎄들 사이 니다

ᄒᆞ東 ᄂᆞ가 니풀 려 就 찧직 到 당댜 市 씽시 上 썅샹 賣 매매 去 큐취 ○ 에곳 가市 ᄑᆞ上

도라 也 여뎌 是 씽시 一 힝이 樣 양양 ○ 지또 라ᄒᆞᆫ 가 千 천쳔 零 링링 不 붕부 如

유유 一 힝이 頓 둔둔 ○ ᄒᆞᆫ千 지零 못이 ᄒᆞ一 니頓 만 倒 당댜 不 붕부 如 유유 都 두두

賣 매매 與 유위 他 터타 好 할한 ○ 죠도 홈로 만혀 ᄒᆞ다 지ᄑᆞ 못라 ᄒᆞ져 니롤 라주 미 伱

니녜 總중중 要얀얗 賣매매 呢니녜 ○네 다 폴려ᄒᆞ면 咱자잠 們믄문 好한핳 商

샹샹 量량량 ○우리 죠히 商量ᄒᆞ쟈 這져져 箇거거 青칭칭 馬마마 多도더 少샨셯

歲쉬쉬 數수수 ○이 총이 몰이 나히 언머고 你니녜 只즈징 看칸컨 牙야야 ○네 그

저 니롤 보면 便변뼌 知지징 歲쉬쉬 數수수 ○곳 나흘 알리라 我오어 看칸컨 見

견견 了랸량 ○내 보아다 上샹씽 下하뺘 衢취큐 都두두 沒무뭉 有우잉 ○우아

ᄅᆡ 폴이 다 업스니 是시씽 十시씽 分본분 老랖랑 了랖량 ○이 ᄀᆞ장 늙엇다 你니녜

敢간감 是시씽 不부붕 理리례 會휘휘 看칸컨 馬마마 的디딍 歲쉬쉬 數수수

○네 몰나볼 줄을 아지 못ᄒᆞᄂᆞᆫ ᄃᆞᆺᄒᆞ다 這져져 箇거거 馬마마 如유유 何허허 ○이 ᄆᆞᆯ

이 엇더ᄒᆞ뇨 今긴김 春츈츈 新신신 騸션션 了랖량 的디딍 十시씽 分본분 膘

뱦볌 壯좡장 的디딍 馬마마 ○올 봄에 새로 블친 ᄀᆞ장 ᄉᆞᆯ디고 세촌 ᄆᆞᆯ이라 這져져 馬

마마 好한핳 的디딍 歹대대 的디딍 ○이몰죠흔이 사오나오니 都두두 一이힁 發

방황 商샹샹 量량량 ○다흠셔商 量흐쟈

這저저 兒을싱 馬마마 ○이수몰 騸션션 馬마마 ○불친몰 赤치칭 馬마마

○절따몰 黃황황 馬마마 ○공끌몰 鷰연현 色서싀 馬마마 ○오류몰 栗

리링 色서싀 馬마마 ○구렁몰 黑희흥 鬃중중 馬마마 ○가리운몰 白배뼁 馬

마마 ○설아몰 黑희흥 馬마마 ○가라몰 靑칭칭 馬마마 ○총이몰 灰휘휘

馬먀마 ○츄마몰 花화화 馬마마 ○어룽몰 跑팦빵 馬마마 ○돗는몰 土

투투 黃황황 馬마마 ○고라몰 繡식싱 膊박방 馬마마 ○쇠누래브튼몰 破포퓌

臉련렴 馬마마 ○간쟈몰 四스승 明밍밍 馬마마 ○소족빅이몰 五우우 明

밍밍 馬마마 ○가라간쟈족빅이몰 𣏮타탕 花화화 馬마마 ○𣏮花장불몰 靑

칭칭 白배뻥 馬마마 ○털청총이몰 豁호훵 鼻비삐 馬마마 ○코변몰 孤구구

蹄티톄 馬마마 ○후일족 騍커쿼 馬마마 ○암몰 懷화홰 駒귀규 馬마마 ○

삿기빈몰 環환환 眼얀얀 馬마마 ○끌회ᄂᆞᆫ몰 馬마마 駒귀규 子즈즈 ○강아지

劣뤄려 馬마마 ○ᄀᆞ래ᄃᆞ몰 這져져 馬마마 牛부닝 行힝힝 一이잉 攁양양 慢

만만 慢만만 的디딩 走주즘 ○이몰이쇠거름ᄀᆞ치쳔쳔이것ᄂᆞᆫ다 又우잉 慢만만 行

힝행 的디딩 馬마마 ○또즈누즈누것ᄂᆞᆫ몰 急지깅 性싱싱 馬마마 ○셩뻔몰 點

뎐뎜 的디딩 馬마마 ○가랄ᄒᆞᄂᆞᆫ몰 細시셰 點뎐뎜 的디딩 馬마마 ○세가탈ᄒᆞ

ᄂᆞᆫ몰 鈍둔뚠 馬마마 ○뜬몰 眼얀얀 生승싱 馬마마 ○눕나ᄂᆞᆫ몰 撤사싱 蹄티톄

的디딩 馬마마 ○굽ᄀᆞ리ᄂᆞᆫ몰 前쳔쪈 失시싱 的디딩 馬마마 ○압것치ᄂᆞᆫ몰

單단단 蹄티톄 攤단단 的디딩 ○외알녜ᄂᆞᆫ이 撂랴럅 人안신 的디딩 ○들도

ᄃᆞᄂᆞᆫ이 咬얍얀人신인的딩디○사ᄅᆞᆷ므ᄂᆞᆫ이 口킁쿠硬잉앙馬마마○아귀

센ᄆᆞᆯ 口킁쿠軟숸숸馬마마○아귀므ᄅᆞᆫᄆᆞᆯ 戀련련羣균균馬마마○벗ᄯᅥ로ᄂᆞᆫ

ᄆᆞᆯ 快쾌쾌走쥼주馬마마○잘것ᄂᆞᆫᄆᆞᆯ 這져져些셔셔馬마마裏례리頭뜰투

○이믈즁에 有잉우歹대대的딩디十씽시六룽루箇거거○사오나오니열여ᄉᆞᆺ

시이시니 一힝이箇거거瞎향하的딩디○ᄒᆞ나ᄒᆞᆫ눈먼이오 兩량량箇거거蹶

퓡춰的딩디○둘은발저ᄂᆞᆫ이오 一힝이箇거거蹄뎨티歪왜왜的딩디○ᄒᆞ나

ᄒᆞᆫ굽기운이오 一힝이箇거거磨뭐모硯연연的딩디○ᄒᆞ나ᄒᆞᆫ굽ᄭᆞ으ᄂᆞᆫ이오 三

삼산箇거거打다다破풔포迎잉잉鞍헌안頭뜰투的딩디○세ᄒᆞᆫ몬다회다ᄒᆞᆫ이

오 一힝이箇거거熟쓩수瘸ᄏᆔᄏᆔ的딩디○ᄒᆞ나ᄒᆞᆫ피계여저ᄂᆞᆫ이오 一힝이箇

거거癩래래的딩디○ᄒᆞ나ᄒᆞᆫ비ᄅᆞ먹은이오 一힝이箇거거骨궁구眼얀얀的

디딩 ○ ᄒᆞ나흔 눈에 치나니오 四스ᄉᆞ 箇거거 瘦수승 的디딩 ○ 네흔 여위니오 一
이힝 箇거거 光광광 當당당 的디딩 ○ ᄒᆞ나흔 덜렁이ᄂᆞᆫ 거시니 內늬뉘 中즁즁 也
여여 有우잉 十시씽 箇거거 好한핳 馬마마 ○ 그즁에 또 열죠ᄒᆞᆫ ᄆᆞᆯ이 잇다
你니녜 這저져 馬마마 ○ 네 이 ᄆᆞᆯ을 好한핳 的디딩 歹대대 的디등 ○ 죠ᄒᆞ니 사
오나오니 大다때 的디딩 小샤셯 的디딩 ○ 큰이 적은이 一이힝 共궁꿍 要얀향
多도더 少샤셯 銀인인 子즈즈 ○ 대되 언머은을 바드려ᄒᆞᄂᆞ뇨 共궁꿍 要얀향 二
을잉 百버븽 四스ᄉᆞ 十시씽 八바빵 兩량량 銀인인 子즈즈 ○ 대되 이빅 마흔여ᄃᆞᇔ
냥은을 바드려ᄒᆞ노라 你니녜 說숴쉐 這저져 些셔셔 價갸갸 錢쳔쪈 怎즘즘 麼
마뭐 ○ 네 이런 갑슬 날러 므슴ᄒᆞᆯ쌔 你니녜 只즈즹 說숴쉐 老랖랑 實시싱 價갸갸
錢쳔쪈 罷바빠 ○ 네 그저 고지식ᄒᆞᆫ 갑슬 니ᄅᆞ라 我오어 不부봉 是시씽 沒무뭉 有

重刊老乞大諺解下　十

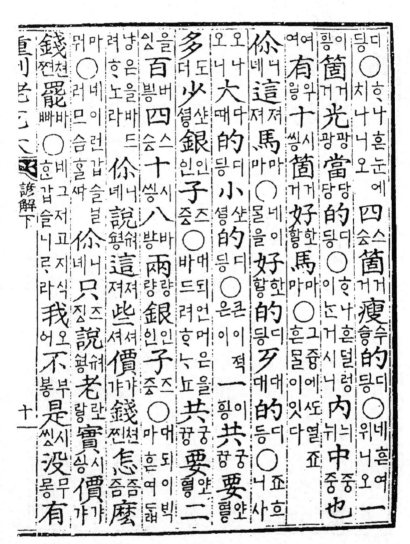

약임商샹샹量량량的디딩○내의논샹업스니아니라你니녜說쉬숴的디딩是
시씽麼마뭐○네니ᄅᆞ미올ᄒᆞ면兩량량三산삼句귀규話화홰交갸걍易이ᅌᅵ
就직찧成칭찡了랖럏○두세구말에홍정이곳일울새시니不부봉要얀햪這져저
㨾양양胡후후討탄탕虛쉬휴價가갸○이리간대로헷갑ᄯᅴ오지말라教쟌걍我
오어怎즘즘麼마뭐還환환你니녜是시씽○날로ᄒᆞ여엇지네게갑하야올ᄒᆞ료牙
야야子즈즈ᇫ你니녀說쉬숴罷바빠○즈름이네니ᄅᆞ라客커킈人인ᅀᅵᆫ們믄문
○나그내들你니녜多도더要얀햪也여여是시씽枉왕왕然얀연○네만히바
드려ᄒᆞᄂᆞᆫ것도부졀업스니라我오어是시씽箇거거牙야야家자갸○나ᄂᆞᆫ이즈름이
라也여여不부봉肯큰큉單단단向향향着져쟣買매매主쥬쥬○또쥴겨다
만사ᄂᆞᆫ님자를위치아닐새시오也여여不부봉肯큰큉偏편편向향향着져쟣賣

매매 主 쥬쥬 ○ 또 즐겨 편벽히 ᄑᆞᄂᆞᆫ 님자 도위치 아닐써시니 我 오이 只 즈징 憑 핑삥 公

궁궁 道 닾땋 說 숴쉉 ○ 나ᄂᆞᆫ 그저 공번도이 니ᄅᆞ리라 據 귀규 你 니녜 要 얀향 二 을ᅀᅵᆼ

百 버빙 四 스승 十 시씽 八 바방 兩 량량 銀 인인 子 즈즘 ○ 네 대로 이빅 마흔 여ᄃᆞᆲ 냥

은을 바드려 ᄒᆞ면 這 져져 十 시씽 箇 거기 好 한핳 馬 마마 ○ 이 열 죠ᄒᆞᆫ ᄆᆞᆯ과 十 시씽

六 릭룽 箇 거거 歹 대대 馬 마마 ○ 열여ᄉᆞᆺ 사오나온 ᄆᆞᆯ ᄉᆞ게 你 니녜 計 지계 量 량량

多 도더 少 샾셯 ○ 비 언머를 혜ᄂᆞᆫ다 這 져져 十 시씽 箇 거거 好 한핳 馬 마마 ○

이 열 죠ᄒᆞᆫ ᄆᆞᆯ ᄉᆞ게ᄂᆞᆫ 我 오어 計 지계 的 디딩 該 개개 一 이힝 百 버빙 二 을ᅀᅵᆼ 十 시씽

兩 량량 ○ 버혜여오니 일빅스므 냥이오 這 져져 十 시씽 六 릭룽 箇 거거 歹 대대

馬 마마 ○ 이 열여ᄉᆞᆺ 사오나온 ᄆᆞᆯ ᄉᆞ게ᄂᆞᆫ 我 오어 計 지계 的 디딩 該 개개 一 이힝 百

버빙 二 을ᅀᅵᆼ 十 시씽 八 바방 兩 량량 ○ 나 혜여오니 일빅스믈여ᄃᆞᆲ 냥이라 似 스씅

這져저般번뻔價갸갸錢쳔쪈 ○ 이런 갑시면 實시씽在재째賣매매不부봉

得더딍 ○ 실로 ᄑᆞ지 못ᄒᆞ리라 于위유今긴김老랖랑實시씽價갸갸錢쳔쪈說

쉬쒸與위유你니녜 ○ 이제 고지식ᄒᆞᆫ 갑슬 너ᄃᆞ려 니롤새시니 兩량량家쟈갸依이이

着져쟣我오어 ○ 둘히 내대로 ᄒᆞ여 就직찡交걒걓易이잉了랖령如슈슈何

허허 ○ 꼿 흥졍호미 엇더ᄒᆞ뇨

我오어且쳐쳐聽팅팅你니녜定딩띵的디딍價갸갸錢쳔쪈 ○ 내 아직 네 뎡ᄒᆞᆫ

갑슬 듯자 這져저十시씽匹피핑好하항馬마마 ○ 이 열 필 죠ᄒᆞᆫ ᄆᆞᆯ세눈 每위뮈一

이힝匹피핑八바방兩량량銀인힌子즈즈 ○ 每ᄒᆞᆫ 필에 여ᄃᆞᆲ 냥 은이니 共궁궁八

바방十시씽兩량량 ○ 대되 여ᄃᆞᆫ 냥이오 這져저十시씽六릭룽箇거거歹대대

馬마마 ○ 이 열여ᄉᆞᆺ 사오나온 ᄆᆞᆯ세눈 每믜뮈一이힝箇거거六릭룽兩량량銀

인인子즁즈○每ᄒᆞ나희엿낭은이나共궁궁九긷구十씽시六룽루兩량량○
대되아흔엿낭이니通퉁퉁共궁궁一힝이百빙버七칭치十씽시六룽루兩량량
○대되일빅닐흔엿낭이라成찡칭就찜직了럄랴這져져交걓갸易잉이罷빠바
○이흥졍을이로쟈似쓰스你녜니這져져定띵딩的딍디價갸갸錢쪈쳔○
네이뎡ᄒᆞᆫ갑ᄀᆞᆺᄐᆞ면就찡직是씽시本분븐地떼디方방방也여여買매매不붕부
來래레○곳밋ᄯᅡ희셔도사지못ᄒᆞ리라那너나裏레리是씽시實씽시在째재要
혐야오買매매的딍디○어ᄃᆡ이실로사려ᄒᆞᄂᆞᆫ이고只징즈是씽시胡후후商샹샹
量량량的딍디○그저간대로商量만ᄒᆞᄂᆞᆫ이로다你녜니這져져箇거거客컹커
人신인○네이나그ᄂᆡ說숽숴甚씸셔麽뭐마話황화○므슴말나ᄅᆞᄂᆞᆫ다不
봉부是씽시實씸시在쩨재要혐야오買매매麽뭐마○실로사지아니려ᄒᆞ면做

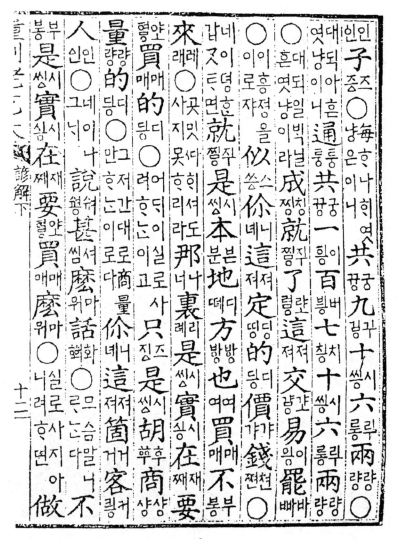

주주甚씸셔麼뭐마在째재這져저裏례리 ○므슴ᄒᆞ라 여긔 이셔 與유위你녜니
商샹샹量량량 ○너와 商量ᄒᆞ리오
這져저馬마마纔째재剛강강牙야야家갸쟈定띵딩的듸디價갸갸錢쪈쳔
○이 ᄆᆞᆯ을 앗가 즈름의 뎡ᄒᆞᆫ 갑시 實씽시在째재虧퀴퀴我어오的듸디本븐븐錢쪈쳔
쪈쳔 ○실로 내 本錢에 밋지노라 給긩지你녜니這져저般뷘번價갸갸錢쪈쳔不
봉부賣매매 ○너ᄅᆞᆯ 이런 갑슬 주되 ᄑᆞ지 아니ᄒᆞ고 還훤환要ᅘᅣᇢ얀想샹샹甚씸셔麼
뭐마 ○도로혀 무어슬 ᄉᆡᆼ각ᄒᆞᄂᆞᆫ다 你녜니兩량량家갸쟈不봉부要ᅘᅣᇢ얀只징즈
管권권爭쯩중多더도爭쯩중少셩샾 ○너희 둘히 그저 ᄉᆞᄅᆞ여 만타 젹다 ᄃᆞ토지 말고
要ᅘᅣᇢ얀買매매的듸디添텸텬些셔셔 ○사리ᄂᆞᆫ 저기 더ᄒᆞ고 要ᅘᅣᇢ얀賣매매的
듸디減감견些셔셔 ○ᄑᆞᆯ리ᄂᆞᆫ 저기 減ᄒᆞ여 攄규귀我어오說쉉숴 ○내 니ᄅᆞᄂᆞᆫ대로

合허햫 再재재 添텬텸 五우우 兩량량 ○또닷냥을더홀써시니 共궁꿍 一이힝
百버븽 八바방 十시씽 一이힝 兩량량 ○대되일빅여ᄃᆞᆫᄒᆞᆫ냥이니 成칭찡 交갸걓
罷바빠 ○흥졍ᄒᆞ자 天텬텬 平핑삥 地디뗴 平핑삥 ○天平地平이로다 買매매
主쥬쥬 若쇼얗 不부붕 添텬텸 些셔셔 ○살님재만일져기더치아니면 也여여 買
매매 不부붕 了랸럏 去취큐 ○또사지못홀새시오 賣매매 主쥬쥬 多도더 指즈징
望왕망 價갸갸 錢쳔쪈 ○풀님재갑슬만히ᄇᆞ라면 也여여 不부붕 能능녕 賣매매
去취큐 ○또능히폭지못ᄒᆞ리라 傍팡빵 邊변변 站잔잠 着져쨯 開한햔 着간컨
的디딩 人인싄 說숴숑 ○겻ᄒᆡ셔셔힘힘이보ᄂᆞᆫ사ᄅᆞᆷ이니ᄅᆞ되 這져져 个야야 子
즈즘 說숴숑 的디딩 價갸갸 錢쳔쪈 ○이즈름의니ᄅᆞᄂᆞᆫ갑시 甚신씸 是시씽 公
궁궁 道단땀 ○ᄆᆞ장공번되다 罷바빠 罷바빠 ○두두어어 你니녜 們믄문 依이히

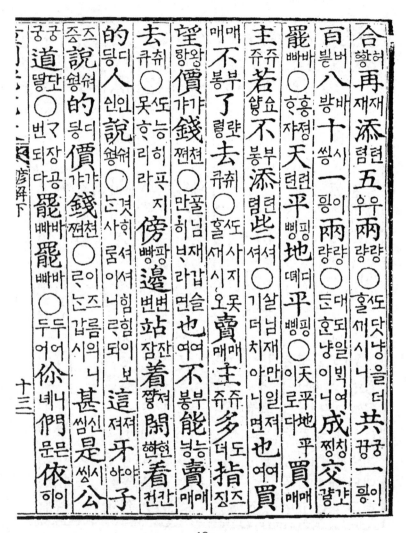

着쨩져 牙야아 子즈즈 的딩디 話홰화 ○ 너희 즈름의 말대로 ᄒᆞ여 成찡칭 就찡직
了령랴 罷빠바 ○ 흥졍ᄒᆞ라 旣계지 這져져 般붠번 說숴숴 ○ 이믜 이리 니ᄅᆞ면
賣매매 是씽시 賣매매 了령랴 ○ 풀기ᄂᆞᆫ 이 풀려니와 但딴단 這져져 箇거거 價
갸갸 錢쪈쳔 ○ 다만 갑시 이 實씽시 在째재 虧퀴퀴 本븐븐 了령랴 ○ 실로 밋지
노라
但딴단 是씽시 一잉이 件껸견 ○ 다만 ᄒᆞᆫ 가지ᄂᆞᆫ 潮쨩챠 銀인인 子즈즈 是씽시
不붕부 要영야 ○ ᄂᆞᄌᆞᆫ 은은 이 마다 給깅지 我어오 些셔셔 好항호 銀인인 子즈즈
纔째채 要영야 呢녜니 ○ 나ᄅᆞᆯ 져기 죠흔 은을 주어야 맛치 바드리라 咳해해 潮
쨩챠 銀인인 子즈즈 我어오 也여여 沒뭉무 有잉우 ○ 咳 ᄂᆞᄌᆞᆫ 은은 내 ᄯᅩ 업스니 我
어오 的딩디 都두두 是씽시 細세시 絲승스 紋운운 銀인인 ○ 내 거슨 다 이 細絲紋

라銀이既계지是씽시好항할銀인인子즈즈○이믜이죠흔은이면我어오先

션션看권칸了령랴銀인인子즈즈○내몬져은을보고寫셔셔契계키罷빠바

○글월쓰자既계지這져져麼뭐마着쨯져○이믜이러면銀인인子즈즈在

째재布부부俗때대裏례리○은이布俗속에이시니教걍쟌牙야야子즈즈先

션션看권칸了령랴○즈름으로ᄒᆞ여몬져뵈고你녜니賣매매主쥬쥬自쯔즈家

갸쟈再재재看권칸○너ᄑᆞᆯ님재손조다시보라裏례리頭뜰투沒뭉무有잉우一

힝이塊쾌쾌不봉부好항한的딩디○속에ᄒᆞᆫ뎡이도죠치아닌거시업스니라這져져

銀인인子즈즈雖쉬쉬是씽시看권칸了령랴○이은을비록보아시나眞진진

假갸갸我어오不봉부認신인得듸더○眞假를내아지못ᄒᆞ니你녜니記계지

認신인着쨯져○네보람두라久깋구後흫후若샿쇼使싱시不봉부得듸더

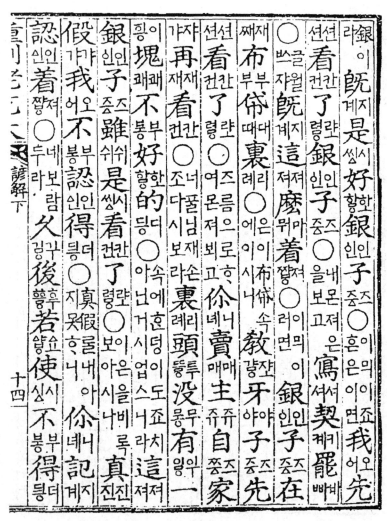

○ 오래 후에 만일 쓰지 못ᄒᆞ면 我오어 只즈징 問운문 牙야야 家쟈갸 換환훤 ○
내 그저 즈름ᄃᆞ려 므러 밧고리라 銀인인 子즈증 上샹썅 我오어 有우잉 畫화홰 押
야햐 了랴럏 ○ 은에 내 보람 두어시니 不부붕 論른룬 甚셔씸 麽마뭐 時스씌 候
후흫 換환훤 給지긩 你니녜 ○ 아모 ᄯᅢ라 혜지 말고 밧고와 너를 주마
文운문 契키켸 教쟈걍 誰쉬쒸 寫셔셔 ○ 글월을 눌로 ᄒᆞ여 쓰이리오 牙야야 子
즈증 就직찍 寫셔셔 ○ 즈름이 곳 쓰라 寫셔셔 這저져 契키켸 ○ 이 글월을 쓰면 大
다때 家쟈갸 一이힝 總중즁 寫셔셔 麽마뭐 ○ 대되 ᄒᆞᆫ ᄃᆡ 쓰랴 分분븐 開캐캐 寫
셔셔 ○ ᄂᆞᆫ화 쓰라 不부붕 要얀햠 總중즁 寫셔셔 ○ ᄒᆞᆫᄃᆡ 쓰지 말라 總중즁 寫셔셔
了랴럏 ○ ᄒᆞᆫᄃᆡ 쓰면 怎즘즘 麽마뭐 分분본 賣매매 與위유 人인싄 呢니녜 ○
엇지 ᄂᆞᆫ화 ᄑᆞ라 사ᄅᆞᆷ을 주리오 你니녜 們믄문 各거갛 自즈쯔 寫셔셔 着저쨯 ○ 너희

쓰각 라각 你녜니這져져馬마마是씽시一힝이箇거거主쥬쥬兒싱을的딍디

那너나○님네 자이 의몰 것이 가이 흔 是씽시各갛거人신인的딍디○각이 사각

건룸 가의 這져져馬마마是씽시四숭스箇거거主쥬쥬兒싱을的딍디○몰이

의이 거이 시네 라님 자 各갛거自쯩즈有잉우數수수目뭉무○이각 이각 시數 니目

你녜니先션션寫셔셔我어오的딍디馬마마契계키○글네 월몬 을져 쓰내 라몰

你녜니的딍디馬마마是씽시家가쟈養양양的딍디麽뭐마○이네 집몰 의이

것셔 가나 흔 還환환是씽시買매매來래레的딍디呵허아○사도 온로 것혀 가이

我어오的딍디原원원是씽시買매매來래레的딍디○이내 사거 온손 거분 시디

라 你녜니在째재那너나裏레리住쮸쥬○셔네 살어 떠디 이 姓싱싱甚씸셔

麽뭐마○엇姓 고이 무 我어오在째재遼령랴東둥둥城찡칭裏레리住쮸쥬

○내遼東ㅅ城안히 이셔 살고 姓싱싱 王왕왕 ○姓이 王가ㅣ니 寫셔셔 王왕왕 某무무

罷바빠 ○王아모ㅣ라 쓰라

我오허 寫셔셔 完완훤 這져져 契키계 了랴럏 ○내 이 글월 써 뭇차다 我오허 念냔념

給지깅 你니녜 聽팅띵 ○내 닑어 네게 들리마 遼랴럏 東둥둥 城칭찡 內늬뉘

人인신 王왕왕 某무무 ○遼東ㅅ城안 사람 王아모ㅣ 今긴김 爲위위 少샾셯 錢천쪈

使시싀 用융융 ○이제 돈 쁠 것 업스믈 爲ᄒᆞ여 願원원 將쟝쟝 自즈쯔 己기계

原원원 買매매 ○졍원으로 自己 본ᄃᆡ 산 赤치칭 色서싀 騸션션 馬마마 一이힝

匹피핑 ○절다빗ᄒᆡ 악대ᄆᆞᆯ ᄒᆞᆫ 필이 口쿠쿵 五우우 歲쉬쉬 ○나히 다ᄉᆞᆺ 이오 左조저

腿튀튀 有우잉 印인힌 記지계 ○왼녁 다리에 印記 잇ᄂᆞᆫ 이 ᄆᆞᆯ이다가 憑핑삥 京징깅

城칭찡 牙야야 行항향 ○셔울 즈름 羊양양 市시씽 角교걒 頭투뜽 街개개 北

버븽住쥬쯔的디딍張쟝쟝三산삼○羊져제모롱이거릿北녁희셔사ᄂᆞᆫ張三을의빙ᄒᆞ

여作조장中중즁人인신○中人삼아賣매매與위유山산산東둥둥濟지제

南난남府부부客커킈人인신李리레五우우○山東濟南府ㅅ나그내李五의게ᄑᆞᄂᆞ

라주어永융윙遠원원騎치끼坐조쭤○永遠히ᄐᆞ게ᄒᆞ되議이이定딩띵時

스씽値지찡價갸갸錢쳔쪈十시씽二ᅀᅳᆯᅀᅵ兩량량○시직갑열두냥에議定ᄒᆞ여

那나너箇거거銀인인子ᄌᆞ즈立리링契키켸之ᄌᆞ즈日ᅀᅵᅌᅵᆼ○그은을글월세

운날에一이힝併빙빙交갸갸足주죵○ᄒᆞᆷᄭᅴ주어ᄎᆞ게ᄒᆞ고外왜왜無우무欠

권켬少샤셩○밧긔셔진거시업게ᄒᆞᄂᆞ니如슈유馬마마好화핳歹대대○만일

ᄆᆞᆯ의ᄌᆞ쿠즘은買매매主쥬쥬自ᄌᆞᄍᆞ認인신○산님재제알고如유유馬마마有

와임來레래歷리링不부붕明밍밍○만일ᄆᆞᆯ의來歷이不明ᄒᆞ미이시면賣매매主

老乞大諺解下 十六

쥬쥬 一이힝 面면면 承칭찡 管권권 ○군님재 ᄒᆞᆷ자 맛ᄃᆞ리라 成칭찡 交갸걍 之
즈징 後후ᅘᆗ ○흥졍ᄒᆞᆫ 후에 不부붕 許쉬휴 反반봔 悔휘휘 ○므르기를 許치 마쟈
如ᅀᅲᅀᅲ 有우잉 先션션 悔휘휘 者져져 ○만일 몬져 므르리 이시면 議이이 定딩명
罰바빵 銀인인 五우우 兩량량 ○罰銀 닷 냥을 議定ᄒᆞ여 與위유 不부붕 悔휘휘
之즈징 人인신 ○므르쟈 아니ᄒᆞᄂᆞᆫ 사ᄅᆞᆷ을 주리라 恐쿵쿵 後후ᅘᆗ 無우무 憑핑삥
○후에 의빙호미 업슬까 저허 立리링 此츠충 文운문 契키계 爲위위 照쟌졍 ○
이 글월을 세워 알게 ᄒᆞ노라 某무무 年년년 月워웡 日시잉 ○某年月 日에 立리링
契키계 人인신 王왕왕 某무무 押야향 ○글월 세운 사ᄅᆞᆷ 王아모ㅣ 일홈 두고 牙야야
行항ᅘᅣᇰ 人인신 張쟝쟝 某무무 押야향 ○즈름 張아모ㅣ 일홈 두어다 其키끼 餘
위유 的디딩 馬마마 契키계 ○그나믄 물 글월도 都두두 寫셔셔 了랴럏 了랴럏

○ 다ᄲᅥ ᄆᆞᆺ 차다

咱자장 們믄문 計지계 了랴럏 牙야야 稅쉬쉬 錢쳔쪈 ○ 우리 즈름갑 셰 바칠 갑 혜쟈

舊직끵 例리례 買매매 主쥬쥬 管권권 稅쉬쉬 ○ 舊例에 살 님자ᄂᆞᆫ 셰 바칠 갑슬 ᄀᆞ음알고

賣매매 主쥬쥬 管권권 牙야야 錢쳔쪈 ○ 폴 님자ᄂᆞᆫ 즈름갑슬 ᄀᆞ음아ᄂᆞ니

你니녜 各거갛 自즈쯔 數수수 牙야야 稅쉬쉬 錢쳔쪈 ○ 네 각각 즈름갑 셰 바칠 갑슬 혜라

共궁꿍 該개개 出츄츙 多도더 少샤셯 呢니녀 ○ 대되 히오니 언머롤 내리오

我오어 這져져 一이잉 百버빙 八바방 十시씽 零링링 一이잉 兩량량 ○ 베이 일빅 여든이오 ᄯᅩᆫ ᄒᆞᆫ 냥에

該개개 多도더 少샤셯 牙야야 稅쉬쉬 錢쳔쪈 ○ ᄒᆡ오니 즈름갑 셰 바칠 갑시 언머고

你니녜 自즈쯔 數수수 ○ 네 손조 혜라 一이잉 兩량량

該개개 三산삼 分븐분 ○ ᄒᆞᆫ 냥에 ᄒᆡ오니 서 픈이오 十시씽 兩량량 該개개 三산삼

錢쳔쪈 ○ 열냥에ᄒᆡ오나서돈이나 一이힝 百버빙 八바방 十시씽 零링링 一이힝
兩량량 ○ 일빅여든이오반ᄒᆞᆫ냥에 牙야야 稅쉬쉬 錢쳔쪈 該개개 五우우 兩량량
四스ᄉᆞᇫ 錢쳔쪈 三산삼 分분분 ○ 즈름갑세바칠갑시ᄒᆡ오나닷냥너돈서픈이라 牙
야야 稅쉬쉬 錢쳔쪈 都두두 數수수 了랖럏 ○ 즈름갑세바칠갑다혜어다 我오어
這저져 馬마마 契키케 多도더 站잔잠 稅쉬쉬 了랖럏 來레래 ○ 우리이ᄆᆞᆯ글월
을언제벗겨오료 這저져 箇거거 有우잉 甚서씸 麽마뭐 難난난 ○ 이므슴어려오
미이시리오 你니녜 着쟌쨩 一이힝 箇거거 火호훠 伴번뻔 ○ 네ᄒᆞᆫ벗으로ᄒᆞ여
跟근근 我오어 去취큐 ○ 나ᄅᆞᆯᄇᆞ라가 到닾당 那나너 裏리례 納나능 稅쉬쉬
了랖럏 ○ 제가稅ᄅᆞᆯ밧치고 不부붕 要얖혛 那나너 麽마뭐 的디딩 呢니녜 ○
그리아니려ᄒᆞ면 你니녜 們믄문 都두두 在재째 這저져 裏리례 等등딩 候후흫

○너희다여긔이셔가ᄃᆞ리라 我오어去취큐上샹썅稅쉬쉬 ○내가稅ᄅᆞᆯ밧치고

送숭숭來레래與위유你니녜 ○보내여너ᄅᆞᆯ주마

我오어不부붕曾층찡好한항生승싱細시셰看칸컨 ○내일즉ᄀᆞ장ᄌᆞ셔히보지

못ᄒᆞ엿더니 這저져馬마마原원원來레래有우잉病빙뼝 ○이ᄆᆞᆯ이본ᄃᆡ병이잇

다 有우잉甚셔씸麽마뭐病빙뼝 ○므슴病이잇ᄂᆞ뇨 那나너鼻비삐子즈ᄌᆞ

裏리레流릭릥膿눙눙 ○져코희코ᄒᆞ르니 是시씽瘙상상馬마마 ○이신코진

ᄆᆞᆯ이로다 我오어怎즘즘麽마뭐肯큰킁買매매了랸령去취큐 ○내엇지즐겨사

가리오 若쇼샾拉라랑馬마마去취큐 ○만일ᄆᆞᆯ을잇그러가면 連련련其키끼

餘위유的디딩馬마마 ○그나믄ᄆᆞᆯ도 都두두染연염的디딩壞홰훼了랸령

○다젼염ᄒᆞ여ᄒᆡ여지리라 這져져麽마뭐說숴쉥 ○이리니ᄅᆞ면 你니녜是시씽

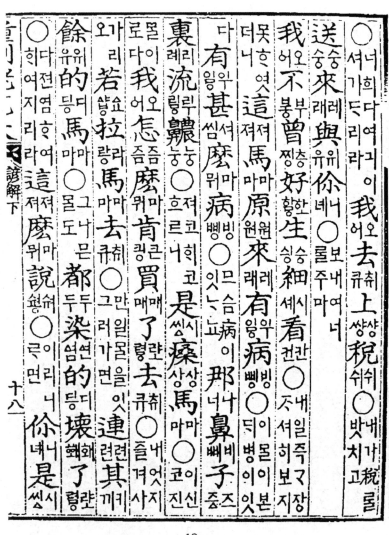

要혐얀反반빤悔회휘了럏랴麼뭐마○네이므르러ᄒ는다我어오委위위實

싱시不봉부要혐얀○내진실로말고져ᄒ노라伱녜니旣계지不봉부要혐얀○

네이믜말고져ᄒ면這져저文운운券권권上썅샹明밍밍白뺑배寫셔셔着쟣져

○이글월에明白히ᄡ시되如유유馬마마好항한歹대대○만일몰의죠쿠즘은買

매매主쥬쥬自쯔즈家갸자看컨칸○살님재제보앗고先션션悔회휘的듸디

罰빵바銀인인五우우兩량량○몬저므르ᄂᆞᆫ이ᄂᆞᆫ은닷냥을罰ᄒ자ᄒ여시니官권관

憑뼁핑印힝인信신신○구의ᄂᆞᆫ印信을밋고私ᄉᆞ스憑뼁핑書화화押햐야○

ᄉᆞᄉᆞ書押을밋ᄂᆞ니伱녜니罰빵바下햐하五우우兩량량銀인인子즈즈給

깅지賣매매主쥬쥬○네닷냥은을罰로내여푼님자물주고毁휘휘了럏랴文운운

券권권便뼌변好항한了럏랸○글월을ᄡᅳ즈미곳죠타不봉부須슈슈爭징증

論룬룬○모로미ᄃ、토지말라這저저麼마뭐說숴쉉○이리나ㄹ、면原원원定

딩띵價갸갸錢쳔쪈內늬뉘中중즁○본ᄃᆡ뎡ᄒᆞᆫ갑시셔除츄쮸了랴령五우우

兩량량銀인인子즈즈○닷냥은을더러做주주反반봔悔회휘錢쳔쪈○모르

ᄂᆞᆫ갑슬삼고撕스ᄉᆞ開개개文운운券권퀀去취큐了랸령罷바빠○글월을ᄡᅳ

저ᄇᆞ、리라這저저箇거거馬마마悔회휘了랸령○이몯을러다該개개除츄쮸

八바방兩량량銀인인○여ᄃᆞᆲ냥은을더럼즉ᄒᆞ、니你니녀要얀향過고궈的디딩

牙야야錢쳔쪈○네바다간즈름갑시該개개二을ᅀᅵ錢쳔쪈四스ᄉᆞ分분분○

희、오니두돈너ᄠᅳᆫ이니你니녀却키갸退튀튀出츄츙來레래罷바빠○네또므러

내라既지계那나너麼마뭐退튀튀給지깅你니녀○이믜그러면므러너롤주마

你니녀們믄믄在재째這저저裏리레等등둥候후훟着저쟣○너희여긔이셔

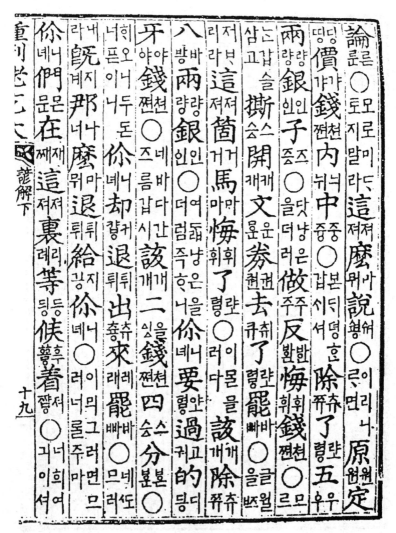

기ᄃᆞ리라 我오어稅쉬쉬了랴럏契키켸就쥐찧來레래 ○ 내 글월 벗기고 즉시 오마

又우잉何허ᅘᅥᆼ必비빙等등딍你니녜 ○ 또 엇지 반ᄃᆞ시 너ᄅᆞᆯ 기ᄃᆞ리리오 我오어

赶간건着져쨯馬마마 ○ 내 ᄆᆞᆯ을 모라 往왕왕下하ᅘᅣ處츄츄兌뒤뒤付부부

草찬창料랼럏去취큐 ○ 下處ᄅᆞᆯ 향ᄒᆞ여 집과 콩을 쟝만ᄒᆞ라 가니 你니녜稅쉬쉬了

랼렿契키켸 ○ 네 글월 벗기고 明밍밍日시ᅀᅵᆼ送숭숭到단답我오어下하ᅘᅣ處

츄츄來레래 ○ ᄂᆡ일 우리 下處에 보내여 오게 ᄒᆞ라 各거갛散산산了랴럏罷바빠 ○

각각 흐터지쟈

你니녜這져져人인신蔘슨슴布부부疋피핑 ○ 네 이 人蔘과 布疋을 不부붕曾

층찡發바봥賣매매 ○ 일즉 ᄑᆞᆯ지 못ᄒᆞ여시니 還환훤有우잉些서셔時스씅住

쥬쥬哩리레 ○ 도로혀 져기 머믈미 이시리라 我오어沒무뭉有우잉別뼈뼝的디딩

買매매賣매매○내다론흥졍이업스니比비비及기깅你니녜在재쨰這져져

裏리례賣매매布부부的디딩時스씽候후흫○네여긔이셔뵈풀ᄯᅢ룰밋처我

오어買매매些셔셔羊양양○내져기羊을사到ᄃᅶ당涿조좋州주즇地디띠方

방방去취큐賣매매○涿州ᄯᅡ희가ᄑᆞ라走주즇一이힝遭ᄌᅶ장迴휘훼來레래

○ᄒᆞᆫ지위ᄃᆞᆫ녀도라올ᄢᅢ시니咱자쟝們믄문再재재商샹샹量량량另링링買

매매貨호훠物우뭉如슈슈何허허○우리ᄯᅩᄯᆞ로貨物사믈商量ᄒᆞ미엇더ᄒᆞ뇨這

져져麼마뭐也여여好ᄒᅶ항○이러면ᄯᅩ죠타你니녜去취큐買매매羊양양○

네가羊을사려ᄒᆞ면咱자쟝們믄문一이힝同퉁뚱去취큐○우리ᄒᆞᆫ가지로가쟈我

오어也여여要ᄋᆤ향知지징道ᄃᅶ땅些셔셔價갸갸錢쳔쪈○나도져기갑슬알고

져ᄒᆞ노라到ᄃᅶ당街개걔上샹썅立리링地디띠的디딩其기끼間간갼○거리

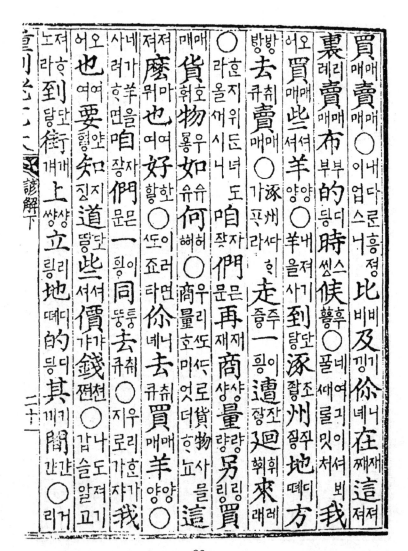

에가셔 실ᄉᆞ이에 一휭이 箇거거 客킈커 人인인 ○ ᄒᆞᆫ 나그내 赶건간 着쨯저 一
휭이 羣큔큔 羊양양 過궈고 來래레 ○ ᄒᆞᆫ 무리 羊을 모라 지나오거ᄂᆞᆯ 大때다 哥거거
你녜니 這져져 羊양양 賣매매 麽뭐마 ○ 큰형아 네 이 羊을 ᄑᆞᆯᄯᅡ 是씽시 賣매매
的딩디 ○ 이 ᄑᆞᆯ 써시라 你녜니 若샿쇼 要향얀 買매매 ○ 네 만일 사려 ᄒᆞ면 咱
짬자 們문믄 好항할 商샹샹 量량량 ○ 우리 죠히 商量ᄒᆞ자
這져져 箇거거 羝뎨디 羊양양 ○ 이 수양 臊삼산 胡후후 羊양양 ○ 아질개양
羯켱겨 羊양양 ○ 악대양 羖구구 攊링리 羔강갚 兒싕을 ○ 염쇼삿기 毋무무
羖구구 攊링리 ○ 암염쇼 一휭이 共궁궁 要향얀 多더도 少셯샾 價갸갸 錢
쪈쳔 ○ 대되 언머 갑슬 바드려 ᄒᆞᄂᆞ다 我어오 共궁궁 要향얀 三삼산 兩량량 銀인인
子즈즈 ○ 내 대되 석냥 은을 바드려 ᄒᆞ노라 量량량 這져져 些셔셔 羊양양 ○ 혜아

리건대이 만양에 討톼탛 這져져 般번붠 大다때 價가갸 錢쳔쪈 ○ 이런큰 갑슬쐐

오니 若요샿 是시씽 好한황 綿면면 羊양양 却커캳 賣매매 多도더 少샤셯 ○

만일이죠흔소옴치 양 이면ᄯᅩ언머에폴ᄯᅥ 討톼탛 的디딍 是시씽 虛쉬휴 ○ 쎄오 ᄂᆞᆫ거

손이헤 거시오 還환훤 的디딍 是시씽 實시싱 ○ 주ᄂᆞᆫ거시야 이 진짓거시라 據귀규

你니녜 給지깅 多도더 少샤셯 ○ 네대로언 머롤줄ᄯᅡ 你니녜 胡후ᄒᆓ 討톼탛 價

가갸 錢쳔쪈 ○ 네간대로 갑 슬ᄢᅬ오니 我오어 還환훤 你니녜 多도더 少샤셯 是

시씽 呢니녜 ○ 내너롤언머롤 주어야올흐료 你니녜 說쉬숴 的디딍 是시씽 ○ 네 니

ᄅᆞ미 올 호나 我오어 就직찍 減견감 去취큐 五우우 錢쳔쪈 如유유 何허ᄒᆟ ○

내곳닷돈을 덜 미엇더ᄒᆞ뇨 你니녜 來레래 不부봉 要얀ᄋᆓ 只즈징 說숴쉉 減견감

去취큐 五우우 錢쳔쪈 的디딍 話화ᄒᆑ ○ 이바그저닷돈덜 말을니ᄅᆞ지말고 你니녜

說쉬숴老랖랗實시싱價갸갸錢쳔젼○네 고지식ᄒᆞᆫ 갑슬 니ᄅᆞ면 只즈징一이힝
句귀귀話회홰就직쥥成칭쳥了랸럏○그저 ᄒᆞᆫ 귀 말에 곳 되리라 我오어給지긩
你니녜二을잉兩량량銀인인○내 너ᄅᆞᆯ 두 냥 은을 줄 ᄲᅥ시니 若요얗肯큰킁便변뼌
賣매매○만일 즐기거든 곳 풀고 若요얗不부붕肯큰킁你니녜就직쥥趕
了랸럏去취큐罷바빠○만일 즐기지 아니커든 네 곳 모라 가라 你니녜不부붕
要얖얗只즈징說쉬숴二을잉兩량량○네 그저 두 냥을 니ᄅᆞ지 말고 若요얗再
재재添텬뎜五우우錢쳔젼○만일 ᄯᅩ 닷 돈을 더ᄒᆞ면 我오어就직쥥賣매매與
위유你니녜了랸럏○내 곳 ᄑᆞ라 너ᄅᆞᆯ 주마 添텬뎜不부붕得더듷○더치 못홀 ᄲᅥ시
니 肯큰킁賣매매不부붕肯큰킁賣매매憑핑빙你니녜罷바빠○즐겨 ᄑᆞ나
즐겨 ᄑᆞ지 아니나 네대로 ᄒᆞ라 我오어是시씽爽솽상快쾌쾌的디딩人인인○나ᄂᆞᆫ

이爽快ᄒᆞᆫ사ᄅᆞᆷ이라 你니녜 揀갼간 好한황 銀인인 子즈즁 給지깅 我오어 罷바빠

○네 죠ᄒᆞᆫ 은을 ᄀᆞᆯᄒᆡ여 나ᄅᆞᆯ 주라 臨린림 晩완완 ○나죵에 다ᄃᆞ라 我오어 濫란람 賤

젼젼 的디딩 賣매매 與위유 你니녜 了랴령 ○내 지위라 너ᄅᆞᆯ 주마 火호훠 伴

번뻔 ○벗아 你니녜 往왕왕 下하햐 處츄츄 坐조쭤 着져쟝 ○네 下處에 가 안자시

라 我오어 赶간건 這져져 羊양양 ○내 이 양을 모라 往왕왕 涿조죨 州주징 去

취큐 賣매매 了랴령 就작찡 廻휘훼 來레래 ○涿州가 ᄑᆞᆯ고 곳 도라오리라

我오어 却커캬 想샹샹 來레래 ○내 ᄯᅩ ᄉᆡᆼ각ᄒᆞ니 這져져 幾지계 箇거거 羊양양

也여여 ○이 여러 羊도 巴바바 不부봉 得더딓 走주쯓 一이힝 遭잔잫 ○마지

못ᄒᆞ여 ᄒᆞᆫ 지위 ᄃᆞᆫ날새시니 旣지계 要얀양 去취큐 ○이믜 가려 ᄒᆞ면 我오어 有우잉

些셔셔 下하햐 剩싱씽 的디딩 銀인인 子즈즁 ○내게 져기 나믄 은이 이시니 閑

重刊老乞大諺解 下　二十二

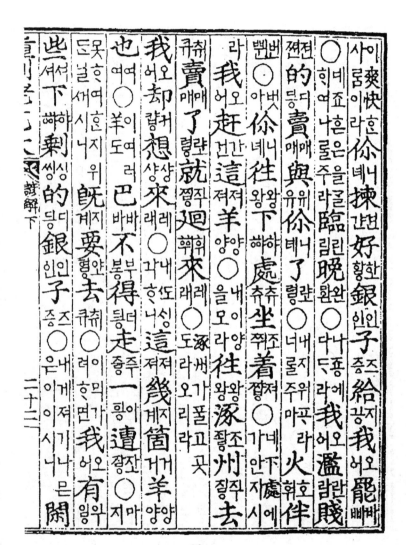

한헌 放방방着잪져做주주甚씸서麼뭐마 ○ 힘힘이 두어 므슴ᄒᆞ리오 一힝이發

빵방買매매些셔셔緞뒨돤子증즈拿나나去큐츄賣매매罷빠배 ○ ᄒᆞᆷ믜 져기

비단 사 가져가 ᄑᆞ쟈 咱장자們문믄且쳐쳐到당닾舖푸푸裏레리商샹샹量량량

去큐츄 ○ 우리 아직 푸ᄌᆞ에 商量ᄒᆞ라 가쟈 賣매매緞뒨돤子증즈的딩디相샹샹

公궁궁 ○ 비단 ᄑᆞᄂᆞᆫ 相公아 你녜니舖푸푸子증ᄌᆞ裏레리 ○ 네 푸ᄌᆞ에 那녀나

魚유위白뽕배 ○ 져옥쇡 蔥충충白뽕배 ○ 짓튼 옥쇡 月웡워白뽕배 ○ 남

天텬텬青칭칭 ○ 天青 石씽시青칭칭 ○ 石青 柳링랴青칭칭 ○ 柳青 草챵찬

綠룽루 ○ 草綠 鸚힝잉哥거거綠룽루 ○ 연초록 黑흥희綠룽루 ○ 연야도록

南남난松숭숭 ○ 연숑화쇡 北븽버松숭숭 ○ 짓튼숑화쇡 官권관綠룽루 ○

짓튼 초록 鴨향야綠룽루 ○ 압두록 鴉햐야青칭칭 ○ 鴉青 油잉우綠룽루 ○

油綠粉븐분紅홍훙○粉紅銀인인紅홍훙○연粉紅桃토떵紅홍훙○桃紅

大다때紅홍훙○다홍真진진紅홍훙○真紅鷹잉힝背비뷔○매등빗灰

휘휘色서싀○灰色醬장쟝色서싀○醬色真진진紫즈즘○즈지沉친찜香

향향○침향빗閃션셤黃황황○연뉴황빗鵝어어黃황황○지튼뉴황빗朱

쥬쥬黃황황○朱黃柳릭링黃황황○柳黃艾애애褐허헝○쑥빗蜜미밍褐

허헝○노른차할빗各거겅樣양양顏연연色서싀○여러가지빗深신심的

디딩淺쳔쳔的디딩○짓튼이엿튼이又우잉那나너膏흥흉背비뷔○又도背背저

문膝시싱欄란란○스란문界계개地디뎨雲윤윤○벽드르문寶바방相

샹샹花화화○寶相花문八바밭寶바방○八寶문蜂봉봉赶간건梅믜뮈○

벌이미화바로는문四스숭季기계花화화○四季花문骨구궁朶도더雲윤윤○

諺解下 二十三

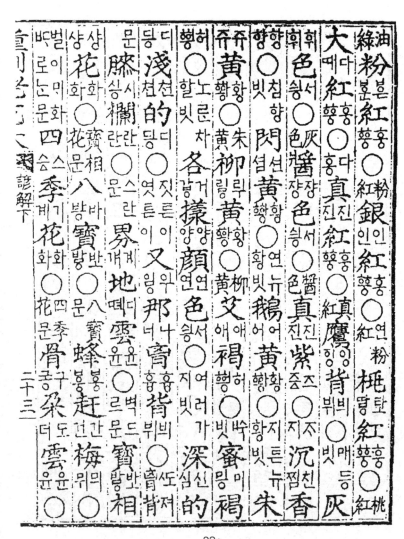

세구름문 西시셰 番반빤 蓮련련 ○ 셔번련문 牧무뭉 丹단단 ○ 모란문 六뤼륭
雲윤윤 ○ 六雲문 八바방 雲윤윤 ○ 八雲문 海해해 馬마마 ○ 海馬문 暗
안암 花화화 ○ 스믠문 這져져 各거갛 樣양양 的디딩 緞돤뒨 子즈즁 ○ 이여
러가지대단과 與위유 些서셔 紵쥬쥬 絲스ᄉᆞᆼ 紗사사 羅로리 都두두 有우잉 麼
마뭐 ○ 다ᄆᆞᆺ져기비단과紗羅ㅣ다잇ᄂᆞ냐 我오어 要얀얗 瞧챤쟣 瞧챤쟣 揀견갼 揀
견갼 買매매 ○ 내보아골희여사려ᄒᆞ노라 客커킝 官관권 你니녜 要얀얗 南난남
京징깅 的디딩 ○ 손님네南京치ᄅᆞᆯᄒᆞ려ᄒᆞᄂᆞ다 還한환 要얀얗 那나너 杭항향
州직징 的디딩 ○ 도로혀杭州치ᄅᆞᆯᄒᆞ려ᄒᆞᄂᆞ다 蘇수수 州직징 的디딩 呢니녜 ○
蘇州치ᄅᆞᆯᄒᆞ려ᄒᆞᄂᆞ다 大다따 哥거거 南난남 京징깅 的디딩 顏연연 色서싱 好
한할 ○ 큰형아南京치ᄂᆞᆫ빗히죠코 又우잉 光광광 潤윤윤 ○ 또빗나되 只즈징 是

시씽 不(부/붕) 着(져/쨯) 實(시/씽) ○ 그저 질긔지 못ᄒᆞ여 不(부/붕) 耐(내/내) 穿(쳔/춴) ○ 오래
닙지 못ᄒᆞ고 杭(항/ᅘᅡᆼ) 州(쥐/즿) 的(디/딍) 經(깅/깅) 緯(위/위) 相(샹/샹) 等(등/등) ○ 杭州 치ᄂᆞᆫ
ᄡᅵ ᄂᆞᆯ이 ᄀᆞᆺ고 藕(수/수) 州(쥐/즿) 的(디/딍) 十(시/씽) 分(분/분) 澆(갼/걍) 薄(바/빵) ○ 藕州 치ᄂᆞᆫ
ᄆᆞ장 엷고 又(우/잉) 有(우/잉) 些(셔/셔) 粉(분/분) 飾(시/싱) 不(부/붕) 牢(랖/랗) 壯(좡/장) ○ ᄯᅩ 져
기 ᄑᆞᆫ조 ᄊᆡ이셔 牢壯치 못ᄒᆞ니라
你(니/녀) 有(우/잉) 好(한/핳) 綾(링/링) 子(즈/즈) 麼(마/뭐) ○ 네게 죠흔 綾이 잇ᄂᆞ냐 你(니/녀)
要(얀/얗) 甚(셔/씸) 麼(마/뭐) 綾(링/링) 子(즈/즈) ○ 네 므슴 綾을 ᄒᆞ려 ᄒᆞᄂᆞᆫ다 我(오/어) 要(얀/얗)
官(관/권) 綾(링/링) 子(즈/즈) ○ 내 구의ㅅ 나기 綾을 ᄒᆞ려 ᄒᆞ노라 那(나/너) 嘉(쟈/갸) 興(힝/힝)
綾(링/링) 子(즈/즈) 不(부/붕) 好(한/핳) ○ 뎌 嘉興綾은 죠치 아니ᄒᆞ니라 客(커/큉) 官(관/권) 你(니/녀)
你(니/녀) 却(커/걍) 要(얀/얗) 絹(권/젼) 麼(마/뭐) ○ 손님네 ᄯᅩ 깁을 ᄒᆞ려 ᄒᆞᄂᆞᆫ다 我(오/어) 有(우/잉)

山산산東둥둥好한핳大다때官관권絹견견○내게山東됴흔구의ㅅ나기깁과

繭견견涼량량絹견견○얼린깁과易이잉州작징絹견견○易州ㅅ깁과倭

緯위휘絹견견○왜깁과蘇수수州작징絹견견○蘇州ㅅ깁과水쉬슈光광광

絹견견○제믈엣깁과白배뿅絲스슿絹견견○흰싱깁이잇다我오어只즈징

要얀향大다때官관권絹견견白배뿅絲스슿絹견견蘇수수州작징絹견견

水쉬슈光광광絹견견○그저구읫나기깁과흰싱깁과蘇州ㅅ깁과제믈엣깁을ᄒᆞ려ᄒᆞ

고其키끼餘위유的디딩都두두不부붕要얀향○그나믄거슨다마다你니녜

有위잉好한핳絲스슿麼마뭐○네게죠흔실잇ᄂᆞ냐我오어却거걓要얀향些서셔

셔셔○내ᄯᅩ져기ᄒᆞ、려ᄒᆞ노라要얀향甚서씸麼마뭐絲스슿○므슴실을ᄒᆞ려ᄒᆞᄂᆞᆫ

다我오어要얀향湖후홓州작징白배뿅絲스슿花화화拘구긓絲스슿○

비湖州ㅅ흰실파ᄅᆞ고것저른실을ᄒᆞ려ᄒᆞ고 邦나너定딩띵州직징絲스ᄉᆞ不부붕要
얀영○저定州ㅅ실은마다
這저저緞돤뒨疋피핑綾링링絹견견紗사사羅로러等등듷項향향○이ᄃᆡ
단파綾파깁파紗와노들을你니녀都두두看칸컨了랴럏○비다보아시니你니녀
真진진箇거거要얀영買매매甚서씸麼마뭐緞돤뒨子즈즈○네진실로므슴
비단을사려ᄒᆞ논다別벼뼝的디딩不부붕要얀영○다ᄅᆞᆫ거슨마다只즈짛要얀영
深신심青칭칭織지징金긴김胷흉흉背븨뷔緞돤뒨子즈즈○다만지튼야쳥
織金胷背ᄒᆞᆫ비단을ᄒᆞ려ᄒᆞ노라我오어老랖랗實시씽對뒤뒤你니녀說쉬숳○
내고지식히너ᄃᆞ려니ᄅᆞ마不부붕是시씽我오어自즈쯔己기게穿쳔쳔的디딩
○내넘으려ᄒᆞ논거시아니라要얀영拿나나去취큐別벼뼝處츄츄轉쥰쥰賣

賣매매 ○ 다ᄅᆞᆫ 곳에 가져가 옴겨 ᄑᆞ라 尋씸신些서서利례리錢쪈쳔的딩디 ○ 져기
利錢 어드려 ᄒᆞᄂᆞ니 你녀니老랑랖實씽시討탕탚價갸갸錢쪈쳔 ○ 네 고지식히 갑
슬씌오라 這져져織징지金김긴胷흉흉背뷔븨 ○ 이 織金胷背에 要얗얖七칭치
兩량량 ○ 닐곱 냥을 바드려 ᄒᆞ노라 離례리胡ᅘᅮ후啊허아 ○ 엉ᄯᅩᆼᄒᆞ다 這져져様
양양的딩디價갸갸錢쪈쳔倒당닾悞우우了럏랼你녀니的딩디買매매賣
매매 ○ 이런 갑시면 도로혀 네 흥졍이 그ᄅᆞᆺ되리라 我어오不붕부是씽시外왜왜行
ᅘᅡᆼ항 ○ 나ᄂᆞᆫ 이ᄯᅡᆫ 사ᄅᆞᆷ이 아니라 這져져緞됀돤子ᄌᆞ즈價갸갸錢쪈쳔我어오都
두두知징지道땅닾 ○ 이 비단 갑슬 내 다 아노라 這져져織징지金김긴胷흉흉背
뷔븨 ○ 이 織金胷背ᄂᆞᆫ 是씽시蘇수수州징직來래레的딩디假갸갸估구구緞
됀돤子ᄌᆞ즈 ○ 이 蘇州셔 온 좀 비단이라 你녀니還휀환要얗얖七칭치兩량량銀

인인 子즈즈 ○ 네 도로혀 날 곱냥은을 바드려ᄒᆞ면 若ᅀᅭᅀᅣᇰ 是시씽 南난남 京징깅 來

레래 的디딩 ○ 만일 南京셔 온 淸칭칭 水쉬쉬 織지징 金긴김 緞돤뒨 子즈즈 ○

픈ᄌᆞ셔 업슨 織金ᄒᆞᆫ 비단에ᄂᆞᆫ 却커캬ᇢ 賣매매 多도더 少샤셔ᇢ ○ 또 언머에 풀리오 不

부붕 須슈슈 多도더 說쉬쉉 ○ 모로미 말ᄒᆞᆫ양 말라 你니녀 旣지계 知지징 道닾땋

價갸갸 錢쳔쪈 ○ 네 이믜 갑ᄉᆞᆯ 알면 隨쉬쒸 你니녀 給지깅 多도더 少샤셔ᇢ ○

네ᄃᆡ로 언머ᄅᆞᆯ 주라 這져져 織지징 金긴김 胷훙흉 背비뷔 ○ 이 織金胷背에 與위유

你니녀 五우우 兩량량 ○ 너ᄅᆞᆯ 닷냥을 주미 這져져 是시씽 實시싱 在재째 價

갸갸 錢쳔쪈 ○ 이 진짓 갑시라 你니녀 肯큰킁 我오어 就직찧 買매매 ○ 네 즐기면

내 꼿 사고 若ᅀᅭᅀᅣᇰ 不부붕 肯큰킁 我오어 別버뼝 處츄츄 去취큐 ○ 만일 즐기지 아

니ᄒᆞ면 내 다ᄅᆞᆫ 곳에 가쟈 你니녀 旣지계 知지징 道닾땋 價갸갸 錢쳔쪈 ○ 네 이믜 갑

슬나 我오어 也여여 不부붕 多도더 說슈워 了랴령 ○나도 말호양 아니ᄒᆞ리라

只즈짛 揀견간 好ᄒᆞᇢ황 銀인인 子즈ᄌᆞᆼ 來레래 ○다만 죠흔 은을 ᄀᆞᆯ희여오라 就

작찧 賣매매 與위유 你니녜 了랴령 ○곳 ᄑᆞ라 너ᄅᆞᆯ 주마 這져져 等등둥 子즈ᄌᆞᆼ

拉라랑 ○이 저울이 ᄂᆞ리니 你니녜 添텬텸 上샹쌍 ○네 더ᄒᆞ라 天텬텬 平핑삥

地디뎨 平핑삥 的디딩 等등둥 子즈ᄌᆞᆼ ○天平地平ᄒᆞᆫ 저울에 你니녜 要얀향 補

부부 定딩띵 麽마뭐 ○네 더음을 바드려 ᄒᆞᄂᆞᆫ다 罷바빠 呀야햐 ○마라 包바봥 起

치켸 來레래 ○받라 我오어 拿나나 去큐큐 ○내 가져 가쟈 這져져 緞돤뒨 子

즈ᄌᆞᆼ 買메매 了랴령 ○이 비단 사다

咱자잠 們믄문 再재재 商샹샹 量량량 ○우리 또 商量ᄒᆞ쟈 這져져 箇거거 柳

릭릭 青칭칭 顔연연 色서싕 紬칙찔 子즈ᄌᆞᆼ ○이 柳青빗치 비단이 有우잏 多도더

少샾셯尺치칭頭투뜰○언머자히 잇ᄂᆞ뇨勾구궁做주주一이힣箇거거襖

안항子즈즈麼마뭐○녀이ᄒᆞᆫ옷 슬지으라你니녀說숴쉉甚서씸麼마뭐話

화홯○네므슴말을 니ᄅᆞᄂᆞᆫ다滿만뭔七치칭托토탕有우잏餘위유○닐곱 발이

ᄐᆡ끄남 즉ᄒᆞ니官관권尺치칭足주쥬有우잏二ᅀᅵ을丈쟝쨩八바방○구의 ᄉ자

ᄒᆞ로ᄂᆞᆫ녁녁이ᄉ 믈여ᄃᆞᆲ자히오裁재째衣이히尺치칭足주쥬有우잏二ᅀᅵ을丈

장쨩五우우○바ᄂᆞ질ᄌᆞᄒᆞ로ᄂᆞᆫ녁 녁이ᄉᆞ믈며자히니似스씃你니녀這저져般번뻔

身신신材채째○네이ᄀᆞ 튼몸에若쇼샵做주주細시셰褶저졓兒ᅀᅵ을襖안함

子즈즈○만일ᄆᆞᄂᆞᆫ주름 옷슬지어도也여여儘진진勾구긓了럎랼○ᄯᅩ잇 굿녁

녁ᄒᆞᆯ새 시오若쇼샹做주주直시찡身신신襖안함子즈즈○만일직녕 옷슬지으

면還환환有우잏餘위유剩싱씽的디딩○도로혀남으 미이시리라你니녀打

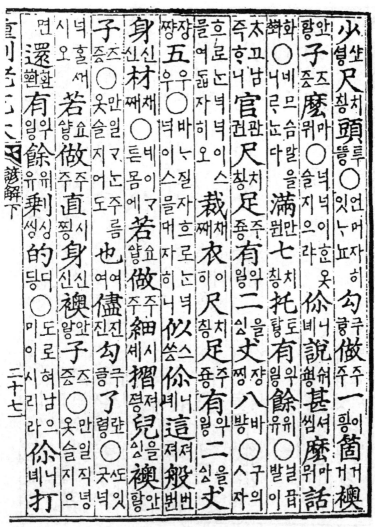

다다開캐캐○비펴라我오어托토탕看칸컨○내발마보쟈那나너裏리레
滿만뭔七치칭托토탕○어듸닐곱발이太됴若요샾說쉬숴七치칭托토탕却
커캬少샨셩些셔셔○만일닐곱발이라니ᄅᆞ면쇼도볼뼉ᄒᆞ다你니녀的디딍身신신
子즈즁大다때手식싱臂비비長챵쨩○비크커풀이기니一이힝托토탕比
비비別벼뼝人인신長챵쨩得더텅多도더○혼발을놈의게比ᄒᆞ면길미하니라這
져져紬추쯯子즈즁地디뗴頭투뜰是시씽那나너裏리레的디딍○이비단이
밋싸치가이어듸치고你니녀說쉬숴是시씽識시싱貨호훠○비니ᄅᆞ되이믈화아
노라ᄒᆞ더니怎즘즘麽마뭐却커캬又우잉不부붕識시싱呢니녀○엇지쏘도아
지못ᄒᆞᄂᆞ뇨這져져紬추쯯子즈즁是시씽南난남京징깅的디딍○이비단은
이南京人거시오不부붕是시씽別벼뼝處츄츄來레래的디딍○다ᄅᆞᆫ듸셔온거

시아나라 你니녜仔즈즈細시셰看칸컨○네仔細히보라 沒무몽一이힝點뎐뎜

粉븐뿐飾시씽○ᄒᆞᆫ뎜픈ᄌᆞ씌업서 實시씽在재째好한항清칭칭水쉬쉬紬

칙찡子즈즈○진실로죠흔제믈엣비단이라 要얀향多도더少샨셩價갸갸錢쳔쪈

○언머갑슬바ᄃᆞ려ᄒᆞᄂᆞ뇨 這져져紬칙찡子즈즈價갸갸錢쳔쪈誰쉬쒸不부붕

知지징道도땋○이비단갑슬뉘아지못ᄒᆞ여 作조잡甚셔씸麽마뭐討탄탕價

갸갸錢쳔쪈○므슴ᄒᆞ라갑슬쐐오리오 若쇼샹討탄탕價갸갸要얀향五우우兩

량량銀인인子즈즈○만일갑슬쐐오면닷냥은을바드려니와 老랖랑實시씽價갸갸

錢쳔쪈只즈징要얀향四스ᄉᆞᆼ兩량량○고지식ᄒᆞᆫ갑슨그저너냥을바ᄃᆞ리라 拿

나나銀인인子즈즈來레래就잗찡賣매매給지깅你니녜○은가져오라곳ᄑᆞ라

너롤주마 這져져紬칙찡子즈즈也여여買매매了랖럏○이비단도사다

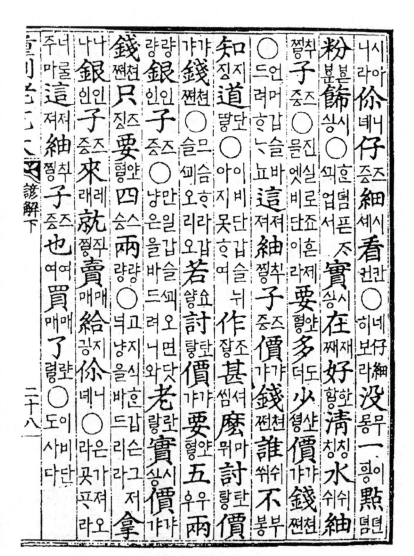

這 저저 鞍 헌안 子 즈즈 ○ 이 기ᄅᆞ마 轡 바픠 頭 뚷투 ○ 구레 鞦 칳칙 皮 삐피 ○

고ᄃᆞᆯ개 攀 판펀 胷 흉흉 ○ 가ᄉᆞᆷ거리 馬 마마 鞊 쳠쳔 ○ 돌애 馬 마마 鐙 딍등 ○

등ᄌᆞ 鞍 헌안 橋 꺙챠 子 즈즈 ○ 기ᄅᆞ마가지 鴈 얀연 翅 츠츠 板 반반 ○ 둥울 鐙

딍등 折 졍져 皮 삐피 ○ 등피 肚 뚜두 帶 대대 ○ 오랑 折 졍져 舌 쎵셔 ○ 혀쇠 緹

뗴티 胷 흉흉 ○ 쥬락 籠 룽룽 頭 뚷투 ○ 바구레 扯 쳐쳐 手 싱샥 ○ 혁 包 밯반

糞 뿐븐 ○ 밋마기 編 변변 繮 걍걍 ○ 다ᄒᆞᆫ곡비 繮 걍걍 繩 씽상 ○ 쥬리올 兠

듷두 頦 ᅘᆡ해 ○ ᄌᆞ가미 閘 장자 口 쿻쿠 ○ 마함 汗 헌한 替 톄티 ○ ᄯᆞᆷ언치 馬

마마 鞭 변변 子 즈즈 ○ 채ᄶᅵᆨ 稍 샹샾 繩 씽싱 ○ 간지개 都 두두 買 매매 了 럏랴

○ 다 사다

再 재재 買 매매 一 힝이 張 쟝쟝 弓 궁궁 去 큐취 ○ 또 ᄒᆞᆫ 쟝 활 사라 가쟈 且 쳐쳐 到

단당那나너賣매매弓궁궁的디딩店뎐뎜裏리레去취큐問운운○또저활프

는店에가무르되有우잉賣매매的디딩好화항弓궁궁麼마뭐○죠흔활이잇

ᄂᆞ냐客커킈人인신○나그내我오어店뎐뎜內뉘뉘若쇼샹沒무뭉有우잉

好화항弓궁궁○우리店에만일죠흔활이업스면、做주주甚셔심麼마뭐買매매

賣매매○므슴흥졍을ᄒᆞ리오你니녜把바바這저져一이힝張쟝쟝黃황황樺

화화皮피삐弓궁궁上샹쌍了랸량弦현현○네이ᄒᆞᆫ쟝누른봇닙힌활을다가시위언

즈라我오어拉라랑拉라랑看칸컨○내ᄃᆞ릐여보아有우잉幾지계箇거거氣

치킈力리링若쇼샹好화항○여러힘이이셔만일죠흐면我오어就직찍買매매

了랸량○내곳사리라.新신신上샹쌍了랸량的디딩弓궁궁○새로언ᄌᆞᆫ활이

니慢만만慢만만的디딩拉라랑○날호여ᄃᆞ릐라饑지계是시씌好화항弓

궁궁 ○ 이믜 이 죠흔 활이면 怎 즘즘 麼 마뭐 怕 파파 拉 라랑 呢 니녀 ○ 엇지 ᄃᆞ릐기ᄅᆞᆯ

저퍼ᄒᆞ리오 這 저져 弓 궁궁 弓 궁궁 把 바바 軟 원원 ○ 이 활이 좀 이믈러 不 부붕

好 한향 拉 라랑 ○ ᄃᆞ릐기 죠치 아니ᄒᆞ고 不 부붕 隨 쉬쒸 手 식싱 ○ 손애 맛지 아니

ᄒᆞ고 又 우잉 一 이힝 半 반번 歇 치켸 ○ 또 ᄒᆞᆫ편이 지고 再 재재 沒 무뭉 有 우잉 迴

휘횡 性 싱싱 ○ 또 돌셩이 업ᄯᅡ 你 니녀 錯 초ᄎᆞᇰ 認 인인 了 랴럏 ○ 네 그ᄅᆞᆺ 아도다 似

스ᄊᆞᆼ 這 저져 般 번번 的 디딩 弓 궁궁 ○ 이런 활을 你 니녀 還 환환 嫌 헌혐 甚 서씸

麼 마뭐 ○ 네 도로혀 므슴 나무라ᄒᆞᄂᆞ다 由 우잉 他 타터 說 쉬쉉 ○ 저대로 니ᄅᆞ나

마나 自 즈ᄍᆞᆼ 古 구구 道 단땅 ○ 녜브터 니ᄅᆞ되 褒 반방 貶 변볌 的 디딩 是 시씽 買

매매 主 쥬쥬 ○ 포폄ᄒᆞᄂᆞᆫ이야 이 살님재라 這 저져 一 이잉 張 장장 弓 궁궁 爲 위위

甚 서씸 麼 마뭐 不 부붕 樺 화횅 了 랴럏 ○ 이 ᄒᆞᆫ장 활은 엇지ᄒᆞ여 봇 닙히지 아니ᄒᆞ엿ᄂᆞ

뇨 你니녜不부붕知지징道닾땋 ○ 네아지못ᄒᆞ다 這저져弓궁귱最쥐쥐好
한항 ○ 이활이ᄀᆞ장죠하 是시씽上샹썅等등등的디딩 ○ 이上等엣거시니 若
쇼샾 樺화ᅘᅪ了랴령呢니녜 ○ 만일봇납히면 買매매的디딩人인싄就직찡不
부붕 信신신了랴령 ○ 살사ᄅᆞᆷ이곳밋지아니ᄒᆞ리니 教쟌걍人인신看칸컨了랴령
面면면上샹썅的디딩角교걍 ○ 사ᄅᆞᆷ으로ᄒᆞ여面에올린ᄲᅳᆯ과 背비뷔上샹썅鋪
푸푸 的디딩筋긴긴 ○ 등에션힘을뵈고 商샹샹量량량了랴령價갸갸錢쳔쪈
然샨연後후ᅘᅮ ○ 갑슬商量ᄒᆞᆫ후에 樺화ᅘᅪ也여여不부붕遲치찌 ○ 봇닙혀도
더되지아니ᄒᆞ리라 這져져弓궁귱卸셔셔下하햐 ○ 이활브리오라 彄쿠큐子즈즈
小샾셩些셔셔 ○ 오녀적고 弰산샹兒을싕短된된些셔셔 ○ 고재셔르고 弓
궁귱 簟뎐뗨子즈즈也여여薄반빵些셔셔兒을싕 ○ 도고리도엷다 將장쟝就

쥐찡也여여買매매了랴ᇢ럏 ○ 두어라 ᄒᆞ여 또 사쟈

有우잉賣매매的디딩弓궁궁弦현현取츄츄來레래 ○ ᄑᆞᆯ 활시위 잇거든 가져오

라 我오어也여여買매매一이힝條탸ᇢ뗳 ○ 내 또 ᄒᆞᆫ오리 사 就쥐찡這져져裏

리례上샹썅了랴ᇢ럏這져져弓궁궁去취큐 ○ 곳예셔 이활 에언저 가쟈 有우잉 ○

잇다 你니녜只즈지ᇫ揀견간着져쨩買매매 ○ 네 그저 ᄀᆞᆯ희여 사라 這져져條탸ᇢ뗳

忒틔틍細시세 ○ 이 오리ᄂᆞᆫ 너무 ᄀᆞᄂᆞᆯ고 這져져條탸ᇢ뗳又우잉太태태麤추추

○ 이 오리ᄂᆞᆫ 또 너무 굵으니 似스쓰這져져一이힝等등등着쟈ᇢ쨯中중즁的디딩

纔채째好하ᇢ핳 ○ 이ᄒᆞᆫ 등ᄀᆞ튼 마ᄌᆞᆫ이야 맛치 죠타 這져져弓궁궁與위유那나너

弦현현都두두買매매了랴ᇢ럏 ○ 이 활과 다 못져 시위ᄅᆞᆯ 다 사다

還환훤要야ᇢ향買매매幾지계枝지지ᇫ箭잔젼 ○ 또 여러 낫 살을 사려 ᄒᆞ노라 這

져져鈚피피子즈증○이셔보조虎후후爪잪장○거리살鹿루룽角교걓樸

부붕頭투뜽○노각고도리響향향樸부붕頭투뜽○제오도리艾애해葉여명

箭쟌젼○艾葉箭柳리링葉여명箭쟌젼○柳葉箭迷미몌針진짐箭쟌젼

○편젼挑댠텽遠원원箭쟌젼○ᄀᆞᄂᆞᆫ대骨구궁鈚피피箭쟌젼○솔살這

져져箭쟌젼幹간건是시씽竹주쥼的디딍○이살대ᄂᆞᆫ이대로ᄒᆞᆫ거시오這져져

是시씽木무뭉頭투뜽的디딍○이ᄂᆞᆫ이남그로ᄒᆞᆫ거시로다再재재要얀ᅙᅧᇢ買

매매一이힁副부부弓궁귱箭쟌젼撒사상袋대때○ᄯᅩᄒᆞᆫ볼궁ᄃᆡ동개사려ᄒᆞ노라

弓궁귱拿나나子즈증○도지개箭쟌젼梯티톄○퉁위扮반반指즈징子

즈증○각지這져져幾지계樣양양的디딍又우임都두두買매매了랸렿○

이여러가지것ᄯᅩ다사러거다

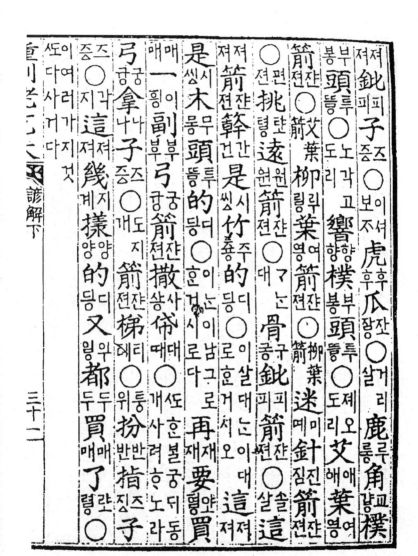

再재재要혐얀買매매些셔셔椀훤완楪뎡뎌什씽시物뭉우○또 져기 사발 졉
시 즙믈 사려 ᄒᆞ노라 鑼러로鍋궈고○노고 荷허허葉엳여鍋궈고○헤너러진 가마
兩량량耳싕을鍋궈고○두귀 진 가마 茶짜차罐권관○차관 당 大때다椀
훤완○큰사발 小셩샤椀훤완○젹은 사발 銅뚱퉁椀훤완○쥬발 磁쯔츠楪
뎡뎌子즈즈○ᄌᆞ긔 졉시 木뭉무楪뎡뎌子즈즈○나모 졉시 茶칭치楪뎡뎌子
즈즈○茶ᄒᆞᆫ 졉시 紅훙훙茶칭치匙씽츠子즈즈○블근 茶ᄒᆞᆫ 술, 黑흑희茶칭치
匙씽츠子즈즈○거믄 茶ᄒᆞᆫ 술 銅뚱퉁匙씽츠子즈즈○놋술 湯탕탕匙씽츠
○국 먹는 술 紅훙훙茶칭치快쾌쾌子즈즈○블근 茶ᄒᆞᆫ 져 銅뚱퉁快쾌쾌子
즈즈○놋져 盒헝허子즈즈○합 瓶뼝핑子즈즈○병 背뷔븨壺후후○
쥬합 執짛지壺후후○귀돈 병 膽담단瓶뼝핑○목긴 병 小셩샤口큳쿠瓶

핑삥○쇠용三산삼脚교걍○아리쇠甑증징兒을싕○시르大다때盤판뽠
子즈즈○큰반小샤셩盤판뽠子즈즈○적은반蠟라랑臺대때○쵸ㅅᄃᆡ
夜여여壺후훙○요강這져져茶치칭器치계傢쟈갸伙호훠○이茶ᄒᆞᆫ그릇쌔
를一이훵半반뿬是시씽要얀ᅇᅸ布부부裹고궈的디딍○반은이뵈로받거슬
ᄒᆞ려ᄒᆞ고一이훵半반뿬是시씽要얀ᅇᅸ膠걒걍茶치칭的디딍○반은이아교茶
ᄒᆞᆫ거슬ᄒᆞ려ᄒᆞ니工궁궁夫부부不부붕到닾닿的디딍不부붕要얀ᅇᅸ○工夫
드지아닌거슨마다這져져布부부裹고궈的디딍是시씽主쥬쥬顧구구生숭싱
活호홯○이뵈로반거슨이맛초임셩녕이오餘위유外왜왜的디딍都두두是시씽
尋신씸常창쨩賣매매貨호훠○나믄이ᄂᆞᆫ다이녜ᄉᆞᄑᆞᄂᆞᆫ거시니是시씽平핑삥
常창쨩的디딍○이좀거시로다

今긴김日시싕備븨쎄辦반반了랸럏些셔셔茶차짜飯반빤○오ᄂᆞᆯ져기차반

ᄒᆞ여도아請칭칭咱자쟘們믄문衆중즁親친친眷권권來레래閑현ᅘᅧᆫ坐조쭤

○우리모든권당을請ᄒᆞ여와힘힘이안잣쟈祖주주父부뿌○한아비阿아어婆

포뿨○한어미父부뿌親친친○아비母무무親친친○어미伯버븽伯버븽

○ᄆᆞᆺ아ᄌᆞ비伯버븽母무무○ᄆᆞᆺ아ᄌᆞ비쳐叔수슝叔수슝○져근아ᄌᆞ비嬸

신심娘냥냥○져근아ᄌᆞ비쳐哥거거哥거거○형嫂산삼子즈즁○형의쳐

兄흉휭弟디뗴○아ᄋᆞ小샤셜嬸신심○아ᄋᆞ의쳐姐져져姐져져○ᄆᆞᆺ누의

妹미뮈子즈즁○아ᄋᆞ누의大다때媳시싱婦부뿌○ᄆᆞᆺ며누리小샤셜媳시싱

婦부뿌○져근며누리姪지찡兒을싱○동ᄉᆡᆼ의게난아ᄃᆞᆯ姪지찡女뉴뉴○

동ᄉᆡᆼ의게난ᄯᆞᆯ과又우임請칭칭外왜왜公궁궁○또외조부外왜왜婆포뿨○

외조모 舅구끵 舅구끵 ○어믜오라비 姑구구 娘냥냥 ○아븨누의 姑구구 夫
부부 ○아븨누의남편 姨이이 娘냥냥 ○어믜계집동싱 姨어이 夫부부 ○어의계집
동싱의남편 姐저저 夫부부 ○못누의남편 妹믜뮈 夫부부 ○아ᄋᆞ누의남편 外
왜왜 甥승승 ○누의게난아ᄃᆞᆯ 女뉴뉴 婿시셰 ○사회 叔수슉 伯버븽 哥거거 哥
거거 兄흉휭 弟디뎨 ○동셩ᄉᆞ촌형아ᄋᆞ 姑구구 舅구끵 哥거거 哥거거 兄흉휭
弟디뎨 ○이셩ᄉᆞ촌형아ᄋᆞ 房방빵 分븐뿐 哥거거 哥거거 兄흉휭 弟디뎨 ○
동셩뉵촌형아ᄋᆞ 兩량량 姨이이 哥거거 哥거거 兄흉휭 弟디뎨 ○兩姨의게난형
아ᄋᆞ 連련련 姈긴낌 ○ᄉᆞ나희동세 妯쥐쭁 娌리례 ○계집동세 奶내내 娘냥냥
○젓어미 小샾셩 娘냥냥 子즈즁 ○쳡 大다때 舅구끵 子즈즁 ○못처남
小샾셩 舅구끵 子즈즁 ○저근처남 大다때 姨이이 ○처형 小샾셩 姨이이 ○

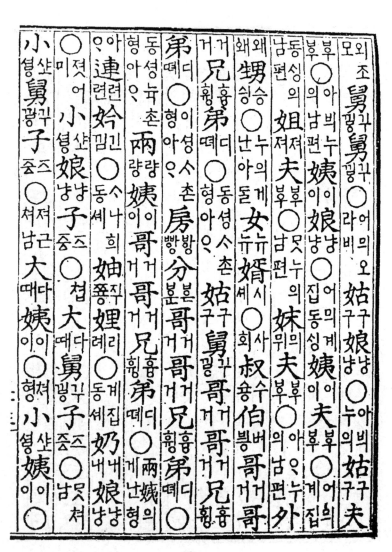

셔뎨 親친친家쟈갸公궁궁 ○ 사돈집아비 親친친家쟈갸毋무무 ○ 사돈집어

미 親친친家쟈갸伯버빙 ○ 사돈집아ᄌᆞ비 親친친家쟈갸舅구낑舅구낑 ○

사돈집어믜오라비 親친친家쟈갸姨이어 ○ 사돈집어미계집동싱을請ᄒᆞ쟈 他타더

們믄문帶떠대來레래使시싱喚훤훤的디딩丫야야頭투뜽小샾썋廝스승

們믄문 ○ 저들의ᄃᆞ려와使喚ᄒᆞᄂᆞᆫ丫頭와아ᄒᆡ들도 也여여給지깅他다티幾지계

卓조짭子ᄌᆞ쯩飯반빤菜채채喫치킹纔채째好한항 ○ ᄯᅩ져롤여러상飯菜을주

어먹이미맛ㅅ치죠타 這저저酒쥐징席시씽須슈슈預위유備븨삐停팅띵妥토터

着져쨯 ○ 이잔치롤모로미預備ᄒᆞ미맛당ᄒᆞ다

客커킈人인신們믄문都두두到단당門믄문了랼령 ○ 나그내들다門에다ᄃᆞᆺ거

다 先션션喫치킹箇거거到단당門믄문盞잔잔纔채째是시씽 ○ 몬져門ᄃᆞ

람盞을먹으미맛치올라各거각位위위請칭칭家쟈가裏리례坐조쮜○各位논請

권대집의안즈라今긴김日이잉略랸량備븨뻬些셔서淡단땀薄보빵筵연연

席시씽○오ᄂᆞᆯ저기淡薄ᄒᆞᆫ이바지ᄅᆞᆯ장만ᄒᆞ고虛쉬휴請칭칭親친친眷권권○

속절업시권당을청ᄒᆞ여酒직징也여여沒무뭉有우잉醉쥐쥐○술도醉홈이업고

飯반빤也여여沒무뭉有우잉飽밧방○밥도빗브르미업스니不부봉要얀영

見견견恠괘괘○허믈말라你니녜別베뼝這져져麼마뭐說쉬숴○네이리니

ᄅᆞ지말라我오어們믄문當당당不부붕過고궈○우리當치못ᄒᆞ여라攬쟌걈擾

얀영府부부上샹쌍○府上에들려여一이힝日이잉辛신신苦쿠쿠○홀놀辛苦

케ᄒᆞ고我오어們믄문酒작징也여여醉쥐쥐了랴령○우리술도醉ᄒᆞ고飯

반빤也여여飽밧방了랴령○밥도빗브르니多도더謝셔써○多謝ᄒᆞ여라

諺解下　三十四

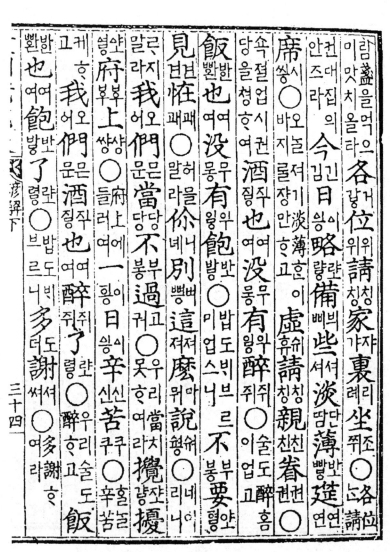

如유유今긴김正정징是시씽臘라랑月웨웽○이제 정히 이 臘月이니 天텬텬
氣치켸冷릉릥啊아허○하ᄂᆞᆯ이 ᄎᆞ다 拾시씽來레래的디딩馬마마糞본뿐
好한항拿나나來레래○주어온 ᄆᆞᆯᄯᅩᆼ을 잘 가져다가 熰우흫些셔셔火호훠○
져기 블 무희여 烤잔캉烤잔캉手식싱脚교걍○손발 쬐자 馬마마糞본뿐拾시씽
在재째筐광쾅子즈즁裏리례頭투뜽○ᄆᆞᆯᄯᅩᆼ을 주어 광주리 안ᄒᆡ 이셔니 收식싱
進진진來레래○거두어 드려오고 不부붕要얖햫教쟌걍別벼뼝人인신拿
나나了랖령去취큐○다ᄅᆞᆫ 사ᄅᆞᆷ으로 ᄒᆞ여 가져가게 말라 這져져車쳐쳐子즈즁○
이 술위 折셔쎵了랖령車쳐쳐輞왕망輻부봉條댶뗭○술위 박회와 살이 브러져
시니 可커커惜시싱了랖령○앗가올샤 那나너不부봉相샹샹干간건○그ᄂᆞᆫ
관계치 아니ᄒᆞ니 後후흫頭투뜽不부봉修식싱理리례麼마뭐○후에 修理치 아

니라 ᄒᆞ 車쳐쳐軸주쯍 ○ 술위도리 車쳐쳐釧춴춴 ○ 술위통부리에레메여박은쇠

車쳐쳐鐧갼갼 ○ 술위통안히달치아니게시조치로박은쇠 車쳐쳐頭투뜰 ○ 술위

앏괴오ᄂᆞᆫ나모 車쳐쳐梯티레 ○ 술위뒤괴오ᄂᆞᆫ나모 車쳐쳐廂샹샹 ○ 술위두녁난간

車쳐쳐轅원원 ○ 술위채 繩싱씽索소삽都두두好한황 ○ 바들이다죠타 樓

루릉子즈즈車쳐쳐 ○ 집지은술위 庫쿠쿠車쳐쳐 ○ 잡은것넛ᄂᆞᆫ술위 驢뤼류

騾로러大다때車쳐쳐 ○ 나귀노새메오ᄂᆞᆫ큰술위와 與위유那나너尋신씸常

창쨩坐조쭤的디딍車쳐쳐子즈즈 ○ 다ᄆᆞᆺ져샹히ᄐᆞᄂᆞᆫ술위로 都두두在재째房

방빵子즈즈裏리레放방방着져쨯 ○ 다집의너허두고 別벼뼝教쟌걍兩위유

雪쉐쉥淋린림濕시씽了랴량 ○ 兩雪에젓게말라

似스쏭這져져般번뻔冷릉링 ○ 이리치우니 咱자짱們믄문放방방箇거거

遠원원垛더도子즈즈 ○우리 멀리 솔치고 射써셔幾계지箭젼쟌賭두두箇

거거輸슈슈贏잉잉 ○여러 살 쏘아 지며 이긔믈 나가ᄒᆞ쟈 咱쟘자們믄믄六륙릭箇

거거人신인 ○우리 여슷 사ᄅᆞᆷ이 分분븐做주주三삼산回훼휘射써셔罷빠바

○세 ᄌᆞ레에 ᄂᆞᆫ화 쏘쟈 看컨칸那너나邊변변射써셔箭젼쟌 ○져편 활 쏘ᄂᆞᆫ 거슬 보

더니 衆즁중人싄인叫갸쟌喚훤훤的딍디時씽스候흫후 ○모든 사ᄅᆞᆷ이 짓궬 ᄯᅢ

에 射써셔的딍디歪왜왜了령랸 ○쏘기ᄅᆞᆯ 기우로 ᄒᆞ고 又잉우失싱시手싱샤

放방방 ○또 뒤ᄲᅡ져다 須슈슈要향얀高강간些셔셔射써셔 ○모로미 놉즈기

쏘라 低뎨디射써셔時씽스竄춴춴到당닾了령랸 ○ᄂᆞᆺ게 쏘면 근득여 가ᄂᆞ니라

誰쒸쉬贏잉잉誰쒸쉬輸슈슈 ○뉘 이긔며 뉘 지ᄂᆞ뇨 由잉우他터타們믄믄射

써셔罷빠바 ○저 들대로 쏘게 ᄒᆞ쟈 早장잔了령랸 ○일러시니 一힝이會훼휘兒

을싱 ○ 흔워 지 再 재재 添 텬텸 幾 지계 枝 지징 箭 쟌젼 也 여여 勾 구긓 了 랸럏
○ 또 여러 낫 살을 더 흐여도 넉넉흐리라 我 오어 贏 잉잉 了 랸럏 ○ 내 이긔고 你 니녜
輸 슈슈 了 랸럏 ○ 네 지거다 就 직쭤 罰 바빵 一 이힝 遭 잔짱 筵 연연 席 시씽 ○
곳 흔 지위 이바지롤 罰로 흐고 請 칭칭 我 오어 們 믄문 ○ 우리롤 請흐라
咱 자장 們 믄문 做 주주 漢 한헌 人 인신 筵 연연 席 시씽 ○ 우리 漢ㅅ사룸의 이바지
롤 흐면 頭 투툫 一 이힝 椀 완훤 燕 연현 窩 오휘 ○ 頭一椀은 燕窩ㅣ오 第 디뗴 二
을싱 椀 완훤 魚 위유 翅 츠츙 ○ 第二椀은 믈고기 지네오 第 디뗴 三 산삼 椀 완훤 匾
변변 食 시씽 ○ 第三椀은 변시오 第 디뗴 四 스숭 椀 완훤 鰒 박뽜 魚 위유 ○ 第四
椀은 전복이오 第 디뗴 五 우우 椀 완훤 海 해해 蔘 슨슴 ○ 第五椀은 海蔘과 頓 둔둔
肉 류슝 ○ 술믄 고기오 第 디뗴 六 릭룽 椀 완훤 雞 지계 ○ 第六椀은 둙이오 第

디떼 七치칭椀완훤鮮션션魚위유 ○ 第七椀은 싱션과 粉湯

과 饅만뭔頭투뜰 ○ 상화와 打다다糕간강 ○ 인절미와 雞지계蛋단단糕

간감 ○ ᄃᆞᆰ의 알 ᄯᅥᆨ과 㩦대땅子즈즁餑보뽕餑보뽕 ○ 몽고 ᄯᅥᆨ 都두두喫치킹

完완횐了랴렬 ○ 다 먹어 ᄆᆞᆺ거다 先션션喫치킹空쿵쿵湯탕탕 ○ 몬져 空湯을 먹

고 後후흫喫치킹茶차짜 ○ 후에 차롤 먹고 就직찡散산산罷바빠 ○ 곳 흐터지

쟈 咱자쟝們믄문用융융的디딩菜채채蔬수수整징징齊치쩨不부붕整

징징齊치쩨 ○ 우리 ᄡᅳᆯ 菜蔬ㅣ 졍졔ᄒᆞ냐 졍졔치 못ᄒᆞ냐 又의잉備비뻬些셔서果고궈

子즈즁好한항下하햐酒작징的디딩 ○ ᄯᅩ 져기 과실 술 ᄂᆞ리오기 됴흔 거슬 ᄀᆞ초쟈

這져져藕우응菜채채 ○ 이 년근치 黃황황瓜과과 ○ 외 茄쳐껴子즈즁 ○

가지 生승싱葱충충 ○ 파 生승싱薑쟝걍 ○ ᄉᆡᆼ강 蘿로러蔔부뿡 ○ 댓무우

冬둥둥瓜과과○동화葫후후蘆루루○박芥개계子즈즈○계ᄌᆞ蔓뭔먼

菁징징○쉿무우赤칭치根근근菜채채○시근치海해해帶대대菜채채

○다ᄉᆞ마馬마마蹄뎨티菜채채○곰돌릐這져저菜채채裏례리頭뜽투

○이칙즁에有잉우煠쨩자不붕부熟쑹슈的딩디○데쳐닉지못ᄒᆞᆫ것도잇고也

여여有잉우柴쨰채的딩디○또쇤것도잇다

這져저按헌안酒짱작○이안쥬ᄂᆞᆫ煎젼젼魚유위○믈고기젼ᄒᆞᆫ것과羊양양

雙상솽腸쨩챵○羊의챵ᄌᆞ와頭뜽투○머리와蹄뎨티○발과肚뚜두兒

ᅀᅵᆼᅀᅳᆯ○양이오這져저果거고子즈즈是씽시○이과실은이棗잘잔兒ᅀᅵᆼᅀᅳᆯ

○대쇼와柿씽스餅빙빙○곳감과核헝허桃땋톼○호도와紅훙홍姑

구구娘냥냥○고ᅀᆈ아리와山산산裏례리紅훙홍○아가외와甜뗨텬梨례리○

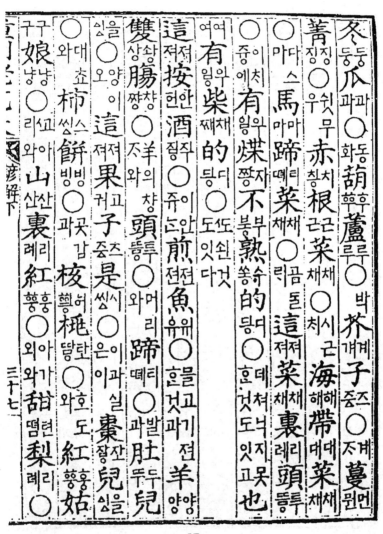

ᄃᆞᆫ비와 酸 숸숸 梨 리례 ○ 믄비와 葡 푸뿌 萄 탚땋 ○ 葡萄와 龍 룽룽 眼 얀연

○ 龍眼과 荔 리례 芰 즈징 ○ 荔芰와 杏 힝헝 子 즈즈 ○ ᄉᆞᆯ고와 西 시셰 瓜

과과 ○ 슈박과 香 향향 瓜 과과 ○ ᄎᆞᆷ외와 柑 간감 子 즈즈 ○ 柑子와 橘 규큥

子 즈즈 ○ 귤과 石 시씽 榴 릭릥 ○ 石榴와 李 리례 子 즈즈 ○ 외얏과 松 숭슝

子 즈즈 ○ 잣과 栗 리링 子 즈즈 都 두두 用 융융 的 디딍 好 핳항 ○ 밤이 다 ᄡᅳ기 죠

타 這 저져 肉 류숑 都 두두 煮 쥬쥬 熟 수슝 了 랴럏 ○ 이 고기 다 ᄉᆞᆱ마 닉어다 䪬

보뽕 子 즈즈 ○ 목장이 頭 투뜽 ○ 머리 肋 릐릥 條 턒뗭 ○ 가리 前 쳔쪈 膊 밮방

○ 압엇게 後 후흫 腿 튀튀 ○ 뒷다리 胷 흉흉 肋 릐릥 都 두두 有 우잏 ○ 양지

머리 다 잇다 怎 즘즘 麼 마뭐 不 부붕 見 견견 一 이잏 箇 거거 後 후흫 腿 튀튀 ○

엇지 ᄒᆞᆫ 뒷다리ᄅᆞᆯ 보지 못ᄒᆞᆯ소뇨 饅 만뭔 頭 투뜽 餡 현햠 裏 리례 使 시싀 了 랴럏 ○

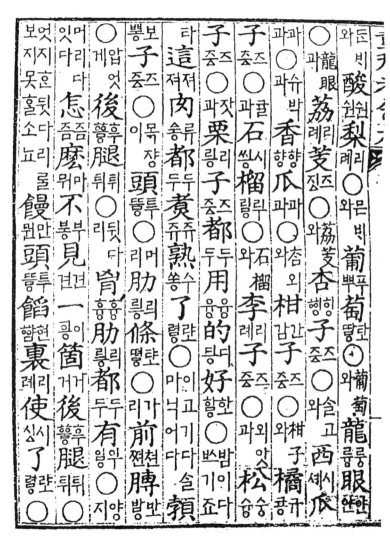

상화소에벗다 酒징직 席씽시 湯탕탕 飯빤반 都두두 完훤완 備삐븨 了럏랴 ○

잔치에국과밥이다마잣다 日잉시 頭뜰투 落랍로 了럏랴 ○ 히져시니 快쾌쾌 些

셔셔 擡때태 過궈고 來래레 喫킹치 了럏랴 好할한 ○ 밧비드러다가먹으미됴타

咱쟝자 們믄믄 今김긴 日잉시 筵연연 席씽시 ○ 우리오늘이바지에 喫킹치 多

더도 少셯샾 酒징직 ○ 언멋술을먹으뇨 喫킹치 二싱을 兩량량 銀인인 子증즈

的딩디 酒징직 ○ 두냥은에술을먹엇다 咱쟝자 們믄믄 只징즈 是씽시 十씽시

數수수 箇거거 人신인 ○ 우리그저여라믄사룸이 怎즘즘 麼뭐마 喫킹치 二싱을

兩량량 銀인인 子증즈 的딩디 酒징직 ○ 엇지두냥은에술을먹으뇨 不붕부 但

딴단 上썅샹 頭뜰투 十씽시 數수수 箇거거 客컹커 人신인 喫킹치 ○ 다만우희

여라믄나그네먹을뿐아니라 那나나 下햐하 頭뜰투 還훤환 有읻우 十씽시 多더도

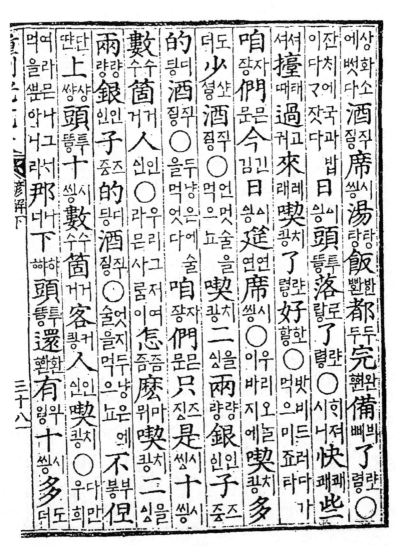

箇거거伴뻔번當당당們문믄 ○ 저아리도로혀여라 믄伴當들이이시니 怎즘즘麼
뭐마不봉부教걓쟈他터타喫칭치麼뭐마 ○ 엇지저로ᄒᆞ여 먹게아니ᄒᆞ랴 這져져
筵연연席씽시散산산了럏랴 ○ 이이바지ᄒᆞ 러지거다
我어오有잉우些셔셔腦낭나痛퉁퉁頭뚷투眩훤훤 ○ 내져기끌치 앏프고마리
어즐홈이 이시니 請칭칭太태태醫히이來래레診진진候흫후脈믝머息싱시
○ 太醫롤청ᄒᆞ여 와진믹ᄒᆞ쟈 看컨칸是씽시甚씸서麼뭐마病뼝빙 ○ 보라 이므
슴病 고 太태태醫히이說쉉쉬 ○ 太醫니 ᄅᆞ되 你녜니脈믝머息싱시浮뿧부
沈찜친 ○ 네믹이浮ᄒᆞ락 沈ᄒᆞ락ᄒᆞ니 敢감간是씽시喫칭치了럏랴冷링릉物
뭉우傷샹샹着쨯져了럏랴 ○ 冷物을먹어 傷ᄒᆞᆫ듯ᄒᆞ다 我어오昨쭣조日싕시冷
링릉酒짇주多더도喫칭치了럏랴 ○ 내어제ᄎᆞᆫ술을 만히먹엇노라 那너나般뻔번

不부붕錯초촣○그러면그르지이니ᄒᆞ니不부붕能능능剋킈킁化화화○능히
쇼화치못ᄒᆞ여所소수以이이致지징腦노낳痛퉁퉁頭투뜰眩휜휜○이러므로
골치앏프고마리어즐홈을닐위여不부붕思스승飲인힘食시씽○飲食을ᄉᆡᆼ각아니ᄒᆞ
ᄂᆞ니我오어這저저藥요얗是시씽專젼줜治치찡飲인힘食시씽停팅뗑滯
지쟤的디딩○내이약은이飲食停滯ᄅᆞᆯ젼혀다ᄉᆞ리ᄂᆞᆫ것시니你니녀喫치칭了랴럏
可커커以이이立리링時스씽見견견效햐향○네먹으면可히즉시효험볼꺼시라
木무뭉香향향散산산氣치켸丸원훤○木香散氣丸檳빈빈榔랑랑丸원훤
○檳榔丸這저저藥요얗裏리례頭투뜰○이藥즁에該개개喫치칭檳빈빈
榔랑랑丸원훤○檳榔丸을먹엄즉ᄒᆞ니必비빙要얀햫在재째食시씽後후흫
喫치칭○반ᄃᆞ시食後에먹으되每미뮈服부뿡三산삼十시씽丸원훤○每服

에 丸을 三十生싱승薑강쟝湯탕당送숭숭下햐하 ○ 生薑湯에 ᄂᆞ리오라 喫칭치

了럏랴麽뭐마 ○ 먹으면 就찡직要향얀跑팡퐈肚뚜두走증주動뚱둥 ○

곳비설어뒤 볼셔시니 先션션喫칭치稀히히粥죵주補부부一흥이補부부 ○

몬져 믈근 죽을 먹어 補ᄒᆞ고 然연얀後흫후再재재喫칭치飯빤반 ○ 그린후에 또밥

올먹으라 第뗴디二잉을日잉이太태태醫히이來래레問문운 ○ 이튼날 太醫와

무르되 你녜니好핳한些셔셔了럏랴麽뭐마 ○ 네져기 나으냐 今깅긴日싱ᅀᅵ

早잘잔晨씬친 ○ 오ᄂᆞᆯ 아ᄎᆞᆷ에 纔째채喫칭치了럏랴些셔셔粥죵주 ○ ᄀᆞᆺ져

기쥭먹으니 較걓쟌好핳한些셔셔了럏랴 ○ 져기 나애라 若얗요病삥빙大

때다好핳한了럏랴 ○ 만일 病이 쾌히 나으면 重쯍중重쯍중的딩디酬쯯칙謝

써셔 ○ 重히 重히 갑하 사례ᄒᆞ리라

咱장자們문믄一힝이生싱승 ○우리一生에 常쨩챵願원원快쾌쾌活홯호

○덧덧이快活홈을 원ᄒᆞᄂᆞ니 春츈츈夏햐하秋칭칙冬둥둥一힝이日ᅀᅵᇰᅀᅵ也

여여不붕부該개개煩빤반惱낭나 ○春夏秋冬에ᄒᆞᄅᆞ도 煩惱ᄒᆞᆯ새시아니라 你녜니

看컨칸咱장자們문믄人신인在째재世싱시上썅샹 ○네보라우리 사ᄅᆞᆷ이世上

에셔 이 有잉우今김긴日ᅀᅵᇰᅀᅵ活홯호着쨯져明밍밍日ᅀᅵᇰᅀᅵ死승스了럏랴

的딩디 ○오ᄂᆞᆯ사랏다가ᄂᆡ일 죽으리잇ᄂᆞ니 能넝능勾긍구安헌안樂랗러 ○能히

편안ᄒᆞ고 偏편편不붕부會휘휘快쾌쾌活홯호 ○편벽되이快活홀 줄을아지못ᄒᆞ면

真진진箇거거是씨시癡칭치人신인 ○진실로이어 린사ᄅᆞᆷ이라 死승스了럏랴

後훟후頭듷투 ○죽은후 에ᄂᆞᆫ 不붕부論룬룬甚씸서麼뭐마 ○아모란 거ᄉᆞᆯ혜

지아 니코 都두두做주주不붕부得듷더主쥬쥬張쟝쟝 ○다主張치 못ᄒᆞ여 好

회흥 走주즇 的디딩 馬마마 ○잘 것ᄂᆞᆫ ᄆᆞᆯ은 別벼뼝 人인인 騎치끼 着져쨯 ○

다ᄅᆞᆫ 사ᄅᆞᆷ이 ᄐᆞ고 好할함 襖앞함 子즈증 ○죠ᄒᆞᆫ 옷슨 別벼뼝 人인인 穿춴춴 着

져쨯 ○다ᄅᆞᆫ 사ᄅᆞᆷ이 닙고 好할함 媳시싱 婦부뿡 ○죠ᄒᆞᆫ 계집은 別벼뼝 人인인

娶츄츄 去취큐 了랴령 ○다ᄅᆞᆫ 사ᄅᆞᆷ이 ᄃᆞ려가ᄂᆞ니 這저져 麼마뭐 看간권 起치켸

來레래 ○이리 볼양이면 活호횡 時스씽 節저졍 ○사라실 적의 為위위 甚셔씸

麼마뭐 不부봉 尋신씸 些셔셔 快쾌쾌 活호횡 受식씽 用융융 呢니녜 ○므슴

ᄒᆞ라 져기 快活受用ᄒᆞ기ᄅᆞᆯ ᄎᆞᆺ지 아니ᄒᆞ리오

大다때 槩개개 人인인 家자갸 的디딩 兒을잉 孫순순 ○大槩 사ᄅᆞᆷ의 兒孫이 從

츙쯍 小샾셯 來레래 ○어려셔 븟터 教쟌걍 導단뜽 他타터 成칭쪙 人인인 ○

져ᄅᆞᆯ ᄀᆞᄅᆞ쳐 成人ᄒᆞ여 若요샾 有우잉 福부봉 分븐본 ○만일 福分이 이시면 官관권

兒을싱也여여做주주得더듸了랴렿○벼슬도ᄒᆞᄂᆞ니若쇼얗教쟢걓的디딍
不부붕好핳훵○만일ᄀᆞᄅᆞ치기를잘못ᄒᆞ여不부붕能능닝成칭찡人인싄○
能히成人치못ᄒᆞ면雖쉬쉬是시씽他타터的디딍命밍밍該개개如유유此츠ᄎᆞ
○비록져의命이이러타ᄒᆞ나父부뿡母무무的디딍心신심○父母의ᄆᆞᄋᆞᆷ이能
능닝不부붕懊잪항悔휘휘○能히뉘웃지아니ᄒᆞ라這져져小샾셯孩해ᄒᆡ子
ᄌᆞ즈○이어린아ᄒᆡ若쇼얗要얖향他타터成칭찡人인싄○만일져ᄅᆞᆯ成人코져
ᄒᆞ면有우잏三산삼條탚땽路루루在재째當당땅中중즁走주즇○세오리길
히잇거든가온ᄃᆡ로ᄃᆞᆫ니고別버뼝人인싄是시씽非븨빙不부붕要얖향說숴쉐
○다ᄅᆞᆫ사ᄅᆞᆷ의是非ᄅᆞᆯ니ᄅᆞ지말며別버뼝人인싄東둥둥西시셰不부붕要얖향
愛애애○다ᄅᆞᆫ사ᄅᆞᆷ의거ᄉᆞᆯᄉᆞ랑치말며不부붕要얖향撒사상謊황황○거즛말말

重刊老乞大諺解下　四十一

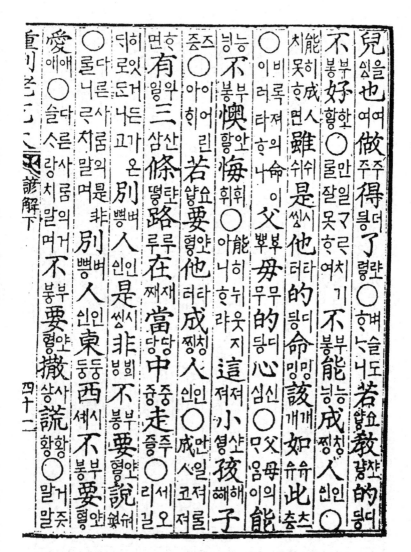

며 不봉부要향얀懶란란惰떠도 ○ 懶惰치 말라 這져져般붠번用융용心

심신 行힝힝去큐취習씽시慣관관了렬랴 ○ 이리 用心ᄒᆞ여 ᄃᆞᆫ녀 닉으면 就쩡직

能닝능成찡칭人신인 ○ 곳 能히 成ᄒᆞ리라 常쨩챵言연연道땋단 ○ 常言에 니

ᄅᆞ되 老랄랖實씽시常쨩챵在째재 ○ 고지식ᄒᆞ니ᄂᆞᆫ 덧덧이 잇고 脫퉈토空쿵쿵

常쨩챵敗배배 ○ 헛되니ᄂᆞᆫ 덧덧이 敗ᄒᆞᆫ다 ᄒᆞ니라 若샿쇼在째재人신인面면면

前쪈쳔 ○ 만알 사ᄅᆞᆷ의 앏희 셔 揔중중不봉부肯킁큰出츄츄力링리 ○ 대되 쫄겨

出力지 아니ᄒᆞ면 便뼌변到닿닾處츄츄不봉부得듷더人신인意이이 ○ 간곳

곳마다 사ᄅᆞᆷ의 ᄯᅳᆺ을 엇지 못ᄒᆞ리니 還햰환想샹샹誰쒸쉬喜히시歡훤훤他터타呢

녜니 ○ 도로혀 ᄉᆡᆼ각건대 뉘 져ᄅᆞᆯ 깃거ᄒᆞ리오

火훠호伴뿬번們문믄 ○ 벗들아 自쯔즈家갸쟈有잉우能닝능處츄츄 ○

自家ㅣ能ᄒᆞᆫ곳이 이셔도 不부붕要얍햫誇콰과張쟝쟝○자랑 말며 別볘뼝人인신
有우잉壞홰홰處츄츄○다ᄅᆞᆫ 사ᄅᆞᆷ이 그른 곳이 이셔도 不부붕要얍햫笑샾셯話
화화他타터○져롤 웃지 말라 自즈쯔古구구說숴숭○녜브터 닐러시되 船촨쭨
從충쭝水쉬쉬出츄츙○ᄇᆡᄂᆞᆫ 믈로조차 나시니 旱한ᅘᅡᆫ地디뎨上샹썅是시씨
行힝ᅘᅵᆼ不부붕得더딍的디딍○뭇히 ᄃᆞᆫ니지 못ᄒᆞ고 車처쳐從충쭝地디뎨行
힝ᅘᅵᆼ○술위ᄂᆞᆫ ᄯᅡ흐로 ᄃᆞᆫ니ᄂᆞ니 水쉬쉬裏리레是시씨行힝ᅘᅵᆼ不부붕去취큐的
디딍○믈에 ᄃᆞᆫ니지 못ᄒᆞ고 一이ᅙᅵ箇거거把바바掌쟝쟝是시씨打다다不부붕
嚮향향的디딍○ᄒᆞᆫ 손ᄲᅡ당은 쳐소리 나지 아니ᄒᆞ고 一이ᅙᅵ箇거거脚교갸是시씨
不부붕能능능走주즁的디딍○ᄒᆞᆫ 발은 能히 것지 못ᄒᆞᄂᆞ니 咱자장們믄문的
디딍人인신○우리 사ᄅᆞᆷ이 都두두要얍햫將쟝쟝就직찡些셔셔彼비빙此

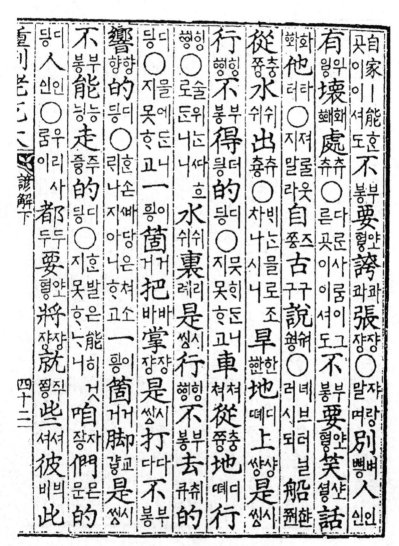

층츠 挈 켱져 帶 대대 着 쟣져 好 핳한 ○ 다두어라ᄒᆞ여彼此에잡들미죠ᄒᆞ니라 況 황향

這 져져 火 훠호 伴 뻔번 中 즁중 ○ ᄒᆞ믈며이벗ㅅ등에 也 여여 有 잉우 好 핳한 的

딩디 ○ 또죠흔이도잇고 也 여여 有 잉우 歹 대대 的 딩디 ○ 또사오나온이도이시니

大 때다 家 갸쟈 都 두두 要 얗얀 幫 방방 扶 뿌부 ○ 대되다돌보아 人 신인 有 잉우

好 핳한 處 츄츄 贊 잔잔 揚 양양 他 터타 ○ 사ᄅᆞᆷ이죠흔곳잇거든져를기리고 人 신인

有 잉우 歹 대대 處 츄츄 替 톄티 他 터타 掩 염연 藏 짱창 着 쟣져 ○ 사ᄅᆞᆷ이사오나

온곳잇거든져를ᄀᆞᄅᆞ차ᄀᆞ리오자 常 짱창 言 연연 道 땋단 ○ 常言에니ᄅᆞ되 隱 힌인 惡

향어 揚 양양 善 썬션 ○ 隱惡揚善이라ᄒᆞ니 若 얗요 是 씽시 隱 힌인 人 신인 的 딩디

德 덩더 ○ 만일사ᄅᆞᆷ의어디믈숨기고 揚 양양 人 신인 的 딩디 惡 향어 ○ 사ᄅᆞᆷ의사

오나오믈드러내면 最 쥐쥐 是 씽시 不 붕부 好 핳한 的 딩디 事 씽스 情 찡칭 ○ ᄀᆞ장

이죠치아넌일이라

你니녜們믄문做주주奴누누才채째的디딍人인신○너희종된사ᄅᆞᆷ이跟

근근着져쟣官관권人인신○官人을ᄯᆞ라這져져裏리례去취큐那나너裏

리례去취큐○여긔가고져긔가官관권人인신下하햐了랴럏馬마마○官人

이ᄆᆞᆯᄂᆞ리거든就작찍把바바馬마마拉라랑去취큐○곳ᄆᆞᆯ을다가잇그러가

好한향絟산숸着져쟣○잘ᄆᆡ고把바바鞍안헌子즈즈摘재징了랴럏○

기ᄅᆞ마를다가벗기고用융융絆번뿬○지달ᄡᅵ고赶간건到닾닿草찬참地디뎨

放방방去취큐喫치칭草찬참○모라초쟝에가노하플먹게ᄒᆞ고把바바帳쟝쟝

房방빵忙망망打다다起치켜來레래○장막을다가밧비치고鋪푸푸陳친쩐

整정징頓둔둔了랴럏○鋪陳을整頓ᄒᆞ고鞍안헌子즈즈轡피비頭투틓○

기ᄅᆞ마와구레ᄅᆞᆯ 搬반뻔到닾땋自즈쯓己기계睡쉬쒸處츄츄放방빵下햐ᅘᅣ

○이녁자ᄂᆞᆫ곳에옴겨노코 上샹썅頭투뜰把바바氈잔젼子즈쯓蓋개개了랸렁

○우희담으로덥고 然얀연後후흫安안헌了랸렁羅로러鍋고궈○그리후에

노고치고 안急지깅忙망망做주주茶차짜飯반뻔○밧비차반ᄆᆡᆼ들고 肉류숭

煮쥬쥬熟수쓯了랸렁就직찡撈랖랗出츄츟來레래○고기ᄉᆞᆯ마니거든건져내

고 吃치칳完완원了랸렁飯반뻔○밥먹기ᄆᆞᆺ거든 椀완원盞잔잔傢쟈갸伙

호훠 收수싱拾시씽了랸렁○사발과盞과그릇새롤收拾ᄒᆞ고 等등딍官관권人

인인 睡쉬쒸了랸렁○官ᄉ이자기ᄅᆞᆯ기ᄃᆞ려 教쟌걍一이힁箇거거火호훠伴

번뻔 伺츠씃侯후흫着져쪙○ᄒᆞᆫ벗으로ᄒᆞ여伺侯ᄒᆞ라 似스쓩這져져般반뻔小

샨셯 心신심謹긴긴愼신씬行힝힝去취큐○이러ᄐᆞᆺ小心謹愼ᄒᆞ여ᄃᆞ니면 纔채쨰

是시씽在재쨰下햐햐的디딍人인싄○맛치아랫사ᄅᆞᆷ의服부뿡侍스씅官
관권長쟝장的디딍道닾땊理리례○官長을뫼시ᄂᆞᆫ道理니라
咱차쟝們믄문相샹샹好핳함的디딍人인싄○우리서ᄅᆞ죠하ᄒᆞᄂᆞᆫ사ᄅᆞᆷ이不
부봉要얀옝說쉬숭你니녜歹대대我오어好핳함○네사오나오며내어질롸니ᄅᆞ
지말고休휘힝羞산싱了랸럏朋픙뼝友우잉的디딍面먼면皮피삐○벗의
ᄂᆞᆺ갓출붓그럽게말아親친친近긴낀得더듸好핳함○親近ᄒᆞ여죠ᄒᆞ면便변뼌
是시씽親친친弟디뗴兄흉휭一이힝般번뷘○곳이親弟兄ᄒᆞᆫ가지니相샹샹
幇방방着져쟣看칸컨顧구구着져쟣○서로븟ᄯᅳ러돌보라朋픙뼝友우잉若
요얍在재쨰困쿤쿤苦쿠쿠患환훤亂뤈뢴中중즁○벗이만일困苦患亂中에이셔
没무뭉有우잉盤판뿬纏쳔쪈○盤纏이업거든自즈쯔己기계的디딍錢쳔쪈

財채째不부붕要얖햠愛애애惜시싱○이녁 재믈을 앗기지 말아 就직찧接져졍
濟지졔他타터○곳 져를 濟ᄒᆞ고 接朋풍뿡友우잏若쇼샿不부붕幸힝ᅘᅵᆼ○
벗이 만일 不幸ᄒᆞ여 遭잪쟝了랴럏官관권司스ᄉᆞᆼ口쿠큫舌셔쎻○官司口舌을 만
나거든 衆중즁朋풍뿡友우잏都두두向향향前쳔쪈救구긓他타터○모도
벗이 다 앏흘 向ᄒᆞ여 져를 救ᄒᆞ쟈 若쇼샿不부붕肯큰킁救구긓○만일 즐겨 救치 아니
ᄒᆞ면 就직찧是시씽傍팡빵人인인也여여要얖햠唾토터罵마마○곳 겻희 사
ᄅᆞᆷ도 춤 밧고 ᄭᅮ지람ᄒᆞ려 ᄒᆞ리라 若쇼샿有우잏些셔셔病빙삉○만일 져기 病이 잇거
든 不부붕要얖햠看칸컨冷릉링淡단땀○冷淡이 보지 말고 就직찧替티톄
他타터請칭칭太태태醫이히調댠뗭治치찌○곳 져를 ᄀᆞᄅᆞ차 太醫를 請ᄒᆞ여 調治
ᄒᆞ여 早잪짬晩완환不부붕要얖햠離리례開캐캐○일ᄋᆞ나 느즈나 ᄯᅥ나지 말고

煎젼젼些셔셔藥얗요送숭숭些셔셔湯탕탕水쉬쉬○져기藥을달히고져기긇
믈을보내라若샹쇼這져져般붠번看칸칸待때대○만일이리보숣히면便뼌변
有잉우十씽시分분본病삥빙○곳十分ㅅ이이셔도病也여여減걈견了럏랸
五우우分분본、○ᄯᅩ五分이나減ᄒᆞ려니와若샹쇼不봉부看칸칸顧구구他터타
○만일져롤보숣히지아니ᄒᆞ면那너나病삥빙人신인想샹샹着쟣져○져病人이
ᄉᆡᆼ각ᄒᆞ되沒뭉무有잉우朋뿡픙友잉우的딩디情찡칭分분본○벗의情分이업
다ᄒᆞ여心심신裏레리悽체치惶황황麼뭐마○ᄆᆞᄋᆞᆷ에悽惶ᄒᆞ면纔째재得
딩더五우우分분본病삥빙○맛치五分ㅅ病을어더도也여여添텸련做주주十
씽시分분본了럏랸○ᄯᅩ十分이더ᄒᆞ리라
咱쟘자們문믄世싱시上쌍샹人신인○우리世上사ᄅᆞᆷ이做주주男남난子

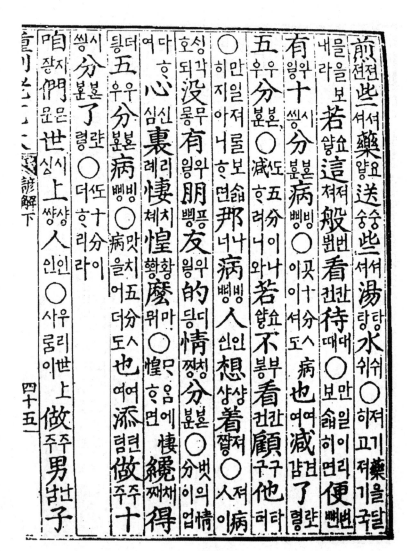

즈증 行 힝ᅘᅵᆼ 事 스씅 ◯ ᄉᆞ나ᄒᆡ 되여 ᄒᆞᄂᆞᆫ 일이 須 슈슈 要 얀향 想 샹샹 自 즈쯩 己
기계 祖 주주 上 샹썅 的 디딩 聲 싱싱 名 밍밍 ◯ 모로미 이녁 祖上 聲名을 싱각ᄒᆞ여 不
부봉 可 커커 壞 홰ᅘᆈ 了 랴럏 ◯ 可히 해여ᄇᆞ리지 아닐 써시니 凡 반빰 事 스씅 要 얀향
小 샨셩 心 신심 謹 긴긴 愼 신씬 行 힝혱 去 취큐 ◯ 凡事를 小心謹愼ᄒᆞ여 ᄃᆞᆫ닐 써시라
若 쇼샥 把 바바 父 부뿡 母 무무 的 디딩 聲 싱싱 名 밍밍 玷 뎐뎜 辱 수숭 了 랴럏
◯ 만일 父母의 聲名을 다 가더러이면 別 베뼝 人 인인 也 여여 要 얀향 唾 토터 罵 마마
◯ 다른 사ᄅᆞᆷ이 또 춤밧타 ᄭᅮ지람ᄒᆞ려 ᄒᆞ리라 他 타터 父 부뿡 母 무무 在 재째 世 시싱
時 스씅 ◯ 제 父母 사라신 제 家 쟈갸 法 방뱡 名 밍밍 聲 싱싱 好 한항 來 레래 ◯
家法名聲도 됴코 田 뎐뗜 地 디뎨 房 방빵 産 찬챤 都 두두 有 우잉 ◯ 田地房産도 다
잇고 又 우잉 有 우잉 騎 치끼 坐 조쮜 的 디딩 牲 승싱 口 쿠킇 ◯ 또 ᄐᆞᄂᆞᆫ 즘싱과 使

시싱喚훤훤的디딩奴누누婢비삐○使喚ᄒᆞᄂᆞᆫ奴婢도잇ᄂᆞ니到닾닿他타터爺

여여娘냥냥死ᄉᆞᄉᆞᆼ後후ᅘᅳᇢ○제爺娘이죽은後에다ᄃᆞ라孩해ᅘᅢ子ᄌᆞᄌᆞᆼ們믄믄

不부붕務우무營잉윙生승ᄉᆞᆼ○아희들이살올일힘ᄡᅳ지아니ᄒᆞ고教쟌걓些셔셔

幇방방閑현ᅘᅧᆫ的디딩潑포풩男난남女뉴뉴○져기노리ᄃᆞᆸᄂᆞᆫ보피로온男女로ᄒᆞ

여狐후ᅘᆖ朋풍뿡狗구끃黨당당○狐朋狗黨ᄒᆞ여每믜뮈日시ᅀᅵᆼ穿천춴茶

차짜房방빵入슈ᅀᅵᆼ酒작짛肆스ᄉᆞᆼ○每日에茶房에ᄃᆞᆫ니며酒肆에드러가고又

우ᅌᅵᆼ常창쨩到닾닿婊반뱧子ᄌᆞᄌᆞᆼ家쟈갸裏리레去취큐○또건너ᄀᆞ나희집의

가胡후ᅘᆖ使시싱錢쳔쪈○간대로돈ᄡᅳ너衆중쯍親친친戚치칭街개개

坊방방老랖랑成칭찡的디딩○모ᄃᆞᆫ권당과동늬늙으니들이都두두勸권퀀他

타러說쉬쉐○다져를말려니ᄅᆞ되你니녜爲위위甚셔씸麼마뭐不부붕知지징

世시싱務우무○네므슴ᄒᆞ라世務ᄅᆞᆯ아지못ᄒᆞ고執지징迷미몌了랴령心신심

○ᄆᆞᄋᆞᆷ을마득히잡아竟강깅不부봉思스ᄉᆞᆼ改개개過고궈○ᄆᆞᄎᆞᆷ내改過ᄒᆞ기ᄅᆞᆯ

ᄉᆡᆼ각지아니ᄒᆞᄂᆞ뇨他타터倒닾닿迴휘ᄒᆔ說쉬숴○제도로혀니ᄅᆞ되使시싀是

시씌使시싀了랴령我오어的디딍錢쳔쪈○뻐도내돈을ᄡᅳ고壞홰홰是시씌

壞홰홰了랴령我오어的디딍名밍밍○해야ᄇᆞ려도내일흠을해야ᄇᆞ리니干간건

伱니녜甚셔씸麼마뭐事스씌○네게므슴일이간셥ᄒᆞ리오ᄒᆞ니因인힌此츠층

○이러므로衆중즁人인신再재재不부봉肯큰킁勸췐췬他타터○모든사ᄅᆞᆷ

이다시즐겨져ᄅᆞᆯ말리지아니ᄒᆞ여隨쉬쒸他타터胡후ᅘᅮ使시싀錢쳔쪈○제대로간

대로돈을ᄡᅳ니每믜위日시잉幾지계箇거거幫방방閑현햔的디딍○每日에여

러노리돕ᄂᆞ니와和허훠那나너孃뱌뱡子즈즘人인신家쟈갸○다ᄆᆞᆺ저ᄅᆞᆫ너희

집의喫치킹的디딩穿쳔춴的디딩○먹ᄂᆞᆫ 것 닙ᄂᆞᆫ 거시 都두둥是시씅這져져

馱개애子즈즣的디딩錢쳔쪈○다 이 어린 놈의 돈이라 騎치끼的디딩馬마마

是시씅三산삼十시씽兩량량一이힝匹피핑好한핳馬마마○ᄐᆞᄂᆞᆫ 몰은 셜ᄒᆞᆫ

냥에 ᄒᆞᆫ 필 죠ᄒᆞᆫ 몰이오 鞍안헌子즈즣是시씽時스씅樣양양減견감銀인인事

스씅件견견的디딩好한핳鞍안헌韂피비○기ᄅᆞ마ᄂᆞᆫ 시톄에 은 입ᄉᆞᄉᆞ견ᄒᆞᆫ 죠ᄒᆞᆫ 기

ᄅᆞ마 구레니 共궁꿍該개개用융융四스숭十시씽兩량량銀인인子즈즣○

대되 히오니 마ᄒᆞᆫ 냥 은을 ᄡᅥ더라

身신신上샹썅穿쳔춴的디딩衣이히服부뿅○몸에 닙ᄂᆞᆫ 옷도 也여여按안헌

四스숭季기계穿쳔춴○또 ᄉᆞ절을 조차 닙으되 每믜뮈日ᅀᅵ잉脫토퉁套토탕

换환훤套토탕○每日 ᄒᆞᆫ 볼 벗고 ᄒᆞᆫ 볼 밧고ᄂᆞ니 春츈츈間간갼穿쳔춴的디딩○

봄에닙는거슨 好한함青칭칭羅로러白배뻥羅로러綠루룽羅로러細시셰褶

져졍單단단袍팦빵子즈즈○죠흔프른깁흰깁초록깁ᄀᆞ는주름훗두루막이오到닾당

夏하햐天텬텬○녀름에다ᄃᆞᄅᆞ면好한함極기낑細시셰的디딍毛맢망藍

란람布부부衫산삼○ᄆᆞ장ᄀᆞ는모시뵈젹삼에上상썅頭투뜰穿춴춴銀인인條

탚땅紗사사袍팦빵子즈즈○우희닙은거ᄉᆞᆫ셩긔고션紗두루막이와鴨야향綠루룽

紗사사直지찡身신신○압두록紗직녕이오到닾당秋칙칭間걘걘○ᄀᆞ을에다

ᄃᆞᄅᆞ면是시씽羅로러衣이히裳샹썅○이깁옷시오到닾당冬둥둥間갼갼

○겨을에다ᄃᆞᄅᆞ면是시씽紵쥬쮸絲스승襖앞핳子즈즈○이비단핫옷과絲

스승紬칙찡襖앞핳子즈즈○면쥬핫옷과織지징金긴김襖앞핳子즈즈○

織金ᄒᆞᆫ핫옷과茶차짜褐허훵水쉬쉬波보붜浪랑랑四스승花화화襖앞핳

子즈즈 ○ 감찰빗치물결바탕에四花믄ᄒᆞᆫ핫옷과 青칭칭 六릭룽 雲윤윤 襖앟항 子
즈즈 ○ 프른빗희六雲믄ᄒᆞᆫ핫옷과 茜쳔쳔 紅훙훙 綾링링 子즈즈 褲쿠쿠 子즈즈
○ 곡도송믈드린綾바지와 白배뱅 絹견견 汗한현 衫산삼 ○ 흰깁汗衫과 銀인인
色서싀 紵쥬쮸 絲스ᄉᆞ 板반반 褶져졍 兒을ᅀᅵ 短둰둰 襖안항 子즈즈 ○ 은빗
ᄒᆡ비단넙은주름져른핫옷과 黑희횡 綠루룽 紵쥬쮸 絲스ᄉᆞ 比비비 甲갸걍 ○ 흑녹
빗ᄒᆡ비단비게니 這져져 般번번 按안헌 四스ᄉᆞ 季기계 穿쳔쳔 衣이이 裳샹샹
○ 이리ᄉᆞ절을조차옷슬닙더라
繫기계 腰얀향 的디딩 ○ 허리에ᄯᅴ는것도 也여여 按안헌 四스ᄉᆞ 季기계 ○
또ᄉᆞ절을조차ᄒᆞ여 春츈츈 裏리례 繫기계 金긴김 條탼턍 環한환 ○ 봄에는金條環
ᄯᅴ고 夏하햐 裏리례 繫기계 玉위융 鉤구긍 子즈즈 ○ 녀름에는玉갈고리를ᄯᅴ니

最쥐쥐低디뎌的디딩是시씽菜재채玉위융○ᄆᆞ장 ᄂᆞ즌 거슨 이 菜玉이오 最
쥐쥐高갚강的디딩是시씽羊양양脂즈징玉위융○ᄆᆞ장 놉흔 거슨 이 羊脂玉이오
秋취칭裏리레繫기계減견갬金긴깁鉤구긓子즈즈○ᄀᆞ올에는 金 입ᄉᆞ흔 갈고
리롤 ᄯᅴ되 平핑삥常챵짱的디딩不부붕用융융○ᄇᆡ숫거슨 ᄡᅳ지 아니ᄒᆞ고 都두두
是시씽玲링링瓏룽룽花화화樣양양的디딩○다 이 花樣을 玲瓏히 ᄒᆞᆫ 거시오 冬
둥둥裏리레繫기계金긴깁廂샹샹寶밮밤石시씽的디딩○겨올에는 金으로 寶
石에 젼메온 거슬 ᄯᅴ고 或휘훽是시씽有우잉綜중중眼얀얀的디딩烏우후犀
시셰帶대대繞채재繫기계了랴럎○或 종구무 잇는 烏犀 ᄯᅴ야 맛치 ᄯᅴ더라
頭투뚷上샹썅戴대대的디딩○마리에 ᄡᅳ는 거슨 好호향貂댜댱鼠슈슈皮
피삐帽만망子즈즈○죠흔 돈피 갓시오 或휘훽是시씽掃산삼雪숴쉥染연염

做주주的딩디帽망맏子즈즈○或이담뷔에믈드려믄듣갓시오好핳한纏쪈쳔
綜중중金김긴廂샹샹大때다帽망맏子즈즈○죠흔종으로밋고金으로수민큰갓
시니這저저一힝이箇거거帽망맏子즈즈○이흔갓슨使싱시用융융四스스
兩량량銀인인子즈즈○넉냥은을쓰고又잉우有잉우紆쮸쥬絲스스剛강강
义차차帽망맏○또비단으로두녁가ᄅᆞ타돌마기돌온갓시잇고羊양양膌징즈玉
융위頂딩딩子즈즈○羊膌玉딩즈ㅣ니這저저一힝이箇거거帽망맏子즈즈
○이흔갓슨使싱시用융융三삼산兩량량銀힌인子즈즈○석냥은을쓰고又
잉우有잉우天텬텬青칭칭紆쮸쥬絲스스帽망맏○또天青비단갓과雲윤윤
南남난氈젼잔帽망맏○雲南에셔난담으로흔갓시이시니上썅샹頭뜽투都두두
有잉우金김긴頂딩딩子즈즈○우희다金딩즈ㅣ잇더라

穿 췬츈 的 디딍 靴 훠훠 ○ 신는 훠는 春 츈츈 間 갼간 穿 췬츈 皂 잔짶 麂 기계 皮
피삐 靴 훠훠 ○ 봄에는 거믄 기ᄌᆞ 피훠를 신으되 上 샹썅 頭 투뜰 縫 봉뽕 着 져쨯 倒
닫당 提 디뗴 雲 윤윤 ○ 우희 구룸이 갓고로 드리웟게 호앗고 夏 하햐 間 갼간 穿 췬츈
猠 뎐뎐 皮 피삐 靴 훠훠 ○ 녀름에는 뎐피훠를 신고 到 닫당 冬 둥둥 裏 리례 穿 췬츈
嵌 켠캼 金 긴김 線 션션 藍 란람 條 댶뗗 子 즈즇 白 배삥 麂 기계 皮 피삐 靴 훠훠
○ 겨울에 다ᄃᆞᄅᆞ면 금션 남오리로 가품신 흰 기ᄌᆞ 피훠를 신고 氈 잔젼 襪 와왕 穿 췬츈 好
한항 絨 숭슝 毛 만망 的 디딍 ○ 시욹 청은 죠흔 보드라온 털로 민거슬 신어시되 都 두두
使 시싃 大 다때 紅 훙횽 紵 쥬쯖 絲 스슾 緣 연연 口 쿠킁 ○ 다홍비단으로 션둘러
一 이잉 對 뒤뒤 靴 훠훠 上 샹썅 都 두두 有 위잉 紅 훙횽 絨 숭슝 鴈 연얀 爪
잔장 ○ 흔 쌍 훠에 다 블근 융ᄉᆞ로 고ᄃᆞ랏고 那 나너 靴 훠훠 底 디뎨 ○ 저 휘샹이 都 두두

是씽시兩량량層쯩층淨쩡징底뎌디○다 두층 조흔 챵이오上쌍샹的딩디線

션션蠟랑라打다다了럏랖○ᄃᆞ론 실에 밀 칠ᄒᆞ엿고錐쥐쥐子즈ᄌᆞ細셰시線

션션麤추추○송곳 ᄀᆞᄂᆞᆯ고 실은 굵으니上쌍샹的딩디分뿐븐外왜왜牢랑랖

壯장좡好핳핫看컨칸○ᄃᆞ론 거시 分外에 牢壯ᄒᆞ여 보기 죠ᄐᆞ라

喫킹치飯빤반麽뭐마○밥을 먹으면揀간견箇거거可커커口큭쿠的딩디

喫킹치○입에 마즌 거슬 ᄀᆞᆯ히여 먹ᄂᆞ니清칭칭早잫잔起킈치來래레○새배 니러

梳수수了럏랖頭뜰투洗셰시了럏랖臉렴련○마리 빗고 ᄂᆞᆺ 싯고先션션喫

킹치些셔셔醒싱싱酒짇직湯탕탕○몬져 져기 술ᄭᅵᄂᆞᆫ 湯을 먹고或횡훠是씽시

點뎜뎐心심신然연얀後흫후○或點心ᄒᆞᆫ 후에打다다餑뽕보餑뽕부炒창찬

肉숭류○ᄯᅥᆨ 민들고 고기 복고或횡훠白삥배煑쥬쥬着쨩져羊양양腰염얀節

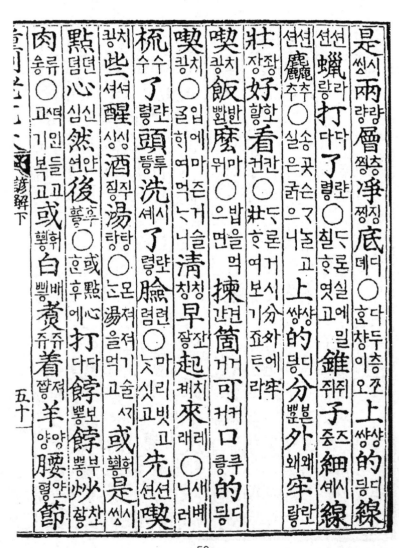

저졍 胷 흉흉 子 즈즁 ○ 或민믈에羊의존 등과가슴을솔마 喫 치킹 完 완훤 了 랴럏 ○

머기 못고 騎 치끼 着 져쨯 馬 마마 ○ 몰ᄃᆞ 고 引 인인 着 져쨯 伴 번뻔 當 당땅 ○

伴當ᄃᆞ 리고 着 쟈짷 幾 지계 箇 거거 幫 방방 閑 현햔 的 디딩 陪 픠뼤 着 져쨯 ○

여러노리돕ᄂᆞᆫ이 로ᄒᆞ여뫼시고 往 왕왕 大 다때 酒 작쥥 肆 스ᄉᆞᆼ 裏 리례 坐 조쭤 下

하햐 ○ 큰술져제 가안자 不 부붕 愛 애해 銀 인인 子 즈즁 多 도더 少 샤셯 ○ 은多

少로앗기지 아니ᄒᆞ고 把 바바 酒 작쥥 肉 류숭 喫 치킹 飽 발발 了 랴럏 ○ 酒肉 을다

가먹기를브 르게ᄒᆞ고 酒 작쥥 帶 대대 半 반번 酣 한함 ○ 술을반만취 ᄒᆞ여가지고 引

인인 動 둥뚱 淫 인임 心 신심 ○ 淫心을 내여 就 직찍 到 단당 唱 챵챵 的 디딩 人

인신 家 쟈갸 去 취큐 ○ 곳노래브르ᄂᆞᆫ 사롬의집의가 到 단당 那 나너 裏 리례 ○ 져긔

가 教 쟌걓 那 나너 彈 탄딴 絃 현현 子 즈즁 的 디딩 謊 황황 精 징징 們 믄문 ○

저 줄풍뉴ᄒᆞ고 거즛말ᄒᆞ논 놈들로ᄒᆞ여 捉조좔弄룽룽着져쟢 ○ 노릐ᄒᆞ면셔 假갸갸

意이이呌쟌경幾지계聲싱싱 ○ 거즛 여러 소리로 브르되 舍셔셔人인인公궁궁

子즈즈 ○ 舍人公子ㅣ야 便변뼌開캐캐手칙싛賞샹샹賜스ᄉᆞ罷바빠 ○ 곳 손

을 여러 賞賜ᄒᆞ라 他타터拿나나錢쳔쪈 ○ 제 돈을 가져 只즈징由우잉那나너

幇방방閑현햔的디딍人인신使시싀 ○ 그저 노리ᄃᆞᆸ논 사롬의 쓰논 뒤로ᄒᆞ고 他

타터 只즈징粧좡장腔걍걍正징징面면면坐조쭤做주주好한황漢한헌 ○

저ᄂᆞᆫ 그저 어룬다이 안자 好漢인체ᄒᆞ면 那나너些셔셔幇방방閑현햔的디딍 ○ 져 노

리ᄃᆞᆸᄂᆞᆫ이 把바바銀인인子즈ᄌᆞ花화화使시싀了랴럎 ○ 은을 다가 허피 ᄡᅳ고 中

중즁間간갼剋킈긩落로랗了랴럎一이힝半반뷘 ⊙ 中間에 반을 ᄀᆞ려내여 拿

나나去취큐養양양活호횡他타터媳시싀婦부뿌孩해해兒을싈 ○ 가져가뎨

重刊老乞大諺解下　五十二

媳婦와 孩兒롤 치나 一이힝 箇거거 日이잉 子즈ᄌᆞ 到도당 曉완환 出츄츙 來레래
○ ᄒᆞ롤 늣도록 나가면 狠흔흔 少샨셩 也여여 使시ᄉᆞ 三산삼 四스ᄉᆞ 兩량량 銀
인인 子즈ᄌᆞ ○ ᄀᆞ장 져거도 서너 냥 은을 ᄡᅳ니 後후ᅘᅳᇢ 來레래 使시ᄉᆞ 的디ᄃᆡ 家쟈갸
私스ᄉᆞ ○ 후에 ᄡᅳᄂᆞᆫ 셰간이 漸전졈 漸전졈 的디ᄃᆡ 消샨셩 磨모뭐 了랴렿 ○
漸漸消磨ᄒᆞ여 人인신 口쿠킁 馬마마 匹피핑 家쟈갸 財채ᄍᆡ 金긴김 銀인인 器
치긔 皿밍밍 都두두 盡진찐 賣매매 了랴렿 ○ 人口馬匹과 家財金銀器皿을 다 ᄑᆞᆯ고
田뎐뗜 產찬찬 房방빵 子즈ᄌᆞ 也여여 都두두 典뎐뎐 當당당 了랴렿 ○ 田地
와 집도 다 典當ᄒᆞ고 身신신 上샹썅 穿춴춴 的디딩 也여여 沒무뭉 有우잉 ○ 몸에
닙을 것도 업고 口쿠킁 裏리레 吃치킹 的디딩 也여여 沒무뭉 有우잉 ○ 입에 먹을
것도 업ᄉᆞ나 幇방빵 閑현햔 的디딩 那나너 廝스ᄉᆞ 們믄문 也여여 沒무뭉 一

황이 箇 거거 俫 칭차 保 채채 他 터타 了 럏랴 ○ ᄯᅩ노 ᄒᆞ리 나돕 토ᄂᆞᆫ 져져 를놈 괴들 수이

ᄂᆞᆫ호 지이 라덥 如 슈슈 今 깁긴 跟 근근 着 쨯져 別 뼝벼 人 신인 拿 나나 馬 마마 ○

ᄯᅳ이 라제 몸다 을론 잡사 아롬 을 且 쳐쳐 求 낗치 得 듷더 暖 눤난 衣 히이 飽 봥밮 飯

뽠반 ○ 브아 름직 만옷 구시 ᄒᆞ덥 더고 라밥 이

我 어오 買 매매 這 저져 貨 훠호 物 웋우 ○ 物내 을이 사貨 要 얗얀 到 닿단 涿 쥽조

州 짛직 賣 매매 去 큐취 ○ 라涿 가州 려ㅣ ᄒᆞ가 되풀 這 져져 幾 계지 日 싛시 爲 위위

請 칭칭 親 친친 戚 칭치 筵 연연 席 씽시 ○ 여이 잔여 치러 ᄒᆞ날 믈권 위당 ᄒᆞ을 ᄒᆞ請 ᄒᆞ

又 임익 爲 위위 有 임익 些 셔셔 病 삥빙 耽 담단 閣 갛거 了 럏랴 不 붕부 曾 쯩층

去 큐취 ○ 여ᄯᅩ 일져 즉기 가病 지이 못셔 ᄒᆞ머 엿믈 더믈 나위 ᄒᆞ 我 어오 如 슈슈 今 깁긴

要 얗얀 去 큐취 了 럏랴 ○ 려내 ᄒᆞ이 ᄂᆞ제 나가 火 훠호 伴 뻔번 伱 녜니 在 쨰재 這

這 져져 裏 례리 且 쳐쳐 等 둥등 着 쟣져 ○ 벗아 네 여긔 아직 기드리라 셔 我 어오 到
당다 那 너나 裏 례리 賣 매매 了 럏랴 貨 훠호 物 웋우 就 찧직 回 훼회 來 래레 ○
내 제 가 貨物을 풀고 즉셔 도라오리라 你 녜니 好 황한 去 큐취 ○ 네 죠히 가라 我 어오
賣 매매 這 져져 人 인인 蔘 슴슨 毛 망맢 藍 람란 布 부부 ○ 내 이 人蔘과 모시뵈ᄅᆞᆯ ᄑᆞᆫ
노라 ᄒᆞ면 也 여여 還 환환 有 임우 幾 계지 日 싕ᅀᅵ ○ 또 도로혀 여러 날 이이실셰시니
好 황한 歹 대 대 等 둥등 你 녜니 來 래레 ○ 모미 네 오 믈 기ᄃᆞ려 咱 쟘자 們 믄믄
再 재재 商 샹샹 量 량량 買 매매 回 훼회 去 큐취 的 듸디 貨 훠호 物 웋우 ○ 리우
또 도라 갈 貨物 사기 ᄅᆞᆯ 商量ᄒᆞᆯ 셰시니 你 녜니 必 빙비 定 띵딩 早 쟝잪 些 셔셔 來 래래
○ 네 반ᄃᆞ시 일 즉이 오라
店 뎜뎐 主 쥬쥬 人 인인 家 갸쟈 ○ 店ㅅ 主 ㅅ아 你 녜니 却 캏커 引 인인 幾 계지

箇거거鋪푸푸家갸쟈來래레○네또여러흥졍바치들드려오라好핳할商샹샹

量량량人신인蔘슴슨價갸갸錢쪈쳔○人蔘갑슬商量홈이죠타這져져蔘슴슨

是씽시好핳할的딩디麽뭐마○이蔘이이죠흔거시나拿나나些셔셔樣양양

子즈즈來래레我어오看컨칸○져기樣子가져오라내보쟈這져져蔘슴슨

是씽시新신신羅러로蔘슴슨○이蔘은이新羅ㅅ蔘이니也여여不봉부過궈고

是씽시中즁중等딍등的딩디○또이즁픔에지나지못ᄒᆞᄂᆞᆫ거시로다你녜니說숴쉐

甚씸셔麽뭐마話화화○네므슴말니ᄅᆞᄂᆞᆫ다這져져蔘슴슨狠흔흔高갚간

○이蔘이ᄀᆞ장놉ᄒᆞ니怎즘즘麽뭐마照쪙쟈中즁중等딍등的딩디看컨칸○

엇지즁픔으로보ᄂᆞ뇨牙야야子즈즈說숴쉐○즈름이니ᄅᆞ되你녜니兩량량家

갸쟈且쳐쳐不봉부須슈슈爭즹즁辯뻔변高갚간低뎨디○너희둘히아직모로

미高低를ᄃᆞ토지말라 如유슈 今김긴 時씽스 價갸갸 五우우 錢쪈젼 一힝이 斤
긴긴 ○이제時價ㅣ닷돈에ᄒᆞᆫ근이니 有잉우 甚씸셔 麼뭐마 商샹샹 量량량 ○므슴
商量ᄒᆞ미이시리오 你녜니 這져져 蔘슴슨 共꿍궁 多더도 少셯샾 斤긴긴 重쯍즁
○네이蔘이대되언머斤重고 我어오 這져져 蔘슴슨 共꿍궁 一힝이 百븨버 一
힝이 十씽시 斤긴긴 ○내이蔘이대되일ᄇᆡᆨ열근이라 你녜니 的딍디 等딍등 子즈즈
如유슈 何허허 ○네저울이엇더ᄒᆞ뇨 我어오 的딍디 是씽시 官권관 等딍등 子
즈즈 ○내하ᄂᆞᆫ이구읫저울이라 烙랖로 了럏랴 印힌인 子즈즈 ○印을첫ᄂᆞ니 誰
쒸쉬 敢감간 用융융 私스스 稱칭칭 ○뉘敢히ᄉᆞᄉᆞ저울을ᄡᅳ리오 這져져 價갸갸
錢쪈젼 旣계지 是씽시 一힝이 定띵딩 的딍디 ○이갑슨이믜一定ᄒᆞ엿거니와 我
어오 只징즈 要햫얀 十씽시 足죻주 紋문운 銀힌인 ○나ᄂᆞᆫ그저십셩紋銀을바드되

現현현要얀얗銀인인子즈즈不부봉除셔셔的디딩○시방 은을 밧고 드리오지
아니ᄒᆞ리라怎즘즘那나너般번뷘說쉬ᄋᆔᆼ○엇지 그리 니ᄅᆞᄂᆞ뇨銀인인子즈즈
與위유你니녀好한항的디딩○은은 너롤 죠흔 거슬 주려니와從충쯍來레래買
매매貨호훠物우뭉的디딩○본ᄃᆡ 貨物 사ᄂᆞᆫ니那나너裏리례便변뼌有우잉
現현현銀인인子즈즈○어ᄃᆡ 곳 노ᄒᆞᆫ 은이 이시리오也여여須슈슈遲치찌幾
지계日ᅀᅵᅌᅵᆼ○또 모로미 여러 날 머므러湊추층了랴령來레래兌뒤뒤給지깅纔
채째好한항○모도와 출혀주미 맛치 죠타你니녀兩량량家쟈갸不부봉用융융
爭종쯍論른룬○너희 둘히 ᄃᆞ토지 말고限현ᅘᅧᆫ十시씽日ᅀᅵᅌᅵᆼ內뉘뇌○열흘
을 ᄒᆞᆫ 限ᄒᆞ여就작찍照쟌쪙價갸갸錢천쪈數수수目무뭉兌뒤뒤銀인인○곳 갑
수ᄃᆡ로 은을 출혀주고斷돤돤不부봉短돤돤少샤셯的디딩○결단코 ᄌᆞ라게 아모

니ᄒ리라 既 계지 這 져져 般 뷘번 ◯ 이믜 이러면 就 찍직 依 히이 着 쨯져 牙 야야

子 즈즈 的 딩디 話 화화 ◯ 곳즈름의 말대로 ᄒ자

這 져져 蔘 슴슨 稱 칭칭 了 럏랴 ◯ 이 蔘을 ᄃᆞ니 只 짛즈 有 잏우 一 힝이 百 븽버

斤 긴긴 ◯ 다만 一百 斤이 잇다 你 녜니 說 숴쉬 一 힝이 百 븽버 一 힝이 十 씽시 斤

긴긴 ◯ 네 니ᄅ되 一百 열 근이라 ᄒ더니 那 너나 十 씽시 斤 긴긴 却 걓커 在 재재 那

너나 裏 례리 ◯ 뎌 열 근은 ᄯᅩ 어ᄃᆡ 잇ᄂᆞ뇨 我 어오 家 갸쟈 裏 례리 稱 칭칭 來 래레 的

딩디 ◯ 내 집의셔 ᄃᆞ라온 거시니 一 힝이 百 븽버 一 힝이 十 씽시 斤 긴긴 ◯ 一百 열 근

이라 你 녜니 這 져져 稱 칭칭 大 때다 ◯ 네 이 저울이 세매 故 구구 此 츠츠 短 된돤

了 럏랴 十 씽시 斤 긴긴 ◯ 그러므로 열 근이 ᄭᅡᆺ다 我 어오 這 져져 稱 칭칭 那 너나

裏 례리 大 때다 ◯ 내 이 저울이 어ᄃᆡ 세리오 你 녜니 這 져져 蔘 슴슨 想 샹샹 帶 대대

來래레 時씽스 有잉위 些셔셔 濕씽시 ○네 이 蔘이 싱각건대 가저 올 빼 저이기 저즈미 잇

더니 如슈슈 今김긴 乾건간 了럏랴 ○이제 몰라시니 因힌인 此츠츠 折쎵셔 去

큐취 些셔셔 了럏랴 ○이러므로 져기 쌋다 這져져 蔘숨슨 做주주 了럏랴 五우우

分분븐 兒ᅀᅵᆼ을 分분븐 了럏랴 ○이 蔘을 다숫 운에 논호라 一힝이 箇거거 人ᅀᅵᆫ인

二ᅀᅵᆼ을 十씽시 斤긴긴 ○ᄒᆞᆫ 사ᄅᆞᆷ에 스므 斤이오 每뮈믜 一힝이 斤긴긴 五우우

錢쪈쳔 ○每 ᄒᆞᆫ 근에 닷 돈이니 二ᅀᅵᆼ을 十씽시 斤긴긴 該개개 十씽시 兩량량 ○

스므 斤에 ᄒᆡ오니 열 냥이너 共궁궁 該개개 五우우 十씽시 兩량량 銀인인 子즈즈

○대되 ᄒᆡ오니 五十兩 銀이로다

又잉위 店뎜뎐 主쥬쥬 人ᅀᅵᆫ인 家갸쟈 ○또 店ㅅ 主人아 你녜니 還훤환 引인인

幾계지 箇거거 買메매 毛맘맏 藍람란 布부부 的딩디 客킝커 人ᅀᅵᆫ인 來래레

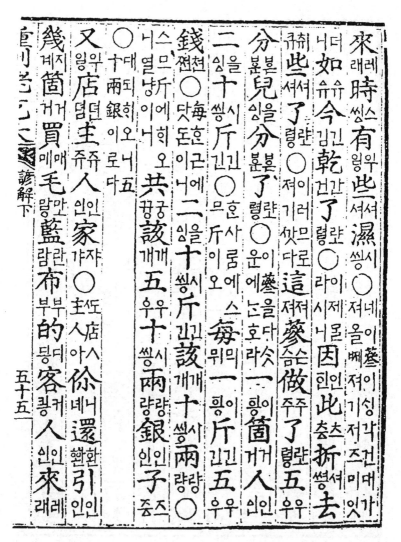

○ 살네 나당 그시 닉롱 룰여 ᄃᆞ려 려모 오시 라뵈 你네니 這져저 毛망맢 藍람란 布부부

○ 시네 뵈이 모 細셰시 的딩디 價갸갸 錢쪈쳔 要햫얀 多더도 少셯샾 ○ ᄂᆞᄀᆞ

룰니 바엣 드갑 려슨 ᄒᆞ언 며머 麤추추 的딩디 要햫얀 多더도 少셯샾 ○ ᄂᆞᆫ굵 언으 머니

ᄒᆞ룰 ᄂᆞᆫ바 다드 려 細셰시 的딩디 上썅샹 等딍등 好황한 布부부 ○ 等ᄆᆞ 죠ᄂᆞᆫ 흔上

ᄂᆞᆫ뵈 에 要햫얀 一힝이 兩량량 二ᅀᅵᆼᅀᅵ 錢쪈쳔 ○ 바ᄒᆞᆫ 드냥 려두 ᄒᆞ돈 고을 麤추추

的딩디 要햫얀 八방바 錢쪈쳔 ○ 을굵 바으 드니 려에 ᄒᆞᄂᆞᆫ 노여 라ᄃᆞᆲ 돈 這져저 黃

황왕 布부부 好황한 的딩디 要햫얀 多더도 少셯샾 價갸갸 ○ 죠이 흔누 거른 슨뵈

드언 려머 ᄒᆞ갑 며슬 바 低뎨디 的딩디 要햫얀 多더도 少셯샾 價갸갸 ○ 거나 슨즌

드언 려머 ᄒᆞ갑 ᄂᆞᆫ슬 다바 這져저 上썅샹 好황한 的딩디 是씽시 一힝이 兩량량 ○

슨이 흔웃 냥듬 이죠 오흔 거 這져저 次츳츠 些셔셔 的딩디 是씽시 七칭치 錢쪈쳔

○이 지ᄎᆞᆺ 거슨 닐곱 돈이라 你니녜 別벼뼝 胡후후 討토탕 價갸갸 錢쳔쪈 ○네 간

대로 갑슬 쐬오지 말라 這져져 布부부 如유유 今긴김 現현현 有우잉 時스씽 價

갸갸 ○이 뵈 이제 번드시 時價ㅣ 이시니 我오어 買매매 去취큐 不부붕 是시씽 自

즈쯔 家쟈갸 穿춴춴 的디딩 ○내 사 가 이녁이 닙으려 ᄒᆞᄂᆞᆫ 거시 아니라 要야얗 拿나나

去취큐 發바빵 賣매매 ○가져 가 ᄑᆞ라 覓미밍 些셔셔 利리례 錢쳔쪈 的디딩

○져기 利錢을 어드려 ᄒᆞᆫ 거시니 我오어 依이히 着져쨯 時스씽 價갸갸 還환뽠 你

니녜 ○내 時價대로 너를 주리라 這져져 毛마맣 藍란람 布부부 ○이 모시뵈 高갈강

的디딩 給지깅 你니녜 一이힝 兩량량 ○놉흔 이에ᄂᆞᆫ 너를 ᄒᆞᆫ 냥을 주고 低디뎨 的

디딩 六루룽 錢쳔쪈 ○나즌 이에ᄂᆞᆫ 엿 돈을 ᄒᆞ고 這져져 黃황뽱 布부부 ○이 누른 뵈

好하황 的디딩 給지깅 你니녜 九구깅 錢쳔쪈 ○됴흔 이에ᄂᆞᆫ 너를 아홉 돈을 주고

次층츠的딩디五우우錢쪈쳔 ○ 지ᄎᆞᆺ거시ᄂᆞᆫ 닷돈을ᄒᆞ여 我어오不봉부除셔셔

你녜니的딩디 ○ 내 네 거슬 ᄯᅦᄅᆞ치지 아니ᄒᆞ고 一잉이頓둔둔兒잉을給깅지你

녜니好항한銀인인子즈즈 ○ ᄒᆞᆫ번에 너ᄅᆞᆯ 됴ᄒᆞᆫ 은을 주리라

牙야야子즈즈說숴쉬 ○ 즈름이 니ᄅᆞ되 他타타們믄믄還환환的딩디價갸갸

錢쪈쳔 ○ 져들의 주ᄂᆞᆫ 갑시 是씽시按헌안時씽스價갸갸 ○ 이 時價로 조차ᄒᆞ고

不봉부敢감간錯촹초的딩디 ○ 敢히 그ᄅᆞᆺᄒᆞ지 못ᄒᆞᄂᆞ니 你녜니客킝커人신인

們믄믄 ○ 너 나그ᄂᆡᄃᆞᆯ이 從쭝충遼령랴東둥둥新신신來래레 ○ 遼東으로조차

ᄀᆞᆺ와시매 不봉부曉향햐得득더這져저實씽시在째재價갸갸錢쪈쳔 ○ 이 진

짓 갑슬 아지 몯ᄒᆞᄂᆞ니 你녜니不봉부要양얀疑이이惑훵훠 ○ 네 疑惑지 말고 就

찡직成찡칭了럏랴交걓갸易잉이罷빠바 ○ 곳 흥졍ᄒᆞ라 這져저麼머마的

디당 ○ 이러ᄒᆞ면 價갸갸 錢쳔쪈 依이히 着져쨯 你니녜 ○ 갑슨 네대로 ᄒᆞ려니와
銀인힌 子즈즣 依이히 着져쨯 我오어 ○ 銀은 낟대로 ᄒᆞ면 就직찍 成칭찡 交
갸걍 ○ 곳 흥졍ᄒᆞ고 若쇼샿 不부붕 依이히 我오어 ○ 맨 일 날대로 아니ᄒᆞ면 我
오어 是시씽 不부붕 賣매매 ○ 내 ᄑᆞᆯ지 아니ᄒᆞ리라 這져져 低디뎨 銀인힌 子
즈즣 我오어 也여여 不부붕 要야향 ○ 이ᄂᆞᆫ 즌은 내 ᄯᅩ 슬ᄒᆞ니 你니녜 只즈징 給
기깅 我오어 一이힝 樣양양 好한향 銀인힌 子즈즣 罷바빠 ○ 네 그저 날을 ᄒᆞᆫ가지
죠흔 은을 주고려 似스쓰 你니녜 這져져 般번붠 都두두 要야향 好한향 銀인힌
子즈즣 ○ 네 이리 다 죠흔 은을 바드려 ᄒᆞ면 却커걍 敎쟈걍 我오어 喫치칭 虧퀴퀴
了랴령 ○ ᄯᅩ 날로 ᄒᆞ여 셟게 ᄒᆞ리라 怎즘즘 麽마뭐 說쉬쉥 喫치칭 虧퀴퀴 ○ 엇지
셟다 니ᄅᆞᄂᆞ뇨 你니녜 若쇼샿 肯큰킁 就직찍 成칭찡 交갸걍 ○ 네 만일 즐기거든 곳

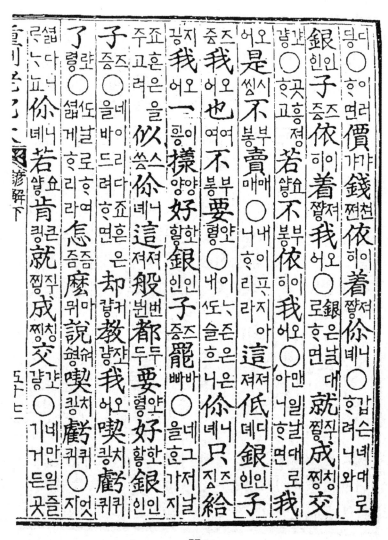

ᄒᆞᆫ흥 고경 不 봉부 肯 킁큰 你 녜니 別 뼝벼 處 츄츄 買 매매 去 큐취 ○ 아즐 니기 커지

사든 라네 가다 라로 ᄃᆡ 這 져져 麼 뭐마 的 딍디 ○ ᄒᆞ이 면러 就 쯩쥐 給 깅지 你 녜니

這 져져 好 할한 銀 인인 子 즈즈 買 매매 罷 빠바 ○ 을곳 주너 고롤 사이 리됴 라흔 은

你 녜니 這 져져 布 부부 裏 려리 頭 뜰투 ○ ᄉᆞ네 즁이 에뵈 長 쨩창 短 된둰 不 봉부

等 잉등 ○ 아長 니短 ᄒᆞ이 여ᄀᆞᆺ 지 有 잉우 五 우우 十 씽시 棍 훈군 子 즈즈 的 딍디

○ 이쉰 시자 떠치 도 也 여여 有 잉우 四 ᄉᆞ스 十 씽시 棍 훈군 子 즈즈 的 딍디 ○

도또 이마 시흔 며자 치 也 여여 有 잉우 四 ᄉᆞ스 十 씽시 八 방바 棍 훈군 子 즈즈 的

딍디 ○ 자또 치마 도흔 이여 셔ᄃᆞᆲ 大 때다 槩 개개 長 쨩창 短 된둰 不 봉부 等 딍등 ○

지大 아槩 니長 ᄒᆞ短 다이 ᄀᆞᆺ 這 져져 布 부부 都 두두 是 씽시 本 분븐 地 띠디 方 방방

織 징지 來 래래 的 딍디 ○ 셔이 ᄲᅡ뵈 온다 거밋 시ᄯᅡ 오희 我 어오 又 잉우 不 봉부 曾

(층/찡) 剪(잔/젼)去(취/큐)了(랴/럏)稍(샾/샿)子(ᄌᆞ/즈)○내ᄯᅩ일즉ᄇᆞᆺ버히지아니ᄒᆞ엿고 兩

(량/량)頭(투/뜰)放(방/ᄫᅡᇰ)着(져/쨯)印(인/힌)記(지/계)哩(리/례)○두머리에보람두엇ᄂᆞ니라

似(ᄉᆞ/ᄊᆞ)這(져/져)一(이/힝)箇(거/거)布(부/부)○이ᄒᆞᆫ뵈ᄀᆞᆺᄒᆞᆫ이ᄂᆞᆫ 經(깅/깅)緯(위/위)都

(두/두)一(이/힝)般(번/뵌)○ᄲᅵ놀이다ᄒᆞᆫ가지라 就(작/찧)是(시/씽)魚(위/유)子(ᄌᆞ/즈)兒(을/싱)

也(여/여)似(ᄉᆞ/ᄊᆞ)勻(윤/윤)淨(징/찡)的(디/딩)○곳고기알ᄀᆞᆺ치고로고ᄭᅵᆺ굿ᄒᆞ고 似(ᄉᆞ/ᄊᆞ)

這(져/져)一(이/힝)等(등/딍)經(깅/깅)緯(위/위)不(부/봉)一(이/힝)樣(양/양)○이ᄒᆞᆫ가지ᄀᆞᆺᄒᆞᆫ

이ᄂᆞᆫᄲᅵ놀이ᄀᆞᆺ지아니ᄒᆞ고 織(지/징)的(디/딩)又(익/잉)鬆(숭/숭)○ᄲᅥᆫ거시ᄯᅩ얼믜여 却

(커/캉)不(부/봉)好(한/항)○ᄯᅩ죠치아니ᄒᆞ니 買(매/매)主(쥬/쥬)是(시/씽)看(칸/컨)不(부/봉)

上(샹/썅)眼(얀/얀)○살님재눈에ᄎᆞ지아닐ᄲᅢ시니 急(지/깅)切(쳐/쳥)難(난/난)找(잔/쟝)主

(쥬/쥬)兒(을/싱)○과ᄀᆞᆯ리님자엇기어렵고 似(ᄉᆞ/ᄊᆞ)這(져/져)等(등/딍)布(부/부)○이ᄀᆞᆺᄒᆞᆫ뵈

ᄂᆞᆫ 却(거 걓)寬(퀀 퀀)還(환 ᅘᅪᆫ)好(할 항) ○ ᄯᅩ너브니도 로허죠코 這(져 져)幾(지 계)箇

(거 거) 布(부 부)忒(터 틍)窄(재 징)了(랴오 령) ○ 이여러뵈ᄂᆞᆫ 너무좁다 就(직 찡)窄(재 징)些

(셔 셔) 怕(파 파)甚(셔 씸)麽(마 뭐) ○ 곳져기좁은들므 서시저프리오 少(샤오 셩)不(부 붕)得

(더 등) 他(타 더)一(이 힝)般(번 뻔)都(두 두)賣(매 매)了(랴오 령) ○ 더지못ᄒᆞᆯ새시 니ᄒᆞᆫ번에다풀

리라 儞(니 녜)怎(즘 즘)麽(마 뭐)說(쉬 숴)那(나 너)等(등 둥)的(디 딩)話(화 화) ○ 네엇 지져

런말을니 ᄅᆞᄂᆞᆫ다 寬(퀀 퀀)的(디 딩)做(주 주)衣(이 히)裳(샹 썅)有(우 잏)餘(위 유)剩(싱 씽)

○ 너븐거슨옷슬지으매 餘剩이이실새시나 又(우 잏)容(융 용)易(이 잉)賣(매 매) ⊙ ᄯᅩ 풀

기쉽거 너와 窄(재 징)的(디 딩)做(주 주)衣(이 히)裳(샹 썅)不(부 붕)勾(구 긓) ○ 좁은 거슨

옷슬지으매넉넉 지못ᄒᆞᆯ새시니 若(쇼 얍)短(된 된)少(샤오 셩)了(랴오 령) ○ 만일모 ᄌᆞ라면 必

(비 빙) 要(야오 향)添(텬 텸)些(셔 셔)零(링 링)布(부 부) ○ 반ᄃᆞ시져기ᄠᅳᆫ뵈 ᄅᆞᆯ봇탤거시니 又

위윙 費븨빙 一이힁 錢쳔쪈 銀인인 子즈즈 ○ 또 ᄒᆞᆫ 돈 은을 허비ᄒᆞ리라 故구구 此
ᄎᆞᄎᆞᆼ ○ 그러모로 買매매 的디딍 人인신 少샤셩 ○ 살 사ᄅᆞᆷ이 져그니라 說쉬숴 甚
셔씸 麽마뭐 閑현ᄒᆑᆫ 話화ᄒᆞᆺ ○ 무슴 힘힘ᄒᆞᆫ 말을 니ᄅᆞᄂᆞᆫ다 就작쭇 數수수 了랴럏
價갸갸 錢쳔쪈 ○ 곳 갑슬 혜고 看칸컨 了랴럏 銀인인 子즈즈 ○ 은을 보고 交
갸걓 易이잉 了랴럏 罷바빠 ○ 흥졍ᄒᆞ쟈
你니녜 是시씽 牙야야 子즈즈 ○ 너ᄂᆞᆫ 이 주름이라 你니녜 數수수 一이힁 數
수수 ○ 네 혜라 該개개 多도더 少샤셩 銀인인 子즈즈 ○ 희오니 언머은고 上
샹썅 等등딍 毛맏맘 藍란람 布부부 一이힁 百버븽 疋피핑 ○ 上等모시뵈 一百疋
에ᄂᆞᆫ 每믜뮈 疋피핑 一이힁 兩량량 ○ 每疋에 ᄒᆞᆫ 냥이니 共궁궁 該개개 一이힁
百버븽 兩량량 ○ 대되 ᄒᆡ오니 一百兩이오 次ᄎᆞᄎᆞᆼ 的디딍 三산삼 十시씽 疋피핑

重刊老乞大諺解下 五十九

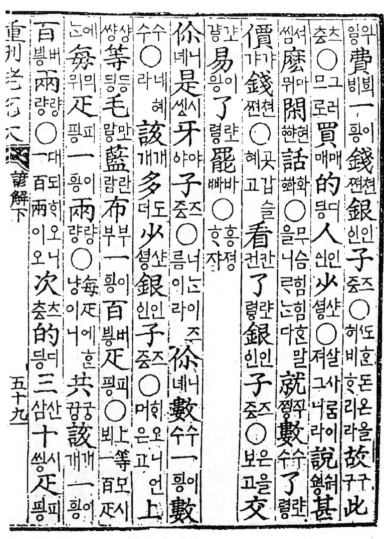

○지ᄎᆞ셜흔필에ᄂᆞᆫ 每믜뮈疋피핑六릭루錢쳔쪈○每疋에엿돈이니 共궁궁

該개개一이힝十시씽八바빵兩량량○대되ᄒᆡ오니열여ᄃᆞᆲ냥이니 都두두給

지깅好하항銀인인子즈즁罷바빠○다죠ᄒᆞᆫ은을주고려 委위위實시싱沒무뭉

有우임許쉬휴多도더好하항銀인인子즈즁○진실로許多ᄒᆞᆫ죠ᄒᆞᆫ은이업고 好

하항的디딩只즈징有우임九구깅十시씽兩량량○죠ᄒᆞᆫ거슨다만九十兩이이시

니 那나너零링링的디딩二을싱十시씽八바빵兩량량○저ᄫᅥᆫ이스믈여ᄃᆞᆲ냥

은 給지깅你니녜元원원絲스ᅀᅳᆼ如유유何허허○너ᄅᆞᆯᄂᆞ즌은을주미엇더ᄒᆞ뇨

客커킁人인신們믄문○나그늬들 就쥭찧交갼걍易이잉了랴럏罷바빠○

곳흥졍ᄒᆞ자 不부붕要얀햫爭정징競깅낑○ᄃᆞ토지말라 就쥭찧這저져銀

인인子즈즁也여여是시씽好하항細시셰絲스ᅀᅳᆼ○곳이은도죠ᄒᆞᆫ細絲ㅣ니 與

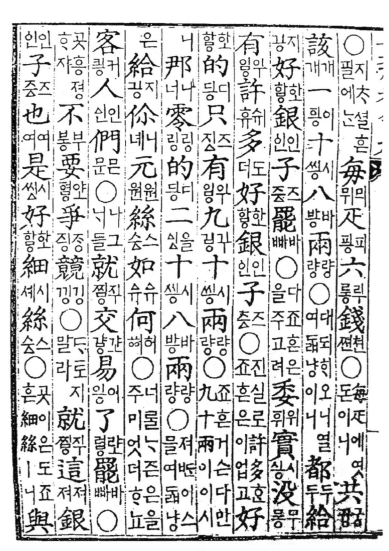

위유 紋운문 銀인인 一이힝 般번뻔 使시싱 用융융 ○紋銀과 ᄒᆞᆫ가지로 쓰ᄂᆞ니라

這져져 麽마뭐 依이이 你니녜 ○이러면 네 대로 ᄒᆞᆯ써시니 拿나나 好한항 細시세

絲스ᅀᆞ 來레래 ○죠ᄒᆞᆫ 細絲로 가져오라 這져져 銀인인 子즈ᄌᆞ 都두두 兌뒤뮈

了랴렴 ○이 은을 다 츌혀시니 點뎐뎜 數수수 了랴렿 布부부 去취큐 ○뵈로 죠수

ᄒᆞ여 가쟈

你니녜 且쳐쳐 住쥬쮸 着져쨯 ○네 아직 머믈라 這져져 銀인인 子즈ᄌᆞ 裏리레

頭투뜰 ○이 은ㅅ 즁에 真진진 的디딩 假갸갸 的디딩 ○진짓것신동 거즛것신동

我오어 朝잔쟣 鮮션션 人인신 不부봉 大다때 認인신 識시싱 ○우리 朝鮮ㅅ 사

롬이 ᄀᆞ장 아지 못ᄒᆞ니 你니녜 都두두 留루릳 着져쨯 記지계 號한행 ○네 다 보람

두고 牙야야 子즈ᄌᆞ 一이힝 同퉁뚱 看칸컨 了랴렿 ○즈름이 ᄒᆞᆫ가지로 보라 若

요얍後후흫來레래使시싱不부붕得더듷○만일 후에 ᄡᅳ지 못ᄒᆞ면我오어只
즈징問운문牙야야子즈즈換환훤○내 그저 즈름ᄃᆞ려 무러 밧고리라你니녜不
부붕當당당面면면看칸권了랴럏好한핳歹대대○네 當面ᄒᆞ여 죠쿠즘을 보지아
니ᄒᆞ엿ᄂᆞ냐出츄츙門믄문却커걓不부붕管권권退퉈퉤換환훤○문에 나면
또 므르기ᄅᆞᆯ 마아지 아니ᄒᆞ리라怎즘즘麽마뭐說쉬숴○엇지 니ᄅᆞᄂᆞ뇨你니녜們
믄문是시씽慣관관做주주買매매賣매매的디딍人인싄○너희ᄂᆞᆫ 이 닉이 買賣
ᄒᆞᄂᆞᆫ 사ᄅᆞᆷ이라似스쓰我오어們믄문不부붕慣관관的디딍根근근前쳔쪈○
우리 ᄀᆞᄐᆞᆫ 닉지 못ᄒᆞᆫ 이의게多도더有위잉欺치키瞞만뭔○만히 소기ᄂᆞ니你니녜
用윱융了랴럏記지계號한햫○네 보람 두어야大다때家쟈갸把배바穩운훈
○대되 편안ᄒᆞ리라這져져一이힝百베븨兩량량做주주一이힝包반밯○

이一百兩은 흔 빰을 민돈고 這져저 一이힝 十시씽 八바방 兩량량 做주주 一이힝

包봐밯 ○ 이열여듧냥은 흔빰을민돈라 交갸걓 易이잉 完완뭔 了랴럏 ○ 흥졍 ᄆᆞᆺᄎᆞ

다 客커킈 人인인 們믄문 ○ 나그ᄂᆡ들 拿나나 了랴럏 布부부 去취큐 罷바빠

○ 뵈가져 가라 咱자잠 們믄문 人인인 蔘슨슨 都두두 出츄츙 脫토퉁 了랴럏

○ 우리 人蔘을 다 쳐치ᄒᆞ고 貨호훠 物우웅 也여여 都두두 發바방 落로랗 了랴럏

○ 貨物도 다 發 落ᄒᆞ여다

咱자잠 們믄문 買매매 些셔셔 甚셔씸 麼마뭐 回회휘 貨호훠 去취큐 好하핳

○ 우리 져기 므슴 도라갈 황호롤 사가야 죠흐료 你니니 看간칸 這져저 涿조좋 州주즹

去취큐 做주주 買매매 賣매매 的디딩 火호훠 伴번뻔 ○ 네 보라 이 涿 州ㅣ 가 흥졍

ᄒᆞ던 벗이 已이이 到닫당 來레래 了랴럏 ○ 임의 오나다 火호훠 伴번뻔 好하핳

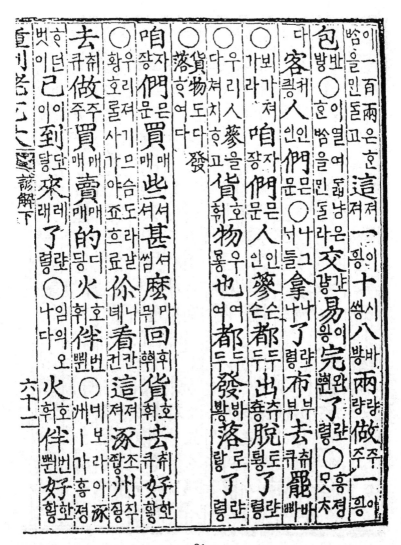

麽마뭐 ○ 번아 편안ᄒᆞ냐 買매매 賣매매 稱칭칭 意이이 麽마뭐 ○ 흥졍이 ᄠᅳᆮ에 마
ᄌᆞ나 托토탕 賴래래 大다때 哥거거 們믄문 的디딍 洪훙훙 福부붕 ○ 큰형들의
큰복을 힘닙어 也여여 有우잉 些셔셔 利리례 錢쳔젼 ○ ᄯᅩ 져기 利錢이 잇다 你니녜
們믄문 的디딍 貨호훠 物우웅 都두두 賣매매 了랴ᇢ령 不부붕 曾층쯩 ○ 너희
貨物을 다 ᄑᆞ랏ᄂᆞ냐 못ᄒᆞ엿ᄂᆞ냐 我오어 們믄문 貨호훠 物우웅 都두두 賣매매 了
랴ᇢ령 ○ 우리 貨物을 다 ᄑᆞᆯ고 正징징 要야ᇢ양 買매매 些셔셔 貨호훠 物우웅 回휘휘
去취큐 ○ 正히 져기 貨物을 사 도라가려 ᄒᆞ여 商상상 量량량 未위미 定딩띙 ○ 商量
ᄒᆞ여 定치 못ᄒᆞ엿더니 恰캬캬ᇰ 好하ᇢ항 你니녜 到다ᇢ땅 來레래 了랴ᇢ령 ○ 맛치 죠히
네 오나다 你니녜 們믄문 要야ᇢ양 買매매 些셔셔 甚셔씸 麽마뭐 貨호훠 物우웅
○ 너희 져기 므슴 貨物을 사 好하ᇢ항 拿나나 回휘휘 去취큐 ○ 죠히 가져 도라가려 ᄒᆞᄂᆞᆫ

닷大다때哥거거你니녜與위유我오어擺배배佈부부着져쟣○큰형아네
나롤위ᄒᆞ여긔별ᄒᆞ여라我오어曾층쯩打다다聽팅링得더듷○내일즉듯보니朝
챠졍鮮션션地디띠方방방所소수賣매매的디딩貨호훠物우웋○朝鮮ㅅ따
희ᄑᆞᄂᆞᆫ바貨物이十시씽分븐분好하핳的디딩○ᄆᆞ쟝죠흔거슨倒닾당賣매매
不부봉去취큐○도로혀ᄑᆞ지못ᄒᆞ고只즈징宜이이將쟝쟝就직쩍些셔셔的
디딩貨호훠物우웋○그저두어라ᄒᆞᆯ貨物이야倒닾당有우잏主쥬쥬兒을잇賣
매매得더듷快쾌쾌○도로혀님재이셔ᄑᆞᆯ기쉽다ᄒᆞ더라大다때哥거거你니녜說
쉬숻的디딩正징징是시씽○큰형아네니ᄅᆞ미正히올타我오어那나너裏리례
人인싄好하핳歹대대都두두不부붕能능닝大다때識시싱○우리져그사ᄅᆞᆷ
은죠쿠즘을다能히ᄆᆞ쟝아지못ᄒᆞ고只즈징是시씽揀견갼賤젼쪈的디딩買매매

○그저 賤ᄒᆞᆫ 것만 골ᄒᆡ여 사니 正징징是씽시宜이이假갸갸不붕부宜이이真

진진○正히 좀거슨 맛당ᄒᆞ고 진짓 거슨 맛당치 아니ᄒᆞ니라

我어오帶대대着쟣져伱니니○내 너롤 ᄃᆞ리고 買매매些셔셔零링링碎쉬쉬

貨훠호物ᄝᅮ우去큐취罷빠바○져기 효근 貨物 사라 가쟈 紅횽훙纓텅잉一힝이

百빙버斤긴긴○샹모 一百斤 燒셤샨玻붜보璃레리珠쥬쥬子즁즈五우우

百빙버串쳔쳔○구은 玻璃구슬 五百세음 瑪마마瑙낭노珠쥬쥬兒ᅀᅵᆼᅀᅳᆯ一힝이

百빙버串쳔쳔○一瑪瑙구슬 百세음 琥후후珀픵퍼珠쥬쥬兒ᅀᅵᆼᅀᅳᆯ一힝이百

빙버串쳔쳔○一琥珀구슬 百세음 水쉬쉬晶징징珠쥬쥬兒ᅀᅵᆼᅀᅳᆯ一힝이百빙버

串쳔쳔○一水晶구슬 百세음 珊산산瑚후후珠쥬쥬兒ᅀᅵᆼᅀᅳᆯ一힝이百빙버串

쳔쳔○一珊瑚구슬 百세음 犀세시角걓교一힝이十씽시斤긴긴○犀角 열근 象

牙三十斤 ○ 象牙 셜흔근 吸鐵石二十斤 ○ 지남셕 스므근 倭鉛一百斤 ○ 함셕 一百斤 一大針一百包 ○ 큰바늘 一百봉 小針一百包 ○ 져근바늘 一百봉 鑷子一百箇 ○ 죡집게 一百낫 蘇木一百斤 ○ 다목 一百斤 氈帽一百箇 ○ 시욹갓 一百낫 桃尖椶帽一百箇 ○ 샹롯흔 총갓 一百낫 琥珀頂子一百副 ○ 琥珀징ᄌᆞ 一百볼 結椶帽子一百箇 ○ 총으로 민ᄌᆞᆫ 갓 一百낫 面粉一百匣 ○ 面粉 一百匣 綿臙脂一百片 ○ 綿臙

腊一百片 鑞라랑 臙연연 脂즈징 一이힝 百버빙 箇거거 ○ 鑞臙脂一百낫 牛뉴닝

角교걍 盒허헝 兒을싕 一이힝 百버빙 箇거거 ○ 쇠ᄲᅮᆯ盒一百낫 鹿루룽 角교걍

盒허헝 兒을싕 一이힝 百버빙 箇거거 ○ 노각盒一百낫 繡식싱 針진짐 一이힝

百버빙 包ᄇᅶ방 ○ 繡針一百ᄈᆞᆷ 棗ᄌᅶ장 木무뭉 梳수수 子즈즈 一이힝 百버빙

箇거거 ○ 대ᄎᆞ나모어레빗一百낫 黃황향 楊양양 木무뭉 梳수수 子즈즈 一이힝

百버빙 箇거거 ○ 黃楊木어레빗一百낫 大다때 篦비삐 子즈즈 一이힝 百버빙

箇거거 ○ 굵은ᄎᆞᆷ빗一百낫 密미밍 篦비삐 子즈즈 一이힝 百버빙 箇거거 ○

빈ᄎᆞᆷ빗一百낫 斜셔쎠 皮피삐 針진짐 筒퉁뚱 兒을싕 一이힝 百버빙 箇거거 ○

셔피바늘통一百낫 羅로러 鏡징깅 二을싕 十시씽 箇거거 ○ 륜도스므낫 大다때

小샤셤 刀다당 子즈즈 共궁궁 一이힝 百버빙 副부부 ○ 大小刀子대되一百불

雙솽솽鞘샾셯刀닾닿子즈즈一이힝十시씽把바바○빵갑플ᄒᆞᆫ칼열ᄌᆞᄅᆞ雜
자짱使시싱刀닾닿子즈즈一이힝十시씽把바바○잡하에ᄡᆞᆯ칼열ᄌᆞᄅᆞ裁채째
紙즈징小샾셯刀닾닿子즈즈一이힝百버빙把바바○죠희버히ᄂᆞᆫ져근칼一百
ᄌᆞᄅᆞ五우우件견견全촨춴的디딩十시씽副부부○다ᄉᆞᆺ연장ᄀᆞ준칼열불象
샹썅棋치끼十시씽副부부○쟝긔열부大다때棋치끼十시씽副부부○바독
열부雙솽솽陸루룽十시씽副부부○雙陸열부茶차짜褐허헝欒뤈뤈帶대대
一이힝百버빙條턒텽○감찰아롱ᄃᆡᄌᆞ一百오리紫즈즈條턒텽兒을싈一이힝
百버빙條턒텽○ᄌᆞ지됴ᄋᆞᆫ一百오리小샾셯瓶핑삥口쿠킇一이힝百버빙箇
거거○저근주머니一百낫剪잔젼子즈즈一이힝百버빙把바바○ᄀᆞ애一百ᄌᆞᄅᆞ
錐쥐쥐子즈즈一이힝百버빙箇거거○송곳一百낫稱칭칭三산삼十시씽

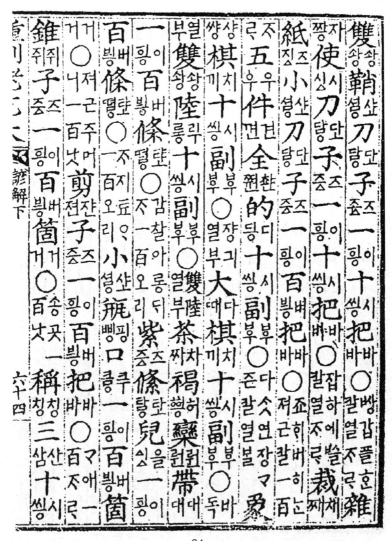

把바바○큰저울열흔ᄌᆞᄅᆞ等등등子즈즈十시씽把바바○져근저울열ᄌᆞᄅᆞ
那나너稱칭칭與유유等등등子즈즈都두두要얀얀官관권做주주的디디
○저큰저울과다뭇져근저울을다구의에셔민든거슬ᄒᆞ려ᄒᆞ고稱칭칭桿간건稱칭칭
錘취쮜○저울대와저울츄로都두두要얀얀好한핟的디디○다죠흔거슬ᄒᆞ려ᄒᆞ
노라
再재재買매매綿면면布부부一이힝百버빙疋피핑○또대포一百疋素수수
緞돤뒨子즈즈一이힝百버빙疋피핑○민비단一百疋花화화樣양양緞돤뒨
子즈즈一이힝百버빙疋피핑○花문비단一百疋을사자更긍긍有우잉小샨셭
孩해해兒을싱們믄문的디딩○또아히들의小샨셭鈴링링鐺당당一이힝
百버빙箇거거○효근방올一百낫馬마마纓잉힝一이힝百버빙顆코쿼○

몯솟동一百낫減감감鐵텨텽條탼턍環환홴一이힝百버빙箇거거○쇠에입소

ᄒᆞᆫ됴환一百낫치잇ᄂᆞ냐還환환要얀양買매매幾지계部부뿌書슈슈○도로혀여

러부칙을사자四스ᄉᆞ書슈슈是시씽晦휘휘菴안함集지찡註쥬쥬○四書눈이

晦菴集註와毛만망詩시싱尙상썅書슈슈○毛詩尙書와周작쥥易이잉禮

리레記지계○周易禮記와韓한햔文운문柳류릳文운문○韓文柳文과東

둥둥坡포푀詩시싱○東坡詩와詩시싱學효햫全촨쵠書슈슈韻윤윤書슈슈

○詩學全書韻書와資즈즈治지찡通퉁퉁鑑견갼○資治通鑑과翰한현苑

원현新신신書슈슈○翰苑新書와標뱦뱡題티톄小샨셩學효햫○小標題學

과貞징징觀권권政징징要얀양○貞觀政要와三산삼國귀궝誌지징○

三國誌라這저저些셔셔貨호훠物우웅書슈슈籍지찡也여여都두두買매매

了랴럏 ○이 저기 貨物과 書籍도 다 사거다

我오허 們믄문 要얀뗭 揀견간 箇거거 好한항 日ᅀᅵᅀᅵᆼ 子즈즈 廻휘휘 去취큐

○우리 죠ᄒᆞᆫ 날을 골ᄒᆡ여 도라가려 ᄒᆞᄂᆞ니 就직찍 去취큐 問운문 一이힝 卦과과 如유슈

何허ᅘᅥ ○곳가 ᄒᆞᆫ 卦를 무르미 엇더ᄒᆞ뇨 這져져 裏리레 有우잏 箇거거 五우우

虎후후 先션션 生승싱 ○여기 五虎先生이 이셔 看간컨 命밍밍 最쥐쥐 好한항

○팔ᄌᆞ 보기 ᄀᆞ장 잘ᄒᆞᄂᆞ니 咱자짱 們믄문 到닾당 那나나 裏리레 問운문 問운문

○우리 제가 무러 보쟈 先션션 生승싱 你니녜 與위유 我오어 看간컨 箇거거 命

밍밍 ○先生아 네 나를 위ᄒᆞ여 팔ᄌᆞ 보아 주고려 你니녜 說쉬쉉 生승싱 年년년 月웨웽

日ᅀᅵᅀᅵᆼ 時스씽 來레래 ○네 生年月日時ᄅᆞᆯ 니ᄅᆞ라 我오어 是시씽 屬슈쓩 牛누닝

的디딩 ○나ᄂᆞᆫ 이 쇼ᄒᆡ니 今긴김 年년년 四스ᄉᆞ 十시씽 歲쉬쉬 ○올ᄒᆡ 四十歲오

是시씽七치칭月웨웽十시씽七치칭日ᅀᅵᅀᅵᆼ寅인인時스씽生승싱的디딩

○이七月十七日寅時에난이라○你니녀這저져八바방字즈쯩十시씽分븐분好

한함○네이八字ㅣᄆᆞ장죠타一이힝生승싱不부붕少샤셩衣이히祿루룽○

一生에衣祿이낫브지아니ᄒᆞ여不부붕曾층찡受식씽貧핀삔○일즉가난치아니ᄒᆞ

고出츄츙入슈슁通퉁퉁達다땅○出入에通達ᄒᆞ다今긴김年년년交갼걍

大다때運윤윤丙빙빙戌슈슝○올ᄒᆡ大運丙戌己을만나시니己이이後후흥財

채째祿루룽長챵쨩旺왕왕○己後ᄂᆞᆫ財祿이長旺ᄒᆞ여比비비己이이前쳔쪈越

웨웽好한함了랴령○己前에비쳔대더옥죠타這저져麽마뭐你니녀替티톄我

오어看칸컨○이러면네나ᄅᆞᆯᄆᆞᄅᆞ차보라幾지계時스씽好한함起치킈身신신我

迴휘훼去취큐○언제벼나도라가야죠ᄒᆞ리오且쳐쳐住쥬쥬○아직머믈라我

오어 與위유你니녜選숸숸箇거거好한핳日시ᅀᅵᇰ子즈즈 ○ 내 너ᄅᆞᆯ 위ᄒᆞ여 됴흔

날을 ᄀᆞᆯ희마 甲갸걍乙이힝丙빙빙丁딩딩戊무뭉己기계庚긍깅辛신신壬

인ᅀᅵᆷ 癸귀귀是시씽天텬텬干간건 ○ 甲乙丙丁戊己庚辛壬癸ᄂᆞᆫ 이 天干이오 子즈즈

丑칙칭寅인인卯맏망辰친씬巳스쏭午우우未위미申신신酉우잉戌슈숭

亥해해是시씽地디뎨支즈쯩 ○ 子丑寅卯辰巳午未申酉戌亥ᄂᆞᆫ 이 地支라 建견견

除츄쮸滿만뭔平핑벵 ○ 建除滿平과 定딩명執지즹破포풔危위위 ○ 定執

破危와 成칙쪙收식승開캐캐閉비비 ○ 成收開閉에 你니녜只즈짛這저져

二ᅀᅳᆯᅀᅵ十시씽五우우日시승起치계程칭찡迴휘휘去취큐 ○ 네 그저 이 스므

ᄃᆞᆺ새 날 라가 되여나 寅인인時스씅往왕왕東둥둥迎잉잉喜시히神신씬去

취큐 ○ 寅時에 東을 향ᄒᆞ여 喜神을 마자 가면 大다때吉기긺利리례 ○ 크게 吉利ᄒᆞ리

라 五우우十씽시卦과과錢쪈쳔你녜니留릳릭下햐하○쉰낫복차롤네머므
르라 各겅거自쯔즈散산산了럏랴罷빠바○각각흣터지쟈
到닿닾二싱을十씽시五우우日싱이起키치程찡칭○스므닷쇗날다ᄃᆞ라뼈날
새시니 再재재來래레辭쏲츠別뼝벼○다시와하직ᄒᆞ자 你녜니那너나箇
거거 漢헌한人싄인火훠호伴뻔번○네저ᄉᆞ벗의漢從쭝충前쪈쳔用융융過
궈고 盤뿬판纏쪈쳔的딍디火훠호帳챵장○이전에ᄡᅳᆫ盤纏적은거슬都두두明
밍밍 白뼁배數수수了럏랴○다明白히혜쟈 大대다哥거거我어오們믄믄迴
휘휘 去퀴취了럏랴○큰형아우리도라가노라 你녜니們믄믄好할한迴휘휘去
퀴취 罷빠바○너희죠히도라가라 我어오們믄믄多더도多더도的딍디慢만만
待대대你녜니了럏랴○우리만히만히너희를잘못대접ᄒᆞ여다 你녜니別뼝벼見

견견怪괘괘 ○ 내허믈 말라 咱자쟝們믄문爲위위人인신 ○ 우리 사ᄅᆞᆷ 되엿ᄂᆞᆫ이
四스ᄉᆞ海해해之즈즈內늬뉘皆계개兄흉휭弟디뎨 ○ 四海안히 다 兄弟라 在
재째這저저裏리례做주주了랴럏數수수箇거거月웨웽火호훠伴번뻔 ○
예 이셔 두어 ᄃᆞᆯ 벗이 되여 不부봉曾층쯩有우잉面면면紅홍훙的디딩話화황 ○
일즉 ᄂᆞᆺ 붉힌 말이 잇지 아니ᄒᆞ엿더니 如유유今긴김辭츠ᄎᆞ別벼뼝了랴럏 ○ 이제
하직ᄒᆞ니 別벼뼝說숴숭後후ᅘᅮᇢ來레래不부봉看칸컨見견견 ○ 후에 보지 못ᄒᆞ
리라 니ᄅᆞ지 말라 儻탕탕有우잉再재재相샹샹逢풍뿡的디딩日시싱子즈즈
○ 만일 다시 만날 이 이시면 豈치켸不부봉都두두是시씽好호황弟디뎨兄
흉휭麼마뭐 ○ 엇지 다 죠흔 弟兄이 아니리오

重충쯍刊칸컨老랖랗乞키킹大다때諺연연解계개下햐햐終즁즁